刘昌毅 主编

威海市社会科学优秀成果获奖作品文库

（第十六卷）

社会科学文献出版社
SOCIAL SCIENCES ACADEMIC PRESS (CHINA)

编 委 会

序

"物之所在，道则在焉"。哲学社会科学是人们认识世界、改造世界的重要工具，是推动历史发展和社会进步的重要力量。习近平总书记指出："人类社会每一次重大跃进，人类文明每一次重大发展，都离不开哲学社会科学的知识变革和思想先导"。在推动社会发展进步的过程中，哲学社会科学与自然科学宛如"车之两轮""鸟之双翼"，相互依存、相辅相成，缺一不可。

党的十八大以来，以习近平同志为核心的党中央多次强调要大力加强中国特色新型智库建设，发出了推动哲学社会科学大发展大繁荣的号召，提出了繁荣发展社会科学的战略任务。在哲学社会科学工作座谈会上，习近平总书记明确提出要坚持以马克思主义为指导，解决好真懂真信、为什么人、怎么用的问题，为繁荣发展哲学社会科学事业提供了思想指南和实践动力。同时，贯彻落实威海市第十五次党代会精神，深入实施"全域城市化、市域一体化""产业强市、工业带动、突破发展服务业"等重大战略，争当全省"走在前列"排头兵、实现现代化幸福威海建设新跨越，也需要丰硕的理论创新支撑。时代呼唤哲学社会科学的繁荣发展。站在新的历史起点上，立足威海发展实际，深入研究回答重大理论问题和实践问题，不断推进理论创新和实践创新，提供更多更好的智慧产品，是实现威海现代化宏伟发展蓝图的迫切需要，也是进一步增进共识、凝聚合力的现实要求。

长期以来，威海市委、市政府高度重视哲学社会科学事业的发展，不断完善机制、加大投入、优化环境，打造了一批有特色、有影响的社科品牌，造就了一批知名专家和学术带头人，推出了一批理论创新成果和学术精品。全市广大哲学社会科学工作者坚持以习近平总书记系列重要讲话精神为指导，深入研究和回答党和国家以及我市经济社会发展中面临的理论和实践问题，在理论普及、学术研究、决策咨询等方面，做了大量卓有成效的工作，为推进现代化幸福威海建设事业提供了有力的智力支持，做出了积极贡献。

经过 20 年的实践，威海市社会科学优秀成果奖评选工作，逐步走上科学化、规范化、制度化的轨道，其公信力、权威性和影响力不断增强，成为推介优秀成果、引导研究方向、展示我市社科水平的重要平台，成为促进研究成果应用、转化的有力杠杆，成为发现、培养优秀人才的学术摇篮，对激发广大社科理论工作者的积极性创造性、推动新型智库建设、繁荣发展我市哲学社会科学事业具有重要意义。

《威海市社会科学优秀成果获奖作品文库》（第十一卷~第二十卷）的出版，是对近十年来全市社会科学优秀研究成果的再次认可，也是对哲学社会科学研究的激励与推动。这是一个回顾，是近十年社会科学优秀成果的一个归集；但更是一个展望，是督促全市哲学社会科学进一步繁荣发展的一个新起点。希望全市社会理论工作者，在以习近平总书记为核心的党中央的英明领导下，坚持马克思主义理论学风，深入实际、求真务实、与时俱进、锐意进取，以更加昂扬的斗志，不断取得理论研究的新成果、新成就，为实现现代化幸福威海建设新跨越，做出新贡献。

中共威海市委常委、宣传部长　刘广华

2017 年 9 月

C目录
ONTENTS

关于加快推进城乡一体化的调研报告

张　璟　王洪洲　许庆耀

城镇化水平是一个国家或地区工业化、现代化的重要标志，城乡一体化是城镇化发展的重要阶段，是经济社会发展的必然趋势。如何按照区域协调、城乡均衡的理念，以城镇化带动工业化，推进城乡统筹发展，构建城乡一体化发展新格局，加快建设现代化幸福威海，是当前和今后一个时期全市科学发展、转型跨越的重要课题。

一　加快推进城乡一体化是威海发展的阶段性要求

实现城乡一体化，就是把工业与农业、城市与乡村、城镇居民与农村居民作为一个整体，系统谋划、统筹安排，通过体制改革和政策调整，实现城乡人口、技术、资本、资源等要素相互融合，互为资源，互为市场，互相服务，实现城乡在政策上的平等、产业发展上的互补、享受现代生活方式上的一致。

从世界范围看，城乡发展的基本规律大体经历了城乡隔离、城乡联系、逐渐融合到城乡一体化发展的过程。当城市化水平低于30%时，城乡总体上处于分隔状态；当城市化水平在30%~50%时，城市文明逐步加快向农村渗透和传播，城乡分工开始显现；当城市化水平超过50%时，工业化推动城镇化加速，城乡差距明显缩小，城乡融合步伐大大加快；当城市化水平达到70%以后，城市文明已基本普及到农村，即基本上实现了城乡一体化。这也是著名的"纳瑟姆曲线"所表达的主要观点。从我国经济社会发展的趋势看，据有关部门预测，我国城镇化快速发展还能持续相当长时间，到2030年，全国城镇化率将在65%左右，各类城镇将新增3亿多人口，这将为扩大消费和投资需求提供强大、持久的动力，有利于进一步改善农村面貌，壮大城市规模，提升城乡一体化发展水平。

党中央、国务院对城镇化和城乡一体化工作高度重视。2007年，党的十七大明确提出"走中国特色农业现代化道路，建立以工促农、以城带乡长效机制，形成城乡经济社会发展一体化格局"。党的十七届三中全会提出，"要建立促进城乡经济社会发展一体化制度，尽快在城乡规划、产业布局、基础设施建设、公共服务一体化等方面取得突破，促进公共资源在城乡之间均衡配置、生产要素在城乡之间自由流动，推动城乡经济社会发展融合"。党的十七届五中全会把积极稳妥推进城镇化和城乡一体化作为"十二五"期间全面建设小康社会的重大战略任务，为加快转变城镇化发展方式、推动城乡一体化科学发展指明了方向。

近年来，省委、省政府不断加大城镇化战略推进力度。2009年，召开了全省城镇化工作会议，出台了《关于大力推进新型城镇化的意见》《关于统筹城乡发展加快城乡一体化进程的意见》等一系列政策文件。2010年，启动了为期三年的和谐城乡建设行动。随着"蓝黄"战略和经济文化强省建设的加快推进，省委、省政府对城乡一体化工作更加重视。时任省委书记姜异康在省第十次党代会报告中明确提出"要统筹推进城乡规划、基础设施建设、公共服务一体化"。

地级市成立时，威海市的城镇化率只有9.2%，低于全国平均水平16.1个百分点。经过20多年的努力，城镇化率提高到58.5%，分别比全国、全省平均水平高7.2个和7.6个百分点。从目前情况看，已具备了加快推进城乡一体化的条件。

一是初步拉开了以环海发展为主要特征的城乡一体化建设框架。目前，威海市初步形成了以中心城市为核心，以荣成、文登、乳山三个县域中心城市为组团，以12个中心镇为节点、若干建制镇为网络的市域城镇分布结构。特别是分布于千公里海岸线的26个小城镇，人口数量占全市建制镇总人口的69%，财政总收入占79.6%，环海发展的趋势进一步呈现。近年来，结合蓝色经济区建设，威海市高起点、高标准修编沿海小城镇总体规划，并因地制宜制定小城镇详细规划，全市小城镇详规覆盖率在90%以上。特别是市十四次党代会提出的"沿千公里海岸线，将中心市区、三市城区、沿海城镇串连成线，形成组团发展的城镇群"的环海发展思路，得到全市上下的广泛认同。

二是初步形成了城乡一体化建设的政策体系。近年来，市委、市政府先后制定了《关于大力推进新型城镇化的意见》《关于扩权强镇支持小城镇发展意见》《关于推进新型城镇化若干扶持政策的意见》《关于加快农村二三产业向中心镇以上城市集中促进中心镇发展的意见》等一系列政策措施。主要包括放宽户口迁移政策，实行城乡户口一体化管理；探索建立了公共财政保障机制和城建投融资机制，2009年以来，通过财政杠杆对农村住房建设、基础设施、环境建设的投入累计达到305亿元；加大了土地利用结构调整，积极开展城乡土地增减挂钩试点，增加了一大批建设用地。

三是产业带动作用不断增强。随着人口、生产要素和产业向城镇的集聚，全市产业结构不断优化，三大产业比例由2006年的8.5∶62.1∶29.4调整为2011年的8.11∶53.97∶37.92，带动了城镇化发展水平的不断提高。同时，9个省级以上开发区建成区面积不断拓展，达到91.4平方公里，占全市城市建成区面积的36%。高区、经区基本实现了城区化，城镇化率分别达到95.3%和78.4%。工业新区形成了先进制造业基地的基本框架，并逐步实现与文登开发区的对接。荣成市区与石岛管理区、文登市区与南海新区、乳山市区与银滩旅游区相向发展的速度进一步加快，有力地促进了产业与城市的融合发展。

四是基础设施保障体系进一步完善。通过实施公路升级、铁路提速、港口扩建、机场开放、市政设施改造等工程，全市基础设施支撑和保障能力不断增强，在衡量城市市政公用设施水平的12项指标中，威海市7项指标连续六年位居全省首位。基础设施和公共服务不断向小城镇延伸，目前已建成镇级供热站28座，铺设燃气管道1526公里，全市镇区13.4万户镇区居民享受集中供暖、供气服务。特别是通过近几年的农村环境综合整治和农房建设，市域建制镇全部建成了污水处理设施和垃圾中转站，是全省唯一实现镇区污水处理和生活垃圾无害化处理全覆盖的设区城市。

五是社会事业均衡发展水平不断提高。目前，威海市城乡教育已基本实现了高位优质均衡发展，城乡医疗卫生服务设施改造基本完成，社区文化中心和农村文化大院基本实现了全覆盖，到今年年底可实现社区和农民体育健身工程全覆盖，各项社会保障基本实现全覆盖，城镇保障性住房覆盖率达到19.7%。各项社会事业指标达到全省乃至全国领先水平，全市社会发展水平综合评价连续四年全省第一，在30项指标指数中，有20项列全省前五名，其中7项居首位。

六是威海市先期的探索实践为加快推进城乡一体化发展提供了可鉴经验。近年来，各市区、镇街结合当地实际，积极探索城乡一体化发展路子，取得明显成效。2009年，荣成市率先提出打造"城乡一体化先行区"的战略定位，编制了《城乡一体化发展纲要》，分别确定了到2012年的近期目标和到2020年的发展远景，明确了城乡规划建设、产业发展、基础设施、公共服务、社会化管理和生态建设"六个一体化"的目标任务，城乡一体化各项工作走在全市前列。文登市、乳山市也做了大量探索实践，特别是在城乡基础设施一体化建设、社会事业统筹发展以及农村社区服务中心建设等方面，取得了积极进展，为今后的工作奠定了坚实的基础。

今年以来，李克强总理在 2012 中国发展高层论坛和中欧城镇化伙伴关系高层会议等多个场合指出，城镇化是扩大内需的最大潜力，面向未来，中国将把城镇化作为现代化建设的重大战略。最近，他在湖北省考察时再次强调，城镇化是内需最大的潜力所在，是经济结构调整的重要依托。要研究制定全国城镇化发展中长期规划，出台综合性的政策措施，加强城镇规划和管理，合理引导人口流向和产业转移，促进大中小城市和小城镇科学布局、合理分工、功能互补、集约发展。可以说，不管是从宏观政策层面还是威海市的发展阶段和工作基础，加快推进城乡一体化都面临着前所未有的良好机遇。

二　推进城乡一体化各地的实践和对威海市的设想

从世界城乡一体化发展经验看，发达国家正步入城乡一体化的高级阶段。国外的城乡一体化比较典型的是法国。其主要做法是，利用规划控制城乡土地使用，避免人口过度向大城市集中，从而保护城市与乡村居住环境的多样性，打造城乡环境一体化的"田园城市"。此外，韩国 1970 年发起的"新村运动"也有一定影响。他们以"勤奋、自助、协作"为指导思想，以政府支援、项目开发为主要方式，带动农民自发地建设家乡，引导农村地区的综合开发。

从国内先进地区的经验看，苏南地区早在 1983 年率先使用"城乡一体化"的概念，党的十七大以来全国各地迅速掀起一体化理论研究与实践探索，涌现了多种城乡一体化发展模式。如苏州、成都、上海、诸城等模式。苏州的城乡一体化模式是典型的以工业化、城镇化为主导，以经济增长为动力，以体制机制创新为支撑的一体化发展模式。他们提出了农田向规模经营集中、工业向园区集中、农民向小城镇集中的"三个集中"方针和"农业现代化、工业集约化、农村城市化"的发展战略，重点围绕"耕作机械化、农艺科学化、经营规模化、服务社会化、农民知识化"开展农村现代化探索实验，发展并壮大乡镇工业，建立"以工补农、以工建农"的农业投入制度，从而实现了城乡经济社会的协调发展和一体化发展。成都的城乡一体化模式具有典型的政府主导和推动特征，其运行机制是以政府为主导，自上而下地推进城乡一体化进程。上海的城乡一体化是依托"国际大都市"经济实体，选择的

"城乡统筹规划"模式，主要是通过郊区的工业化与城市化建设，促进农村剩余劳动力转移，完成农民市民化的进程。近年来，山东省诸城市的城乡一体化模式也引起广泛关注。其主要特点是优化空间布局，按照地域相近、规模适度、社区服务中心所在村庄有发展潜力的原则，合理确定社区中心村和社区服务范围，将农民纳入了"2公里服务圈"。同时，开展医疗卫生、社区警务、社会保障、社区环卫、文化体育以及农技、邮政等"一揽子"服务，近距离服务农民。

目前，我国尚无一个固定的推进模式，也没有统一的、权威性的城乡一体化指标体系。城乡一体化载体是城镇化，核心也是城镇化。在路径选择上，威海市应该按照市第十四次党代会提出的"中心崛起、两轴支撑、环海发展、一体化布局"总体要求，首先要在城镇化实现较大突破，走以城镇化带动农业产业化和农村工业化，加快城乡统筹协调发展的道路，最终实现农村现代化和城乡一体化（见图1）。

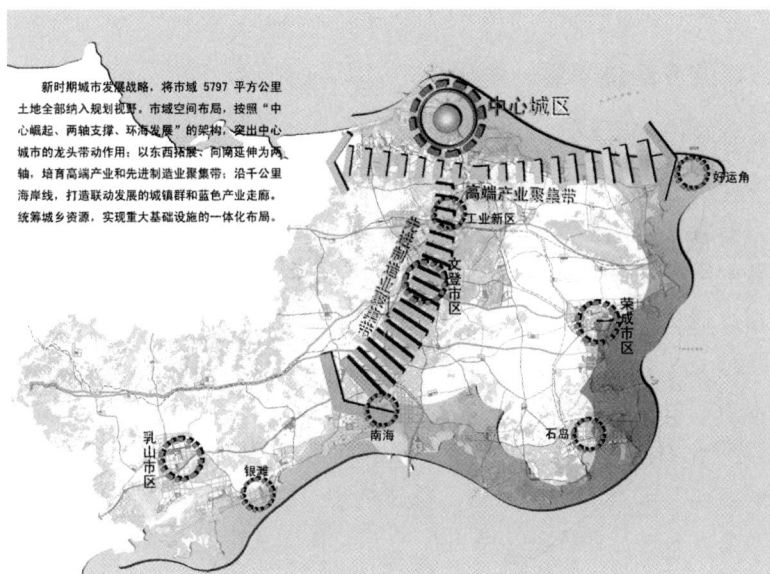

图1　市域整体空间布局分析示意

在目标体系构建上，根据省委、省政府《关于统筹城乡发展加快城乡一体化的意见》，参照部分先进地区的提法，结合威海市实际和现代化幸福威海建设的目标任务，本着分步实施、稳步推进、积极可行、率先突破的原则，初步设想威海市的城乡一体化主要应该包括城乡规划建设一体化、经济发展一体化、基础设施一体化、公共服务一体化、社会管理一体化。具体指标有以下几点。

（一）城乡规划布局一体化

主要以规划为引领，进一步优化空间布局、人口布局、产业布局。

1. 空间布局。加快形成以中心城市、次中心城市、重点镇、园区、沿海城镇带、农村社区为主体的现代城镇体系规划。中心城市迅速崛起，"两轴"形成规模，三市城区与重点园区、沿海重点镇串连成线，共同组成沿海城镇带。

2. 人口布局。人口逐步向城镇、沿海城镇带转移。全市城镇化率每年增加1个百分点左右，到2015年达到65%左右，到2020年争取达到70%。2015年沿海城镇带人口占全市建制镇75%，到2020年达到80%。

3. 产业布局。产业向城镇、园区聚集，培育一批特色镇和特色园区。2015年，沿海城镇带经济总量占全市70%以上，2020年在80%以上。农村土地流转规范有序，带动农业产业化快速发展。到2015年，全市农村土地流转面积在20%以上，到2020年在30%以上。

（二）城乡经济发展一体化

提高县域经济和农村经济发展水平，同步提高城乡居民收入。

1. 县域经济发展。按照省委、省政府《关于推动县域科学发展整体提升综合实力的意见》（鲁发〔2012〕9号）提出的增长幅度，到2015年，荣成、文登、乳山生产总值要分别达到1140亿元、810亿元、560亿元；地方财政收入分别达到67亿元、50亿元、32亿元。到2020年，生产总值分别在2100亿元、1500亿元、1000亿元以上；地方财政收入分别达到148亿元、110亿元、70亿元。

2. 现代化农业发展水平。这是农业部提出的国家现代农业示范区评价指标体系的内容，重点对物质装备、科技进步、经营管理、支持、产出和可持续发展六个方面进行评价。2015年，全市总体完成程度由2011年的60.2%提高到70.2%，2020年达到75%。

3. 非农产业劳动力占全社会劳动力比重。这是国际通用的衡量工业化水平的重要标准。2015年，由2011年的78.2%提高到80%，2020年达到85%。

4. 城乡居民收入。城乡居民收入高于经济增长，农民收入与城镇居民收入基本实现同速增长。2015年，城镇居民人均可支配收入和农民人均纯收入分别达到3.84万元和1.87万元，城乡收入差距持续扩大的势头得到有效遏制。到2020年，农民收入增长高于城镇居民收入的增长，城乡差距缩小到

1∶2左右。

5. 城乡恩格尔系数。2011年，城市和农村恩格尔系数分别为32.03%、36.53%，均处于相对富裕阶段。随着城乡居民收入的快速增长，恩格尔系数将逐步下降。预计到2015年可分别降到30%、35%乃至以下。

6. 基尼系数。2011年，威海市城市基尼系数为0.26，处于收入分配相对平均区间；农村为0.33，处于收入分配相对合理区间。综合考虑各方面的因素，到2015年，如果能够保持在城市0.3以内、农村0.35以内的水平，相对而言比较合理。

（三）城乡基础设施一体化

坚持基础设施先行，统筹规划、分步实施，不断提高农村基础设施水平，改善农民群众的生产生活条件。

1. 交通。到2015年，实现城市组团、重点园区、重点景区、重点镇之间的高等级公路快速对接，实现滨海旅游景观全线贯通，实现全市农村公路路网等级标准全面提升，实现主城区与市内四区城市公交线网全覆盖。到2020年，中心村之间全面实现等级公路连接，城乡客运实现一体化。

2. 供水。争取到2015年，所有镇驻地都实现规模化供水，村庄和人口覆盖率分别达到84.9%、87.6%，其中接入城市大管网工程的村庄和人口覆盖率分别达到40%、45%。到2020年，80%以上的村庄实现规模化供水。

3. 供热供气。到2015年所有镇驻地都建成供热站，管道燃气通达所有镇驻地。在此基础上，向有条件的农村社区延伸。

（四）城乡公共服务一体化

在进一步提高城乡各项社会事业发展水平的同时，重点是加快推动社会保障各项制度逐步并轨。

1. 医疗保障。目前城乡居民医保补助标准、报销比例相差不大，与职工医保有一定差距。要进一步提高筹资标准，明显缩小城乡居民实际住院支付费用。在此基础上，将城乡医保制度进行整合，推动与职工医保衔接。

2. 养老保障。目前威海市城乡居民社会养老保险已实现并轨，要尽快实现统一市区之间基础养老金标准。积极缩小城乡居民和职工的差距，努力实现"参保政策全覆盖，缴费标准分档次，机制运行保重点，享受待遇有差别"。

3. 最低生活保障。在不断提高城乡低保标准的同时，重点加大对农村低保的提标幅度，努力缩小城乡差距。2009年至2012年，威海市的城市低保标准增幅为 4.5%、4.3%、11.1%；农村增幅为 16.7%、17.8%、39.4%。农村增幅为城市增幅的 4 倍左右，按照这个增幅，威海市将于 2017 年实现城乡低保一体化。

（五）城乡生态环境一体化

坚持生态立市、环境优先，继续实施好农村环境保护综合整治，加快建设生态文明乡村和生态市。

1. 村庄环境综合治理达标覆盖率。按现有村庄计算，目前达到 46.4%，其中环翠区、高区、经区已全部完成。计划到 2015 年，除了村庄整体搬迁改造和 100 户以下的村，其余村庄要全部整治完。

2. 污水集中处理率。加快污水管网铺设和污水并网进度，确保设施正常运转，污水稳定达标排放。到 2015 年，建制镇污水集中处理率达到 85%，农村社区、集中建设楼房的村、规模较大的村全部进行集中处理。到 2020 年，建制镇污水集中处理率在 90% 以上，80% 以上村庄污水进行集中处理。

3. 水质达标率。通过加大水源保护和河道整治力度，争取到 2013 年全部消除劣五类水体、提前两年完成省里确定的目标；到 2015 年三类以上地表水比例达到 87%，2020 年达到 95%。

4. 绿化水平。在加快城市绿化的同时，进一步加大镇区、村庄四旁、乡村道路绿化和经济林建设力度，到 2015 年，全市森林覆盖率达到 41.6%。到 2020 年保持在 42% 以上。

（六）城乡社会管理一体化

构建一体化社会管理创新体制，重点是统筹推进城乡社会治安综合治理，加快城乡精神文明创建活动，不断强化基层组织在城乡经济社会发展中的核心地位。

1. 社会管理创新。到 2015 年，新型社区管理体制全面建立；城市和农村治安人防、物防、技防措施实现全覆盖，人民群众的安全感不断增强；安全生产监管制度、食品药品质量安全管理体制、社会矛盾纠纷化解机制和应急管理体系进一步健全。

2. 文明建设。在城市，争取到 2015 年，创建全国文明城市。到 2015 年，全市 85% 的村达到县级以上文明村标准。

3. 基层组织建设。按照中央和省里的要求，农村基层组织要实现有好带头人、有集体收入、有活动场所、有管用制度、有满意服务的"五有"目标；

社区要实现有基本保障、基本服务、基本制度的"三基本"目标。

三 当前加快推进城乡一体化应该抓好的重点工作

推进城乡一体化是一项综合性的系统工程，也是一项长期的艰巨任务。在推进过程中，既要着眼长远，统一规划，分步实施；又要立足当前，抓住关键环节和突出问题，实行集中突破，力求尽快见到实效。

（一）完善空间布局，加快城镇体系建设

小城镇是农村政治、经济、文化和生活服务的中心，特别是重点镇在推进农村城镇化、农业产业化、城乡一体化中的作用越来越突出，是解决农民就近就业、集约节约用地、改变城乡二元结构的重要载体。

根据市第十次党代会对全市城乡发展的总体布局和各镇街所处的位置，建议：将中心市区以及三市城区、石岛管理区规划范围内的镇街全部纳入城市规划；将南海新区核心区内的镇与新区产业规划一并布局；按照环海发展的要求，将除俚岛、葛家、乳山口、温泉4个省级示范镇外的其他沿海镇，进行统筹布局，把人和、虎山、宋村、侯家、南黄、海阳所6个镇作为市级重点镇，按照省里的标准，每年给予1000万元的开发建设资金（见图2，图3）。

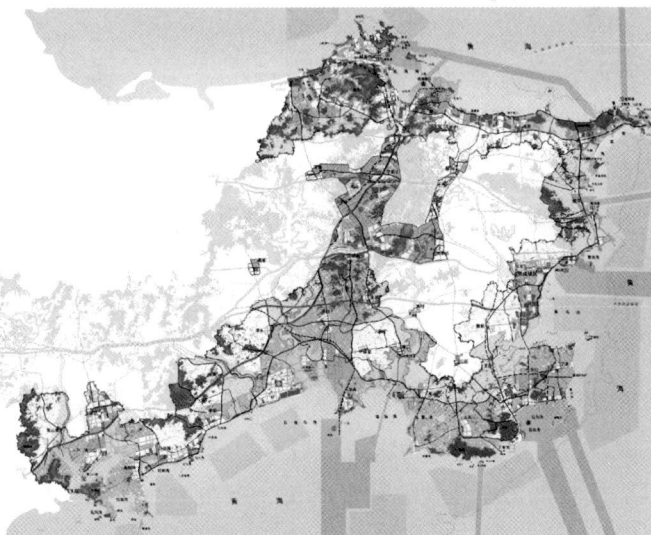

图2　威海市城镇带布局示意

全市共有49个建制镇和22个城市街道办事处，具体分析如下。

图3 列入市级以上重点扶持的强镇示意

1. 中心城市规划区内的镇，包括环翠区的张村、羊亭、温泉、桥头、孙家疃5个镇；高区的初村镇；经区的泊于镇、崮山镇；工业新区的草庙子、汪疃、苘山3个镇，共11个镇，全面纳入城市规划，逐步撤镇建街。同时按照市第十四次党代会确定的"中心市区向东延伸至成山头"的战略构想，应该将荣成的港西和成山两镇纳入中心城市规划控制区。这13个镇加上8个城区街道，总面积1138.9平方公里。对这些区域，应该尽快统一制定建设规划以及基础设施配套规划，逐步将这些区域高标准地建设成为中心城市的建成区。

2. 次中心城市规划区内的镇街（包括荣成、文登、乳山三市城区和石岛管理区），共2个镇、14个街道办事处，总面积961.8平方公里。其中荣成市区辖崖头、城西、崂山、寻山4个街道办事处和滕家镇；文登市区辖龙山、环山、天福3个街道办事处以及经济技术开发区（文登营镇）；乳山市区辖城区街道办事处和夏村镇；石岛管理区辖港湾、桃园、东山、斥山、王连和宁津6个街道办事处。这些区域都要纳入各自城市总体规划，随着次中心城市的逐步拓展，将逐步发展成为次中心城市的建成区。

3. 两轴支撑的向南延伸一轴上的镇，现在中心市区（包括工业新区）已经与文登市区连在一起，文登市区已经通过宋村、侯家两镇和公路等基础设施实现了与南海新区的初步对接。

4. 威海南海新区规划范围内的镇，按照市第十四次党代会提出的"加快南海新区与石岛管理区、乳山银滩的协调联动发展，共同构建全省重点发展的海洋经济新区"的战略构想，市蓝区办牵头编制的威海南海新区规划，拟将荣成市的石岛管理区和人和、虎山、上庄镇，文登市的高村、张家产、侯家、泽库、宋村、泽头、小观镇，乳山的南黄、徐家、白沙滩（银滩）等纳入，总面积1644平方公里，占全市陆域总面积的28%。这次规划的南海新区地域扩大，将是一个长期的开发建设过程。要坚持规划先行，既要做好总体规划，又要做好分期开发规划；既要做好产业规划，又要统筹做好基础设施和城镇体系规划。

从大开发的角度出发，建议将文登南部沿海镇全域列入南海新区的核心区，包括高村、张家产、侯家、泽库、宋村、泽头、小观7个镇，总面积785.4平方公里。其中的高村、侯家两镇既是核心区的重要组成部分，又是文登市区与南海新区对接的重要节点，建议给予重点扶持（见图4）。

石岛管理区和乳山银滩区域，本身已经形成一定规模，可以列为重点开发区域，按照各自区域的开发规划加快建设步伐。为加快这三个区域的联动发展，建议将荣成市的人和、虎山两个镇和乳山市的南黄镇作为重要接点，列入优先发展区域，给予重点扶持。

图 4　威海南海新区示意

5. 被列入省级示范行动的镇，从今年开始，省里将实施"百镇建设示范行动"，每年为100个示范镇安排不少于5000亩的新增建设用地计划指标，每个镇每年安排1000万元的专项资金，市、县原则上按不低于省补助资金的规模进行配套。威海市有荣成的俚岛镇、文登的葛家镇、乳山的乳山口镇、环翠区的温泉镇4个镇被列入示范行动。

6. 内陆镇，除去上述镇街，内陆地区还有16个镇，包括荣成的埠柳、崖西、夏庄、荫子、大疃5个镇；文登的大水泊、米山、界石3个镇；乳山的大孤山、冯家、下初、午极、崖子、诸往、育黎、乳山寨8个镇。大水泊镇是威海市规划申报的综合保税区所在地。如果扣除这个镇，剩余15个镇总面积1522.5平方公里，总人口32.9万人，分别占全市总数的26.3%和13%。这些镇不论是产业基础还是建设水平都相对较低。建议在引导其加快产业发展的同时，逐步实施镇区改造和基础设施配套，不断增强承载和吸纳能力（见图5）。

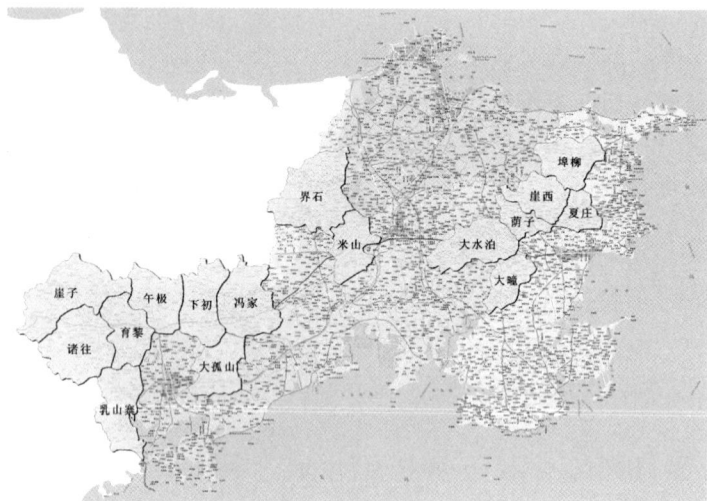

图5 内陆镇示意

在调研中，基层普遍希望市里制定全市城镇体系规划和重点镇的总体规划。但由于城乡规划法明确提出各镇人民政府是镇域规划的编制单位，建议由市规划局牵头，会同各市规划部门编制全市城镇体系规划，同时对10个重点镇编制相对完善的规划指导意见，督促其尽快编制完成总体规划。

（二）加快农村新型社区建设，搭建城乡一体化的平台

农村新型社区是指打破原有的村庄界限，把两个或两个以上的自然村或行政村，经过统一规划建设，组成新的农民生产生活共同体，形成农村新的居住模式和服务管理模式，从而改善农村群众生产生活条件，推动城乡统筹发展，提高农村公共服务水平。在以中心城市为节点的"两轴"和沿海城镇

带，要以城市化的理念，加快建设城镇社区。在内陆相对落后的 15 个镇，要以发展新型农村社区为方向，让广大农民能够最大限度地享受现代文明。

2009 年 10 月，省委、省政府发布《关于大力推进新型城镇化的意见》（鲁发〔2009〕21 号），明确提出："以中心村为核心，以农村住房建设和危房改造为契机，用 5 年左右时间实现农村社区建设全覆盖。"2009 年 11 月，省委、省政府又制定实施了《关于推进农村社区建设的意见》，对农村社区建设的目标任务做出全面部署。

2009 年 8 月，威海市制定出台了《关于开展农村社区建设工作的意见》。近年来，结合农村住房建设和环境综合整治，威海市在农村社区建设上做了一些工作，特别是在农村社区服务中心建设上取得了明显进展。目前，全市建成农村社区综合服务中心 642 处，覆盖全市所有村庄，基本形成了功能齐全、设施完善的农村社区综合服务网络体系。调研中，基层对各级加强农村社区建设的做法给予充分肯定，同时也对今后的工作提出了一些比较好的意见建议。

1. 要坚持科学规划、充分尊重民意。农民群众的宗族观念、地域观念都很强。在建设社区综合服务中心时，由于不涉及行政区域的调整，群众容易理解，接受起来也比较快。但建设农村新型社区则不同，往往需要取消行政村、自然村，群众接受难度比较大。因此，在制订规划时，不仅要考虑居住区域、人口数量、服务半径、资源配置等因素，而且要从尊重历史渊源、注重群众风俗习惯的角度出发，将社区规划与矛盾排查、纠纷化解、基层维稳等工作紧密结合，坚决杜绝强迫命令，避免引发群众抵触情绪。

2. 要把社区建设与基层组织建设结合起来。农村新型社区建设中的大量工作要靠农村基层党组织来做，他们的凝聚力、战斗力如何，直接影响着社区建设的进度和质量。当前威海市农村基层组织建设面临着许多新情况、新问题，少数村无人办事、无钱办事的问题仍然存在；一些村庄人才匮乏，村级班子选人难；等等。因此，要把加强农村基层组织建设作为推进农村新型社区建设的首要任务，由组成社区的各个村党支部联合成立社区党总支，根据社区实际推选党总支书记，或者由镇党委选派机关干部挂职社区党总支书记。在党总支的框架下，设立区域性或者行业性、功能型党支部。

3. 要增强社区的承载力和吸引力。在进行组织整合的同时，本着"一体部署、压茬推进、分步实施"的原则，统筹抓好社区配套。加大政策性资金投入力度，加大中心村道路、给（排）水、供电、供气、通信、绿化、污水和垃圾处理等方面的基础配套；进一步完善社区服务中心功能，将与农村群众生产生活息息相关的公共服务延伸到社区，提高社区的吸引力和凝聚力。

4. 要积极稳妥地引导群众向社区集中。在社区配套日趋完善、群众对社区依赖度越来越高的基础上，适时出台优惠政策，逐步引导群众自愿、自主、自觉地向城镇、向社区中心村集聚，营造人口聚集的"洼地"效应。在集中建设农村新型社区时，应积极利用土地增减挂钩政策。

国务院《关于深化改革严格土地管理的决定》（国发〔2004〕28号）明确提出："鼓励农村建设用地整理，城镇建设用地增加要与农村建设用地减少相挂钩。"2010年8月，省政府下发的《关于加强土地综合整治推进城乡统筹发展的意见》（鲁政发〔2010〕73号）提出："增减挂钩指标优先用于农村住宅、农村基础设施和公共服务建设，节余指标中留出适当的比例，用于新型农村社区的长远发展。"近年来，文登市通过增减挂钩增加用地4828亩。城乡增减挂钩工作是国家开展新农村建设，盘活存量建设用地，缓解建设用地指标紧张局面的重要举措，意义重大。建议有关部门加大宣传推广力度，从根本上解决城乡一体化建设用地不足的问题。

（三）加快推进城乡产业融合发展，壮大城乡经济实力

加快推进城乡一体化，既需要有坚实的物质基础作支撑，通过产业强市区、强镇街、强村居，壮大经济实力；又需要打破城乡经济的二元结构，促进城乡资金、技术、劳动力、资源、产品、信息的互通共享，实现城乡产业的融合发展。借鉴外地先进经验，结合各市区的实践探索，建议在以下几个方面加大工作力度，促进城乡产业的融合发展。

1. 加快土地流转，促进农业的规模化。党的十七届三中全会明确提出，允许农民采取转包、出租、互换、转让、股份合作等方式流转土地承包经营权。威海市现有耕地295万亩，全市农村人口平均2.3亩。目前，各市区普遍建立了农村土地流转服务中心，58个涉农镇街全部设立了土地流转服务大厅，畅通了土地流转渠道，全市农村土地流转面积25万亩。文登市宋村镇通过大力引进农业龙头企业，流转土地1.1万亩，农民亩均地租收入600~800元，不仅促进了农村青壮劳动力的转移，而且将一大批不能外出打工的60~70岁的农民就地转化为"农业工人"，年收入在6000元以上。

从全市面上的情况看，有些问题需要引起各级重视：①土地流转份额多、面积小，无法达到规模生产和产业结构调整的需要；②市场尚不成熟，中介组织不健全，流转行为不规范，遗留问题较多；③部分基层干部对土地流转认识不足，缺乏有效的组织、指导和管理手段；④全面取消农业税及粮食直

补的政策的实施，使一大批农民"不愿"流转承包经营权。有些农民将承包土地视为"保命田"，"不敢"流转承包经营权；有些农民外出打工经商距离较近，承包地面积不大，现在机械化水平也比较高，"不想"流转承包经营权。

这些问题已经制约了威海市土地流转的快速推进，但有些问题的解决需要长期的过程，有些需要综合施策。要加大宣传力度，大力宣传流转法规，宣传通过流转致富的典型，让广大农民群众放心流转；要完善社会保障体系，提高农民群众的养老、医疗等保障水平，消除农民的后顾之忧；要加强农村基层组织建设，提高农村干部的素质和能力，增强农村"两委"班子的号召力，促进土地的成片流转；要强化服务，规范土地流转程序，保障流转双方的合法权益。

2. 加强对农业龙头企业和合作组织的扶持，促进农业的产业化。近年来，威海市先后出台了一系列关于扶持龙头企业和农村合作经济发展的政策措施。自 2009 年起，市、县两级财政每年安排资金 800 万元支持龙头企业发展。目前，全市拥有规模以上农业龙头企业 310 家，其中国家级龙头企业 10 家，省级龙头企业 50 家。荣成市副食品公司在崖西镇、城西街道建设出口花生专用基地 25800 亩，通过实施"统一供种，统一采购化肥、农药，统一技术操作规程，统一监督管理，统一收购、销售"的生产管理制度，辐射带动基地及周边农民 4800 多户，增收 150 多万元。

威海市龙头企业虽然数量不少，但规模相对较小，技术设备落后，只能进行原料的初加工，而且企业间不能形成合力，甚至出现恶性竞争现象。为此，在今后的龙头企业发展上，应重点加大三个方面的支持力度。一是运用财政、金融的杠杆作用，加快集团化建设步伐，紧密同类产品企业间的协作，努力打造一流龙头企业。二是进一步加大对品牌建设和标准化生产的扶持力度，切实提高企业知名度和竞争力。三是围绕威海市农业重点产业加大招商力度，积极引进国内外大企业到内陆镇从事大宗农产品和特色农产品加工，对这类项目给予一定的政策倾斜。

"龙头带基地、基地连农户"的农业产业化经营模式，解决了分散经营的千家万户与大市场的衔接问题，但从农业产业化经营的实践看，也存在着一些问题：一方面，由于农民生产经营比较分散，处于弱势地位，龙头企业往往利用强势地位"店大欺客"，当市场不景气的时候，往往通过技术壁垒等手段对农户进行价格控制，损害农民的合法利益；另一方面，农户受利益驱使，在市场景气的时候，往往又不遵守与龙头企业签订的订单，由于订单分散在千家万户，"法不责众"难以制约。近年来，通过政府发动、政策引导、龙头带动等形式，威海市已经建立了农民专业合作社 1255 家，注册资金总额 3 亿元，社员 4.65 万户，辐射带动 15 万农民。农民专业合作社的建立，不仅有利于改变农民在市场中的弱势地位，而且有利于提高农业生产的规模化、集约化水平。

2007 年，国家颁布了《农民专业合作社法》，去年省里先后出台了《关于促进农民专业合作社健康发展的意见》（鲁政发〔2011〕38 号）、《山东省农民专业合作社省级示范社认定管理暂行办法》（鲁农经管字〔2011〕15 号），对合作社发展给予了很多政策扶持。可以说，发展农业专业合作社上级有政策，农民有愿望，实践有经验。建议市里拿出专门的扶持资金，各职能部门加强指导服务，力争尽快实现农民专业合作社的大发展，促进农业增效、农民增收。

3. 大力发展二、三产业尤其是工业，促进农民的非农化。工业化与城镇化是推动经济发展的两大驱动力。工业经济的发展将有效推进城镇化，促进农民的非农化；而城镇是工业经济的载体和平台，良好的城镇环境可以吸引更多的工业项目，加快工业化进程，进而促进城镇规模的扩张。20 世纪 80 年代以来，苏、锡、常等地区创造了"苏南模式"，一大批小城镇脱颖而出，成为联结城乡的枢纽。威海市的张村、港西、俚岛等经济强镇的发展，也是靠相对发达的工业作支撑。

如何使城镇化与新型工业化互动并进，关键要做到四个坚持。一是坚持产业规划与城镇规划有机衔接，发挥规划的综合调控作用，引导城镇有序拓展、产业合理布局。二是坚持产业项目与城市建设良性互动，借助产业项目扩展的契机，实施一批重大基础设施工程，增强城镇服务功能。三是坚持园区建设与城镇发展同步推进，在重点镇建设特色园区，加强园区功能建设，使之成为现代工业的集中区和城镇的有机组成部分。四是坚持企业膨胀与招商引资双管齐下，既要引导原有企业加快上档升级步伐，更要围绕本地的资源特点和产业基础，加大招商引资力度，尽快打造特色产业镇。

（四）加快镇、村基础设施建设，夯实城乡一体化的根基

城乡基础设施一体化，既是改善农村生产生活条件、实现城乡生产要素自由流动的最迫切要求，也是城乡一体化最直观表现，必须放在突出位置来抓。

交通方面。威海市城与镇、镇与镇、镇与村之间公路基本是畅通的。今后主要任务是在此基础上进一步提高公路等级和质量。要坚持以县为主，在积极争取国家和省建设资金的同时，鼓励通过市场化运作和社会捐助等多种形式筹措资金，加大建设力度，全面提升全市农村公路路网等级标准和路面质量。同时积极探索城乡公交一体化的途径，按照"两步走"的原则，先在县域范围内建立起以城区为中心、以乡镇为节点、以场站为依托、线路覆盖城乡的公共交通格局，在此基础上逐步实现市域范围内城乡公交一体化。

供水方面。目前威海市农村自来水已实现全覆盖，但以单村供水工程为主，多数靠村里打井解决供水水源、铺设供水管路及配套设施。这种供水模式主要存在三个方面问题：一是供水工程投资规模小、建设标准低、工程老化失修严重，供水保证率较低；二是水源受自然条件和外界环境影响较大，极易造成水源出水量不足、水质退化甚至污染，水质合格率较低，水质安全难以保障；三是供水工程以村集体管理为主，普遍存在着管理组织不健全、制度不规范、责任不明确、人员不落实及水费征收困难、维修养护资金匮乏等问题。

近年来，各市加大了规模化供水工程建设力度，荣成先后将城区及周边的 14 个镇纳入了一体化供水范围，对于市政管网达不到的 8 个镇，全部建成了集中供水厂实行联片供水。市政府今年已研究决定，"十二五"期间市级财政每年拿出 1500 万元，县级财政按 1 : 2 比例配套，设立规模化集中供水工程专项补助资金。要在千方百计落实这些财政资金的同时，一方面积极向上争取资金，将省级以上饮水安全项目资金统筹用于规模化集中供水工程建设，另一方面按照"谁投资，谁受益"的原则，采用股份制、承包、拍卖、BOT 运作等多种形式，引导社会资金参与规模化集中供水工程建设，争取"十二五"期间规模化供水人口覆盖率在 85% 以上。

供气、供热方面。目前，威海市管道天然气在镇一级推进很快，荣成已有 20 个镇街通上天然气、安装用户 16.5 万户，文登也有 8 个镇区、乳山有 2 个镇开始管道天然气的安装。威海市管道天然气主要用的是中海油的，气源很充足，明年 4 月西气东输管道还将铺设到威海，形成双气源；天然气价格又比液化气便宜 2/3，群众很期待，而且北燃、港华两家公司为了抢占市场，积极性都很高。要积极引导，加快管道天然气在镇区的普及，并不断向楼房率较高的社区推广。集中供热方面，目前看普及难度大，主要原因一是投资很大，以荣成的俚岛、人和两镇为例，镇驻地范围内居住人口约为 3.6 万和 6.2 万人，仅建供热站、主管网就需要 5000 多万元。二是用户消费高。荣成市供热配套费为 55 元/米，每年供热 22.5 元/米，这对于人均收入 1 万 ~ 2 万元的居民来讲困难较大，而且供热价格远远低于成本，如果政府补贴的话，对镇财力是严峻的考验。目前，全市仅有荣成的 12 个镇、街实现了集中供热。他们的主要做法是通过引进有实力、有战略眼光的供热企业，由市、市区、镇共同投入，推动供热进镇入户。

生活垃圾处理方面。已建成 52 处镇垃圾转运站，配备垃圾运输专用车辆 108 辆；所有村居都配齐了垃圾桶（箱），共配备垃圾桶（箱）4.2 万个；所有村居都成立了保洁队，初步实现了"户保洁、村收集、镇清运、市处理"的目标，今后要进一步健全农村生活垃圾处理长效管理机制，确保实现无缝覆盖、不留空当，实现真正意义上的城乡生活垃圾一体化处理全覆盖。荣成建立严格的管理考核制度，对垃圾转运数量实行定量考核，市财政设立"以奖代补"奖励资金，按人均每天产生 0.6 公斤垃圾的标准计算，达到市里核定生活垃圾入站量 80% 以上的镇街，市财政根据市城乡环境卫生一体化管理办公室提供的考核情况，按入站生活垃圾沿海镇每吨 20 元、内陆镇每吨 30 元的标准给予补助，否则不予补助。这些制度把垃圾变成了奖补资金，调动了镇村的积极性，较好地保证了垃圾的集中处理，值得其他市区学习借鉴。

生活污水处理方面。建成了 54 处镇级和 22 处村级污水集中处理设施，基本实现了镇驻地生活污水集中处理设施全覆盖，但污水配套管网铺设进度慢、覆盖范围小，部分污水处理设施没有正常运转，污水不能稳定达标排放。要从各镇、村实际出发，加快污水管网铺设和污水并网进度，加强设施日常维护与监管，确保设施正常运转，污水稳定达标排放，争取近期镇区污水处理率在 85% 以上。

（五）大力发展城乡社会事业，推动公共服务均衡发展

近几年威海市民生财政投入不断加大，公共服务资源不断向农村倾斜，除社会保障外，城乡公共服务基本上实现了一体化。下一步，要重点在提高标准上下功夫。

教育方面。经过连续几年的农村学校"食暖行"工程、信息化工程和校舍改造工程，农村学前教育、义务教育无论是硬件设施、校园环境，还是教师待遇、师资水平与城市相比几无差别，有的甚至好于城市。今后要紧紧围绕"高位优质均衡"这一目标，按照"统一学校布局规划、统一学校建设标准、统一经费保障标准、统一教师管理配置、统一教育质量评估"的标准，加快城乡教育高位、优质、均衡发展。

医疗卫生方面。从县域范围看，县、镇、村一体联动的公共卫生体系初步形成，在国家医疗卫生体制改革政策的支持下，基本能够达到"小病不出

镇村、大病不出县"的目标。目前主要问题是专业技术人才匮乏、卫生服务水平不高。威海市现有乡村医生2275人，具备执业助理医师执业资格的不足60人，并且50岁以上人员达到67.5%。最近市政府已出台了"十二五"期间深化医药卫生体制改革规划及实施方案。要按照规划要求，整合现有医疗资源，加大公立医院改革推进力度，可以将公立医院整合成2～3个医疗集团，把基层医疗卫生机构纳入医疗集团，推动公立医院与基层卫生服务机构、中心城区医院与各市区医院上下联动。同时，要建立城乡之间长期稳定的对口支援和合作制度，探索县域人才统筹调配和流动机制，促进人才资源向基层流动；建立健全继续教育制度，对农村各类卫生专业技术人员和管理人员开展业务知识和技能培训，力争到2015年每个镇卫生院有2～3名合格的全科医生；坚持从提高待遇、养老保障等入手，解决好乡村医生的后顾之忧，稳定乡村医生队伍。

文化方面。要进一步健全以城带乡、共同发展的文化发展体制机制，加快行政村、城市社区文化活动中心的建设，实现村村有文化大院、每个社区都有文化活动中心的目标；在农家书屋全覆盖的基础上，进一步完善功能，推动与全市图书馆网络服务体系的融合；不断改造提升镇（街道）综合文化站设施，增强服务基层群众的能力；大力推进文化资源共享，加快公共电子阅览室建设，实现市、区、镇（街道）三级全覆盖，逐步向有条件的村延伸。

社会保障方面。这是城乡一体化问题比较突出的一个方面，虽然城乡居民养老、医疗保险制度已实现全覆盖，城乡居民之间享受到的政策待遇差距不大，但标准比较低，特别是与城镇职工养老医疗保险相比，差距太大，去年城镇职工养老缴费基数平均为3166元，离退休人员平均月领取养老金1539元；城乡居民缴费标准每人每年300～5000元，退休后每月最高领取640元。职工医疗保险报销最低也在80%，而城乡居民最低只有50%。城镇职工养老保险和医疗保险由省一级统筹，由企业和个人承担；城乡居民养老保险和医疗保险则由市一级统筹，由地方政府和个人承担。现在两种制度相互隔离、互不关联，但为了解决部分在城镇灵活就业的人的保险问题，城镇职工保险制度规定这部分人可以参保并适当降低缴费比例至20%（职工养老保险企业缴18%，个人缴8%，共26%）。如果采用这种方式参加城镇职工保险，一方面大大提高了个人待遇，另一方面也降低了地方政府的财政支出。因此，应大张旗鼓地宣传这些政策，鼓励、支持有能力的城乡居民以合作社名义或以灵活就业的方式参加城镇职工保险。

加快推进城乡一体化，事关经济社会平稳较快发展大局，事关现代化幸福威海建设，事关全市人民的根本利益，必须高度重视，精心组织，协调联动，强力推进，以卓有成效的工作，全面拉开一体化发展的新框架。要加强组织协调，将城乡一体化工作列入各级党委、政府重要议事日程，健全完善领导小组和办事机构，对内树立"一盘棋"思想，合力推动工作开展，对外积极争取政策法规、资金项目等方面的支持；要强化舆论宣传，充分利用各类媒体，做好引导发动、造势鼓劲、选树典型、凝心聚力的工作，形成浓厚的舆论氛围；要不断探索创新，按照整体战略构想，发挥主观能动性，立足实际，打破常规，广泛借鉴，尽快在重点开发区域和重要节点取得实质性突破；要严格考核奖惩，整合相关考核项目，统一纳入目标绩效管理考核，层层落实责任，定期调度观摩，强化督导检查，严格奖惩兑现，确保城乡一体化建设各项工作按期高质量推进。

（作者单位：中共威海市委办公室）

实践群众路线的有效途径

——荣成市"两个全覆盖"群众工作机制的调查与思考

梁　栋

　　群众路线是中国共产党的生命线和根本工作路线，是党的优良传统和政治优势。但在基层中如何实践，关键是要找到一个可操作性强、行之有效的方法。荣成市探索实行的干部直接联系和服务群众"两个全覆盖"工作机制，架起了干部与群众之间的"连心桥"，为新时期进一步加强和改进群众工作，实践党的群众路线做出了有益尝试。

一　理论与现实的契合：探索实行"两个全覆盖"群众工作机制的意义

1. 群众路线是党的生命线

　　中国共产党是马克思主义理论武装的政党。作为一种理论体系，马克思主义的一大鲜明理论特色就是群众史观，始终与人民大众的实际生产生活相结合，始终以实现人民群众的根本利益为目的。中国共产党在运用和发展马克思主义的过程中，对群众史观做了更进一步的丰富和提升，形成了一整套"从群众中来，到群众中去"的群众路线理论和工作方法。实践证明，密切联系群众是我们党的"最大优势"，脱离群众是我们党的"最大危险"。作为党的作风建设的核心，密切联系群众既是党整个机体保持生机与活力的根本源泉，也是党员永葆先进性的基本条件。胡锦涛同志指出："要牢固树立群众观点和公仆意识，把群众呼声作为第一信号，把群众需要作为第一选择，把群众满意作为第一标准。"习近平同志告诫全党："要坚持马克思主义群众观点和党的群众路线，以高度的政治责任感扎实做好联系群众、宣传群众、组织群众、服务群众、团结群众的工作，不断提高群众工作水平。"中央政治局出台的八项规定，将改进工作作风、密切联系群众的行为准则和规范固化为制度。十八大新党章号召全党分期分批开展以为民务实清廉为主要内容的党的群众路线教育实践活动。所有这些，都为新时期加强和改进群众工作指明了方向。

但是，对于怎样实践党的群众路线，如果仅限于意识形态层面的推广而没有具体可行的方法是远远不够的，因为群众路线的基本要求在于：深入群众、动员群众、组织群众、相信群众、教育群众、依靠群众、尊重群众、造福群众。这是群众性的实践活动，在价值取向上不能只满足于表面上的轰轰烈烈，只停留在文件、会议和口头上，必须管用，必须贴近实际、贴近生活、贴近群众，密切关注大众切身利益，给大众带来实效，这就需要努力找到一个使党的主张与人民心声有机统一、推进党的各项工作与实现人民根本利益有机统一的群众工作方法。

2. 基层实践需求是实践群众路线的原动力

农村是中国革命的出发点和立足点，农民人心的向背是决定事业成败的关键因素。要想维护农村稳定，必须抓住农民这个最大群体；要想抓住农民，就需要掌握他们的内心世界和思想意识，突出群众工作这个重心。当前，我国正处于重要机遇期与矛盾凸显期交织并存和急剧转型的阶段，农村面临着由传统社会向现代社会的转变与过渡。这种转型不仅造成农村经济结构的巨大变化，同时也带来了政治、文化、生活方式、思维方式、价值观念等方面的一系列深刻变化：社会主义市场经济的建立使民众的主体意识、权利意识、"消费者意识"迅速成长，网络世界的勃兴使人们的表达意识、参与意识空前增长，全球化的深入使民众的责任意识、公民意识日渐增强，其中尤以价值观念的转变最为突出，一些人不信马列信鬼神，集体主义观念淡化，封建迷信行为有所抬头，黄赌毒等丑恶现象沉渣泛起，这些都是过去党的群众工作不曾面临的新环境。

实践告诉我们，没有落后的群众，只有落后的领导。领袖的能力就在于能够从群众的实际状况出发，有效说服群众，充分调动群众。因此，在这样一个迅速变化的时代，群众的诉求、兴趣、心理、参与等变化得越快，越需要我们早研究、早预测、早发现群众的变化方向与趋势，这样才能走在群众前面，充当解决人民内部矛盾的"防火墙"；如果我们对群众的变化研究"慢半拍"，只能跟在群众后面，成为解决人民内部矛盾的"救火员"，体现在群众工作中就会出现"老办法不管用、新办法不会用、硬办法不敢用、软办法不能用"的尴尬局面。农民群体的重要性，基层实践的新变化，决定了当代中国马克思主义必须回归"生活世界"，关注"民生世界"，在贯彻中央方针政策、推进各项工作过程中，不断与基层实际相结合，关注民众的基本生存和生活状态，在回应和解决实际问题中抓住人心、赢得大众，化大道理为人民群众的"小"道理，把美好理想与人民群众的现实需求紧密结合。而这个"结合"的过程，必然是具体反映群众利益、处理好与群众关系的过程，本质上就是马克思主义与群众大众相结合的过程。

3. 党群干群关系现状迫切要求实践群众路线

近年来，各级党委、政府都把保障和改善民生作为重要的工作导向，每年都推出一系列民生工程。然而，虽然政府投入很多，群众却不一定十分满意。相反，基层政权与群众之间的政治信任流失已成为无法回避的问题。这主要表现在：有的干部在敬业、服务、担当等方面责任意识不强，面对群众利益诉求，不站在群众的立场上看问题，工作方法简单粗暴，应付了事；有的只抓权力、不讲服务，对审批收费、达标检查有积极性，在服务基层和企业方面却不够主动；有的怕担责任，"事不关己，高高挂起"，碰到问题上推下卸，遇到困难绕道走，能推则推、能拖则拖、能躲则躲；有的喜欢做表面文章，蓄意唱高调、虚应付。相比以前，现在的通信手段越来越多，与群众的沟通反而越来越少；交通方式越来越便捷，下基层反而困难越来越多；机关干部的学历水平、文化层次越来越高，做群众工作的能力反而越来越低；看不起群众、吃不惯群众饭、嫌弃群众文明素质低等现象时有发生。这些问题尽管大多只是作风消极，不同于贪污受贿、渎职侵权等腐败行为，但严重损害了政府的公信力，削弱了部门的执行力。在中国，公众的政治信任更多的与政府信任连在一起，政府的表现是公众支持政府的决定性因素，政府公信力下降更多的是党群、干群关系疏离的结果。

党群、干群关系疏离，固然有干部作风建设问题，但某种程度上也与行政工作重心的转移有关。以往国家主要通过行政机制来整合乡村社会，农业生产、催粮催款、征派劳务、计划生育、征收农业税及各种费用等都由乡镇干部来管理和实施，由于工作需要，他们一年到头往村里跑甚至与群众同吃、同住、同劳动。但随着资源高度垄断局面被打破，农民与基层政权的依附关系逐渐降低，基层政权管辖的行政事务大量减少，很多税费、粮食等都不用收了，有的干部认为不用走访农户了；以往交通不发达、没有通信工具，干部必须住在村里，现在路、电话、网络都通了，不仅镇干部住在城里，有的村干部也住城里，有的干部认为"按着鼠标走一走、天下大事全都有，拿起电话说一说、随时可以做工作"，不屑联系群众，不愿到群众中做艰苦细致的调查研究；也有的干部个人专断，不敢联系群众，怕群众提意见、提要求等。越是在这样的情况下，越需要广大干部常到群众中去，体验群众生活，反映群众需求，回应群众关切，努力推进马克思主义大众化。为此，在2012年，荣成市启动了"诚信建设年"主题活动，推行了单位包村、干部包户"两个全覆盖"工作机制，即组织全市机关事业单位、全体机关干部走出机关，深入农村、社区分包联系全市所有的居民，通过集中走访和经常联系与群众零距离接触，及时了解和掌握一线情况，听取群众意见和建议，按照群众意愿改进工作，不断提高服务群众的质量，从根本上提高了马克思主义大众化实效。

二 "两个全覆盖"：实践群众路线的有效途径

"两个全覆盖"把群众是否满意作为工作的出发点和落脚点，以建立直接联系和服务群众机制为主抓手，融大众化理论于群众的各项工作之中，通过分包联系，形成自上而下"干部人人有责、群众户户受益"的双向互动联系网络，采取"人对人、面对面"的方式深入实际、关注现实，实现党的理论主张、方针政策与人民群众之间的无缝对接。2012年，在威海市半年和年终群众满意度调查中，荣成市总体满意度分别达到96.6%、96.8%，列各市区首位。

1. 创新教育管理模式，提升干部服务群众能力，筑牢"两个全覆盖"工作基础

近年来，荣成市始终把"强素质、转作风、增本领"作为干部队伍建设的根本任务，常抓不懈，常抓常新。自2012年启动"诚信建设年"活动开始，今年又进一步巩固成效、深化内涵，开展"诚信建设创新年"活动，以弘扬正气、转变作风为目标，采取教育培训、活动引导、典型引路等多种形式，加强机关干部教育管理，增强其思想先进性和社会责任感，筑牢执政为民的意识和根基。

（1）注重教育，在学中"悟"

一是依托主题活动集中教育。在全市各级机关、企事业单位和村区中，广泛开展"学雷锋、讲诚信、做好人""千名教师访万家""四比四看""荣成好人"等一系列主题教育活动，深化"四德"教育，开展"幸福四季、好运荣成"系列文化惠民活动，以诚信建设统揽各项工作、凝聚各方力量，推

动社会主义核心价值体系落地生根。去年 12 月，全省"四德"工程诚信建设现场观摩会在荣成市召开，诚信荣成建设成为全省的典型被宣传推广。二是利用网络普及教育。开设了荣成市远教频道、视频互动平台、干部理论学习网，内容涉及政治理论知识、农业实用技术知识、卫生知识等十大板块，节目内容及时更新，干部群众可用固话或小灵通免费点播，专家讲座可通过多方视频会议系统直播，范围覆盖到全市所有村级远程教育站点和有电脑的农户家中，收看群众可同专家进行远程视频互动，为干部群众提供了长期学习、随时提供信息服务的平台。三是强化专题培训重点教育。深入开展"学理论、懂政策、做明白人"理论大众化教育普及活动，针对不同行业、不同领域干部的不同需求，成立市、镇街、市直部门、重点企业宣讲团，依托"人人当讲师""道德讲堂""微型党课""干部自主选学"及"百日文化广场""主题宣传""远教频道"等多种形式和载体，广泛开展集中宣讲与专题宣讲，用身边人讲身边事，从小故事中感悟大道理；开办"月月大讲堂"，邀请国内知名专家学者、上级部门领导、先进地区干部授课，借鉴外部新理念、新思路，推进市内各领域探索创新；采取与高校联合办学的方式，分期分批组织党政干部和企业家到浙江大学、复旦大学等国内知名高校学习培训，进一步解放思想、开阔视野、拓宽发展思路；依托哈尔滨理工大学荣成学院国家大学科技园，投资 100 多万元建成威海市首家大学生创业孵化基地，定期组织大学生村干部、"三支一扶"人员等免费培训。通过各类专题培训学习，把宣传教育活动融入学习型社会、学习型机关和各级党委中心组学习之中，使广大干部知大局、懂本行，增强指导和引领发展的能力。四是整顿机关作风强化教育。开展以"增强执行力，狠抓工作落实""治庸提能、治懒增效、治散聚力"为主题的干部作风整顿，在全市党政机关事业单位中开展以"岗位、目标、管理、服务、制度、考核"为主要内容的机关精细化管理活动，细化岗位职责，明确工作标准，规范工作流程，以制度建设为切入点，着力整治机关干部作风中存在的突出问题，内强素质、外树形象，增强各级干部狠抓落实、务实为民的责任感，打造服务高效、作风务实清廉的政务环境，使社会风气和干群精神面貌焕然一新。

（2）注重实践，在干中"炼"

一是在经济社会发展主战场上锻炼。采取"课题学习法"，开展"百题调研活动"，围绕全市中心工作，针对社会热点难点问题，组织机关干部带着问题走基层、访民情，促使他们在调研中学习，在学习中锻炼，增强为民服务的本领。二是在志愿服务行动中锤炼。以"关爱他人、关心社会、关爱自然"

为主题，建立以市、镇（街）和村（居）为主体的三级志愿服务组织网络，开展科普宣传、法律援助、环境清洁、助学助残、关爱空巢老人等志愿服务活动，在志愿服务中体察民情、感恩社会、锤炼品质。三是在工作一线上磨炼。有计划地从市直机关中选派年轻优秀干部到村担任"第一书记"，自去年开始共选派236名；去年全市交流科级干部139人，轮岗中层干部122人，下派到镇街挂职31人，使干部在更广阔的舞台上成长成才。

（3）注重激励，用典型"引"

深入开展市级道德模范评选表彰和"我推荐·我评议身边好人"活动，每年表彰一批"助人为乐""见义勇为""诚实守信""敬业奉献""孝老爱亲"等道德模范，涌现出一大批诚信榜样、道德模范和身边的好人，有5人当选"山东好人"和"威海好人"，每年评选出"诚信建设年"活动百个先进单位、百名先进个人和千家诚信示范户；创建了"一路情深""绿美城乡""金帚舞动洁万家"等一批服务品牌和"好运荣成""中国海洋食品名城"等城市品牌形象，引导广大干部学榜样、做榜样，激发为民服务的工作热情。

2. 多措并举，扎实推进，确保"两个全覆盖"工作落到实处

（1）强化组织领导

一是健全领导体系，建立由市级领导、镇街和部门单位主要负责人组成的组织领导体系，镇街驻片班子成员、包村干部及部门分管负责人、包户干部组成的推进落实体系，社情民意调查中心、4个纪检组组成的督导考核体系，形成联系服务群众工作的合力。二是广泛宣传发动，召开全市动员大会，下发《关于全面启动干部直接联系和服务群众入户走访工作的通知》，并通过活动专刊、报纸、广播电视、政府门户网站等多种渠道、多种形式，对"两个全覆盖"工作进行全面宣传报道。三是进行专题培训，成立市级群众工作宣讲团，各单位根据需要自行安排访前培训，通过发放资料、专家授课、模拟演练等形式，对包户干部进行民生政策、社会热点专题培训，确保能够准确答复群众提出的问题。

（2）明确责任分工

将全市22个镇街、84个市直部门、26个上级驻荣单位、35个"三区"直属部门和4863名机关干部、2616名农村两委干部、951个村居、24.7万户居民，全部纳入直接联系和服务群众工作体系，按照"划片包干、按人定户"原则划分责任网格。每个镇街责任网格由一名市级领导分包联系，并带头联系村和联系户；农村由各镇街以村庄为单元、城区由相关街道以小区（楼栋）或街巷为单元，划分为若干责任网格，由市主题办统筹安排部门单位会同各

镇街分包联系。各镇街牵头与分包联系部门单位及时沟通对接，并对所在的责任网格进行调查摸底，明确每个责任网格走访干部、走访群众的姓名及联系方式，实行"一个责任网格、一名联络员、一名协调员、一套走访班子"，将包户任务合理搭配落实给部门单位和镇街的每名机关干部。要求每名机关干部做到"两个100%"，即参与率100%、入户走访率100%。

（3）界定工作职责

一是了解民情，摸清基层基本情况，了解群众在增加收入、城乡建设、社会保障、教育医疗、环境保护、文化生活、困难救助、社会治安和干部作风等方面的意见和建议。二是宣传政策，对党的路线、方针、政策和法律法规，市委、市政府的重要工作部署，特别是与百姓切身利益有关的民生实事进行宣传，使群众能够知晓政策、懂得政策、用好政策。三是便民服务，立足部门职责，在思想引导、信息传递、问题咨询、事务代办等方面，为群众提供力所能及的帮助和服务。四是社会管理，协助村居和企业搞好矛盾纠纷排查调处、突发事件应急预警，以及重要节日和重大活动期间的防火、防汛等任务。五是服务发展，积极为村居发展集体经济、培植富民产业等出谋划策，在行政审批、信贷融资、招商引资等方面搞好服务。

（4）健全走访机制

把建立健全领导有力、科学规范的管理机制，作为"两个全覆盖"长效运行的重要保障。一是调度机制。以镇街为单位召集本辖区内联络员、调度员，每月召开一次民情分析研判会；包镇市领导会同镇街主要负责人，每季度召开一次民情分析研判会；遇到重大民情事项随时召开，互相通报、梳理和分析每个责任网格内的热点问题，采取措施予以解决，确保"两个全覆盖"落到实处。二是推进机制。首先，畅通联系渠道，每个责任网格在公开栏、宣传墙等醒目位置，张贴印有联络员、协调员的姓名及联系方式等内容的公告牌，并印制便民服务联系卡和民生实事明白纸，逐户上门发放到群众手中，方便群众反映问题和处理问题。其次，经常走访联系，包户干部根据自身实际和工作安排，与群众保持经常性的沟通联系；除自行走访外，每年4月中旬、10月上旬开始进行为期1个月的集中走访；5月中旬至6月底、11月中旬至12月底进行集中整改。三是联动解决问题机制。对群众反映的问题视情况予以区别对待。能够当场答复的，予以当场答复；条件不具备或不符合政策规定暂不能解决的，做好耐心细致的解释工作，争取群众理解和支持；不能当场解决的，记好民情日志，及时向镇街反映解决；镇街不能解决的，上报市主题办协调相关部门单位解决，相关部门单位接到《问题整改通知书》

后，三个工作日内制订上报整改方案，明确解决措施和完成时限并落实专人办理。四是问题整改反馈机制。建立需要解决、已经解决和尚未解决三本联系群众台账，落实具体责任人，将问题解决情况及时向群众反馈、征求意见，实行销号管理；定期将群众反映的问题、受理解决情况及群众满意度回访评价，通过行风热线、报纸电视、政府网站向社会公开，实行阳光行政。截至目前，"两个全覆盖"解决群众问题1.3万个，投入帮扶资金3000多万元，树立了干事创业、务实为民的良好形象。五是监督考核机制。采取专项检查、民主考核和社会考评相结合的方式，将"两个全覆盖"纳入机关岗位目标责任制考核，作为检验工作成效的重要方面，单独赋分，严格奖惩；巡视督查组采取调阅民情日志、入户查访、电话随机抽查等方式，对干部走访情况进行定期督导检查、全程跟进监督；拓展电话投诉、网络举报等社会监督渠道，加大明察暗访力度，严肃查处损害群众利益的不正之风。去年，对23个单位、22名干部进行了问责，对10名干部给予诫勉谈话和降、免职处理，促进了干部作风转变和行政效能提速。

（5）讲究走访技巧

一是科学选定走访形式。把"人对人、面对面"作为主要走访形式，灵活运用集中走访、个别走访、电话约访等形式，确保不漏访。二是合理安排走访时间。采取错时走访法，白天重点走访年龄偏大的居民，晚上走访外出工作的居民，有效提升走访效率；对暂时不在家的居民，根据其作息时间进行多次走访，确保应访尽访、不空访。三是准确运用走访语言。以微笑入户为起点，用规范性语言答复群众疑问，避免言语随意，禁止随便表态；用理解性语言体恤群众疾苦，避免言语情绪化，禁用硬、冷、横的谈话方式；用家常式语言知民意，避免给群众造成自我封闭和对抗情绪，杜绝程式化的话语方式，确保走访得民心。四是端正走访态度。克服畏难发愁心理，将群众看成自己的亲人，把走访当成走亲访友，带着诚心访；克服消极应付心理，将群众反映的问题"带上来"，准确答复、积极解决、及时反馈，带着问题访；克服漂浮被动心理，扑下身子、放下架子，将政策讲明、讲透、讲实，带着责任访，确保走访不搞形式、不走过场。真正做到干部在基层服务、问题在基层解决、理论在基层普及。

3. 丰富活动载体，搭建联系服务群众的桥梁和纽带，巩固检验"两个全覆盖"工作成效

（1）健全便民服务的网络载体

以优化服务为根本，建立了市、镇、村三级群众工作机构，健全了市级

领导联系镇街、领导干部接待群众来访、包村扶贫等联系群众机制，推行了社会管理网格化模式，组建了公共资源交易中心，将政府采购、土地招拍挂、建设工程投招标等纳入中心集中统一监管。成立了"民生110指挥中心"，整合82个部门和行业服务热线，群众只要打一个电话就能反映所有需要解决的问题，中心自运行以来共接受各类民生诉求1万多起，平均每天受理400起左右，电话回访群众满意率在95%以上。在镇街成立了便民公共服务中心，整合窗口服务部门集中办公，方便群众办事。各村成立村级便民服务中心，推行村干部坐班制，确定集中办公日，现场解决群众问题，接受群众要求事项。同时，打破行业和地域局限，在机关、企事业单位、农村、社区设立党员先锋岗，组建学雷锋志愿服务队，在"两新组织"中创建党建协会，在新经济组织与属地党委之间架起了沟通的桥梁。各单位充分依托干群互动平台网络开展活动，便民服务更加贴近群众、深入人心。

（2）探索致富群众的实践载体

实施"党员、巾帼、工友、大学生"四大创业帮扶工程，安排201个部门单位、231个企业和社会能人帮扶433个薄弱村，整治了101个农村后进班子，推动农民专业合作社向纵深发展，加大引带、领办和扶持服务力度，不断壮大"支部＋协会"等富民经济组织。从区域经济基础、产业特色出发，建成了357个知名度高、带动力强、运作规范、助农增收显著的农民专业合作社、34家省级以上农业产业化龙头企业，推行"以户为基础，专业化分工，规模化生产，产供销一体化"经营模式，吸引了大量农民参与，基本形成了"一村一品"或"几村一品"，"一镇一业"或"几镇一业"的产业特色。2012年，全市农民人均纯收入15667元，同比增长14.8%。

（3）完善民生改善的制度载体

一是坚持民生需求导向，力促民生改善。承诺每年扎实办好十件民生实事，2012年承诺的10大项、36小项民生重点工程全部完成；不断提高公共投入、社会服务、民生保障"三个均等化"水平，实现财政民生投入、最低生活保障水平、特殊群体救助、新农合标准等随着经济增长逐年提高，2012年全市财政民生投入增长20.6%。二是坚持群众满意导向，打造优质服务窗口。出台《行政服务向镇街延伸、便民服务向村居延伸的实施意见》，最大限度地把部门权限、服务项目向基层下放，宁可干部辛苦一点，也要让百姓感到方便，得到了群众的交口称赞；出台《关于对损害投资发展环境行为实行问责的暂行办法》，对各级党政机关及相关部门损害投资环境的行为给予了约束性规定，有效解决了影响和损害投资发展环境的各种不良行为，营造"零障碍、低成本、高效率"的投资发展环境；优化了行政服务中心的服务效能，在实行"一站式"办公、"一条龙"服务的基础上，去年又进一步优化服务流程，清理审批事项338项、削减61%，办理时限缩短了70%，行政事项集中办理率达到73.3%。2012年，行政服务中心办理事项9万多件，没有发生一起逾期和投诉现象。三是坚持城乡一体化导向，促进新农村建设上档升级。规划"一城两带三片区"发展布局，本照"结合实际、量力而行、分步实施、适度超前"的原则，以"驻地改造与繁荣服务业同步、环境建设与基础设施配套、园区拓展与周边村庄改造同步"为思路，加大"三通两处理"配套设施延伸力度，镇街驻地改造、农居工程建设、农业产业化发展等工作成效显著，为转变农民生产生活方式创造了有利条件，城市环境综合整治定量考核连续9年位居全省第一。

三 功能与启示："两个全覆盖"工作机制的价值内涵

1. "两个全覆盖"的根本目的在于为群众谋利益

从本质上说，"两个全覆盖"工作机制就是做好群众工作的机制，"两个全覆盖"工作的过程就是做好群众工作的过程。做好群众工作的根本目的是为群众服务、为群众谋利益，说到底就是用先进思想和模范行为代表、维护、实现人民群众的利益，引导、团结和带动广大群众为实现党的任务而共同奋斗，这是我们党的宗旨。而"两个全覆盖"的创新之处在于，它不仅仅要求党员和领导干部把群众观点、群众路线贯彻始终，而是要求所有的机关干部都要增强群众观念，在走访活动中把人民群众的安危冷暖放在心上，把为群众解忧愁、办实事放在首要位置，最终造福于民，从而解决了群众路线中"为了谁"的问题。

2. "两个全覆盖"的基本功能在于社会调查

"两个全覆盖"蕴含的政治逻辑并不复杂，关联着党的群众路线，将群众的分散的、无系统的意见集中起来，经过研究化为集中的、系统的意见，回到群众中去做宣传解释，化为群众的意见，使群众坚持下去，见之于行动，并在群众行动中考验这些意见是否正确，这是我们党重要的思想方法和工作方法。其创新之处在于，它不仅仅强调决策干部主动深入群众，而是要求所有的机关干部都要深入下去，第一时间听到群众呼声、了解群众疾苦、掌握群众诉求、吸纳群众的好点子，汇集加快发展的智慧和力量，这是以调查研究的形式开辟了新的信息来源，更直观、更准确地为决策者提供信息，使公共决策有了依据，同时也提高了办事效率，节约了行政成本，从根本上解决了群众路线中"依靠谁"的问题。

3. "两个全覆盖"的潜在功能是改善党群干群关系

大走访活动，使干部沉下去了，民情浮上来了，情况更清楚了，工作作风更踏实了；问题解决了，老百姓感觉到了关心，干群之间感情建立起来了；关系融洽了，矛盾纠纷更容易化解，更容易凝心聚力。因此，深入群众有利于培植群众观点，增强各级干部的事业心和责任感，促使广大干部自觉转变作风、真正同群众打成一片，这是以创新的方式建立联系群众的长效机制，拓展联系群众的途径，丰富服务群众的内容，畅通群众意愿表达渠道，有利于构建和谐的党群干群关系，从而解决了群众路线"如何实行"的问题。

4. "两个全覆盖"的实践意义在于培养提升干部能力

宣传政策、解决问题的前提是自己懂政策、做内行。让干部奔赴一线，与群众沟通感情、交流思想、共破难题，促使干部在学习中走访、在走访中学习，既提高了宣传政策、运用政策、落实政策的能力和水平，又加深了对基层的认识，感同身受群众疾苦，增强了做好群众工作的本领，使干部在下基层、访民情、解民忧、办实事中接受教育、经受锻炼、转变作风、提升能力。因此，"两个全覆盖"机制不仅是服务群众的"直通车"，也是培养、锻炼干部的"大课堂"、提升能力素质的"助推器"，从根本上解决了群众路线"怎样贯彻"的问题。

5. "两个全覆盖"的深远意义在于重塑政府形象

尽管"两个全覆盖"机制与基层治理绩效的相关性还有待更长时间的验证，但在这一过程中，通过干部在一线拜人民为师，与群众结友，为老百姓解难事、办实事、做好事，促使干部与群众之间建立起友好互信关系，在村（居）两委之外构建出干群联系网络，然后将个人化的信任关系渗入村民与基层政权之间的垂直网络，使后者获取社会支持，进一步提升群众对政府的信任度，社会更加和谐稳定。因为，现在的村干部既扮演着完成党和国家任务的"代理人"角色，又承担着管理村级事务的"当家人"角色，如何避免两种角色之间的沟通障碍，"两个全覆盖"使情况在一线掌握、问题在一线解决、工作成效在一线检验，既有利于克服中间层次的信息失真，直接与乡村社会接轨，又有利于促进各项工作扎实落实，使党的主张得到有效贯彻、马克思主义理论与人民大众有效对接结合，使党永葆青春活力。

总之，群众观点是马克思主义的基本观点，"两个全覆盖"作为密切联系群众的有效方法，是一项转变机关作风的形象提升工程、培养干部的能力锻造工程和造福人民群众的德政民心工程，是实践群众路线的有效形式。其在实践中能否取得明显实效，关键在于"接地气"。

一是力戒形式主义，在"深入"上下功夫。办事、做工作总要有一定的形式，但形式只能为内容服务。联系群众要的是一颗为群众着想的心、把群众当亲人的心，要在思想上融入群众，在行动上同群众交心，把联系村当家建、联系户当亲人待，真心为民、真情待民、真话对民，用真情厚意浇灌出血浓于水的亲情，带着真情、满怀深情、充满激情地投身到这项活动中，以昂扬向上的精神风貌、扎实有效的工作举措、求真务实的过硬作风，将双脚插入泥土中，与群众面对面交流、手拉手亲近、心连心沟通，真正将工作做在群众心坎上，坚决杜绝形式上热热闹闹、实则劳民伤财，确保活动取得实实在在的效果。

二是力戒敷衍塞责，在解决问题上下功夫。解决群众最关心、最现实、最直接的利益问题是联系服务群众的根本。要全面把握走访包联任务，在狠抓落实、务求实效、帮办实事上下功夫，对群众反映的问题认真对待，切不可麻木不仁、熟视无睹，或者互相推诿、久拖不决，要把好事做实、把实事做好，让群众实实在在地感受到实惠，坚决杜绝不干实事、掩盖矛盾和问题、报喜不报忧，这样才能让群众疏解心结、吐露真情，走访才不会引起群众厌恶和反感。

三是力戒"一阵风"，常抓不懈。一个实际行动胜过一打纲领。群众不仅要看你怎么说，更要看你怎么做。一个好的政策，如果不能真正付诸实施或在实施过程中走了样，就不能达到目的。要把"两个全覆盖"作为一条工作制度、作为一项常态工作，始终放在心上、抓在手上，长期坚持下去，持之以恒，真抓实干、开拓创新，比如将其运用到清明节期间的防火工作中，安排所有部门单位、部分机关干部分包不同的山头、坟头，严看死守，有效杜绝了火灾隐患，发挥了仅靠森林防火部门"单打独斗"所无法起到的作用。说到底，"两个全覆盖"就是要用干部的"辛苦指数"换来群众的"幸福指数"，既不能搞"一阵风"，也不能"中途截留、偷工减料"，更不能搞"上有政策、下有对策"，要努力实现好、维护好、发展好广大人民群众的根本利益，切实把马克思主义大众化提高到一个新境界。

（作者单位：中共荣成市委党校　课题组成员：尹选芹　王蕾）

《立法后评估研究》内容提要

汪全胜

　　立法后评估，也称法律跟踪问效评估，一般是指在法律法规制定出来以后，由立法部门、执法部门及社会公众、专家学者等，采用社会调查、定量分析、成本与效益计算等多种方式，对法律法规在实施中的效果进行分析评价，针对法律法规自身的缺陷及时加以矫正和修缮。

　　立法后评估制度在国外早已成为定制。美国的立法机关倾向于颁布"短期性"的法律行为，就是为了有利于立法后评估制度的实施。继美国之后，英国、日本、韩国、澳大利亚、加拿大、德国、法国等相继开展了立法后评估活动，加拿大、澳大利亚、韩国、日本等国家相继出台了《日落法》或在某部门法中规定了"日落条款"，即在法律中规定了法律实施的自动到期日条款，在法律规定的有效期限届满之前，启动法律绩效评估，以决定是否继续沿用该法律。除此之外，一些国家通过国家立法的方式对立法后评估活动加以规范化，如英国 2001 年出台的《规制改革方案》及《准备守法成本评估修正守则》、日本从 2002 年开始实施的《行政机构实施评估政策有关的法律》（以下简称《政策评估法》）、韩国政府于 2000 年通过了《韩国政府绩效评估框架法案》、德国出台的《联邦法律案注意要点》与《立法效果评估手册》、荷兰实施的《立法指导原则》、芬兰通过的《法律规范法》、加拿大出台的《联邦立法政策》等。建立我国的立法后评估制度需要在评估主体、评估对象、评估程序、评估内容以及评估结果等的回应机制上进行全方位构建。

一　立法后评估的主体

　　根据我国现行立法后评估的实践状况，我们知道，现行我国立法后评估主体的一个重要特征就是评估主体的单一性，即单纯由国家机关或其内部机构的评估，是典型的"内部评估"。我们说立法后评估主体的内部化是我国目前应当经历的一个过程，但它最终目标是实现立法后评估主体的多元化。多元化立法后评估主体是我国立法后评估完善化的制度选择，它不仅是避免单一化的内部评估主体的缺陷而做出的选择，也是因为法律作为社会公共政策的公共性基础以及社会主体利益多元化的必然结果。

建构我国多元化的立法后评估主体，其基本路径如下。

首先，要完善我国现行的内部评估主体制度。作为立法后评估的主体是法律制定主体本身或者与法律制定主体有着千丝万缕的联系，这就难以保证立法后评估的客观公正性。有时难以避免立法后评估主体把立法后评估与"政绩"挂钩，使得立法后评估深深地打上了个人利益或部门利益的烙印。有时，法律的制定主体或执行主体利用自己的权力去影响其他主体的意愿，以获得对自己有利的立法后评估，这就使得立法后评估容易走向反面，并可能带有很浓的主观色彩。另外，立法后评估毕竟是一项专业性较强的工作，需要评估者掌握立法后评估的理论知识，熟悉评估的技术与方法，但对于这些内部评估主体来说，往往缺乏这方面的知识和理论准备，从而也让人们对其获得的评估结论表示怀疑。在我国尚无法律法规对立法后评估主体做统一规范的情况下，这些立法后评估主体的模式带有探索的性质，至于什么样的立法后评估主体是最适合的组织实施主体，我们认为可以总结实践经验，在条件成熟时，实现内部评估主体的规范化。

其次，要进一步拓展"利益相关者"的评估。立法后评估制度较为成熟的美国、英国、韩国、日本等国家，都比较注重"利益相关者"的评估。但实践中对"利益相关者"的范围认识有所不同，从而参与的主体范围也有所不同。在具体实施评估时，要对各种不同的"利益相关者"进行分析，明确不同利益相关者的性质与范围。

再次，要积极培植"独立第三方"评估主体。独立第三方的评估最大的价值倾向就是评估结果的客观公正性。因为它超然于法律法规制定与执行的公共部门之外，与法律法规没有密切的利益关系，在很大程度上保证能够客观、公正地进行评估。同时，作为专门的法律法规评估与研究机构，具备评估所需要的专业技术人员，熟悉法律法规评估的理论知识、专门方法和技术，并积累有一定的评估实践经验，因而能够保证法律法规评估的质量。独立第三方立法后评估主体在我国尚未形成，需要积极探索独立第三方评估主体形成孕育的条件，建立鼓励独立第三方评估主体产生与形成的制度环境。

最后，还要实现扩大公众参与的评估。公众参与立法后评估有很多优越性，它不仅能为决策带来更多的有效信息，使公民对决策的接受程度有所提高，从而促进了决策的成功执行，还将会增强公民对于政府行为的理解，从而减轻人们对政府机构的批评。在我国，尤其要加强公众参与相关制度的建设，如信息公开制度、社会团体制度、公益代表制度、专家咨询制度等，只有构建完善的立法后评估的公众参与机制，才能发挥立法后评估以及立法后评估公众参与模式的积极作用。

二 立法后评估的对象

立法后评估对象也就是立法后评估的客体。在立法后评估活动中，立法后评估的对象要明确、具体，这样立法后评估的目标、目的才会明确。立法后评估对象是立法后评估活动的重要因素，没有确定的对象或客体，立法后评估活动就无从开展。从一般意义上来讲，立法后评估的对象或客体就是立法，或者讲就是属于法律范畴的规范性文件。但是在开展立法后评估活动时，一些法律并不适合进行立法后评估或者说不具有"可评估性"。

笔者认为，立法后评估对象选择的标准是：立法后评估的有效性、必要性与可行性原则相结合。立法后评估对象选择的有效性，就是说，立法后评估选择的对象必须确实有价值，能够通过评估达到一定的目的。立法后评估对象选择的必要性在于进行某项法律法规评估有没有现实的需要。所谓立法后评估对象选择的可行性，即所选的评估对象必须是可以进行评估的。根据各国立法后评估实践以及我国近几年立法后评估的实践经验，立法后评估对象主要有三种类型：其一，单行法评估，即评估主体只针对单一的法律规范性文件所开展的立法后评估活动，也称为立法的单一性评估；其二，法的类型化评估，类型化评估是对某一类法律制度进行的评估；其三，法的总体性评估，实践中有三种情形属于法的总体性评估。第一种情形：是对历史上制定的法律法规进行全面的评估，如1979年11月第五届全国人大常委会第12次会议通过的《关于中华人民共和国建国以来制定的法律、法令效力问题的决议》、1987年11月第六届全国人大常委会第23次会议通过的《关于批准法制工作委员会关于对1978年以前颁布的法律进行清理情况和意见报告的决定》就属于法的总体性评估。第二种情形：是对现行我国法律体系的评估，也属于法的总体性评估。所谓"法律体系是指由一国现行的全部法律规范按照不同的法律部门分类组合而形成的一个呈体系化的有机联系的统一整体"。

考察我国法律体系是否健全所进行的评估属于法的总体性评估。第三种情形：是对某一立法主体在一定历史时期制定的所有法律法规实施效果进行评估，如对第五届人大期间制定的法律实施效果进行的评估；在一届人大或政府任期届满时对其任期内制定的法规范性文件进行全面的评估等。

三 立法后评估程序

对于立法后评估程序可以从静态和动态两个角度理解。从静态上看，立法后评估程序表现为立法后评估主体进行立法后评估时的操作规程，它由步骤、时序、方式三个要素构成。步骤揭示了程序的阶段性，而各个步骤所采用的方式则揭示了阶段得以实现的具体内容，比如立法后评估的启动是一个阶段，而如何启动则是这一阶段的具体内容。时序是指时间要求，包括行为次序的先后时间（次序不得跳跃或颠倒）和期间的限定（即立法后评估必须在一定的时间内完成的时间要求）。次序的强制性在立法后评估程序中是显而易见的，其间的约束力则因不同的地方针对不同的法律法规开展立法后评估而不同。立法后评估主体开展立法后评估必须遵循的步骤、时序和方式一般由以宪法为核心的一系列法律规范所确定，从而构成了法后评估程序中相对稳定的静态结构。作为一种法律规则，立法后评估程序具有明显的强制性和规范性，"相对摆脱了单纯偶然性和单纯任意性的形式"。立法后评估程序具有以下几个环节。

第一，评估准备阶段。周密的准备是评估的基础和起点，也是成功开展评估工作的前提条件。充分的准备有助于评估者及相关人员更进一步明确评估工作的中心和重点，避免盲目性。评估的准备工作主要包括制订评估方案和组织评估人员、制订评估方案要指明评估对象、阐明评估目的、确定评估标准、选择评估方法、说明评估工作的进度安排及评估经费的预算及使用原则等。

第二，评估实施阶段。这个阶段是立法后评估过程中的实质性阶段，主要是收集信息、整理信息、分析信息的过程。相关信息是评估的原材料，没有关于该行政立法的真实详尽的信息，评估就无法做到客观、科学。因而，在这一阶段中评估者首先应最大限度地实现与行政立法制定者、实施者、公众之间的有效沟通，广泛收集相关信息，避免信息截流、失真。为此，有必要建立社会公众参与机制、行政执法主体反馈机制。其次，要对收集到的原始信息进行系统整理与审核，查漏补缺、去伪存真、去粗取精。最后，要运用适当的方法对所收集信息进行科学分析。

第三，形成评估结论、撰写评估报告阶段。这一阶段主要是通过对评估对象各方面的信息分析，研究得出该行政立法是否有必要、可行，立法效果如何，是否需要修改、废止或者制定配套措施等。

四 立法后评估的内容

作为规范性制度的立法后评估，其规范化的评估内容应包括立法的合宪性评估、立法的合法性评估、立法的合理性评估、立法的技术评估以及立法的可操作性评估。

立法的合宪性评估包括立法主体（或权限）的合宪性、立法内容的合宪性以及立法程序的合宪性。

立法的"合法性"评估，是指对立法的结构形式、基本价值、实施效果等进行"合法性"的评断，它包括立法的形式合法性、价值合法性以及实践合法性的评估。

立法后评估的"合理性评估"包括以下三个方面的评估：（1）法作为社会规范选择的合理性，这是立法之前对社会控制方式选择的合理性的评估；（2）立法权、立法程序、立法内容的合理性；（3）法律绩效的合理性。

立法后评估的立法技术评估则包括三个方面的内容：法的形式结构的技术评估、法的实质结构的技术评估以及法的语言文字表达技术的评估。

立法的可操作性评估，虽然总体上可以归结为立法技术评估的内容，但与立法技术评估又有所差异，前者更注重法律规则、法律制度的实施的可能性与现实性问题，它是法律规则、法律制度实施一段时间以后，这种规则与制度还能否发挥作用以及发挥作用的程度，是否需要用新的规则与制度来替代它。

五 立法后评估的方法论

立法后评估的方法论是指立法后评估主体在评估法律实施效果时所应采纳的技术手段与方式。我国的立法后评估方法论体系已经粗具规模，从轮廓上说，主要包括对比方法、专家评估法、目标群体评估法和执行群体评估法等。我们知道不同的方法选择可能会产生不同的评估结论，但基本上可分为两大类：定性评估方法与定量评估方法。它们各自有不同的优势也有不足，各国在进行法律绩效评估方法的选择，注重将两种方法加以协调，以获得客观的评估结论。这里只探讨了一般性法律绩效评估方法，包括法律成本与效益评估法、法律成本与效果评估法、前后比较评估法。

六 立法后评估结果的回应机制

评估主体在对评估对象实施评估活动，最后是要根据评估信息，依据一定的评估方法，形成评估报告。然而有关评估主体提交评估报告后，立法后评估活动还没有结束。我们要看该评估报告会对立法产生什么样的影响，也就是立法后评估报告中有关的立法建议与意见是否能得到国家立法机关的回应，这可以说是立法后评估制度的根本目的。从各国立法后评估回应之实践来看，基本上有三种回应类型：法的修改、法的废止以及新法的创制。

立法后评估回应之法律修改是立法主体针对评估报告中提出来的立法缺陷以及完善的立法建议而做出的积极回应，最终通过法律修改过程使法律内容趋于完善。笔者将法的废止与立法后评估活动联系在一起，是寻求建立法的废止的科学机制，就是说，立法主体做出法的废止是建立在对法的绩效评估基础之上的，是立法主体对立法后评估回应的结果。在立法后评估活动中，法的创制就表现为两种类型。第一种类型，根据立法后评估状况，旧法需要做出全面修改，即用新同名法代替旧的法。如我国现行宪法 1982 年宪法是对 1978 年宪法的全面修改。第二种类型，通过立法后评估状况，需要制定其他新法，以保障已有的法律效力能够充分发挥。如在国务院《劳动保障监察条例》评估过程中，评估组总结出了该条例不仅需要修改，而且需要制定相关的配套法律法规，以为劳动保障监察提供更有力的依据，如建议出台《中华人民共和国劳动合同法》《中华人民共和国社会保险法》《企业工资条例》等，这些法律我国需要创制。

[作者单位：山东大学（威海）]

山东半岛蓝色经济区建立中日韩循环经济示范基地思路与对策研究

赵姗姗

从本质上看，循环经济是一种生态经济，循环经济应涵盖经济发展、社会进步、生态治理等多个方面，追求各个系统之间达到均衡循环的组合状态。作为新的经济形态，循环经济是基于生态原理、经济优化和系统集成的增效率、减排放、循环利用资源的经济模式，可以更有效地利用资源和保护环境，以尽可能小的资源消耗和环境成本，获得尽可能大的经济效益和社会效益，从而使经济系统与自然生态系统的物质循环过程相互和谐，促进资源永续利用，其实质是减量化、再利用、资源化。鉴于中日韩循环经济合作是一个较为复杂的过程，不可能一蹴而就。本着"先行先试，示范带动、稳步推进"的原则，把中日韩循环经济示范基地建设放在当今世界经济一体化、区域经济合作步伐加快，尤其是山东半岛蓝色经济区建设中日韩自贸区日益提到议事日程的背景下进行研究，并提出具有综合性和实践性特色的国际化循环经济区及基地建设的思路和对策。

一 发展中日韩循环经济示范基地的背景

2011 年 1 月，国务院以国函［2011］1 号文件批复《山东半岛蓝色经济区发展规划》（以下简称《规划》），这是我国第一个以海洋经济为主题的区域发展战略。《规划》的批复实施是我国区域发展从陆域经济延伸到海洋经济、积极推进陆海统筹的重大战略举措，标志着全国海洋经济发展试点工作进入实施阶段，成为国家海洋发展战略和区域协调发展战略的重要组成部分。

《规划》中提出，要把山东半岛蓝色经济区作为中日韩区域经济合作试验区，支持在海洋产业合作、投资贸易便利化、跨国交通物流、电子口岸互联互通等方面先行先试。进一步加强与日韩在海洋产业、海洋科技、节能环保等领域的合作与交流，争取建立中日韩循环经济示范基地，承担中日韩科技联合研究计划。

中日韩三国人均资源占有水平较低，大力发展绿色经济、循环经济，实现可持续发展，是三国的共同目标。中国、日本和韩国都是世界上的经济和贸易大国，作为东北亚区域经济的基础，三国的合作不仅在东北亚，在亚洲，乃至世界范围内都产生了非常重要的影响。

2009年10月，第二次中日韩领导人会议确定探索建立中日韩循环经济示范基地；2011年5月，中日韩三国工商峰会上中国提出2012年将启动中日韩自贸区正式谈判。2011年5月，三国领导人举行会议，时任国务院总理温家宝指出，建立中日韩循环经济示范基地是三国领导人两年前达成的共识，中国政府愿意采取有效措施，尽早启动"中日韩循环经济示范基地"筹建工作，加快中日韩循环经济示范基地建设。此后，中日韩三国围绕示范基地建设举行了不同级别的会议进行商讨。

建设中日韩循环经济示范基地，目前还面临一些障碍。就中日韩而言，相关因素主要有两个方面。一是互信的问题。目前需要进一步强化三国国民之间相互信赖的基础，营造相互经贸合作的氛围。二是敏感产业的问题。对日韩而言，主要集中在农业领域，对中国而言，主要集中在一部分技术密集型制造业领域。而且三国的投资合作领域里面，特别是投资领域的开放问题上也存在一些分歧。此外，在推进中日韩自贸区问题上，还需要处理好与其他区域和区域组织之间经济合作的关系。从国内层面来看，中日韩循环经济示范基地建设各个省之间存在着竞争，如何协调也是个很现实的问题。伴随着山东半岛蓝色经济区建设的逐步深入，中日韩循环经济示范基地建设如何取得扎扎实实的进展，还需要做大量的工作。

二　韩国循环经济发展的实践和经验

"循环经济"一词在韩国并不常见，这并不是说韩国没有发展循环经济，相反，韩国人对资源再利用的意识之强，做法之普遍，却是令人称道的。韩国在循环经济发展道路上也走了许多弯路，基本上走了"先污染，后治理"的道路。第二次世界大战和朝鲜战争之后，韩国成为一些发达国家特别是美国和日本产业转移的重点地区，纺织工业、造船业、钢铁制造业等工业成为转移的重点，由此韩国步入了经济发展的快车道，韩国在短时间内完成了现代化。产业转移在给韩国带来巨大的经济利益的同时也给韩国的环境带来了巨大的压力：韩国民众环保意识淡薄，对山林的乱砍滥伐，使得几乎所有河流上游植被遭到破坏，造成水土流失严重。众所周知，韩国国土面积狭小，资源短缺，经济外向依赖性较大，如果任其发展，后果不堪设想。针对这种状况，韩国一方面利用循环经济理念进行产业的调整和转移，另一方面推行了一系列的环保政策。

20世纪六七十年代，为了解决伴生于工业化、城市化的环境污染问题，韩国政府制定了可称为韩国第一个环境法律的《公害防治法》，该法律的制定，为韩国环境保护政策拉开了帷幕。20世纪80年代开始，韩国提出"以技术为主导"的战略口号，并先后制订和实施数项科技发展计划，重点发展技术密集型产业，同时对原有高污染、高消耗的产业进行节能环保改造。韩国的资源环境问题已经到了亟须解决的阶段，而以技术为主导正是为其提供了必要的技术支撑。韩国在1980年建立了韩国资源与环境公司（一个非营利性的国家公司），实行清洁生产和环境保护的具体操作。同年，韩国政府在《宪法》中明确地提出了"环境权"，使得环境政策得到宪法的支持。

20世纪90年代，是韩国循环经济发展的强化阶段，韩国政府强化原有的循环经济政策，引进环境开发负担金和排放负担金等制度，开发环境指标体系，制定综合环境、能源、交通等方面为一体的、适宜于保护环境的能源政策。1996年，韩国环境保护委员会建立了减少食品垃圾的总体规划；1997年，制定了关于食品垃圾收集、运输和分类收集的标准规定；1998年，制定了《1998年至2001年的食品垃圾循环利用的规划》；早在1992年，韩国便开始实施"废弃物预付金制度"。与此同时，各种"绿"字头活动也逐步开展，新的节能型电脑、空调、洗衣机、电视机等家电销量大增，节能产品的普及和推广在韩国节能运动中功不可没。

21世纪开始，韩国进入大力发展循环经济阶段。2001年，韩国财政经济部、外交通商部、科技部和环境部等9个部制定了《环境产业发展战略》。根据这项战略，韩国到2010年要具有21世纪的国际竞争力，符合世贸组织体制下的环境市场开放条件和发达国家的环境标准，成为"环境模范国家"。从2002年起，韩国将"废弃物预付金制度"改为"废弃物再利用责任制"，对减少废弃物的排放、促进废弃物的循环利用起到了积极作用。同时，韩国成立了一家名为"资源再生公社"的公营企业，专门负责管理和监督"废弃物再利用责任制"的实施。自从设立"资源再生公社"并实施管理监督以来，韩国废弃物品循环利用率提高了 5% ~6% 。2002 年，韩国用于环境保护的财政支出达到 13 万亿韩元，占其当年国内生产总值的 2.3% ，高于发达国家德国和法国的 1.6% 、日本的 1.4% 和英国的 0.7% 。2004 年，又制定了《2004 年至 2007 年食品垃圾减量化和循环利用的规划》；2005 年 1 月起，为促进循环利用和食品垃圾最小化，控制垃圾直接填埋，制定了《食品垃圾综合规划》；2006 年，又制定了在政府监督执行下的《2006 年至 2010 年循环利用和食品垃圾最小化综合规划》。这一时期，韩国的循环经济得到全面发展，有效地实现了产业发展与资源环境相协调。

韩国发展循环经济的成功经验主要有：成立专门机构，全权负责清洁生产和保护环境的操作；制订关于发展循环经济的全面战略计划；利用产品的生命周期评价法，从产品的设计、制造、废弃不同阶段进行评价，使得每个阶段都符合循环经济理念中的"3R"原则；对符合循环经济发展的企业给予优惠的财政税收政策，对"两高"企业，通过增加其生产的机会成本以使其自觉地进行技术的改造升级；通过全民的监督，使得企业向着循环可持续方向发展；加强技术研发，为发展循环经济提供强有力的支撑。

三 建设中日韩循环经济示范基地建设的战略构想

1. 指导思想

将山东半岛蓝色经济区建设成为我国面向日韩开展国际经济大循环的前沿和主要阵地，成为突破中日韩自由贸易区建设的先行区和实验区，为推动自由贸易区深入发展提供坚实基础和宝贵经验。从长远战略来看，中日韩循环经济示范基地可以作为建设东北亚区域经济一体化的成功典范，推动东北亚各国之间的经济交流、融合，实现共赢。从近期战略来看，可以将中日韩循环经济示范基地打造为国家可持续发展先行示范区、最具投资价值品牌区、国家绿色农业示范区和山东省深化经济体制改革试点区。

2. 基本思路

区域经济一体化是经济发展的趋势，由于历史因素的影响，要想大范围实现区域经济一体化从目前来看是不现实的，但是在东北亚地区存在很多局部、小规模的经济合作，所以要想实现中日韩循环经济示范基地的建设，必须从局部入手，加强以民间带动政府、以地方影响中央、以局部影响整体的小区域经济合作。首先推动中韩地方政府之间的循环经济示范基地建设，再促进中日循环经济示范基地的开展，最后整合三国的循环经济示范基地建设的优势，真正达到建立中日韩循环经济示范基地的目的。

3. 战略构想

正确选择国际合作对象。从国际地区合作对象来看，由于我国与日韩在文化背景和地理位置上的地缘关系，可以选择日韩中具有循环经济发展合作价值的地区、园区、企业、机构作为发展循环经济的合作对象，初步可以从日本本岛大阪湾的大阪和神户市、伊势湾的名古屋市、日本九州地区，韩国的釜山市、仁川市、平泽市等中选择。从国际产业（行业）合作对象来看，可以选择日本、韩国两个国家中蓝色（循环、可持续）经济中战略性产业、新兴产业、高新技术产业，对比其竞争优势和影响，探索与其合作的可能。

积极探索国际合作形式。政府通过协助推荐或者引介循环经济相关、领军企业、研究机构、企业协会组织，推进与日韩及其他国际对象的跨国产学研循环经济合作；整理和提升半岛蓝色经济重大项目及已有循环经济示范项目（企业），有针对性地同日韩上下游企业组织进行对接营销，拉长循环经济发展过程中的产业链条，实现产业内和产业间循环经济发展模式的共生；策划和主办国际循环经济国际高峰会议和专题论坛；利用山东省丰富的高校资源，加强同日韩两国的高校的联系。

科学确定国际合作内容。学习借鉴日韩循环经济发展规制、政策、管理模式、规划建设等方面的经验，建立国际化管理模式下的山东省循环经济园区；鼓励企业通过自主技术创新和市场拓展，吸引日韩高端上下游企业参与山东省产业升级过程；通过中日韩及更大范围国际学术机构和人才培养机构交流与合作，推进循环经济国际化标准和规范领域的研究和人才培养，为实现国际化示范基地建设提供切实保障。

四　建设中日韩循环经济示范基地的对策和措施

从日韩企业在山东省的投资情况来看，韩资企业多于日资企业，山东省与韩国的经济文化交流合作基础要强于日本。可以山东省政府的层面首先加强同韩国地方政府之间的交流和走访，增强两国地方政府之间的政治互信，为发展中韩循环经济示范基地提供稳定的环境。以"先行先试"为指导，先在中韩之间建立起可行的示范园区，然后再通过中韩的成功案例来推动中日之间的循环经济示范园区的建设。最后通过三国各个地方政府之间的交流合作，使得中日韩循环经济示范基地能够成功在山东省落地生根，具体措施建议如下。

1. 政府积极引导和合力支持

尽管《规划》已得到国务院批复，但是许多具体工作的领域仍然在框架中，没有真正享受到国家战略层面上应有的政策优惠。需要国家层面上的政策，如果没有国家层面的强力推动，单靠某级政府和某级部门是难以完成的。省级相关部门应积极配合有关地市向上要政策，加强与国家有关部门的联系沟通，加大对上报审批、区域规划、功能定位、组织协调、整体推进等各项具体工作的领导和支持力度，不要只局限于成立一个什么机构，要真正把协调工作做到位，做到实处，为蓝色经济区有关地市和部门的相关工作提供强力支持。各有关地市也要克服"等、靠、要"的思想认识，采取各种有效形式，积极争取省里和有关部委的支持，加快中日韩循环经济示范基地载体建设工作。

2. 争取国家政策扶持

在对外开放政策方面，允许青岛前湾、烟台保税港区在海关监管、外汇金融、检验检疫等方面先行先试；支持日韩籍干线船舶在青岛前湾、烟台保税港区发展中转业务，支持青岛口岸发展国际过境集装箱运输。在船舶等相关行业利用外资的政策方面，受当前国家产业政策要求"投资船舶（含分段）制造项目必须中方控股"的限制，一些企业进一步投资发展受阻。建议国家给予优惠政策，加大对半岛造船业的扶持力度，允许投资造船业的外国企业可以独资或控股经营，加快造船业的发展。在签证审批政策方面，鉴于烟台、威海、青岛日韩企业多、双方人员往来频繁、国内工作时间长等因素，为进一步方便与日韩的人员往来，建议外交部简化签发二至五年多次往返签证的审批环节，对投资达到一定额度且工作满一定时限的日韩投资者可给予长期或者永久居住权；在我国已经给予日本居民短期逗留免签证待遇的基础上，通过与日韩签订相关协议，率先在山东实现与日本、韩国之间短期逗留互免签证。

在财政税收政策方面，研究制定国家引导和扶持海洋战略性新兴产业发展的优惠政策，对于符合海洋循环经济理念的项目和园区建设给予税收的减免和财政的补贴。落实国家风力发电增值税优惠政策，研究制定支持太阳能、潮汐能等新能源产业发展的财税优惠政策，为发展中日韩循环经济示范基地提供充分的能源支持；研究对区内符合中国服务外包示范城市条件的城市给予税收优惠政策，以增加吸引日韩高端企业来山东投资的力度，为发展循环经济提供实体支持。

在投资融资政策方面，在安排符合循环经济发展理念的重大技术研发和改造项目上给予资金上的支持，对中日韩循环经济示范基地中的企业园区在融资时给予相对优惠的利率或无息融资。

在海域、海岛和土地政策方面，合理利用海岛和海域资源，在围填海指标上给予倾斜，优先用于发展海洋优势产业、耕地占补平衡和生态保护与建设。

3. 推动地方政府及机构间合作

加强基础设施建设。中方可以通过加强同韩国与日本政府之间的共同努力，加快公路、铁路及港口建设，为发展中日韩循环经济示范基地提供强大的基础设施支持，先将物流设施建设完善，进一步推动日韩各种高端企业来山东投资，带动产业联动，从而为发展循环经济示范园区找到多种载体支撑。对于烟台市来说应充分发挥好地域优势，加快建设中韩铁路轮渡项目、中韩车载物流项目建设，建立起高效率、低费用的中韩物流系统和集装箱运输，打通中韩海陆运输大通道。完善中日韩空中通道，织密航线，增开航班，吸引日韩航空公司在烟台设立分支机构。建立中日韩港口合作机制，在运输组织、基础设施建设方面协同规划，增加集装箱运输航线，发展集装箱运输联运与国际中转、物流配送、邮轮客运等业务。以合资、合作等方式加快港口码头、泊位、航道及仓储设施等建设。

深化各个领域的互利合作。加强同日韩的经济往来，不断扩大贸易规模，提高相互之间的投资水平，使得产业发展向着"高端、节能、环保、高效"发展，真正体现循环经济的本质特征。

不断完善区域合作。在国家层面上继续推进中日韩之间的贸易投资自由化、便利化，采取有效措施改善通关、检疫检验、商务签证等制度和环境，推动企业中介组织、民间团体等开展多种形式的合作，加强双边和多边对话，尽快研究建立适合本地区实际的、符合各国需要的、满足各方利益的合作框架。

4. 启动中日韩循环经济合作先导工程

（1）构建循环经济示范区

将烟台、潍坊、青岛、威海、日照、滨洲等涉蓝地市具有产业转型升级示范价值的一系列项目（本报告只列举和剖析了烟台市少数几个具有一定代表性的项目），通过统一评审和规划，纳入首批国际循环经济示范园区，予以重点支持，并整合和提升纳入国家支持的示范基地。目前，烟台经济技术开发区正在向国家发展改革委员会等有关部门申报中日韩循环经济示范园区项目。

2000 年，烟台经济技术开发区在山东省率先获得 ISO14001 环境管理体系认证；2001 年，被国家环保总局和联合国环境规划署确定为中国工业开发区环境管理示范区，同年被确定为国家生态工业园建设项目和山东省生态工业园建设试点示范项目；2002 年 6 月，被国家环保总局命名为 ISO14000 国家示范区；2005 年 10 月，被国家发展改革委员会会同国家环保总局等 5 部门确定为全国首批 13 个循环经济试点产业园区之一。建区至今，累计完成合同外资 65.7 亿美元，实际利用外资 40.5 亿美元，内资项目注册资金 238 亿元。注册各类企业 16000 多家，其中工业企业 2900 多家，外商投资企业 1270 多家，世界 500 强企业共 57 家。经过多年培育，构筑起机械制造、电子信息两大主导产业拉动，汽车、手机、电脑、船舶、工程机械等产品集群崛起的产业发展格局，成为全国重要的汽车工业基地、电子信息产业基地和装备制造业基地，培育了生物医药、新材料、新光电三大新兴产业。

（2）建立产业融合示范区

中日韩循环经济合作示范基地的建设在三国贸易和直接投资不断扩大的基础上，应首先努力探索超越单纯商品交易和投资的新型产业合作模式。在产业合作模式探索的过程中，建议积极支持 7 个涉蓝地市中类似烟台保税港区等已具备自由贸易区雏形的海关特殊监管区申请建立中日韩经济合作试验区的工作，从而实现中日韩产业融合的示范带动。具体建议有以下几点。

以保税港区为核心载体，划出一定的区域范围，先期建设中日韩产业融合实验区。一方面，该区域应具备自由贸易区一般功能，如贸易要素配置功能，建立完善的市场体系及市场交易机制，重点在中日韩范围内进行贸易生产要素配置；贸易主体中枢功能，形成中日韩跨国公司密集地；贸易辐射功能，加大在进出口和内贸方面的合作；城市功能，通过区港联动、区城联动，布局与贸易相关的城市功能。另一方面，还应体现港区的功能，要具备商品流通、集散功能，完善信息集成功能，发挥辐射吸引和资源整合功能，形成多功能的综合服务体。产业合作的基本思路应是"优化结构、协调布局、完善链条、港产联动"。以保税港区为载体，充分挖掘在市场、信息、资本、科技、人才、区位、交通、法制及人文环境等方面的综合优势，以产业要素接轨为重点，政策措施接轨为保障，梯度推进，错位发展，实现区域产业的融合，从而全面扩展区域产业规模和提升产业能级。基于三国间经济差异性，区内优先规划机械、电子、生物、农产品、软件等互补性产业。

（3）构建冷链物流示范区

以半岛蓝色经济区规划为指导，在烟台、威海、青岛等海洋水产大市建设冷链物流示范区，带动山东省相关产业强力向海洋进军。对烟台来说，应依托烟台市在建的八角港码头、潮水国际机场、德龙烟铁路等交通设施，以规划建设烟台市国家级冷链物流基地为基础，建设冷链物流示范区，打造中国最大的海洋食品深加工中心、冷链食品交易中心、水产品旅游文化中心、国内重要的水产品价格形成中心、冷链食品标准示范中心和国际水产品保税物流等6个中心，形成一条从远洋捕捞、水产研发、水产养殖到加工贸易、市场配送、电子交易、金融服务，完整的渔工贸、产供销一体化的现代水产产业链；构建一条从远洋捕捞到冷链配送直至消费终端，多式联运的物流供应链；带动船舶、特种车辆、冷冻机械等装备制造业和旅游休闲业发展；拉动绿色食品产业、健康产业、海洋产业、现代服务业快速发展。

5. 着力提升我省循环经济的发展水平

建设中日韩循环经济合作示范区，在着眼于合作的同时，更要注重提升山东省自身的循环经济发展水平，只有这样，才能确保在高起点、高平台上为国际循环经济合作提供有效的载体。建议进一步抓好以下几项带有紧迫性、基础性和根本性的工作。

进一步加快建立循环经济标准体系和评价考核体系。深入贯彻落实《循环经济促进法》，抓紧研究制定循环经济型工业、循环经济型农业、循环经济型园区的标准及管理办法，逐步形成完善的循环经济标准体系。探索建立循环经济评估制度，对有关规划中确定建设的重点循环经济型园区进行定期评估，对建设成效显著的单位给予表彰和奖励。对资源消耗大、污染排放较多的新建或技术改造项目进行循环经济评估，对不符合循环经济内涵要求的项目不予批准建设。

进一步加快建立循环经济科技支撑体系。以政府财政投入为引导，鼓励帮助企业、高校和科研机构投入循环经济技术研究，积极引进和消化吸收国外的循环经济技术，提高循环经济技术支撑能力和创新能力。积极培育和发展循环经济产业技术创新战略联盟，引导联盟组织推动创新集群的形成和发展。建立由研究实验基地、大型科学设施和仪器装备共享平台和科学数据与信息共享平台等组成的科技创新支撑平台，集成各级财政资金，加大研发投入，降低企业的研发风险和成本，促进循环经济技术产业化和全社会的技术进步。

加强对再制造产品的税收优惠政策。"十一五"期间，是山东省再制造产业发展最快时期，达到全国领先水平。从2005年全省只有1家发展到2010年的23家。应进一步抓好济南复强动力和山东富美等5家企业被国家列为再制造试点单位的有利契机，在积极落实国家发展改革委员会等部门印发的《关于推进再制造产业发展的意见》，支持以报废汽车、工程机械和矿山机械的零部件、废旧硒鼓等为重点再制造企业做大、做强的同时，进一步加大向上申报力度，拓宽支持范围。

加大循环经济资金支持力度。建议尽快研究制定山东省"循环经济专项资金使用管理办法"。充分发挥财政资金的引导和杠杆作用，加大循环经济发展专项资金的支持力度，支持循环经济的科技研发、循环经济技术和产品的示范与推广、重大循环经济项目的实施、发展循环经济的信息服务等。有关部门在制订和实施投资计划时，应当将循环经济项目列为重点投资领域。

积极推进农业循环经济的发展。从山东半岛蓝色经济区内的总体情况来看，农业循环经济发展水平不高，农业生产经营方式还比较粗放，资源利用率还比较低，缺乏相应的扶持政策和项目支撑。但农业循环经济是山东半岛蓝色经济区的"潜在股"，具有良好的发展空间，加强中日韩农业的民间技术交流，提升山东省农业的现代化和生态化水平，具有重要的意义。

加强循环经济的宣传和教育培训。充分利用各种形式，大力宣传发展循环经济、建设资源节约型、环境友好型社会的重大意义，营造循环经济发展的浓厚氛围。加强对循环经济专业技术人员队伍素质与能力建设，开展多层次的循环经济教育培训，提高其组织实施循环经济工作的能力，增强循环经济法制观念和自觉意识。

[作者单位：山东大学（威海）]

《劳动经济研究丛书》内容提要

罗润东

劳动经济学作为一门新兴的交叉学科，被系统引入国内时间较短，近年来在中国经济发展的大背景下日益引起重视。针对这一背景，山东大学将其视为学科发展的新契机，于 2010 年成立了"山东大学劳动经济与人力资源研究中心"，并已将劳动经济学列入重点学科建设规划（第四批）。通过引进与培养等方式，逐渐形成具有一定规模的劳动经济学师资队伍和科研力量，凝练成了以劳动经济理论研究为基础的三个比较稳定的研究方向，即劳动就业与劳动关系、人力资本与收入分配、城市化与区域发展。这些研究方向均由有一定影响的学科带头人及团队骨干教师组成。研究团队围绕这些研究方向承担了多项国家级研究项目，发表了一批较高质量学术成果。此次推出的这套丛书，正是他们辛勤劳动的结晶，也是重点学科建设的阶段性成果。从一定程度上说，本套丛书所涵盖的劳动经济及其相关问题研究基本涉及了当代中国劳动经济学研究的主要方面。下面对丛书内容做简要介绍。

杨新铭博士《劳动力结构转换与居民收入差距》测算了中国居民收入差距与劳动力结构（人力资本差距）状况，并以此为基础，以技术进步为切入点，构建了二元经济理论模型，系统分析了劳动力结构转换对收入差距形成及其变动的影响。结果表明，人力资本的增加在不改变劳动力结构的初始阶段会扩大收入差距，而后随着人力资本继续增加，在引起劳动力结构发生显著变化后才会缩小收入差距。收入差距对人力资本的影响具有两重性，适当的收入差距是激励人力资本投资的必要条件，但如果收入差距过大，在信贷约束下居民反而会减少人力资本投资，从而抑制人力资本的增长。不仅如此，不同类型的技术进步对于收入差距与人力资本投资作用也不相同。其中，劳动密集型的低技能以及中等技能偏向型技术进步会缩小收入差距、抑制人力资本投资，而高技能偏向型的技术进步则会扩大收入差距、刺激人力资本投资。该书运用分省面板数据对农村内部、城乡之间以及加总的居民收入差距与劳动力结构之间相互关系进行的实证分析，验证了理论结论。

薛欣欣博士《国有部门与非国有部门工资差异》研究了国有部门与非国有部门工资差异问题。理论认为，在充分竞争的劳动力市场上，同质的劳动必定得到相同的报酬，也即"同工同酬"。但是，在现实经济中，劳动力在不同所有制、不同行业、不同地区、不同职业等都普遍存在着"同工不同酬"的现象。国有经济与非国有经济并存，尽管国有部门进行了多次工资制度改革，加强了工资与个人工作业绩的相关度，但两个部门的工资决定模式依然存在差别，从这个角度讲，中国的劳动力市场在所有制结构上存在市场分割。"同工不同酬"的因素对于工资差异的影响有多大？它在不同技能劳动力间又是如何分布的？哪些人群是非竞争性因素作用于劳动力市场的最大受益者？造成劳动力在部门间"同工不同酬"的深层机制是什么？这些都是值得思考的问题。该书正是基于对这些问题的思考展开研究，以探讨在经济全球化的背景下如何改善不同所有制和部门内的工资关系，从而合理有效地发挥部门间工资差异的激励和配置功能，在增进国有部门效率的同时实现劳动力的最优配置。

刘冰博士《人力资本与区域经济增长》从人力资本的理论出发，探究地区间经济增长不平衡的主要原因，并分析这些原因是如何相互作用的。各地区初始人均人力资本存量和人均物质资本存量比例的不一致，导致了各地区经济增长速度的不一致，形成地区性收入差距；而收入差距的扩大又加剧了人力资本的流动，由低收入地区流向高收入地区，进一步促进了地区间收入差距的扩大，如此的相互作用形成了地区间的不平衡增长。如果完全按照市场的原则来运作，必然会出现富裕地区越来越富、落后地区越来越穷的现象，形成一个两极分化的增长循环。该书以中国实际为例，从东、中、西部地区增长速度的差异和人力资本的跨区域流动，来分析中国的增长事实并得出经验性结论，从而找出解决地区间增长不平衡，以及引导资源、科学技术特别是人力资本从东部向中西部流动的人力资本配置制度创新途径。

王杰博士《"劳动合同法"的收入分配效应》基于制度变迁视角，把劳动制度内生化，用调查的微观数据系统地评价《中华人民共和国劳动合同法》（以下简称《劳动合同法》）作为一项正式的制度变迁的收入分配效应。该书假定企业在《劳动合同法》实施中"机会主义"是有差异的。由于"机会主义"的差异，企业遵守《劳动合同法》的程度是不同的，"机会主义"轻微的企业的劳动者能够获得《劳动合同法》规定的较多经济利益，而"机会主义"严重的企业的劳动者有可能仍然无法享受到《劳动合同法》实施带来的好处。此外，预期《劳动合同法》会提高劳动要素的价格，劳动要素价格的提高，会引起要素之间的替代，从而引起要素在不同行业和区域流动，而要素的流动会进一步影响不同行业和不同区域的要素市场和要素价格，最终影响行业和区域的工资决定机制和工资差异。该书进一步把预期的收入分配效应分为两大类，即《劳动合同法》的绝对收入分配效应和相对收入分配效应，并用调研的微观数据加以检验，检验的结果和预期是一致的。

徐萍博士《国有企业工资制度演化内在逻辑》以工资的构成及主要决定因素为核心，考察了中国国有企业工资制度的发展变化。该书论述了新中国成立后各个时期国有企业工资制度的内容及效果，总结了工资的结构以及制度运行上存在的问题。在此基础上分析了中国国有企业工资制度的发展特征，并将各个时期中国国有企业工资制度的性质与韩国大企业做了对比。研究发现，尽管计划经济体制下国有企业工资制度在实际运行过程中存在诸多论资排辈现象，但不能将其视为年功主义制度，从当时工资的构成、标准设定、工资升级体系的构建等制度设计上来看，国有企业的工资制度与日本和韩国不同，一开始就具备了能力主义的特性，这种特性在 20 世纪 90 年代得到进一步强化，并在进入 2000 年以后开始迅速向成果主义转化。该书分析了中国国有企业工资制度问题的成因，对今后国有企业工资制度的框架设计进行了探索。

金京玉博士《民国时期工业企业劳资关系研究（1912—1937）》对民国时期工业企业劳资关系进行了研究。近代中国工业以劳动密集型占多数，不同地域形成工人间的分层，工人处于多重人身依附之中，体现在雇佣劳动制度中存在包工制、包身工制、养成工、学徒等制度。这期间，工矿企业的劳资关系呈现从人身依附到契约关系的变迁之中。1924 年以前，劳资关系呈现明显的"资强劳弱"的特点，政府力量薄弱，劳资关系的变迁是工人为主体的自下而上的诱致性变迁；1924 年后，工人作为国共两党合作政策下扶持的对象，工会组织、罢工一度达到高潮。1928 年后至抗战前，国民党政府掌权，颁行一系列劳资关系相关法规，建立劳资关系协调机制，政府介入劳资关系，限制工会的权利，劳资关系呈现政府、资方、工人三方互动的格局。这一时期的劳资关系体现为自上而下的强制性制度变迁。帮会等中间组织对劳资各方产生重要影响，致使工人未能摆脱人身的依附，有时甚至超出契约为核心的劳资关系依附。

娄世艳博士《中国教育收益率影响因素剖析》对中国教育收益率影响因素进行了剖析，其研究采用实证分析的方法，在梳理我国教育收益率的研究成果和确定主要模型与变量的基础上，利用微观调查数据，采用计量软件进行最小二乘回归来估计我国私人 Mincer 教育收益率。该书不仅估计了平均教育收益率和不同教育阶段的收益率，还研究了教育收益率的城乡差异、性别差异和年龄差异，而且重点研究了影响我国教育收益率的因素及其传导机制，将这些因素分为直接影响因素和间接影响因素两个层次。在分析这些因素对教育收益率的影响过程中，寻求影响我国教育收益率的根本原因。通过研究教育收益率的决定过程，探明其形成机制，为我国制定如何提高教育收益率的相关政策提供参考，以提高整个经济运行效率，最终实现经济与社会的平稳协调发展。

王一兵博士《养老保险个人账户之个性化改良研究》提出养老保险个人账户个性化改良的思路，即在养老保险个人账户赋予参保人一定的个性化选择权。基于问题导向原则，在生命周期投资组合理论框架内构建模型，结合中国养老保险个人账户的实际运行，利用动态规划计算和分析养老保险个人账户的个性化改良问题，该研究得到如下结论。（1）个性化改良增加了已参保人员的社会总福利。个性化改良使得大部分已参保人员的福利增加，极少部分已参保人员的福利减少。从卡尔多、希克斯的补偿原理标准来看，已参保人员的社会总福利是增加的。（2）个性化改良增加了未参保人员的社会总福利。个性化改良可以有效扩大养老保险覆盖面，使得许多原来被排斥在养老保险体系之外的未参保人员，如灵活就业人员、个体经营者、农民工等充分享受宪法所赋予的养老保障权，因此数量众多的未参保人员的福利是绝对增加了。（3）个性化改良增加了参保人员的非效用福利，个性化改良极为重要的一个贡献在于赋予了参保人自由选择的权利。

孔海燕博士《职业能力决定因素及影响效果研究》考察了职业能力、职业生涯管理、职业承诺、职业满意度、职业成功的国际前沿理论和学术动态，在此基础上，建立了职业生涯管理理论模型，并从组织和个人两个方面检验了职业能力的影响因素和效果。结果表明，组织职业生涯管理、个人职业承诺对职业能力有显著正向影响。在两者之间，组织因素对职业能力的影响要大于个人因素。职业能力不仅与职业成功有正相关关系，而且在职业生涯管理与职业成功之间起中介作用。此外，该研究运用深度访谈、因子分析、结构方程等多种方法建立数据，开发出适合中国国情的职业能力和组织职业生涯管理测量问卷，较详细探讨了提高职业能力、实现职业成功的途径，以及企业留住和发展人才的方法，为提高企业核心竞争力、提升个人职业能力提供理论依据和科学指导。

李元勋博士《中级职业经理人的选聘研究》从胜任素质的概念入手，分析了职业经理人的胜任素质，利用实证研究构建出我国中级职业经理人的胜任素质模型，探索分析了影响中级职业经理人选聘的各类因素：政治经济、社会文化等外部因素和企业战略、企业文化、企业生命周期、企业类型等内部因素，并提出相应对策。在分析各因素对中级职业经理选聘的影响时，指出构建中级职业经理人市场是我国中级职业经理人选聘的核心。该书分别对我国中级职业经理人的内部选拔和外部招聘加以详细分析，包括内部选拔和外部招聘步骤、中级职业经理人内部选拔和外部招聘机制，尤其对选聘主体做了详细分析，并对中级职业经理人内部选拔和外部招聘机制中相关问题提出对策。该研究系统提出了我国中级职业经理人选聘机制，拓宽了职业经理人研究范围，有助于推动选聘方面的具体研究。

从以上十位青年博士的研究成果可以看出，我国的劳动经济及其相关问题研究正处在一个黄金时期，人口大国的背景和独特的转轨经济模式为劳动经济学理论研究提供了极有价值的素材。作为新兴交叉学科，劳动经济学有着较广阔的发展前景，近些年越发引起学界、政府等有关部门的关注，显示出巨大的理论需求。这正是山东大学在重点学科建设中推出本套丛书的着眼点所在。笔者希望以此为劳动经济学研究者提供一套较为系统的研究成果，同时为国家相关部门宏观决策提供有价值的参考依据。中国劳动力市场及其制度特质要求我们以极大的智慧和努力展开细致研究，这一系列成果的推出是研究团队做出的尝试之一，希望通过与学术同行的共同努力为我国劳动经济理论研究的繁荣增砖添瓦。

[作者单位：山东大学（威海）]

贸易开放的碳排放效应研究
——基于省际动态面板数据的分析

谷祖莎

一 引 言

气候变暖对人类生存环境的危害是当今世界面临的最严峻的挑战之一。化石燃料燃烧产生的大量 CO_2 是导致全球气候变暖的主要原因。国际能源局（IEA）的数据显示，中国能源消耗所导致的二氧化碳排放量由 1979 年的 14.31 亿吨跃升至 2009 年的 68.77 亿吨，超越美国成为全球第一大温室气体排放国。在碳排放量迅速增长的同时，中国对外贸易飞速发展，贸易额从 1979 年 2801 亿美元上升到 2010 年的 29727.6 亿美元，成为世界第二大贸易国。正因如此，人们很自然地将快速增长的贸易与中国的碳排放联系起来，认为贸易扩张是中国碳排放量持续增加的一大原因。因此，贸易对碳排放究竟产生了何种程度的影响成为学术界研究的重点。

二 文献回顾

随着全球气候变暖问题的日益凸显，有关贸易开放对 CO_2 排放影响的问题引起了学术界广泛关注。Machado 分析了巴西 1970～1992 年的对外贸易碳含量，结果表明发达国家把碳含量高的产业转移到了发展中国家。Cole 使用 1980～1997 年数据对 OECD 国家的环境库兹涅茨曲线进行检验，结果发现贸易自由化减少了 CO_2 排放。Streteskya 等利用 1989～2003 年 169 个国家的数据，研究了人均 CO_2 排放与出口贸易之间的关系，分析结果表明出口贸易与 CO_2 排放之间存在正相关关系。兰天使用中国 30 个省市的 1995～2001 年的面板数据，通过实证研究发现贸易自由化减少了我国的 CO_2 排放。齐晔等采用投入产出法估算了 1997～2006 年我国进出口贸易中的隐含碳，结果发现 1997～2002 年隐含碳净出口量占当年碳排放总量的 12%～14%，到 2006 年已达 29.28%。任力等利用 1995～2007 年碳排放量的面板数据，研究我国东、中、西部三大区域对外贸易密度、人均收入与二氧化碳排放量之间的关系。分析表明，三大区域的对外贸易密度都对人均碳排放有显著的影响。

目前，国内基于分省的 CO_2 排放数据研究贸易开放对碳排放影响的文献比较有限，且多数采用的是静态面板的 OLS 估计方法。因此本文利用中国 1990～2010 年 29 个省份的面板数据，采用动态面板及静态面板不同的模型，从全国及区域层面研究贸易开放的碳排放效应，这对于我国贸易政策、产业政策及环保政策的制定将具有一定的指导意义。

三　模型设定与数据说明

（一）模型设定

考虑到 CO_2 排放与经济发展之间的关系，研究贸易开放对 CO_2 排放的影响必然不能忽略经济增长对 CO_2 的作用，而环境库兹涅茨曲线是一个有效的工具。同时因为任何经济因素变化本身均具有一定的惯性，前一期结果往往对后一期有一定影响。因此，本文参考 Grossman 和 Krueger 文献中的 EKC 模型，同时考虑到中国各省区的 CO_2 排放很可能存在滞后效应，建立如下贸易开放碳排放效应的动态模型：

$$LnTC_{it} = c_{it} + \alpha_1 LnTC_{it-1} + \alpha_2 LnY_{it} + \alpha_3 (LnY_{it})^2 + \alpha_4 LnTR_{it} + \alpha_5 LnFD_{it} + \alpha_6 LnGR_{it} + \varepsilon_{it} \quad (1)$$

其中，i 表示省区截面单元，$i = 1, 2\cdots, 30$；t 表示时间；TC 表示二氧化碳排放总量；Y 为人均 GDP；TR、FD 反映贸易开放程度，其中 TR 为对外贸易依存度，FD 为外资依存度；GR 为碳排放政府管制变量。为了消除异方差，对变量均做自然对数处理。

（二）数据说明

1. 二氧化碳排放量估算。由于各省 CO_2 排放数据我国目前没有公开发表，必须通过化石能源的消费、转换活动进行估算。根据 2006 年联合国政府间气候变化专门委员会（IPCC）为京都协议书所制定的国家温室气体清单指南第二卷第六章所提供的参考方法，即 CO_2 排放总量可根据各种能源消费所导致的 CO_2 排放估算量加和得到，其公式如下：

$$TC = \sum_{i=1}^{3} E_i \times \delta_i \times 44/12 \tag{2}$$

其中，TC 表示估算的各种能源消费的二氧化碳排放总量；i 表示各种消费的能源，包括煤炭、石油、天然气共三种；E 为各种能源的消费总量，数据来自历年《中国能源统计年鉴》；δ 为碳排放系数，本文碳排放系数采用 IPCC 提供的数据，即煤炭、石油、天然气的碳排放系数分别为 0.7589、0.5857、0.4483；44 和 12 分别为二氧化碳和碳的分子量。

2. 人均 GDP。借鉴以往研究，本文以人均 GDP 作为人均收入指标。各省人均 GDP 数据来自历年各省统计年鉴。

3. 地区贸易开放程度。考虑到外资企业的进出口在我国对外贸易总额中所占比重超过 50%，因此本文将贸易开放程度表示为外贸依存度和外资依存度两部分。外贸依存度即进出口总额与 GDP 之比。外资依存度，用当年实际利用外商直接投资与 GDP 的比值来表示。数据来自于历年各省统计年鉴及 2011 年《中国统计年鉴》。

4. 碳排放政府管制变量。鉴于污染治理项目完成投资额可以反映政府在降低环境污染方面所付出的努力和决心，本文选取各省工业污染治理项目投资完成额与 GDP 的比值作为碳排放政府管制变量的替代变量。数据来自历年《中国环境统计年鉴》。

四　实证分析

（一）数据的描述性统计

表 1、表 2 对面板数据进行了描述性统计。在 1990～2010 年东部地区的人均 GDP（以 1990 年不变价格计算）平均为 9551.60 元/人，远高于全国平均水平 6057.27 元/人，中、西部地区人均 GDP 分别为 4314.08 元/人、3608.05 元/人，低于全国平均水平。如果观察 21 年平均的 CO_2 排放水平，东部地区要高于中、西部地区，东部地区在样本期间的最大值为 90901.2 万吨，且 2010 年 CO_2 排放量全国排位前三位的省份都在东部地区，而中、西部地区的最大值为 53565.3 万吨、49125.1 万吨，也就是说，较高的人均产出具有较

高的 CO_2 排放。其次，东部地区的外贸依存度与外资依存度都远高于中、西部地区，且全国排位前三名的省份也全部集中在东部地区，说明东部地区的贸易开放程度较高。不过东部地区碳排放政府管制变量的均值却小于中、西部地区，且全国排位前三名的省份也都集中在中、西部地区（见表1）。

表1 三大区域面板数据的描述性统计

变量（单位）	东部			中部			西部		
	均值（标准差）	最大值	最小值	均值（标准差）	最大值	最小值	均值（标准差）	最大值	最小值
TC（万吨）	19925.5（17027.3）	90901.2	220.894	15445.2（8827.95）	53565.3	4174.88	9335.27（8677.52）	49125.1	665.332
Y（元）	9551.60（6963.40）	38038.5	1465	4314.08（2742.37）	13430.9	1090.6	3608.05（2545.99）	17690.9	810
TR（%）	65.5390（50.7233）	225.825	8.22689	9.78017（4.33232）	33.1988	3.20736	9.68787（4.44861）	36.7078	3.51648
FD（%）	6.14754（4.35188）	24.2543	0.20999	1.72781（1.12674）	5.16843	0.03789	1.03664（1.04867）	5.86232	0.00922
GR（%）	0.17026（0.10666）	0.56260	0.01370	0.20873（0.15426）	1.24841	0.03270	0.22830（0.14400）	0.99013	0.03639

资料来源：《新中国60年统计资料汇编》，历年各省统计年鉴及历年《中国环境统计年鉴》。

（二）实证模型的估计

方程（1）的解释变量中出现了被解释变量的滞后一期，这意味着解释变量的内生性问题难以避免。为了克服解释变量内生性问题，对于全国面板数据将主要采用动态面板数据估计方法——GMM（广义矩估计法）进行回归。由于系统 GMM 估计相对差分 GMM 估计来说有着更好的有限样本特征，且估计结果更加有效，因此笔者使用系统 GMM 方法进行估计。而在系统 GMM 估计中，水平变量的滞后项是差分变量的工具变量，差分变量的滞后项又是水平变量的工具变量，这里就存在工具变量是否有效的问题。笔者将采用 Sargan 检验及 AR 检验来进行判断。系统 GMM 估计又可分为一步和两步 GMM 估计，而两步估计的标准差存在向下偏倚，虽然经过 Windmeijer 的修正其偏倚会减小，但两步 GMM 估计量的渐进分布不可靠，因此在本文估计中将采用一步系统广义矩估计。为了能够了解三大区域贸易的碳排放效应，本文将同时对东、中、西三大区域的面板数据进行静态面板估计（由于 GMM 估计结果在小样本下无效）。

表 2 给出了模型的估计结果。模型 1 是采用系统 GMM 法对全国面板数据进行估计的结果。Sargan 检验接受原假设，表明所选取的工具变量是有效的。AR（1）检验拒绝原假设而 AR（2）接受原假设，说明随机扰动项存在一阶序列相关但不存在二阶序列相关。考虑到当 GMM 估计所使用的样本太少或工具变量较弱时，其估计量会产生较大偏倚，此处运用 Bond 所提出的判断出现较大偏倚的一种方法，即将 GMM 与混合最小二乘法、固定效应的估计量进行对比，看被解释变量滞后项的 GMM 估计系数是否介于二者之间。由表 2 可知，一步系统 GMM 估计结果并没有出现较大偏倚。

表 2 被解释变量为 LnTC 的实证估计结果

解释变量	全国动态面板数据模型估计结果			三大区域静态面板数据模型估计结果		
	模型 1（GMM）	模型 2（FE）	模型 3（POLS）	模型 4（FE）东部	模型 5（FE）中部	模型 6（FE）西部
常数 C	− 3.14426 ***（− 2.72）	− 0.52643（− 1.64）	− 0.61322（− 1.27）	− 1.90805 ***（− 3.45）	7.46905 ***（6.53）	3.52885 ***（4.28）
$LnTC_{it-1}$	0.94307 ***（49.78）	0.88641 ***（52.80）	0.98299 ***（186.23）			
LnY	0.81488 ***（3.12）	0.28021 ***（3.69）	0.18260（1.61）	1.85342 ***（16.02）	0.16837 *（− 0.59）	− 0.41287 **（2.02）
Ln^2Y	− 0.04453 ***（− 2.83）	− 0.01133 ***（− 2.62）	− 0.00934（− 1.39）	− 0.06229 ***（− 9.62）	− 0.04766 ***（2.75）	0.03211 **（2.53）
LnTR	0.05904 ***（3.33）	0.04266 ***（4.96）	− 0.00363（− 0.54）	− 0.00498（− 0.40）	0.12540 ***（6.67）	0.00341（0.32）
LnFD	− 0.00779（− 0.64）	− 0.00684（− 1.57）	0.00102（0.22）	− 0.11882 ***（− 15.06）	− 0.01373 **（− 2.09）	0.00743（1.27）
LnGR	0.05708 ***（3.72）	0.01288 **（2.41）	0.00969（1.37）	− 0.01816 **（− 2.48）	0.03724 ***（3.83）	0.04476 ***（5.40）
R^2		0.99600	0.98971	0.99823	0.98851	0.99175
Adj R^2		0.99574	0.98960	0.99810	0.98757	0.99112
AR（1）	− 9.50（0.00）					

解释 变量	全国动态面板数据模型估计结果			三大区域静态面板数据模型估计结果		
	模型 1 （GMM）	模型 2 （FE）	模型 3 （POLS）	模型 4（FE） 东部	模型 5（FE） 中部	模型 6（FE） 西部
AR（2）	0.35 （0.73）					
Sargan test	87.80 （0.11）					
Hausman 检验		61.38243 （0.00）		11.5198 （0.04）	27.3529 （0.00）	30.9770 （0.00）
F 值	13793.14 （0.00）	3782.234 （0.00）	8723.880 （0.00）	7693.019 （0.00）	1054.074 （0.00）	1588.982 （0.00）

注：回归系数括号内的数为 t（z）值；***、**、*分别表示 1%、5%、10%水平上显著；R^2 为拟合优度；Hausman 检验、Sargan 检验、F 检验和 AR 检验统计值括号里的是概率值；GMM，FE 和 POLS 分别是一步系统广义矩估计、固定效应和混合最小二乘法估计。GMM 回归结果由 Stata11.0 并使用"xtabond2"程序得出，所有静态面板估计结果均由 Eviews 6.0 得出。

（三）全国层面分析

从模型 1 的估计结果可看出，大部分解释变量都较显著。碳排放量的一期滞后值对当期碳排放量有显著的正相关影响，弹性系数达到 0.94。碳排放的一期正动态性说明碳排放具有一定惯性，即存在路径依赖现象，当期排放量相对前期值不会陡然增加或者减少，这符合现实中经济存在的一般惯性；人均 GDP 的一次项和一次项系数分别为 0.82 和 -0.05，且在 1%水平上显著，这说明人均 GDP 和 CO_2 排放量呈显著倒 U 形，从而在全国这个样本验证了二氧化碳库兹涅茨假说（CKC），这一方面表明我国能源使用效率和经济结构特征决定了经济发展对能源消耗的高依赖度。同时也意味着我国未来的经济发展和人均收入提高将有助于碳排放水平的下降。对外贸易依存度的碳排放弹性系数为 0.06，回归系数在 1%显著性水平下为正，说明对外贸易依存度对 CO_2 排放量具有正效应，即 CO_2 排放总量随着对外贸易依存度的不断提高而增加，中国的对外贸易对环境的影响是负面的，即在大量"中国制造"走向世界的同时，消耗了大量能源和资源，促使了 CO_2 排放的增长。而外资依存度的系数为负，表明 FDI 对 CO_2 排放总量存在负效应，即 CO_2 排放总量将随FDI 占 GDP 比重的上升而减少，但是该系数在统计上并不显著。政府管制变量与 CO_2 排放呈显著正相关，虽然人们普遍认为政府的管制政策是控制碳排放的必要手段，然而本文估计结果显示政府管制措施并未达到有效的目的。如何理解这一结果呢？正如人们对政府政策实施的普遍质疑，政府管制措施是否有效，还取决于企业的预期反应、信息不对称带来的监督难题以及高昂的管制成本，尤其是政府往往也面临着严格管制所带来的成本与收益决策问题，影响了政府环保管制政策的实施效果。

（四）三大区域比较分析

表 2 中模型 4～6 描述了三大区域的估计结果。本文主要考察的是三大区域的截面差异，而不考虑区域内部省份个体的变化，因此将不考虑变系数模型。在进行估计时，首先对模型进行了混合最小二乘估计，通过个体影响的 F 检验，又经过 Hausman 检验，支持固定效应模型。三个模型的估计结果显著，拟合优度都为 99%。但三大区域的估计结果存在较大差异。

1. 人均 GDP 与碳排放曲线呈不同形状。东部地区 LnY 的系数为 1.85，$(LnY)^2$ 的系数为 -0.06；中部地区 LnY 的系数为 0.17，$(LnY)^2$ 的系数为 -0.05，均通过了显著性水平检验。表明东部和中部地区人均 GDP 和 CO_2 排放量呈显著的倒 U 形，CKC 假说成立。西部地区 LnY 的系数为 -0.41，$(LnY)^2$ 的系数为 0.03，均通过了 5% 的显著性水平检验。由于西部地区 LnY 的系数为负，$(LnY)^2$ 的系数为正，所以，西部地区的碳排放曲线呈现正 U 形，CKC 假说不成立。究其原因，本文认为，西部地区经济发展较落后，工业制造业企业较少，随着经济增长，碳排放会减少。但达到拐点后，经济发展到了一定的阶段时，大量基础设施投资，导致能源消费的激增，此后产生的碳排放将日益增多。

2. 贸易开放度与碳排放的相关性各异。东部地区外贸依存度与 CO_2 排放呈负相关，但在统计上并不显著，说明东部地区对外贸易商品结构已经发生了一定变化，低碳产品出口比重的提高导致对外贸易依存度提高降低了碳排放量，只是目前来讲这种影响还不显著。外资依存度与 CO_2 排放总量也呈负相关，且通过了较高的显著性检验。当外资依存度提高 1%，CO_2 排放量将降低约 0.12%，这个结果是由于 FDI 的技术溢出带来的，说明 FDI 的流入在一定程度上改善了东部的环境质量；中部地区外贸依存度与 CO_2 排放呈正相关，在 1% 的水平上显著，表明外贸依存度增加 1%，CO_2 排放量相应增加 0.13% 左右，即在中部地区对外贸易规模的扩大显著增加了 CO_2 排放量。由表 3 可见，与全国及其他两个区域相比，中部地区贸易规模对 CO_2 排放的影响最大。这一方面因为中部地区承接了东部地区的高耗能产业转移，另一方面可能和中部地区的资源禀赋有很大关系，中部的山西、河南等地均是产煤大省，能源消费结构中煤炭消费比重较大，导致中部地区高耗能产品出口比重高于全国其他区域。中部地区虽然与东部地区同样外资依存度与 CO_2 排放总量也呈负相关，且在 5% 水平上显著，但弹性系数很小。西部地区外贸依存度和外资依存度都与 CO_2 排放呈正相关，但在统计上都不显著。说明西部地区对外贸易和利用外资对碳排放虽有一定负面影响，但由于对外贸易和利用外资规模在 GDP 中所占比重都很小，所以贸易的碳排放效应不明显。

3. 政府管制与碳排放的相关性不同。东部地区政府管制措施对碳排放表现出一定的积极效果，这说明经济相对发达的东部地区，人们对环境质量的需求相对较高。相反，中部和西部地区由于经济发展水平的限制，人们还处于对环境质量较低的需求水平上，政府管制措施与碳排放的相关性表明现行政府管制措施不利于环境保护，需加大治理力度。

五　结论与政策建议

本文利用 1990~2010 年中国 29 个省的面板数据对我国及三大区域贸易的碳排放效应进行了实证检验及分析，主要结论如下。（1）全国动态面板模型的计量结果显示，碳排放不仅存在路径依赖现象而且也在全国范围内验证了CKC 曲线假说；外贸依存度对碳排放具有显著的正效应，而外资依存度对碳排放具有负效应，但并不显著；政府管制变量与 CO_2 排放呈显著正相关。（2）区域静态面板模型的估计结果表明，区域差异明显。东部和中部地区人均 GDP与 CO_2 排放量呈显著的倒 U 形，CKC 假说成立，但西部地区的碳排放曲线呈现正 U 形，CKC 假说不成立。东部地区外贸依存度与外资依存度对碳排放都具有负效应，但前者在统计上并不显著；中部地区外贸依存度对碳排放具有显著正效应，而外资依存度对碳排放具有显著负效应；西部地区外贸依存度和外资依存度与碳排放都具有正效应，但在统计上都不显著。东部地区政府管制措施对 CO_2 排放具有负的效应且在统计上显著，而中西部地区政府管制措施 CO_2 排放都具有正的效应且在统计上显著。

针对本文结论，笔者提出如下对策建议。

第一，大力发展低碳型贸易产业。以上结论说明我国大部分区域到目前为止对外贸易的深化仍是以碳排放增长为代价的。因此，必须从根本上改变贸易增长以高碳排放为代价的外延式增长模式。加快向低碳贸易新战略转型。为实现转型，国家一方面应建立进口制成品替代战略，鼓励初级产品及高碳密集型产品的进口。另一方面，改变出口中高碳排放、高能耗、资源性初级产品的出口结构与数量，发展低碳型贸易产业，鼓励低耗能产品的出口。

第二，加强碳排放政府规制的监督执行。本文结论表明，除东部地区外，全国及中西部地区的碳排放政府管制措施与 CO_2 排放都呈著正相关，这与普遍预期相反的结论可能说明政策选择上存在适用性问题，但本文认为主要原因在于政策措施监督执行不力。因此，我国一方面应进一步完善政府规制，另一方面应加强规制的执行力度。由于环保规制的实施牵涉到各种集团的利益，特别是部分地方政府出于自身经济利益考虑在执行时睁一只眼闭一只眼，致使我国的环保规制在实施过程中受到较大阻力。因此，政府不但要颁布环境保护的政策措施，而且还要在全国特别是环保意识较差的中西部加强监督，以保证环保管制的实施效果。

第三，争取获得发达国家的低碳技术转让与绿色基金支持。由于在国际产业分工中我国处于产业链的低端，生产和出口了大量的高碳排放的廉价产品，承担了大量本应由贸易伙伴国，特别是发达国家完成的 CO_2 排放量。我国应在坚持"共同但有区别的责任"的条件下，充分利用当前国际清洁发展机制、多国基金机制，以及坎昆会议中提出的绿色基金机制，寻求更多的国际低碳技术转让与资金支持。

［作者单位：山东大学（威海）］

《二十五史艺文经籍志考补萃编》内容提要

朱新林

第十卷

本书收入清代学者所撰《补晋书艺文志》两种，分别为丁国钧《补晋书艺文志》四卷附录一卷补遗一卷勘误一卷、文廷式《补晋书艺文志》六卷。其中，丁国钧《补晋书艺文志》四卷附录一卷补遗一卷勘误一卷，以清光绪年间排印《常熟丁氏丛书》本为底本，校以1955年中华书局影印《二十五史补编》本，增入杨守敬《〈补晋书艺文志〉校勘札记》《〈补晋书艺文志〉未收书目》，以资参考。文廷式《补晋书艺文志》六卷，以清宣统元年（1909）湖南长沙铅印本为底本，校以1955年中华书局影印《二十五史补编》本。

整理者在校勘上述二书时，不仅纠正了清光绪年间排印《常熟丁氏丛书》本与清二本的错误，而且对二书所征引文献加以复核按校，辨章学术，考镜源流，均依据权威版本撰写了简明准确的校勘记。需要指出的是，宣统元年（1909）湖南长沙铅印本原缺第八页，第七页右半页与第九页右半页重复，第九页左右两半页之间不相连接，中间有脱落；又缺第十四页，第十五页左右不相连接，右半页当属第十四页，今据《二十五史补编》本予以补正。其中明显的误字径改不出校记，异体字均予以规范处理。下面分别介绍二书的情况。

丁国钧（？~1919），江苏常熟人，字秉衡，号秉衡居士。著有《晋书校证》五卷、《补晋书艺文志》四卷等书。丁氏"锐意为《晋书》注，以其暇补《艺文志》四卷，轨辙一准《隋志》，别出《附录》一卷"，故是《志》

为丁氏注《晋书》的副产品。丁国钧在编定此书后，又由其子丁辰做注，并为补遗一卷勘误一卷。其中勘误部分，并非仅仅刊削讹误，还涉及分类不当者，考证不确者以及材料不足者等。

丁国钧《补晋书艺文志》凡四卷，甲部经录十类，乙部史录十三类；丙部子录十三类；丁部集录三类。体例准《隋志》，采用断代著录的方法，但对于三国诸人，凡及太康初者，全部加以采录。而嵇康、阮籍、陶渊明等人著述，由于《晋书》有本传，故仍予以著录。对释、道二家的处理，依照《隋志》成规，退列四部之末。在取材方面，"资隋、唐《志》者十之六（原书小注：凡一千七十余种），群籍十之四（原书小注：凡六百八十余种）"。

是书体例为先书名，次卷数，次撰者，次考证。其考证主要涉及所著录著作的出处以及各史志目录和私家簿录的著录情况，这些史志目录和私家簿录包括《七录》《隋志》《旧唐志》《新唐志》《经典释文序录》《直斋书录解题》《郡斋读书志》以及《通志·艺文略》等。该书的旨趣在于考察书籍的著录情况，并对书名异文加以考辨，并不侧重揭示著作主旨与体例情况。如礼类著录"《杂议》十二卷，益寿令吴商"，丁氏考证云："《隋志》于是书下云又有《礼议杂记故事》十三卷，《杂事》二十卷，'又'字系指《七录》言，严可均《全晋文目录》及马国翰辑此书序，皆以二书亦为商作，盖误意'又'字承此书言也，失之不考。"又如论语类著录"《孝经注》一卷，孙氏"，丁氏考证云："谨按见《七录》。家大人曰：邢疏述注《孝经》诸人，列孙氏于东晋，与《七录》同，陆德明谓孙氏不详何人，知名佚已久。朱竹垞以《唐志》孙熙《孝经》当此孙氏，考熙，魏人，《七录》别有魏时孙氏《孝经》一卷，乃熙书。此孙氏系晋人，时代邈隔，不能比而同之也。至《崇文总目》有孙昶《孝经集解》一书，系'荀昶'之讹（原注：考具《附录》中《集议孝经》条）。或据误文谓即此孙氏，亦考之未审。"丁书又有于正义中发凡起例的情况，有近史裁。如霸史类著录"《平蜀记》十卷"，丁氏考证云："谨按见《七录》。家大人曰：是书及下四种，虽不能确定为晋人所撰（原注：《隋志》无撰人名），然故皆东晋时事，过而存之，无悖断代著录之例，故类次于下。外如旧事类之《晋诸杂故事》、《晋杂议》、《晋要事》，职官类之《晋百官名》、《百官表》，仪制类之《晋杂仪注》、《杂议》，刑法类之《晋弹事》、《驳事》、《杂制》各种，其著录之例视此。"

该书的主要贡献在于，一是分类较为合理，能够基本反映有晋一代的学术发展状况。如将《尔雅》《五经大义》《五经通论》等书归入论语类。这一分类不仅继承了汉代以来的目录学传统，而且也比较客观地反映了晋代的学术发展状况。在其分类中，最重要的创获在于在《附录》中创立"存疑"和"黜伪"两类。丁氏云："书名撰人，缺讹舛复，疑不能证明者，尤难偻指，凡斯之类，区以《存疑》、《黜伪》二目，退列《附录》，用备稽考。"在"存疑"类中，不轻下断语，表现了审慎的学术态度。如"《东宫旧事》三卷，应詹"条，丁氏云："谨按见《册府元龟·学校部》。家大人曰：詹有《沔南故事》三卷，见《隋志》，而不载是书，疑此为《沔南故事》之讹，故卷数亦同也。"在"黜伪"类则是后人伪托晋人之书。如"《笔阵图》，王羲之"条，丁氏云："谨按文具《墨池编》。家大人曰：即羲之《题魏夫人笔阵图后语》也（原注：《御览》类书引）。韦续《墨薮》作《笔势图》，《通志·艺文略》云一卷，此文与下三种皆伪不可据。"二是利用了清人的研究成果，这主要体现在对经部文献的著录考证上。在甲部经录中，大量引用了在朱彝尊《经义考》的研究成果，并能指出其误。如"《周易注》十卷，太子中庶子荀辉"条，丁氏考证云："辉字景文，《家传》误'辉'为'恽'。考恽字长倩，辉之族祖也，不得混为一人。朱氏《经义考》不知'恽'为'辉'之讹，遂谓辉又字长倩，殊误。"又如"《周易系辞注》二卷，西中郎将谢万等"条，丁氏考证云："朱氏《经义考》云双湖胡氏《易启蒙翼传》载传注有谢平《系辞注》二卷，疑即万书，字偶误也。按谢平《易》注，宋以前绝未引及，其为万字传讹无疑。"

上文已述，丁氏此书并不侧重于揭示书籍的著作大旨，因此导致此书近似簿账式的书籍目录，这也成为此书的最大缺点。另外，分类也有不当处，如将《谥法》归入论语类，案当入甲部经录礼类。余嘉锡在《目录学发微》卷三谈到《晋义熙以来新集目录》和《义熙以来新集目录》时，他说："案《七录》与《隋志》所载皆为一书。丁国钧《补晋书艺文志》采《七录》《隋志》，分为二书，非也。"

文廷式（1856~1904），江西萍乡人，字道希，号云阁，为陈澧入室弟子。历乡试副考官、大理寺正卿、侍读学士等职。著有《纯常子技语》四十卷、《补晋书艺文志》六卷和《清人著述目录》等书行世。事迹具江叔子《文廷式传略》。

文廷式《补晋书艺文志》凡六卷四十四类，卷一经部，凡十一类；卷二、卷三史部，凡十三类；卷四、卷五子部，凡十七类；卷六集部，凡三类。此《志》有宣统元年（1909）长沙铅印本和《二十五史补编》本。

此书的主要长处在于，一是材料丰富，其收书数量于五家之中仅次于吴士鉴《补晋书经籍志》。在考证中，文氏则大量引用《通典》礼类的资料，较其他人为优，但有时会出现判断错误，如礼类著录荀氏《四时列馔传》，文廷式考证《书钞》一百四十六："《荀氏春秋》：'祠祭用菹。'"案据《北堂书钞》孔广陶校注本，"菹"下脱"清"字，"荀氏春秋"下原有"祠制"等语，则此条应该出自荀氏《祠制》，非引自《四时列馔传》。荀氏《四时列馔传》下即著录荀氏《祠制》。又引《书钞》同卷云："又云：'孟冬，祭用咸俎。'"案孔广陶校注云："今案陈、俞本'范汪'四字改'荀氏春秋'，'不'作'用'。"则此所引应为范汪书，不应系于荀氏名下。又如史部别传类文廷式据《世说新语·惑溺篇》注引著录《太原郭氏录》。徐震堮引李详云："此何法盛《中兴书》也，传写遗其书名。法盛《中兴书》，于诸姓各为一录，如《会稽贺录》、《琅琊王录》、《陈郡谢录》、《丹阳薛录》、《浔阳陶录》，凡数十家，此《郭氏录》当衍'氏'字。"因此，不应著录于别传类，当著录于杂史类。也正是因为其收书的种类和引用材料的丰富，造成了此书收书泛滥，考核不精的弊病。二是继承了清人辑佚古书的传统，注意利用同时代人如马国翰、章宗源的辑佚成果，并且吸收了同时代学者如臧琳等人的研究成果。如刘兆《春秋公羊穀梁传》条，通过《华严经音义》《玉篇原本》等书的残存材料对马国翰的辑佚成果加以补充。在吸收马、章等人辑佚成果的同时，又能辨其谬误，补正其说。如徐广《车服杂注》一卷条，章宗源通过《左传正义》《初学记》等书对《车服杂注》的不同名字加以说明，文廷式又据《隋书·礼仪志》对章宗源的考证加以补充。又如论语类著录郭象《论语体略》二卷，《论语隐》一卷，文廷式从皇侃《论语义疏》中辑得九条。这表明文廷式十分注意从时代接近的学术著作中辑佚材料，重视当时学术传承的横向联系。三是使用了其他学者不注意或很少利用的材料。如释家类文廷式"独据《出三藏记集》者，以梁世去晋最近，所言当可从也"。又对"《历代三宝记》、《开元释教录》等书所补目录，兼采一二，不及备列"。但也产生了弊端，因为他"特未思及其撰自偏安之朝，文献未为该备耳"。另外，文廷式将释家归于子部，一改传统目录学中将释家退列四部之末的做法，较有新意。申畅便肯定了这种分类，认为这种做法照顾到了目录学的历史发展情况。

此书的主要缺点在于校勘不精，这成为制约其书考证成果的最大障碍。校勘不精主要包括两个方面，一是引文出处有错误，二是引文有讹脱衍倒的情况。经部小学类著录郭璞《注三苍》三卷，文廷式引用《文选》卷二十七注引郭璞《三苍解诂》。案此条不见于卷二十七注，见于卷十一《芜城赋》注。又如子部小说家类著录裴启《语林》，文廷式引用《世说新语·排调篇》

注引《续晋阳春秋》记裴启《语林》事，但此条不见于《排调篇》注，而见于《轻诋篇》注。在著录《黄帝灵基经注》二卷时，文廷式引用《水经·泄水》注"沈约《宋书》言泰始元年"云云，涉及颜幼明事迹。案此条不见于《水经·泄水》注，见于《水经·肥水》注。引文有讹脱衍倒的情况者，明显的讹文如"律"误作"伟"，"右"误作"各"，"好"误作"如"，"民"误作"氏"，"昊"误作"吴"。经部小学类著录郭璞《注三苍》三卷，文廷式引《文选》卷十二《江赋》注引郭璞《三苍解诂》曰："獭似青狐，居水中，食鱼。"案《文选》胡克家刻本"獭"作"獱"，獱为獭的一种，但并非一物。丙部著录颜幼明《黄帝灵基经注》二卷，文廷式引用刘敬叔《异苑》云："晋宁康初，襄城寺法味道人忽见一老公著黄皮衣，竹筒盛此书，法味，无何，失所在，遂复流于世。""法味，无何"句让人不知所云，据《丛书集成初编》本《异苑》，"法味"上脱"以授"两字，则此句应为"竹筒盛此书，以授法味"，意即明了。丙部下五著录僧洪肇《肇论》四卷，文廷式引《郡斋读书后志》云："《肇论》四卷，姚秦僧洪肇撰。师罗什，规模庄周之言，以著此书。《物不迁》、《不真空》、《涅磐无知》、《般若无名》四论。《传灯录》云肇后为姚兴所杀，《高僧传》不载其事。"案此条不见于《郡斋读书后志》，见于《袁州本郡斋读书志》卷三下神仙类。又《衢州本郡斋读书志》无"《高僧传》"以下七字。形成校勘不精的原因大概有三个，一个是作者目录学学养所限，二是引用文献使用版本不精，三是排印时造成的错误。

总的来说，此书尽管搜罗宏富，但无论是材料取舍上，还是著录分类和文献考证上，功力均稍显逊色。

第十一卷

本书收入清代学者所撰《补晋书艺文志》三种，分别为秦荣光《补晋书艺文志》四卷、黄逢元《补晋书艺文志》四卷、吴士鉴《补晋书经籍志》四卷。其中，所收秦荣光《补晋书艺文志》四卷，以民国时期排印本为底本，校以1955年中华书局影印《二十五史补编》本；所收黄逢元《补晋书艺文志》四卷，以民国4年（1915）排印本为底本，校以1955年中华书局影印《二十五史补编》本；所收吴士鉴《补晋书经籍志》四卷，以清光绪二十九年（1903）刻《含嘉室旧著》本为底本，校以1955年中华书局影印《二十五史补编》本。

整理者在校勘上述三书时，不仅纠正了民国时期排印本、民国4年

（1915）排印本、清光绪二十九年（1903）刻《含嘉室旧著》本三本的错误，而且对三书所征引文献加以复核按校，辨章学术，考镜源流，均依据权威版本撰写了简明准确的校勘记。其中明显的误字径改不出校记，异体字均予以规范处理。下面分别介绍三书的情况。

秦荣光（1841~1904），上海人，号炳如，初名载瞻，号月汀。著有《补晋书艺文志》四卷、《补晋书学校志》《补晋书水利志》《光绪南汇县志札记》二卷、《上海竹枝词》六卷、《梓乡文献录》四卷和《淮海支谱》一卷等书。《补晋书艺文志》四卷，秦荣光始作于清光绪丙戌（1886）年，经过两年的时间方完成，其后"续有所得，书于眉端，或黏附别纸"。其子秦锡田于民国4年（1915）6月"点勘既竟，重书清本，以待付印"。1930年，又由其孙重新付梓印行，增加秦锡田《显考温毅府君年谱》，秦翰才、秦泰之跋和《勘误表》。此书在五家中编纂最早，但行世最晚，有民国4年（1915）排印本、民国29年（1940年）排印本和《二十五史补编》本。

秦荣光《补晋书艺文志》凡四卷，附录石刻一类。全书分经、史、子、集四部，凡四十类二十六属。此《志》著录之书以晋代为限断，部类先后，悉依《四库提要》。其书体例为各类之书连贯而下，每书名下先标明撰者、据某书出处，次考证书名、撰者和人名。《晋书》有本传者不复标明官阀、字号和爵里。《晋书》无本传者，则依据他书考辨生平、名字和爵里，相对比较简略。对书籍的著录则主要依据《七录》《隋书·经籍志》（以下简称《隋志》）、《新唐书·艺文志》（以下简称《新唐志》）、《旧唐书·经籍志》（以下简称《旧唐志》）、《经典释文序录》《通志·艺文略》《世说新语》注、《三国志》注、《水经注》《文选注》和类书，而尤以《隋志》为夥。各书著录书名、撰者和卷数有异文处，则系于其下，可考者加以考辨，不可考者则存疑俟考。

是书的主要特点在于以下几点。第一，较其他四种《补晋书艺文志》更加注重学术源流。在正文之前，首先移录《隋书·牛弘传》《隋志》《文献通考》中有关有晋一代艺文之事；次东汉至晋祕书监、祕书丞和祕书郎的官制沿革；次《晋书》本传中有关汲冢竹书的记载；次《晋书》传记中所载相关的学术人物和学术事件；末附晋世祕书监、晋世祕书丞和晋世祕书郎。这些材料有助于我们考察有晋一代的学术升降，更切实地体现了目录学"辨章学术，考镜源流"的作用。第二，此书在分类上不同于其他四种《补晋书艺文志》，在分类上类似于《四库全书总目提要》，使得此书分类方法相对细化，有类有属。如经部礼类有周官之属、仪礼之属、礼记之属、三礼总义之属和杂礼书之属，史部传记类有圣贤之属、名人之属、总录之属和杂录之属，地理类有宫殿簿之属、总志之属、都会郡县之属、河渠之属、边防之属、山水之属、古迹之属、记之属、游记之属和外记之属，等等。第三，在引用材料上使用了一些不为其他学者所注意的材料。如子部艺术类著录卫夫人《笔阵图》，引用《书史会要》考证了其名、字等，其他学者在考证卫夫人生平、名字、爵里等时主要依据张怀瓘《书断》和《太平御览》所引，很少有人使用《书史会要》这一材料。子部术数类著录《元经》十卷，秦荣光考证云："案璞门人赵载注。宋储泳《祛疑说》引其《山家五行篇》，《钦定协纪辨方》引其《葬元篇》。考载名，亦见本书璞传。"其他四家《补晋书艺文志》均没有使用这一材料。诸如此类，不烦枚举。

应当指出的是，此书在分类上亦有纰漏。一是存在重复著录的问题，并非"互著"之例。《葛洪别传》既见于史部传记类，又见于子部道家类，前者依据《艺文类聚》，后者依据《北堂书钞》，当为同一书重复著录。正史类著录司马彪《续汉志》三十卷，别史类又有《续汉书》八十三卷，亦当为同一书重复著录。又子部释家类《于法兰别传》两见，并据《高僧传》，当为复误。二是分类不当，如将谱录类入丙部子录，当入乙部史录。又如书末附录石刻类，云："案石刻亦艺文之一，兹特附录于后。"案石刻在传统目录学中属于金石类，当入子部金石类，不当附录于后。又史部编年类著录《洞纪》，史钞类亦著录。案《三国志·韦曜传》云："寻按传记，考合异同，采摭耳目所及，自伏羲至于秦汉，凡为三卷。当起黄武以来，别作一卷，尚未成。"据此，则当著录于史部史钞类。又如子部道家类著录《许先生传》《葛仙翁别传》《葛洪别传》和《许迈别传》诸传，准是书体例，当入史部传记类名人之属。三是考证不确。如集部别集类著录《车骑将军谢颙集》十卷录一卷，秦氏于"颙"下按语云："案本书《谢玄传》，赠车骑将军，'颙'疑'玄'之讹。"颙"与"玄"在字形上绝不相类，这种怀疑没有文字学和版本学上的依据。

总的来说，诚如王重民所言，秦氏书"精严不及黄氏，但可与丁、文、吴三家絜长短"。但侯文学所言"秦《志》成书过于草率，书成之后，未能详加审订"的看法有欠公允。

黄逢元（1863～1926），字少云，号木父，湖南故善化县（今湖南长沙）人。黄氏"于书无所不观，旁及金石文字，比次考定。独喜缘间钩沉，发经史之弊，尤亟治史"。光绪癸卯（1903）年间，他曾跟随支提学恒荣游历日本。宣统逊位后，"竟不复出，旁罗群籍，以考订自娱"。黄逢元亦有较高的文学造诣，"能雅好辞章，工为俪体已，乃上规两汉，通其法。于古文别矞体裁，业存著述"。弟子中以东安王闿运最为著名。事迹具黄兆枚《黄木父先生墓志铭》和黄山《黄木父君传》。著有《怡文室文集》《补晋书艺文志》《碧山乐府钞》和《聊语》等书。

黄逢元《补晋书艺文志》四卷，书前有黄潜庐先生遗像、徐桢立所书湘阴郭大痴赞语、黄兆枚《黄木父先生墓志铭》、黄山《黄木父君传》和《补晋书艺文志序例》。此书由其弟子王闿运刊刻行世，据王闿运识语，黄逢元作此书历四十年，"所损益多，则弃而更写，凡成帙者数十"，即使在"卒之岁犹第录一通"。王闿运在刊刻此书时，"虑日久不能毕，乃编活字印之"。

黄逢元《补晋书艺文志》凡四卷，甲部经录十类，乙部史录十三类，丙部子录十四类，丁部集录三类。此《志》有光绪丙寅（1902）夏五月悟庐铅印本和《二十五史补编》本。

书前有《序例》，主要涉及该《志》的取材来源、分类原则、收录断限、考证体例等。据其所述，是《志》主要根据《晋书》纪传、各私家目录、《隋志》《旧唐志》《新唐志》《通志·艺文略》和《文献通考·经籍考》，又旁及金石遗文，类钞古本以及类书所引。其中尤需指出的是，丁、文、吴三家书，凡是《隋志》标明"梁有"，其撰人不可考者，多录入晋代。但"精严之考据家，决不出此也。木父此作，较之丁、文、吴三家为谨严矣"。

是《志》体例首列书名，次卷数，次作者，次考证。其作者前标明官阀爵里，后注明字号。其考证先注明著录所本，然后与各志相勘校，考证作者爵里姓字，最后标明存佚情况。其按语以"元案"别之。在分类上，黄氏遵照《隋志》的分类原则，分为经、史、子、集四类。但标目作甲部经录、乙部史录、丙部子录和丁部集录，所谓"近宗唐贤，亦远师荀氏"。在小类的编排上，主要依据《隋志》，其有未安，"则援班《志》出入刘《略》之例，辅以两《唐志》通其变，又参以宋、明诸家及国朝《四库目》济其穷"。在收录断限上，依据《关东风俗传》"惟取当代，不录先朝"的原则，只收录有晋一代艺文。但是在具体操作时，则稍显呆滞，其《序例》云："虽汲冢诸祕显于咸宁，而撰非晋人，概不羼入。惟各家注释之篇，则依类存目。"但其书亦不失灵活性，十六国之与东晋同文同轨，黄氏将其艺文附入有晋一代。在考证上，采用班固自注的方法，"自加案语，异同别之，讹谬正之，脱漏补之，爵里姓字有可考者详之"。又准《隋志》成例，著录书籍的存亡情况，于存世之书标明"今存"，亡佚之书，有辑本的注明"某氏辑存"，无辑本的则注明"某书某卷引存"。

此书的两大特点是强调知人论世和注重目录学的学术史功能。其《序例》云："诵诗读书，尤贵知人。"又云："因传知人，因人知书，互证参观，书即亡佚，学术文流亦见崖略。"其知人论世主要体现在对作者的考证上。目录学的学术功能是"辨章学术，考镜源流"，黄氏在是《志》中，每类均有小序，这是对《隋志》最重要的继承，也是驾于他家之上的关键所在，诚得目录学之要。

如春秋类序：《春秋》三传，《公》《穀》盛行于汉，而《左氏》独微，晚置博士，废兴相嬗，备员而已。自服虔倡于前，杜预踵其后，学乃大昌，而预功尤伟。信乎！丘明忠臣也。江左中兴，立《左氏传》服氏、杜氏博士，二传阙如，荀崧奏请许立《公羊》，会王敦乱作，不果行。《穀梁》则以肤浅目之，不置博士。在当时治是学者，有孔衍、江熙、程阐、徐邈、徐乾、刘兆、胡讷诸家，独范宁《集解》称善。《公羊》之学，王接独辟何休黜周王鲁之谬，惜书遭丧乱，当时已佚，愆期继父志，踵而成之，今亦不传，然其家法有如此者。杜氏于丘明功固亦伟矣，而罪亦实甚，显则强经就传，隐则党同司马，藉传行奸（原注：说见焦循《春秋左传补疏》）。录《春秋》三十一家，殿以外传《国语》。

此书的最大缺憾在于在对待佛、道两类的处理上，黄氏根据《隋志》成例，不录二氏经典，且不存部目。王欣夫认为黄氏书为未完稿，原因即在此。王重民较早地指出了该书体例上的缺陷，一是黄逢元认为"唐宋各志，钞胥相仍，并不核实。唯体例大书纪存，细注纪亡，显示区别，览者了然"，但《隋志》正文所录，为隋代所残存者。"后人录晋代艺文，当从其原帙，不当依据所残存者以为说。木父是书，皆依《隋志》正文著录，实为大误。"黄氏书《序例》云："阮孝绪《七录》亡，注云梁有，即《七录》，本志仍引称《七录》。"但《隋志》注中所云"梁有"之书，有成书在《七录》之后者。二是书籍在流传过程中，有书名卷数不同者，唐宋类书所引又或简称书名，或单举篇目，以致后人莫衷一是。如《隋志》有《后汉叙传》五卷，《文选·答宾戏》注、《史述赞》注，《史记·高祖本纪》索隐所引项岱云云，均出是书。而《文选·文赋》注引《汉书音义》项岱曰，此当为《汉书音义》引项岱说，非项岱别有《汉书音义》。黄氏不加深究，将《汉书叙传》和《汉书音义》皆归于项岱，且均予以著录。

另外，是书亦有引文出处有误或不确的情况。如乙部史录地理类著录常宽《蜀志》一卷，黄氏引用《华阳国志》宽传云："族祖武平府君、汉嘉杜府君并作《蜀后志》，书其大同，及其丧乱。"案此段引文不见于《华阳国志·常宽传》，见于《华阳国志·大同志》，殆偶有失检。又有引文不确者。如丁部集录著录《广威将军裴邈集》二卷《录》一卷，黄氏引《魏志·裴潜传》注引荀绰《冀州记》曰："邈，裴颜从父弟，字景声，为太傅司马越从事中郎，假节监中外诸营事。"案中华书局标点本《三国志》作"假节监中外营诸军事"，黄氏所引既有倒文，又有脱文。又著录《司徒王浑妻钟夫人集》五卷，黄氏引《世说·贤媛篇》注引《王氏谱》云："夫人，黄门琰女。"据《世说新语》，"黄门"下脱"侍郎钟"三字。此种引文不确，有碍理解文意。此外又有误收者，如故事类著录《永平故事》二卷，案《新唐志》载此书于《建武故事》之下，应劭《汉朝驳》之前，故当为汉之永平，非为晋之永平。再如《七录》序载《晋义熙四年秘阁四部目录》，《隋志》著录的《晋义熙以来新集目录》和《旧唐志》，《新志》著录《义熙以来新集目录》，"黄逢元只著录《义熙四年秘阁四部目录》，不引《隋志》考其异同，亦非"。

总的来说，无论是从著录分类上，还是类序考证上，黄逢元《补晋书艺文志》在五家中是最为出色的一种。诚如王重民所说："黄氏驾轶三家，诚可谓后来居上者矣。"

吴士鉴（1868～1934），浙江钱塘（今浙江杭州）人，字䌹斋，号公詧，一号含嘉。素以金石学和考订史籍著称，著有《商周彝器例》《九钟精舍金石跋尾》《晋书斠注》（与刘承幹合著）和《补晋书经籍志》等书。

吴士鉴《补晋书经籍志》凡四卷，甲部经录十类，乙部史录十三类，丙部子录十五类，丁部集录三类。是书前有吴承志序，吴氏认为"晋世晚出书籍，前有汲郡古文，后有豫章所上之《尚书》经传，皆旧目所无，条而次焉，舍班法无可附丽。窃谓宜仿欧阳公《司天》、《职方考》例，于今所辑当代诸儒著述之外，别采《晋中经簿》、《义熙录》佚文，参合《隋志》所载汉魏旧籍，为《晋书艺文志》，与是编相辅而行，庶几掌故与考据两家之邮通达为一"。此书正是在这种史学思想指导下完成的学术成果。此书版本有光绪二十九年（1903）含嘉室旧著本和《二十五史补编》本。

是书体例先人名，次书名卷数，下列隋、唐《志》的著录情况。其考证内容主要涉及所著录书籍的出处，各史志目录的著录同异，作者生平官履。如史部编年类著录阴澹《魏纪》十二卷，吴氏云："《隋志》云左将军。《北堂书钞》引王隐《晋书》曰：'阴澹弱冠，州请为治中从事。'《晋书·张轨传》云：'以阴澹为股肱谋主。'又《隐逸传》有太守阴澹，是澹为晋时人。两《唐志》讹作'魏澹'。"吴氏不仅重视各史志目录的著录同异，而且还注意从他书所引中综合考察书的内容。如儒家类著录夏侯湛《新论》十卷，吴氏考证云："《隋》、《唐志》并同。《太平御览》引夏侯子《新论》，本传载有《抵疑》一篇，当是《新论》佚文。本传又言'著论三十余篇，别为一家之言'，盖即是书。"

吴书的主要特点在于，一是善于利用各种史料，取舍得当，考证简要，不拖泥带水。如诗类著录孙毓《毛诗异同评》十卷，吴氏云："《隋志》云晋长沙太守，别集类作'晋汝南太守孙毓'。《释文序录》云：'晋豫州刺史孙毓为《诗评》，评毛、郑、王肃三家同异，朋于王。'案《隋志》与《释文》所载官阀互异，陆氏谓毓字休朗，北海平昌人。《意林》则云毓字仲□，亦有误文。"二是注意利用清人的研究成果。如书类著录孔安国《太誓注》，吴氏引梁玉绳《瞥记》云："《尚书·泰誓》疏谓晋李长林《尚书集注》于伪《太誓》篇每引孔安国说，宋裴骃《史记集解》于《五帝本纪》引孔安国注，《夏本纪》引孔注，今孔传皆无此文。何晏注《论语》引孔注，与今孔传异，岂诸人并见真孔传欤？"又引陈寿祺《左海文集》曰："《史记》、《汉书》、《汉纪》皆不言孔安国作《尚书传》，前人辨之审矣。李长林，东晋江夏太守。其时枚赜之《古文尚书》已行，岂得有两孔传并出而诸儒无一言及之乎？孔颖达以枚赜本为真古文，故指马、郑本为伪。然安国作传事，安得专为《太誓》三篇作注？长林所引之孔安国，疑晋安帝时《尚书》。见《晋书·礼志》及《通典》。"通过引用上述二人观点，对两孔传的情况加以梳理分析，进而得出结论，认为李长林《尚书集注》所引孔安国注，可能是晋安帝时所传《尚书》。

此书在丁国钧《补晋书艺文志》行世后纂辑而成，与丁书互有详略，材料搜集上要多于丁书，但在分类上则显得谨严不够。另外，吴氏此书于五家之中收书最多，但也正是这种情况造成其有些典籍考证相对简略的弊病，这可能是由于其"又撰有《晋书斠注》，故其文简书多，有近史裁"。

[作者单位：山东大学（威海）]

我国房价波动性与市场集中度关系的研究

王继东　于　洋

一　引言

我国从 1998 年下半年开始逐步实行住房分配货币化，停止住房实物分配，2000 年 2 月，住房实物分配在全国停止。2003 年在《国务院关于促进房地产市场持续健康发展的通知》中，第一次明确房地产是支柱产业。2004 年以前，房地产市场较为平稳。2004 年 8 月 31 日起，我国实行公开的土地出让制度，采取公开招标、公开拍卖、公开挂牌的方式出让土地。2004 年开始，房价过快上涨的问题也明显显现，特别是上海、北京、杭州、深圳等城市房地产价格涨幅更大。2010 年，商品房销售面积达到 10.5 亿平方米，比 1998 年增加了 8.75 倍。2001～2009 年全国 105 个城市的房价由于国际经济危机的影响，2008 年是唯一出现房价下降的一年，降幅为 1.89%。房地产价格问题引起政府部门和社会各界的广泛关注。

2005 年 3 月，国务院办公厅《关于切实稳住住房价格的通知》，首次明确提出抑制房价过快上涨，明确要采取有效措施，抑制住房价格过快上涨。全国开始了一系列全面规范房地产信贷、土地市场、税收等宏观调控政策。2010 年 1 月，国务院办公厅《关于促进房地产市场平稳健康发展的通知》，提出商品住房价格过高、上涨过快的城市，要切实增加限价商品住房、经济适用住房、公共租赁住房供应；严格二套房贷款管理，首付不得低于 40%。2010 年 4 月，《国务院关于坚决遏制部分城市房价过快上涨的通知》要求坚决抑制不合理需求，增加住房有效供给，加大保障房建设。随着 2010 年以来，限购、限贷、限价政策逐步细化升级，在宏观调控不放松的经济环境中，更多消费者继续观望甚至弃购，2012 年第 1 季度的调查中，未来 3 个月内有购房意愿的居民占 14.1%，是 1999 年调查以来的同期最低值。

在严厉的调控之下，面对着激烈的市场竞争，很多房地产企业选择并购作为企业战略扩张与结构调整的手段。2004～2008 年，我国房地产业并购金额达 260.32 亿元，2011 年前三季度，我国房地产业并购金额达到了 256.65 亿元。并购重组已成为房地产行业整合的主要途径，且呈现加速的趋势。从世界产业发展经验看，企业并购是实现资源在社会范围内重新有效配置的重要手段。大型房地产企业的竞争优势愈发明显，将会持有更多的市场份额，出现房地产市场的"马太效应"。房地产市场结构和房价问题再次成为关注的焦点。

国内学者对我国房地产业的研究主要集中于产业集中度的测算和市场结构方面的分析。吴拯认为我国房地产的现状是竞争过度和房地产企业的盲目过度进入。杨承坤认为 2000～2006 年我国房地产业集中度极低，处于分散竞争阶段。杨艳琳等发现 2002～2005 年我国市场集中度不仅非常低，还存在逐步降低、过度竞争逐渐加剧的现象，区域性房地产市场的市场集中度也很低。刘树枫同样指出 2000～2005 年我国房地产行业的绝对集中度和相对集中度指数一直呈下降趋势，远低于房地产行业适度竞争的市场结构标准（CR4 最低为 30%），同时指出市场规模扩大过快、房地产企业进入数量多、规模障碍系数低是房地产业集中度低的主要原因。张魏等利用 2000～2007 年的数据进行实证分析，得出我国房地产业市场集中度与期初集中度、进入壁垒呈正相关关系，与规模经济呈负相关。

而李宏瑾通过对我国房地产市场的勒纳指数测算，认为我国房地产市场垄断程度相当严重。余凯提出如果分析某一区域房地产市场，会发现我国的市场集中较高，寡头垄断将表现得十分突出。李连光使用 SCP 范式研究我国房地产业组织问题，认为我国房地产市场是区域性垄断或寡头垄断的市场。杨承坤等根据测算结果也认为我国房地产市场发展具有明显的区域差异性。

对我国房地产业发展的建议主要集中于市场结构的优化，特别是要提高市场集中度。周刚提出我国房地产市场结构的优化需要通过提高集中度实现。周京奎提出产业集中型垄断是一种稳定的市场结构，是我国房地产市场结构优化的必然选择。王新军则认为我国房地产业进一步发展的瓶颈是无序竞争、缺乏规模效应，实现房地产市场的健康可持续发展需要提高集中度。张魏等建议领导型企业采取防止新企业加入的竞争策略时，会显著提高市场集中度。刘树枫认为我国房地产市场应进行适度集中的结构优化。

对于房价和市场集中的关系，陈笑利用1999～2008年的数据通过建立房地产商品价格的回归模型，得出市场集中度与房价之间存在高度的负相关关系，认为市场集中度是房价最重要的影响因素，当房地产市场走向适度集中时会显著稳定房价，优化市场结构。

综上所述，在我国房地产市场基本形成了统一的观点：我国房地产市场总体的市场集中度低，区域市场集中度较高，市场结构需要通过提高市场集中度等措施来优化。对于房价和市场集中度之间的关系到底如何的研究较少，且主要集中于2008年以前。

二　市场结构分析

市场结构是指一定行业的企业间及企业与消费者之间关系的特征和形式，根据SCP分析范式，市场结构是企业行为的决定因素，企业行为又是市场绩效的决定因素。调整和改善不合理的市场结构是提高目标市场绩效的重要手段。市场结构主要从市场集中度、产品差别、进入与退出壁垒方面进行分析，其中，市场集中度是决定市场结构最基本、最重要的因素。

1. 市场集中度呈上升趋势

市场集中度即产业集中的程度，也叫行业集中度，是用于衡量产业竞争性和垄断性的最常用指标，是指市场上的某种行业内少数企业的生产量、产值、销售量、资产总额、职工人数等方面对某一行业的支配程度，它一般是用这几家企业的某一指标占该行业总量的百分比（CRn）来表示。

以我国房地产业的销售前十强表示的市场集中度来看（CR10），我国房地产企业的行业集中度在2001～2005年一直呈下降趋势，2005年至今呈上升趋势（见图1）。

以我国房地产业的综合实力的前十强（CR10*）和前百强销售额（CR100）来测算的指标显示，2005年和2006年下降，其后稳步上升，CR10、CR10*、CR100三个指标的变动趋势基本一致，总体呈上升态势。

我国房地产业的CR10、CR10*和CR100比例都没有超过30%的，按贝恩提出的市场结构划分标准，我国房地产业的市场结构属于原子型（CR4 < 30%，CR8 < 40%）；按植草益提出的市场标准，我国房地产业的市场结构属于竞争型分散集中型（CR8 < 20%）。20世纪90年代以来，香港地产市场CR10就一直稳定在80%以上，CR3占到50%；2005年，美国、英国、日本前5位开发商市场份额就达到10.3%、30.8%和17.8%，相比之下，我国房

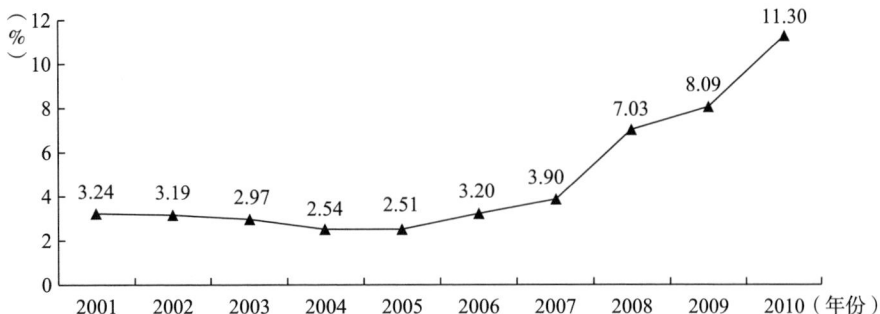

图 1 2001～2010 年 CR10 的变化

地产总体市场集中度过低。但由于我国房地产企业地区分布不平衡,西北地区、西南地区和东北地区多为中小型房地产开发企业,房地产上市企业主要集中于中国三大经济热区长三角、珠三角和京津唐地区,在广州、上海、深圳等一线城市的房地产市场集中度已经接近寡头垄断的水平。

2. 房地产企业的数量变化

1998～2004 年房地产企业的数量一直处于增长中,2004 年达到高峰值,1998 年,我国房地产开发企业总数为 2.4 万家,2004 年比 1998 年增长了 243%。2005 年比 2004 年略有下降,2005～2010 年,除了 2009 年略有下降外,房地产企业数量也一直在增加,2008 年出现了企业数量达到高峰值,2008 年比 1998 年增长 365%。

从企业规模看,与房地产开发企业数量变动基本一致(见图 2),房地产开发企业规模除了 2004 年和 2008 年下降外,其余年份呈增长态势,从 1998 年 823 万元增加到 2010 年的 6187 万元。我国房地产业市场集中度低,也表明我国房地产开发企业中大型企业较少,多为中小型企业;沪深两市仅有 143

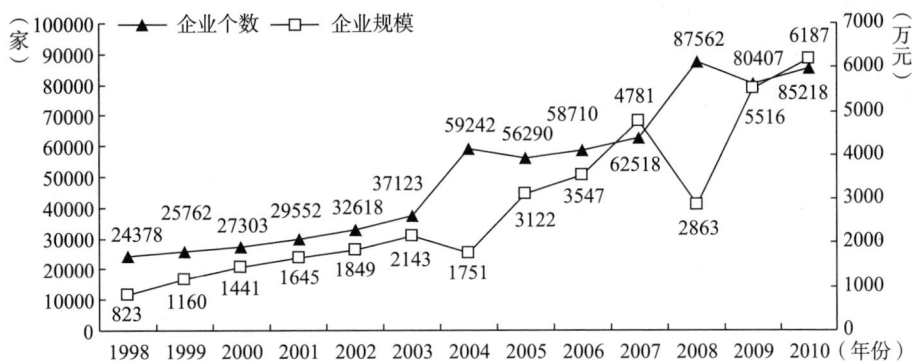

图 2 2001～2010 年房地产开发企业的企业数量和企业规模的变化

家上市房地产企业，以 8 万家计算，上市比例仅占 0.18%；销售额超过百亿的企业 2010 年仅 35 家，仅占 0.04%。

3. 进入壁垒的变化

我国房地产企业资质管理主要针对房地产开发企业的注册资本、经营年限、管理人员、在建房屋建筑面积累计等方面进行规定，据此形成不同的资质等级划分。1993 年 12 月开始实施的《房地产开发企业资质管理规定》，将房地产开发企业按资质条件划分为五个等级。2000 年 3 月采用了新的管理规定，企业资质等级分为四个等级，截至目前我国仍然沿用 2000 年的规定。表1 为比较了不同时期对房地产开发企业的注册资本规定。

表 1　不同时期房地产开发企业的注册资本规定

年份	一级资质	二级资质	三级资质	四级资质
1993	自有流动资金 2000 万元以上，注册资金不低于 2000 万元	自有流动资金 1000 万元以上，注册资金不低于 1000 万元	自有流动资金 500 万元以上，注册资金不低于 500 万元	自有流动资金 200 万元以上，注册资金不低于 2000 万元
2000	注册资本不低于 5000 万元	注册资本不低于 2000 万元	注册资本不低于 800 万元	注册资本不低于 100 万元
征求意见稿	以货币形式实缴注册资本不低于 2 亿元	以货币形式实缴注册资本不低于 1 亿元	以货币形式实缴注册资本不低于 5000 万元	以货币形式实缴注册资本不低于 100 万元

房地产业是非常典型的资本密集型产业，过低的市场准入标准，会吸引过多社会资金投入，使开发企业数量增长过快，更易形成经济泡沫；注册资本过低，企业经营风险较高，我国房地产企业的资产负债率一直在 70% 以上，2010 年资金来源中国内贷款占 17.2%，自筹资金超过 36%，因此，《房地产开发企业资质管理规定》征求意见稿中部分条款明显倾斜于大型企业，提高了进入门槛，可以起到风险防范与调整资金流向的作用。

用贝恩提出的"规模障碍系数"来衡量我国房地产市场的进入壁垒，以我国的商品房销售收入代表市场总规模，以房地产企业规模代表最低的经济规模，计算出我国房地产业的规模障碍系数，该系数呈下降趋势（见图3）。按照贝恩提出的判定标准，则我国的房地产市场属于低进入障碍（规模障碍系数 <5%，进入障碍较低）。

4. 以住宅市场为主的房地产市场

商品房包括住宅（别墅、高档公寓）、办公楼、商业营业用房及其他。根

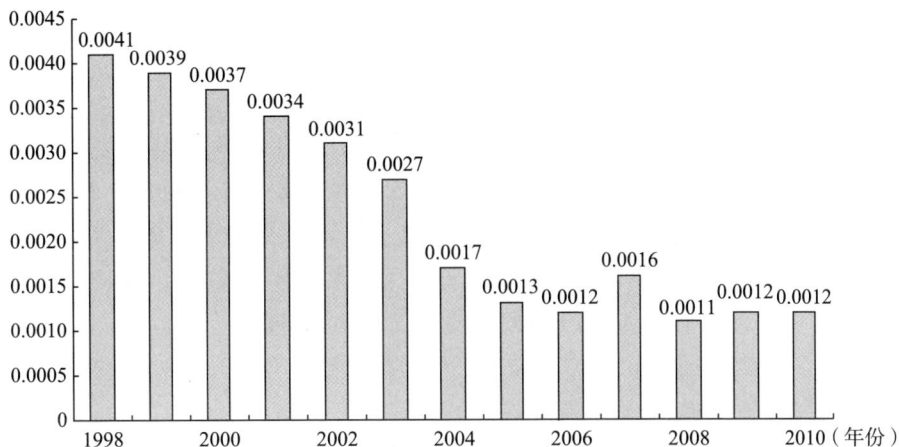

图3 1998～2010年房地产业的规模障碍系数的变化

据发达国家的城市化经验，城市化率在30%～70%是加速城市化的时期，我国正处于这个时期，加上农村城镇化，我国的房地产市场是以住宅市场为主（见表2）。2001年，住宅销售占房产销售的比例稳定在90%左右；住宅投资占房产投资的比例一直上升，达到72%；在房产竣工比例上呈下降趋势，由67%降至50%。

表2 我国住宅房产占房产市场的比例

单位：%

年份	城市化率	住宅销售比例	住宅竣工比例	住宅投资比例
2001	37.66	88.97	67.4	66.47
2002	39.09	88.41	64.28	67.1
2003	40.53	88.32	59.04	66.74
2004	41.76	88.47	56.32	67.16
2005	42.99	89.37	56.	68.27
2006	43.9	89.6	52.23	70.22
2007	44.94	90.67	51.26	71.2
2008	45.68	89.86	51.66	71.92
2009	46.59	90.96	49.9	70.67
2010	47.5	89.13	49.52	70.50

资料来源：根据2011年中国统计年鉴计算而得。

三　房价波动性与市场集中度的关系验证

数据选取：为保证数据的完整性、准确性，选取 2001 ~ 2010 年的数据。我国从 1998 年下半年开始，逐步实行住房分配货币化，到 2000 年 2 月，住房实物分配才在全国停止，相应的数据统计也是从 2001 年才开始的。

数据主要来源于 2002 ~ 2011 年以来的《国家统计年鉴》《中国房地产统计年鉴》和中国房地产 TOP10 研究组的报告或计算而得。

指标的选择：选择全国的商品房平均销售价格和 CR10 作为分析指标。

1. 商品房平均销售价格与 CR10 的关系变化

以商品房平均销售价格和 CR10 的时间趋势线看，二者之间变动方向不明确，2000 ~ 2010 年我国的房价走势基本是上升的，而 2001 ~ 2005 年的市场集中度在逐年下降，2005 ~ 2010 年的市场集中度在逐年提高。

2. 建立房价波动率和市场集中度对数之间的一元回归模型

$$Y = \beta_0 + \beta_1 \ln (CR10) + \varepsilon$$

式中，被解释变量是商品房平均销售价格的波动率，以 Y 表示；解释变量是 CR10；$\beta_0 \sim \beta_1$ 为参数；ε 为扰动项。运用 stata10 软件分别对六个不同时间段进行初始回归，结果见表 3。

表 3　一元回归方程回归结果

	2001 ~ 2005 年	2001 ~ 2006 年	2001 ~ 2007 年	2001 ~ 2008 年	2001 ~ 2009 年	2001 ~ 2010 年
R^2	0.8773	0.8241	0.2281	0.5063	0.0568	0.0013
回归方程	显著	显著	不显著	显著	不显著	不显著
t	- 4.63	- 4.33	- 0.76	- 2.48	0.65	0.10
P 值	0.019	0.012	0.278	0.048	0.537	0.921
系数	- 0.5902	- 0.4612	- 0.175	- 0.1415	0.0571	- 0.0305
常数	0.62107	0.5758	0.28	0.2437	0.023	1.1253

通过回归结果分析（见表 3），在 2001 ~ 2010 年的六个时间段，有三个时间段的回归方程是显著的，系数都通过 P 值检验。2001 ~ 2010 年整体而言，房价变动率和市场集中度对数基本是负相关，集中度变化为 1%，会引起房价波动率下降，具有稳定房价的作用，市场集中度对房价变动率的影响系数越来越小，引起房价波动率下降的幅度由 0.5902% 逐渐降至 0.0305%。但回归

方程整体不显著，没有通过 P 值检验。

模型存在不足之处主要表现在三个方面：第一，数据的局限，采用小样本数据，数据点过少，特别是 2001～2005 年期间；第二，模型拟合度不好，2001～2010 年的 R2 仅为 0.0013；第三，建立的是一元回归方程，存在遗漏变量。综合以上三点，对回归结果存在疑问，由于数据无法修改，因此，在模型选择上做出调整。

3. 建立多元回归模型

引入新的被解释变量，引入城镇居民家庭人均可支配收入（SR）、房地产开发企业的投资总额（TZ）、房地产开发企业竣工房屋的造价（JZ）、人口自然增长率（RZ）。

$$Y = \beta0 + \beta1\ln(CR10) + \beta2\ln(SR) + \beta3\ln(TZ) + \beta4\ln(JZ) + \beta5\ln(RZ) + \varepsilon$$

式中 β0～β5 为参数；ε 为扰动项。运用 stata10 软件分别进行初始回归可得以下结论。

回归方程的 R2 = 0.8960，调整的 R2 = 0.766，回归方程拟合程度较好；F（5，4）=6.89，F 统计量的 P 值为 0.0425，显示这个回归方程是显著。但人口自然增长率对房价变动率影响不显著，剔出该变量。回归方程的 R2 = 0.8771，调整的 R2 = 0.7789，回归方程拟合程度较好；F 统计量的 P 值为 0.0169，显示这个回归方程是显著的（见表 4）。通过 WHITE 检验，接受同方差的假设（P = 0.3505）；通过 BG 检验，接受无自相关假设（P = 0.1476）。

表 4　多元回归方程回归结果

自变量	ln（CR10）	ln（SR）	ln（TZ）	ln（JZ）	ln（RZ）
预期变动方向	负向	正相	负向	正向	正向
P 值	0.006	0.016	0.009	0.007	0.443
t	− 5.35	4.04	− 4.76	5.17	0.85
系数	− 0.06551	4.3255	− 3.1821	4.51242	0.5931
逐步回归方程					
P 值	0.003	0.010	0.005	0.003	
t	− 5.51	4.07	− 4.89	5.28	
系数	− 0.06222	4.095	− 3.1776	4.475	

四　结论及建议

逐步回归的统计结果显示，该回归模型的经济意义和统计意义都显著，市场集中度越高，房价波动率越小，二者之间呈负相关；城镇居民的人均可支配收入越高，实际购房能力越强，引起房价波动率越大；房地产开发企业投资总额越多，表明房地产市场的实际供给能力越强，房价波动率越小；竣工房屋的竣工成本越高，房价的波动率越大。

在这些影响因素中，房地产开发企业的竣工房屋的竣工成本对房价变动率的影响最大，其次是城镇居民的人均收入、可支配收入和房地产开发企业投资总额，最后是市场集中率。因此，在我国目前的经济形势下，对于房价的稳定，市场集中度的提高起不到主要作用，这与我国房地产市场的供求结构直接相关。

1. 房地产市场缺乏弹性

商品房包括住宅（别墅、高档公寓）、办公楼、商业营业用房及其他。我国商品房采用市场化供给，是以房地产开发企业为主要的供给主体，但土地供给是垄断的。房地产开发商为获得更高的利润，将目标更多集中于高收入群体。在目前房地产市场严厉的调控下，房地产去住宅化趋势逐渐显现，相比住宅市场，商业地产、工业地产开发成本较低。同时，地方财政对房价也有很强的推动性。2001～2003年，全国土地出让金相当于同期全国地方财政收入的35%，2009年全国土地出让金相当于同期全国地方财政总收入的46%左右。地方政府为实现土地收益最大化，会采取各种手段推高地价和房价。与此同时，经济适用房和普通住房的供给比例一直在下降，2000年竣工的经济适用房套数占住宅竣工套数的28.2%，2010年该比例降至6.63%；2004年销售的经济适用房套数占住宅销售套数的7%，2010年降至3.7%。因此，在房地产去住宅化趋势会愈发明显，更需要政府加大普通商品房供应，采取财税政策降低房地产开发企业的成本，从而降低房价。

2. 房价主要由需求来决定

在房地产供给市场缺乏弹性的情况下，房价主要由需求来决定。房地产市场兼具消费与投资特征的市场，存在消费性需求（自主性需求和改善性需求）、投资性需求、投机性需求等多样需求。随着人均GDP的不断提高，特别是城镇居民收入水平的提高，自主性需求和改善居住条件的需求较大。同时，我国资本市场不发达，缺少适合的金融投资工具，导致大量的投资性需求和投机性需求的高涨，推高房价。以消费为主导的房地产市场的支柱性，不仅在于中国有巨大的市场，而且在于其常态的需求能保证房地产持续稳健发展。因此，政府重点在引导好投资需求，不是强制约束，而是创造更好的资本市场，加以引导。

3. 房价的差异性

本文分析的是整体的房地产市场，由于房地产位置的固定性，房地产在各个地区之间是不能移动的。从自主和改善住房角度看，消费者只会在自己特定的市场区域内选择商品，不同地域房地产市场供给的产品难以互相替代。而且商品房自身也存在差异性，如住房面积、格局设计、位置、配套设施、周边环境、个人喜好、价格水平等，因此，商品房并不是完全替代商品，因而，各地房价有较大差异，即使同一城市的不同地理位置房价也有较大的差异。从 2006～2010 年住宅销售均价复合增长率来看，全国平均水平为10.9%。北京、上海、广州、深圳、昆明等城市，增长率是全国平均水平的 2倍以上。因此，考虑到不同地区的经济发展水平、收入、市场集中度情况等，要因地制宜地采取措施，发挥地方政府的作用。

4. 重视市场经济手段的调节

产业组织理论认为，市场集中度过低，容易出现低水平的过度竞争，造成资源的过度分散，特别是面对国际市场时，缺乏定价权；市场集中度过高，又容易导致垄断，导致高价格和低产量，造成社会福利的净损失。因此，市场集中度过高、过低的市场结构都需要调整和优化。随着我国房地产市场的发展，品牌房地产开发企业的市场份额将逐步提高，品牌企业将更多地追求企业的整体效益和可持续发展，提升开发品质，较发达地区的房地产企业会逐渐完成向欠发达地区布局，我国房地产业市场集中度会相应提高，我国房地产业整体的实力也会提高。在房价的调控中除了需要政府宏观调控的行政手段外，也可以发挥市场自身的调节机制，利用市场集中度与房价之间的关系来稳定房价。

[作者单位：哈尔滨工业大学（威海）]

集群融资：海洋经济产业中小企业
融资的有效方式

张培英　张克宜

山东半岛蓝色经济区建设是国家区域经济协调发展战略规划的重要组成部分，在这个战略规划中海洋经济产业是其产业发展的重要支撑。统计显示，山东的海洋 GDP 占全省 GDP 的 17%，占全国海洋 GDP 的 18%。与全国企业构成比例相近似，半岛蓝色经济区海洋经济产业的企业构成中，中小企业也占据着相当大的比重。与其他中小企业面临的困难一样，海洋经济产业中小企业也存在融资难的问题。而且，由于金融危机的冲击，山东海洋经济产业中小企业的融资难问题更是雪上加霜。半岛蓝色经济区背景下的海洋经济产业正面临着前所未有的发展瓶颈，如何为半岛蓝色经济区海洋经济产业众多的中小企业搭建一个有效、完善的融资平台，是山东半岛蓝色经济区金融支持体系配套建设的题中应有之义。本文基于产业集群理论，在对威海市海洋经济产业中小企业进行调研的基础上，根据海洋经济产业中小企业的特点和融资难的状况，对集群融资进行了有益的探索。本文认为，集群融资是一种在集群环境下的符合产业发展要求、融资便捷有效、操作过程清晰的适合海洋经济产业中小企业发展的融资模式。

一　选择集群融资原因分析

（一）海洋经济产业中小企业的资金特点决定集群融资

1. 规模小、资产单薄、信用机制不健全

当前，我国海洋经济企业大中型企业的融资结构特点是间接融资远高于直接融资，债权融资远高于股权融资。对于海洋经济中小企业而言，其应选择的融资渠道依次也应该是：银行信贷、债券市场、股票市场。但是对海洋经济中小企业而言，由于其特殊的地域属性，其融资时依靠间接融资的比重可能会很小。一方面，沿海地区经济发达，优势产业中的大型企业较多，经营效益好的企业也就多，因此，在信贷规模一定的条件下，银行必然会向这些企业倾斜；另一方面，海洋经济中小企业很多由于规模小、资产单薄、信用机制不健全等诸多原因，加之债券市场和股票市场的高门槛，必然会将大部分中小企业拒之股票和债券市场的门外。两方面的因素决定了对海洋经济中小企业而言，资金的来源单调、狭窄，资金需求很多时候得不到满足。

本文对威海市 200 多家中小企业调研，在企业调研中发现规模过小的企业都会选择使用自有资金，86% 的企业都选择依靠亲友借贷。威海市海洋经济中小企业占到三分之一以上，目前仅有 7 家公司在境内外上市，依靠金融市场融资。虽然威海市政府在缓解中小企业融资难问题上也做了积极的、大量的工作，如建立续贷过桥周转机制、开展小额贷款公司、科技支行试点和创办创业投资公司等。但是在访谈中了解到，续贷机制和科技支行试点等措施对所扶持的中小企业有着严格的条件约束，主要指的是高新技术和科技型中小企业，绝大部分海洋经济中小企业为传统的海洋类加工业，不在扶持行列之内，政府所推出的续贷过桥机制以及科技支行试点都是扶持和帮助那些高新科技型中小企业，对于帮扶对象的审核严格，对于企业各方面条件要求比较高，不能大批量解决中小企业融资难问题。调研结果也显示，78% 的调查对象因为规模小，或者正处于发展阶段，缺乏足值抵押物，无法取得银行信任，导致融资渠道单一，融资难。

2. 海洋经济产业中小企业资金需求具有周期性

海洋经济产业下企业的业务周期性决定了其资金需求的周期性，尤其是对于季节性非常明显的海洋渔业和滨海旅游业而言，其资金运行表现为资金流量大、集中投入高、回笼周期短、季节性明显的特征。而这些特征表现在海洋经济中小企业借贷时，就是每笔贷款金额小、期限短，时效性差、随意性大。商业银行对中小企业贷款从建立信贷关系、调查、审查、发放、贷后检查和贷后管理，需花费大量的人力和财力。据测算：中小企业贷款成本大约为大型企业的 5 倍。商业银行是以营利为目的的企业，对中小企业贷款极高的门槛使后者望而却步，银行贷款手续烦琐及审批时间过长，种种原因造成了中小企业银行贷款难这个现实。

3. 海洋经济产业中小企业资金投入具有高风险

海洋经济具有高风险特征，地震、海啸、飓风、赤潮等海洋自然灾害会对沿海地区所有相关经济产业造成损失的风险。海洋经济产业的这一特征对其行业企业资金特点影响非常明显。首先，由于风险较大，因此在银行信贷总体规模趋紧的背景下，商业银行支持海洋经济发展的积极性会下降，尤其是沿海地区各类产业发展迅速，银行所面临的选择余地较大，其理性的选择必然是那些成熟度高、抗风险能力强、周期性不太明显的行业，而中小企业想获得金融机构资金的借贷更是难上加难。其次，海洋经济产业的新兴性特征决定了对于这些产业而言，由于其风险高、起步晚，其利用股市进行融资的可能性也会降低。尽管创业板的推出为其拓宽了渠道，但在众多的新兴产业较量中，海洋经济产业也难以获得大的支持，中小企业更无法在金融市场上开辟出新的融资渠道。种种因素决定了海洋经济产业中小企业资金运作不确定性大、风险高。

（二）海洋经济产业的中小企业集群融资优势

产业集群（Idustrial Cluster）是指在特定产业领域中，一群在地理上邻近、有交互关联性、由共同技术连接在一起的企业和相关组织；这些组织包括上下游企业和客户，提供互补或辅助产品的其他行业的企业，还包括政府、大学、质量标准机构、培训企业以及行业协会等提供公共服务、技术、培训等支持的机构。海洋经济产业中小企业地理环境临近、生产性质相似，极为符合产业集群的条件，可以通过产业集群解决海洋经济产业中小企业融资难问题。产业集群能够实现企业的规模经济，有利于增进企业之间的沟通和交流；能够降低交易成本，减少信息不对称，降低逆向选择和道德风险，有利于提高企业间的合作效率，从而提高企业融资效率。单个中小企业由于资产规模小、贷款需求急、金额小、需求频繁、不确定性高等诸多不利因素，降低了金融机构的融资意愿。但中小企业集群后增强中小企业担保能力和信用水平，因而形成了独特融资优势。

（三）海洋经济中小企业产业集群融资可行性分析

1. 理论上的可行性

（1）企业、机构地理位置上要有临近性。企业、机构在地理位置上是集聚的，地理上的临近能够降低运输成本，便于企业面对面的交流，能够及时获得当地的供应商、激烈的竞争以及市场的实时信息，因此地理位置上的集群是十分重要的，也是产业集群的一个前提条件。（2）配套性。众多聚集在一起的企业和机构都是与一个具体的产品紧密联系相关的，形成一条完整的产业链和供应链，企业与企业之间及企业与机构之间具有很强的配套性。大量专业化中小企业、政府、金融机构、大学等科研机构形成集群的配套体系，是一个经济、社会、文化等多层的综合体。（3）知识共享和创新性。集群所在地存在着复杂稠密的社会网络关系，当地的人与人、企业与企业、企业与机构之间通过竞争和合作形成本地化网络。网络中各行为主体间以正式或非正式关系，频繁地进行着商品、服务、信息、劳动力等互动和知识交流，形成知识共享和创新的机制。（4）根植性。集群内企业家具有相同或相近的社会文化背景或制度环境，以此为基础，人们之间经常的联系、频繁的交往，使用近似的圈内语言，了解类似的背景知识和交易规则，因而具有可靠性、可预见性，相互信任成为圈内最有价值的资源。这使企业深深扎根于本地，形成稳定区域创新环境。

2. 操作上的可行性

（1）通过对威海市200余家中小企业的调研，发现威海市海洋经济中小企业分布十分集中，很多经营相近、相似业务的企业都会聚集在一条街道上，地理位置临近。此外，威海市面积不是很大，威海三区（高新技术产业开发区、经济技术开发区、环翠区）距离都很近，分布在这三区的企业相对而言在地理位置上也有优势。因而威海市海洋经济中小企业地理位置上的集群不成问题，具备了集群的前提条件。（2）大多数海洋经济产业都有一条完整的产业链，相互配套。以生产渔具类企业和海产品加工企业为例，生产鱼竿相关的企业涵盖了生产鱼竿、生产鱼线轮、生产鱼竿箱、生产鱼竿配件等完整的各部分部件生产企业；海产品养殖企业以养殖海参为例，包括了大面积海参养殖区，海参加工企业，海参包装企业，海参出售、出口企业。因而在实际操作时，可以将处在一个产业链条上的企业进行集群，获得规模效应。（3）在调研当中了解到，很多海洋经济中小企业由于规模和资金的限制，往往都是生产一些常见的产品或者是普通的海产品养殖，只有极个别的企业拥有自己的专利技术和品牌，所以大多数企业都愿意互相交流、互相学习，不断完善和改进企业的技术，共同创新。（4）威海市很多地区都是由当初的一些小渔村逐渐发展起来的，大部分中小企业的企业家也是土生土长的威海本地人，他们有着共同的文化背景，了解当地各个行业的交易规则。因而企业具有很强的根植性，完全可以实现产业集群，深深扎根威海当地，不断壮大，不断发展。

二 海洋经济产业中小企业融资集群融资有效模式构建

（一）互助担保联盟模式

前文已经论述，在海洋经济中小企业中，传统意义上的海洋经济中小企业的比例要远远高于高新技术科技型中小企业（以下简称高科中小企业），而传统海洋经济中小企业成长性、营利性稍逊色于高科中小企业，受到的政府及金融机构的扶持力度很小；加之这一类中小企业由于自身规模问题，往往没有过多的机器设备、厂房等固定资产，在进行融资时无法提供足值的抵押物。基于以上现状，结合海洋经济特点，威海市建立了互助担保联盟模式。

互助担保联盟模式在一定程度上缓解了上述由于抵押、质押不足所带来的融资难问题，而且该模式与其他模式相比，对于服务的海洋经济中小企业的要求也比较低，适合大多数不同规模和现状的中小企业运用。互助担保基金可以改善中小企业在与银行谈判时的弱势地位，为中小企业争取更有利的贷款条件。我国中小企业信用互助担保，是我国信用担保"一体两翼"体系的重要组成部分，在缓解中小企业融资约束问题上发挥了较大的作用。近几年来，民营担保机构快速发展，且"会员制"的互助担保逐渐成为主流。

1. 互助担保联盟模式的基本框架

中小企业在集群环境下成为互助担保联盟的主体，同时也是互助担保公司的担保基金的主要出资者和融资的需求者。互助担保公司以中介的方式，联通企业和政府、协作银行和民间资本。协作银行和民间资本分别作为中小企业间接融资和直接融资的资金提供者，地方政府作为互助担保公司的担保基金的出资人并在政策上支持互助担保公司。此外，企业与企业间可以通过赊购（销）、预付货款等方式实现类似银行同业拆借的短期资金需求（见图1）。

2. 基本运作方式

第一，组织形式。其中政府通过税收减免、风险补贴等诸多方式积极引导，中小企业集群中的龙头企业牵头，吸引有意向的集群中小企业组成互助担保联盟。联盟完全按照商业化模式运作，建立各种配套部门，负责办理中小企业的入会、贷款申请、组织调查、组织评审，并负责与协作银行的业务往来及关系的维持和拓展等日常工作。互助担保公司以首先满足会员企业需求为主，其次依据业务状况，若有剩余能力可为会员外企业提供担保服务增加公司收入。第二，担保基金的来源。互助担保联盟公司的资金来源主要有三个方面：政府提供的启动资金、企业缴纳的股金和企业一定比例的有效资产抵押折现。政府应该积极扶持互助担保联盟，提供启动资金，每年从财政收入中提取一定比例扩充互助担保联盟公司的担保基金，并且在政策上给予扶持。企业交纳股金，同时股金也作为其贷款时的保证金，减轻了企业负担，另外可从企业利润当中提取一定比例扩充股金。采用部分比例的有效资产抵押折现，一方面有助于增加互助联盟的代偿能力，另一方面保障了企业的利益。第三，融资方式。互助担保公司中小企业可以借助互助担保公司的担保从银行获取贷款。所能取得的贷款最高上限由该企业的信用等级决定的放大倍数、其缴纳的股金以及入股资产共同决定。企业也可以先与互助担保公司签订债务协议，然后由互助担保公司全额代偿担保，将债务协议转让于民间资本，从而利用民间资本实现直接融资。对于存在同一价值链上的企业可通过企业间的赊购（销）、预付货款等实现企业间的同业借贷，以充分有效利用。

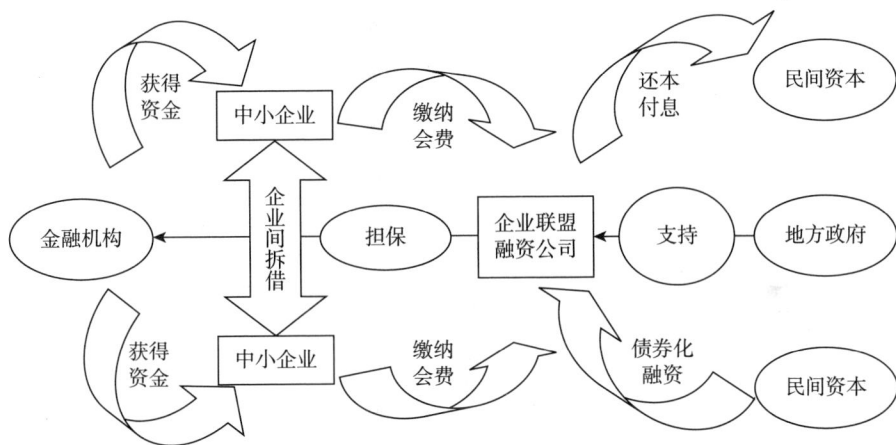

图1　基于集群的互助担保联盟中小企业融资模型

（二）"观海听涛"模式

"观海听涛"模式是结合海洋经济中小企业特点，并对原有的一些融资模式进行优化和完善而提出的一种新型的融资体系。前文所提到的互助担保联盟模式可以缓解融资难问题，但是该模式同样具有一些问题，如政府不适当的干预。我国目前的互助担保机构大多是在地方政府的直接支持下建立的，在这些政府参股的互助担保机构中，政府往往过多干预担保业务活动，致使信用担保重蹈政府干预贷款的覆辙，出现各种形式的指令性担保；互助担保发展缓慢，参与企业少，资金规模小及来源单一，政府财政对互助担保机构的支持资金数额比较小，担保资金大部分来源于股东缴纳的会费或股金，致使担保机构可运用的资金规模不大，这些问题都严重制约了该模式的进一步发展和应用。因而结合前人成果和海洋经济中小企业现状，本文提出"观海听涛"模式。"观海听涛"模式具有一定的实用普遍性，而且对于那些发展前景良好、成长性强的海洋经济中小企业融资而言，更具有不可替代的优越性。"观海听涛"打破了传统融资模式中企业、金融机构、担保公司三方的囚徒困境，结合现状，引入了促进融资环境完善的第四方，即具备了"桥隧模式"的核心理念，同时又将地方政府引入，进一步分担了第四方和金融机构的风险，实现了政府政策、资金支持中小企业发展的本职义务，这一处的改进既来源于科技支行试点的启示，同时又是对科技支行试点模式的融资扶持覆盖面的进一步扩大，为海洋经济中小企业融资又搭建了一个新的平台。

1. "观海听涛"模式基本框架

基于集群的"观海听涛"模式中小企业融资模型见图2。

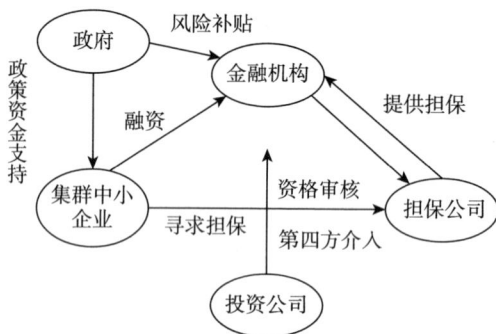

图2　基于集群的"观海听涛"模式中小企业融资模型

2. 基本运作方式

第一，组建流程。首先，由集群中小企业寻求合适的担保公司为其融资提供担保。在这里，政府对于集群中小企业的资金支持可以作为对于担保公司的一种反担保机制，降低担保公司风险。担保公司受理后，对集群中小企业的价值做整体分析，并遵循"平等自愿"的原则根据集群的项目状况寻找合适的投资公司，与投资公司在担保条件的协商上达成一致意见，比如当企业现金流发生未预期的变化而导致财务危机发生，并进而无法按时偿付银行贷款时，投资公司将为企业带来现金流用以偿付银行债务并保持企业的持续经营，同时集群企业也要释放一定的股权给投资公司或者从利润中给予一定的红利等。接下来，各主体要寻找合适的合作银行，取得资金，并与银行商定贷款的条件，包括利率、还款期等一系列因素。在此时，政府给予银行一定的风险补贴，积极促成集群中小企业和银行之间的信贷合作。以上过程的流程见图3。

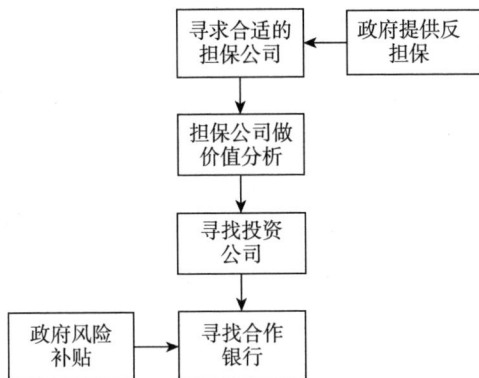

图3　"观海听涛"组建流程

第二，"观海听涛"模式的适用范围。集群企业要有一定的资本市场价值。投资公司的介入是希望能从中取得一定的利润和收益，最普遍和易于操作的方式就是集群企业释放一定的股权给投资公司，或者分放一定的利润红利，因而要求集群中小企业必须要有能够吸引投资公司进入的亮点。集群企业要有技术优势，在资本推动下能获得快速增长。前文已经论述，投资公司的投资十分慎重，选取的投资对象一般都是能够进行技术革新、有核心竞争力的企业集群，这些企业在取得资金投入后，能够迅速摆脱财务困境，短期内实现盈利。集群企业的回报要有一定的价值。投资公司，尤其是风险投资公司，要求的都是高回报，同时他们往往也承担了高的风险，所以对于提供担保所能带来的回报将会决定集群中小企业与投资公司的合作能否实现。集群中小企业要合理估计自身实力，提出有价值的回报方式，吸引投资公司，促成合作。

第三，"观海听涛"模式的创新和优势。（1）五方共赢——利益链的扩延。对于集群中小企业而言，风投公司的介入使得担保力度增强，有助于中小企业从金融机构取得资金，拿到贷款，为下一轮投资打下基础。对于政府而言，在一种资源更能够优化配置的条件下，实现其对于中小企业的扶持。而且在这种模式下，进一步加大了政府的扶持力度，所扶持的对象将不仅仅局限在科技型的中小企业，凡是有着良好的成长前景、能够受到投资公司的青睐的企业，都将有可能取得政府的资金、政策支持。对于金融机构而言，能够从政府处取得风险的补贴，同时其他三方都承担责任，相当于增加了一个安全系数，金融机构的放贷意愿会更容易实现。对于担保公司而言，投机公司的介入以及政府的扶持，使得现有的担保资本金能够担保更多的业务和拓展业务网络。对于投资公司而言，投资公司当前最大的问题不是缺乏资金，而是没有合适的投资项目。银行发放贷款的目标绝不仅仅是保证能够按时收回成本金，无利润的项目银行不会选择，银行对于项目的选择具有完整性和严密性；同时，为使风险降至最低，担保公司对于担保对象也是十分的慎重。所以在这个模型中，实际上是银行和担保公司在为投资公司筛选项目，形成了一个网状的筛选模式。综上所述，在这个模型中，能够实现五方的共赢。

（2）风险共担——合作链的博弈。在整个模型中，各个主体之间既是相互合作的关系，又从彼此的身上取得与风险所对应的收益。正是这样一个在合作的过程中动态的博弈状态，也维持了整个模型的稳定性，模型中的各个主体都会根据自身的实际情况不断地调整，在构建模型伊始，就会选择适合自身情况的合作对象，力图利润最大化。而且，在这个过程中，政府的参与为整个操作流程起到了引导和监督的作用，也规范了整个过程中各个主体的道德意识和法律责任，保证整个体系的构建能够走上一个良性的轨道。

三　海洋经济产业中小企业集群融资的几点建议

（一）政府和其他相关机构

政府在研究制定产业集群发展规划中，注重突出海洋经济行业优势和行业特色。在产业集群发展初期，面对集群内基础设施不完善、企业间合作意识不成熟，集群的经济效应未充分发挥等现状，地方政府可以通过加大资金支持力度，重点完善集群内的基础设施建设，吸引优质企业加入集群，为企业的集聚和产业集群发展创造和提供良好的基础环境。在产业集群发展成熟阶段，通过加大资金支持力度，提供税收优惠等政策措施，重点建设集群组织联盟等中间性组织，坚持政府引导、市场运作、多元投入，为集群内中小企业的资金融通创造良好的运营环境，促进企业集群又好又快地发展。

金融机构要根据集群的优势和特点，大胆地进行金融制度创新，建立适合于本集群特点的融资模式，进行金融制度的创新，为中小企业带来更多的融资选择，提高融资效率。

中介机构作为中小集群融资的重要利益相关者，可以充分利用自身掌握的信息优势，为集群组织联盟、银行等金融机构、资本市场中的投资者等提供准确、及时的信息。如律师事务所、会计师事务所、资讯服务机构发布定期或不定期的有关中小企业的信息，有助于上述集群融资的利益相关者及时掌握集群内中小企业的经营状况，防范和化解可能存在的资金风险。

（二）海洋经济产业中小企业自身

自身缺陷是海洋经济中小企业产生融资困境的根本原因。对于中小企业来说，外部融资环境是其难以控制的。在改变融资环境的同时，中小企业必须努力提高自身素质，积极加入产业相关的中小企业集群。中小企业要认识到产业集群是可以提升其市场竞争力的重要产业组织形式，也是经济发展到一定阶段的必然趋势。产业集群整体规模大，市场势力强，集群内的人才丰富，信息多，资源共享，能够有效地解决中小企业发展的融资难问题。因而，中小企业经营者要与时俱进，结合企业自身的经营情况，改变传统的意识，不断进行企业的规范化和现代化升级，积极响应政府号召，加入适合自身发展的产业集群内，依靠产业进群优势，逐渐缓解企业融资难问题，不断优化企业融资路径，降低融资成本。

[作者单位：哈尔滨工业大学（威海）]

鲶鱼效应与机制缺欠：村镇银行
发展问题探析

姜　春

一　信贷配给瓶颈：我国村镇银行产生背景与发展现状

当前村镇银行（village bank）的设立和发展已成为国内金融理论界探讨的热点问题。从近几年我国发达县域农村经济发展与融资状况看，资金需求的快速膨胀与资金供给的持续不足之间的矛盾日益突出。市场配置的结果是农村经济更为严重的信贷配给问题，农村领域的资金供给表现为持续不足。

信贷配给（credit rationing）理论解释了单靠市场机制即"利率刺激"并不会导致信贷资金过度供给问题，因而保持区域信贷的足额供给不能依赖单一的融资机构。结合西方新凯恩斯学派的逆向选择论和道德风险论，大致可将我国农村经济融资中的信贷配给问题描述出来。图 1 中，由于逆向选择和道德风险的存在，就单一贷款者和特定领域而言，在利率提高到一定程度后，如果再提高利率会引起预期收益下降，贷款者提供的资金将随之减少，导致资金供给曲线 S 向下弯曲。在利率为 R_0 时贷款者预期收益达到最大值，尽管此时的信贷需求 D_1 大于供给 S_1，但贷款者不会再提高利率而降低收益，即产生正常的信贷配给问题，D_1 与 S_1 之间的差额显示信贷配给的程度。因而可以推出，要保持某一区域信贷总量的有效供给，寻求数量较多的资金供给者是一条短期即可见效的路径。

关于县域农村经济发展中的资金供求问题，许多专家学者都阐述了自己的观点，如：发展农村经济、增加农民收入需要大量的资金尤其是金融资金的投入和支持，而农村现有的金融制度加剧了农村资金的饥渴；农村金融已经成为

国内金融发展的一个软肋和空白
点，但是农村金融市场所蕴藏的能
量却不可低估。鉴于县域资金供需
矛盾已经积累多年并成为农村经济
发展的掣肘因素，决策高层对这一
问题给予了高度关注并意于有效解
决，在县域增设新机构如村镇银行
就成为一种必然选择。实际上村镇
银行在国外金融领域已非新生宠
儿，世界上诞生最早的村镇银行是
孟加拉国的格莱珉银行（Grameen

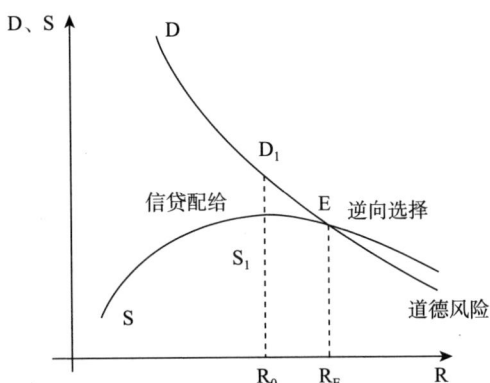

图1 农村经济融资中的信贷配给模型

Bank），1977 年孟加拉国的经济学家穆罕默德·尤努斯（Muhammad Yunus）
出资成立了格莱珉银行，其经营模式主要是采取无抵押、无担保方式贷款给
穷人。在 30 多年的时间里，格莱珉银行已经发展成为拥有 1277 个分行、还
款率高达 98.89% 的庞大乡村银行网络，帮助全世界几十个国家数百万人成功
脱贫，真正成为"穷人的银行"。2006 年 10 月，尤努斯教授来北京参加了
"中国 – 孟加拉国乡村银行小额信贷国际研讨会"，奏响了中国设立村镇银行
的序曲。村镇银行的出现，打破了农村金融市场多年的沉寂，引起了诸多关
注和争论。

二 威海案例：鲶鱼效应与机制缺欠互现

威海市地处山东半岛最东端，辖区内县域经济发展呈现典型的沿海发达
地区经济特征。2010 年，威海市首家村镇银行在下辖的乳山市成立，至目前
共组建 3 家村镇银行，荣成、文登和乳山三个县级市各有 1 家。截至 2011 年
年末，威海辖区村镇银行各项存款达 4.92 亿元，各项贷款达 2.34 亿元，其
中涉农贷款达 1.54 亿元，占比达 65.81%。威海辖区的 3 家村镇银行各有特
色，荣成的汇丰村镇银行是由外资银行发起成立的，文登的建信村镇银行是
由国有银行发起成立的，乳山的天骄村镇银行是由地方法人金融机构发起成
立的，母行性质的不同决定了威海辖区的村镇银行具有典型代表性，对其经
营发展情况进行研究也具有典型意义。

（一）鲶鱼效应

从威海辖区来看，村镇银行的建立和发展表现出自身独特的优势：首先是发起条件宽松，政策规定在县域设村镇银行的注册资本不低于300万元即可，以威海的经济发展水平而言，设立村镇银行在注资上是极为容易的；其次是法人机构优势，村镇银行是独立的企业法人，在经营上拥有完全的决策权，这决定了在贷款审批和发放等方面具有其他银行无法比拟的优势；最后是村镇银行产权明晰，没有历史债务和遗留包袱，在经营发展上可以轻装上阵，而其他金融机构因种种原因不良贷款多、信贷风险大、经营活力差。由于以上经营优势的存在，村镇银行设立后在较短时间内就显现出对县域金融的强势冲击，收到一系列连锁式成效，形成了预想中的"鲶鱼效应"。

1. 县域贷款利率不同程度下降。近些年来威海辖区农村基本处于资金供需失衡、金融缺乏竞争、贷款利率高的状态，村镇银行为满足快速拓展业务的需要，利率定价机制灵活，实施较低利率策略，抑制了民间借贷的发展，同时也一定程度上迫使其他金融机构采取利率调整措施，导致了县域贷款利率整体出现下降的良好局面。村镇银行营业初的贷款利率比其他金融机构平均低10%左右，目前县域农行的涉农贷款利率比前两年下降约5%，农村信用社的下降约10%。

2. 涉农贷款增长速度明显加快。与其他农村金融机构相比，村镇银行信贷审批具有管理链条短、贷款投放快等明显优势，在信贷审批中重在审查客户的现金流、还款能力和信用状况，而不注重抵押担保，能够根据农村经济的实际需求提供有效的金融支持，涉农贷款投放较快。在村镇银行的带动下，其他农村金融机构也加大了涉农贷款的审批力度来抢占市场，涉农贷款投放速度明显加快。2011年，威海的县域涉农贷款新增40.16亿元，同比增长9.58%，高于同期各项贷款增幅，比未成立村镇银行时的2009年涉农贷款增幅近4.38个百分点。

3. 农村金融服务水平极大改善。村镇银行经营的灵活性和贷款的快捷性，打破了农村信用社多年垄断农村经济市场的格局，引起了农行和农村信用社的高度重视，在改进信贷审批流程的同时，农行和农村信用社纷纷加大对农村金融服务设施的投入，如在乡镇增设ATM、在农户家中配置电话POS等，依托较完善的金融服务机具来稳定客户和占据市场，促进了农村金融服务水平大幅提升。2011年，威海辖区农村金融机构在县域以下增设ATM 441台，同比增长14.25%，增设电话POS 9593部，同比增长35.28%，发放惠农卡

24 万张。

（二）机制缺欠

目前村镇银行这一模式的作用并未得到完全发挥，其生存发展还不同程度地受到制约，这些都应引起决策者的关注。

1. 国有银行难以主动成为发起行。从现行金融监管机制分析，国有银行在资本刚性约束下，更多地希望大力发展低资本消耗业务，而村镇银行的投资回报周期较长、盈利较低，并且在经济发达地区国有银行在县域均设有分支机构，因而国有银行对发起设立村镇银行并不积极。而对于异地扩张需求强烈的股份制银行和地方性银行而言，发起设立村镇银行成为其跨区域经营的最佳路径，因为他们要到异地设立自身分支机构的门槛很高，审批流程漫长，难获监管部门批准。从威海 3 家村镇银行来看，只有文登的村镇银行是国有银行发起设立的，并且设立时间最晚，是在国内村镇银行出现五年之后才开始设立的。

2. 村镇银行尚未被完全接纳。由于没有统一明确的标准，村镇银行不能直接加入大小额支付系统，不能以自主身份进行全国统一的划汇结算；没有联行行号，村镇银行不能开具票据、银行汇兑、发银行卡，电话银行、投资理财、担保咨询等新型业务也无法开办，只能依赖存贷款业务来生存，造成业务经营模式单一、缺乏盈利增长点的被动局面。据调查，威海辖区最早于 2010 年设立的天骄村镇银行至目前也未能成功加入大小额支付系统，只能依托其母行鄂尔多斯农商行进行结算，交易存在时滞。

3. 村镇银行未将村镇作为主战场。从当前金融运行机制分析，村镇银行的设立虽对农村金融形成了有益补充，但仍未完全冲到支持"三农"发展的村镇第一线，基本上是以县市及周边企业作为主要的信贷服务对象，以拓展中小企业贷款为主流。造成这一问题的原因是村镇银行成立时间较短，机构单一，如果将服务重点确定在乡镇和农村，不仅经营成本高昂，而且也失去了原有的信息对称优势，这就导致了村镇银行"冠名村镇、身处县城""借助服务三农经济而生、依赖支持县域企业而存"的事实。据调查，威海的 3 家村镇银行所放贷款中，真正投放到农村领域的仅占 48.72%，投放到县域企业的占 51.28%。

4. 财税政策扶持机制明显不配套。从国家财税扶持机制分析，目前财税部门对村镇银行在营业税、所得税征收方面是比照其他商业银行标准来执行的，而同是服务于"三农"的农村信用社在征税方面享受到更大的政策优惠，并且财政对农行和农村信用社发放的农业贷款还进行贴息，相比之下村镇银行在享受国家财税扶持政策方面明显不配套，这些都极不利于其生存和发展。从威海辖区农村信用社与村镇银行比较看，农信社营业税率为3%，村镇银行开业两年后为5%，前者所得税免征或减半，村镇银行要全额上缴，一年几项合计可影响利润150万元左右。

三　发展模式研究：经营风险分析与市场策略设计

（一）经营风险分析

1. 存款资金筹措的艰难性。村镇银行是新生机构，并且组建股东中有私营企业参与，城乡居民对其认可度和接受度不高，部分企业和居民甚至视其为杂牌银行，质疑其经营实力和信用程度，根本不愿到村镇银行存款。加上村镇银行没有加入大小额支付系统，汇总和结算等业务无法正常、及时办理，即使主动出去营销吸揽存款，多数企业和居民也不愿意在村镇银行存款和办理业务，吸收存款艰难、放贷缺乏资金成为一个无法回避的现实问题。据统计，2011年威海存款增加87.69亿元，而村镇银行存款增加2.04亿元，市场份额明显弱于其他金融机构。

2. 双重经营目标的冲突性。国家设立村镇银行的初衷是支持农村经济发展，服务的主要对象是农村企业和农户，一定程度上承担着某些政策性业务的职能，但村镇银行又是市场经济下的独立企业法人，发起人必然会把实现利润最大化作为自身经营目标，当其面对的服务对象是弱势的农民和低质的农村企业时，政策性和商业性的矛盾日益突出，易导致村镇银行在经营中争取利润最大化而背离扶持"三农"的宗旨，服务对象选择以盈利水平较高的县市大中企业为主、逐步舍弃以农民和农村企业为主的初衷。2010年，威海辖区村镇银行发放农村领域贷款占比65.93%，县市大中企业贷款占比34.07%；2011年，这两项占比分别为48.72%和51.28%，大中企业贷款明显占主流。

3. 金融创新能力的弱质性。村镇银行组建人员中除少数高管人员外，其他业务人员大多数是新毕业学生和社会关系人，基本没从事过金融工作，素质参差不齐，缺乏从业经验，业务发展中拘泥于传统的存贷款业务，而代理业务、理财产品均未开办，也不注重开发信贷新产品，金融创新的意识和能力明显不强。加上村镇银行实行主发起人制度，容易导致对发起人的过度依赖，产生激励不充分、创新意识差等问题，在一定程度上影响了村镇银行自身的创新主动性。威海辖区村镇银行共有 107 人，其中未从事过金融工作的 72 人，占 67.29%。开业以来没有开发出一种信贷新产品，而同期其他金融机构开发信贷新产品多达 7 种。

4. 区域同业竞争的残酷性。发达地区的县域金融机构设立比较齐全，国有银行、股份制银行、地方银行甚至外资银行都有分支机构，并且每年都在增设新的机构，而县域的资源相对有限，越来越多的机构来争夺相对有限的资源，其竞争的激烈程度是与日俱增的。在以市场营销为主要手段的业务发展阶段，竞争优胜者依赖的主要是人才和网点优势，村镇银行与其他金融机构相比较，除在人才素质方面不具有竞争性之外，机构网点的单一性也严重削弱其竞争力。据统计，2011 年年末威海县市级金融机构 35 家，拥有业务网点 346 家，从业人员 3243 人；而村镇银行只有 3 家，从业人员 107 人，占比分别为 0.87% 和 3.29%。

（二）市场策略设计

1. 竞争地域定位。村镇银行是国家专设县域以下的金融机构，主要是用来弥补农村金融支持薄弱的缺陷，只有把业务竞争地域确定在乡镇及农村，才符合国家的发展意图，才能更多地获得国家相关政策的扶持。并且目前乡镇及农村是国有及股份银行不愿触及的地域，金融竞争相对弱一些，有利于村镇银行立足和发展。另外，村镇银行在开业发展初期，业务拓展局面尚未打开时，可以通过人脉关系在县城发展一些中小企业来支撑局面，但因其竞争激烈和维系成本较高，不宜作为长期的竞争地域选择策略，长远发展还应以乡镇及农村作为主阵地。

2. 服务群体定位。村镇银行是首次正式设立的"草根银行"，服务群体自然应该选择广大的农村企业和农民，这些客户群体有着强烈的信贷需求但达不到国有金融的信贷投放要求，这便形成了一个潜在的巨大信贷需求市场。孟加拉国和印度尼西亚等国的小额信贷实践表明，大多数贫困的农户不仅有强烈的信贷需求，而且也有很强的信用意识，只要合理地设计出符合农户等弱势群体特点的信贷产品，村镇银行就会获得巨大的发展空间。并且农村企业和农民的信贷需求特点，与村镇银行的业务规模和资金来源特点相吻合，容易建立互利共赢、共存共荣的关系。

3. 信贷产品定位。村镇银行面向的是规模较小的农村企业和分散的农民，信贷需求也以数额小、多样化、时效快等为主特征，村镇银行应充分发挥其自主决策和经营灵活的优势，不断进行产品和服务创新，以满足当地企业和农民的信贷需求为导向，积极开展以快捷的小额信贷为主的各类金融服务。要开展大量的农村市场调查，充分掌握信贷服务对象的各种特点，创新开发的信贷产品应最大可能地考虑小企业和农户的需求，甚至做到"一企一策、一户一策"，为他们提供最适合的差异化金融服务，使差异化金融服务成为村镇银行最重要的竞争优势。

（三）发展模式研究

1. 相关理论分析。研究村镇银行的发展模式，美国 Wendeil Smith 的市场细分基本理论给我们带来了很大启示。市场细分基本理论表明，在非完全垄断市场条件下，产品供给者采取全面进入各个细分市场的营销策略的成本是极高的，反而降低了效率；要实现竞争中的效率最大化，各产品供给者应尽量选择不相交叉的细分市场进入，并发挥其整体互补优势。

以市场细分理论来简单描述我国农村经济的信贷市场，如图 2，M_1 代表农户群体，M_2 代表小规模企业，M_3 代表龙头企业，在资金实力上表现为 $M_1 < M_2 < M_3$，K_1、K_2、K_3 分别代表三类主体在不同生产模式下的需求细分市场，在信贷需求上表现为 $K_1 < K_2 < K_3$。

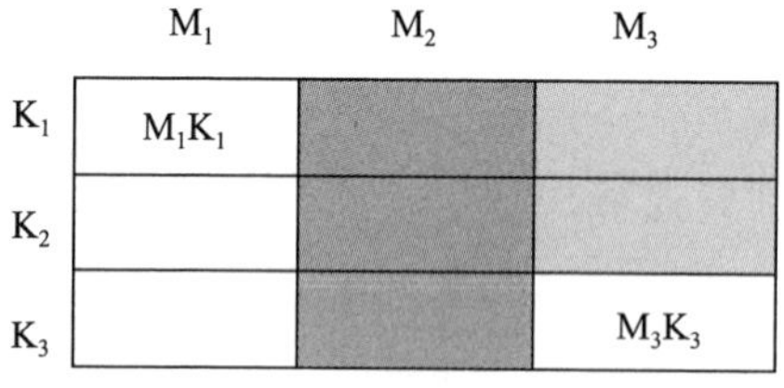

图 2　农村经济信贷市场细分的简化描述

当前的农村信贷市场占有情况大略是：农村信用社实施了全面进入的信贷策略，包括从 M_1K_1 到 M_3K_3 的所有细分市场，但囿于其资金的有限性和管理的高成本，经营效率并不高；农业银行等金融部门只选择了极少一部分龙头企业进行支持，如只选择 M_3K_3 这一子市场，而对其他子市场进行了大面积退出，撇下了广阔的农村市场空间。

在此市场细分基础上，村镇银行在业务发展的最初几年中的市场进入策略可以概括为：从竞争程度来考虑，应不选择 M_3K_3 这一市场，即那些规模很大、优质高效的龙头企业，因其进入的竞争和维系成本极高；从资金实力来考虑，也不易过多选择 M_3K_1 到 M_3K_2 这两个子市场，即那些规模较大、需求较多的龙头企业，因其较大的信贷需求难以连续满足，但对资金实力较强的村镇银行可适量进入这一市场；余下的 M_1K_1 到 M_2K_3 等子市场就是重点选择进入的市场，基本上是需求迫切而分散、缺乏竞争和谈判的金融卖方市场，比较适合成长初期的村镇银行。在经过几年发展、实力壮大之后，村镇银行可再实施更高层次的市场选择策略和经营发展模式。

2. 市场细分实例。首先本研究对农业经济资金需求市场进行细分。威海辖区农业经济组织模式中，相关的需求主体大致可分为三大类：种养农户、产业链大户和龙头企业（如上文市场细分中标注的 M_1K、M_2K、M_3K），结合其不同的组织模式和生产特点，又将形成若干细分类型且各具特征。种养农户，基本上是以单户家庭作为独立的组织单位，直接从事经济类农副产品的生产和初加工，以获取行为的经济收益为目的，自有资产很少，投资收益不太稳定，资金需求一般在 5 万～20 万元，使用周期多在一年左右。产业链大户，以农户合作或独立发展而形成的小规模私营企业，一般有固定的经营场所和一定的加工生产规模，多属订单农业生产的中介组织，自有资产一般不多，因有契约关系而具稳定的投资收益，资金需求一般在 20 万～500 万元，使用周期多在一年以上。龙头企业，在行业中具有较强的竞争实力和带动作用的大企业，处于农副产品供应链的最末端，以产品的最终经营者身份从市场中获取超值利润，具有一定的资产规模，投资收益比较稳定，资金需求一般在 500 万～3000 万元，使用周期多数为两年以上（见图 3）。

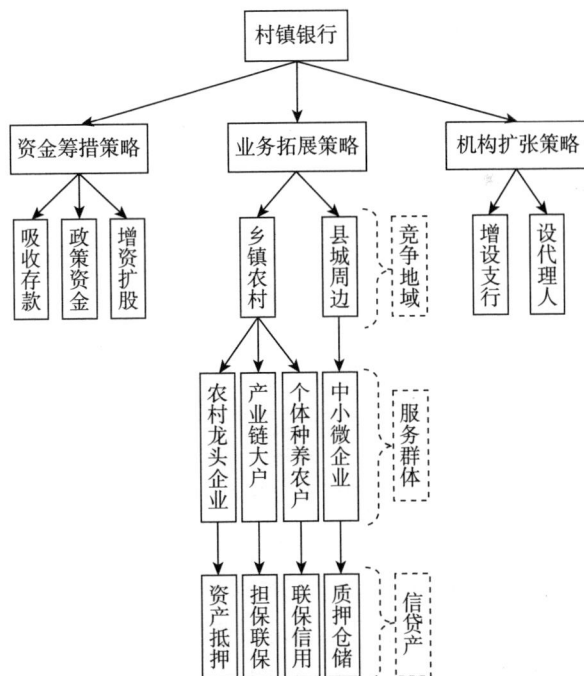

图 3 村镇银行的发展模式示意

3. 具体操作模式。这里仅从信贷角度来研究在农业经济市场细分下，村镇银行如何选择子市场进入且不与其他金融机构相冲突，并对现行贷款模式进行配套改善，力求在最有效满足农村经济发展主体需要的同时，实现自身的持续发展问题。

（1）种养农户的信贷扶持问题。农户的单户资金需求量较小、群体广而分散，发放小额信用贷款和农户联保贷款基本能够满足所需。尝试实践龙头企业为产业链条上的农户提供贷款担保也极具现实意义。农户这一细分市场 M_1K 可全面进入。一是小额信用贷款。对从事小规模种植养殖业、产品初加工和个体运输等农户初始发展的少量资金需求（5 万元以内），适合以信用贷款方式注入资金进行扶持，信用额度以当地农户人均年纯收入的 5 倍为限。对经营发展中资信优良、效益稳定、达到"信用镇、村、户"评定标准的农户的资金需求（10 万元以内），也要及时投放信用贷款进行支持，信用额度以农户前三年度平均收益额为限。二是农户联保贷款。对发展成一定经营规模的农户的信贷资金需求（20 万元以内），数额一般超出了信用贷款的额度，适合办理农户多户联保贷款，以寻求多家经营规模大致相当的农户来分散信贷或风险，数额以各联保农户的户均年收益为限。三是龙头企业担保贷款。对那些与龙头企业签订合约、处于农业产业化生产链中的农户的资金需求，可协调以龙头企业提供担保的方式投放信贷资金，替代龙头企业契约合作中为农户铺垫资金的方式，从而节省龙头企业的流动资金，数额以龙头企业前三年平均利润额为限。

（2）产业链大户的信贷支持问题。大户基本上拥有一定量资产，资金需求量相对较大，有些具有明显的"急短快"特征，可发放资产抵押贷款来满足大户需求。对抵押不足的资金需求，可尝试通过龙头企业担保贷款、探索乡镇级担保贷款和协议贷款等途径解决。大户这一细分市场 M_2K 也可全面进入。一是资产抵押贷款。对拥有一定的经营规模和资产实力的大户在扩张发展中产生的资金需求（500 万元以内），适合办理资产抵押贷款方式进行支持，注重贷款审批发放的时效性，可采取资产一次性足额抵押下的额度授信机制，为其融资创造宽松条件。二是龙头企业担保贷款。对处于农业产业化生产链条中的大户，按契约进行季节性收购而形成的资金需求（100 万元以内），可尝试先以资产抵押、不足部分以龙头企业提供担保的方式发放贷款，担保数额以龙头企业的净资产为限。三是乡镇担保贷款。对符合本乡镇农业项目发展规划、但融资中资产抵押不足的生产大户，由乡镇政府提供担保帮其获得贷款，乡镇政府拿出年财政收入的 2% 存放村镇银行，作为担保贷款的风险补偿金，贷款数额以风险补偿金的 5 倍为限。

（3）龙头企业的信贷投入问题。龙头企业经营中资金需求金额大、次数多，呈现批量式需求特征，村镇银行应根据资金情况进行适量介入，即 M_3K 这一细分市场要选择性进入，并以抵押贷款方式进行支持，更多要依靠农业银行等金融机构强大的资金实力来支持。

四 外部政策扶持：一种配套机制上的再安排

在研究健全村镇银行内生机制的同时，要有效弥补其面临的机制缺欠问题，还需要进行一些外部政策的再安排，以真正激励村镇银行发展、从而促进农村经济发展的配套机制。

（一）畅通村镇银行结算渠道

各级人民银行要从重点扶持村镇银行发展壮大的角度出发，有针对性地研究推出村镇银行结算管理相关制度，加大对其进行业务规范和指导力度，进一步明确业务审核标准，有效促进其硬件设施建设和软环境改善，使其尽快达到条件并顺利加入央行大小额支付系统，实现以自主身份进行全国统一的划汇结算，从而取得联行行号并全面开办票据、汇兑、理财、咨询等业务，有效增加盈利来源。

（二）实施减税及补贴优惠

各级财税部门不能将村镇银行等同一般商业银行看待，而应视同农村信用社一样，给予村镇银行所得税减半征收和营业税实行3%税率、发放农户小额贷款收入免征营业税等税收政策优惠，对村镇银行发放的涉农贷款，由中央及地方财政给予一定比例的补贴，以激励村镇银行加大对农村经济的信贷资金投入。

（三）提供多形式的资金政策

适时调整央行存款准备金管理机制，对于村镇银行在县域内吸收的存款，人民银行可以比照农村信用社的缴纳比例来收缴存款准备金，以增强其投放信贷资金的实力。同时进一步研究完善央行支农再贷款管理机制，对支农信贷投入多、资金严重不足的村镇银行，各级人民银行可以考虑给予支农再贷款支持，并适当增加再贷款额度和期限，充分利用货币政策工具来推动农村经济的信贷增长。

（四）鼓励资金引进和业务创新

银行监管委员会要结合村镇银行的发展现状，尽快修订完善当前的村镇银行管理办法，适度放宽资金准入机制，引进民间资本和国外资金入股村镇银行，有效增强其资金实力和抵御风险能力。同时适度调整业务监管政策，鼓励村镇银行加快金融产品创新开发速度，适时推出多样化、个性化的信贷产品和理财产品，实现在金融产品、资金价格、服务方式等方面的差异化经营，努力争创自身经营的独特品牌。

（作者单位：中国人民银行文登市支行）

JD—R 模式下过度劳动的多维
动态性形成与管理研究

王素娟

近年来，随着我国经济的快速发展，在社会文化导向、社会制度等外部环境，以及劳动者个人的成就动机、个人特质等内在原因的共同作用下，劳动者知识技术的有限性和社会对劳动者职业素质要求的无限性形成巨大差异，客观上造成了劳动者极大的精神压力和心理负担，劳动异化现象日益明显。工作压力的急剧增加，使许多职场人原本适度的劳动行为转变为"过度劳动"，导致中国人才不断透支生命。

过度劳动给个人、企业和社会带来了严重的负面影响，除了造成直接经济损失外，还会导致多种间接经济损失。并且直接影响到劳动者的健康权乃至生命权，并给劳动关系造成了严重不协调，因而用严格完善的制度保障劳动者的权益已经迫在眉睫。为此，2012 年 5 月 8 日，人力资源和社会保障部发布了《特殊工时管理规定（征求意见稿）》，意在保障劳动者权益。有了完善的制度，"过度劳动"问题的解决就获得了法律上的保障。因此，从劳动者和整个社会角度看，进一步研究"过度劳动"问题，找出过度劳动的影响因素及形成机制，并采取有效的管理策略，使维护劳动者权益和促进企业健康发展相统一，具有重要的理论和现实指导意义。

一 "过度劳动"研究综述

20 世纪以来，由于国内外"过劳死"现象越来越多，学者们开始对这一现象进行不同角度的研究与探讨。而人们对"过劳死"的关注带动了对"过度劳动"领域的研究，并在不同层次上获得了一些有意义的研究成果，但仍然存在很多问题，仍处于理论的滞后阶段。概括而言，主要观点与成果归纳为以下几个方面。

（一）"过度劳动"的内涵

"过劳"的定义最早产生于 19 世纪 70 年代，是一个起源于精神病学的概念，用以描述那些身体、情绪、精神、人际关系、行为严重耗竭的病人，一种由于情感上的要求长期得不到满足而导致的包括身体、心理、情感等方面都处于耗竭状态的体验。这一界定来源于对词汇"Burnout"（职业倦怠）的理解，但由于理解的偏差与浅表化，导致最初的研究混淆了"过劳"和"职业倦怠"这两个虽有联系但区别很大的概念。

随着研究的加深，有些学者开始进一步界定这两个概念。国内学者李永鑫考察了职业倦怠的静态定义，并总结了工作倦怠的特征。孙波认为"过劳"的含义已经由过去对精神状态和心理体验的描述发展成为专指处于持续高强度、超负荷的超时工作而导致的健康问题。薄萌将"过劳"定义为"由于工作时间过长、劳动强度加重、心理压力过大导致精疲力竭的亚健康状态"。王艾青认为"过度劳动"即就业者在较长时期处于一种超出社会平均劳动时间和强度的就业状态。由此可见，对过度劳动内涵的研究是多阶段化的，研究视角呈多维性，而且其关注的焦点也各有侧重。

（二）过度劳动的演化关系

有的学者将研究的重点集中于"过度劳动"的病理表现，以及其与"过劳死"的关系、过度疲劳的危害等，认为"过度劳动"是引发"过度疲劳"的重要原因，突出体现在对"慢性疲劳综合征"和"亚健康"的研究上，并且从过度劳动的极端表现结果，引出"过劳死"这一表因性的概念，并以此为视角探讨了"过劳死"的原因、后果及其预防措施等。杨菊贤等认为，慢性疲劳是慢性疲劳综合征的前奏，"过劳死"就是在慢性疲劳综合征基础上发展、恶化的结果。祝刚、彭娜详细研究了亚健康、慢性疲劳综合征和"过劳死"之间的密切联系和发生机制。这一领域的研究对进一步探寻过度劳动产生的原因、过程以及后果打下了坚实的基础。

（三）过度劳动的管理对策

目前，对如何预防与管理过度劳动，学者从不同角度进行了探讨。管理学研究者主要从人力资源管理的角度阐述了"过劳死"的原因与对策。经济学者着重从劳动者个体和整个社会经济的发展两个层面，剖解劳动者的过度劳动状态带来的负面影响，认为过度劳动将对经济发展带来就业挤出效应、消费挤出效应、间接经济损失等。学界关于防范"过劳死"的政策建议是从生理、心理与社会三个角度出发进行分析的，且很多研究都重点从社会学角度提出政策建议。滕继果认为"过劳死"应列入现代职业病的保障范围。吕律认为解决"过劳死"问题必须从立法上予以考虑。

总之，目前国内外学者对过度劳动问题进行了多学科、多视角、多理论取向的研究，取得了一些成果，但研究同时又存在很多缺陷，主要表现在："过度劳动"的相关的概念、理论不明确，甚至以偏概全；对劳动者的社会环境、组织压力、个性、心理因素与过劳之间的影响机制研究还较少；缺乏对过度劳动的有效管理对策；对过度劳动深层的理论分析和实证研究还较为薄弱。

鉴于此，本文将着重探讨过度劳动的多维影响变量及形成机制，并进一步构建对过度劳动进行有效管理的对策模型。

二 基于 JD—R 模型的过度劳动的多维影响变量

(一) JD—R 模型 (Job Demand-Resource model)

JD—R 模型即工作需求—资源模型，是由 Demerouti Bakker、Nachreiner 和 Schaufeli 提出来的，它的基础是 Karasek 的 JD—C 模型 (Job Demand-Control Model)，即工作要求—控制模型。JD—C 模型认为，工作压力源于工作要求和工作控制的共同影响。

JD—R 模型初期仅关注倦怠研究，后来又经过 Bakker，Demerouti 的进一步发展，扩展到关注更多的压力反应，例如对压力感和动机的发展过程及离职率、组织承诺、工作绩效等组织结果变量的研究。

JD—R 模型认为，与工作压力相关的因素可归为工作要求与工作资源两个维度。前者指在身体、心理、社会和组织层面上需要持续付出体力与心理努力或成本的工作因素；后者则指那些物质的、心理的、社会的或组织方面，能够降低工作要求的工作因素。两者的共同作用对组织和个人或产生激励作用或带来消极影响。JD—R 模型综合考虑各类职业群体，整合了许多不同的要求和资源，并且因为它同时关注一般的和具体职业的工作要求和资源而使其比其他模型更加具有灵活性。

JD—R 模型为过度劳动的形成提供了理论依据，压力是过度劳动的主要来源，过劳是由于员工没有足够资源完成组织的工作要求，而这些工作要求可能来自组织，也可能来自员工自己。如果员工的工作控制水平低，而又缺乏资源来应对高水平的工作要求，就会产生过度劳动。借鉴 JD—R 模型，结合我国特殊的政治、经济发展背景以及个体劳动的特点，本研究提取了影响过度劳动的影响要素，这些要素相互作用、相互影响，最终形成过度劳动的结果。

（二）实证分析

1. 研究假设。对过度劳动影响变量的评定是一项复杂的工作，应在多重评定因子的测定下，形成一个相对科学、系统的体系。本研究通过多个维度来评定过度劳动形成的影响变量。

本研究假设：第一，过度劳动与劳动者个体特性、认知模式、价值实现意识呈相关关系；第二，过度劳动与企业管理、工作任务、企业文化、家庭因素、环境压力等因素存在相关关系，并且相关程度存在显著差异；第三，工作压力度为衡量各影响因素与过度劳动相关关系的中介变量。

2. 问卷设计。本研究采用问卷调查法，调研地区集中在山东省的青烟威地区，调研行业分布于制造、电信、服务、金融等领域，企业性质包括国有企业、外资企业、私营企业和政府机关等。被访者分布于企业的各个层次，但主要集中于各类知识型劳动者。研究共发放问卷 900 份，收回问卷 778 份，剔除不合格问卷 23 份，有效问卷共 755 份，有效率 83.9%。

3. 变量设计的内容。为验证上述假设，本研究依据三大维度变量设计了 9 个因子、20 个核心项目，20 个项目分别以 T1 ~ T20 表示（见表 1）。

表 1 过度劳动影响变量描述

项目	项目描述	相关要素	所属变量
T1	我愿意为自己的组织付出最大努力，敬业爱业	价值观	基础变量
T2	社会提倡无私奉献、拼搏奋斗		
T3	就业竞争激烈，为了稳定的工作必须全力工作	社会经济与技术	
T4	技术进步了，我必须努力学习与更新知识		
T5	经济飞速发展，不努力就会被淘汰		

续表

项目	项目描述	相关要素	所属变量
T6	我自己要强的个性决定了我会全身心投入工作	个体特质	直接变量
T7	即使不为收入，我也会全力以赴地工作		
T8	只有努力工作，才会有更高的收入		
T9	只有在最大限度的劳动付出中才能证明自己的价值	认知模式	
T10	我希望在工作中实现自己的价值，即使更大的劳动强度也愿意	自我实现	
T11	企业没有真正实行人本管理，我的心理常感郁闷	管理因素	间接变量
T12	我单位有加班的传统，很多人都习惯了加班		
T13	企业较少组织员工进行体育活动		
T14	我不能自主安排、科学安排工作时间		
T15	我需要供养的家庭人口多，需要加倍努力的工作和更高的收入	家庭因素	
T16	我工作太忙，常常没有时间陪伴家人	工作任务	
T17	企业工作任务负担很重，需要员工经常加班		
T18	我单位劳动定额经常超出自己的能力，劳动强度很大		
T19	我不太注重自身的健康体格检查	其他因素	
T20	我很了解劳动法对员工超时工作的法律规定		

4. 信度与效度分析。本问卷采用 Cronbach alpha 相关系数进行内部信度分析，并通过 SPSS 软件对问卷项目进行数据处理，结果 Cronbaeh Alpha 为 0.823，表明问卷具有较高信度。

本问卷的内容效度方面，所有量表项目的选取都经由业界专家和人力资源实务管理者的咨询和评估，并参考多种相关文献，具有良好的内容效度。通过 KMO 样本测度系数和 Bartlett's 5Test 球体检验来判断，即对调查问卷是否适合进行因子分析进行检验，本问卷数据分析的结果表明：KMO = 0.815 > 0.5，适合作因子分析，Sig = 0.000，有共同因素存在，可以做因子分析。

5. 影响变量与工作压力度的相关分析。利用 SPSS 软件对工作压力度与量表有关选项得分进行分析，结果显示，T7 与工作压力度的相关系数 r 为 0.075，不相关的假设成立的概率 p 为 0.445，相关程度较低，所以舍去此变量。而 T13 与工作压力度的相关系数为 - 0.003，且不相关假设成立概率为 0.832，说明 T13 与工作压力度不存在相关关系，即它对过度劳动没有影响，故舍去，剩下的变量为 18 个。

由于问卷适合做因子分析，为此针对 18 个变量所属的影响要素分类，提取9个因子，分别为价值观 R1（T1、T2）、社会经济与技术 R2（T3、T4、T5）、个体特质 R3（T6、T8）、认知模式 R4（T9）、自我实现 R5（T10）、管理因素 R6（T11、T12、T14）、家庭因素 R7（T15、T16）、工作任务 R8（T17、T18）、其他因素 R9（T19、T20），对这9个因子与工作压力度做相关分析，结果如表2。

表2　9因子与工作压力度的相关分析

因　子	工作压力度相关值（p、r）	
R1. 价值观	r	0.172 **
	p	0.000
R2. 社会经济与技术	r	0.105 **
	p	0.000
R3. 个体特质	r	0.171 **
	p	0.000
R4. 认知模式	r	0.185 **
	p	0.000
R5. 自我实现	r	0.211 **
	p	0.000
R6. 管理因素	r	0.421 **
	p	0.000
R7. 家庭因素	r	0.356 **
	p	0.000
R8. 工作任务	r	0.413 **
	p	0.000
R9. 其他因素	r	− 0.066
	p	0.056

注：r 为相关系数，p 为不相关的假设成立的概率，n 为样本数，因为各项的样本数均为755，所以表中没有列出 n 值。

从表2中的数据分析可以看出，R9的相关系数为负数，而且不相关假设概率 p > 0.03，故 R9 即其他要素与工作压力度不存在相关关系。其余的因子与工作压力度都存在相关关系，其中 R6 和 R8 即管理因素与工作任务与工作压力度的相关系数比较高。

由数据分析结果可知，价值观、社会经济与技术、个体特质、认知模式、自我实现、管理因素、家庭因素和工作任务与工作压力度存在相关关系，是影响员工工作压力的因素，其中，企业管理与工作任务是主要影响因素，上述假设得到验证。

三　过度劳动形成的内在机制

通过上述实证分析，论证了影响员工工作压力度的重要变量，根据变量对工作压力度的作用程度，对其进行分类，即社会文化、经济、技术等为基础变量；组织管理、家庭和工作任务为间接变量；个体特质、认知模式和自我实现为直接变量，工作压力度为中介变量。为进一步揭示这三大维度之间的关系，及其如何交互作用从而形成过度劳动的结果，在此构建过度劳动的形成机制模型（见图1）。

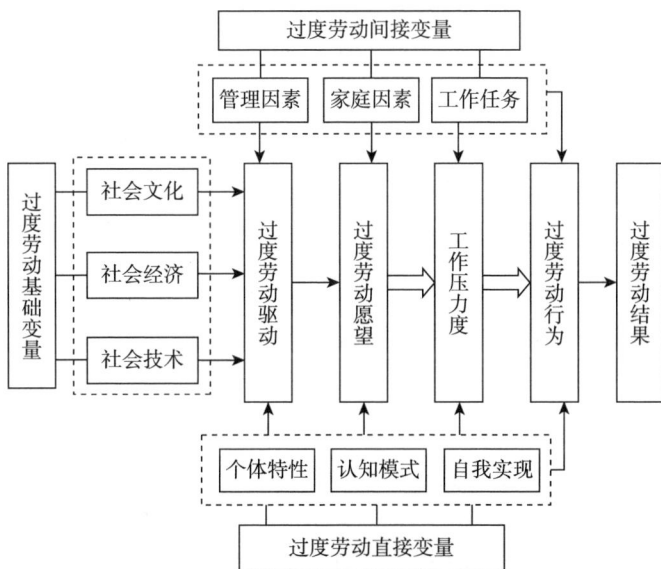

图 1　过度劳动的形成机制模型

依据图1模型，社会文化、经济、技术等因素对劳动者的工作动机产生深层次、根源性的影响，属于基础变量，这些因素是普遍存在的，任何社会中的一员都受到其影响和制约。

直接变量包括个体特性、认知模式和价值实现。个体特质直接影响过度劳动的动机，认知模式和自我实现意识又会激发劳动者的工作主动性，这些因素直接作用于工作压力度，使劳动者压力无限增大。

间接变量指用人单位的管理理念、激励机制、领导者行为角色过载等管理因素和家庭、工作任务等因素，它们在直接变量的基础上对员工群体的工作动机产生影响，从而引发过度劳动的行为。

中介变量。过度劳动影响变量并不会直接导致过度劳动，只有这些变量真正造成了员工工作负担的增加，使员工的工作压力极度增强，才会最后导致过度劳动的产生。因此，工作压力度是连接影响变量与过度劳动的中介。

所有这些因素的共同与交互作用将极大提升个体所承受的压力，并通过工作压力度这一中介变量直接导致过度劳动行为的产生，过度劳动的行为一定程度上又对过度劳动的动机产生强化作用，形成一定的思维定式或行为惯性，使劳动者陷入重复过度劳动的恶性循环中。

四 过度劳动的有效管理模型

对过度劳动的管理，要调动社会各方面的力量，实施立足于以政府为主导、整合产学研诸系统，形成综合应对"过劳"现象的社会管控机制。具体可以归为两大系统六个层面，即建立有效的社会支持系统和员工自我解压系统，其中，社会支持系统包括社会层面、组织层面和工作层面的支持性项目，员工自我解压系统包括生理、心理、行为三个层面的自我调节，具体管理模型见图2。

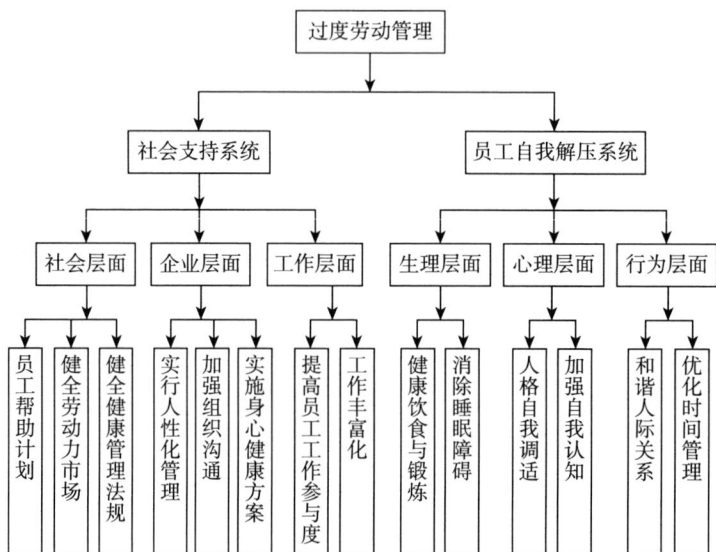

图2 过度劳动的有效管理模型

由图 2 模型可以看出，解决员工的过劳问题，必须调动社会、企业、个人等多方面的力量，实施有效的过度劳动管理策略。

（一）社会支持系统方面

社会支持系统主要指企业、社会对缓解员工压力而实行的一系列扶助项目。

1. 员工帮助计划（EAP）。EAP 主要通过专业人员对组织的评价分析和对员工的专业指导、培训和咨询，帮助员工解决各种心理和行为问题，提高员工的工作绩效。EAP 激励能有效提升员工的"软实力"和内在长效机制，必将受到普遍的关注与施行。完整的 EAP 包括压力评估、组织改变、宣传推广、教育培训、压力咨询等几项内容。

2. 实行人性化的管理。关心员工的身心发展，加强心理疏导，切实为他们解决实际问题，让他们感受到组织的关爱。

3. 尝试实行弹性工作制度。让员工既完成工作又能安排好生活，弹性工作制度不仅是福利，也是增进生产力的有效工具。

4. 尽快建立和完善相关的法规和政策。我国目前法定职业病目录有 10 大类 115 种，但"过劳死"不在其中，一旦"过劳死"现象发生，无法保证企业和个体有法可依，我国应及早填补这一空白。

5. 建立员工的健康管理机制。健康管理是对个体及人群的健康风险因素进行全面控制的过程。应建立员工的健康管理体系，对他们的健康进行全面、系统、连续的管理。

（二）员工自我解压系统

员工自我解压系统主要从个体的生理、心理、行为等方面给员工以减压的激励策略。

1. 提升员工心理资本。心理资本是一种重要的个人积极的心理能力，主要包括自我效能感、希望、乐观、回复力、情绪智力等。个体要特别注重发展正面心理状态，改变不良意识和行为，积极调整心态，减缓工作压力。

2. 树立良好的健康意识和行为导向。养成良好的生活习惯，科学合理地安排工作和生活，使正常的工作规律和生活规律不遭到破坏，避免出现过劳症状。

3. 提高自我认知能力。认知能力的提高，能够使个体客观评价自身的能力、性格的优势与劣势，改变不合理的信念、行为模式和思维方式，及时觉察自我情绪的变化，并根据环境条件积极主动地调适自己的心理、判断情绪的影响、做出合适的行为反应。

4. 进行有效的时间管理。个人应提高有效运用时间的能力，学会时间管理的技巧。要做好工作计划，减少非生产性工作的时间。

劳动者在内外部多重因素的共同作用下，自主或被动地产生了过度劳动的行为，从而带来一系列不良后果，直接表现为劳动者出现亚健康、职业倦怠等身心失谐的状况，极端情况下会出现"过劳死"的严重后果，国内外的很多案例也充分说明了这一问题的严重性，社会、企业和个人要予以必要的关注和政策干预，否则将对劳动者个人和社会经济的持续、健康发展带来严重影响。

过度劳动是一个复杂的社会现象，本文基于 DJ—R 模型，通过实证研究的方法，探明过度劳动形成的三维影响变量，并揭示了过度劳动形成的内在机制，论证了三维变量对员工过劳的影响及其表现特点，并构建了对过度劳动进行有效管理的模型，从两大系统、六个层面动态结合，充分调动社会、企业、个人三大主体力量，共同防御、应对和处理过度劳动问题。但过度劳动管理是一项系统工程，需要采取综合的、政策性和组织性相结合的战略和策略进行体系性管理，这对我们国家来说是一个崭新的课题，还需要多学科联合起来，进行更深入的研究和探讨，以完善现有的研究成果。

[作者单位：山东大学（威海）]

创业板的吸聚效应和培育功能

梁 军 周 扬

一 引言

推出创业板是构建多层次资本市场体系，支持创新型国家建设、发展战略性新兴产业的战略举措。创业板设立之后，因其较低的上市门槛以及对创新型企业的重视，吸聚了大量的具有较高自主创新能力的中小企业；同时也为风险投资基金提供方便的"出口"，以分散风险投资的风险，促进高科技投资的良性循环，增强高科技投资资源的流动和使用效率，为自主创新成果的产业化提供良好的金融支持。

学者们就创业板推动企业创新的积极作用这一问题在理论层面做了广泛而深入的探讨，普遍认为创业板的推出有利于通过构建多层次的资本市场体系、丰富融资方式、持续推动科技创新、促进 IPO 定价合理性等途径促进企业创新能力的提升。关于创业板与企业创新的经验研究，目前仅有的几篇文献也主要集中于对创业板上市公司创新能力的分析评价，如徐维爽等、李龙筠和谢艺等学者的研究。已有的研究有助于我们更好地理解创业板与企业创新的关系，但还存在以下不足：（1）主要单纯集中于创业板上市公司创新能力的评估，没有将中小板与创业板进行比较，因而不能说明在中小板之外推出创业板对于企业创新的独特作用；（2）忽视了创业板本身在遴选上市对象之时就将企业的高创新能力作为标准之一，这实际就是只看到了创业板对于企业创新的吸聚效应，而忽视了创业板对企业创新的培育效应。鉴于此，本文在已有的研究成果基础上，尝试利用处理效应模型，以控制"创业板"这一虚拟变量的内生性问题，以中小板作为参照，采用在中小板与创业板上市的 2007～2011 年的企业面板数据，就创业板对企业创新的吸聚效应与培育效应进行实证研究，这是国内外学者第一次将创业板对企业创新的作用细分为吸聚效应与培育效应，研究创业板是否促进了企业创新，这也是本文的主要贡献。

二 理论分析及假设的提出

自主创新需要巨大而持久的资源投入，因此，企业必须筹集大量资金以满足其创新投资需求。最常见的筹资方式有两种，即债务融资及股权融资。一般来说，传统的债务融资往往难以完全满足创新型企业的资金需求。一方面，企业的创新活动面临较大的不确定性，以稳健经营为首要原则的债权提供者往往会在其贷款合同中做出一些限制性条款避免债务企业从事风险较大的投资活动；另一方面，债务融资自身特点决定了债权投资者只能获得固定的利息，并不能从企业的创新活动获得更多的超额收益，对企业的创新活动缺乏投资动力。相对而言，资本市场上众多的股权投资者则更倾向于支持企业的创新活动。对于股权投资者而言，由于无法像债权人一样获得固定的税前利息，面临着更大的风险，自然的会要求得到更高的到期收益率。从另一方面来讲，创新活动若能成功往往会给企业带来超额收益，在扣减债务利息和所得税等项目之后便会以股利的形式发放给股东。基于此，从金融学和风险管理的角度来言，资本市场在促进企业创新方面便有着得天独厚的优势。更进一步地说，资本市场还有利于改善创新型企业的公司治理结构，并能为创新型企业中的知识资本和人力资本提供良好的估价机制。

作为资本市场的重要组成部分，创业板之所以备受期待，主要原因还有两个。首先，与主板市场相比，其较低的上市门槛能更好地为创新型企业提供资金支持，能够发挥对创新型企业的吸聚效应。就理论上而言，市场上大部分的创新型企业处在成长期甚至初创期，这些企业往往拥有高新技术，科技含量高，但往往由于资金、人才等资源的限制无法更好、更快地发展，如果这些问题得以解决，企业的创新活动顺利进行，这些创新型企业就很有可能以惊人的速度迅速成长，在研发能力和盈利成长能力方面将远远高于主板上市公司，更易于显示巨大的财富效应从而得到各类投资者的追捧。从现实来看，我国创业板设立之初就明确其服务对象是"两高五新"企业，即高科技、高增长、新经济、新服务、新能源、新材料、新农业。相应的，创业板对那些处于创业期企业在盈利、股本和资本的要求有所降低，却明确要求发行人应具有较高的成长性和一定的自主创新能力，在科技创新、制度创新、管理创新等方面应具有较强的竞争优势。基于上述分析，本文提出如下假设。

假设1：创业板的推出对创新型企业具有吸聚效应，创业板上市公司相比其他板块的上市公司而言会表现出更强的自主创新能力。

创业板为风险资本提供了方便的退市通道，实现创新投资活动的持续和良性循环。对初创期的创新型企业而言，其对新产品的市场知识知之甚少，新产品是否能够盈利还很不确定，企业价值主要取决于其未来的增长潜力，而非现有的资本存量，其经营也往往缺乏规范的记录，可明确观测到的因素不多，对其经营活动的监控更加难以进行，信息不对称问题较为普遍和严重。风险投资机构（Venture capital，VC）在弱化这些问题所导致的风险方面则有着独特的优势：（1）VC在搜集和加工信息方面具有专业化优势，可实现规模经济和范围经济，从而能够有效地降低成本；（2）基于股权的投资和管理的介入，VC和创新型企业之间能够形成长期稳定的利益互动关系；（3）VC未来能否盈利和自身的成长取决于它所建立和维持的声誉，这个声誉机制限制了VC的机会主义行为，从而使其对高风险有更客观的评价。风险资本是以获取资本利得为主要目的的，因此变现退出是实现风险资本价值增值的关键环节。风险资本的退出渠道包括投资标的被并购与投资标的IPO。因此，世界各国纷纷设立创业板以方便风险资本的退出，形成创新投资资金的良性循环，促进创新型企业的发展，发挥创业板对创新型企业的培育效应。

此外，不同于主板，创业板没有历史包袱。当年开设主板市场的主要任务是为国企改革的实现提供融资，而刚推出的创业板市场的主要使命则是服务于我国创业创新型企业，是一个全新的市场，并且，随着国企改革的深入、民营经济的逐步崛起和市场制度的不断完善，政府和相关监管机构完全不必对创业板上市公司一味地保护，相关制度的制定和实施可以更多地体现出对于上市公司的激励和约束机制。因而对于在创业板上市的创新型企业而言，将面临更为严厉且完善的监管，迫使上市公司去更多地注意公司自身创新能力的提升。根据以上分析，本文进一步提出如下假设。

假设2：创业板的运行，对创新型企业具有培育效应，有利于促进企业自主创新能力的提升，表现为企业在创业板上市后，其自主创新能力会有进一步的提高。

三 研究设计

（一）样本筛选

本文的研究目的在于将创业板与其他板块进行对比来衡量创业板对企业创新的吸聚和培育效应，因而选取自创业板成立以来在创业板与中小板上市的 A 股公司作为研究样本，之所以选取中小板作为对比板块，在于其上市企业的公开信息中有关创新投入产出的资料较完整，而主板上市企业的披露信息中有关创新投入产出的资料基本缺乏。如无特别说明，本文中所涉及的企业上市以后的财务特征数据来源于国泰安 CSMAR 数据库，企业上市之前的数据以及企业研发数据来自于各个上市公司的招股说明书和年报的手工整理。在剔除缺失值以后，本文得到一个 2007～2011 年的包含 380 家上市公司（其中囊括了 201 家中小板上市公司和 179 家创业板上市公司）1900 个有效观测值的平衡面板数据。

（二）变量设定

1. 自主创新能力（Innov）。国内外学者对自主创新能力的衡量已做了不少尝试，但至今仍未达成一致意见，参照大多数学者的做法，本文以 R&D 投入占公司营业收入的百分比来衡量企业的自主创新能力。这一指标的优点在于：一是数据易于从企业获得，数据具有可加性；二是许多分析统计表明，R&D 投入量与技术创新活动的强度、规模和水平有很强的相关性。

2. 创业板变量（GEM）。本文将设定一个虚拟变量来衡量创业板变量，如果当年企业在创业板上市则设定该变量等于 0，否则为 0。同时，用上市年龄（Time）指标来反映企业的已上市时间，因而创业板变量与上市年龄变量的交叉相乘项 GEM * Time 指标可以用来衡量创业板对企业的培育效应。

3. 企业特征变量（Feature）。已有的研究表明企业创新能力与企业自身的资本结构、股权结构、成长性、企业规模、公司董事会结构等企业特征变量都有密切联系，因而本文将控制这些变量对企业创新能力的影响。企业创新本身是一个复杂的社会经济活动，其所在地区的市场化程度和对外开放度、地区整体经济水平发展程度所决定的产业集聚化程度和技术密集程度对企业创新都具有非常重要的影响，主要体现为区位因素集中所带来的技术外溢和规模经济效应，因而本文也控制了注册地对企业自主创新能力的影响，对注册地的区域划分遵循深交所的标准，细分为东北、华北、华东、华南、华中、西北和西南七个区域，各个企业特征变量的定义及度量方法见表1。

表1 决定企业创新能力的企业特征变量

变量	定义	度量方法
Size	企业规模	总资产的自然对数
Age	公司年龄	公司成立年限
Broad	董事会规模	董事会的人数
IDR	独立董事比例	独立董事占董事会人数的比例
Shrcr1	股权集中度	第一大股东持股比例
Growth	公司成长性	公司当年营业收入与上年营业收入之比的对数值
Lever	资产负债率	总负债/总资产
Intang	无形资产比例	无形资产/总资产
SOE	公司产权性质	虚拟变量：1＝国有及国有控股企业，0＝其他企业
Prof	盈利能力	净利润/总资产
CF	经营现金流	经营活动现金流量净额/总资产
Eastnor	东北	按注册地划分虚拟变量：1＝东北，0＝其他地区
North	华北	按注册地划分虚拟变量：1＝华北，0＝其他地区
East	华东	按注册地划分虚拟变量：1＝华东，0＝其他地区
South	华南	按注册地划分虚拟变量：1＝华南，0＝其他地区
Middle	华中	按注册地划分虚拟变量：1＝华中，0＝其他地区
Westnor	西北	按注册地划分虚拟变量：1＝西北，0＝其他地区

（三）模型建构

基于上述分析，本文建立了如下模型以分析创业板对创新型企业的吸聚效应：

$$Innov_{i,t} = \alpha + \beta_1 GEM_{i,t} + \beta_2 Time_{i,t} + \gamma_1 Size_{i,t} + \gamma_2 Age_{i,t} + \gamma_3 Board_{i,t} + \gamma_4 IDR_{i,t}$$
$$+ \gamma_5 Shrcr1_{i,t} + \gamma_6 Growth_{i,t} + \gamma_7 Lever_{i,t} + \gamma_8 Intang_{i,t} + \gamma_9 SOE_{i,t} + \gamma_{10} Prof_{i,t}$$
$$+ \gamma_{11} CF_{i,t} + \gamma_{12} Eastnor_{i,t} + \gamma_{13} North_{i,t} + \gamma_{14} East_{i,t} + \gamma_{15} South_{i,t} + \gamma_{16} Middle_{i,t}$$
$$+ \gamma_{17} Westnor_{i,t} + \varepsilon_{i,t} \tag{1}$$

为了进一步研究创业板对创新型企业的培育效应，本文在模型1的基础上引入创业板变量与上市年龄变量的交叉项 GEM * Time，模型如下：

$$Innov_{i,t} = \alpha + \beta_1 GEM_{i,t} + \beta_2 Time_{i,t} + \beta_3 GEM_{i,t} \times Time_{i,t} + \gamma_1 Size_{i,t} + \gamma_2 Age_{i,t} + \gamma_3 Board_{i,t}$$
$$+ \gamma_4 IDR_{i,t} + \gamma_5 Shrcr1_{i,t} + \gamma_6 Growth_{i,t} + \gamma_7 Lever_{i,t} + \gamma_8 Intang_{i,t} + \gamma_9 SOE_{i,t}$$
$$+ \gamma_{10} Prof_{i,t} + \gamma_{11} CF_{i,t} + \gamma_{12} Eastnor_{i,t} + \gamma_{13} North_{i,t} + \gamma_{14} East_{i,t} + \gamma_{15} South_{i,t}$$
$$+ \gamma_{16} Middle_{i,t} + \gamma_{17} Westnor_{i,t} + \varepsilon_{i,t} \tag{2}$$

值得注意的是，在分析创业板对于企业创新的影响中，应考虑创业板变量（GEM）这一虚拟变量可能存在内生选择偏差的问题。前文的分析表明，由于创业板上市的准入条件本身就强调了企业的成长性和创新能力等方面的重要性，高新技术企业的创新能力明显更强，因而更容易被选中。由此，本文的关键变量——创业板变量（GEM）上市后能否进一步促进其自身的自主创新能力这一问题带有一定的内生性。如果在回归中不对创业板上市与否这一虚拟变量的内生性加以控制，则会引起处理变量的内生选择偏误。为控制内生性问题，本文将使用处理效应模型（Treatment Effects Model），处理效应模型的特点在于其能够处理模型中二元分类变量的内生选择问题。在第一阶段估计中，本文将采用 Probit 模型来估计创业板变量（GEM）会受哪些外生变量影响，本文的外生变量选择了企业各期特征变量的一期滞后变量，模型构建如下：

$$GEM_{i,t} = \alpha + \beta Innov_{i,t-1} + \gamma_1 Size_{i,t-1} + \gamma_2 Age_{i,t-1} + \gamma_3 Board_{i,t-1} + \gamma_4 IDR_{i,t-1} + \gamma_5 Shrcr1_{i,t-1}$$
$$+ \gamma_6 Growth_{i,t-1} + \gamma_7 Lever_{i,t-1} + \gamma_8 Intang_{i,t-1} + \gamma_9 SOE_{i,t-1} + \gamma_{10} Prof_{i,t-1}$$
$$+ \gamma_{11} CF_{i,t-1} + \gamma_{12} Eastnor_{i,t-1} + \gamma_{13} North_{i,t-1} + \gamma_{14} East_{i,t-1} + \gamma_{15} South_{i,t-1}$$
$$+ \gamma_{16} Middle_{i,t-1} + \gamma_{17} Westnor_{i,t-1} + \varepsilon_{i,t} \tag{3}$$

从模型 3 的估计结果可以得到创业板上市的内生选择偏差调整项 Hazard，再结合模型 1 和模型 2 进行第二阶段的回归，将得到控制了内生选择偏差之后的回归结果。本文将遵循这样的思路对创业板变量的内生性问题进行处理，并同时给出了两步法（Two-step）和极大似然法（ML）的估计结果。

四　实证分析

根据前面的分析，本文将利用处理效应模型对创业板的吸聚和培育效应进行估计，检验创业板对企业自主创新能力的推动效果，并同时给出两步法和极大似然法的回归结果，其中表 2 给出了利用模型 3 得到的第一阶段的估计结果，表 3 则给出了考虑了创业板变量（GEM）的内生性问题之后的第二阶段的回归结果。其中回归模型 1 和回归模型 3 都是两步法回归结果，回归模型 1 主要衡量创业板的吸聚效应，回归模型 3 则在第二阶段的估计加入了创业板变量与上市年龄的交叉相乘项 GEM ∗ Time，以进一步衡量创业板对企业自主创新的培育效应。回归模型 2 和回归模型 4 是对应的极大似然法回归结果，同时极大似然法还提供了 LR 检验来衡量创业板变量是否存在内生性问题，LR 检验的结果显著拒绝了变量外生的原假设，表明应该考虑创业板变量的内生性问题。

表 2 第一阶段 Probit 回归结果

	(1 – 1)	(2 – 1)	(3 – 1)	(4 – 1)
$Innov_{i,t-1}$	0.014078 (1.53)	0.19226 *** (12.78)	0.014078 (1.53)	0.192408 *** (12.76)
$Size_{i,t-1}$	− 0.15325 *** (− 2.63)	0.117427 *** (2.57)	− 0.15325 *** (− 2.63)	0.121778 *** (2.74)
$Age_{i,t-1}$	0.040192 *** (5.1)	0.036581 *** (6.29)	0.040192 *** (5.1)	0.036437 *** (6.27)
$Broad_{i,t-1}$	0.073738 *** (4.67)	0.04399 *** (3.73)	0.073738 *** (4.67)	0.043817 *** (3.75)
$IDR_{i,t-1}$	1.099143 *** (3.72)	0.539039 *** (2.68)	1.099143 *** (3.72)	0.534511 *** (2.66)
$Shrar1_{i,t-1}$	− 0.53938 ** (− 2.22)	− 0.00064 (− 0.00)	− 0.53938 ** (− 2.22)	− 0.01053 (− 0.06)
$Growth_{i,t-1}$	0.087055 (0.52)	− 0.01472 (− 0.11)	0.087055 (0.52)	− 0.01669 (− 0.12)
$Lever_{i,t-1}$	− 2.66102 *** (− 10.53)	− 0.82994 *** (− 3.39)	− 2.66102 *** (− 10.53)	− 0.85336 *** (− 3.27)
$Intang_{i,t-1}$	− 0.26807 (− 0.26)	− 0.2232 (− 0.21)	− 0.26807 (− 0.26)	− 0.24313 (− 0.23)
$SOE_{i,t-1}$	− 0.53001 *** (− 2.98)	− 0.81563 *** (− 4.84)	− 0.53001 *** (− 2.98)	− 0.81715 *** (− 4.85)
$CF_{i,t-1}$	0.112217 (0.28)	0.317176 (1.20)	0.112217 (0.28)	0.327874 (1.24)
$Prof_{i,t-1}$	− 0.98529 ** (− 2.16)	− 0.17977 (− 0.71)	− 0.98529 ** (− 2.16)	− 0.18222 (− 0.71)
$Eastnor_{i,t-1}$	0.497815 (1.62)	0.425146 (1.51)	0.497815 (1.62)	0.426542 (1.52)

续表

	(1-1)	(2-1)	(3-1)	(4-1)
$North_{i,t-1}$	0.137585	-0.27413	0.137585	-0.27437
	(0.67)	(-1.13)	(0.67)	(-1.14)
$East_{i,t-1}$	-0.16429	-0.00634	-0.16429	-0.00597
	(-0.85)	(-0.03)	(-0.85)	(-0.03)
$South_{i,t-1}$	-0.12195	-0.03798	-0.12195	-0.03651
	(-0.61)	(-0.18)	(-0.61)	(-0.17)
$Middle_{i,t-1}$	-0.06292	0.085094	-0.06292	0.081388
	(-0.27)	(0.39)	(-0.27)	(0.38)
$Westnor_{i,t-1}$	0.659919**	0.834381***	0.659919**	0.841928***
	(2.43)	(3.30)	(2.43)	(3.34)
常数项	2.199412**	-4.38957***	2.199412*	-4.46259***
	(1.81)	(-4.65)	(1.81)	(-4.82)

注：1-1表示回归模型1的第一阶段回归结果，与表3中1-2相对应，1-2表示回归模型1的第二阶段回归结果，其他表示如2-1、3-1、4-1等据此类推。括号内为z值，*、**、***分别表示系数在10%、5%和1%水平上显著，下同。

回归模型1-1和模型3-1的回归结果完全相同，而模型2-1和模型4-1的回归结果则略有不同，这是因为相比于两步法而言，极大似然法的收敛过程会受第二阶段的回归模型的影响。两步法和极大似然法的回归结果大体相同，只有个别变量的系数符号和显著性水平并不一致，首先从第一阶段回归模型2-1和模型4-1的 Probit 回归结果来看，企业如果拥有更高的自主创新能力会更容易在创业板上市，模型1-1与模型3-1的自主创新能力（$Innov_{i,t-1}$）前的系数虽不显著（p值为0.126），但也为正。而其他的企业特征变量如公司年龄（$Age_{i,t-1}$）、董事会规模（$Broad_{i,t-1}$）、独立董事比例（$IDR_{i,t-1}$）和注册地虚拟变量——西北（$Westnor_{i,t-1}$）前的系数均显著为正，表明拥有这些财务特征的企业会更容易在创业板上市；同时资本结构（$Lever_{i,t-1}$）和企业的产权性质（$SOE_{i,t-1}$）前的系数则显著为负，表明负债融资能力较差的企业、非国有及国有控股企业更容易在创业板上市。

表3　考虑内生性偏差之后的企业自主创新与创业板之间的关系

	(1-2)	(2-2)	(3-2)	(4-2)
$GEM_{i,t}$	11.99297***	7.691938***	13.84906***	8.2787***
	(9.76)	(0.95)	(8.26)	(1.32)

续表

	(1-2)	(2-2)	(3-2)	(4-2)
$Time_{i,t}$	-1.12231 *** (-4.6)	-0.44243 ** (0.19)	-0.95563 *** (-3.56)	-0.33389 ** (0.16)
$Size_{i,t}$	-0.17623 (-0.74)	-0.45563 *** (0.14)	-0.237 (-0.95)	-0.50904 *** (0.14)
$Age_{i,t}$	-0.1775 *** (-4.84)	-0.13735 *** (0.03)	-0.1839 *** (-4.87)	-0.13735 *** (0.03)
$Broad_{i,t}$	-0.05282 (-0.83)	-0.01842 (0.04)	-0.05618 (-0.86)	-0.0178 (0.04)
$IDR_{i,t}$	-1.88607 (-1.4)	-1.49668 * (0.89)	-1.99559 (-1.45)	-1.49994 * (0.89)
$Shrarl_{i,t}$	-1.42632 (-1.42)	-1.98219 *** (0.57)	-1.31745 (-1.28)	-1.95986 *** (0.57)
$Growth_{i,t}$	0.138627 (0.24)	-1.11164 ** (0.54)	0.116175 (0.19)	-1.12452 ** (0.54)
$Lever_{i,t}$	-3.1952 *** (-3.1)	-3.04482 *** (0.63)	-2.58476 ** (-2.27)	-2.77775 *** (0.70)
$Intang_{i,t}$	3.655658 (0.92)	0.178065 (2.42)	4.038797 (0.99)	0.366898 (2.38)
$SOE_{i,t}$	3.948578 *** (5.9)	3.347108 *** (0.67)	4.018337 *** (5.85)	3.351135 *** (0.67)
$CF_{i,t}$	2.191697 (1.49)	1.947122 ** (0.79)	2.275535 (1.51)	2.014038 ** (0.79)
$Prof_{i,t}$	-0.23123 (-0.17)	-0.32983 (0.82)	-0.13856 (-0.1)	-0.32598 (0.86)
$Eastnor_{i,t}$	-2.15317 (-1.59)	-1.5956 ** (0.80)	-2.23928 (-1.62)	-1.60474 ** (0.80)
$North_{i,t}$	1.812255 ** (2.01)	2.161328 *** (0.77)	1.78136 * (1.93)	2.163665 *** (0.77)
$East_{i,t}$	0.54875 (0.66)	0.307968 (0.57)	0.541527 (0.64)	0.288181 (0.57)
$South_{i,t}$	1.36413 (1.57)	1.365351 * (0.71)	1.341764 (1.51)	1.349179 * (0.71)

续表

	（1－2）	（2－2）	（3－2）	（4－2）
Middle$_{i,t}$	－0.11483 （－0.12）	－0.17618 （0.62）	－0.14002 （－0.14）	－0.19204 （0.62）
Westnor$_{i,t}$	－3.23549*** （－2.68）	－2.61938*** （0.76）	－3.38943*** （－2.73）	－2.65777*** （0.77）
GEM$_{i,t}$ * Time$_{i,t}$			－0.83996* （－1.84）	－0.38406 （0.49）
常数项	10.30597** （2.05）	16.26566*** （3.02）	11.1709** （2.15）	17.17372*** （2.91）
Hazard	－6.59499*** （－9.7）	－5.01994	－6.94385*** （－9.45）	－5.02742
样本数	1520	1520	1520	1520
Wald Chi2	247.41	215.37	238.30	216.48

从表3的回归结果可以看出，创业板变量（GEM$_{i,t}$）均显著为正，说明创业板上市公司拥有更高的自主创新能力，结合第一阶段的回归结果，这意味着创业板的推出确实有助于挖掘出更多的创新企业，为它们提供资金支持，创新企业的吸聚效应显著，该结论支持假设1；但对企业自主创新能力的进一步培育效应却不明显，因为创业板变量与上市年龄的交叉相乘项（GEM$_{i,t}$ * Time$_{i,t}$）并不为正，甚至在极大似然法下显著为负，另外上市年龄（Time$_{i,t}$）前的系数也均显著为负，即企业上市越久反而越不利于其自主创新能力的提高，并不支持前文提出的假设2，这也反映出目前中国资本市场的发展依然不够完善，并没有充分发挥出对创新企业的进一步培育功能。

五　对策建议

（一）上市准入条件依然有待改进

从本文的实证结果来看，目前创业板的上市准入条件仍有待改进，主要表现为三个方面。（1）限定上市企业创立年限。第二阶段的回归结果表明，企业成立时间越久，自主创新能力越弱；第一阶段的回归结果又预示着企业成立时间越久反而越有利于其在创业板上市，这显然无益于创业板更好地发挥其创新企业的吸聚效应，因此应考虑设定申请上市的企业的成立时间上限。

（2）限制家族企业扎堆上市。回归结果当中有两个事实值得关注：其一，国有及国有控股企业的创新能力更强；其二，股权集中度越高企业创新能力越弱。本文认为，结合目前创业板上家族企业扎堆上市、股权集中度过高的事实，与其说国有企业的自主创新能力更强，不如说创业板上家族企业的自主创新能力更弱。所以，从促进企业创新的角度出发，应该严格限制家族企业的扎堆上市。（3）摒弃将创业板作为向后发地区进行创新资源配置倾斜平台的做法。从回归结果来看，相比于其他地区而言，注册地在中国西北的企业的自主创新能力较弱，而注册地在华北的企业则拥有更强的自主创新能力。单从促进创新的角度来看，创新能力较差的西北地区的企业不应受到额外"关照"（从第一阶段的回归结果来看是存在这种现象的），而应从其他层面上拓宽其融资渠道，如着手发展完善地方金融等。

（二）创业板退市机制应坚决执行

从实证结果来看，创业板对企业自主创新能力的进一步培育效应并不明显，甚至对其有负面影响，这与目前我国资本市场的发展仍不完善密切相关。一直以来，我国资本市场的股权融资功能被过度强化，而定价功能和资源配置功能、激励约束功能却出现了严重扭曲。创业板推出以后，这些问题也并没有从根本上加以解决，反而有变本加厉的趋势，出现了"高市盈率、高发行价、高超募集资金"以及上市破发、业绩变脸、高管大幅套现等一系列问题。但2012年5月1日开始推行的创业板退市制度，明确表明将"暂停上市考察期缩短到一年"，并将"追溯财务造假"，有望矫正定价功能和资源配置功能的缺陷。因而应严格执行创业板退市机制，避免走迂回式的退市老路，强化该制度对自主创新能力不强的劣质公司的威慑力和制约力，真正实现创业板市场的优胜劣汰，发挥出创业板对企业上市后自主创新能力提升的培育效应。

（三）构建上市公司创新能力信息披露框架

创业板以其上市公司的"两高五新"特点为发展核心，因此上市公司的创新能力决定了其在创业板市场上的地位和命运，同时也决定着创业板市场运作的水平和质量，而构建创业板上市公司创新能力信息披露的框架是创业板良性发展的必要前提。在资本市场中，由于信息不对称的存在，投资者自然会要求更高的投资报酬率，以补偿其所承担风险和进行财务分析的成本，从而将导致企业融资困难和资本成本的上升。企业如果能披露创新能力信息，有利于降低信息的不对称，强化企业竞争，促进资本市场的资源优化配置，提升创新资源使用效率。因此，将创新能力信息纳入创业板的信息披露体系中，能更加真实地反映企业的经营现状及未来的发展状况，更好地满足投资者的信息需求，有助于减少盲目投资，避免投资退市企业产生重大损失，从根本上促进创新投资的持续和良性发展。

［作者单位：山东大学（威海）］

《威海建设年鉴（2007～2011）》内容提要

威海市城乡建设委员会

　　《威海建设年鉴（2007～2011）》由《威海建设年鉴》编纂委员会主持编纂，方志出版社出版，2012年1月第一次印刷，印数1500册，是威海市城乡建设委员会继《威海建设志》后，在史志编修方面的又一重要成果。

　　本鉴记述时限为2007～2011年，涵盖了全市城乡规划建设管理事业发展的基本情况，重点反映了全市城乡规划建设管理进程中所发生的大事、新事和具有特色的要事，系统展示了威海市城乡建设事业的阶段性发展成就，是记述2007～2011年威海市城乡规划建设管理工作的资料性文献，旨在为各级领导科学决策提供依据，为城乡建设事业提供信息服务。

　　在编排上，本鉴采用分类编辑法，主要分类目、分目、条目3个层次，部分条目下设子目。各类目之首设"综述"分目，大部分分目之首设"概述"条目，用以记述各类专业、各类事物的总体情况。各类目、分目间交叉重复的资料，或区别视角、各有侧重分别记述，或设置参见系统，引导查找。卷首设图片、序、目录、概述、大事记；卷中设16个栏目；卷末设专记、附记和后记。

　　在内容上，本鉴设32个类目，分别为：大事记、城市规划、市政建设、城市水务、城市供热、城市燃气、园林绿化、环境卫生、勘察设计、建设科技与节能、工程建设管理、建筑管理、工程质量与造价、典型建筑、房地产开发与管理、住房保障与房产管理、建设法制、城市管理行政执法、城市精细化管理、城建档案、村镇建设、党群工作、环翠区、火炬高技术产业开发区、经济技术开发区、工业新区、荣成市、文登市、乳山市、建设机构、人物和荣誉、专记。卷首设图片专辑，正文设随文图片。资料由各市、区规划建设行政主管部门和高技区、经技区、工业新区建设、市政、园林、环卫等主管部门以及市建设行业各部门、单位提供。本鉴统计数字中反映全市国民经济和社会发展总体情况的数据，以统计部门公布的为准，其他数字由各部门、单位分别提供。

在应用上，2007~2011 年市建委积极做好《山东建设年鉴》和《威海年鉴》城乡建设部分的供稿工作，累计向省住房和城乡建设厅、市史志办供稿50 余万字，内容涉及城市规划、城市管理、村镇建设、房地产开发与管理、市政基础设施建设、园林绿化、公用事业、建筑业等多个方面。在稿件撰写过程中，严格以科学发展观统领年鉴编纂，按照城市规划、建设、管理的逻辑框架，以事实为依据，以数字为准绳，重点对建设系统各部门、各单位年度工作重点、思路、措施、做法、成效和经验等加以记述，为史志编纂工作提供客观翔实的资料依据，充分发挥年鉴在历史、资政、教化等方面的重要作用。

（作者单位：威海市城乡建设委员会）

《追寻历史——威海市第三次文物普查成果巡礼》内容提要

邵　毅

　　《追寻历史——威海市第三次文物普查成果巡礼》依托第三次全国文物普查成果，按行政区域和文物类别，全面介绍了全市在第三次全国文物普查中登录不可移动文物的基本情况，是威海市第三次文物普查成果的全面展示；同时，又结合第三次全国文物普查，对十一五期间威海市的文物保护工作和博物馆事业发展做了简要回顾和全面总结。可以说，这是一部反映威海市文物信息和文物工作最全面、最权威的百科全书。威海籍著名学者、漫画艺术家毕克官先生认为，此书为人们了解威海的历史增添了新的途径，他对家乡文博界取得的成就表示高兴，特作序以示祝贺。本书的出版，为人们了解威海市文化遗产的分布情况、保护现状和进一步挖掘研究提供了翔实资料，对威海市的文化遗产保护事业将起到重要的推动作用。

　　《追寻历史——威海市第三次文物普查成果巡礼》一书内容丰富，图文并茂，共计35万字，856幅图片，分第三次文物普查文件、威海市第三次文物普查概述、威海市第三次文物普查成果巡礼、"十一五"期间的威海文博事业、文物法规选录五大板块。

　　第一大板块，第三次文物普查文件是威海市第三次文物普查的依据和行动纲领，即国务院、省、市三级政府关于开展第三次文物普查的通知，威海市第三次文物普查实施方案，以及威海市第三次文物普查政府责任书。

　　第二大板块，威海市第三次文物普查概述对全市第三次文物普查进行了全面概括和总结。全市共普查文物点1494处，其中新发现文物点1113处，复查381处，建立起了县域不可移动文物数据库。全市一人获全省文物系统先进工作者，给予记二等功奖励；两个单位获"全省第三次文物普查先进集体"荣誉；四个人获"全省第三次文物普查先进个人"称号；两项文物入选"山东省第三次文物普查十二大新发现"。

第三大板块，威海市第三次文物普查成果巡礼为本书的主体，按 2007 年 9 月 30 日普查时点时的行政区划，对环翠区、文登市、荣成市、乳山市四个县域行政单元登录的全部 1494 处不可移动文物进行了条目式撰述。每个县域分文物分布图、文物简介、文物照片三部分，序篇综合介绍县域普查概况，文物简介包括名称、地点、时代、文化内涵（内容）、保存现状等各要素。图文结合，一目了然。

与此相关的五个附录分别为威海市文物保护单位分布图、威海市文物保护单位一览表、威海市不可移动文物名录、威海市消失文物登记表、威海市文化遗产保护文件。威海市文物保护单位分布图、威海市文物保护单位一览表、威海市不可移动文物名录可视为正文索引，按图索骥，检索方便，使读者短时间内即可对威海市三次文物普查成果有简要而直观的了解。

第四大板块，"十一五"期间的威海文博事业是对威海市以往文物工作的全面回顾和总结，特别是总结了威海市文物保护工作的一些比较先进的做法，如将新发现文物及时公布为文物保护单位，使之得到妥善保护，以及注重威海英式建筑保护、注重海草房等乡土文化遗产保护等。另外，通过调研，出台系列文化遗产保护方面规范性文件，针对中小型综合博物馆的发展困境策划运作毕克官先生作品、藏品捐赠并辟办毕克官艺术馆等探索和做法都可圈可点。

第五大板块选录了《中华人民共和国文物保护法》《中华人民共和国刑法》《山东省文物保护条例》《山东省威海市刘公岛甲午战争纪念地保护管理规定》等相关文物保护的法律、法规。

第三次全国文物普查是"十一五"期间最大的文物保护工程。通过普查，威海市锻炼了队伍，摸清了家底，为下一步制定准确的文物保护政策提供了科学依据。作为威海市第三次文物普查的成果，《追寻历史——威海市第三次文物普查成果巡礼》一书将在普及文物知识、激起公众参与文化遗产保护意识、促进全市文化遗产保护和利用方面发挥其独有的作用。

（作者单位：威海市文化广电新闻出版局）

《威海生物》内容提要

张　涛

水域生态篇

第一课　浅海生物

一　浅海生态概况

威海市浅海有众多河流的入海口。河水在带来大量营养物质的同时，也改变了河口海域海水的盐度，加上水温起伏大，海岸线曲折，就导致了威海市浅海水域环境多样。环境的多样性又造就了生物的多样性。威海市浅海中，既有千姿百态的藻类等植物，也有五光十色的贝类、披盔戴甲的虾蟹和形态各异的鱼类等动物。浅海中丰富的动植物，还会引来以这些生物为食的其他动物。

二　浅海常见生物

"浅海常见生物"内容包括大天鹅、浅海其他动物、浅海中的植物三部分。介绍了多种生物的特点。

三　浅海生物保护

保护浅海生物，一方面要建立保护区以保护特定海域环境或特定物种，另一方面要减少或杜绝对浅海环境的污染和破坏。青少年应树立海洋环保意识，学习海洋环保知识，并积极参与海洋生物保护的活动。

第二课　海洋鱼类

一　浅海渔场概况

威海三面渔场环绕，北靠烟威渔场，东有石岛渔场，南临青海渔场。这些渔场的形成有以下几个因素：一是营养物质丰富，鱼类的饵料来源充足；二是威海市沿海是多种鱼类的产卵场；三是威海市沿海是许多鱼类向渤海洄游的必经之地。

二 常见的海洋鱼类

威海市的海洋鱼类种类繁多。其中，蓝点马鲛（jiāo）、小黄鱼、带鱼、银鲳和鲦（tí）鱼等是主要的经济鱼类，许氏平鲉、大泷（lóng）六线鱼等是沿海常见的垂钓鱼种，梭鱼、鲈鱼等既能生活在沿海的河口附近，又能逆流进入淡水中。"常见的海洋鱼类"介绍了蓝点马鲛、带鱼、鲦鱼、梭鱼、许氏平鲉、大泷六线鱼、日本鱵（zhēn）、宽体舌鳎等鱼类的特点。

三 海洋鱼类保护

由于过度捕捞和环境污染的双重影响，目前威海市各近海捕捞区鱼类资源呈持续衰退状态。鲦鱼作为饵料生物，数量的减少直接影响到了其他鱼类的生存；蓝点马鲛及带鱼等主要经济鱼类数量越来越少；烟威渔场的鱼汛已基本消失。

第三课 沿海滩涂生物

一 沿海滩涂生态简介

威海市气候适宜，滩涂广阔，滩面稳定，水质清洁，海水的盐度与温度适中，加上海洋浮游动植物繁多，这些都为滩涂动物的生长和繁殖提供了适宜的环境条件，使得滩涂动物的种类和数量较为丰富。威海市的滩涂动物，已发现112种，以底栖动物占优势，主要是软体动物和甲壳动物。不同的滩涂类型中分布着不同的动物类群。

二 常见的沿海滩涂生物

"常见的沿海滩涂生物"内容包括滩涂植物、蛤、蚶、蛏、牡蛎、螺、其他滩涂动物等内容。

三 沿海滩涂生物的保护

近几年，威海市沿海滩涂生物的种类和数量都在减少，主要原因是滩涂被占用和污染。修建虾池鱼塘、拦海大坝等工程，对滨海湿地和自然岸线造成了巨大的破坏。滩涂生物大多活动范围很小，它们失去生存的空间就意味着死亡。滩涂污染主要来自生活垃圾和建筑垃圾污染。另外，不合理的滩涂养殖也会造成滩涂污染。

第四课　海鸟

一　海鸟的生活环境

海岛之所以能够为海鸟的旅居栖息、筑巢求偶、产卵育雏创造优越的条件，成为海鸟生活的乐土，主要有以下两个原因：一是海岛远离陆地，受人类活动的干扰较少；二是海岛浅水区藻类、贝类、虾蟹和鱼类等水生生物资源丰富，海鸟饵料充足。

二　海驴岛上的海鸟

海驴岛位于成山头的北部海域，距陆地最近距离为 4 海里，面积大约 0.11 平方千米。每年春天有十几万只海鸥、黄嘴白鹭等海鸟迁徙到这里繁衍生息。"海驴岛上的海鸟"重点介绍的是海鸥和黄嘴白鹭。

三　海鸟的保护

保护海鸟的根本措施是保护海鸟生活的家园。自国家开展海岛生态修复工作以来，威海市作为试点城市，在补种和恢复岛屿树种和植被方面做了大量工作，丰富了海岛生物的多样性。海岛环境的改善，吸引了更多的海鸟前来栖息繁衍。

第五课　淡水生物

一　淡水生态概况

在威海辖区内，没有波澜壮阔的大江大河，却有 1000 多条中小河流灵动蜿蜒，奔流入海。在水流缓慢的地方，形成了许多湿地生态系统。湿地是水体到陆地的过渡地带，兼有水生和陆生动植物，生物多样性非常丰富。

二　淡水中的植物

介绍了水绵、黑藻、金鱼藻、荷花、睡莲、蒲草、水芹菜、问荆、红蓼等植物的特点。

三　淡水中的动物

介绍了水蛭、河蚌、田螺、河虾、中华绒螯蟹、蜻蜓和豆娘、青蛙和蟾蜍以及各种淡水鱼的特点。

陆地生态篇

第六课　山地防护林

一　山地防护林概况

受海洋的影响，威海市冬季气温较同纬度地区高，许多亚热带植物分布于此，如短柄枹栎（lì）、宜昌荚蒾（mí）等。又由于在地史上胶东半岛与辽东半岛曾相连接，威海市还有不少的寒温带树种，如辽东桤（qī）木、蒙古栎等。由于上述原因，地处暖温带中部的威海市，成为大陆南北植物的交会地，是山东省植物种类最多的地区之一。

二　常见林中生物

（一）树木

赤松和柞树是构成威海市山林的主要乡土树种。由于天然植被历史上曾多次遭受破坏，乡土树种数量的急剧下降，取而代之的是 19 世纪末开始引入的外来树种，如黑松、刺槐等。

（二）动物

威海市人口密度大，人类活动频繁，陆栖野生动物生存空间狭小。因此，只在一些较大山系，如昆嵛山、伟德山，生存着为数不多的狼、梅花鹿、狐狸、獾、黄鼬等中小型动物，常见的是一些较小动物，如野兔、山鼠、刺猬等。

（三）真菌

徜徉于林间草地，经常会发现各种各样的蘑菇钻出地面，老百姓称它们为"蛾"。蘑菇属大型真菌，许多是我们餐桌上的美味或名贵药材，但也有些是有毒的。

三　山地防护林生态保护

近些年，从中央到威海市都颁布了相关的法律法规，也采取了一系列具体措施，保护和修复森林生态。威海市曾出台了"十年不修林，二十年不采伐"的封山政策，同时以每年 3 月 12 日"植树节"为契机，开展全民义务植树活动，栽树造林，绿化荒山。

第七课　沿海防护林

一　沿海防护林生态概况

威海市的沿海防护林以日本黑松为主要树种，其间混杂少量的刺槐和麻栎，中层灌木主要是紫穗槐，底层植被为各种草类，还有少量的野兔、野鸡等动物生活其中，林中各种生物相互依存，与周围环境共同构成了较为稳定的人工森林生态系统。

二　主要林中生物

（一）植物

日本黑松，因发的新芽被白色的芽鳞包裹而俗称白芽松，松科。

紫穗槐，俗名棉槐、棉条，豆科。落叶丛生灌木，皮色暗灰，根系发达，常用于土坡的水土保持。枝叶对烟尘有较强的吸附作用，是工业区绿化的重要树种。

（二）动物

雉（zhì）鸡，俗称野鸡，雉科。与家鸡相比体形小，尾巴长。主要活动在灌木丛与草地中，杂食性，所吃食物因所处地域和季节而不同。发情期间雄鸟有占区行为，有自己的领地。

草兔，俗称山兔、野兔，兔科。眼睛位于颜面两侧，能扩大视野的范围，便于发现敌害。

三 沿海防护林的病虫害防治

要防治沿海防护林的病虫害，最为根本的方法是将单一林改造为混交林，增加树木的种类，使鸟、昆虫、菌等生物的种类和数量也随之增加，从而形成较为复杂的食物网，提高生态系统的稳定性。

第八课 城市园林

一 城市园林概况

威海园林建设遵循现代"大园林"理念，不局限于传统封闭式的公园建设，而是努力实现整个城市的园林化，通过社区绿化、道路绿化、开放式公园，将园林与城市完全融合在一起。在设计和建设上，围绕生态与休闲两大主题，追求人工与自然的完美结合，发掘适于绿化的乡土树种，以较低的养护成本，实现较大的生态效益。同时注意植物的高低层次、色彩搭配和季候特点，形成春花、夏荫、秋红、冬绿的美丽景观。

二 常见园林植物

园林造景讲究层次分明。贴地生长的草坪植物，高出地面的地被植物，更高一些的灌木和小乔木，以及点缀其间的高大乔木，可以构成一幅疏密得当、和谐美丽的图景。在很多园林设计中，还会为攀缘植物留有一席之地。

三 城市园林管理与发展

近年来，生物和物理的防治方法开始在威海市试用。选育乡土野生优良树种与引进适应性较好的外来树种相结合，增加园林植物种类，实现园林的生态化，是园林发展的重要方向。

第九课 粮油作物

一 禾谷类

小麦、玉米、高粱等都属单子叶植物禾本科，为一年或二年生草本。

二　豆类

花生、大豆等都属双子叶植物豆科，为一年生草本，蝶形花，荚果。该类作物是植物蛋白质和植物油的重要来源。

三　薯芋类

威海市常见的薯芋类植物包括红薯、马铃薯、芋头等，都为多年生草本，常作一年生栽培。这类植物的地下块根或块茎内含有丰富的淀粉，为人们通常食用的部分。

第十课　蔬菜

一　十字花类

白菜、萝卜、油菜、卷心菜、西兰花等都属双子叶植物十字花科，为一年或二年生草本，花瓣4枚并呈十字形排列。

二　葫芦类

黄瓜、茭瓜、南瓜、冬瓜、丝瓜、苦瓜等都属双子叶植物葫芦科，为一年生蔓生或攀缘草本，单性花，花瓣5枚。

三　茄类

茄子、辣椒、西红柿等都属双子叶植物茄科，为一年生草本，各个花瓣不同程度地合生在一起。

四　豆类

芸豆、豇豆、眉豆、油豆角等，都属双子叶植物豆科。

五　百合类

大葱、洋葱、大蒜、韭菜等都属单子叶植物百合科，为多年生草本。

六　伞形花类

芹菜、胡萝卜、香菜等都属于双子叶植物伞形科，为一年或二年生草本，花序为伞形。

七　真菌类

食用菌均为大型真菌。这类真菌具有较大的菌体，足以通过肉眼辨识和徒手采摘。

第十一课　水果

一　果树种植概况

威海市空气湿润，光照充足，土壤为沙质，是著名的温带果树适栽区。到2010年，全市果园面积达到了70.6万亩，产量105万吨。目前威海市主要栽种的水果有苹果、桃、梨、樱桃、葡萄、无花果等，少量种植的有杏、李子、山楂、石榴、枣、果桑、柿子等。

二 常见水果品种

（一）苹果

属蔷薇科苹果属，是世界上栽培最多的温带果树树种，也是威海市第一大水果栽培树种，家家户户"过冬"必备。主要栽培品种有红富士、小国光、嘎啦等。

（二）梨

属蔷薇科梨属，是威海市第二大水果栽培树种。梨的品种很多，在威海市种植的主要有丰水梨、新高梨、巴梨等。

（三）桃

属蔷薇科桃属，主要栽培种是普通桃及其三个变种——油桃、蟠桃和油蟠桃。它们各自又有许多栽培品种，如威海市的主要栽培品种新川中岛。

三 果树管理与果业发展

优良果品的生产除得益于优越的地理条件外，也离不开先进的果树管理技术。目前，威海市的果树修剪、壁蜂授粉、果实套袋、果园生草等技术均处于国内领先水平。

人工养殖篇

第十二课 海水养殖生物

一 海水养殖概况

威海拥有近千公里的海岸线，沿海有 30 多个港湾，浅海、滩涂面积达 300 多万亩，海水养殖空间广阔。目前，威海市海水养殖种类丰富并成为全国重要的海参、海水鱼和海带养殖基地，养殖业综合发展水平位居全国前列，赢得了"全国渔业第一市"的美称。

二 主要海水养殖生物

（一）藻类

威海市的养殖种类主要是海带，另外还有少量裙带菜、紫菜、江蓠等的养殖。藻类具有较高的食用价值，还可以作为提炼褐藻胶、甘露醇、碘等的重要原料。

（二）甲壳类

威海市的养殖种类主要有中国对虾、日本对虾、三疣梭子蟹等。近年来市场上常见的南美白对虾,大多是从外地贩运来的。

(三) 贝类

威海市的养殖种类主要有扇贝、牡蛎、贻贝、蛤、鲍等。它们大部分滤食海水中的微小生物;鲍为舔食性,以褐藻为主要食料。

(四) 鱼类

威海市的养殖种类主要有大菱鲆、牙鲆、石鲽、河鲀、鲈鱼、黑鱼等。

(五) 海参

海参属棘皮动物,种类很多。威海市养殖种类为刺参。威海刺参已获国家地理标志产品认证。

三 海水养殖的发展

目前,威海市主要的海水养殖方式有底播养殖、池塘养殖、筏式养殖、网箱养殖、工厂化养殖等。

第十三课 家禽

一 家禽养殖概况

在蛋鸡的养殖方面,通过引进新品种,提高了鸡的产蛋率。目前威海市有不同规模的养鸡场上千家,2012 年鸡的存栏数约 1020 万只,威海城区日销售鸡蛋 40 吨以上。相比之下,鸭、鹅的养殖数量较少,规模较小。此外,威海市还有少量鹌鹑、雉鸡、鸽子等特色禽类养殖。

二 主要家禽品种

(一) 鸡

属鸡形目雉科,祖先是野生的原鸡。过去农户散养的是肉蛋兼用的地方品种,如芦花鸡、烟台糁糠 (săn kāng) 鸡、元宝鸡、黑鸡等。这些地方品种的生长期较长,产蛋率较低,现在虽然仍有农户散养,但是数量很少。

(二) 鸭

属雁形目鸭科,祖先是野生的绿头鸭。文登黑鸭为威海市地方优良品种,引进品种有微山麻鸭、金定鸭、绍兴鸭和狄高鸭等,目前威海市鸭的总存栏数约 44 万只。

(三) 鹅

属雁形目鸭科,祖先是野生的鸿雁或灰雁。目前威海市鹅的存栏数约 10 万只,养殖品种有白鹅、五莲灰鹅、五龙鹅等。

三 家禽养殖前景

近半个世纪以来,威海市家禽养殖业发展迅速,肉蛋等禽产品在数量上已能完全满足供应。但当前集约化、规模化的养殖方式也存在很大问题。

第十四课　家畜

一　家畜养殖概况

近三十年来，由于不断进行良种引进，家畜品种基本已全部更新。养殖模式也由过去的农户散养发展为专业化规模养殖。目前，生猪养殖、奶牛和奶山羊养殖及毛皮动物养殖是威海市家畜养殖的三大主导产业。

二　常见家畜种类

（一）肉用和乳用动物

猪，属偶蹄目猪科。新中国成立前后，威海的生猪品种主要是当地黑猪、木碗头和垛山猪。

牛，属偶蹄目牛科。过去，威海农村所养役牛多为本地黄牛和黑牛。

羊，属偶蹄目牛科。威海市饲养种类主要有文登奶山羊、小尾寒羊和波尔山羊。

（二）毛皮动物

水貂，属食肉目鼬科。皮毛细密柔软，手感爽滑，有"毛皮之冠"的美称。

家兔，属兔形目兔科。过去，威海市家兔饲养以中国白兔为主；20 世纪 80 年代以来，先后引进了安哥拉长毛兔和獭兔进行规模化饲养。

（三）伴侣动物

狗，属食肉目犬科。是人类最早驯养的家畜，被称为"人类最忠实的朋友"。寿命与猫相近，大约十年。

猫，属食肉目猫科。威海最常见的是本地土猫——狸花猫，此外还有山东狮子猫和波斯猫等。

三　家畜防疫与畜产品质量安全监测

家畜疫病的流行不仅会造成动物大批死亡，而且某些人畜共患病还会给人类健康带来严重威胁。实施程序化免疫是目前预防该类疾病发生的有效措施。对一些家畜的烈性传染病，由专业防疫人员进行免费注射。

（作者单位：威海市教育教学研究中心）

《乳山村庄图志》内容提要

栾法龙

　　沐浴着党的十八大的光辉，适逢新农村建设之际，经过史志工作者的笔耕不辍、辛勤劳作，《乳山村庄图志》如愿付梓出版。这是全市社会文化生活中的一件盛事。

　　村庄研究，乃农村研究之本。村庄源远流长，具有深厚的历史底蕴，承载着人们的精神寄托。村庄起源于新石器时代，是伴随着种植业的兴起、人类逐步定居而产生的。几千年中，村庄作为农业文明的基础，形成了厚重的文化积淀。村庄是村民繁衍生息的家园，是城市人内心深处的归宿。村庄文化深深地浸染着人们的心灵，影响着人们的思考方式和价值观念。

　　乳山域内自原始社会后期即有村落，后经沧桑巨变，斗转星移，形成了现在的601个行政村。它们宛如颗颗明珠，散落于广袤的原野。乳山村庄主要分为三种类型，各有特色：一是北部山区村，山清水秀，经济以种植、养殖为主；二是南部沿海村，倚山临海，经济以海水捕捞和养殖为主；三是中部靠近城区的村，交通便利，经济以工商业为主。乳山村庄风光秀丽，物产丰饶，民风淳朴，名人辈出，滋养着生于斯，长于斯的人们。改革开放后，村庄的生产、生活发生了翻天覆地的巨变。近年来，全市深入开展社会主义新农村建设，村容村貌更加靓丽，经济发展更加迅速，农民更加富裕，乡村更加文明。

　　《乳山村庄图志》图文并茂地记述了全市601个村的建制沿革、资源优势、经济发展、生态文明、社会事业、文化活动，融汇了村庄的历史与现实，细数农村资源家底，摸准优势资源潜力所在，具有很强的知识性、资料性、实用性。所载内容全面系统、资料翔实可靠、文字流畅洗练，是一部权威性的地情书籍。

　　《乳山村庄图志》的编纂，是乳山"文化活市"战略的一项重大成果。

该书的出版，将极大地增强广大市民的自信心和自豪感，激发市民爱家乡、爱祖国的观念，激励市民为建设家乡而奋斗。同时，该书有助于各级了解村域情况、把握发展规律、发展优势经济，有助于外地人士了解乳山、熟悉乳山风土人情，为招商引资、与外界交流搭起桥梁。

（作者单位：中共乳山市委宣传部）

中西"经文辩读"的历史实践与现代价值

管恩森

西方学界在圣经研究中秉承既有诠释传统的基础上,又不断发展和形成各种新型的理论主张和实践模式,20 世纪 90 年代开始,在"文本辩读"(Textual Reasoning)已渐具相对成熟风格的前提下,弗吉尼亚大学著名犹太学者皮特·奥克斯(Peter Ochs)和剑桥大学著名神学家大卫·福特(David F. Ford)、丹尼尔·哈德(Daniel W. Hardy)等人则在欧美高校开始践行和倡导"经文辩读"(Scriptural Reasoning),并于 1995 年成立了"经文辩读学会",同时在剑桥大学实施"剑桥跨宗教信仰研究项目"(the Cambridge Inter-Faith Programme,简写为 CIP),从而吸引了一大批从事犹太教、基督教、伊斯兰教神学研究的高校学者加盟,从理论与实践两个层面开展"经文辩读"研究,其理论的基本命题在于:经文辩读通过对犹太教、基督教、伊斯兰教等宗教经文的尊重来试图超越文明冲突理论,主张经文的最终意义在于诠释者积极参与的对话和理解之中,宗教经文对所有的"他者"都具有开放性,经文辩读的目的在于使带有不同宗教与文化传统的诠释者通过辩驳、辩读、对话与交流寻求一种共同的人类智慧。

"经文辩读"融汇着犹太诠释传统与现代西方学术方法训练的跨界实践,包容着多元的"他者",是"一种在犹太教、基督教和穆斯林经典之中寻求智慧的活动",福特和奥克斯等倡导者积极主张跨越文化与宗教分野,对基督教《圣经》、犹太教《塔木德》、伊斯兰教《古兰经》等宗教经典进行并列研习辩读,进而对基督教、犹太教、伊斯兰教等宗教经文展开比较性研究。"经文辩读"作为西方学界神学诠释的新型模式,是对不同宗教界限的跨越,体现了一种全球伦理与普遍价值的公共性,对于中西哲学与神学的对话、诠释无疑具有较为深远的启发意义。

但是，目前欧美学界的"经文辩读"活动所关涉的宗教经文仍限于亚伯拉罕传统，尚未能够真正跨越地理空间与历史文化的疆域兼顾到中国传统经典。而中西跨文化的理解与对话，实际上却难以脱离中西之间"经文辩读"的实践和创新。李天纲认为"在多元文化环境下，既然我们已经把西方文化与中国文化相比较，把西方哲学与儒家思想相比较，那么神学和经学的比较，作为中西比较研究这一范畴之内的分支，应该是题中应有之意了"。他进而提出："经学是可以打开来和西方神学作比较的，因为两者是同样性质的学问。"中国当代学者已经在事实上以不同的学术进路展开了中西"经文辩读"的研究实践，如朱维铮、孙尚扬、刘小枫、李天纲、张西平、刘耘华等学者已然在神学与经典、神学与儒学等领域进行了较为深入的比较研究。他们的代表性成果可视为国内学界在实践层面上所展开的中西"经文辩读"研究，杨慧林则系统地介绍了西方"经文辩读"理论，并以理雅各英译《道德经》为切入点，运用"经文辩读"理论及神学诠释学方法，先后在《长江学术》《中国文化研究》《河南大学学报》《读书》《中国社会科学》等学术刊物上发表文章推介西方学界"经文辩读"的理论与实践，并创造性地进行学术资源的有效转换，将"经文辩读"的范畴进而推延至中西之间的经典理解，实现了中西"经文辩读"学术命题的转化，开拓了"经文辩读"理论与实践的研究空间，开创了一个更富有理论创新价值的研究方向与学术领域。如果依循历史脉络追寻和梳理基督教神学与中国文化传统经学之间诠释、对话历程的话，我们可发现一个饶有意味的事实：伴随外来宗教（尤其是基督宗教）的入华传播，中西"经文辩读"的历史实践早有渊源，上可追溯至唐代的景教，此后历经明末利玛窦、清初白晋以及清末理雅各等人的践行，已经逐渐探索并实践出了一条融汇着"西学东渐"与"汉籍传译"双向跨文化理解的"经文辩读"之路。

635 年，经阿罗本传入唐代的景教是基督宗教第一次与中国文化传统的接触，它受到了唐太宗的礼遇，在大唐盛世广为传布，出现了繁荣的盛景："法流十道，国富元休；寺满百城，家殷景福。"最为重要的是，唐代景教还为后世存留了一批包括《大秦景教流行中国碑颂》《三威蒙度赞》《尊经》《志玄安乐经》《一神论》《序听迷诗所（诃）经》《宣元至本经》《大圣通真归法赞》等在内的汉语景教文典，"这八篇文典是东方基督教在唐代入华所留下的历史文献，堪称汉语基督教思想的初始资料"。这些景教文典运用汉语传达基督教神学，并大量借用了儒、道、佛的语词来表达基督教神学的重要概念与基本教义，可谓是中西"经文辩读"之历史实践的先声。如《大秦景教流行中国碑颂》开篇即言："粤若常然真寂，先先而无元，窅然灵虚，后后而妙有，总玄枢而造化，妙众圣以元尊，其唯我三一妙身无元真主阿罗诃欤？判十字以定四方，鼓元风而生二气，暗空易而天地开，日月运而昼夜作。匠成万物，然立初人，别赐良和，令镇化海，浑元之性，虚而不盈。素荡之心，本无希嗜。"此段文字描述的是耶和华创造万物的神迹，在《旧约》中已有详细记载，但其叙述的文体、语词与立意，均与中国古典哲学的经典《道德经》有异曲同工之妙趣，甚至连"景教"之命名，亦模仿了《道德经》的语体形式："真常之道，妙而难名，功用昭彰，强称景教。"而其文献中大量使用了"道""妙道""奥道"等语词，在《宣元至本经》中更是以"道"作为核心概念，通篇论述围绕着"道""无"展开论述，以致著名学者朱谦之认为该经文是道教徒的伪作，并非景教文献。而有一些学者则从相反的视角，认为该经文中的"妙道能包容万物之奥道者，虚通之妙理，群生之正性，奥深密也，亦丙（两）灵之府也"和"妙道生成万物囊括，百灵大无不包，故为物灵府也"与《约翰福音》密切相关，圣经中创造万物的上帝就是"道"。这都从一定程度上印证了景教对道家思想的借重与参照，不仅仅是表面依附和简单借用，而是进入了一种较为深入的层面，景教徒对中国的道家思想、道教教义有着较为深刻的认知和理解，才能最终达成在神学意义上的某种"和解"，当然，这种理解、"和解"是初步的、尝试性的。

另外值得注意的是，在早期景教文献中，对于基督宗教中最高主宰的名称（英文译为 God）尚未使用后来的"神""上帝"等汉语语词，而是采用了两种不同的方式来处理，一是在景教碑文中将叙利亚文的称谓直接音译为"阿罗诃"，前面冠以定语"三一妙身无元真主"；二是在《宣元至本经》中则借用了"法王"的称谓，如"法王善用谦柔，故能摄化万物，普救群生，降伏魔鬼"。无论是"阿罗诃"还是"法王"，均是入华佛教对主神的称谓，据翁绍军所做的景教碑注释可知："阿罗诃"即"旧约中上帝耶和华（Jehovah）。希伯来文为 Elohim，叙利亚文为 Alaha 或 Aloho。阿罗诃这个词是从佛经《妙法莲花经》中借用，梵文为 Arhat，Arham，指佛果"。朱谦之亦明确指出："阿罗诃乃译叙利亚文'Eloha'，华言上帝也。一赐乐业教（犹太教）碑作阿无罗汉，玄应《一切经音义》作阿罗汉，调露元年所译《陀罗尼经》作阿罗诃与梵文之 Arhat 同出一源，此亦可见景教与佛教之关系。"采用"阿罗诃""阿无罗汉""阿罗汉"等称谓来翻译和代表基督宗教中的"耶和华""上帝"，我们在今天看来似乎是一种词不达意、甚至是张冠李戴的奇特现象，其实质却蕴含着特定历史时期丰富而深刻的意味。佛教自汉末传入中国，在中国化、处境化方面经历了较为长期的过程，佛典的翻译亦开始逐渐走向成熟，因此，佛教在中国的演变为刚刚传入的景教提供了相对成熟的榜样。景教借重佛教，不仅仅是表面攀附，而应是一种学习和理解。

由此我们可以初步判断，即景教在最初传入中国的时候，为了更好地融入中国文化传统，一开始就采取了较为自由的变通与适应策略，不仅在现实层面上积极靠拢王权，甚至可以与僧人、道士一起为唐代王室做法事祈福，在景教寺内供奉唐代帝王的画像等，而且在神学教义层面上，亦沿袭了基督教神学诠释的传统，采取积极主动的变通、和解策略，据相关资料证明，景教碑文作者、景教传教士景净曾参与了佛经的汉译工作。因此，正如历史上基督教神学对古希腊哲学的理解与和解一样，唐代第一次入华的景教，已经开始与中国文化传统内部的儒道思想、外来的佛教等主动进行认知、理解、和解。明末的士林阶层就有人已经较为敏锐地洞察到了这一点，明末儒士天主教徒李之藻在考察了景教碑后，富有创见性地提出一个反问："要于返而证之六经，诸所言'帝'言'天'，是何学术？质之往圣，囊所问官问礼，何隔华夷？"因此，从中西"经文辩读"的视角重新考察和审视早期景教文献，对于以前较为简单、武断地认为景教徒是在"攀附儒道佛"、指斥他们是"机会主义的传教"这一说法，自然就有了不同的认识，景教徒不是单纯简单地攀附，而是在试图积极主动地从儒、道、佛等"他者"文化、宗教中寻求共同的人类智慧，并表现出了试图达成一种跨界和解的努力。只是这种"经文辩读"的实践尚处于尝试性的初级阶段，对于道家、佛教的核心概念，早期景教徒尚缺乏较为明晰、深刻的理解和辩读，因而，在景教文献中借用儒、道、佛的语词与称谓就呈现含混、粗浅、空疏的特点，但这毕竟是中西之间展开"经文辩读"的第一步、第一次的努力。

明末耶稣会士利玛窦在1583年正式入华后，采取了更为积极、更为灵活的适应策略，他不仅着儒服、学汉话，而且精通中国传统经典，更长于用汉语写作，翻译西学、撰述中文著作无数，开创了"学术传教"的新型模式。基于此，利玛窦对中西"经文辩读"的历史实践比景教徒有了更为深入的推进。利玛窦大胆尝试适应性政策，积极推行"学术传教"的策略，采用中文进行写作，以汉语写作的方式诠释基督教教义，目的乃在于使基督宗教达成"附儒""合儒"并最终"超儒"的目标。对于此点，裴化行有较为明确的剖析："他（指利玛窦，引者注）开始用纯正中文而且是高雅的文言文来写书，阐述基督教学说，而这种基督教学说的设想主要是作为一种高度的智慧、一种完美的伦理法则。……他尽可能利用了孔子，力求证明基督教学说符合中国古代优秀的一切。"利玛窦在其中文著作《天主实义》中，明确地以"天主"翻译拉丁文的"Deus"（音译为"陡斯"，即英文中的 God，上帝），而且充分发挥了他熟悉中国经典的优势，通过考察中国古代典籍如《中庸》《周颂》《商颂》《易经》《汤誓》等，对其中的相关章句进行别有深意的"经文辩读"，宣称："吾国天主，即华言上帝……历观古书，而知上帝与天主，特异以名也。"由此，利玛窦使中国典籍经文中的"上帝"合于基督教的"天主"。需要指出的是，利玛窦对中国典籍的"经文辩读"，具有很强烈的目的性，对经典的选择有很明显的倾向性，他更多地认同先儒典籍，而对后儒采取回避或者拒斥的态度。他所注重的是从先儒的经文中寻章摘句，然后进行基督教神学的诠释，以此来构建先儒思想与基督教神学的关联。同时，他与唐代景教将儒道佛三家混淆不辨的做法不同，他对儒道佛采取了不同的态度和策略，积极附和先儒而强烈批驳道、佛，对于道教和佛教的宗教信仰，利玛窦均予以严词揭批，表现出鲜明而强烈的排斥倾向，其目的乃在于"易佛补儒"，进而为基督宗教进入中国文化内部拓展空间。因此，我们可以说，利玛窦的中西"经文辩读"实践相较景教徒的含混、粗浅、空疏而言，表现出较为明确、深入、精微的特点，但同时也表现出较为鲜明的目的性、排他性。

利玛窦探索并实践的中西"经文辩读"方法，即通过对于中国典籍的"经文辩读"以寻求中国文化传统与基督教神学相契合之处，对后世产生了较为深远的影响，至清初则由白晋、马约瑟等人将这一方法进一步发挥、推进，形成了著名的"索隐派"（Figurism）。白晋以"国王数学家"的身份于 1688 年进入北京，成为康熙帝的科学教师，他遵循"利玛窦规矩"，积极适应中国文化及其礼仪习俗，并成为"索隐派"的主要创始人。"索隐派"主要观点是"强调上帝之启示真理的隐秘性，并大胆在别的文化材料里面寻找这些隐秘真理的印证"。他们对于精微而幽玄的中国上古文献、变化莫测的八卦符号、抽象而丰富的象形文字充满了热情，认为这可能就是上帝传达密旨的独特方式，其中必定隐含着上帝的某种神秘启示，因此，他们积极在中国古代文献中寻求隐含着的上帝启示之踪迹（Sign/Figurae），并根据《圣经》对于中国《易经》《道德经》《庄子》《淮南子》等文献进行特定诠释，试图揭示中国典籍中深隐的某些神学启示，如把中国上古文献中的"伏羲氏"指认为《旧约》中"弥赛亚"，认为《道德经》中"道生一，一生二，二生三，三生万物"，实际上就隐含了基督教的"三位一体"（Trinity），认为"《道德经》一书表明的是，万物的创造是这三位共同的杰作，神圣法则最基本的教义就出自'道'本身，即出自永恒的智慧和主的圣言"。由此可见，"白晋的思想已经远远超越了利玛窦所创建的更多局限于表面变化的适应策略,白晋试图将基督教信仰深深地植入中国的哲学和文化当中(Tiefgreifende Inkulturation)"。但他同时又认为"单单靠中国人自己是无法揭示这些古代典籍的奥秘的,只有在圣教的光辉下,借助《圣经》的帮助,中国人才能理解这些典籍的深层意义,中国人和欧洲人必须一同在《圣经》的指引下才能揭示这些隐藏在中国古老传统中的奥秘"。"索隐派"由于抱持着这样一种明确的先见,即认定上帝的启示潜隐于中国经典之中,因此,他们对中西"经文辩读"活动存在着强烈的目的性,表现出"有意误读"与"过度诠释"的倾向,导致出现了"诠释的丧失节制与意义的任意附会"等误区。这是"索隐派"在中西"经文辩读"中的迷误与失算,因而招致了后世的批评。

晚清时期的中西"经文辩读"活动当以理雅各英译中国经典为代表。理雅各作为英华书院(Anglo-Chinese College)的第七任校长于1843年至香港,此后30年来他一直在香港致力于教育、翻译、传教工作,并与王韬、洪仁玕等人密切交往。理雅各最突出的贡献是系统全面地翻译了中国经典,陆续翻译了《论语》《大学》《中庸》《孟子》《春秋》《礼记》《诗经》《易经》《书经》《孝经》《道德经》《庄子》等,1876年返回英国后成为牛津大学第一位汉学教授,继续从事中国经典的翻译和研究工作,他翻译的中国经典被编入《东方圣书》(The Sacred Books of The East)系列出版。值得我们注意的是,该系列丛书的主编马克斯·缪勒(Max Muller)既是理雅各在牛津大学的同事、著名东方学家,以研究印度佛教而知名,同时也是西方比较宗教学、比较神话学的奠基人,他积极倡导在基督教之外的"他者"即异域文化、异教文明中去寻求和发现智慧。理雅各翻译中国经典时坚持严谨的学术态度,每卷译文均包含三部分内容:一是经典正文的英译;二是根据个人理解增添了诠释和注释,这部分内容甚至超出了正文,系统地阐发了理雅各对中国经典的理解和诠释,是非常具有学术价值的中西"经文辩读"实践;三是附录与正文相关的人物地名、典章制度、中西译名对比、特殊的汉字符号等。因此,长期以来,理雅各对中国经典的翻译都被作为标准的英文译本。理雅各认为中国经典中蕴含着丰富的宗教思想,他披阅了大量中国典籍,对其中有关宗教的内容进行英译和诠释,把孔子及其以前的先秦思想融汇起来,将其视为"儒教"(Confucianism)。在他看来:"中国的先民与创立者信仰至高无上、独一无二的上帝(God)。毫无疑问,上帝(God)是中国人最初的崇拜对象,在一段时期内很可能还是唯一的崇拜对象。"他在论及儒教与基督教的关系时更为明确地指出:"中国经典中的'帝'与'上帝'就是上帝——我们的上帝——真正的上帝。"

尽管理雅各所理解的"儒教一神论"是基于基督教的前理解，"在理氏的视域中，儒教的核心就是崇拜一元上帝的古代宗教"，但是，理雅各没有把基督教与儒教完全对立起来，相反，他积极主张中西宗教融合，表现出"将中国宗教文化与基督教融合一体的倾向"，体现出在"他者"文化中寻求共同上帝与启示的智慧。

尤为重要的是，理雅各与利玛窦、白晋等人试图从中国经书中寻求基督教神学资源的做法不同，他秉持了一种更为平等、尊敬的立场，对中国文化采取了"同情的理解"（Sympathetic Understanding）的原则，认为中西文化和宗教都包含了超越性的智慧。如他在英译《道德经》第42章："道生一，一生二，二生三，三生万物"时几乎就是直译："The Tao produce One; One produce Two; Two produce Three; Three produce All Things."而他在诠释的时候，并没有像白晋等索隐派那样把这段论述解释为"道"就是基督教神学中的"三位一体"，相反，理雅各在注释中提出了"道化"（The Transformations of the Tao）的概念，认为"此段经文似乎给我们提供了一种宇宙进化论（Cosmogony）"，然后他根据《吕祖道德经解》《道德真经合解》等中国文献进一步诠释了"道"即"独一""以太"（Ether）；"二"即"神明"（Spiritual Intelligences），可分为阴、阳两种品性或元素；"三"即"天、地、人"三者之间处于和谐自然的状态。通过理雅各的注解，《道德经》蕴含了中国古代关于宇宙本体论的哲学智慧，而并非像白晋等人牵强附会地认为这段经文体现了基督教神学的"三位一体"（Trinity）观念。也就是说，理雅各在进行"汉籍传译"和"经文辩读"的过程中，尽管会无可避免地带有基督教神学的前理解，但他能够较好地把握和校正不同文化、宗教经典的跨界理解，秉承了较为平等、适中的"同情的理解"（Sympathetic Understanding）精神，正如杨慧林所指出的："理雅各对中国经典的翻译和注读无疑都是绝佳的案例。"

通过钩沉和梳理中西"经文辩读"的历史实践，我们可以较为清晰地看出，历史上存在的中西"经文辩读"活动，多由外来传教士、汉学家如景净、利玛窦、白晋、理雅各等人所展开和实践，都试图沟通基督宗教与中国文化传统的跨文化理解，期望借重中国文化传统契合、证明基督教神学，进而突出基督教神学的独一性、普世性。这在一定程度上偏离了当代"经文辩读"理论与实践力图消解西方中心论、在多元文化中寻求智慧的宗旨和原则。这恰恰是当下我们开展中西"经文辩读"所需要匡正和值得警惕的。杨慧林认为"从当代的立场反观这些'历史编纂学'的文献，中西'经文'之互译、互释、互训的实践可能还包含着更为深层的价值，那便是达成一种‘非中心’或者‘解中心’的‘真正的思想’。这也正是‘经文辩读’的根本命题。”因为现代“经文辩读”所具有的人文学意义和价值，乃在于倡导一种尊重“他者”价值、寻求共同智慧的理论与实践态度，是一种平等的、多元的、对话的跨文化理解。正如美国当代著名诠释神学思想家特雷西所指出的那样：“为了能够根本地理解，我们必须去解释。我们甚至可能发现：为了理解，我们需要对理解，即解释（Understanding-as-interpretation）这一过程本身做出解释。在任何个人的生活中，这些时刻随时可能发生。伟大的、富于创造性的人如思想家、艺术家、英雄、圣哲等，往往会发现他们不得不自己发现新的方式，以便用它们来解释他们的文化或传统不能很好解释或甚至根本不能解释的那些经历和体验。”中西“经文辩读”的现代价值就是通过对于“他者”文化的理解、解释和对话，进而寻求人类共同的智慧，既是跨界的宗教对话，也是跨文化的相互理解。

费孝通在谈及异文化间相互理解和跨文化对话时，曾经提出一个著名的“文化自觉”理论：“文化自觉是一个艰巨的过程，首先是认识自己的文化，理解所接触的多种文化，才有条件在这个正在形成中的多元文化的世界里确立自己的位置，经过自主的适应，和其他文化一起，取长补短，共同建立一个有共同认可的基本秩序和一套与各种文化能和平共处、各抒所长、联手发展的共处守则。”为了实现文化的自觉和跨文化对话，费孝通主张“自美其美，美人之美，美美与共，天下大同”，强调在对自身文化“前理解”和认同的基础上，对异文化给予充分理解和会通，进而实现不同文化间的相互理解和跨文化对话。中西“经文辩读”的人文学意义和现代价值亦当作如是观。唯其如此，我们才能在中西“经文辩读”的过程中既充满自信地坚守中国文化传统，“自美其美”，又能够充分理解异域文化、“他者”文明，“美人之美”，进而在跨文化理解与对话中实现“美美与共”“天下大同”。

[作者单位：山东大学（威海）]

反本质主义与文学理论的重建

——十余年来反本质主义文学观念
所引发的理论探讨述论

李自雄

一

在当代中国的文论界，对于反本质主义之出现，有学者甚至追溯到 20 世纪 80 年代，显然是与后现代思潮涌入中国相联系的。

在西方，反本质主义文学观念是建立在反本质主义的哲学基础之上的。反本质主义肇始于叔本华、尼采的非理性哲学，批判并试图力纠自柏拉图以降西方传统形而上学的缺陷，为西方现代哲学的突围与重生提供新的思路。这些非理性哲学，标举人的非理性，强调人的生命意志、直觉、情感与欲望等，实则是宣告理性主义所揭示的理性本质之虚无与理性本质观的破产，并因此被视为反本质主义观念的始作俑者。这种反本质主义观念，后经海德格尔（存在主义）、德里达（解构主义）、维特根斯坦（分析哲学）、罗蒂（新实用主义）等为代表的一些思想家的进一步阐扬，在西方形成一股反本质主义的思想大潮，并最终使西方哲学形而上学传统及其理性本质观走向终结，所谓的理性"真理"不复存在，而以其为哲学基础的西方文学本质观也土崩瓦解。

而在本文的视野中，这种反本质主义理论资源作为一种来自西方的批判武器，对当代中国文学理论知识生产状况产生前所未有的"撼动"，却是始于《文学评论》杂志在 2001 年至 2002 年展开的关于"大学文艺学学科和教材反思"的讨论。此次讨论，旋即引发了一场文论界至今未绝的关于当代中国文论知识生产状况及其出路的理论探讨。这场理论探讨主要围绕下列议题而展开，文学有没有本质？到底应该如何理解文学的本质？它是否仅仅就是历史的建构？反本质主义之后，在当代中国应该建设什么样的文学理论？还有与之相关联的一些概念的界定问题，如何界定"本质"？如何界定"本质主义"？如何界定"反本质主义"？等等。许多人发表了不同看法，也不乏观点碰撞，大致来说，主要包括反本质主义的观点与被"反"方的观点回应，以及与上述双方不尽一致的来自第三方的看法。

反本质主义的观点，无疑是起到了一石激起千层浪的作用。这种观点通过对当代文学理论教材的分析指出，"以各种关于'文学本质'的元叙事或宏大叙事为特征的、非历史的本质主义思维方式严重地束缚了文艺学研究的自我反思能力与知识创新能力"，这是反本质主义要反的，它使当代中国文学理论"无法随着文艺活动的具体时空语境的变化来更新自己"，无法"保持不断创新的姿态"。

对于反本质主义的此种批判，被"反"方也以不同的方式，包括正式的诉之笔端，或者非正式的言语方式做出了回应。他们比较正式而有代表性的回应是：中国近代以来的思想解放运动，包括"'五四'新文化运动、延安整风运动和新时期以来的思想解放运动，总的来看都是反本质主义的"，而"审美意识形态论"的提出以及它对"社会意识形态论"更替，就是这种思想运动的反本质主义产物。显然，被"反"方也从反本质主义立场进行了理论反思。

而对反本质主义的批判，除了被"反"方的回应之外，更多的是来自第三方的声音，本文不妨称之为反思派（当然，无论是"反"方，还是被"反"方，都有自己不同意义上的反思，这里称他们为"反思派"只是为表述方便），他们的这种声音，是由反本质主义所引发的论争而引发的进一步反思，与反本质主义既有着相当大的一致之处，又存在着巨大的分歧。

这种一致之处，表现为他们中的绝大多数，包括来自老、中、青几代的学者，对中国文学理论研究中存在的本质主义观念及其思维方式几乎都采取了批判的态度，近乎是"一边倒"，这与反本质主义并无二致，而与反本质主义的巨大分歧，则很大程度上表现在他们所提出的各不相同的理论重建方略，比较典型的有"关系主义""穿越主义"等，与反本质主义者提出的"建构主义"理论重建思路一起，呈现颇为异趣的理论路径与面貌，而在不同程度上推进了相关问题的讨论，但和反本质主义者的"建构主义"一样，也各自暴露出了其在理论重建过程中的问题，对此，亦将在下文一并做出具体探讨。

而对于以上几种观点，也有学者，如王元骧、杨春时、支宇、章辉等人都提出了质疑，表达了不同观点。但总体来说，对相关问题的理论探讨与思考，能形成的理论共识还不多见，理论建构也不足，并不够系统，特别是对文学本质的认识，缺乏历史与哲学维度的纵深考察，而对文学本质的重新言说及其本质观重建是否必要与如何可能等当代中国文论建设的理论命题，也有待做出更富有建设意义的深层探讨与理论前瞻。

二

正是基于上述研究现状，本文认为对文学本质及其本质观的理解与认识，有两方面的问题值得做出更为深入的理论追问、澄清与探寻，一是从历史与哲学维度（特别是在中西比较基础上），进一步厘清当代中国文论知识生产的本质主义症结所在，即它要反思并应该反思的是何种中国语境意义上的本质主义。二是在此基础上，进而对当代中国文论知识生产的困境做出应对思考，并为其理论重建及走向提出相应的理论设想。

对于前一方面的问题，笔者曾撰文通过与西方认知理性意义上的形而上学传统相区分，指出反本质主义把当代中国文论知识生产症结，简单等同于西方形而上学传统的那种"真理"意识形态元叙事模式（以认知理性意义上的形而上学为基础）的本质主义观念及其思维方式，是一种"错位"的归结，并形成对真正症结，即政治意识形态元叙事模式（以政治伦理意义上的形而上学为基础，尽管也获得西方"知识论"的"逻辑"支持）的本质主义观念及其思维方式的"遮蔽"，而不利于对其进行深刻解构。这是必须首先予以厘清的，因为若不是对"症"下"药"，其有效性都是值得怀疑的。这种中国文学的本质主义观念及其思维方式，作为一种政治意识形态元叙事模式，是由政治意识形态所主导，并获得政治伦理意义上的形而上学传统的背后支持（尽管在不同历史语境与时代要求下具有不同的特定内涵）。金观涛和刘青峰曾分析过中国传统社会的政治结构和意识形态结构的同构关系，这种同构关系，正如李泽厚所言，它是"通过以伦理（人）—自然（天）秩序为根本支柱构成意识形态和政教体制"，并"由一种不可违抗的天人同一的道德律令展示出来"，"形成中国式的政教合一"并提升到"宇宙论"的高度，从而获得某种普遍必然的存在依据，这就是中国政治伦理意义上的形而上学传统的实质所在。而正是由于这种政治伦理意义上的形而上学传统及其政教合一结构，所以要动摇旧的政治秩序就势必需要破除相应的意识形态信仰，并予以重构，进而为新的政治秩序的重建提供与之内在一体的支持。而正是在此意义上，中国现代政治革命在事实上只是置换了政治结构和意识形态的时代内容，其现代政治秩序的重构，在政治结构和意识形态结构高度统一的传统模式上，并没有发生根本改变。有不少人论及苏联模式对当代中国文学本质观念从反映论到审美意识形态论的影响，本文认为，这只是外因，而正是这种政治伦理意义上的形而上学及其政治结构和意识形态结构高度统一（政教合一）的传统模式，在国家意志的背景下赋予政治意识形态以其特定的时代内涵的同时，使高度政治化的苏联模式在当时被接纳过来是那么的顺理成章。

在对上述前提性的问题做出厘清之后，那么，第二方面值得思考与探讨的问题，即当代中国文论知识生产的出路何在？文学本质的重新言说及本质观的理论重建是否必要？如何可能？这些问题就成了当代中国文论建设必须思考和回答的问题。

正如前面所提到的，对于这一理论重建问题，有反本质主义者的"建构主义"思路，还有"关系主义""穿越主义"等主张，但都值得进一步商榷。在此，先说反本质主义者的"建构主义"思路。我们知道，反本质主义者是不满于当代中国文论知识现状而对本质主义文学观念及其思维方式展开清理与解构的，尽管如上文所述，他们的这番清理与解构还不够彻底，而需要做出必要的再清理与澄清，但正如他们所认为的，解构的目的是为了重建，他们反对企图对文学做出"一劳永逸"的揭示，其本质在于历史建构，并以此为自己是"'反本质主义'，而不是'反本质的主义'"做出辩护，而由此提出了一条"建构主义"的理论重建思路。但这一理论"重建"，正如有学者所言，"不是从文学文化现象出发提炼理论"，"而是以先在的文学理论问题为构架，然后寻找中西文献资料予以填充"，"文学理论知识反而被解构为碎片"，"看上去像一部中、西文学理论专题资料汇编"。

不难看出，在反本质主义者所谓"建构主义"理论"重建"过程中，不仅摧毁任何形式的本质，而且也不再对文学做出任何形式的本质重新言说，或者说没能对文学做出某种本质的重新言说，"虽然声称是建构"，但得到的只是"一种知识的集合"，而对当下文学理论的建构"并没有提出任何实质性的意见"。而这样的问题也同样存在于另一种重建思路，即"关系主义"之中。这种重建思路，与反本质主义者对待"本质主义"的态度颇有不同，指出"必须有限度地承认'本质主义'的合理性"，对文学及其界定持历史合理性的观点，认为"文学必须置于多重文化关系网络之中加以研究，特定历史时期呈现的关系表明了文学研究的历史维度"。在很大程度上避免了观点的偏激。但让人未免感到遗憾的是，这种"关系主义"的理论"重建"，主要以西方理论，特别是西方现代理论作为思想资源，满足于对文学理论概念与范畴进行某种"文献式"的阐释。而这也导致它与反本质主义者的"建构主义"理论"重建"一样，不是从具体的生活现实与文学现象出发，而是以先在的文学理论问题为框架来组织文学理论知识，进行相关文献资料的编排与解释，也同样没能提出新的文学理论知识与新的文学本质规定。

那么，这是不是说在文学理论的重建上就不需要对文学做出某种本质言说了呢？对于这个当代中国文论在其理论重建过程中不容回避的问题。"穿越主义"的重建思路，也许不乏启发意义。这种观点指出，"一个没有真正告别'意识形态'思维，而且不自觉地以'新意识形态'代替'旧意识形态'的民族"，不能轻言放弃"对文学独立的本质性理解"，而要对传统中西方文学"本质论"实现"穿越"，以建立中国文学本质观的当代理论形态。尽管这种重建路径究竟如何实现"穿越"以落到真正的理论重建层面，似乎始终是个让人费解的问题，但它所表现出的"中国问题"意识与对文学本质言说之必要性的审慎态度，却应引起重视。以此为考量，本文认为，进行当代中国的文论重建，有必要弄清有关文学"本质"的一些基本问题，亦即文学是否有本质？对文学做出某种本质言说是否必要？如何可能？

三

关于文学有无本质的问题，学界有着不同观点。一种看法是认为文学是有其本质的，并且是一元的，即所谓一元本质论文学观念。这种一元本质论，尽管在自身范围内，触及文学本质的某些层面，却力图以此来代替对文学全部本质的概括，无疑存在以偏概全的缺陷。正是基于此，依据恩格斯，特别是列宁"多级本质"观点，有学者指出，文学也是一个"多层次、多本质"的结构，"文学的本质是系统本质"，是一个多元本质的系统构成。这作为一种多元本质论文学观念，避免了一元本质论的偏狭，但与后者一样，都是以承认文学本质的存在为前提的。而另一种文学观念，即反本质主义文学观念，则否认了这个前提。诚然，综观中西历史，包括当代中国，对文学本质的揭示与描述，其显然都是基于一种形而上学意识形态的"完美"假设，在此意义上，历史表现为波林·罗斯诺所谓的逻各斯中心，它在造就"神话"的同时，也就成了"意识形态和偏见的源泉"，但需要明白的是，并不能因此就认为文学的本质仅仅就是意识形态的历史建构，从而否定文学本质的存在，或是不再对文学做出某种本质言说。那么，究竟应该如何理解文学的本质呢？

对此，本文认为，正如有学者所指出的，应作两个层面的理解，"在作为基础的现实层面上，文学具有现实意义，主要是意识形态。文学的现实层面是历史地变化着的，现实意义是历史性的意识形态"；而在超越现实的审美层面上，文学具有超越现实与历史的审美意义，它"作为自由的生存方式和体验方式，是对意识形态的超越"，因此文学既具有历史意义，即其意识形态意义与本质，又具有超越历史的意义，即其审美本质。可以说，文学是有本质存在的，并需要予以一定历史条件的意义言说。况且，人的存在要通过自我确认，"不同时代的人需要不同的文学样态诠释自我"，并需要一种"自我"本质的重新言说来实现，否则，就会导致自我走向无所归依的虚无深渊，这也是反本质主义之后不再做出任何形式的本质言说，势必造成的虚无主义后果。所以，反本质主义之后的当代中国文学理论也理应是一种"自我"本质的重新言说，而这种言说在我们现在这个日益多元化的时代，无疑又应是充满个性的，是一种开放而多元的本质个性化言说及本质观的理论重建。

总之，十余年来反本质主义在中国文论界所引发的理论探讨，它促使我们对当代中国文学理论知识生产的本质主义症结进行深刻反思，并不能将其简单归结于等同西方形而上学传统的那种"真理"意识形态元叙事模式（以认知理性意义上的形而上学为基础），而在于政治意识形态元叙事模式（以政治伦理意义上的形而上学为基础，尽管也获得西方"知识论"的"逻辑"支持）。并且，当代中国文学理论在反本质主义之后，也不应走向极端解构，而应进行开放而多元的本质个性化言说及本质观的理论重建，并有利于当代中国文论知识生产走出政治意识形态元叙事模式（以政治伦理意义上的形而上学为基础）的本质主义观念及其思维方式。但要指出的是，它需要摆脱的是这种本质主义束缚，而不是说它与政治意识形态没有关系，相反，文学自主性诉求及其本质个性化言说，正表明了它自身对政治意识形态的一种态度与关系，就此而言，在当代中国公民社会渐趋形成——这一新的历史语境下，这种诉求与言说，更显示为一个"公共政治"问题。只是这种政治层面的意义，不是再受从于现存政治意识形态元叙事模式（以政治伦理意义上的形而上学为基础）的单一控制，而具有"作为公共领域自由行动"的意义，从而推进当代中国社会文明进步与人的自由健全发展，这也是马克思主义人学的终极目标，亦应是这种多元发展的主导倾向。因此，本文主张进行开放而多元的本质个性化言说及本质观的理论重建，并不意味着没有主导的取向而走向理论上的混乱，是为一种"主导多元"的理论构建。唯此，才能避免新的理论误区，并有利于当代中国文学理论的重建与发展。

[作者单位：山东大学（威海）]

提高学生跨文化意识的大学
英语教学行动研究

常晓梅　赵玉珊

《国家中长期教育改革和发展规划纲要》提出，要"适应国家经济社会对外开放的要求，培养大批具有国际视野、通晓国际规则、能够参与国际事务和竞争的国际化人才"（第十六章四十八条）。国际化人才应具备扎实的语言基本功、娴熟的跨文化技能、宽广的国际视野和博大的中国情怀等基本素质。大学英语教学作为高等教育的有机组成部分，应紧跟时代发展步伐，发挥英语这一国际语言"交际工具"和"文化载体"的功能，将语言基础强化和语言能力应用、文化知识积累和交际技能训练有效结合，从而实现大学英语教学中跨文化教学的跨越式发展。

那么，何种跨文化教学模式能有效提高学生的跨文化能力，尤其是跨文化意识呢？在概括文化教学的发展历程和跨文化教学的特点之后，本文试图通过行动研究的方法论证 Cultural Knowings 这种跨文化教学模式的有效性。

一　跨文化教学研究概述

文化教学源于社会文化学家和语言学家对语言和文化紧密关系的深刻认识。早在 1921 年，Sapir 就指出语言不能脱离文化而独自存在。语言同时表达、包含以及象征文化事实。语言教学模式不能离开文化教学而独立进行，因为语言深深植根于文化，语言是文化的载体。

各个国家、各个地区因社会环境和教育体制不同，所采取的语言教学模式差异很大，然而所实行的文化教学都无一例外地经历了 3 个发展阶段。①在20世纪五六十年代，文化教学以阅读文学作品为主，目的语文化中的历史人物、重大事件等被称为大写文化（Big Culture）收入教材。学生通过解读和分析文学作品，了解到一些目的语文化信息。60年代末开始，美国的听说教学法和欧洲的视听教学法盛行一时。其间，文化成为外语词汇学习的促进要素。②到了七八十年代，交际教学法将文化明确纳入教学内容中，"社会语言能力和文化能力是提高外语交际能力的重要保证"成为广大外语教师和学习者的共识。这个时期的文化教学以小写文化（Little Culture），即日常生活中所包含的文化含义为主要内容，尤其注重那些容易造成交际误解和失败的文化差异。显然，这个阶段的文化教学相对第一阶段进步颇为明显，但文化教学仍然依附于语言教学，没有形成独立的体系。③90年代以来，文化教学与语言教学获得了同等重要的地位。文化教学一方面为语言教学提供真实的语境来促进语言能力和交际能力的提高，另一方面使学习者在了解目的语文化的同时反省母语文化，提高跨文化意识。这个阶段的文化学习不再局限于文化知识的学习，还包括情感态度的调整和行为的变化。

文化教学经历的3个阶段也反映在文化教学方法的日益更新上。Crozet等归纳了4种文化教学方法：传统（或广义文化）教学、文化研究或地区研究教学、文化作为行为或社会规范教学和跨文化语言教学。前3种方法存在共同缺陷：其一，都是将静态的历史、传统、宗教、价值观念、社会组织、风俗习惯等目的语文化事实作为学习内容，忽视了文化不断变化的特性；其二，都是只强调目的语民族文化知识的学习而不做文化间的对比和反思，教学目标是让外语学习者的语言、说话方式和行为等更接近目的语本族语者，因而容易使学习者固化对目的语文化的成见。

与前3种方法不同的是，跨文化语言教学不单纯是在课堂上教授另一种文化知识，也不仅仅是培养学生在另一种文化中举止得体的能力，而是通过强调对一种文化特有的历史、文学、艺术、习俗、观点、社团和成员的深刻理解和同情感，通过强调对文化的普遍性概念的深刻理解，包括对重大事件的分析、文化模拟等，培养学生获取理解文化的特有性和普遍性的综合能力。跨文化语言教学的关键是要把学习者培养成跨文化说话者或中介者，提高跨文化意识，具备多重身份，避免因单一身份而对非本民族文化持模式化态度。为此，Liddicoat提出跨文化语言教学应包含4大文化活动：文化学习、文化对比、文化探索和文化间"第三者身份"定位。为实现上述目标，跨文化教学需遵循一系列原则，即①显性文化教学是语言教学的一个中心部分；②文化不应作为一项单独技能，而应融入其他语言技能中去；③文化教学应始于语言教学，与语言教学同步；④以培养跨文化环境中适应性强的双语说话者为目标；⑤语言学习应为学习者反思自身语言和文化提供机会，为他们摆脱民族中心主义思想提供条件；⑥文化的复杂性决定了文化习得的复杂性，课堂文化教学应通过培养学习者的跨文化意识帮助他们持续学习。

二 行动研究的定义和实施步骤

行动研究这一术语最早由社会心理学先驱 Kurt Lewin 提出。行动研究被描述为"一种认识一类社会制度并试图改革这种社会制度的方法"。Lewin 指出行动研究是一个螺旋上升的过程，大体分为计划、行动和反思 3 步。现代行动研究已经拓展进入教育领域。Kemmis 和 Mctaggart 对行动研究进行了重新定义："行动研究是一种自我反思的研究，这种研究方法最基本的特征是'行动'和'研究'相互结合，在实践中验证理论、改进教学，以增强对课程大纲、教学和学习的认识，更好地诠释和检验目前的教学理论。"

行动研究要求教师担当研究者的角色，把课堂作为实验室，不断发现教学中存在的问题，寻求有效的解决办法，提高教学质量。整个过程循环往复、永无休止，呈上升趋势。结合行动研究的定义，Ferrance 进一步提出了行动研究的五大步骤：发现问题、采集数据并对其归类、解释数据、依照数据开展行动和反思。本文按照以上 5 个步骤进行了跨文化教学模式的行动研究。

三 跨文化教学的行动研究

（一）跨文化教学中存在的问题

多年的大学英语教学让笔者认识到，跨文化教学长期滞后的局面使得非英语专业大学生的英语文化能力偏低、跨文化意识薄弱，具体表现为：①有些学生错误地认为文化知识未被纳入四、六级考试，考研英语等大型英语考试的考试大纲，对文化学习持消极、被动的态度；②学生对英语文化知识的了解仅限于文学作品、历史、风俗习惯、重大节日等表层文化，对交际规则、思维方式和价值观念等深层文化知之甚少；③受母语思维定式的影响，大多数学生在用英语进行口语和书面语表达时，往往从汉语文化角度思考。上述问题制约了学生跨文化能力和语言综合应用能力的进一步提高。

（二）研究数据收集与分析

为验证上述问题，本文选择了山东大学（威海）1 个班 66 名非英语专业本科生为研究对象，在 2010~2011 学年第一学期第一周对该班级实施了第一次跨文化意识测试。具有跨文化意识意味着从"民族中心主义"向"民族相对主义"的转变，获得了从别人的角度观察事物的能力，能够"移情"并认识到交际的动态性会引发个人和社会呈现跨文化式的改变。测试工具是一份跨文化意识量表。量表参照费小佳的跨文化意识测试用表和 Neuliep、McCroskey 的跨文化交际量表制定而成，具备较高的效度和信度。量表由个人简况和意识测试两部分组成。第一部分包括年龄、英语高考成绩以及与外国人交流的经历等个人信息项目，题型为填空形式。第二部分设计成李克特 5 级量表形式，3 分为中间值。该部分共 43 个问题，分别从非语言行为、语言行为和对跨文化教学的认知 3 方面进行测试。为使结果尽可能客观真实，发放量表前向学生声明本次数据仅限研究使用，不会对其学业成绩产生影响。所得数据采用 SPSS17.0 软件进行分析（见表 1）。

表 1 前期跨文化意识测试结果（$N = 66$）

	问题数目（个）	平均值	标准差
非语言行为	18	2.90	0.78
语言行为	19	2.79	0.69
跨文化教学认知	6	2.85	0.71
总计	43	2.85	0.73

表 1 显示，量表第二部分每个方面的单项均值都低于 3 分，表明受试者对跨文化交际知识了解不多，在跨文化环境中的非语言行为和语言行为均较不得体，对跨文化教学兴趣不大，对跨文化教学的方法和目的了解不多。这一结果验证了学生跨文化意识薄弱的问题。通过课下与学生交流，笔者发现了问题产生的原因。一是跨文化交际机会少。绝大多数学生表示虽然学了很多年英语，但几乎没有与英语国家的人面对面交流的机会；毕业以后留在国内发展，没有必要学习西方文化知识，了解西方人的价值取向。二是对本国文化持自满情绪，对异国文化持狭隘态度。有些学生认为在当今社会，随着中国的日益开放，国外的电影、音乐、饮食和着装纷至沓来，已对我国的传统文化构成了威胁，过多学习外国文化不是平等意义上的文化交流，而是对传统文化的侵蚀。三是对自己的英语口语水平缺乏信心，不敢主动甚至排斥与外国人交流。四是缺少文化学习的资源，认为文化知识包罗万象，不知从何下手。

（三）跨文化教学行动

为解决测试数据所反映的问题，笔者决定对研究对象开展跨文化教学行动研究。研究从 2010 年 9 月开始到 2011 年 6 月结束，历时近一年。教学教材为上海外语教育出版社出版的《全新版大学英语·综合教程》。根据跨文化教学的特点和跨文化教学应遵循的原则，教学活动围绕每个单元主题展开，并依照 Moran 提出的 Cultural Knowings 文化学习模式，即 knowing about，knowing how，knowing why 和 knowing oneself，划分为 4 个环节（见图 1）。

（1）描述文化信息，由教师选择、讲解篇章中的文化知识。

（2）分析案例，由教师选择与主题相关的真实性事件或案例解释和归纳潜在的思维方式或价值观等。

（3）参与交际活动，由老师创造接近真实的情境，组织学生进行跨文化交际，使他们获得跨文化交际体验。

（4）反思文化差异，让学生以课堂小组讨论和课下建立学习历程档案的方式反思中西方文化差异，加深对问题的理解。

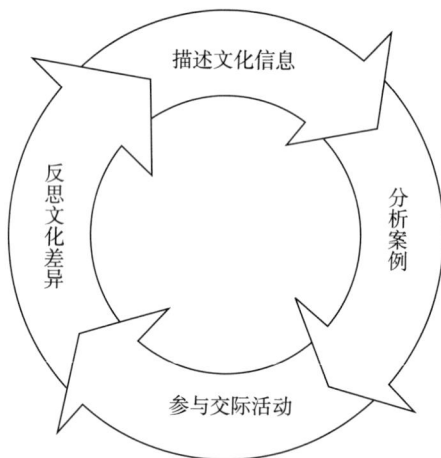

图 1　跨文化教学循环模式

图 1 显示，跨文化教学的各个环节紧密相连、相互渗透，以环状结构共同构成跨文化教学的整体。整个过程采用互动型教学方式，即学生以互动方式学习课堂材料，具体包括听读文化资源、参与案例讨论、进行交际活动和思考文化差异。另外，在描述文化信息、分析案例和反思文化差异时使用了"3C"文化导入法的文化包（Cultural Capsules）和文化丛（Cultural Clusters）两种文化介绍方法。文化包主要由教师选一篇目的语文化的文章，组织文化

对比和讨论；文化丛是有关一个主题的文化包，是文化包的组合和拓展。本文以第一册第五单元文化教学为例阐述文化教学的具体开展情况。该单元的主题词是 Romance 和 Valentine，根据 Cultural Knowings 框架将本单元的文化教学活动安排如表 2 所示。

表 2　第五单元 Text A 文化教学安排

描述文化信息	分析案例	参与交际活动	反思文化差异
（1）西方情人节的宗教起源； （2）西方情人节的历史和风俗习惯； （3）现代社会情人节的庆祝活动	（1）收听歌曲 Valentine's Kiss； （2）分析歌词，感受爱与浪漫的传递； （3）观看一段美国情侣庆祝情人节的对话片段，并找出相关表达法； （4）欣赏电影片段 Valentine's Day，体会并了解西方情人节背后的价值观	（1）制作情人节卡片； （2）选择情人节礼物； （3）开始浪漫的情人约会； （4）用英语谈话并互赠爱情礼物	（1）中国七夕节的神话爱情故事； （2）比较中西情人节的异同； （3）表达对中国人含蓄表达爱情和西方人公开接吻的看法； （4）比较中西方在恋爱、婚姻方面的价值观差异

教学根据单元主题使用文化丛的形式介绍西方情人节的来历、传统和庆祝方式等，选一些与主题相关的音频、视频片段让学生深入了解并讨论、总结情人节的文化特点及所蕴含的爱情价值观等，模拟情人约会，帮助他们获得情人节文化体验，为反思文化差异奠定基础。

此外，在整个教学过程中，要求学生建立学习历程档案，方便笔者对教学过程的监控和管理。学习历程档案由结合单元主题的学习日志、学习心得和学习贡献夹构成。学习贡献夹是学生根据单元主题从网络、报刊和图书上搜集音频、视频、文本、图片等有关中西文化的资料。第一学期第二周，笔者向学生明确建立学习历程档案的目的和意义，简要介绍学习历程档案的构成和一般建立方法。第三周，具体介绍学习历程档案制作与课堂文化教学、课外反思学习相结合的做法，帮助学生制订各单元的学习计划。第四周至第十五周，实施学习历程档案教学，要求学生记录每单元的学习情况、学习心得，搜集与单元主题相关的文化资源；其中，第九周安排中期学习档案展示和学生自我反思，学生之间就学习计划、学习过程、学习资源、学习存在的问题和解决方法等进行交流、互相学习。第十六周，进行学习档案展示及学期评估，包括学生自我评估（占档案评估成绩的 3%）、学生间相互评估（占成绩的 2%）和教师评估（占成绩的 5%）。笔者根据评估结果及时总结教学思路、改进教学方法。

（四）跨文化教学反思

近一年的跨文化行动教学结束后，笔者对教学效果进行了反思，包括两个方面：一是通过跨文化意识的提高程度反思跨文化教学的效果；二是反思跨文化教学需注意的问题。

1. 跨文化意识提高的程度

为验证此次跨文化教学的效果，笔者在教学结束后也进行了跨文化意识测试。此次测试采用调查量表和真实场景交际活动两种工具。量表内容与教学前量表有所不同，删除了高考英语成绩和跨文化教学认知调查等内容，增加了对跨文化教学的态度和建议。真实场景交际活动是笔者安排的一次本班学生与来自英语文化国家的留学生之间的交流活动。

本文对两次跨文化意识测试各部分均值、标准差等作了组内配对样本 t 检验，以考察跨文化教学能否提高跨文化意识，具体结果见表 3 至表 5。

表 3 教学前后跨文化意识测试均值、标准差等项目

配对	人数（人）	均值	标准差
Pair 1 非语言行为 1	66	2.90	0.78
非语言行为 2	66	3.50	0.71
Pair 2 语言行为 1	66	2.79	0.69
语言行为 2	66	4.26	0.64

表 4 教学前后跨文化意识测试结果相关系数

	人数（人）	相关系数	Sig.
Pair 1 非语言行为 1 和非语言行为 2	66	0.78	0.000
Pair 2 语言行为 1 和语言行为 2	66	0.72	0.000

表 5 教学前后跨文化意识测试结果配对样本 T 检验

	均差	标准差	标准误差均值	95% 置信区间		t 值	自由度	P 值
				最低	最高			
Pair 1 非语言行为 1 和非语言行为 2	-0.59	0.49	0.06	-0.71	-0.47	-9.69	65	0.000
Pair 2 语言行为 1 和语言行为 2	-1.47	0.50	0.06	-1.59	-1.35	-23.74	65	0.000

从配对样本 t-检验的结果可以看出，跨文化教学前后非语言行为、语言行为的平均值分别为 2.90、3.50 和 2.79、4.26。教学前后非语言行为和语言行为差值序列的平均值分别为 0.59 和 1.47，t 值分别为 -9.69 和 -23.74，其相伴概率都为 0.000，比显著性水平 0.05 要小，说明教学前后非语言行为、语言行为测试结果都有了明显变化，且显著好于教学前。除此之外，通过跨文化教学，学生对跨文化教学的认识和态度从开始的一无所知和排斥发展为乐于接受和积极探索。约 93% 的学生表示赞同跨文化教学，有学生在学习历程档案中写道："关于中西方文化的学习和实践让我同时感受到了两种不同文化的魅力，更重要的是使我懂得了对异国文化的理解和尊重。今后我还会以对比的方式学习文化，积极与外国人交流对话。"还有多数学生认同语言和文化教学应相辅相成。他们主要的看法是："语言是文化的一部分。文化学习可以提高我们对英语的兴趣，拓宽我们的视野和思维方式，因而是积极有效的。"但从第二次的测试结果来看，学生并没有对跨文化教学完全持积极态度，个别学生仍不感兴趣，甚至持反对态度。对此，笔者在教学日志这样记录到："观念的改变是一个长期的过程。由于几乎没有跟外国人接触的经历，许多学生对跨文化教学的意义和作用认识不足。"

第一次测试显示约 85% 的学生没有同英语国家的人交流的经历，因此笔者安排了一次交流活动来验证真实场景下他们跨文化意识的提高程度。本次活动安排在一堂 100 分钟的口语课上，有 11 名留学生参加，66 名中国学生分成 11 个小组，每个小组有 1 名留学生。要求学生们从打招呼开始，互相介绍自己，就大学生活、未来就业、婚姻、家庭等他们感兴趣的话题进行讨论。通过观察、聆听这些谈话，笔者深切地感受到：经过近一学年的跨文化学习，绝大多数学生已具备了较理想的跨文化意识。一名学生被夸奖英语讲得好时没有因不好意思而沉默或回答："No, no, no. My English is not as good as you think."而是微笑地说："Thank you."在谈到未来人生规划时，有学生说："Don't you hope to get a good job and find a person to share your life with?"在被问及做出这些回答的原因时，他们分别表示：被夸奖时不能"假谦虚"，更不能沉默不语，因为这在西方人看来是不礼貌的做法；在跟外国朋友交谈时，应考虑到各自的性取向差异，不能完全从中国传统文化和价值观的角度认为所有人都会选择与异性结婚。

2. 跨文化教学需注意的问题

这次跨文化教学行动不仅增强了学生的跨文化意识，而且也加深了笔者作为教师对跨文化教学的认识。

（1）文化教学应与语言教学相结合，绝不能顾此失彼。语言和文化在跨文化英语教学中互为目的和手段。由于英语语言学习本身涉及文化的学习，我们完全有理由可以这样认为：英语语言学习是文化学习的手段，文化学习和跨文化交际是英语学习的目的。反过来，文化学习为英语语言学习提供丰富多彩、真实鲜活的素材和环境，大量文化材料引入英语教材和课堂，不仅使英语学习生趣盎然，而且是英语交际能力培养的重要保证。因此，从英语课程的设计、安排到课堂活动的有序进行，语言和文化应始终相辅相成。考虑到不同阶段学生有不同的认知水平和学习需要，语言和文化教学的比例可以适度、适量调整，但完全进行语言技能训练而忽视文化素质的培养是不符合外语教学和社会发展需要的。

（2）跨文化教学应采取"学生为主、教师引导"的原则，充分调动学生对文化学习的兴趣，引导他们自主学习。自大学英语教学改革实施以来，课堂上教师和学生的地位及角色关系发生了根本性的变化。教师不再是所有知识的传授者和学习过程的操控者，同时，学生也不再完全依赖教师而是主动承担责任来满足个人学习的需求。通过承担更多的责任，学生变得更加自主，发现学习过程中自己的优势和弱势，从而引导其语言发展。跨文化教学应由教师指导，鼓励学生通过各种渠道主动探索本族文化和异国文化，根据切身感受认识并认同文化差异，实现从"民族中心主义"向"民族相对主义"的转变。

（3）跨文化教学应当"因人制宜"，充分考虑学习者的认知水平和语言能力，从具体的、直观的、与日常生活密切相关的主题教学推进到抽象的价值观和思维方式等意识形态领域教学。就此次研究的对象来说，他们虽然有至少6年的英语学习经历，具备一定的英语语言能力，但对英语文化的了解仅限于书本、网络等媒介提供的资源，跨文化概念几乎为零。针对这类目标人群，跨文化教学便从课文话题谈起，使他们自觉吸收、融入文化环境中，一直处在自我认识、自我反省的状态之中，一步步加深对汉语文化和英语文化的理解和感受。

（4）跨文化教学采用对比分析法。跨文化交际研究使用的对比分析方法是对不同文化之间的交际行为和决定这些交际行为的交际规则、思维方式与价值观念进行对比分析，揭示文化的异同点，重点阐释文化差异及其导致的文化误解和文化冲突，并且追溯其文化根源，研究和提出排除文化负迁移的有效方法，以促进交际双方的相互理解和彼此适应，使得跨文化交际在交际双方的共识基础上有效地进行。大学英语跨文化教学应以培养跨文化交际中的中介者为目标，而只有通过比较、学习两种不同文化才能使他们深刻了解两种语言、文化间的异同，才谈得上跨文化意识的培养。

四　结语

跨文化教学是大学英语文化教学新的尝试，是对传统文化教学的变革和发展，是培养国际化人才的根本要求。本文首先分析了文化教学发展的轨迹和跨文化教学的优势，采用行动研究的方法实施了一次跨文化实验教学。结合教学所发现的问题，实验教学遵循跨文化教学的原则设计了此次实验的具体环节，运用 Cultural Knowings 跨文化教学模式，取得了显著的效果。但由于样本偏小、实验时间不长，教学效果还有待进一步检验。此外，学生的认知水平和语言能力也是影响跨文化意识的重要因素，以后的研究将对此做更细致、更深入的分析。

[作者单位：山东大学（威海）]

王统照与《青潮月刊》

周　怡

1926 年，王统照离开文学研究会，回山东诸城为母亲奔丧，次年 4 月，举家迁至青岛，先后执教于铁路中学、市立中学，在青岛生活近 30 年，创作出长篇小说《山雨》、诗集《这时代》以及大量中短篇小说和散文。此外，王统照创办了青岛历史上第一个文学期刊《青潮月刊》（见图 1），尽管出版

图 1　《青潮月刊》创刊号

两期即告停刊，但它的开拓意义和历史影响是不可低估的。

学界对于《青潮月刊》的研究不足，一般只是关注该刊发表的两篇小说《刀柄》与《火城》，而对于月刊的整体研究，特别是王统照在月刊上发表的译作和编辑性文字关注不够，甚至完全忽略，以至于在 2009 年编辑出版《王统照全集》时未能将作家在此刊上发表的译作《头巾》《两个世界》《译者记》和编者按语收录其中。

研读《青潮月刊》，一个重要发现是台湾著名作家姜贵（原名王意坚）的处女作《白棺》第一章（佚文），载于《青潮》第二期。2011 年，姜贵接待大陆学者时提及这篇作品，他于 1929 年将手稿邮寄给王统照，后来遗失，成为他创作历程中的一个遗憾。由于署名"伯匠"，作者的真实身份成为疑案。今日得以澄清，作品失而复得，实为幸事。

《青潮月刊》原始期刊共两期，现保存于山东省图书馆。第一期封面左上角留有"卓贻□先生阅"，"卓"即月刊的美术编辑王卓，也是创刊号的封面设计者，显然是王卓赠送给王统照的样刊，以此作为纪念。所以应该属于王统照自己保留的东西。第二期的目录页面（见图 2）留有王统照钢笔手书

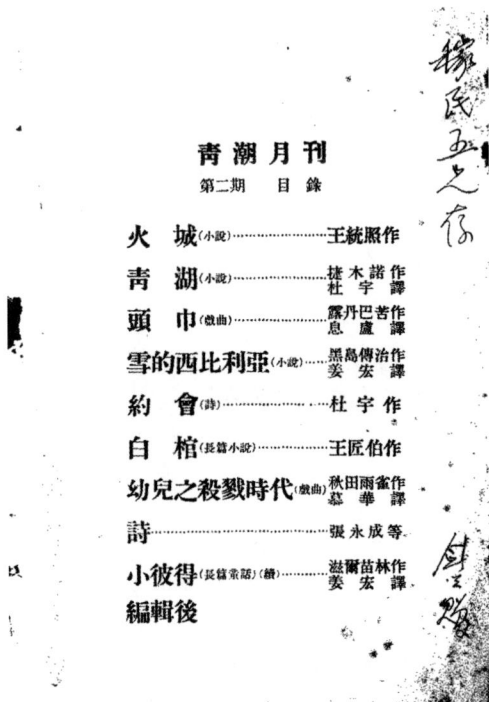

图 2　《青潮月刊》第二期目录，右侧留有王统照（剑三）手迹

"稼民兄王存，剑三赠"（王统照，字剑三）。这是王统照赠给王稼民的期刊，推测是因故未能赠出，留在自己手中。根据调查和文字记载，这两册期刊是王统照在新中国成立初期任山东省文化局局长兼省文联主席的时候，送给图书馆作为资料保存的。

一 《青潮》编辑出版概况

《青潮月刊》编辑人员基本来自于青岛市立中学的青年教师，主要有姜宏、杜宇、王卓、王玫、李同瑜等。从期刊的篇目来看，这些编辑是期刊的主要作者，他们自创、自编与自筹出版，属于志同道合的文学组织。从分工方面看，姜宏、杜宇是翻译文学的主要作者和编者，译文涉猎德国、丹麦、俄国、匈牙利和日本文学，体裁有小说、戏剧、诗歌等，内容有明显的左翼倾向。李同瑜擅长小说创作，王卓与王玫是兄弟，分别为市立中学的美术教师和音乐教师，王卓理所当然地担当美术编辑，《青潮月刊》创刊号的封面即他的作品，王玫酷爱文学，擅长诗歌。他们在王统照的指导下很快成为青岛文学艺术领域里的主将。

《青潮月刊》为32开，正规页码96页，第一期封面最上方印有小号字体"月刊文艺杂志"，之下是大号美术字"青潮"。封面的中心位置是一副具象图案，出自王卓手笔，王统照在当期的《编辑后》做出解释，此图是宇宙自然与现代科技相融合的意义表达，具体分析可见下文。

图案之下方印有"创刊号"三字。整个封面设计具有现代气息。封面之后即版权页，最上方印有"青潮月刊第一卷第一期"，之下为：

主编：王统照
出版者：青岛书店（青岛即墨路）
代售处：中华书局
一九二九年九月一日出版

《青潮月刊》投稿简章：

1. 关于文艺的各种创作与翻译均收。2. 来稿本刊编者有删改权，不愿删改者可预先声明。3. 来稿经采纳后，酌赠：（甲）现金每千字一元，愿自定价者另议；（乙）酌赠本刊。4. 来稿概不退还，如过五千字并附有邮票者为例外。5. 寄稿处：青岛博山路青岛书店收转《青潮月刊》社。

广告价目：

普通每面八元，半面五元。指定每面十五元半面八元。

定价：零售每期大洋二角邮费二分；预订全年二元四角半年一元二角；国内及日本邮费不加；国外全年外加邮费八角半年四角。

《青潮月刊》第一卷第一期目录：

1.《我们的意思》；2. 庸人《石堆前的幻梦》（长诗）；3. 王统照《刀柄》（小说）；4. 杜宇译《决定》（德国哈森克莱夫原著，戏曲）；5. 李同愈《父子》（小说）；6. 息庐译《两个世界》（小说）；7. 杜宇《诗选》；8. 王玫《漫漫夜》（诗）；9. 姜宏译《小彼得》（长篇童话）（1～2 未完）；10. 提西、梦观《海滨微话》（小品）；11. 编者《编辑后》。

月刊最后一个页面是广告，创刊号刊登了《青岛书店启事》和《青岛兴华印书局》两则广告，占一个页面。

《青潮月刊》第一卷第二期目录：

1. 王统照《火城》（小说）；2. 捷木诺作、杜宇译《青湖》（小说）；3. 乔治·露丹巴苦作、息庐译《头巾》；4. 黑岛传治、姜宏译《雪的西比利亚》（小说）；5. 杜宇《约会》（小说）；6. 王匠伯《白棺》（长篇小说）；7. 秋田雨雀作、慕华译《幼儿之杀戮时代》（戏曲）；8. 张永成等《诗》；9. 滋尔苗林作、姜宏译《小彼得》（长篇童话）（续）；10.《编辑后》。

现藏于山东省图书馆的《青潮月刊》第一卷第二期，页码 25～32 缺页，即《火城》的结尾与《青湖》的开篇部分缺失。

《编辑后》说明第二期延迟的原因，并将页码增至 140 页，定价增为 3角。广告增加两则，即《青岛市中校声》与《灿烂画报》。但较之创刊号，缩小字号，加密排版，四则广告依然保持在一个页面之中。

总览《青潮月刊》，办刊主旨与倾向十分明显：第一，注重翻译作品，两期刊物共发表文学作品 18 篇（组），译作为 9 篇（组），其中《诗选》一组，译作占 4/7，总体上看，《青潮月刊》翻译作品的篇目和文字总量均为最高；第二，倾向平民文学，反映下层的农民和小知识分子的现实生活与精神状态，王统照的小说侧重山东乡土生活和激烈社会动荡中人的命运，其他作品以城市知识分子的灰色生活为主题；第三，注重儿童文学，当时的中国文坛儿童文学尚不兴旺，编者有意识地译介丹麦与日本的儿童文学作品，成为《青潮》的一个显著特点。这种办刊主旨与编辑选题恰是继承了"五四"新文化运动的人文主义倾向，即周作人所倡导的"人的文学""平民的文学""儿童的文学"。

二　王统照的佚文与译作

经考证，两期《青潮月刊》中，王统照发表的作品有小说、诗歌、散文、翻译作品以及编辑性文字，共计9篇，占月刊作品总量的近半。为了避免作者的重复，他所使用的笔名有：庸人、息庐、提西、梦观等。

《青潮月刊》的发刊词《我们的意思》未署名，但发刊词由主编亲笔是常理。文章十分符合王统照的文风。因此，由山东人民出版社1982年出版的《王统照文集》第6卷收录，《王统照全集》亦收录。

两期《青潮》都写有《编辑后》，作为当期作品内容与编辑出版情况的总结说明，因为是以编辑部名义撰文而不署名，是否属于王统照撰写，似乎难以做出准确的论断，但从文风和语气上看，是王统照的文笔无疑。理由十分充足，两篇《编辑后》有一个共同点，一致强调翻译作品，以及其他作者的创作情况，唯独对署名王统照的作品只字未提。很明显，这样的表述只能出于王统照自己，是一种自谦的表达方式。知识产权出版社在2010年出版的《王统照研究资料》（冯光廉、刘增人编）在《王统照著译系年》中记载一行文字："《编辑后》载1929年9月1日《青潮月刊》第1卷第1期，未署名。"显然也确认是王统照所撰写。

查阅2009年工人出版社出版的《王统照全集》，没有收录上述文字。寻访王统照之孙王含英（参与《王统照全集》的编撰），确认这些文字在编撰中忽略，应属王统照佚文。

第一卷第一期《编辑后》：

> 我们偶然共同创办这个刊物的微意在首页上已经说明，虽延迟多日，幸得出版。有些关于文字或琐屑的告语便在此末页上说明。
>
> 不敢说，也正不必说为提倡文艺，然而十分盼望好文艺者以稿件投示。在北方纯文艺的刊物太少，有这份小小的月刊可以为大家发表文艺

的园地；虽然寄来的文稿我们不能说一定全数刊登，但这点诚意却是如此。

文艺之内必须分清什么"主义，派别"我们认为太狭隘了，自然例因为作者的思想环境艺术等种种不同作品在无形中各有其倾向，如此借批评者略加分别是可以的。我们所刊登的创作或译品是以其本身的价值作准，绝没有主义派别的成见。

本期内各种文字最好请阅者自由评览，本无须每篇加以照例说明。但内中《决定》及《两个世界》，作风虽然不同，而在表现方法与含义上却耐人寻思。《小彼得》系一篇童话，却是渗入成人的普遍的悲哀，而以小孩子的生趣与言语烘托出来，与安徒生的作品却不一样。至于其他创作及杂文等再次不多赘语了。

封面画系画家王卓的特制，王先生曾写过几句话解释构图的意念，现抄在下面想也是大家所乐于知道的。

"封面的几句话：人们的生活不能离开自然，但也不能不靠科学的力量。我们的这个封面画是科学与自然的共同表现：上边那个新月是自然的光辉，下边是科学的工具。"

第二期中的文字本可预告，但恐临时尚有添加所以在此不一一列举了。

第一卷第二期《编辑后》：

本刊原定为月刊，但第二期即已脱期两个月之多，我们十分惭愧！这是由于印刷与经济两方的关系，并非稿件的问题。其实本期文稿过多，临时还抽下数万字呢。

以稿件过多本期添上三十多页，印费加多，故零售价目不得不酌量增加，我们绝非牟利，然而成本却也不能不顾忌，当请阅者原谅！

本期材料我们自认比创刊号均匀一些，至好坏在我们自己可不必说；然而如两篇独幕剧（《头巾》与《幼儿之杀戮时代》）虽体裁与表象不一样，而在戏剧的构造上，在思想上的分析上确有可以细读的价值。《青潮》是一种新派的象征意味颇浓厚的短篇，极富有诗意与美丽的词句。《雪的西比利亚》乃日本新作家的名著。此外王匠伯君的长篇创作，如能继续完刊，自饶趣味，可惜本期以篇幅所限不能多登。关于诗歌，连来国内各文艺杂志所登的很少，本刊却主张有好诗无妨多登，否则也或一首没有，本期所登的诗不敢自说都有很高的价值，然尚值一看。

下期当有论文及小品文字各栏，本期以字数过多，不能各栏俱有。

翻译丹麦作家彼得·甲考孙的小说《两个世界》配有译者息庐的《译者记》，是四篇佚文中唯一署名的文字，息庐是王统照的笔名之一，所谓《译者记》是一篇译介兼编辑性文字，全文如下：

丹麦的彼得·甲考孙（Peter Jacobeson）生于一八四七，死于一八八五。初写文学作品时受到安迪孙 Hans Chrishian Anderson 的影响，不久他便成为伟大自创的小说家。他对于自然科学有极深的兴趣如文学一样，然在他端端的生命中他却成为一文学的著作者。《两个世界》是极富有诗意而感人的，且可显示出短篇作者的专门技能。　　　　　　　译者记

这一段文字简洁扼要，没有具体介绍本篇译作的背景和内容，用意在于让读者自己品读，也是极好的方式。

在此不得不提及冯光廉、刘增人编《王统照研究资料》这部书，是近期出版关于王统照研究的资料目录总汇，为之前出版的《王统照文集》《王统照全集》以及研究资料捡漏补缺。特别对《王统照全集》中遗缺的篇目指明出处，是很有必要的。但是，由于作者与编者未能面对一手材料，又缺乏实证考据，出现一些纰漏。比如《王统照的编辑生涯》中，对《青潮月刊》的介绍，文曰：“（《青潮月刊》）发表了王统照的《火城》、《海滨微语》等小说，散文及描写劳动人民痛苦生活的诗歌《轿夫的话》。”实际上，《轿夫的话》并不是一篇诗歌，它是《海滨微语》中的第二篇。《海滨微语》非作品标题，而是栏目名称，并配有文前按语，强调该栏目发表非政治性小品文。《青潮》的《海滨微语》专栏一共发表过两篇散文，第一篇是《一双手》（见图3），第二篇是《生活与直接亲知》，其中“轿夫的话”不是一篇独立的文章，只是散文的一个小标题，编排样式如下：

生活与直接亲知
轿夫的话
（劳山道中）

《轿夫的话》属于散文中的引文部分，文中明确地说：“这不是诗，是我

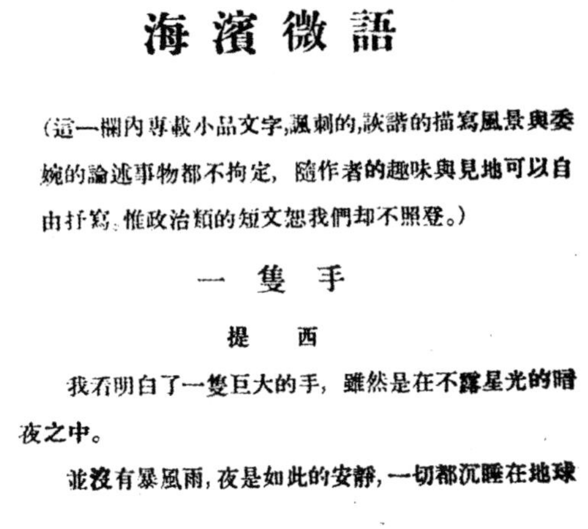

海濱微語

（這一欄內專載小品文字,諷刺的,詼諧的描寫風景與委
婉的論述事物都不拘定,隨作者的趣味與見地可以自
由抒寫,惟政治類的短文想我們却不照登。）

一隻手

提西

我石明白了一隻巨大的手,雖然是在不露星光的暗
夜之中。

並沒有暴風雨,夜是如此的安靜,一切都沉睡在地球

图 3 　《青潮月刊》第一期《海滨微语》专栏

们在劳山的山径中听见轿夫的话，我记下来的都是实在的情形。"至于后来将
它作为诗歌，从该篇文章中分离出来，那是另外的话题。

《王统照研究资料》所载《王统照的名、字、笔名录》中有所缺失，也
是与《青潮月刊》有关，"庸人"是王统照在《青潮》第 1 期上发表长诗
《石堆前的幻梦》所用的笔名，应该录入。此外，"编者"不应该作为笔名看
待，而应视为编辑所使用的职业用语的自我称谓，并代表编辑部的意见。"译
者"同属这一类型，一般译文已经署名，译文后又有《译者记》之类的说明
解释性文字，不应列于笔名的范畴。

三　《青潮》的译作与儿童文学

《青潮》的翻译作品是刊物最显著的特征，很显然，办刊人的目的在于介
绍国外的新文学，以此启发相对闭塞与沉闷的文坛，包括文学内容和文学形
式。译作中最优秀的作品当属儿童文学，体现了王统照的编辑导向。

德国女作家滋尔·苗林（又译：至尔·妙伦）的长篇童话《小彼得》
（姜宏译），两期连载其中三篇，分别是《石灰的故事》《火柴盒的故事》和
《茶壶的故事》。《小彼得》本来应该是由 6 个故事所组成，但由于《青潮》
的停刊，只刊载了半数。

《小彼得》是 20 世纪 20 ~ 30 年代在国内影响极大的翻译作品，据现有的
资料看，《青潮》最早将它介绍到中国。主人公小彼得是一位患病在床的贫苦

孩子，他在饥寒交迫的孤独之中听到了诸如石灰、火柴盒、茶壶与他的对话，让他了解到更大的世界以及贫苦人的生活，并提到了"社会主义"的理想，将其作为一种美好生活的向往，鼓励像小彼得这样的苦孩子追求未来。属于当时的左翼进步文学。

这个作品在中国的影响力，主要来自于鲁迅与许广平对于《小彼得》的介绍与翻译，该书的单行本由许霞（许广平）翻译，鲁迅校改并作序，最初由上海春潮书局于1929年11月出版，时间比《青潮》里的《小彼得》还是略迟一些。实际上，鲁迅推荐给许广平翻译《小彼得》是从日文转译而来，他在《小彼得译本序》里说："这连贯的童话六篇，原是日本林房雄的译本（一九二七年东京晓星阁出版），我选给译者，作为学习日文之用的。"（《三闲集》）姜宏翻译《小彼得》是从日文转译，还是从德文原著翻译的，还没有准确的资料证实。

慕华翻译秋田雨雀的儿童歌舞剧《幼儿之杀戮时代》是一部很有艺术表现力的作品，在中国是首译。作者称之为"野外剧"，主要着眼于戏剧的演出效果，不需要人工布景，就地演出，而剧作家原本就是一位自然主义文学的倡导者。

秋田雨雀（1883~1962），本名秋田德三，是中国作家的老朋友，郁达夫、田汉、郭沫若在日留学期间与他有直接或间接的接触，其作品对中国作家影响深远。秋田雨雀善于写作戏剧和童话小说。1911年处女作《幻影与夜曲》出版，以后侧重儿童文学的创作，并积极提倡世界语运动。《幼儿之杀戮时代》属于作家早期的作品。秋田雨雀于1927年访问苏联归国后，大力介绍苏联的革命文学。日本侵华期间，秋田雨雀保持沉默，显示出他坚定的反战立场。战后他担任日本舞台艺术学院院长和儿童文学工作者协会会长，特别致力于进步的戏剧教育工作。

特别值得注意的是，该剧作的语言风格与诗剧形式对中国"五四"时期作家具有明显的借鉴关系，比如曾经留学日本的鲁迅与郭沫若，鲁迅的诗剧《过客》，其风格受秋田雨雀的影响。郭沫若的诗剧《凤凰涅槃》从主题立意、诗剧结构到语言节奏，几乎就是秋田雨雀的翻版。

　　　　《幼儿之杀戮时代》开篇独唱：
　　　　　　生育我们的岛，
　　　　　　是个美丽的岛；
　　　　　　在这岛上，

我们是
生育了。

合唱：
沸腾的力，
跳跃的力，
聚为一起，
变成转轮。
团团的旋转，
在日光中，
在和风前，
发狂的跳舞。

士兵的合唱：
一切都完了，
只余血的色。
爱情，
慈悲，
怜悯，
一切都完了，
只余血的色。
刺死即灭亡。
死尽了，死尽了，
不再更生。
一切都完了，
只余血的色。

　　唱词之后始终伴随着语言的重叠来加强语气，舒缓旋律，制造气氛。整个诗剧的情节十分简单，通过儿童们、士兵们、母亲们的对唱，表达作者对战争和屠杀的控诉与反抗。

　　从以往对郭沫若《女神》时期的创作研究情况来看，学术界十分重视惠特曼的诗风影响，忽略日本文学，特别是秋田雨雀诗剧的影响，实际上，后者这种影响更加直接，甚至带有明显的模仿痕迹。这方面的研究有待继续探讨。

以上的两个作品，在期刊中均无译介文字，《小彼得》因为处于"未完"状态，而秋田雨雀的诗剧刊在第二期，而第二期的译作均无译介，是因为编辑的省略还是由于第二期的页码所限，原因不明。然而，《青潮》第一期在每篇译作之后都配有编辑的译介文字，一方面让读者了解作家与作品的相关背景，另一方面引导读者对作品内容和艺术方法的深入理解。比如戏曲《决定》之后有一个比较详细的注释：

> 哈森克莱夫（Walter Hasenclever）是德国著名表现派剧作家之一，与凯撒（George Kaiser）齐名。哈氏生于一八九零年，他是一个混有犹太血统的德国人。他曾在英国牛津大学读书。在那里用他打扑克得来的钱，出版他的处女作，最初是以诗出名，但在一九一四年戏曲《儿子》公世后，他的戏曲家的名声，随高于诗名。《儿子》是一篇描写父与子的斗争——新时代与旧时代——或者用象征说是物质的世界与心灵的世界斗争的戏曲。这篇戏曲的出演是正当世界大战的勃发。但是新思想正显明的在德国社会上现出冲突来，哈氏此作，随引起很大的激动。犹如 Sturm uul Drang 时代少年拜勒 F. Schiller 发表《强盗》的情形差不多。随后发表的戏曲不下十余篇，如 Antigone《决定》、《人类》、《黑死病》（电影剧）、《彼岸》及最近的作品《杀人》Ein besserer Herr 等。他的戏曲可划分为前后两期，前期的作品，如《儿子》、Antigone 等剧中皆横溢了雄辩的言辞的。但在《人类》中则将对话极度解少，成为一篇动作与叫唤组成的戏曲。及至《黑死病》，随完全将对话废除，可算后期的作品。但他最近的作品，作风是有变更了，今后又要向何处发展实在是很有趣味的一件事。《决定》是他的著作中最短的一篇。写革命是怎样艰难的事，和无意义的革命是怎样可怜，用冷讽的锐利的笔写出一幕喜剧。在 Antigone 中作者的悲愤的热情，在这里却用 Cynic 的衣裳包围了。
>
> 译者八月三日

这个译介注释对于读者（包括研究者）了解作家、作品以及文学背景都是十分有益的，所以，一般来说，文学期刊对于译作大都十分重视编者按语（文前按语或文后按语）。在同期的《两个世界》中，译者息庐（王统照笔名）做出类似的编后按语，上文已做介绍。

《两个世界》的故事很奇特，一位孤独凄凉、身患重病的老妇人获得了一种治愈病症的妙方：将薇丝花球、玻璃、谷子，再加坟地里的几种羊齿植物，还有自己的一缕头发与一条棺材木片，捆在一起，日夜守候在河边，当等到一位年轻姑娘乘船经过的时候就抛向她，这病症便转移到她的身上。老妇照做了，自己的病情一天天好起来，但良心使得她无法安然生活下去，直到有一天她守在河边并发现了一条承载新娘的渡船，上面坐的正是那位姑娘，这才如释重负。故事凄美而感人，充满着诗意又有深刻的人性剖析。

乔治·露丹巴苦的《头巾》（息庐译）是一出独幕剧，刊在《青潮》第二期，无任何作者介绍，甚至连作者国籍都没有表明，但这部作品和译笔都是优秀的。剧中讲述了两位年轻的修女，用头巾掩饰自己美丽的秀发，同时掩饰自己的爱情以及对美好生活的追求。作品以此抨击宗教思想对人性的压抑，也揭示人性原本的美好。该剧的心理刻画细腻而富有韵味。

《雪的西比利亚》（姜宏译）是日本作家黑岛传治的短篇小说，《编辑后》介绍说是作家的名作，内容讲述日俄战争期间的故事，两位日本士兵吉田和小村留守在冰天雪地的西伯利亚，孤独寡欢，以猎兔为乐。最终，他俩因为误闯俄军辖区而被击毙。小说充分展示了西伯利亚的辽阔静寂的冰雪风光以及生命的顽强与活跃，以此反衬战争的荒诞与残酷。小说以大量的篇幅描写了两个日本士兵猎兔的场景，洋溢着生活与自然的趣味，并从这种狩猎的过程，获得了屠戮生灵的隐喻。这一切都体现出作者深刻的人道主义精神和娴熟的艺术技巧。

很可惜，捷木诺的《青潮》由于页码缺失较多，无法获得更多的信息。

创刊号的《诗选》中含四篇译诗。如：葛斯捷夫《警笛》；阿尔斯基《太阳的散布者》；查罗夫《少女之歌》，由杜宇翻译等。

四　《青潮》的小说与诗歌

20 世纪初的文学期刊，小说是文学体裁的主旋律，《青潮》两期共刊载文学作品 18 篇（组），小说 9 篇，诗歌 5 首（组），剧本 3 部，散文 1 组。最具影响力的作品是王统照的两篇小说《刀柄》与《火城》。

王统照早期的文学创作《一叶》（1922），是新文学史上长篇小说的拓荒之作，表现对爱与美的幻想，此后的小说诗歌，大都不外乎这一主题。自《刀柄》《火城》始，表明了他的创作转向：从问题小说到乡土文学。由于回归故土，接触社会底层，社会思考更加深刻，艺术技巧也随之圆熟。

小说《刀柄》只是以一个祖传的铁匠铺作为艺术空间，将一把刀柄作为视觉的焦点，场面极小，物件极小，展示的社会画面极大，极开阔，极有纵深度。"三叉铁匠铺"从祖辈以锻造打狼的铁叉而闻名，为乡间消灭过狼灾，因此而生意兴隆。实际上铁匠铺的主业依旧是制作耕田的农具、文房的小刀与女人的绣剪。直到今日，开始专门打造杀人的利器，且供不应求，老铁匠和闲客们为之叹惋而无奈，"社会进入了一个威力的铁器时代"。小说从雪夜来客开始，"一脸红肿粉刺的厚皮汉子"的出现，带来一口青布包裹的横背大刀，限期淬火，以待行凶，从此引发出官府与红枪会之间一场杀戮的故事。而这口"云铜把"的宽刃大刀自有它的一番来历，正出自于"三叉铁匠铺"老铁匠之手，"是贾乡绅将他祖上做官时带回来的云铜大面盆打碎了一片交过来嘱咐给他儿子铸成崭新的银刀把"，之后从来刀不离身。老乡绅将田地分予大家，教儿子练武与土匪作对，确保临近十几个乡村的平安。而如今这刀落在做了刽子手的厚皮汉子那里，其中多有不祥之兆，老铁匠心情沉重，夜不能寐。果然，贾乡绅的儿子因参加红枪会而被处决，砍头用的便是这口云铜莲花柄的大刀。老乡绅父子是小说暗线中的人物，但获得了极好的铺陈，艺术形象凸显。

《刀柄》极具乡土文学的特征，所有的人物和故事全都集中在一件充满悬疑的祖传器物上，其中展现出古老的习俗与不屈的人生。很值得追究的是，小说所竭力表现的器物不是一口刀，而仅仅是刀的一个局部——刀柄。根据情节的发展，其称谓也有好几种：白铜把、银刀把、银铜把、云铜把、云铜莲花把，如此等等，就情节而言，是一条线索，具备了聚合力。此外还有一种意蕴，刀柄更加能够代表一种文化传统，一种人的血脉，刀柄与人手的长期接触，带着身体的温热与性情的寄托。而这一切，在作品中都得到极好的表达。

《火城》开篇是盛夏炎炎的火城，阎王巷中乘凉的人们在谈论这几日土匪攻城而发生的厮杀。话题扯得很久远：从闹"长毛"的时候，将小娃子挑在竹竿枪上，到今天的土匪、副爷、自卫队，一茬比一茬厉害——"不像现在这一群去，那一群来，炸弹，大炮……"在人们的闲谈与追忆中，展开许许多多惨烈的杀戮画面，伴随着轰鸣的蚊虫声将人们带入梦乡。主人公乔仔是一个守城的团丁，老实巴交的年轻人，夜间替代邻居赵老太的儿子值班，心里怀想着城西的乡姑娘——他的表妹。而正是这一夜土匪来袭，守城的民团受到致命的打击。幸而乔仔死里逃生，并拉起了复仇的队伍。

《火城》较之《刀柄》，场景更加宏大，情节更加反复曲折。而主题相近，将民国初年匪祸横行、民不聊生的现实社会真实可感地描绘出来，令人触目惊心，显示作者非凡的生活阅历和细节刻画能力。但此部小说的后半部分写乔仔复仇，情节过于冗长，故事固然完整，反而缺乏力度。

从这两篇小说，可以看出王统照这次故乡之行，为他的小说创作注入了新的生活内容和精神气质，故事里的现实社会是无比残酷的，但总是闪烁着一种奋勇的人生力量。作品中的人物有的取材于作家的故乡诸城，诸城在20世纪初不乏开明士绅，有的投身革命，有的仗义疏财，支持进步活动，王统照之本家王翔迁先生就是这样的人物。所以，像《刀柄》当中的贾乡绅父子，读来十分传奇，实际上具有生活根基。家乡的感怀与故土的温厚激发了王统照的文学思考和文学活动热情，《刀柄》与《火城》的典型环境是诸城现实生活的真实写照。

李同愈《父子》可以看作"五四"时代"问题小说"的延续，主人公秋士由于受到封建家庭环境的压抑，百般苦恼与挣扎，最后愤而出走。直到病重于弥留之际的父亲多次写信向儿子忏悔。小说主题虽然有些陈旧，但故事情节和人物形象颇具感染力。

伯匠的长篇小说《白棺》是一部力作，尽管只是开篇的一部分，却已经显出特别的艺术气质。主人公锐奇是一个追逐时尚的大学生，喜欢幻想、吹牛、摆阔、谈恋爱、出门坐洋车，到处赊账。围绕锐奇的生活环境是：大学同学之间的尔虞我诈、势利眼；父辈们望子成龙的畸形心态，以及为儿子读书而经济透支的家庭；还有一位恹恹病容的恋人。在锐奇那里，只有以不切实际的幻想来反抗现实：获得文凭博得同学嫉妒，衣锦还乡应对家乡父老，谋得高职为恋人治病。之所以将这部小说称为力作，是因为它具有同时代文学作品难得的社会批判力量与讽刺境界。作品的故事与艺术风格很像后来张天翼的《包氏父子》，显然《白棺》创作年代更早一些（见图4）。（关于《白棺》的考证与研究将专门著文）

《白馆》这部小说应该是台湾著名作家姜贵（本名王意坚）的早期作品，王统照与姜贵是同一家族的叔侄关系。①

姜贵刚开始涉足文坛时，曾得到王统照的赏识与帮助，姜贵自己也是有记载的："动笔写的第二部是中篇小说《白馆》，可惜没有出版；《白馆》由王统照拿去在《青岛民报》连载之后，南京书店原拟收购版权，因价未议妥而作罢，此书后来在台湾又重写，这是后话。"（见《姜贵中短篇小说集》应

---

① 他们的家族关系与作品关系参见王瑞华《隔海相叙：王统照、姜贵海峡两岸的家族写作》，《文学评论》2010 年 6 期。

凤凰编附录二《姜贵的一生》239页）

"王统照先生住西关某街，我只去过一次。那时他还在读中国大学，小说《一叶》刚出版，但我并没有读过《一叶》。"（见《姜贵中短篇小说集》应凤凰编附录一《姜贵自传》221页）

姜贵在台湾念念不忘的、自认为被遗失的早期小说《白馆》应该指的就是这个，他后来在台湾，仍以《白馆》为篇名，又创作一部小说，内容上当然是大不一样，也是一段文坛佳话，"王匠伯"该是姜贵（王意坚）早期的一个笔名。现在这部小说重新找到，应该是海峡两岸文学的一大幸事，也弥补了姜贵的遗憾。

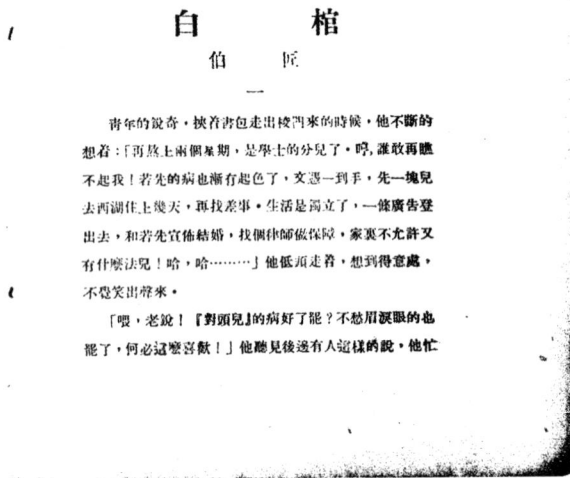

图4 伯匠（姜贵）长篇小说《白棺》第一章节选

在诗歌方面，第一期刊载庸人《石堆前的幻梦》（长诗），《诗选》含4首翻译诗作，又有杜宇《何处是知音——赠王玫》与王玫的《漫漫夜》。第二期刊载《诗》一组，有张永成《谁毁灭了我的青春》，李同愈《会见》，王玫《黎明》，一石《吃》，王潆女士《你还记得?》，燕志俊《病》。

整体看，《青潮》的诗歌水平低于其他文学体裁的作品，首先表现在主体单一，没有超脱"五四"时代知识青年对于爱情、理想与人生的苦闷与叹惋类似的主题，也难免无病呻吟之作。其中庸人（王统照笔名）的长诗《石堆前的幻梦》较有力度，将个人的情思与社会现实密切结合。王统照将它编排在创刊号的首篇，显然是看好此作。但王统照在《编辑后》也做出了比较客观的评价："所登的诗不敢自说都有很高的价值，然尚值一看。"

散文是《青潮》比较忽略的文体，但为了保持文学体裁的平衡，特别开设了《海滨微语》专栏，只在创刊号出刊了一期便终止。但该专栏特别发表了编辑的文前按语：

> 《海滨微语》这一栏内专载小品文字，讽刺的，诙谐的描写风景与委婉的论述事物都不拘定，随作者的趣味与见地可以自由抒写。唯政治类的短文恕我们却不照登。

首期刊载了王统照以署名"提西"的散文《一双手》，主题是歌颂宇宙的伟力，具有现代派文风，象征主义色彩较浓。梦观的《生活与直接亲知·轿夫的话》，主题是赞美普通劳动者的创造力，开篇是崂山轿夫的话，运用诗的节奏，以诗行的形式排列，实际是作者借轿夫的话来抨击社会的不公正，之后是作者的感发，韵散结合，直出胸臆。看来，《海滨微语》恰恰比较接近"政治性短文"，与其他文学形式比较，是作者意识形态更加直接的体现。

五 《青潮》的广告与停刊

《青潮》作为青岛首创的文学期刊，就全国范围来看也是一份优秀的文学期刊，王统照作为文学研究会的创始人，主编过多种著名期刊，创办《青潮》，业务上轻车熟路。然而，《青潮》在出刊两期之后就戛然而止，成为人们费解的一个问题。

研究者对此的一般解释是由于资金的短缺而造成停刊，第二期的《编辑后》谈及资金问题所造成的时间延迟，但停刊情况不详，文献无记载。从期刊的广告信息中可以做出一些更加具体合理、具有实证意义的分析。

《青潮》创刊号刊载两则广告，原文如下：

青岛书店启事

本社推销党义书籍，科学著作、以及文艺刊物。负有发扬三民主义、启迪民众知识、增进文化之使命。兼售学校用品、文具仪器，适应教育上之需要。各界惠顾，无任欢迎！地址：青岛博山路中间路东。

青岛兴华印书局，设备：铅印、石印，及各种印刷机械。承印：中西文件，书籍杂志，商标股票，各种单据。倘蒙：各界赐顾不胜欢迎之至！

青岛即墨路十九号，兴华印书局谨启，电话：二六三六

按照期刊广告价目计算：普通每面8元，半面5元；指定每面15元，半面8元。此两则广告属于普通版面，计算下来，共收入10元。这样的广告收入对于期刊经营，几乎可以忽略不计。按照广告数量来看，甚至低于德占时期德华大学的学术期刊《中德法报》（1911）的广告量，该学报每期有两个页面刊载广告，而且是大型企业和银行的广告。就广告价格来看，根据1935年《青岛画报》的广告价格表：封面全页48元，后里封面全页32元，前里封面全页40元。且此刊有2000份的发行量。

从期刊的发行销售情况分析，《青潮》零售每期大洋2角，邮费2分；预订全年2元4角，半年1元2角。根据1935年《全国报馆刊社调查录》记载，青岛出版月刊共5种，其中《青岛青年月刊》发行量为1500~2000份，属于特例，其他月刊在400~600份。推算《青潮》的发行量应该不会超过500份，由此计算，它的发行纯收入不超出百元。

同时，根据稿酬支出，"现金每千字一元，愿自定价者另议"。按照出刊的两期的总字数计算，大约在每期10万字，稿酬恰好与广告以及发行收入相抵消。加之编辑人员的酬劳和办公开销，其亏损显然是巨大的。当然，我们可以推想，王统照和几位青年编辑出于对文学的热爱，他们自写自编，不支取稿酬，不计劳务费，实际上事实就是如此，因为这种收支失衡，他们没有别的选择。显然，这种工作方式是不会长久的。那么，《青潮》第二期拖延时间，并积压稿件，增加页码以缓解矛盾，并最终导致停刊就势在必行。

当然，第二期的广告尚有改善，从两则增为四则，但页面不变，意味着增加数量而不增加收入。第二期所增加的广告如下：

青岛市中校声

本校刊行此每月刊物，志在提倡校中师生著作译述的精神与兴趣，故内容注重论著译述以及青年的文艺作品，亦附载校中规程纪事等。每期七十页，二色封面，印刷精美。留心中等教育者不可不看。创刊号已出版。每本定价一角。青岛市立中学启

灿烂画报

这是青岛市唯一的画报。每五日出版一次，内容以艺术与新闻稿画并重，每期有论艺术的小品，及美术摄影等。材料丰富，印刷明洁。定价低廉，每期五分。

编辑与总发行处：青岛中山路立变照相馆内

这两则广告均为期刊广告，恰好为《青潮》的经营状况提供了横向比较，从定价上看，《青岛市中校声》（月刊）每期70页码，二色封面，定价1角。《灿烂画报》页码不详，但价格低廉，每期只有5分。1935年《全国报馆刊社调查录》月刊价目，一般在这个价格上下。相比较，《青潮》第一期为2角，第二期为3角，属于高档期刊，发行量不会占优势。作为期刊的经营，如果没有强大的财力做后盾，只能依靠广告、发行量与销售价格经营运行，而这三个方面相互关联，一赢俱赢，一损俱损。根据《青潮》经济状况信息分析，基本不具备独立运行的条件。这样的文学期刊在当时的青岛只能是曲高和寡，昙花一现。

［作者单位：山东大学（威海）］

利用远程教育资源改革成人
函授教学实践研究

郭志强

成人高等函授教育为我国培养了大批人才，但随着现代远程教育的发展，传统函授教育在教学资源、师资力量、教学形式、教学管理诸方面表现出局限性，表现出诸多与社会发展需要不相适应，急需利用现代远程教育的理念、资源、技术、模式改革传统函授教育。通过改革与实践，转变我们的教育观念，提高函授教育教学质量，满足学员多元个性化学习需求，促进成人函授教育的可持续发展。

威海职业学院成教部结合实际工作，以"实施名牌高校带动战略，促进地方高校持续发展"和"网聚名师名校，打造教育超市，整合优质资源，服务学员需求"为办学理念。在这一理念为指导下，提出"利用远程教育资源，改革成人函授教学实践研究"课题，2010 年 6 月被山东省职业教育与成人教育科研规划领导小组办公室批准立项，由威海职业学院成教部承担并组织实施，至 2011 年 12 月完成项目评审书上确定的目标，取得了预期成果，研究的主要成果如下。

一 开发成人函授教育网站和网上教学平台，加强
资源建设和整合利用，提升传统函授教育教学

1. 开发函授教育教学网站，建立函授教育教学改革载体。在充分调查研究论证的基础上，威海职业学院成教部结合学员和教学工作需要开发了适合成人学员网上学习的教学平台（www.whddjy.com），在实践应用中网站四次改版。研究确定网站性质为：知识科技型，教育实用型。服务主体为：函授

教育学员及在职专业技术人员。主体内容为：学历教育专业课程教学资源、继续教育教学资源、教务考务信息和学习支持服务。根据学员学习的需求，在安装"电大在线"的基础上，逐步开发并完善了函授教育网上招生报名系统、专业课程教学平台系统、视频点播系统、模拟考试练习系统、考试成绩查询系统和优秀教学教务教师评选系统六大系统。

2. 构建网络学习平台，整合利用网络教育资源。网络学习平台是一个包括网上教学和辅导答疑、网上自学、网上师生交流、网上作业、网上测试以及质量评估等多种服务在内的综合教学服务支持系统，它能为学生提供实时和非实时的教学辅导服务。构建学习平台，首先，要开发和完善交互技术，提供多种交互手段和方式，特别注重具有双向交互性的现代信息技术在网上教学中的开发和引入，开发多媒体课件、网上课件的双向交互功能和网上实时交互课程材料。其次，要建设超链接网站，实现网络教育资源共享。连接、沟通、整合南京大学、东北财经大学、北京外国语大学、北京语言大学、中央电大等高校丰富的网络教育资源——主要是课程教学与考试资源，如南大网院名师大课堂——为学生提供丰富的远程学习资源，实现函授教育远程化、网络化、现代化。最后，要加强导学培训，通过网络、计算机交互技术的培训，提出运用现代交互技术进行教学活动的要求，规定教师在网上发布教学指导表、布置作业、模拟题、批改作业等，学员在网上浏览或下载学习指导材料，完成提交作业，模拟题自测练习等。

3. 建设 QQ 群和电子邮箱，函授学习远程互动。依据"成人教育"这一共性，利用现有函授站开展远程教育，达到教育资源的合理利用和共享，并与面授辅导结合起来，使学生能充分利用现有资源进行学习，在教师和学生之间普遍建设 QQ 群和电子邮箱，鼓励用电子邮件、QQ 群等被普遍使用并为人们所接受的手段进行教学交互，逐步提高函授学习远程互动质量。同时，开发和完善网上留言簿、网上数据库、网页浏览等交互工具和手段，以满足交互者实时的、非实时的交互，使得双向交互活动并不局限于观、听手段。

网络学习平台的构建，使传统的函授教育教学发生了天翻地覆的变化，真正实现了以学生为中心，使教学成为在教师引导下交互式的双向活动，学员的学习方式在网络环境下摆脱了传统教学中以教师、教材、课堂为主要渠道接受知识的模式，学生可以在多元化的学习环境中获取更多、更有用的知识，学生也可以突破传统教育空间的限制，在异地接受知识的传授，而不受区域和时间的限制。

二 基于网络学习平台，深化教学模式改革，缓解工学矛盾，提高函授教育教学与考试的质量

现代函授教育远程教学模式改革的基本思路：运用现代远程教育技术和教学资源改进目前函授教育的教学手段和方法，资源共享、优势互补、加快教学模式创新，有效解决函授教育教学目前存在的不足，运用现代网络技术和高校教学视频，为学生提供更多的优质教学资源，缓解工学矛盾，提高教学质量。当前主要是充分利用中央电大和各高校开发的远程教育资源，加快多媒体教学资源的建设和利用，全力整合成人教学资源，努力实现各种教学媒体的优化配置和综合利用，积极开发和引进基于网络环境的新型教学媒体和动态教学资源，努力探索网上教学资源建设与应用的特点、规律及运行机制，为教学提供支持服务。

1. 运用"三大"网络学习平台，建设现代化教学环境。第一，运用远程网络教学视频资源。利用互联网为学员提供优质的网络视频学习资源，通过导学培训引导学员学会网络资源支持下的自主化学习。充分利用多媒体技术和计算机网络技术，实行远程教学和网上课堂，充分利用有限的教育资源，最大限度地满足不同层次受教育者的不同教育需求，克服过去的大规模集中面授到课率低的窘况。第二，运用"威职在线"网络课堂答疑。通过网络课堂为学员的自学提供个性化服务，针对自学过程中出现的疑难问题，随时随地登录"威职在线"，网上与教师讨论答疑，或者登录班级 QQ 群畅聊答疑；同时，通过学院网站和合作高校等教学平台保持联系，开放网上论坛，以供发帖留言，讨论疑难问题。第三，运用"威职在线"网上作业模拟。开通网站下载作业、网上考前辅导和考前模拟题练习，将教材、学习大纲、作业及模拟题交给学员，由学员自主安排时间，自主学习，自主完成作业。

"三大"网络学习平台的充分运用，实现了以多媒体技术为核心的教育教学模式的改革，交互式教学环境改变了以往教师讲、学生听的传统教学模式，学习方式更多样、学习空间更宽阔，学生思维更活跃，更有助于调动学习的积极性，提高教学效率和质量，促进教学目标的顺利完成。

2. 组建适应教学模式改革的优秀教师队伍和管理团队。教师是办学的主导，人才培养质量的高低，主要取决于教师队伍的素质。提高教师队伍素质，就是要培养造就一支政治思想良好、师德修养高尚、教育理念新颖、文化知识广博、专业素质精良、教学基本功过硬、授课技能较强的具有奉献精神的

教师队伍。第一，利用远程高校进行优秀教师网上授课。通过网络学习平台，利用网络视频，实现名牌高校教师的授课资质、能力和水平共享，有效解决教师授课质量不高的窘况，为学员的学习提供优质化服务。第二，网上招聘兼职教师，发掘社会精英。成人教育教学倡导学习的实践性和应用性，威海职业学院以学院优秀教师资源为依托的同时，在"威海信息港"和"爱威海百姓网"等人气高的网站上发布招聘信息，广纳社会各方资深专家、经理人来校讲座、授课，使师资队伍结构更加合理、更加优化。他们在教学过程中引用具体案例，使学生在深入浅出、生动活泼的课堂氛围中了解到各行业信息和本专业发展动态。第三，服务与管理协调统一。教学管理是提高教育质量的保证，要提高函授教育的教学质量，必须适应函授教育的变化，不断改进和创新管理机制，对函授教学过程实施规范管理和服务。强化教学常规管理与监控，促进函授教育工作顺利进行，提高函授教育教学质量。

3. 依据专业课程特点和网络资源情况，考试方式多样化。为适应提高能力素质的需要，根据不同专业课程的特点和网络资源教学情况，结合成人教育自身的特点，努力改革当前成人考试单一的闭卷考试情形，灵活运用多样化的考试形式。第一类："导学培训＋网络资源支持下的自主学习＋必要的面授辅导＋作业＋模拟题＋闭卷考试"的课程。此类课程主要是知识性和理论性较强的基础课及专业主干课，此类闭卷考试的课程约占课程总数的50%。第二类："导学培训＋网络资源支持下的自主学习＋预约面授＋作业＋模拟题＋半开卷考试"的课程。此类课程主要具有一定应用性、实践性的专业课，此类课程在预约面授后，学员做模拟题的基础上进行半开卷考试。该类半开卷考试课程约占课程总数的20%。第三类："网络自学＋解惑答疑＋课程成果＋开卷考试"的课程。此类课程主要是应用性和实践性较强的公共通识类考查课及继续教育资源的选修课程，学员学以致用提交调研报告、课程设计、实施方案、作品展示或学习心得，在此基础上安排开卷考试。该类开卷课程约占课程总数的20%。第四类："技能培训＋课业指导＋现场操作"的课程。此类课程主要有计算机培训考核、英语听力会话、毕业论文指导答辩等完全应用技能性的课程，一般采取学习和考试同步进行的考试形式。此类现场操作课程约占课程总数的10%。

学员运用"现代函授教育远程教学模式"具有了全新的意义。开展网络教学能够有效地解决教与学在时间、空间、地域的限制，提供了更大的学习自由度，学习更加方便、快捷，它可以让学生根据自己的时间来自主安排学习时间，更适合现代成人学习的特点，缓解了工学矛盾这个长期困扰函授教育的问题。开展网络教学提供更多的优质教学资源，实现了自主选课，优化了师资结构，丰富了教学内容，节省了教学成本，提高了教学质量和办学效益。

三 探索网络教学模式下函授教育专业教学计划和课程体系的改革与创新，修订专业教学计划

威海职业学院利用现代远程教育理念和实践对函授教育本、专科各专业教学计划和课程体系进行了改革与创新，修订完善了函授教育专业教学计划和课程体系，并汇编成册，得到了中国海大、山师大的认可，授权威海职业学院独立组织实施函授教育本、专科各专业教学。在远程化、网络化的教学模式下进行改革和创新。

1. 实行多年的"面授制"教学计划修改成"资源制"教学计划。适应函授教育远程化、网络化带来的变化，重新修订教学计划和教学大纲，在远程化、网络化的教学模式下，实行多年的"面授制"教学计划修改成"资源制"教学计划，体现远程化、网络化的特点，让学员的学习有充分的自主性，便于学员在网上自主学习各种信息资源。充分借鉴利用合作高校优质网络资源，注重资源先行。

2. 课程设置与教材选用要从工作岗位的实际需要出发。选择最基本的和最必需的内容，对学习内容的要求是"务实、急需、有用"，以培养成人学生的基本业务能力。其次，还要选择一定的新知识、新工艺，反映科技发展的新趋势，以培养成人学生的适应与发展能力。修订教学计划时，以适应市场经济对人才的培养要求为出发点，以知识的更新、时效为前提，以能力为本位，选择有用、有效、学员认可度高的课程和教材，取消与市场实际联系不紧密的课程和教材。新增了继续教育课程和职业岗位资格培训课程。

3. 教学计划及课程设置要根据实际动态调整。要根据市场变化动态调整课程设置，力求贴近社会、贴近行业、贴近生活，得到学员的认可。教学计划体系、课程设置、学习考试等，突破过去的框架给我们的制约，从实际出发，满足学员的需求。函授教育的学员 60% ~ 80% 以学历需求为主，所以管理者要从学员的角度出发，教育人，培养人。因此，教学计划中课程设置应该突出少而实用的特点，控制在 15 ~ 16 门，借鉴电大开放教育和现代远程教育新模式，确定教学计划中的公共基础课占 20%，专业基础课 25%，专业必修课（职业资格证书课程）25%，选修课 20%，实践环节（毕业论文）10%。

网络教学模式下函授教育专业教学计划和课程体系改革与创新，既要体

现远程化、网络化的特点，适应教学模式改革的需要，更要体现时代性和实用性的要求，重要的是激励学员学习的兴趣，提高学员学习的自主性，特别是提高学员的思想认识、责任意识，转变思维方式、工作方法，实现自我提升和发展。

（作者单位：威海职业学院）

"枫桥经验"与社会治理

威海市政法委员会

20 世纪 60 年代，浙江枫桥创造了"发动和依靠群众，坚持矛盾不上交，就地解决，实现捕人少，治安好"的"枫桥经验"，毛泽东同志批示"要各地仿效，经过试点，推广去做"。50 年来，浙江省坚持"为了群众、依靠群众、发动群众、就地解决问题"的基本精神不动摇，根据形势变化，不断丰富和发展"枫桥经验"，走出了一条经济社会协调发展的新路子。新时期的"枫桥经验"已不仅仅是社会治安综合治理的成功实践，还是平安中国、法治中国建设的精神力量，更是依靠人民群众促进经济社会又好又快发展的生动样本。通过学习考察"枫桥经验"，不仅对"枫桥经验"的核心内容和基本精神有了更加深刻的理解，同时也对威海市改进社会治理方式有了更加深入的思考，主要有以下五点启示。

启示一：学习"枫桥经验"，必须坚持群众路线，既着力解决群众最关心、最直接、最现实的利益问题，又尊重人民主体地位、依靠群众创新社会治理。"枫桥经验"之所以历久弥新，很重要的一条就是始终坚持群众路线，并在不同历史时期得到了传承、丰富和发展。我们创新社会治理，一方面，要始终把维护好、实现好、发展好人民群众的根本利益作为根本出发点和落脚点，及时解决群众最关心、最直接、最现实的利益问题，真正让群众安居乐业，使社会治理更具坚实的群众基础；另一方面，要牢固树立"一切社会治理过程都是做群众工作的过程"的理念，结合开展群众路线教育实践活动，不断创新密切联系群众的有效载体，积极探索群众参与社会治理的机制和途径，发挥人民团体、基层自治组织、各类社会组织和企事业单位的协同作用，推动社会各方更积极、更有效地参与社会事务管理。

启示二：学习"枫桥经验"，必须围绕发展大局，既加快转变经济发展方式，又全面提升社会治理水平。新时期的"枫桥经验"启示我们，只有把改革的力度、发展的速度和社会可承受的程度有机统一起来，在社会稳定中推进改革发展，通过改革发展促进社会稳定，才能形成保稳定、促发展、创和谐的强大合力，从根本上促进经济社会又好又快发展。我们既要坚定不移地推进经济发展方式转变，认真研究解决经济发展中存在的深层次矛盾和问题，加快产业转型升级，努力实现规模、速度与质量效益同步快速增长；又要树立"加快发展是政绩，社会治理也是政绩"的政绩观，将社会治理与经济工作同规划、同部署、同研究、同落实、同考核，最大限度地发挥社会治理在协调经济社会关系、预防化解社会矛盾、有效维护社会稳定中的积极作用。

启示三：学习"枫桥经验"，必须夯实基层基础，既搭建基础工作平台，又抓好基层工作落实。"枫桥经验"追本溯源，就是一个如何加强基层基础的经验，它发端于基层，作用发挥在基层，反过来又指导基层的工作，并在基层得到坚持发展。创新社会治理，只有基层基础工作扎实，才能实现"小事不出村、大事不出镇、矛盾不上交"。威海的政法综治和平安建设基层基础工作比较扎实，基层创安工作的"威海经验"至今仍在全国有着深远的影响，学习"枫桥经验"、夯实基层基础，威海市有着得天独厚的优势和条件。要重点学习浙江省"网格化管理、组团式服务"的经验，突出抓好县、镇社会管理服务平台和社区网格化建设，统筹上与下、条与块、政府与社会的各类资源，进一步加大向基层和一线倾斜的力度，加强基层政法综治组织建设，落实专门力量，确保有组织管事、有人员干事。

启示四：学习"枫桥经验"，必须更加注重治本，既解决现实问题，又强化源头治理。就地预防、化解矛盾是"枫桥经验"的核心内容。无论是诞生阶段作为调和阶级矛盾的经验、发展阶段作为解决治安问题的经验，还是新时期作为化解社会管理领域矛盾纠纷的经验，"枫桥经验"的实功就是化解矛盾，"枫桥经验"的战斗力和生命力就蕴藏于化解矛盾之中。在当前社会矛盾凸显的形势下，学习"枫桥经验"，必须紧紧围绕化解矛盾这个精髓，做到标本兼治、重在治本，从源头上预防和减少不稳定因素，实现"发案少、秩序好、群众满意"的目标。要坚持风险隐患掌握在始发，预警、预防落实在同步，化解、稳控跟进在源头，进一步拓宽社情民意表达和收集渠道，形成人民群众合法理性表达诉求、党委政府和相关部门及时有效解决问题的工作机制。

启示五：学习"枫桥经验"，必须弘扬法治精神，既运用法治思维治理社会，又依靠法治手段解决纷争。"枫桥经验"与法治建设有着密切的内在联系，其历史沿革、组织建设、工作机制客观展示了我国基层法治建设的过程。学习"枫桥经验"，要善于运用法治思维治理社会，健全依法治理机制，完善基层民主法治体系，构建法治化社会公平格局，并不断强化社会主义法治理念教育、增强广大群众法治意识，引导群众自觉把法律作为规范自身活动的基本行为准则，运用法律武器维护权益；善于依靠法治手段解决纷争，各级领导干部带头学法、尊法、守法、用法，做到有权必有责、用权受监督、违法要问责，在确保公正司法、规范执法的同时，依法调处各类纠纷，依法化解社会矛盾，努力形成办事依法、遇事找法、解决问题用法、化解矛盾靠法的法治氛围。

结合学习"枫桥经验"，就威海市创新社会治理提出如下建议。

一 做大威海市 12349 居家服务呼叫中心，健全联系群众、服务群众的工作网络

宁波的 81890 是宁波市海曙区委、区政府打造的公共服务平台，运行 12 年来，得到了社会的普遍认可。与 81890 相似，威海市去年成立了 12349 居家服务呼叫中心，不同的是威海市从成立之初就实行"政府引导、市场运作"的模式，在机制上更为灵活。当前，重点要在扩大范围、提升功能和规范管理上下功夫。一是扩大范围，构筑覆盖全市的服务平台。威海市的 12349 居家服务呼叫中心起步于环翠区，目前仅在乳山市设立分站，主要服务业务仍然停留在中心城区。下一步将在各市区统一推广 12349 运作模式，全市共用环翠区一处呼叫平台，集中受理三市四区的呼叫转接业务；在荣成、文登、乳山三市各设一处工作站，主要受理辖区内的回访调查、业务拓展等工作，形成网络全市覆盖、服务一体运作的格局。二是拓展功能，打造有求必应的服务品牌。与宁波的 81890 相比，威海市的服务功能较少，有实力的加盟企业也不多，在服务功能拓展上还有很大空间。下一步要进一步整合公共服务、公益服务及与居民生活相关的社会服务资源，积极拓展政务咨询、医疗服务、旅游指南、养老服务、法律援助等更多的服务项目，努力为群众和企业提供全方位、全天候的日常服务。三是强化管理，树立优质高效的服务形象。建立服务企业约束制度，推动 12349 与各加盟企业建立质量保证协议，凡信誉良好的企业向社会重点推荐，促使服务行业向健康方向发展。建立服务人员培训制度，在 12349 设立服务培训中心，对服务从业人员按统一标准培训，提升行业服务水平。建立服务质量保证制度，聘请法律顾问和消费者服务质量巡视员，处理因服务质量和价格等引起的纠纷，同时建立接线受理情况的

义务监督员队伍，与服务对象建立质量回访机制，不断规范服务行为。

二 做优县域社会管理服务平台，提升市域社会治理整体水平

目前，威海市正在全力推进县域社会管理服务中心建设，便民服务中心、综治维稳中心、群众工作站等工作力量进一步整合，各项基础工作进一步加强。下一步，立足市域一体发展的实际，重点抓好三方面工作。一是建立全市统一的基层社会管理综合信息系统。依托县、镇两级社会管理服务中心，在最大限度整合各类服务管理资源的基础上，在各市区、镇街推广应用环翠区开发的软件系统，切实做好信息采集、分析研判、视频监控、应急指挥、事件处理、考核评估等基础工作，建立全市统一联网、跨区域、跨部门的综合信息网，并在实践中不断创新和完善。二是构建一体联动的网络管理模式。依托县级社会管理服务中心，整合宣传、公安、经信、新闻单位等各有关方面的网络管理资源，建立县级网络管理中心，由宣传部门负责管理，主要开展正面宣传、舆情导控、矛盾化解、网络问政、民生服务等工作，实现"正面声音响、负面舆情少、服务功能强、网民反映好"的目标。三是健全功能完善的社区综合服务中心。加大社区基础设施建设力度，高标准建设一批综合性社区服务中心，从解决群众实际问题做起，引导卫生、科技、文化、教育、法律等服务进入社区，有序推动金融、通信、邮政、供气、供水、供电等公用事业在社区布网设点，让群众不出社区就能享受到便利的社会化服务，使涉及群众切身利益的问题不出社区就能得到解决。

三 做实网格化社区管理模式，推动基层基础工作再上新台阶

今年以来，威海市按照每200～300户一个网格的标准，积极推进社区网格化管理，各市区和镇街都落实了网格长、协管员、联络员、监督员"一长三员"，建立了工作制度，在社会治理中发挥了积极作用。当前，要在网格管理的精细化、规范化上下功夫。一是扩大覆盖范围，做到管理无盲区。目前在网格划分上主要集中在村和社区，机关企事业单位、公共服务场所等其他区域大多尚未纳入网格。下一步，要抓好统筹规划，科学划分网格单元，确保辖区全部纳入网格管理，确保不留空白区域。二是落实管理力量，做到网

格有人管。把综合治理的理念纳入网格管理之中，组织镇街及公安、工商、民政、人力资源社会保障、教育、城管、卫生计生、房管、安监等部门力量下沉、重心下移，把服务管理工作最大限度地延伸到网格内，真正把网格做实，形成"块抓线保、整体联动、综合管理"的工作格局。三是落实保障措施，做到工作有人干。将现有的计生、环卫等工作经费，一并纳入网格管理专项经费，统一管理使用，在此基础上积极探索市场化、多元化经费保障机制，调动网格管理人员的工作积极性。

四 做细矛盾纠纷防范化解工作，
掌握维护社会稳定的主动权

近年来，威海市推行了社会稳定风险评估、社会矛盾分析研判等源头防控机制，构建了人民调解、行政调解、司法调解"三调联动"的基本框架，在化解矛盾、维护稳定方面发挥了重要作用。当前，要积极借鉴外地防范化解矛盾纠纷的好经验、好做法，结合威海市实际从三个方面入手。一是加大源头防范力度。大力发展信息员队伍，坚持"脚板＋网络"的工作模式，既坚持日常走访排查，又推广镇街微信平台、网络信息采集系统、矛盾化解视频系统等信息化手段，加强对社情民意的收集研判，做到苗头早发现、问题早解决。对涉及群众利益的重大决策事项做到社会稳定风险"应评尽评"，切实维护人民群众合法权益，从源头上减少矛盾发生。二是推进调解组织全覆盖。学习、借鉴浙江各地居民议事会、"和事佬"协会、和谐促进会、冠名"调解工作室"等成功经验和做法，确保所有镇街、村（社区）、行业、企业、单位都建立调解组织，努力做到哪里有人群、哪里就有调解组织。三是完善行业性、专业性调解机制。建立行业性、专业性专家人才库，供解决群众利益诉求时选择使用。对威海市已有的交通事故、医疗纠纷调处机制进行完善，本着解决当事人利益诉求的原则，推进保险公司和法官入驻办公，实行"三调"联动、综合处理，并与医疗救治、法律援助、社会救助等力量密切配合，构建矛盾纠纷一条龙处理、一站式化解体系。在此基础上，在劳资、建设、国土、工商等重点领域建立行业性、专业性调解机构，鼓励行业协会设立调解组织，努力做到矛盾纠纷不出行业、不出系统。

五　做强公益性、服务性社会组织，形成社会 协同、公众参与的社会治理格局

威海市近几年社会组织发展较快，登记和备案的总数达到2232个，其中公益性、服务性社会组织占到90%以上。在多元、多样、多变的社会背景下，激发社会组织活力、调动方方面面的力量共同参与社会治理显得越来越重要。一是建立引导服务机制。根据群众的个性化需求，有针对性地培育、孵化创新性强、有发展潜力的社会组织，为其提供场地设备、专业培训、信息共享、成长评估、资源拓展、注册咨询等服务。加强对社会组织的政治引领和规范管理，吸收优秀社会组织的党员负责人进入社区党委，引导社会组织建立专业化的组织结构，创新管理模式，规范运作程序，充分发挥在提供社会服务、解决社会问题、促进社会和谐中的积极作用。二是引入公益创投模式。出台《威海市公益创投项目管理办法》，为社会组织公益项目的创业和发展搭建平台。每年通过媒体向社会组织征集公益服务项目，经专家团队评审确定有价值的项目作为年度公益创投项目，由政府投资、企业认购、基金会投资、社会捐助等方式进行资助。承办项目的社会组织与民政部门签约，对项目的实施区域、实施时间、实施内容、服务人群、服务计划、服务效果等做出约定，项目实施过程中由各级民政部门分级管理监督，项目结束后组织项目评估并进行财务审计。通过开展公益创投，吸引更多的社会组织加入到公益服务的行列，以微公益聚合正能量。三是实行政府购买服务。根据转变政府职能的要求，进一步拓宽社会组织协同治理的领域，社区事务、养老助残、社会救助、法律援助等社会服务事项和部分基本公共服务事项，应通过竞争性方式选择承接政府购买服务的社会组织，满足社会的多样性需求。根据"费随事转"的原则，通过"政府出资购买、社会组织承办、事后评估兑现"的方式，由财政投入资金用于购买社会服务，通过社会服务资源的有效整合和专业社工服务机构的积极介入，提高政府公共服务的供给能力。

（作者单位：威海市政法委员会）

推进威海农民市民化对策研究

李永玲

农民市民化是世界各国城市化发展的必然，是现代社会结构变化不可逆转的大趋势。我国目前仍处在城镇化快速发展阶段，吸纳农村转移人口在城镇落户定居，使更多的人口以城市市民的社会身份享受现代文明，是统筹城乡发展的重大任务。虽然到 2012 年年底威海的人口城市化率已达 59.25%，高于全国平均水平，但作为沿海发达地区，如何通过农民市民化加快推进新型城市化进程，依然是当前和今后一个时期需要认真研究和解决的重要课题。2012年 12 月，威海市经济工作会议明确提出了有序推进农村居民市民化的要求。

一 推进农民市民化的价值与意义

正确理解"农民市民化"的含义，首先必须搞清楚"农民"与"市民"这两个概念。所谓"农民"，是指身份为农村户口，长期或固定居住在农村，以农业劳动为主要职业，日常生活方式表现为与农村社区相符的一类群体。所谓"市民"，是指身份为城市户口，长期或固定居住在城市，从事非农业劳动，日常生活方式与城市社区相符的一类群体。两者的区别在于：一是居住场所，前者一般居住在农村，后者一般居住在城镇；二是收入来源，前者以农业生产为其主要收入来源，后者则以非农产业为其主要收入来源；三是思想意识、行为方式和生活方式，前者与农村文化相连，而后者与城市文化相连。所谓"农民市民化"指借助于工业化和城市化的推动，让生活在农村的大部分农民，进入城市从事非农产业，其身份、地位、价值观念及工作方式、生活方式和交际方式向城市市民转化的经济社会过程。简而言之，农民市民化就是让农村人变为城市人。

（一）破解"三农"问题的有效途径

根据国外经验，推进农民市民化是解决"三农"问题的一条有效途径。各国在发展初期普遍存在"三农"问题和大量农村剩余劳动力，最终都通过推进农民市民化的办法得到解决。诺贝尔经济学奖获得者刘易斯认为，缩小城乡差别的途径是将大量农村剩余劳动力转移到现代工商业部门，这样做可以"一箭三雕"：既可以提高转移劳动者的收入，又可以缓解传统农业部门耕地不足与劳动力过多之间的矛盾，还可以扩大现代工商业部门的规模，从而进一步增强对农村剩余劳动力的吸引功能。我国之所以存在严重的"三农"问题，其根本原因是农村人口和农村剩余劳动力过多，而相应的是土地资源短缺，土地报酬递减趋势日增，生产率提高缓慢而成本迅速提高。如果不将农村剩余劳动力从农业部门转移出去，农业生产率的提高、农民收入的增加、传统农业的改造和提升均无从谈起。威海向来人多地少，人地矛盾更为突出，尽管农村人口逐年减少，但依然存在大量的剩余劳动力，而解决这些剩余劳动力的根本出路在于向城市转移，变农民为市民。只有减少农民、增加市民，从根本上改善城乡资源配置，才能扩大农业经营规模和农产品市场规模，才能为发展现代农业、持续增加农民收入创造条件，才能富裕农民和繁荣农村。

（二）推进城市化健康发展的核心环节

城市化是人类社会发展的必然，是人类文明进步的标志。"城市化"概念通常被用来指社会经济、人口、生活样式等由农村型向城市型转化的过程。城市化绝不仅仅是一个城市人口增加的简单的数字增长过程，而是农民如何转变为市民的过程，也就是农民通过学习市民的生活方式、思想意识、人际交往等而成为真正意义上的市民的过程。城市化是农民市民化的必要前提条件，而农民市民化是城市化的结果和目的。李克强总理指出，新型城镇化是以人为核心的城镇化。孙述涛书记在就威海城镇化问题接受新华社采访时也提出："新型城市化最核心的是人的城市化，而推进人的城市化，最关键的是要让更多的人享受到城市带来的机会和便利，尤其是要让市域内更多的农村居民改变生产生活方式，到城市居住、就业和生活，真正实现农民市民化。"世界上所有发达国家都不是以农民为主体的国家，英国农民只有3%，美国是6%，日本是16%，韩国是20%。农民市民化程度如何是检验城市化发展健康与否的重要标准。要推进威海城市化健康发展，必须高度重视农民市民化问题。

（三）促进社会和谐稳定的重要举措

进城务工经商农民长期处在城市的边缘，融不进城市社会，享受不到应有的权利，必然会累积很多矛盾，不仅他们自身的合法权益难以得到保护，也会导致农民工对城市社会普遍怀有疏离感和缺乏责任意识，处理不好还会产生重大的不稳定隐患。要让流动的农民工稳定下来，办法不外乎两个，一是统筹城乡发展，逐步缩小城乡差别，增强农村对农民的吸引力，让农民工回乡生活；二是加快城镇化进程，提高城市的容纳能力，使进城务工经商的农民成为真正的城里人。根据相关资料（见表1）推算，目前威海市的农村人口中进城务工经商者已有20多万人，在全市250多万户籍总人口中的占比与全国相近（13亿人口中有1亿多农民工），因此，加快推进农民市民化，是威海社会和谐发展的明智之举。

（四）建设现代化幸福威海的题中之意

建设现代化幸福威海是2012年威海市第十四次党代会提出的发展目标。孙述涛书记在讲话中指出："建设现代化幸福威海，最根本的是让人民群众过上幸福生活。"幸福威海必定是全体威海人民的幸福威海，而不仅仅只是威海城市居民的幸福威海，占总人口40%多的农民生活幸福与否直接关系到现代化幸福威海的建设成效。如果威海农村居民生活质量不高，那么现代化幸福威海目标就难以实现。尽管威海市经过20多年的发展，已达到全面小康的标准，但城乡差距依然严重存在，农村居民的生活依然处于较低水平，2012年城市居民人均可支配收入28630元，农民人均纯收入13962元。可见，推进农村居民市民化，缩小城乡差别，把改革发展的成果体现在提高广大人民群众的收入水平和生活质量上，仍是威海经济社会发展的重要任务。为此，全市经济工作会议将加快推进新型城市化建设、以新型城市化带动市域一体化作为建设现代化幸福威海的重要途径，提出有序推进农村居民市民化的要求。

二　威海推进农民市民化的探索与成效

（一）以城中村改造助推农民变市民

威海市是从一个边陲小镇发展而来的，市区建成区面积在新中国成立初为4平方公里，1978年为6平方公里，1987年为13.1平方公里，到2007年年末达到 109 平方公里，建市 30 年间扩大了 8 倍多。在城市化快速发展过程中，出现了大量城中村，由于土地被征用，原村民成为没有土地而居住在城里的农民。为了让城中村农民共享城市文明成果，2007 年 8 月，市委市政府在认真调查论证、广泛征求意见的基础上，适时提出用三年时间彻底解决市区城中村问题。在城中村改造工作中，各级坚持以人为本，重视民生、关注民本，注重维护群众的切身利益。经过各方合力攻坚，三年间中心市区 77 个城中村、342.2 万平方米民房全部完成拆迁，近 10 万群众全部搬进新居。城中村群众的生活条件得到了全面改善，财产性收入大幅度增加，过上了真正意义上的城市生活。

（二）努力实现进城务工农民的"同城待遇"

近年来，威海着力解决外来务工人员户籍、子女入学、社会保障等方面的问题，实施"新市民"政策，落实"同城待遇"。一是消除户籍壁垒。2004 年 10 月 1 日，威海市决定在全市范围内取消农业、非农业户口性质的划分，在全省率先进行户籍制度改革，取消对农民工户籍登记的不合理限制，允许在市区有稳定住房、稳定职业和稳定收入的农民工登记为城镇户口。二是共享免费义务教育。实施农民工子女"无门槛"入学，使其在就近入学、会考、毕业鉴定等方面享受与本市居民子女同等免费义务教育待遇。三是社会保障均等化。在城乡各类用人单位，农民工作为企业职工，依法参加企业养老、医疗、失业、工伤、生育等各项社会保险，享受与城镇职工同等的社会保障待遇。实施农民工"平安计划"，在全省率先建立了农民工优先参加工伤保险的"绿色通道"。

（三）适时推进"村改居"和集体资产改制

近年来威海各市区适应城市建设和发展的需要，结合旧村改造，扎实推进"村改居"工作，不断提升城市建设和管理水平。对完成名称调整的"村改居"社区，及时进行管理体制改革，让村民和居民一同享有社区服务，一同行使社区的民主管理职权，切实保障原村民享有应得利益。按照先易后难、先试点后推开、社区经济管理和居民事务管理相分离的原则，积极稳妥地推进"村改居"社区管理体制改革工作。在充分尊重民意、确保原村民利益得到保障的前提下，对"村改居"社区集体资产进行评估、量化、确权，通过股改把集体资产量化到集体成员身上，使村民在转换身份、拆迁安置后仍然依法享有原集体经济组织的资产和收益。在此基础上，按照城市社区建设的有关要求，重新划定社区，成立社区自治组织，开展社区服务等工作。

（四）以小城镇聚集引导农民进城

威海市 50 个建制镇中有 21 个镇分布在沿海一线。2009 年以来，威海市将农房建设与小城镇建设、新型城镇化和城乡一体化有机结合，作为小城镇建设的重要引擎，率先从自然条件独特、经济基础雄厚、最具发展潜力的沿海小城镇入手，先行突破，示范引路。在全市沿海小城镇启动了 149 个农房集中建设项目，以农房建设推进小城镇建设，以小城镇建设带动农房建设。在加快建设城乡综合交通网络体系的同时，强化基础公益设施建设，重点推进公共财政投入和基础设施建设向沿海小城镇、中心社区倾斜，以资源集中带动人口向沿海小城镇聚集。为解决农民聚集城镇后在思想观念、生活方式、消费行为等方面一时难以适应的问题，市委市政府坚持以人为本，充分征求和尊重农民意愿，制定实施引导农民融入城镇的配套过渡措施。

三　威海农民市民化面临的困惑与阻力

（一）表象：农民落户城市意愿平淡

时下很多人认为，农民市民化的最大障碍就是户籍制度限制，农民对于城市是"想进不能进"，似乎只要取消户籍限制，农民就会蜂拥而至，落户城市。通过调研发现，这种情况可能只是北上广等大城市的现状，而目前全国已有包括山东省在内的 13 个省取消了城乡户籍界限，统一以"居民"身份登记户口，换言之，在许多中小城市里，户籍已经不再是农民进城不可逾越的屏障。具体到威海市，域内居民落户基本上"无门槛"，域外人员落户威海市区只有极低的"门槛"限制，也就是说，现在威海农民进城几乎是"想进就能进"。而从调查情况看，威海农民落户城市意愿平淡，出现"能进不想进"的现象。据市公安局的统计，截至 2012 年年底，在威海城镇务工经商的农村居民（包括市域外）有 18.45 万人，其中居住 3 年以上的有 2.59 万人，近半数暂住 1 年以上。威海市近 118.4 万名农村居民中，有近 20.7 万人在外经商务工而户口依然留在本村，其中约 14.1 万人长期居住在城里而户口依然留在本村（见表 1）。从威海目前的户籍登记管理制度看，这些尚未落户城市的农民工，绝大多数是主观不想而非客观不能。甚至不少之前已经落户的农民还想方设法地把户口迁回原村。在调研中，市户籍管理科室的干部们谈及一种现象：十年前是许多人想尽办法要将农村户口迁入城里，近几年情况完全相反——许多人想尽办法要将城市户口迁回农村。这与全国情况大致相同，许多农村地区农民进入城镇落户的意愿也在减弱，据江苏的统计，"不愿意落户"城市的比例占 59.6%。据华东师范大学社会学研究所所长、博士生导师文军带领的团队历时两年的问卷调查，53.8% 的上海郊区农民不愿变成市民，一些已经转变身份的人甚至向政府提出，要求重新从市民变回农民。

表 1　威海市农村居民就业状况调查

单位：人

户籍总人口	户口在本村，并居住在本村（不论是否在外务工经商）	户口在本村，本人在威海市区务工经商		户口在本村，本人在县城务工经商		户口在本村，本人在市域外务工经商
		在外居住	本村居住	在外居住	本村居住	
1184388	1043078	43637	26213	45942	71541	19443

（二）实情："农民不愿进城"是一种假象

农民真的是不愿进城吗？人类建造城市的重要目的就是提高生活品质，正如上海世博会的口号所言，"城市，让生活更美好"。中国改革开放 30 多年以来，城乡巨大差距不仅体现在城乡之间收入的差距，更重要的是在公共基础设施、教育、卫生、社会保障和就业等方面。城市比农村更发达、更文明、更美好，过上和城里人一样的生活，无疑会是广大农民梦寐以求的事情。李克强总理在今年 3 月 17 日会见采访十二届全国人大一次会议的中外记者时讲道："我在农村调研的时候，经常和农民们聊天，他们在谈到对未来生活的愿望时，不少人用一句简洁的话来表达，说是希望过上和城里人一样好的日子。"从威海市的问卷调查结果看，81.9% 的被调查农民希望自己的子女落户城市，足以证明威海农民对城市的向往之情。而且，许多进城打工并居住在城里数年的农民工，他们的收入来源、行为方式、生活习惯已经市民化了，这部分人虽然没有将户口迁入城市，但已经是事实上的城里人了。因此，"农民不愿进城"只是一种假象。

（三）缘由：留恋与顾虑并存

理性地分析，导致"农民不愿进城"的原因不外乎两方面：一是农民对农村有所留恋，二是农民对城市缺乏信心。

1. 农民不愿放弃农村

一是文化伦理因素。长期以来，我国农村以宗亲血缘关系为纽带，形成了自给自足的小农经济基础上的血缘文化体系。在农村以血缘为纽带的社会里，农民凭借着自发溶进血脉之中的传统、风俗、习惯、经验等农村文化的基因而自发地生存，造就了血缘枝蔓交错、相互缠绕的人情社会、熟人社会，亲朋邻里之间关系融洽和谐，大多数农民对故土有着天然的归属感、认同感和眷恋心理，不愿离开熟悉的村庄和乡邻，到陌生的地方居住便无所适从。"离土不离乡、进厂不进城"，即便是在城里务工经商，节假日和闲暇之余也要回乡，因为只有回到生于斯、长于斯的农村，才能找到身份的认同感和存在感。这些人像"候鸟"一样在城市和乡村之间迁徙、流动，把流离于城乡之间作为理想的生活模式。威海城乡之间的距离极短，全域东西最大横距只有135公里，南北最大纵距只有81公里，最多两小时的车程就可以完成一次城乡转换，便捷的行程，更加鼓励了农民工在城乡间的游走。这种小农思想和行为，不仅容易把农民工束缚在狭隘的社会关系网络之中，而且不利于农民工的城市社会资本的积累，最终造成市民化的社会动力不足。

二是物质利益因素。无论是承包用地还是宅基地，对农民而言都意味着退路和利益。在中国这些年的城镇化进程中，按现行政策规定，农民通常要退出土地才能获取市民身份、市民待遇，即通常所说的"以土地换户口"。土地是农民的命根子，不仅具有家庭粮食安全和就业保障的功能，还显示日益重要的财产收入功能，一些农民虽然人进了城，心却还留在农村，户籍留在农村，产生恋土情结，没有背水一战的决心和勇气，依然把土地看作最后的庇护地，一旦在城市难以立足，在农村还有一个安身之所，通过土地权益的分享，农民还能获得财产性收入。因此，大部分农民进城定居，看中的是城市打工的收入和子女的上学问题，但不愿轻易放弃承包地和宅基地，如果把"双放弃"作为农民进城的先决条件，那他们中的绝大多数宁可放弃进城。国务院发展研究中心的一项调查显示，"84%的农民工希望进城定居后能保留承包地，67%的农民工希望能保留宅基地"。这也是威海市14多万名农民进城定居却将户口留在本村的原因所在。城市化进程的加快，带来土地价格的日益凸显，不少农民也看到农村承包地、宅基地的潜在升值空间，不会为了一个目前已经"含金量"不高、附着福利不多的城市户口而轻易放弃土地权利。此外，近些年来不断增加的惠农补贴及一些村落的征地拆迁补偿、集体经济福利等利益，也平添了农村户口的价值。为了这些现实的利益，一些进城定居多年的农民工始终保留农村户口，其中不少人为了上学子女享受到教育的

"同城待遇"而想方设法将孩子的户口挂靠迁入城市。

2. 农民对城市生活信心不足

一是生活成本高。与农村生活相比，城市生活无形中加大了人们的生存成本。农民进城后衣、食、住、行等费用都远远高于农村。"衣"——农民干农活时可以穿得差一点，而进城后自然要穿着体面些，服装就是很大的一笔开支。"食"——在农村，农民吃自己种的粮食、蔬菜，烧庄稼秸秆，基本不产生费用，而在城市这些都要花钱买，买煤气要钱、买粮买菜要钱，甚至喝水都要钱。"住"——农民在自己的宅基地盖房，付出的只是一些建筑材料费，进城定居则需要买房或租房，而当前居高不下的房价令工薪阶层人都不寒而栗，何况农民。"行"——农村居民除远行外，在村里活动基本不发生交通费用，而进城后由于空间大，只要外出基本上都需要花车费。此外，进城生活必然比农村多出很多开销之处，城市物价又普遍高于农村。总之，高昂的生活费用，足以使有进城想法的农民望而却步，甚至对已经进城的低收入农民工产生了"挤出效应"。

二是就业创业难。调研发现，农民最关注的就是进城后靠什么生活，即收入来源问题。升高的生活成本需要足够的收入支撑，所以赚钱对他们来说尤为重要。但进城农民要找到满意的工作岗位确非易事。一方面，在国内就业形势相当严峻的现阶段，与大学毕业生、退伍军人等求职群体相比，农民由于受教育程度普遍较低，接受新知识、新事物的能力较差，很难在城里找到一份收入可观的稳定工作；另一方面，随着经济发展水平的提高和新兴产业的兴起，社会对劳动力素质的要求越来越高，缺乏技能培训的进城农民的就业领域将越来越窄。现实中，中年以上农民找到的工作多是清洁之类的重活、脏活，而且收入很低。当然，自主创业也是赚钱的重要途径，但创业所需的本钱和能力也是农民很少拥有的。于是，没有一定的赚钱渠道做基础，多数农民不敢轻言进城生活。

三是缺乏安全感。农民虽然可能向往城市生活，但绝大多数受调查农民害怕融入城市生活。在农民市民化过程中，进城农民的新市民群体生活结构会面临一系列的挑战，除了日常生活成本增加的烦恼外，还有邻里交往的阻隔、社会网络的中断、社区认同的丧失等一系列新问题，加上目前的城市基本社会保障水平不足以维持生活底线，因此很容易产生不踏实感和不安全感。由于安全短缺问题突出，会反而转向回归寻求低度安全，希望保持既有的、比较稳定的生活方式、生活网络、生活感觉。在农村老家，至少还有一块土地做最低生活保障之用，而在城里稍有闪失，现有的社会安全网难以满足其需求。由于在城里看不到自己的前景，对自己的未来感到迷茫，缺少安全感，不知道能不能在城里待下去、待多久，于是一些进城农民在社会交往和社会网络方面，不得不同时顾及两套生活前景的需要，无法把主要精力放在城市经济生活和社会生活的适应上。

四　推进威海农民市民化的对策建议

（一）坚持五条原则，树立农民市民化的正确理念

一是尊重民意。市民化的主体是农民，必须充分尊重农民的意愿。即便政府推进农民市民化的动机是纯洁的、合乎道德的，也不能搞"被上楼""被市民"。强迫民意，受损的将是政府的公信力。

二是让利于民。"无利不起早。"既然政府要积极推进农民市民化，就要舍得下本钱，在城市功能设施、社会保障、公共服务等方面加大投入，让农民看到进城的现实利益。同时，还要严格防范和坚决打击拆迁征地过程中与民争利、侵害农民利益的行为。

三是注重内化。农民市民化，要义在"化"。农民市民化既不仅仅是农民社会身份和职业的一种转变，也不仅仅是农民居住空间的地域转移，还是一系列角色意识、思想观念、社会权利、行为模式和生产生活方式的变迁，是农民角色群体向市民角色群体的整体转型以及城市生活的再社会化和结构化的过程。因此农民要变成市民是一个相当长的过程，其间不仅要关注身份改变，更要关注内在变化，注重用城市社区文化将进城农民"化"为真正的市民。

四是分类推进。农民市民化不能一哄而上、追求速度，要因势而导、有序推进。威海目前有待市民化的人口大致有三类：一是从事农业劳动的地道农民，二是忙时种地、闲时进城打工的二性农民，三是户口仍留在农村的进城务工经商并居住在城里享受城市资源的"假"农民（也即事实上的市民）。对于第一类，在做好思想动员工作的同时，通过农业现代化和城镇产业化带动，引导其向城镇聚集；对于第二类，要通过土地流转、就业服务、住房保障等制度创新，促其进城工作与生活；对于第三类，要用"老人老办法、新人新办法"的政策"断其后路"——对进城多年不肯落户、"吃着锅里想碗里"的农民工（"老人"），通过土地流转市场化、村集体资产股权化、取消外出务工居住村民选举权（由于贿选的存在，时下三年一度的村委选举越来越成为许多村民不愿放弃的"获利"机会）的办法，对其离开本村后出生的

子女（"新人"）采取不准回村落户、断绝"新人"沾农民身份"便宜"机会的办法，促其尽快落户城市。

五是产业支撑。城市化要有大规模产业的支撑。产业是立城之本、兴市之基，是城市发展的推进器。如果城镇没有产业的支柱，农民即使进了城无处就业，也还得狼狈出城。城市化与工业化相互促进，协调发展，是世界上许多国家实现现代化的基本经验。

（二）加快农村产权制度改革，消除农民进城的利益羁绊

一是要推进土地制度改革。无论发达国家还是发展中国家，在城市化过程中一般是进城农民卖掉或出租自己的土地和房产后带着一笔资产进城。农地流转收益，是农民融入城市的物质条件。在城镇化过程中，不能把"双放弃"（放弃承包地和宅基地）作为农民进城落户的先决条件，更不能强制性要求他们退地。首先，要加快农村集体土地所有权、集体建设用地使用权、宅基地使用权等确权登记发证工作。其次，要在坚持家庭联产承包责任制以及统分结合的双层经营体制的基础上，创新土地流转制度，鼓励土地多种形式流转。允许农民以转包、出租、互换、转让、股份合作等形式流转土地承包经营权。农户可自行流转，也可委托集体经济组织或土地流转服务组织集中流转。允许农民以土地换城镇就业和社会保障，从而永久转让土地承包经营权，形成农民退出农业和农村的机制。最后，要探索建立农村产权交易制度，建立农村产权交易市场，对在城镇有稳定职业和固定住所的进城农民，自愿腾退住宅和宅基地的，运用市场机制，折价进行补偿，鼓励本集体经济组织成员间的住宅有偿转让，逐步将农民在农村的资产变为农民进城创业的资本，推动农民变市民。

二是要推进农村集体经济组织产权制度改革。农村集体资产不明晰，是许多农民进城生活却把户口留在农村的重要原因。尽早明晰产权、量化到人，有利于定居城市的农民安心落户城市。首先，对村集体所有各类资产进行全面清理核实，依法界定所有权归属关系，并登记造册。其次，进行资产量化，合理圈定折股量化的范围、方式等。再次，进行股权设置，讨论决定集体股、个人股设置比例；个人股的界定，以户籍、履行村民义务、享受集体分配等情况为依据，确定股权分配对象、股权配置比例。最后，注册登记，颁发股权证书，作为参与管理决策、享受受益分配的凭证。

（三）提高社会保障水平，增强农民进城的安全感

健全的社会保障是农民变市民的重要安全网。目前，威海的社会保障已经基本上实现了全覆盖、保基本的目标，教育、卫生等公共服务也基本上达到了均等化的要求。因此，在推进农民市民化的过程中，除了继续在覆盖城乡居民的社会保障体系建设、城乡公共服务均等化上下细功夫外，更重要的是要加大财政投入力度，提高社会保障水平。

社会保障制度作为一种收入再分配手段，事关广大社会成员的切身利益。影响社会保障制度的原因有经济的、社会的、政治的多方面因素，但综观世界各国的社会保障制度，最终是由其经济发展水平所决定的。人们通常把社会保障支出占国内生产总值（GDP）的比重，作为衡量社会保障支出水平的主要指标。我国社会保障支出水平总体偏低，目前我国社会保障支出占 GDP 总量的 5% 左右，世界大部分国家社会保障支出占到 GDP 的 30% 左右，瑞典和芬兰分别达到了 35% 和 38%，连美国这一举世闻名的非福利国家社会保障支出占 GDP 比重也在 20% 左右。社会保障水平应该同经济发展水平相适应。据统计公报公布的数据测算，2012 年，全国人均 GDP 不到 4 万元，威海已突破 9 万元。依据威海目前的经济发展水平，社会保障水平不能仅仅满足于达到全国平均标准，而应大幅提高，至少应保证社会保障支出水平与 GDP 同步增长。由此，今后要适时提高新型农村和城镇居民基础养老保险金标准，稳步提高城镇居民基本医疗保险、新型农村合作医疗的人均筹资标准和政府补助标准，提高人均卫生公共服务经费支出标准和教育经费支出标准。

（四）千方百计扩大就业，破解农民进城的生活来源难题

就业直接关系到一个人的生存。就业是农民向市民转移的根本条件。没有这个条件，农民就难以在城里站住脚。拓宽就业渠道是激励农民进城的关键所在。

1. 要多渠道增加就业岗位。一是积极推进工业化进程，大力发展劳动密集型产业和传统简单技术产业，创造大量的就业岗位，充分吸纳农村富余劳动力。二是大力支持发展以中小企业为主体的劳动密集型企业。这种小企业市场敏感度强、投资少、就业容量大，因而是解决农村剩余劳动力进城就业的重要企业形式。三是结合农业产业结构调整，从开发现代农业中创造新的就业岗位。推进农业规模化、专业化生产，大力发展与农业产前、产中、产后相配套的服务经济，大力发展现代农副产品深加工，延长农业产业链，促进农村劳动力由第一产业向第二、第三产业转移。四是支持提供城镇公共服

务管理等公益性岗位，帮助就业困难人员实现就业。

2. 要进一步完善创业扶持政策。积极鼓励农民工以创业带动就业，通过在基础设施、政策扶持、配套服务、产业引导、人才供给、土地优惠等方面给予农民工创业系统的支持，营造农民工创业的良好小环境。对于农民工的新创企业可以规定在一定期限内实行免税政策或者优惠税率，对于在解决就业方面贡献突出的企业实行优惠税率或者实行"先征后返"的办法。

3. 要加强就业服务。建立健全面向全体劳动者的职业培训制度，完善覆盖城乡的公共就业服务体系。要进一步完善面向农民工群体的就业信息服务工作，以相关部门为组织依托，以报刊、广播电视、网络、社区报栏等为载体，定期向农民工免费提供本地区的劳务信息，促使劳动力供需双方有效对接，提高劳动力市场流动效率。要完善工资保证金制度和劳务管理监管制度，加大对用工单位的管理过程和工资支付环节的监管力度，确保管理过程人性化，工资发放及时、足额。

（五）创新住房保障模式，确保农民进城"住得下"

一是要按照"政府主导、社会广泛参与"的原则，采取政府投资建设、社会投资建设、开发项目配建、产业园区集中配建、利用集体建设用地建设等方式，建设一批功能齐全、设施配套的保障性住房和优惠房，满足转户农村居民的住房需求。二是要在总体规划上把低收入的农民工群体纳入统一的保障性住房体系中，让他们在保障性住房的申请和分配方面享有与城市居民相同的待遇。住房成本虽是农民工承担，但政府要以城镇居民人均居住成本为标准，将常年就业农民工的居住问题纳入地区居民住房保障范围。三是要实施灵活多样的货币补助政策，鼓励转户居民购买经济适用房、优惠房、商品房。四是要运用土地、财税、金融等多种政策工具，发挥市场机制作用，形成保障性住房资金来源的多元化。五是要比照廉租房政策，在农民工集中的开发区和工业园区、城中村改造区、城乡接合部等区域建设相对集中的农民工公寓，以及其他适合农民工特点的保障性住房。鼓励用工企业为农民工提供满足基本居住需求、符合安全卫生标准的工作宿舍。改善农民工集聚区的生活环境，规范低端房屋租赁市场。探索由集体经济组织利用农村建设用地建立只许出租、不得出售的农民工公寓。此外，要实施物权抵押质押，对农民购买具有完整产权的农村集中居住区住房，给予普通商品住房按揭贷款政策。这也是落实国务院当前楼市调控的具体措施，因为解决农村住房消费，既是保障性住房的重要内容，也有利于控制城市住房价格。

（六）加强社区文化建设，培养进城农民的归属感

户籍的转变只是市民化的开始，而从生活方式、价值观念、行为模式、社会角色等方面自觉完成从农民到市民的再社会化过程，才是新生活的关键。如果进城农民不能真正市民化，将导致很多问题，使得农民市民化也被"问题化"。因此，需要对新市民群体进行角色再造。这种角色再造需要依托于社区文化。社区文化是社区建设的灵魂，也是城市文化的基石。要通过社区文化活动培养新居民对社区的认同感、归属感，提高新居民的文明素质和精神境界，促进新老居民的人际关系和谐。

1. 要加强社区文化阵地建设。要采取新建、扩建、改建等办法，加快推进以社区文化广场、社区文化活动室等为主体的社区公共文化设施建设，形成结构合理、功能健全、实用高效的社区文化设施网络。要千方百计地用活、用好、用足现有的社区文化设施，提高社区文化设施的使用效率和社会效益，杜绝因外包私用而将社区文化活动场所变成封建迷信、淫秽、色情、赌博等低俗文化和有害文化的传播基地。

2. 要抓好社区文化队伍建设。要按照政治强、业务精、素质高、作风正的要求，建设一支以业余骨干为主、专业人员为辅的社区文化辅导员队伍，深入实际、深入生活、深入群众，负责组织、指导社区文化活动，增强社区文化建设的生机与活力。要培育具有社区特色、业务精、素质高的社区文化骨干队伍，定期开展专业培训，为开展社区文化活动服务，增强社区文化骨干的业务素质和工作能力。

3. 要丰富社区文化活动内容。要坚持贴近社区实际、贴近社区居民生活，开展丰富多彩、生动活泼的社区文化活动，充分考虑传统文化与现代文化、乡土文化与外来文化、通俗文化与高雅文化的结合，从文化娱乐、休闲健身、环境美化、科技普及、艺术培训等方面充实社区文化内容，引导社区居民自觉参与社区文化活动，保持社区文化活动旺盛的生命力。

（作者单位：中共威海市委党校　课题组成员：邢鲁勇　郑玉婵）

创新乳山市农村社会管理格局

刘家强

面对不断变革的社会情势，党中央提出加强和完善社会管理战略。与此相对应，解析影响乳山市农村社会管理的各种因素，创新农村社会管理格局，已是当务之急。

一　影响乳山市农村社会管理因素

1. 管理主体方面。管理主体职责明确、各负其责、协调配合是实现有效的社会管理前提。目前，乳山市农村社会管理的主体主要有农村基层党组织、村委会和其他村民管理组织，但其运作尚存在不足，直接影响着管理的效果。

一是存在农村基层党组织的领导核心功能弱化现象。党在农村社会管理中发挥政治、组织及思想领导作用的前提是要有一个机构健全、对农村社会有实际影响力的农村基层党组织及一支高素质的农村党员队伍，而乳山市农村有的地方农村党员年龄普遍偏大，文化程度普遍不高，农村基层党组织对农村社会的实际影响力降低。

二是农村村民委员会在自我管理、自我服务、自我监督方面没有完全发挥应有的作用，个别村庄的村民委员会与基层党支部在工作上缺乏配合，甚至相互掣肘，降低了农村社会管理效率。

三是其他类型的村民管理组织管理作用有限。其他村民组织如村民代表大会、村民小组、理财小组等由普通村民组成，这些村民管理组织因受村民参与意识、监督意识的缺乏，青壮年村民外出打工无法参与及非原始村民民主权利限制等因素的制约，难以发挥决策、监督、沟通的作用。

2. 管理内容方面。农村社会管理内容纷繁复杂，管理重点和难点具有明显的地域性和阶段性特点。就乳山市而言，农村社会管理内容方面主要存在以下问题。

一是管理缺乏经济原动力。农村社会管理需要资金投入，但目前乳山市农村社会管理主要依赖村集体经济的积累和支持，外来投入比例低。一些经济欠发达村集体经济薄弱、村两委的凝聚力和号召力不高，村民参与村集体事务的积极性较低，加上没有相关的经济激励措施，农村社会管理难以正常开展。

二是农村公共事业发展滞后、不平衡。农村公共事业的长足发展是进行良好农村社会管理的基础条件。近年来，乳山市在统筹城乡发展、推进城乡一体化发展格局方面投入较大，农村基础设施、医疗卫生、文化教育、社会保障取得了很大进展。但与全市经济的快速增长相比、与城市的社会建设相比、与农民的意愿和农村的需要相比，农村公共事业的发展与城市仍有不小的差距，这无形中阻碍了农村社会管理事业的发展。

三是农村社会矛盾问题突出。当前农村已成为各种利益的集中点，利益多元引发的社会矛盾种类多且具集聚性，其中以村级干群矛盾和土地矛盾为主。目前，因农村自治能力较弱，尚未形成有效的、成熟的社会矛盾自我化解机制，当前对农村社会矛盾的化解呈现行政力量的越位与乡村力量的缺位共存的情况，缺少真正的适合农村社会的矛盾化解机制，严重影响了农村社会管理的效果。

3. 管理方法方面。不同的方法产生不同的效果，农村社会的自治性质决定了其管理方法的特殊性。因农村属于群众自治性社会，行政管理手段不宜直接使用，所以农村社会矛盾的化解思路不同于城镇，不能用解决城镇社会矛盾的方法来处理农村社会矛盾，否则极易引发新的矛盾。

当前农村社会管理在管理方法上的主要问题是手段简单、方法单一，惯用行政手段，较少使用经济、法律、协商等非行政手段；习惯于强迫、命令式的管制，不习惯引导、协商式的服务；不注重对农村自治意识的培养，不注重对村民自治方法的引导和锻炼。出现了所谓的"行政方法不能用、经济方法不好用、法律方法不会用、思想教育不顶用"尴尬局面。

二 制度创新与路径重构

针对以上影响乳山市农村社会管理的因素，我们应在社会管理的思路、重点、体制和机制等各方面不断创新。

（一）把握农村工作的复杂性，在工作理念上不断创新

观念创新是管理的先导。观念创新要求我们要针对农村的复杂性与多变性，进一步转变观念，创新思维。实践中，由于以往社会管理的旧理念仍影响着政府社会管理的方式方法，这就要求我们的工作思路应与时俱进，顺应农村新形势。

1. 观念要新。要认识到农村是社会管理问题的重点，也是解决民生问题的重点。当前农村社会群体结构、组织结构、经济结构、社会结构、人文结构和价值结构都发生了巨大变化，要求我们的社会管理从固有观念中走出来，用新的思维对待农村工作。如农村的群体结构发生了重大变化，群体类别多样，其社会诉求也呈现多样化态势，这就要求我们的管理理念跟上去，顺应发展的要求。

2. 思路要新。农村社会管理理念创新的本质要求是树立民本意识和服务意识，这是农村社会管理的核心理念。政府要把管理创新落实到服务上，让老百姓看到服务就在身边，而不能只有"管"没有"理"。

3. 角度要新。社会管理的根本在于保障民生，而最好的服务就是最好的管理，以服务促管理。要从农村群众需求的角度考虑问题，只有以人为本，才能得到群众拥护，社会管理才能取得实效。在管理中应重视群众参与，发挥群众组织的作用，与群众建立互信关系。

（二）把握农村工作的艰巨性，在工作重点上不断创新

社会结构的变化使农村社会管理工作更加复杂和艰巨，在管理过程中，不可能做到各项事务等量齐观，应把握农村社会管理的重点事项和关键任务，重点突出、有的放矢。

1. 围绕"实干"做文章。落实是管理的基础。乳山市农村社会经济的发展水平，很大程度上受到人口、土地状况、经济结构、地域区位多重因素制约。需要我们找准地方经济发展的突破点，根据地方情况，发展特色经济，解决传统发展不足的瓶颈。在此过程中，应发挥政府的政策引导、行政指导和市场主导的作用，带领百姓走向富裕之路；基层政府还应破除畏难情绪，攻坚破难，为农村发展提供交通、通信、水利等便利。

2. 围绕"增收"见成效。发展是管理的关键。经济基础决定上层建筑，农村经济发展是农村社会管理水平提升的台阶。政策执行好不好，思路创新对不对，民生问题解决程度高不高，最终体现在农业增效、农民增收和农村

社会发展上。解决农民增收问题，应通过转变经营模式和转换经营方式、调整农业结构、提高农业机械化水平、发展互助性合作组织等多种途径，提升农业发展质量和效益。

3. 围绕"稳定"下功夫。稳定是管理的重要目标。要维护农村社会稳定，首先，在制定农村政策时要注重实际，注重政策的科学性，使其有助于农村工作的开展；其次，畅通民情诉求，化解各种矛盾。在解决农村矛盾过程中，让老百姓说理有地方，能够有效破解"闹访""缠访"等一系列难题；最后，整合社会管理的各方面力量，运用各种手段，采取多种渠道来化解矛盾。进一步发挥基层党组织和人民调解员的作用，把社会矛盾的处置关口前移。

（三）把握农村工作的时代性，在工作体制上不断创新

体制创新是社会和经济发展的强大动力。在农村管理过程中，工作体制创新主要体现在基层政府在农村社会经济发展过程中应该有所作为。

1. 加强政策引导。政府部门的战略思想及战略眼光直接影响到当地经济、社会发展的水平。农村要实现经济发展和社会秩序维护的良性循环，同地方政府的政策引导密切相关。政府要从旧的行政管理体制中走出来，充分发挥政府的引导、调控和服务职能，对农村工作少行政命令、不独断决策、不虚报浮夸，真正保护好农民的合法权益。

2. 善用行政指导。基层政府在当今的农业生产中可通过说服、建议、协商、帮助、奖励等行政指导的方法指导农村社会发展。经验告诉我们，凡是农村管理搞得好的地方都有一个很突出的特点，就是政府和老百姓能想到一块，政府指导的事情恰好是老百姓感兴趣的。要把目标变成现实，关键在于如何引导调动群众的积极性。如果政府想的是一套，老百姓想的是另一套，资源整合和动员的能力就会不足。地方政府在农村社会管理中应既不强迫命令，也不搞泛泛一般号召，而是根据发展的阶段性，灵活采用不同方法。

3. 放手市场主导。"要发展找市场"，农村社会管理的基础——农业发展需要走向市场，但是老百姓面对市场往往比较盲目。这就需要基层政府在引导农村社会发展和农业生产过程中，按照市场经济规律来指导农村经济发展，让农民进一步减少风险，增大收益，多得实惠。

（四）把握农村管理的急迫性，在管理环节上创新

随着农村社会经济的快速发展和农村社会结构、组织结构、制度结构等

的不断演变，原有的管理模式已显捉襟见肘，需从管理主体、管理内容和管理方式等各环节进行完善。

1. 管理主体创新是前提。社会管理的创新，必须弄清楚谁是管理主体，各自的责任、权利应界定明确，并与村民自治有效结合。

一是发挥好农村基层党组织领导核心作用。村级党组织处于新农村建设第一线，发挥村级党组织作用十分关键。一些经济发展迅速，社会事务管理卓有成效的村，无不与村级党组织具有较强战斗力、凝聚力、号召力密切相关。但党组织的领导核心作用，并不是包办代替各项社会事务，而是在分级管理中分清各自责任，在整个组织网络体系中党组织起到统筹全局、协调各方的领导核心作用；同时又能调动各方参与社会管理的积极性，从而大大提高社会管理的有效性、针对性以及对农村社会的可控性。

二是充分发挥村民的主体作用，完善村民自治。在创新社会管理模式中，仅仅依赖几名村干部是难以提高农村社会事务管理水平的。目前，一些农村组织的社会管理水平较低，工作难以取得成效，关键在于没有调动村民对社会事务管理的积极性、主动性，村民自治功能没有充分发挥出来。因此促进农村社会管理的关键是，使社会管理的权力与责任向下延伸，重心下移，充分发挥村民委员会自我教育、自我管理、自我服务的功能；同时充分利用村民小组的作用，通过村规民约明确村级党组织、村委会、村民小组和村民等各自的分工与职责。

三是发挥农民互助性经济组织的作用。随着乳山市农村特色农业和农业产业化的发展，农村互助性经济组织的作用也日显突出。农民互助性经济组织，如各种农业合作社不但为农民提供经济服务，其触角逐渐伸向社会各个领域，在协调农民之间关系、维护群体利益方面也发挥重要作用。

2. 管理内容创新是关键。乳山市农村正处于由传统社会向现代社会的加速推进过程中，农村社会管理的内容不断增多，如果农村管理内容仍然停留在原来的基础上，将很难满足群众对农村社会公共事务的需要。因此，必须创新管理内容，拓展管理领域。

一是强化农村社会公共事务的管理。随着新农村建设的有力推进，事关民生的许多公共服务职能延伸到村级组织，如劳动就业、社会保障、农村科技、村落文化等已成为农村社会管理的重要内容。为此，农村公共事务投入应不断增加，并增强对公共事务的处置能力和管理能力。

二是强化农村社会矛盾的调处。作为基层组织，要正确处理各种纠纷和矛盾，把问题解决在基层。通过建立和延伸有效的社会管理网络，从矛盾预警到调处做到快速反应，做到关口前移，把矛盾纠纷控制在初始阶段，使农村社会矛盾得到有效处理。

3. 管理方法创新是突破口。随着农村社会管理对象的变化及管理内容的拓展，仅靠传统的、单一的、由上而下的行政性管理方式是无法适应的。

一是注重新方法的使用，要由控制型管理向服务型管理转变，综合运用法律、经济、教育等管理手段，坚持堵疏结合、宽严并济、教育为主的方法。否则就会出现"行政方法不能用、经济方法不好用、法律方法不会用、思想教育不顶用"的局面。在此过程中，应特别注重对农村社会自治组织培养，借鉴社区管理的经验，针对农村以血缘纽带为主、居住关系为辅的特征，寻求适合当今农村发展的社会管理方式。

二是重视平等的对话协调，进行协同治理，形成党委领导、政府负责、社会协同、公众参与的管理网络，使农村社会管理形成一个完整的系统。随着独立性、自主性在不断提高，乳山市农村将逐步具有农民参与社会管理的条件。

三是尝试采用先进的管理手段。如随着电脑普及，可以尝试通过网络对农村社会进行即时动态管理，发现情况及时做出反应，从而提高农村社会事务管理效率。

（作者单位：中共乳山市委党校）

加快产业结构调整和转型升级
深入推进"两个先行区"建设

荣成市委办公室

2011 年，在威海市委、市政府的正确领导下，荣成市坚持以科学发展观为指导，以城乡一体化和半岛蓝色经济区先行区建设为重点，紧紧围绕"蓄势调整抓转型、科学发展惠民生"的工作基调，立足民生谋发展，放眼全局抓重点，努力培育区域新的竞争优势，经济社会保持了又好又快发展的良好态势。预计全年完成市内生产总值 712.5 亿元，增长 12%；规模以上固定资产投资 330 亿元，增长 18%；地方财政收入 36 亿元，增长 14%；完成进出口总额 36.3 亿美元，出口 24.8 亿美元，分别增长 20% 和 21%；城镇居民人均可支配收入 24300 元，增长 10%；农民人均纯收入 12544 元，增长 11%。

2012 年，荣成市经济工作总的指导思想是：坚持以邓小平理论和"三个代表"重要思想为指导，深入贯彻落实科学发展观，按照威海市委、市政府的工作部署，牢牢把握主题主线，突出稳中求进的工作基调，积极作为、科学务实，坚定不移深入推进"两个先行区"建设，着力加快产业结构调整和转型升级，着力推进改革开放，着力提升基本公共服务均等化水平，统筹抓好经济建设、政治建设、文化建设、社会建设以及生态文明建设和党的建设，加快由渔业大市向海洋经济强市转型，实现富民强市新跨越，以优异成绩迎接党的十八大胜利召开。

一 以产业结构调整和转型升级为抓手，
深入推进半岛蓝色经济先行区建设

总的想法是，把产业结构调整和转型升级作为蓝区建设和产业培植的重点，对现有企业梳理分析、分类指导，列出转型升级的路线图和时间表，推动优势企业加快扩张，通过五年左右的努力，使区域产业结构实现阶段性提升，初步建立起推动产业"先行"的结构优势。

产业结构调整和转型升级的方向是，以园区为载体，以基地为重点，以骨干优势企业为依托，拉长、做宽产业链条，推动产业高端发展，打造具有区域特色和比较优势的主导产业集群。以园区为载体，重点抓好经济开发区高端产业园、石岛核电船舶高端产业园、冷链物流园、俚岛船舶配套园和成山海洋食品科技园五个园区，提高基础设施配套水平、项目质量和园区产出规模。重点打造、开发区高端产业园，加快基础设施配套，建设精细化工、新能源产业和科技研发三大板块。沿海园区以高端化、专业化为方向，以高质量的设施配套承接高层次项目入驻；内陆园区把承接市区和沿海转移退出项目作为主攻方向，重点发展链条项目配套区、低端项目承接区，进一步提升园区转型升级水平。以基地为重点，围绕建设全国知名的海洋生物食品名城、临港特征鲜明的现代装备制造产业集群、千里海岸文化旅游休闲产业带的目标定位，重点抓好列入蓝区规划的海洋牧场示范区、远洋渔业、冷链物流、优质船舶修造、好运角旅游度假区等特色基地，推动产业结构持续优化、企业素质持续提升。以骨干优势企业为依托，把骨干企业扩张作为推动转调的主体，重点抓好50个重点企业、30个成长型企业、20个科技引领型企业，大力推进百企扩张。突出分类指导，促进企业扩张向链条高端延伸，培植一批引领同业的龙头；靠大联强向专业化生产转变，培植一批主业突出的小件巨人；市场开发向创牌用牌攀升，培植一批具有较强市场影响力的企业；资源配置向同业大企业延伸，培植一批"国家队"引领的特色板块。

一是以产业转移促转调。瞄准发达区域产业升级转移项目、内陆装备制造业临港转移项目、大中城市地产调控转移项目等，加大招商引资力度，打好优势对接牌。把市内产业转移作为推进重点，坚持有保有压，对市级园区低端项目实行"腾笼换鸟"，为大项目让出空间；对城边、镇边、海边中小项目实行园区集聚，分类向各类园区集中；对产能过剩、污染严重、链条特征不明显的小加工、小冷藏、小作坊等严格限制，进行兼并和整合；对只捕、只养、不加工的企业，进行政策调控；对现有企业进行梳理排队，引导其有针对性地"进退留转"，推动产业结构转型升级。

二是以科技创新促转调。加大装备更新和技术革新力度，推动海洋食品向医药保健品、医药中间体等高端领域拓展，造船向豪华邮轮、海洋工程装备等高附加值领域迈进，抓紧实施重大创新产品产业化，尽快实现由研发中试转向成熟产品和全方位市场开发。结合创新平台抓对接，积极办好第四届产业技术创新战略联盟活动周、荣成企业全国百家院所行等活动，促进政产学研对接，带动企业创新平台和行业创新联盟建设。进一步完善财政资金投入方式和管理机制，实现从以分散直接补贴单个企业为主，向以支持重点产业发展、重大公共平台建设为主转变。对重大技术创新和战略性新兴产业的大型项目，由财政通过"名股实债"等方式予以支持，引导民间资本和风险基金投入。

三是以品牌建设促转调。进一步加大品牌培育和推广力度，鼓励龙头企业参与行业标准制定，形成一批具有影响力的自主品牌。坚持大企业创牌、小企业贴牌，积极推进以品牌为纽带的产权重组和分工协作，对实施贴牌发展、配套发展、协作发展的企业，从财政、税收、金融等方面给予相应支持。积极搭建食品产业营销发展平台，举办海峡两岸海洋食品展销会、两岸百家超市经理荣成行等活动，促进域内优势产业与域外技术、资本、市场对接。充分用好鼓励食品企业产品广告促销政策，加大"中国海洋食品名城"宣传推介力度，推动产品品牌与区域品牌同步提升。

四是以资本运作促转调。引导企业破除靠自我积累发展的传统意识，树立上市融资、资本推动的现代观念；破除大企业才能上市的被动意识，树立发展不分先后、等待只能落后的抢跑观念；破除上市遥不可及的观望意识，树立只要努力就能成功的必胜观念；破除上市可有可无的短视思想，树立上市转型、提质提速的发展观念，进一步加大推进上市力度。引导各级各部门树立以推动上市促转调的强烈意识，着眼破解影响上市的制约因素，修订、完善鼓励企业上市和金融业发展的扶持政策。争取年内俚岛海科、华鹏玻璃成功上市，泰祥食品、长青海科完成上市申报，黄海造船、靖海集团进入境外上市程序。把金融创新作为打造现代产业体系的重要保障，研究落实好中央保持投资规模合理增长、优化县域和中小企业融资环境等相关政策，举办投融资洽谈会，加大金融机构引进培育力度，发展政府参股的担保公司、小额贷款公司，帮助中小企业解决融资难问题。引导有条件的企业成立财务公司，或联合成立投资基金，积极拓展股权投资等新兴领域，实现金融机构引进培育和企业上市等金融运作互促共进的良性循环。

五是以招商引资促转调。立足资源优势抓招商，发挥沿海渔业、港口、能源、生态等资源优势，围绕装备制造、新能源、海洋生物食品、旅游综合开发、城市综合体等领域，瞄准域外大企业、大财团开展招商推介，着力引进一批科技层次高、规模体量大、财政贡献率高的项目。围绕产业优势抓招商，立足造船、汽车、食品等主导产业，把产业链关键环节缺失项目作为招商重点，把产业链延伸和配套作为基础，突出抓好研发中心、总部经济、市场开拓等产业链高端项目的引进，带动提升整体产业层次。依托企业优势抓招商，建立企业招商引资对接项目库，鼓励支持本地企业对接同业大企业抓招商，引导加工贸易和外资企业通过研发中心和营运总部等产业高端环节转移促增资，逐步把车间型企业升级为市场型企业、创新型企业，实现外源经济内源化。

六是以整合重组促转调。推广黄海造船参股扩张、泰祥集团与波德隆整合重组、人和集团相互参股融合发展、成山集团链条延伸沿海扩张等成功经验，引导行业龙头企业抓住机遇，以整合重组促扩张；引导中小企业利用倒逼机制，通过整合重组，挤进大企业的产业链条；对接国家鼓励行业整合的政策，积极推动域内企业与同业大企业的整合；发挥行业经营优势，加快推进域内企业间参股投资、专业经营的融合发展。围绕造船、食品、新能源等主导产业和黄海造船、神飞造船、沈鼓新能源、泰祥集团等重点企业，以品牌和科技为纽带，以链条延伸为主线，通过整合实现双赢发展。加快组建造船、机械、电动车、锻铸等行业协会，以协会推动促整合。

七是以产业转型促转调。引导更多的企业因地制宜、因势而动，在转型调整中实现大的发展。把向第三产业转型作为一个重点，按照"发展提速、比重提高、水平提升"的要求，加快提升服务业发展水平。当前，推进服务业发展，荣成面临着前所未有的难得机遇，好运角旅游度假区列入省蓝区规划，将提升到市级层面来推进；龙眼港、石岛港中韩陆海联运正式开通；石岛冷链物流产业园批复为省级冷链物流园，正在争取获批国家级冷链物流基地；城际铁路顺利推进，商贸物流园正在加快基础设施配套，积极引导企业抓住各级制定出台的推进文化大发展大繁荣的实施意见，进一步赋予文化企业、文化项目、文化园区新的政策的机遇，加快转型发展。

产业结构调整和转型升级是事关全局的系统工程，必须建立机制、明确责任、强化措施，凝聚推动转调的合力。要对全市产业结构调整和转型升级进行全面统筹，研究制定产业结构调整和转型升级的意见，明确阶段目标和年度推进重点。要进一步加大政策支持力度，着力强化对企业膨胀扩张的政府统筹和政策支持，调动政府可以调控的一切资源，启动政府可以调剂的有限财力，全方位加大财政支持力度、金融扶持力度、企业家奖励力度、社会导向力度，并根据企业发展规模、层次和贡献，一事一议、一企一策，全力以赴创造促进企业扩张的良好氛围。要加强对企业经济运行情况的定期监测，围绕企业用工、用电、融资等方面定期调度，抓好倾向性、苗头性问题的解决。将进一步强化考核指导，把推进产业结构调整和转型升级目标任务完成情况，纳入各级岗位责任制考核，大力倡树推动转调的工作导向，选好、用好善于转调的干部，鼓励扶持率先转调的企业，形成多层次联动、全方位推动的转调工作格局。要求各镇区、部门立足实际，研究制订推进产业结构调整和转型升级的目标任务和工作重点，加强行业管理和指导服务。

二　以基本公共服务均等化为目标，加快城乡一体化先行区建设

推进城乡统筹发展，是一个系统的民生工程，目的是通过城乡要素资源优化配置和统筹，提高城乡公共服务均等化水平。

一是加快推进城乡布局建设一体化。按照"扩大城市、提升城镇、缩减农村"的思路，重点抓好城区新板块、镇街新载体、农村新集中居住区建设，通过新板块、新载体、新集中居住区建设推进城乡布局一体化。城区新板块建设，重点抓好崖头绿岛湖商住板块、城际车站商住物流板块、崂山科教板块、成山大道旧城改造板块、石岛新城区板块、老城区商务板块、工业园区板块、成山好运角旅游度假区板块、港西滨海休闲板块等九大板块打造，以新的板块建设提升城市集聚承载功能，打造荣成产业发展、科技研发和生态宜居的新高地。镇街新载体建设，在加快提升园区开发配套的同时，重点抓好成山、俚岛等16个镇街小城镇建设，活化土地资源，改善城镇面貌，搭建发展载体，增加地方新财源。农村新集中居住区建设，结合新农村建设的深入推进，统筹抓好今年27个城中村改造、农房建设工程和35个续建工程，建设一批农村集中居住区，以点带片、连片成面，逐步推动整个沿海人居带建设。

二是加快推进城乡基础设施配套一体化。立足这几年形成的良好基础，进一步加大设施配套力度，以延伸扩面为重点，加快供热、供气、供水、污水处理等基础设施建设，实施9条公路改造和140公里农村公路网化工程，新建5座镇村污水处理设施，镇街驻地新增用气户4500户，供热用户普及率达到28%，实现镇街驻地供气设施、污水处理设施和农村公路改造三个基本完成。抓好三条滨海景观路绿化美化，实现200公里滨海生态路全面对接，拉动沿海旅游文化产业发展。工作推进中，注重把握生态文明这条主线，加大村庄和农村公路绿化力度，推进水源地和河道流域治理保护，开展鱼粉生

产、石材加工、畜禽养殖等行业专项治理，实施好农业综合开发和土地整理项目，使广大农村成为生态宜居家园。落实以奖代补的工作促进机制，理顺人口产业流转的联动跟进机制，建立常态化的运作模式，建成效果长期保持、群众持续受益的民心工程。

三是加快推进城乡产业培植一体化。把农村产业培植与园区建设、小城镇建设、新农村建设结合起来，引导地产开发比重较大的沿海镇统筹考虑商住人居开发与实体经济培植，防止出现产业空心化的问题；内陆镇街把承接城区、园区低端项目转移和发展配套加工作为产业培植重点；经济实力较强的村，加快村集体资产股份化步伐，推动有条件的村办企业实现上市融资，多途径做大、做强农村经济。把加快农业发展方式转变、建立农业产业化链条作为推动方向，以土地流转为依托，以农民专业合作社建设为引领，以龙头企业培植为支撑，以农产品质量安全管理为基础，加快构建"合作社＋龙头企业＋基地＋农户"的农业生产方式，在合作社引领下发展众多标准化生产、规模化种植、产业化经营特色板块。

四是加快推进城乡公共服务一体化。在发展经济的同时，努力在民生投入上加大力度，根据财力和经济发展水平，统筹考虑民生，抓好民生十件实事的落实，让老百姓共享改革发展成果；在做大发展"蛋糕"的同时，努力在分好"蛋糕"上体现公平，公共财政和城乡资源进一步突出向农村和弱势群体倾斜，向基层教育、卫生事业倾斜，把有限的财力投入最急需的社会领域，让基层群众感受到党委、政府的温暖；在分好"蛋糕"的同时，努力在政策操作上做到公正，结合建立全市阳光救助信息平台，进一步完善各项民生政策阳光推进和公平操作机制，落实好相应的监督检查制度，切实把好事办好，让民生政策真正惠及民生。

（作者单位：荣成市委办公室）

《找准位置才有作为》内容提要

刘 坚

美国一家著名的管理咨询公司在芝加哥对100位退休老人进行了问卷调查，其中有一道题："回顾你的一生，你最大的遗憾是什么？"竟然有90%的人认为，一生中最大的遗憾是选错了职业！因此，如何择业、创业、乐业是亟待求解的世界性难题。本文从找准职场最佳位置入手，给出了令人满意的答案。2012年，一年一度的全国图书评鉴中，《找准位置才有作为》当选"影响中国企业的十大员工培训图书"。中国网络电视台、大众网等全国上百家媒体予以推介。中国经济网、京东网等媒体予以摘要转载。谷歌搜索"找对位置"的网页达2.6亿个。"找准位置"成为最热门词汇，讨论文章数以千计。"找准你的位置"更成为中学政治教材中的一节。

本书是新中国成立尤其是改革开放以来关于人的自由全面发展的伟大颂歌，是人的解放理论在每个人职场生涯中的应用导图；是职场人认识自我、成就自我，实现最大价值的工具箱和百宝箱；是高校毕业生择业就业的辅导读本；是领导者选才的有益参考，是一部雅俗共赏的学术名作。它以找对职场最佳位置为主题，提出了找对位置才有作为的方法和整体解决方案。使"以人为本"和"每个人都是人才"具有了更强的实践性和操作性。出版前得到众多权威的激励，原中国人事科学研究院院长王通讯题词"江山有待潜能无限"，其相关研究成果论文"人之矛与人之盾"被中国管理科学研究院、中国未来研究会评为一等奖；出版过程中被中国经济出版社作为"中经培训"的全新品牌；出版后被众多企业和教育培训机构作为教材或参考读物。

职业错位导致人才巨大浪费

最大的浪费就是人才的浪费。改革开放 30 多年来，社会最大的进步就是人的解放和人的发展。市场经济体制逐步打破了束缚人的种种桎梏，使自谋职业、双向选择成为主流。人力资源、人才资源的流动成为常态，种种新的行业、职业层出不穷。然而，人才资源、人力资源的巨大浪费正在吞噬中国经济社会发展的活力。一方面是大学生就业难、企业招工难；另一方面是大量的劳动力闲置，众多人才找不到合适的岗位，职业错位、人浮于事司空见惯。谁动了我的奶酪？我的位置在哪里？成为千百万人发自心底的呼唤。

改革扩大了人们自我选择、自我择业的机会，而现实的问题是大多数人不会选择，难以找对自己的职场最佳位置。解决这一困扰人的发展和经济社会发展难题的突破口在哪里？让每个人找对位置，给每个人提供舞台，让每个人活出精彩。

"世界上只有20%的受访者认为自己非常有机会在工作中发挥所长。也只有两成的员工觉得自己与工作岗位相适合，可以在职场上做他们想做的事情。而大多数员工觉得自己没有在自己最合适的岗位上工作。"这绝不是危言耸听，而是世界最权威的调查公司美国盖洛普公司，对全球 63 个国家、101 家企业、170 多万名员工的调查结果。这家公司紧接着对 30 年来各行各业的卓越人士进行系统化研究，结果发现成功人士的卓越表现是源于能够在职场上发挥天赋的能力，而不是后天训练出来的技术专长。因此，与其注重后天训练不如发现既有天赋，发现自己的最大优势就是人生的头等大事。

最佳选择是找对位置

"发现自己，成就自己"，是每个人的本能追求；在事业上有所成就，是每个职场人士毕生的追求。

然而，为什么有的人德才兼备，在职场上却四处碰壁；有的人身怀绝技，却收入微薄？为什么很多博士、硕士毕业生难以找到理想的工作，甚至被淘汰出局；而有的人学历不高，却成为身价百倍的职场明星？

在擅长的领域工作，人们不仅愉悦轻松、游刃有余，而且步步为营，业绩超群，成为某一领域的专家，甚至成为行业领军者；而"宝贝放错了地方，就是废物"，如果一个人在不适合自己的行业，在自己的"短板"上苦苦打拼，肯定是事倍功半、徒劳无功的。

找准位置才有作为，引领渴望成功的职场人士，经过不断的自省、自励、自我调整，准确认识自己的能力优势，真正找到最适合自己的职场位置，从而大展拳脚发挥才干，成为不可替代的职场精英，成就与众不同的职场佳绩。

本书解析了奥巴马、爱因斯坦、比尔·盖茨、巴菲特、乔布斯、马云、俞敏洪、刘翔等各行各业的职场巨星的成功案例，提出了"发现你的最佳位置"这一重大命题——发现你的最佳位置就发现了命运的奥秘，就找到了打开财富和机遇之门的金钥匙。

本书从主观和客观的统一上揭开了职场最佳位置的奥秘，给出了找对自己位置的具体操作方法。所谓最佳位置就是与自己的禀赋、优势、性格等内在心理要素相适应，在一定的时空、环境中形成的一个岗位，在这个岗位上，人能够发挥出自己的最大优势，实现自己的最大价值，为社会做出最大的贡献。职业规划和人生设计以及人力资源管理其实就是找对最佳位置的艺术。找对位置就会大有作为。

美国通用电器公司原总裁韦尔奇的管理实践生动地诠释了找对位置理论的巨大生命力。他在一次全球前 500 强经理人员大会上，与同行们进行了一次精彩的对话交流。

> 有人说："请您用一句话说出通用电器公司成功的最重要原因。"
> "是用人的成功。"
> 有人说："请您用一句话来概括高层管理者最重要的职责。"
> "是把世界各地最优秀的人才招揽到自己的身边。"
> 有人说："请您用一句话来概括自己最主要的工作。"
> "是把50%以上的工作时间花在选人用人上。"
> 有人说："请您用一句话说出自己最大的兴趣。"
> "是发现、使用、爱护和培养人才。"
> 有人说："请您用一句话说出自己为公司所做出的最有价值的一件事。"
> "是在退休前选定了自己的接班人——伊梅尔特。"
> 有人说："请您用一句话来概括自己的领导艺术。"
> 克·韦尔奇回答："让合适的人做合适的工作。"

韦尔奇的回答用一句话概括——找准位置才有作为！

找对位置的整体解决方案

全球权威的调查公司盖洛普公司"发挥你的最大优势"的优势理论一度对我国管理学界产生了较大影响。然而其局限在于它注重的是人的心理优势的测试，而没有论及客观环境、时代背景、天赋使命等因素对于人的职业选择和人生规划与人生发展的影响。而最佳位置理论则从内在的心理素质和心理优势与外在的客观环境与时代背景的结合上全面阐述了人如何做对自己、做对事情，如何成就自己、幸福一生。

"发现你的最大优势""找到你的最爱""找到适合你性格的职业"，这是从个人的内在禀赋上找；而"找对环境找对人""抓住关键做对事""找一块人生的模板"，这是从外在条件上找。这样实现内因和外因的高度和合，就一定会唤醒自己心中沉睡的巨人——真正的自己，并找对自己的最佳位置，大有作为，以实现自己的最大价值。

这一整体解决方案的实效性为职场巨星的成功经验所证明。比尔·盖茨说："在你最感兴趣的事情上隐藏着你命运的密码。"乔布斯说："最重要的，拥有跟随内心与直觉的勇气，你的内心与直觉多少已经知道你真正想要成为什么样的人。任何其他事物都是次要的。"策划大师王志纲最著名的三问是："我是谁？我从哪里来？到哪里去？"著名哲学家傅佩荣说："我活在世界上，很早就想通了三个问题：第一个，我能够做什么？第二个，我应该做什么？第三个，我愿意做什么？我做对事都是我愿意做的，所以我做起来就很愉快。"印度著名哲学家克里希那穆提说："当你年轻时，找到你真正爱做的事是很重要的，这是创造新社会的唯一途径。"百度 CEO 李彦宏说："各种各样性格的人都能成功，只不过是看你有没有利用自己的性格优势来做事情。"美国职场人信奉的黄金定律是"做自己感兴趣的事并从中赚到钱"。

实践是最佳位置论创新的源泉

实践就是源泉，创新就是生命。管理学和荣获诺贝尔奖的人力资本理论都发端于美国，而其真的没有创新和发展的空间了吗？不是的。理论是灰色的，生活之树常青。创新永无止境。让人找对位置和把人放对位置就有着很大的空白点。

职场困境成为笔者破解难题的无穷动力。2002 年，笔者应邀出席在人民大会堂召开的中国实施人才强国战略峰会。笔者的论文"人之矛与人之盾"被中国管理科学研究院和中国未来研究会评为管理类一等奖。这给笔者很大的激励和支持。恰恰是这个时候笔者在职场上有了长达10年的停滞不前，内心的痛苦和突破瓶颈的渴望，使笔者对于自己20多年的职场生涯进行了深刻的反思。我是谁？我究竟想要什么？我能够要到什么？我究竟能干什么、干成什么？我将在何时何地结出累累硕果？……带着这些问题，笔者利用节假日、星期天以及一切可能利用的时机，以听课、走访、拜访、参与活动等多种形式，向中央党校、国家行政学院、中科院、中国社会科学院、中国军事科学院、中国管理科学研究院、中国人事科学研究院、中央教科所、中国未来研究会等众多的权威学术研究机构的领导和专家学者请教，拜访或者参与了数十家全国一流培训机构的培训；学习和研究了众多培训大师的课程……所得到的最深刻的启示是，人生需要设计，职业生涯需要规划。但是职场人应该坚持的易于被忽略的原则就是，成功往往不是设计出来的，往往不可以复制。

10 年，3650 多个日日夜夜，当笔者想明白了自己，从苦闷和迷惘中破茧而出的时候，最佳位置理论就萌芽了。"我是我自己，我可以成为一个最好的培训师和心灵导师。这就是我的最佳位置。"二十几岁演讲台上的笔者叱咤风云，荣获威海市不同部门组织的四次演讲比赛冠军，三四十岁的笔者应邀授课像明星般受到学员欢迎，为他人免费咨询，轻松点破迷津。这就是笔者的最大优势，这是笔者的天赋使命所在。这时，哈佛大学的多元智能理论和全球著名调查公司盖洛普的最大优势理论像明灯一样照亮了笔者的心灵，最佳位置理论有了强有力的理论支撑。

星级管理的探索和实践给了笔者很大的启示。1996 年 1 月 8 日，笔者担任市委宣传部企政科科长，正值威海市推广星级管理工作（职工创星级活动），领导要求笔者必须找出威海市乃至全国的典范企业。这使笔者不能不跑遍了威海市数十家重点企业。星级管理工作的理论和实践使笔者深深地认识到"每个人都是一颗星"，在合适的岗位上做合适的工作就会大放光彩，星光灿烂。后来威海市委宣传部两次抽调笔者参与思想政治工作改革创新调查，笔者又有机会接触了威海市市直 30 多家企业的一把手、政工负责人和众多员工。接着乳山市组织的三次企业调查，笔者又成为主力之一。领导的信任和激励，与企业负责人和员工的面对面、心连心的接触与研讨，成为笔者享用不尽的思想财富，它催生和验证了"每个人都是一颗星"，只要找对位置，人皆可成才的结论。"是星就有星的位置，是光就有光的辐射。"最佳位置理论的相关成果"32 年高考状元未出顶尖人才震撼国人""为什么一幅画改变奥巴马的一生"等在光明网首发，实在是"众望所归"啊！

找对位置才有作为，放对位置才能放出光辉。任何人概莫能外。

千年古树发新芽，老话题出创新点。有作为才有地位。这是人们津津乐道的老话题。然而，这一理念的局限在于它强调的是"有作为"，是做和做出绩效。而如果一个人在一个不适合的位置上从事不合适的工作，那他再怎么努力也往往事倍功半。谭木匠一心想当画家，虽然费了九牛二虎之力，却沦为流浪汉，吃饭都吃不饱；而一旦他认识到"我善治木"，选择了做梳子，就顺风顺水，财运亨通。这就是找对位置才有作为。要有地位首要的不是作为，而是要找对方位。找对位置乃是头等大事。

最佳位置就在每个人的命运密码中，就在每个人活生生的实践中。找对位置是每个人职场成功的最大需求，破解了这一难题，就找到了职场梦想成真的钥匙，这就先天注定了这一学术理论的强大生命力。

（作者单位：乳山市文联）

实行村务全程纪实　提升村级管理水平

中共文登市委组织部

近年来，文登市着眼于加强村级工作规范化建设，扎实开展了镇村集中议事、镇党委派员列席村级会议、集中培训村干部等工作，村级管理水平有了显著提高，有力促进了农村经济社会和谐稳定发展。但在具体工作中仍存在一些问题，比如：有些村重大事项决策缺乏有效监督，决策不民主、程序不规范，该开的会议不开、该表决的事项不表决，容易引发群众不满；有的村级班子工作随意性很大，不注意保存会议记录和原始资料凭证，事后一旦群众反映问题，就说不清、道不明，处理起来难度很大；同时，重要村务决策实施多由各村自行组织，记录证明手段单一，镇党委一旦监督不到位，很容易出现问题；因缺乏明确的问责规定，镇党委往往只能简单批评教育了事，监管制约效果不明显。针对这些问题，今年以来，文登市探索推行了村务全程纪实制度，在重要村务事前谋划、事中执行和事后公示三个环节，采取文字纪实、录制影像和留存实物资料三种形式，全面真实地记录重要村级工作全过程，加强对村级工作的监督指导，为重要村务留存翔实的资料依据，促进了村级工作规范开展。

一　突出四个重点，明确纪实范围

根据工作需要，重点把群众最关心、最容易引起不稳定因素的重要村级工作列入纪实范围，主要包括四类：一是村级重大经济行为，如土地、林地、果园、水面、滩涂等集体资产的承包、租赁，泥沙、矿产等资源和村级闲置资产、设备的处置；二是村庄规划建设工作，如村路整修、硬化，安装、改造自来水，村庄绿化、美化、亮化等环境综合整治工作，新建或修缮村级组织活动场所等；三是农村社会保障工作，如评议上报低保户、发放村民福利等；四是村级党务工作，如村干部述职、发展党员、民主评议党员和村干部等。通过科学设定纪实内容，引导村级组织把主要精力放在解决好村级突出、重大问题上，提高工作效率和群众满意度。

二 把握三个环节，严格纪实程序

为确保村务全程纪实工作规范开展、落实到位，在重要村务实施的前、中、后三个环节，都明确具体工作要求。在事前环节，要求各村及时将计划开展的重要村级工作提交镇村集中议事会议，集思广益，对工作的合法性和可行性进行研究，拿出最佳运作方案。实施重要村务前两天，还要填写《村级重要事务申报表》，报镇党委审核把关。事中环节，在开展每项具体工作前，均需提前报告镇党委，由镇党委指派两名以上机关干部到现场进行写实记录，一人负责记录、一人负责摄像拍照，并现场监督指导。每项工作实施结束后，镇机关指派干部负责于当天将写实记录及时交镇档案室统一存档。在事后环节，由镇党委利用镇级民情热线，采取主动问询、定向回访等方式，征求广大群众对重要村务规范运作、总体成效等方面的意见建议，促使镇村干部及时查漏补缺，进一步改进工作。同时，建立健全档案管理工作有关制度，做好纪实档案的维护管理和调档查阅等工作。

三 完善三项措施，确保纪实效果

为使纪实工作全面真实地反映重要村务的全过程，主要采取三种形式进行写实，做到互为补充，完整系统，力争不留"死角"。一是文字写实。文字写实不同于简单的会议记录，而是全程记录。特别是对一些事后容易引发争议的细节问题，更是逐字逐句进行记录。如：会议过程中有人提出异议的，要将当事人提出的问题以及村干部的解答完整地记录下来，真实反映事件详细过程。文字纪实资料由所有参会人员签字确认。二是录制视频。使用摄像机、视频探头等设备，对重要村务进行全程拍摄，并根据实际条件，对会议或重要活动进行现场直播，向群众公开重要村务的运作实况，接受群众监督。三是留存实物资料。对重要村务实施过程中形成的契约、合同、凭证和往来单据等，以实物、复印件或照片等形式进行收集整理，由镇机关干部负责存档备查。通过留存记录、影像和实物，使三种形式的纪实资料相互认证，力求最完整、最真实地反映整个工作开展的完整过程，为日后调查及取证等工作留存翔实依据。

四　落实工作责任，加强制度保障

市委组织部将全程纪实作为年度基层党建工作重点推进项目，列入基层党建考核，引导基层党组织充分发扬民主，依照法律法规和政策规范操作，确保纪实资料经得起检验。各镇将其纳入镇村干部目标管理考核，成立专门办公室，每季度进行一次督导检查。凡发现重要事项未全程纪实或纪实资料保存不完整的，约谈责任人，限期整改。对工作不负责、记录简单潦草的机关干部，取消当年评先选优资格；对因工作失误，造成不良后果的，1 年内不予列为提拔重用对象；对隐瞒重要村务，不配合开展工作，伪造、损毁相关资料的村干部，取消当年评先选优资格并扣减一定数额的考核报酬；对涉嫌违纪违法的，进行严肃处置。

对重要村务进行全程纪实，为村级重要事务管理按上了"电子眼"和"防控阀"，在促进村级工作规范开展、维护农村社会和谐稳定方面发挥了重要作用，取得了较好成效。

一是为农村矛盾问题的调查处理提供了有力依据。全程纪实能够全面、真实地记录村级工作从酝酿、决策、实施到结果公示的全过程，有声音有画面，白纸黑字，清清楚楚，最大限度保留了会议内容的"原生态"。一旦发生矛盾纠纷，能够为调查处理提供翔实可靠的资料依据，促使矛盾纠纷顺利化解。宋村镇鹁鸽崖村一户群众反映村里山岚承包叫行没有通知其本人，因此不认可叫行结果，并打算上访。镇党委随即向其提供了村里通过广播、张贴公告进行通知的录像资料，使该村民心服口服，打消了上访念头。目前，全市运用全程纪实结果，顺利解答了 105 次群众质疑，成功化解了 27 起不稳定因素。

二是促进了村级工作规范有序开展。全程纪实对村干部既是监督更是保护。如果村务决策实施规范，一旦发生矛盾纠纷，能够还村干部一个清白，给群众一个明白；如果不按"套路"办事，"白纸黑字"也就成为村民、镇党委监督村干部的最有力证据。全程纪实工作，能够在很大程度上促使村干部更加重视工作规范，对工作深入研究、认真谋划、周密部署，在开展过程中也能够更加注意规范自己的言行，减少随意性，确保各项工作严格按规定程序、步骤推进。同时，对村民的行为也是一种规范和约束，能够有效杜绝个别村民故意扰乱会场秩序、干扰村级工作正常开展等问题。侯家镇崔家村党支部书记崔喜友表示："原来村里开会，说开就开，现在又记又录，还进行现场直播，必须提前把事想好了，按规范程序来，想搅和事的人也不敢乱来了。"实行村务全程纪实以来，全市各村共议定重要村级事务1100多件，表决通过852件，全部得以顺利实施。

三是促使基层干部更加注意提升素质能力。全程纪实需要镇干部全程参与，不但要具体从事记录、拍摄等工作，还负有监督、指导、接受质询和解疑答惑的责任。会议过程同步录音录像，对村干部的政策理论水平、语言表达能力、逻辑思维能力等提出了更高要求，这些都对镇村干部的政策理论水平和农村工作能力提出更高要求，促使他们更加自觉地加强政策法规学习，提升自身素质。基层干部纷纷表示，希望能够参加专题培训班，加强对相关农村业务知识的学习，更好地干好本职工作、服务基层群众。今年以来市镇两级举办农村基层工作专题培训班58期，聘请有关职能部门业务骨干轮流授课，累计培训基层干部2000余人次，有效地提升了农村干部素质，增强了基层工作能力。

（作者单位：中共文登市委组织部）

经济强村兼并弱村的实施与模式探讨

——以文登市金岭山庄为例

杨军明　邢韶利

一　基本情况

文登市龙山办事处金岭屯村，地处城郊，交通不便，经济发展滞后。全村共有 88 户，248 人，土地面积 56.67 公顷，耕地面积 37.07 公顷，人均耕地约 0.133 公顷，是一个典型的农业村。居民点面积 3.4 公顷，其中宅基地 103 宗，1.49 公顷，村内空闲地 0.81 公顷，空置住宅 0.087 公顷，闲置面积占居民点面积的 26.4%，属空心村。村集体几乎无经济来源，村民生活水平不高，主要靠年轻的劳动力外出打工，人均年收入 4000 元；村容村貌不佳，村民除了新型农村合作医疗之外，没有任何社会保障和福利待遇。

西楼村是城区经济强村。现有居民 564 户，1761 人。该村发挥守城优势，着力实施"工业强居、商贸旺居"和"退二进三"发展战略，村集体经济得以迅猛发展，先后办起了 18 家企业，开发商住楼 20 万平米，新建了 3 处高档酒店。2007 年，集体总资产达 10 亿多元，居民人均纯收入突破 2 万元，是文登市村居经济第一强；居民全部住进了楼房，是全市第一个无平房村；企业职工全部办理了养老和医疗保险，居民办理了医疗保险，老年人每年领取 1 万多元的养老金，先后被评为全国巾帼社区服务和再就业工作先进集体、省级文明和谐社区、威海市人居环境十佳社区。

近几年，国家对土地的宏观调控越来越严，而西楼城区内可利用土地资源越来越少，可持续发展空间、可利用资源不足的问题日渐凸显。而与之相距 7 千米的金岭屯村，拥有丰富的土地资源和劳动力资源。本着优势互补、互利共赢、依法自愿的原则，2006 年 9 月 14 日，经文登市政府批准，金岭屯村被经济发达的西楼村兼并。通过以"资本换土地""岗位换劳力""福利换效益"等形式，合理配置各种生产要素，整合资源优势。2007 年 1 月 31 日，金岭屯村更名为西楼金岭山庄。

兼并后，西楼村本着宜耕则耕、宜建则建的原则，对两村的土地资源进行重新规划，以西楼村现村庄用地为基础，采取城乡建设用地增减挂钩的方式，将原金岭屯村村庄建设用地周转到西楼村，集中建设新型农民公寓，合理安置原金岭屯村村民。原有村庄建设用地被复垦成农用地以发展高效生态农业。原有的集体资产和户籍也全部转入西楼社区，村民住房、医疗、养老等逐步享受与西楼村同等待遇。

二 规划建设情况

为保证山庄持续快速发展，切实维护好山庄居民的利益，西楼居委会投资 4000 多万元，对原金岭屯村进行规划建设，由西楼社区投资对村庄进行整体拆迁，利用上级的优惠政策实施旧村改造，在村庄旧址和闲置荒地建设了18 万平米的生活小区。

通过建设集中居住小区，安置了原金岭屯村的全部住户，腾出 2.67 公顷土地，既节约了耕地资源和基础设施投入，又较好地保证了农民的切身利益。目前，原金岭屯村 88 户村民，全部搬到新楼房。

按照规划，金岭山庄是集生态旅游、休闲养生、度假为一体的大型生态社区。整个项目共 8 期工程，计划投资 15 亿元，占地 133.33 公顷，入住人口将达到 6 万人。

在建设中，充分发挥规划的控制和引导作用，坚持从实际出发，因地制宜、分类指导，统筹合理安排城乡建设用地和其他土地资源、整合优化农村居民点布局和用地，突出功能分区，健全服务机构，完善卫生设施、休闲娱乐设施。同时，本着量力而行、节约集约用地的原则，有计划、有步骤、扎实稳步地进行改造建设，不仅有效改善了农村生活和村容村貌，控制了城乡接合部村镇无序建设问题，而且杜绝了盲目追求形式、大拆大建等现象。

三 集体建设用地流转情况

为迅速提高群众的生活水平，在群众同意的基础上，村民将原本自己经营的土地交给金岭山庄"托管",建起了占地 3.33 公顷的蔬菜大棚。据粗略统计,土地流转后,每公顷地租收入比农民独自经营年可增加 4500 余元,家庭劳力外出务工,平均年收入在 6000 元以上。

经营管理上,对所属经济实体全部实行承包经营,在统一确定上缴利润数额、统一决策重大事务、统一技术指导和营销服务的基础上,由承包者自主经营、自主用人、自主利益分配,对超额完成任务的,给予一定的奖励。

利益分配上,按照"用途不变、总量不减"的原则发展高效农业,原农民手中的 30 年延包土地,按当年实际收益量化入股,年终按股份对土地集体经营所得分红,实现了土地经营权的依法有序流转,实现了农业生产的规模化经营,促进了现代农业的快速发展。计划在山庄内建设 10 万平米左右的商业房,将其产权按居民人口折成股权分配,统一对外租赁,根据居民落户年限确定分配比例,每年按股权多少分配租金。

四 耕地保护情况

西楼金岭山庄成立后,由西楼社区对村庄进行了整体拆迁,集中建设了农村居住区,结余的约 2.67 公顷土地用于发展商贸、餐饮、旅游产业。农用地严格用途管制,强化建设用地审批管理。能利用荒地的,不占用耕地;可以利用劣地的,不占用好地;对确需占用耕地的,认真落实"占补平衡"措施,实行"占一补一"。村内所有耕地由村集体统一实行集约化、规模化经营,用于发展无公害蔬菜大棚、生态养殖等高效设施农业。

2008 年,西楼金岭社区按照城乡建设用地增减挂钩工作的模式,将周边的段家疃村和茅埠屯村的居民点列入了第二批挂钩试点拆旧区,共拆旧 11.2 公顷,住宅 195 户;安置地块位于金岭屯村旧址,面积 4.2 公顷,节余的 7 公顷土地,全部复垦为耕地,一部分用来集中种植高产小麦、花生、玉米,以解决居民的口粮问题;一部分用来发展大型生态农业园,使金岭山庄成为西楼的"农业工厂"和农副产品供应基地。

金岭社区计划利用 6 年时间,逐步兼并金岭屯、段家疃、茅埠屯等 11 个村。11 个村居民点共占地 91.35 公顷,涉及住户 1783 户,新建住宅小区约需土地 20 公顷,兼并 11 个村共可腾出居民点用地 71.33 余公顷。

五 征地补偿安置情况

土地处置和拆迁安置上,出台了《山庄集体土地和住房拆迁安置暂行办法》，规定原金岭屯的土地，由农民本着"依法自愿"的原则，在保证耕地用途不变的情况下，由集体统一经营管理，原农村集体承包地用于发展高效农业。旧房拆迁腾出的宅基地归集体所有。本着让利于民的原则，合理确定了平房换楼房方案，原村民平房占地面积平均在 145 平米，以此为基数可换同等楼房 100 平米。超出或不足部分按 300 元/平方米找差。对于不要安置住房的住户，一次性补偿 18 万元，最大限度保障群众的切身利益。

就业安置上，统筹西楼社区兴旺的餐饮业和金岭山庄丰富的土地资源，进行商贸、餐饮、旅游等多业综合开发，发展高效生态农业和观光旅游业。根据居民特长和意愿，将适龄劳动力安排到西楼社区所属各经济实体就业。根据年龄、技能、个人意愿分别安排就业，村民人均纯收入从不足 4000 元增加到 1 万多元。

福利保障上，合并后的第一年，村民男满 60 周岁、女满 55 周岁，居委会每年每人发给 1200 元的养老金，2007 年又增加 1000 元，目前达到 2200元/人；平时每人每月发 170 元的福利票。对全体居民实行水、电、暖补助，享受与原西楼社区居民同等的待遇。目前居民年福利已达 1 万多元，老年人的养老金达到了 8000 元。学前儿童进入西楼幼儿园享受半价优惠，考上研究生的一次性奖励 5000 元，考上大学本科的奖励 3000 元。同时，统一缴纳职工养老保险、办理合作医疗。大病患者除了享受市统一救助外，还可从村集体的慈善基金中再得到一部分救助。形成了覆盖住房、就业、养老、医疗、教育等各方面的保障体系，较好地免除了群众的后顾之忧。

西楼居委会充分利用金岭山庄资源，先后投入 4000 多万元用于金岭山庄的基础设施建设，拓宽、硬化了进村道路，实施了村庄绿化美化工程，为村民免费安装自来水，改善了村容村貌。投入 800 多万元，扶持金岭山庄发展特色产业。在住宅小区南，正在建设 200 个蔬菜大棚，建成后将成为威海地区最大的无公害蔬菜基地，不仅可以满足西楼村酒店的需要，还可为广大市民提供纯天然绿色蔬菜。与此同时，对山庄水库南景区进行了长远规划，计划投资 3 亿~5 亿元，增设游艇、摩托艇等水上娱乐设施，在金岭山庄及周边村打造一处占地 4 平方公里，集生态旅游、观光农业、休闲度假于一体的特色农家山庄，推动村居经济加快发展。

六　结语

实施村庄合并既有利于城镇化进程的推进、促进社区建设、打破城乡二元体制、统筹城乡发展、加速农村发展、改善农村居住环境和提高农民生活水平，又有利于提高资源利用效率，是未来村居发展的方向之一，是推进城乡一体化的有效路径。

（作者单位：文登市国土资源局）

坚持"内强外联"推动农民专业合作社发展

林一龙

近期，笔者对山东、浙江等地的农民专业合作社建设情况进行了调研。笔者认为，就维护农户切身利益而言，在农业规模化过程中，农民专业合作社不可或缺。当前应借鉴国内外农民专业合作社建设的经验教训，坚持内强外联，着力增强合作社内部实力，推进合作社与政府部门、涉农企业、农产品生产示范基地等的联合，不断推进农业现代化和农村经济社会发展。

一 当前我国农民专业合作社的几种类型

市场经济条件下，农业小规模生产难以适应大市场挑战。组织成立农民专业合作社成为越来越多农民的自觉选择。截至 2011 年 9 月底，全国农民专业合作社达 48.43 万家，实有入社农户 3870 万户，约占全国农户总数的 15.5%。

从农民专业合作社和其他涉农单位部门、企业等的紧密联系程度来看，主要有两种模式。

一是单一模式。这种模式是指农民专业合作社往往只与服务对象农户紧密合作，为农户生产、运输、销售服务，与政府部门、涉农企业等联系少，合作对象范围窄，合作链条短。这类合作社经营范围基本覆盖农业生产各环节，已从第一产业向农村第二、第三产业延伸，呈现从经济领域向社会公益事业领域发展趋势。主要类型有以下两种。（1）种养业生产经营类合作社。这些合作社广泛分布于粮棉、蔬菜、畜牧、水产、林果等多个产业，它解决了农业规模效益、农产品质量安全、农业科技进步等问题，是当前农民专业合作社的主要类型，约占 90%。（2）农业服务类合作社。这类合作社主要为农业生产经营提供农机、植保、用水、土地流转、劳动力、资金互助等专业服务。

二是复合模式。这种模式指农民专业合作社突破社内狭小范畴，同涉农企业、银行等合作，合作对象扩大，合作链条延伸加长。主要类型有以下两种。(1)"公司＋合作社＋农户"类型。公司与合作社、农户建立了稳固的利益联结机制，形成了合作社和企业的嫁接和融合，使得合作社的发展水平和能力有了大的提升。现在比较流行的观点认为，只要实行了合作社，实行了"公司＋合作社＋农户"模式，农户利益就一定能得到维护。但市场条件下无法保证任何涉农企业任何时候都能盈利，因此，决不能简单地将农民命运系于涉农公司运行情况。政府要做好有关政策扶持工作，尤其在农业面临激烈的国内外市场竞争条件下，努力形成"政府部门＋公司＋合作社＋农户"模式。(2)"银行＋公司＋合作社＋农户"类型。这种类型主要是为解决企业、合作社的资金软肋而新发展起来的。目前这种类型刚刚兴起，还不够成熟，需要政府大力扶持。农业专业合作化要发展壮大，推进农业现代化，必须实现与其他涉农部门、企业的联合，实现整合资源，增强竞争力。复合模式是合作社的发展趋势。

二 农民专业合作社在推进农业规模化过程中不可或缺

农业规模化生产是我国农业发展的趋势，但规模化的方式和途径多种多样，不只农民专业合作社一种方式。在通过其他途径实现农业规模化过程中，农民专业合作社仍不可或缺，并不是其他途径所能完全替代的。必须对实现农业规模化的各种途径的优势加以综合利用。

龙头企业带动形成农业规模化。一般是龙头企业通过合同、合作、股份合作等形式，推动流转土地，实现农业规模经营，给农户增加收入，降低农户生产、经营的不确定性和市场交易风险。在这种农业规模化实现途径中，单个农户和企业谈判实力太弱，不能很好地维护自身利益。企业主导的基地＋农户的经营模式，是为了实现和确保企业利润，而且往往利用订单来限制和约束农户，把市场风险推给农民。因此，在这种规模化途径中切实需要发挥合作社服务作用、代表农户利益、敢于同企业叫板，使得农户通过多种方式、途径与企业共同分享生产、加工、销售等环节利润，努力形成"公司＋合作社＋农户"农业规模化模式。

社会服务带动形成农业规模化。为适应当前一家一户农业种植，一些地方积极发展农业社会化服务，有力地推进了农业标准化建设，其主要有两种类型。一是涉农部门组织开展农业社会服务形成的规模化。在这种模式中，农民还是单独生产，只是由农业服务公司提供统一服务。比如，聊城市邮政成立农业技术合作社，把农民组织起来，实行统一整地播种、统一肥水管理、统一技术培训、统一病虫害防治、统一机械收获，把住良种农资关，规模效益初显。这是涉农部门利用自身优势探索专业化服务组织形式，促进了农业机械大面积使用和农业技术推广。二是企业性质的农业社会化服务公司。一些地方已经出现为农业服务的家政公司，主要提供信息服务、劳动力供给、技术培训等，比如浙江天台出现了专门为农户提供"农业家政工人"的农业生产社会化服务组织，农业服务的社会化和专业化水平不断提高。在这种农业规模化过程中，各类社会化服务组织解决了单个农户生产中的系列难题。但这类服务主要是技术性、暂时性的，缺乏对未来发展的长远规划，远远替代不了农民专业合作社。合作社可以从产品的销售、种植等方面加强引导，维护市场供需平衡、价格稳定，防止农产品价格"过山车"。应努力形成"社会服务＋合作社＋农户"模式。

标准化生产示范基地带动形成农业规模化。这类生产示范基地主要是严格推行标准化生产，健全涵盖生产的产前、产中、产后等各个环节的标准体系，编制各种规程。一类是企业组织创办的，这类基地建设主要从企业利益出发。一类是政府组织创办的。政府利益取向不可能完全等同于农户利益取向。这种规模化类型是依靠农户外部力量组织形成的。不论哪种类型的生产示范基地，农户都有可能为企业、政府部门所左右，不能很好维护自身利益。农业发展必须依靠农户自己组织起来，形成"标准化生产示范基地＋合作社＋农户"模式。

专业批发市场带动形成农业规模化。政府通过培育市场，形成产品集散、信息发布和价格形成中心，以大市场、大流通促进农业规模化生产。这种模式能够引导批发市场所在地区及其周围农民按照市场需要调整产业结构。在这种农业规模化实现途径中，单个农户势单力薄，与批发商之间的谈判能力弱，必须依靠合作社的力量，增强自身谈判能力。而且单个农户也无法准确把握市场信息来指导生产，合作社应给予必要信息服务，形成"专业批发市场＋合作社＋农户"模式。

三 当前农民专业合作社建设发展中存在的主要问题

虽然农民专业合作社能够解决农业生产中遇到的资金、技术、品牌、劳动力缺乏等问题，使农民能够参与农业产业链分工，获得较好收益，但也面临管理水平差、市场竞争能力不足、政府扶持有待改进等深层次问题，缺乏强有力的生存、发展和服务能力。

内部管理水平低，规章制度约束力差。当前合作社成立门槛过低，一些合作社徒有虚名，没有能力为农民服务。有的合作社成立只是为了套取政府奖励资金，不能真正发挥作用。许多合作社规章制度不健全，机构不健全，没有形成利益共享、风险共担机制，组织松散，缺乏监管和自律，对社员的约束力差。一些合作社在推进标准化生产过程中力度较小，虽然对产品标准提出要求，但一些社员不遵守规定。有些社员加入合作社只想销售产品、多挣钱，根本没有责任意识。

规模偏小，产业链条较短。目前合作社多数往往是一个或几个村联合组织起来的，社员数量少，平均入社农户69户。合作范围较小，一般只涉及生产、运输、营销中的一个环节，没有形成完整的农业配套产业。当前合作社大多建立在生产环节，农产品销售渠道少、不畅，不能很好地解决农产品大涨大跌现象。贷款难问题突出，难以获得用地指标，发展空间受阻。

力量薄弱，抵御市场风险能力较低。合作社资金力量普遍较弱，平均投入不足100万元，与企业资本相比处于劣势地位，在市场链条上缺乏"话语权"。一些合作社实质上是企业的一个生产车间或者原料基地，不能参与加工流通等增值环节利益分配，不能自办企业。许多合作社对接市场能力不强，往往参照往年市场行情指导生产，订单生产规模较小。

官办色彩浓厚，独立发展意识和能力差。目前一些合作社的成立是为了满足上级检查评级达标需要。农村合作组织的产业属性与政府政绩之间存在矛盾。农业专业组织的建立、发展应该依据产业发展规律，而不是行政命令。但一些地方把合作组织的数量当成政绩，依靠政府指令组建，放松管理，造成合作组织对政府依赖过多，为农民服务热情不高，空头运转现象较为严重。

诚信意识淡薄，违规经营严重。合作社以社会诚信为基础，这与农民之间传统以血缘为纽带构成矛盾。合作社的发展壮大需要依靠社会诚信，增强农户合同契约意识，但目前农民与合作社组织管理者之间存在不信任。一些农业合作社突破规定经营范围，私自扩大业务范围，成为专职流通领域农资、农产品等商品经营业户，逐渐从服务会员型向市场营利型转变；一些企业成为合作社的管理者和实际经营者，逃避法律监督；部分合作社在购进或外销农资过程中联合控价，排挤其他正规农资经营业户，构成不正当竞争。

四 推进农民专业合作社发展的对策建议

强化管理，大力推进合作社规范发展。应适应农业规模化生产趋势，着力加强农村诚信建设，增强农民的契约意识、诚信意识，为实现农民由独家独户生产销售走向联合生产经营奠定思想基础。加强日常监管，推行工商年检制度，实施信用监管，完善对合作社违规经营的处罚规定，促进合作社规范化。把具备为农民提供服务的能力和水平作为农业合作社成立的重要门槛，提高准入门槛。杜绝企业控制合作社、鼓励农民自愿办社、增强合作社的独立性。强化合作社制度建设，加强对合作社负责人、财务人员等培训，着力提高合作社的人力资本水平。

积极扶持，不断优化合作社发展环境。政府要发挥好引导、鼓励、提供服务等作用，避免对合作社的过多、过细干涉。帮助合作社协调资源和关系，为合作社生产、经营、销售各个环节提供信息、技术、资金扶持等全方位服务，并对处于不同成长阶段、不同类型的农业合作社提供针对性强的差别化服务。着力解决农产品销售、品牌打造等合作社发展软肋，努力实现与市场的良好对接。政府应设立农民专业合作社专项资金、整合支农资金项目、完善农业保险政策、加强对税收等优惠政策宣传、完善产业扶持政策、增强合作社自身发展能力。

推进联合，切实发挥合作社自身作用。把推进合作社之间的联合发展和合作社与企业、农场等之间的联合发展作为工作重点。高度重视合作社合并，发展综合的合作社和合作社的联合社。依靠市场力量，推进合作社实行横向联合，壮大规模，实现资源整合，增强服务能力和水平。出台合作社合并的法律法规，推进合作社整合的规范化、科学化，引导、鼓励不同区域合作社兼并重组。通过搭建交流平台、进行项目合作等方式，推动合作社与农业企业、保险公司、银行、生产基地、生产大户等之间的联合，引导合作社兴办农产品加工企业，实行各方互利共赢，切实增强农业抵御市场风险、自然风险能力，提高农民收入。

改进考核，积极完善合作社发展评价标准。改进指标式评价方式，把数量评价与质量评价相结合，坚决纠正只注重数量而忽视质量的做法。明确考核重点和内容，着力考核农民专业合作社服务能力，把能否及时全面公开市场信息，推进农业生产一条龙服务，是否建立了大规模的销售和营销网络、维护农户切身利益等方面作为考核重点。着力考核各级政府扶持农民专业合作社发展的税收和金融政策措施、服务平台等，引导政府正确处理其与农民专业合作社的关系。

大力创新，着力推进合作社发展壮大。要顺应合作社经营企业化的发展趋势，积极推进公司化运营管理，提升市场地位。充分发挥农户在合作社中的主体地位，切实保证农户在签订销售合同、定销售价格等方面的发言权。完善补贴发放办法，改变每登记一户农民专业合作社就给予财政补贴的做法，只对达到一定标准的合作社给予奖励，转变扶持方式，增强扶持效果。鼓励各地积极探索解决合作社资金瓶颈，鼓励和支持金融机构采用多种形式为合作社提供金融服务。

（作者单位：中共威海市委宣传部）

工业振兴"十要"

威海市经济和信息化委员会

　　威海市工业振兴大会将推进工业转型跨越提上重要日程，体现了市委、市政府的深谋远虑，是威海市工业发展的重大战略机遇。力行振兴工业大计，犹如十年树木，百年树人，看之似近、行之实远，言之虽轻、举之至重，应把握"十要"，方能期有所成。

　　一要凝共识，正其名位。我们能否在振兴工业上真正有所作为，取决于对工业重要性的认知程度。首先，从三大产业的内在联系看，第二产业是核心。第二产业（工业）的充分发展，不仅可以为第一产业（农业）提供先进的生产工具和生产资料，还可以加快农业的现代化进程，农业的产业化也需要工业化的手段来实现；而第三产业之所以称为服务业，其最本质的特征是为第一产业和第二产业服务的，没有第一产业和第二产业的充分发展，服务业就成了无源之水和空中楼阁。其次，从发达国家的经验教训看，制造业是根基。2009 年的欧洲主权债务危机，已波及希腊、意大利、西班牙、葡萄牙、爱尔兰等欧洲国家，这些国家的共同特点，都把旅游业、房地产业等作为拉动经济增长的支柱产业，和北欧国家比，除意大利工业比重相对较高外，其他国家产业空心化现象都非常严重。德国和日本作为世界制造业强国，虽然第三产业的比重也很高，但第二产业依然受到重视，比重都约为 30%，它们不但没有大规模的贸易赤字，而且在金融危机爆发的 2008 年，仍然实现了2943 亿美元和 363 亿美元的贸易顺差。再次，从威海市的现实情况看，工业是主体。2011 年，全市工业实现增加值 1022.7 亿元，增长 13.1%，对 GDP增长的贡献率达 62%；工业实现税收 104 亿元，占全市税收总额的 48%；工业领域吸纳就业 70 万人，约占全市从业人数的 50%。从实际贡献看，工业是威海市财政收入的主要来源，是社会就业的主要渠道，也是城市化发展的主要动力，工业在全市经济社会发展中的地位举足轻重。不论现在还是将来，我们都要深刻认识工业的战略地位，进一步明确其主体地位，在全市上下凝聚共识、齐抓共管，形成振兴工业的强大合力。

二要举长策，稳其心神。抓经济有"三忌"：一忌盲目跟风，有些地方发展经济"唯上"不"唯实"，上面号召什么就抓什么，风过树已静，水过地皮湿。这种现象，美其名曰"坚定不移地贯彻落实上级决策部署"，与上级保持"高度一致"，却从根本上违背了党的"一切从实际出发、实事求是"的思想路线；二忌摇摆不定，有些地方发展经济没有长远目标和规划，喜欢"与时俱进"，规划一年数改，思路一日三变，让下面应接不暇、无所适从；三忌急功近利，有的地方急于在任期内做出成绩，过分看重眼前利益和短期效应，满足于挣小钱、来快钱、抓热钱，在工业发展上不愿意用慢功、下真功。应该看到，振兴区域工业，培植优势产业，壮大骨干企业，需要各方面长期不懈的努力。目前，威海市经济发展的大政方针已经确定，振兴工业已经提上重要日程，在当前稳定工业、主攻工业、决战工业、突破工业的关键时期，各级要进一步明确振兴工业的复杂性和艰巨性、战略性和全局性、长期性和连续性，坚持思想认识不动摇，战略决策不动摇，工作重点不动摇，不断完善工业发展的理念、思路和措施，使各级能够真正沉下心来研究工业，使企业能够真正定下心来谋划发展，全力打好振兴工业这场"持久战"。

三要走高端，明其方向。很多人曾经提出质疑，振兴工业会不会与威海市"蓝色休闲之都，世界宜居城市"的定位相矛盾？众所周知，美、德、日作为世界制造业的"三大高地"，环境处处清洁，蓝天白云依旧；苏、杭作为南方发达的工业城市，依然享受着"人间天堂"的美誉。我们决不能把保护环境作为"无为"的借口，应坚持有所为、有所不为的方针，认真研究发展什么、怎么发展的问题。新形势下的工业振兴之路，绝不是传统意义上的上数量、扩规模，更不是简单的低水平重复建设。因为这种粗放型的"振兴"模式，与科学发展的大政方针相抵触，与经济发展的客观形势相背离，与威海市的资源环境相矛盾，在当前市场需求不足、产能严重过剩的条件下，这条路将会越走越窄，最终是死路一条。根据20世纪80年代美国经济学家钱纳里提出的标准结构理论，人均GDP为1200～2400美元时，产业结构处于工业化的中级阶段；人均GDP为2400～4500美元时，产业结构处于工业化的高级阶段。2011年，威海市人均GDP约13000美元，换算成1980年的汇率和价格水平，大约是4400美元。据此判断，威海市目前正处于工业化的高级阶段，到了提升发展的关键时期。因此，我们在确定工业振兴的目标时，应着眼高端、打造高质、谋求高效，紧紧围绕打造蓝色聚集区这条主线，加快先进制造业基地建设步伐。

四要借外力，改其基因。近几年，威海市工业发展的速度低于全省其他地市，这是不争的事实。但从总体上看，威海市工业化程度要高于全省17市的平均水平，主要差距体现在大企业上。2011年，威海市以全省2.7%的人口总量，创造了全省4.8%的GDP和4.9%的工业增加值，人均GDP和人均工业生产总值居全省前列，但在全省102家过百亿的大型工业企业中，威海市仅占2家，且规模最大的三角集团，其主营业务收入仅是魏桥创业集团的1/10左右。工业经济要想实现大发展，骨干企业必须率先实现大跨越。威海市大企业数量少、规模小，原因是多方面的，其中思想的束缚和观念的制约是决定性的因素。威海人追求平稳、守土爱乡，"宁为鸡头不为凤尾"。前些年，威海市一些企业在投资创业上畏首畏尾，失去了发展的机遇；在战略合作上瞻前顾后，失去了联大靠强的机会，所以，这些大企业落后了。要剔除根深蒂固的"保守基因"，让企业尽快长大、长高、长壮，必须打破"自我繁殖"和"近亲联姻"的发展模式，抢抓欧债危机和"后金融危机时期"世界范围内产业结构调整的新机遇，加快威海市优势骨干企业与国内外知名企业和科研院所的战略合作。在全球范围内优化资源配置，不失时机地引进战略投资、引进尖端设备、引进高端人才、收购知名品牌，通过全方位、宽领域的战略合作，把先进的发展理念、管理模式、创新机制、营销策略、技术人才等"基因片段"嫁接到威海市企业身上，从根本上解决企业不敢发展、不会发展、无力发展的问题。

五要重创新，壮其筋骨。人类社会的进步史，也是一部科技创新的发展史。以文字记录方式为例：三千多年前，我们的祖先创造性地把文字刻在龟甲和兽骨上；为克服甲骨材料难得的缺点，春秋时期又发明了竹简和木牍；为克服竹简、木牍笨重的缺点，战国末期人们发明了轻便的帛书；因丝绢价贵，东汉时蔡伦又改进了造纸术；如今，电子信息技术的突破，能使整个大英图书馆的所有藏书保存在指甲大小的电脑芯片上。文字记录方式的历次变革，虽然现在看来都很平常，但在当时来说都是科技创新的重大突破。在科技日新月异、市场瞬息万变的新形势下，作为经济的基本单元和市场的基本主体，科技创新是企业的生存之道、发展之魂；否则，企业转型将无从谈起，振兴工业就是一句空话。近几年来，无论形势多么复杂严峻，威海市有的企业能站稳脚跟，有的企业能逆势上扬，有的企业能快速发展，最主要的就是抓住了创新这个根本。长期以来，威高集团坚持人才为本、创新立企、跨越发展的理念，2011 年实现利税 25.7 亿元，主营业务收入年均增幅达 50%，是威海市企业高质、高效、高速发展的经典案例。威高的实践告诉我们，创新可以超越低水平竞争、创新可以规避外在性风险、创新可以实现跨越式发展。因此，要深刻认识科技创新在工业振兴中的地位和作用，把创新作为企业"强身健体"的治本之策，加快建设覆盖重点领域、支柱行业和骨干企业的全方位、多层次的自主创新体系，真正使工业发展转向创新驱动、内生增长的轨道。

六要调结构，健其形体。物质结构变化对其品质和性能有决定性的影响。金刚石和石墨都是由碳元素构成的，石墨的碳元素是平面排列的层状结构，所以质地松软，价格低廉；金刚石的碳元素是立体交叉排列的网状结构，所以质地坚硬，价格昂贵。同样是碳元素，元素组合方式不同，性能和价格就有天壤之别。由此可见，结构的不断调整和优化，是提高工业经济运行质量和效益的关键环节，也是振兴工业的重要内涵。产业结构调整包括"结构合理化"和"产业高级化"两个方面。前者是指各产业之间相互协调，能适应市场需求变化，并带来最佳效益的产业结构，属于适应性调整的范畴；后者又称为产业升级，是指产业结构从较低级形式向较高级形式转化的过程，属于战略性调整的范畴。因此，威海市在推进产业转型的过程中，必须抓好"两个调整"。一是抓好适应性调整，推动产业结构合理化。威海市产业集群化程度较低，绝大多数中小企业处于单打独斗的境地，是典型的类"石墨"形态，必须加快适应性调整步伐。要以特色产业园区为载体，促进产品相同或相近的企业向园区集中，实现设施共建、资源共享、风险共担，加快培植"簇团式"产业集群，形成群聚效应；要以骨干企业为龙头，引导中小微企业参与大企业的协作配套，着力培植"众星拱月式"产业集群，形成协作效应。二是抓好战略性调整，促进产业结构高级化。要按照"发展新兴、改造传统、淘汰落后"的思路，以科技创新为动力，大力发展新材料、新信息、新医药、高端装备等战略新兴产业；以项目建设为支撑，加快改造提升机械、纺织、食品、化工等传统优势产业；以战略合作为抓手，积极推进船舶、汽车、建材等困难行业转型；以节能环保为目标，不断转移淘汰低端落后产能。通过对各行业的分类调整，促进产业结构的梯次推进和螺旋上升。

七要拓市场，通其血脉。俗话说，"通则不痛，痛则不通"。就人体而言，气血通畅则身体康健，气血阻滞则百病缠身。对企业而言，其销售渠道如人体的血脉，产品畅销，则资金周转灵活，企业健康发展；否则，产品滞销，库存积压，资金沉淀，企业就难以生存。金融危机以来，企业运行中出现的各种问题，诸如开工不足、投资趋缓、收入减少、利润下降等，从根本上讲是订单不足、销售不畅的必然结果。在当前传统市场内需不足、外需乏力的形势下，加快对新兴市场的研究和开发显得更为紧迫。新兴市场是个相对的概念，从国家层面看，发展中国家是新兴市场；从地域层面看，后开发地区是新兴市场；从产业层面看，战略性新兴产业是新兴市场；而从企业层面看，拟开发的新业务领域也是新兴市场。企业要想破解当前的发展困局，必须在巩固传统市场的同时，抓紧新兴市场的研究，不断拓展新的空间，确保销售渠道的通畅。今后一个时期，要按照"外有拓展，内有延伸"的思路，重点突破"两大市场"。一是集中突破军民结合市场。军民结合产品科技含量高、质量性能好。发展军民结合产业不仅可以催生巨大的市场需求，利用军品的高标准和严要求，还可以"倒逼"企业研发能力的提升，是利国、利军、利民、利企的高端产业，对加快企业转型具有重要的推动作用。日本没有独立的官方军工企业，但其世界级大公司几乎都从事军品的科研和生产。当年美国的"阿波罗登月计划"花费 240 亿美元，但由此带动了整个航天高科技产业的发展，创造的产值高达 2 万亿美元。目前，我国已经看到了军民结合产业发展与美、日等国的巨大差距，已采取多项措施加快推进军民两用技术和产业发展，我们要抢抓机遇，主动对接，尽快将威海市骨干企业纳入军方的研发、生产和采购体系：一方面，加快开拓"军品"市场，拓展企业的发展空间；另一方面，加快军用高科技在威海市的产业化步伐，推进"民品"市场的转型升级。今年以来，市经信委积极引导三角、威高、金猴、华东数控、黄海造船、拓展纤维等骨干企业与总后、总装和相关军工企业联系对接，全市军民结合重点生产企业已达 16 家，预计全年军品市场主营业务收入可达12.7 亿元。二是集中突破国际新兴市场。今年 1～5 月，全市工业品出口 36.4亿美元，比去年同期增长 3%，增幅回落 20 个百分点。从市场分布看，威海市对欧、美、日、韩四大传统国际市场贸易额 43.8 亿美元，同比下降 2.9%；对新兴市场贸易额达 28.4 亿美元，增长 27.3%，其中对中东、俄罗斯、非洲的贸易额分别增长 69.3%、60.6% 和 53.7%，凸显了新兴市场的巨大潜力。因此，要引导企业加快实施市场多元化战略，深度开发俄罗斯及巴西、印度、南非等新兴市场，进一步拓展企业的国际市场空间。

八要抓主业，务其本根。树木有灌木和乔木之分。灌木从地面就开始丛生出许多枝干，植株一般不会超过 6 米；乔木有明显直立的主干，植株通常在 6 米以上，高的可达百米。企业犹如树木，业务犹如干枝，多业并举者如灌木之丛生、主业突出者如乔木之挺拔，其成就高下不言自明。近年来，制造业的各行业相继进入了"高成本"和"微利"时代，2008 年的国际金融危机更使实体经济雪上加霜，企业的生存发展举步维艰。在制造业受到诸多不利因素"围城"的条件下，工业资本开始转向股市、民间借贷、房地产、服务业等领域，威海市骨干企业进军房地产的也不在少数。这种现象，不仅分散了企业家的精力，分流了企业发展宝贵的资金和资源，对企业发展、工业振兴是极为不利的。据调查，近年威海市 34 家"退城进园"的市区骨干企业中，有 22 家涉足房地产业；而潍坊市 40 多家"退城进园"的市区骨干企业中，进入房地产行业的只有 5 家。骨干企业涉足房地产，不论成功还是失败，都会对主业产生直接的影响：成功的，觉得主业难做、来钱慢，动摇了发展主业的决心；失败的，会对主业产生直接影响，甚至会把企业拖垮。因此，面对暂时的挑战和困难，企业应该有"韧性"，不改初衷；面对短期的利益和诱惑，企业家应该有"定力"，心无旁骛。唯其如此，才能忍受栉风沐雨，最终长成如乔木一般的参天大树。

九要育人才，强其机枢。企业家是企业的舵手，他们决定着企业的走向，引领着企业的未来，在企业发展中发挥着至关重要的作用。威海缺少大企业，关键是缺人，尤其缺像张瑞敏、张士平等具有国际视野和战略眼光的大企业家。从企业家的年龄结构看，威海市企业的当家人年龄绝大多数在 50～60 岁这个区间，6 家主营业务收入过 50 亿元大企业的当家人，其平均年龄为 57 岁，年龄在 60 岁以上的不在少数，还有一批企业家年龄在 70 岁以上。企业家年龄总体偏大、后备人才不足的问题非常突出。今年以来，市委组织部紧紧围绕市委、市政府的决策部署，把加强企业家队伍建设作为工业振兴的"先导工程"来抓，会同市经信委和中小企业局，先后在清华大学和浙江大学开展了两批企业家培训活动，受训企业家达 53 人。此举充分体现了"全党抓经济，重点抓工业"的理念，受到企业家们的普遍欢迎和高度评价，市委组织部不仅是党员领导干部之"家"，也成为名副其实的企业家之"家"。因此，建议各市、区和有关部门，也要高度重视企业家的"继续教育"和"再培训"，培养造就更多了解国际市场、通晓国际规则、熟悉他国文化、善于跨国经营的优秀企业家。如果说企业经营管理者是企业的"大脑"，那么科技人才和职工队伍就是企业的"经络"，他们共同构成企业决策和执行的"神经系统"。因此，在企业人才队伍建设上，不仅要紧紧抓住企业家这"一个中心"，还要牢牢把握科技人才队伍和高技能职工队伍建设这"两个基本点"：一方面，要抓好科技人才的引进、培养和使用；另一方面，要探索建立与工业振兴相适应的职教模式，重点是搞好"三个对接"，即专业设置与产业对接、教学内容与企业发展对接、学生能力与岗位需求对接，实现职业教育与产业发展的有机结合。今年4月份，市经信委牵头，由威海职业学院、威海船舶行业协会及相关职教机构和船舶企业联合组建的"威海船舶职教集团"，就是借鉴德国、日本发展制造业的"真经"，通过建立"订单式"教学模式，从根本上解决船舶行业职工队伍"素质低"和"招工难"等问题。取得经验后，威海市将逐步向机械、纺织、食品等行业推广，为工业振兴提供坚强的高技能人才保障。

十要造环境，舒其心志。推动区域工业发展的成效如何，在企业间比的是企业家的眼界和气魄，在政府间比的是服务发展的环境和条件。新一届市委、市政府明确提出，要"转作风、重规范、提效能"，在改善经济发展环境方面做出了很大努力，各种适于企业发展的载体和平台日趋完善，支持企业发展的系列政策逐步到位。特别是"三个第一"核心理念的提出，为规范管理行为、提高行政效能、优化发展环境注入了新的内涵，抓住了服务企业发展的关键。在新的经济环境和发展形势面前，在新的发展目标和战略任务面前，各级、各部门要按照市委、市政府关于开展机关作风建设年活动的安排部署，在机关建设上继续做出长期的、艰苦的努力。要按照"有限政府、适度有为"的原则，该放的一定要放开，该管的一定要管好，该抓的一定要抓实。在宏观上，要搞好布局规划，加强政策引导；在微观上，要强化涉企服务，规范执法行为，真正使企业远离"三乱"行为，摆脱发展困扰，为企业发展、工业振兴创造一个舒心、宽松的环境。

（作者单位：威海市经济和信息化委员会）

《习惯规则的形成机制及其查明研究》内容提要

姜世波　王　彬

　　近年来，随着司法过程中国家法在适用中与民间规则的冲突问题日渐突出，民间规则的司法适用问题的研究已经提升到国家司法层面。这其中，习惯法规则的司法适用最为紧迫。本课题所关注的是司法过程中可能遭遇的一个基本问题的解决：当事人对于习惯规则的存在与否发生了争议，法官如何确定习惯规则是否存在？要查明或者确定习惯规则是否成立，必然需要明了它的形成机制。根据形成机制才有可能追寻其司法确定方法。习惯规则的司法查明是本课题研究的重点，但在我国语境下，由于立法上对习惯法的司法适用的态度暧昧，习惯法的适用存在着诸多困境，因此，本书对这一问题作为习惯法司法查明的前置问题进行了研究。全书总体上可以分为四大部分。第一部分是研究回顾及反思。第二部分是习惯法规则的形成机制（包括构成要件）阐释。第三部分是习惯规则进入司法的条件分析、面临的困境及适用过程中的举证责任分配问题。第四部分即习惯规则在司法适用过程中的查明途径研究。本书借鉴了习惯法司法适用较为发达的英美法系及非洲地区的经验，分别探讨了通过习惯法编纂、权威证明、判例及司法认知和利益衡量等几种方法，对我国司法实务中对这些方法的运用进行了考察，指出了今后需要进一步完善的制度建议。全书共分十章，主要内容如下。

　　第一章，习惯法研究的基本范式及其反思。这一章首先对"国家与社会"的基本范式进行评述与反思，通过阐释这一基本范式的理论旨趣来说明这一范式对中国习惯法研究的可能与限度。国家与社会作为一种研究范式具有西方意义上的历史基础、学术传承和分析向度，这一研究范式存在市民社会和乡土社会两种不同的语用形态，这两种不同的语用形态实际上都体现了理论产生的具体的社会文化特质。将国家与社会作为一种分析框架来研究中国民间习惯法问题，不能忽略中国社会文化情境的独特性而丧失分析范式的规范性，所以基于问题的中国性，必须确定国家与社会范式的适用限度。通过对研究范式的反思，该章揭示了目前国内民间法研究中因话语情境错位导致的话语悖论，并依此对习惯法的概念谱系进行了梳理。

第二章，习惯法形成机制的基本理论。此章对习惯法形成机制的研究路径进行阐释。文化解释与经济分析是目前习惯法形成机制研究的两种研究视角。利用文化解释学的原理对习惯法的形成机制进行解释，习惯法就不是通过人为进行理性建构的普适性规则，而是在不同的社会语境下生成的"地方性知识"。地方性知识的形成以人的交往形式为联系方式，并以亲情、伦理、宗教等心理性因素为规范运行的心理机制。立足于经济学的理论语境，分析习惯法作为社会规范形成的内在机制和运行规律，则揭示了习惯法形成的社会机制。以社会科学的研究视角习惯法的形成机制，习惯法是理性个体在长期社会生活中的集体博弈结果，体现了习惯法作为社会规范形成的自发性、演化性等特征。

第三章，司法上确立习惯法规则存在之前提——习惯法的构成要件理论。众所周知，习惯法的两个基本构成要件是物质要素（惯行）和心理要素（法确信），但对该二要素之内涵和实质的研究，在国内法研究还远未展开。此章从对这一问题研究最为深入的国际习惯法的确定入手，进而将原理推及国内习惯规则的确定，这就使习惯法构成要件的理论分析建立在更具法理的普适意义基础之上。

第四章，国家法与习惯法在我国司法中的冲突与沟通。此章采取描述性的学术视角、运用法律社会学的研究方法，对司法场域中国家法与习惯法冲突、互动与沟通的关系进行揭示。在中国乡土社会的司法场域，通过调解实现了国家法与习惯法的沟通，调解不仅仅是一种纠纷解决的技术或方式，更是社会治理的一种制度性或体制性存在。通过审判而实现法秩序沟通，司法审判成为权力博弈的解纷技术，利益均衡成为司法过程中的行动策略。为实现国家法与习惯法在司法中的沟通，中国基层法院推出能动主义的乡土司法模式，立足于转型社会的理论情境，乡土司法展现出形式理性与实质理性、政治化与专业化、被动性与能动性、精英化与大众化的内在悖论。

第五章，民间习惯法的司法适用。此章对习惯法司法化的关系社会背景、法律话语场及习惯法的司法功能、法律方法进行揭示。以彩礼纠纷为例，习惯法的司法适用具有关系社会的社会背景。在彩礼纠纷中，乡土逻辑与正式制度的冲突与互动，不仅仅因价值观念的冲突而产生，而是由利益关系的博弈造成。以外嫁女问题为例，为解决社会转型而产生的国家法与习惯法在司法中的冲突问题，一方面要实现民主在法律话语场中的充分释放，确立民间习惯法的民主正当性，以判决的可接受性作为检验司法裁判合理性的标准，另一方面通过建立对民间习惯法的司法审查机制，在司法过程中确立规范性的民间秩序。在司法过程中，民间习惯具有事实认定的证据功能，同时也具有漏洞补充的法源功能，民间习惯的证据功能和规范属性是民间习惯法司法化的前提。通过将民间法与国家法的冲突还原为利益冲突展开司法过程中的利益衡量，是习惯法司法适用的主要法律方法。

第六章，习惯法司法查明过程中的举证责任。由于习惯法之性质究为事实抑或法律直接影响了在司法过程中由谁对习惯规则加以证明的责任，因此，这一章首先对习惯规则是事实还是法律问题进行了分析，结论是不能简单地作非此即彼的选择。从英美和非洲地区的司法实践看，习惯规则既可能作为事实由当事人举证，又可能因进行了编纂、形成判例和司法认知等原因而成为法律渊源。在中国语境下，因法院审理案件负有查明事实和正确适用法律双重职责，因此这种区分意义不大，适用的是当事人举证与法官依职权查明并举。

第七章，通过习惯法的编纂查明习惯法。习惯法规则适用的最大障碍是其非成文性。如果能够经过编纂加以成文化，那么法官适用的确定性和效率就可增加。从西方经验看，习惯法的编纂既有官方组织的，也有民间组织或个人自发的编纂，后者只要具有权威性亦可为法院所借鉴。在中国语境下，恐怕只能依赖官方组织的编纂，我们的建议不是现在某些地方所实行的由法院编纂，最好由地方政府组织编纂，由地方立法机关通过。

第八章，通过权威证明查明习惯法。在习惯法规则未经编纂的情况下，习惯规则的查明恐怕就得依赖人证了。这种查明方式显然需要证人具有较高的权威性。根据普通法系和习惯法较为发达的非洲地区的经验，通过权威人士证明习惯的方式有以下几种：（1）助理法官（Assessors）制度；（2）鉴定人（Referees）制度；（3）权威教科书（Textbooks）等。在我国同样可以确立民间权威人士或组织证明习惯规则的制度。我们通过司法实践的考察，也发现实际工作确实也存在着这种权威证明的方法。

第九章，通过判例、司法认知查明习惯法。从表面上看，在判例与习惯法查明之间似乎没有什么直接的联系。一个判例只是针对个案事实而做出的裁决，其所确定的事实仅具有个案意义，如何将其确认的惯行事实上升为具有规则约束力？从世界各国的司法实践看，都存在着通过法院判决，即从涉及习惯的个案审理过程中查明习惯的情形。本书通过对大量案例的考察，发现我国法院司法过程中运用判例，直到司法认知的方式来查明习惯法的情形也是存在的。我国最高人民法院《关于适用〈中华人民共和国民事诉讼法〉若干问题的意见》第 75 条和《关于民事诉讼证据的若干规定》第 9 条也规定了已为人民法院发生法律效力的裁判和仲裁机构的生效裁决所确认的事实是无须证明的。

第十章，通过利益衡量确定习惯法的方法。在判定一个习惯规则是否存在时，某个共同体或者当事人之间是否对该惯行存在法律上的确信是需要价值判断的。在转型期社会中，传统习惯规则与国家建构的法之间的冲突也不是以简单的制定法优于习惯法所能解决的。笔者通过对当下中国乡村基层司法过程中习惯法进入司法的案例考察发现，法官面对不同类型的冲突情形，会经过利益衡量，采取迂回、法律原则解释、结果分析等手段来决定是否该采纳与制定法相冲突的习惯规则。

[作者单位：山东大学（威海）]

网络游戏与社会道德实践关系研究

牛志强　宋修静

一　网络游戏对社会道德观念产生的影响

（一）积极影响

1. 世界观的虚拟实践。对网络游戏的参与者来说，在虚拟网络世界中的体验是现实世界中难以实现的，这种奇特的体验方式和体验感受具有极强的吸引力。在这一虚拟时空中，参与者不但能够实现与现实世界等同的人与人之间的交往与互动，还能通过自身的"努力"实现自身的价值，使他们得到在现实世界中不易得到的尊重、欢愉和成就感，这对完善参与者的世界观是有一定的价值功用的。

2. 规则的强化。任何社会中的个体只有遵守规则，才能获得社会的承认，才能在合理、合法的范围内获取自身所需，满足自身的需要。单就这一点而言，网络游戏对参与者规则的强化是非常严格的，任何游戏角色的设置和扮演，任何"任务"的计划和执行都必须在既定的规则内进行。这种虚拟世界中的规则对参与者来说，比现实世界来得更加强烈，能够促使其严格遵守，不可恣意妄为，否则必将受到惩罚。

3. 人生观磨砺。任何人的成长都是一个渐进的过程，"突变"的情形不适合人类的发展模式。在网络游戏中，参与者首先要扮演不同的角色，然后以这一角色为基调，去完成自身的使命。从整个角色的行动轨迹可以看出，完成使命的过程就是一个人的成长过程。在这一过程中，他要构建其一定的"社会关系"（网络上的），以一个虚拟团体或虚拟社会的形式共同完成使命。

这一模式与现实世界中的人的成长不无关联，参与者必须从中获取成长所必需的精神和物质，才能丰富和实现自己的"现实"人生。

（二）消极影响

1. 道德观歪曲。在现有的网络游戏的场景设置中，伦理道德观念虽然来自于现实世界，但是为了增强游戏的吸引力，一般都在其基础上进行了"变异"，"变异"之后的道德观念已经与现实世界中的观念大相径庭，形成了独立于现实世界之外的属于网络世界的道德观念。这两种道德观念虽然有融合的可能，但是现实的情况并不如此，两者之间的冲突和矛盾是网络游戏的参与者在"进出""两个世界"时往往不知所措。

2. 行为模式重构。网络游戏的开发者和运营商为了提升其产品持久获利的能力，往往将色情、暴力、血腥、欺诈等与现实世界中主流道德意识和道德行为加入其中（这一点有似武侠小说或言情小说，但较之更加直接）。在这种情况下，并不是所有的参与者都具备正确的判别能力和抵制诱惑的能力，一旦玩家沉迷其中，就有可能诱使其走上犯罪的道路，危害现实社会的正常秩序。

二 网络游戏对社会道德实践作用机制
——基于网络调查的实证

本研究通过网易微博、新浪微博和腾讯微博发起了有关这一命题的网络"问卷"。其中共发放有效的"微主题"3个："你为什么参与网络游戏""网络游戏对你的道德意识（行为）产生了什么影响""网络游戏能对社会道德产生怎样的消极影响，应如何解决"在每个问题中都要求被调查者回答其性别。本次调查共历时2个月（2012年3～4月），共收到有效回复8920条，并对回复结果进行整理与分析。与此同时，本研究课题组走访了河南省、湖北省和安徽省的10所高校，对当地大学生群体（重要的青年群体和网络游戏的参与群体）针对相同的问题进行走访调查，将结果与网络调查的结果进行对比分析，调查结果如下。

（一）参与网络游戏的目的不同

从心理学和社会学的角度讲，男性和女性参与社会活动的目的并不完全相同，尤其对于具有明显性别倾向的社会活动，不同性别的参与程度和参与动机会表现出同等的差别特征。从网络游戏出现的那一天起，其男性化的性别倾向就一直较为明显。究其原因，除了与性别的差异导致兴趣的差异有关以外，还与程序开发商的市场预期有关。在这种情况下，男性和女性在参与网络游戏时，表现出极为明显的目的差异性。根据调查显示（见表1）男性"玩家"的主要目的是获得成就感和交友，占比分别为35.2%和29.2%，女性的主要目的是获得趣味性和减轻精神压力，占比分别为28.7%和27.3%。如果对这一问题进行进一步的推断即可发现，为了获得成就感，人很容易走向极端，而交友活动又是现实社会中具有危险性的活动之一，这已经被无数案例证明。与此相反，为了获得趣味性和减低精神压力的"危险性"就相对小了很多。

表1 不同性别参与网络游戏的目的

单位：%

性别	趣味	减压	成就	交友	其他
男性	19.4	12.6	35.2	29.2	3.6
女性	28.7	27.3	21.9	18.9	3.2

（二）网络游戏影响参与者的道德意识

由于网络游戏具有强烈的吸引力，加之参与者具有相对明显的目的性，两者相互作用的结果必然要影响到参与者的道德意识。通过对"网络游戏对你的道德意识（行为）产生了什么影响"问题回复的整理后发现（见表2），对男性参与者道德意识的影响主要表现在"报复心"和"轻视生命"两个方面，对女性参与者道德意识的影响主要表现在"自私"和"轻视生命"两个方面。可见，网络游戏的参与者在长期的游戏活动中，其道德意识发生了明显的变化，主要表现在占有欲被强化，自私心理更强，报复心理更容易充斥参与者的内心，网络上的"战争"容易演变为现实世界中的冲突。

表2 网络游戏对参与者道德意识的影响

单位：%

性别	自私	报复心	叛逆	轻视生命	其他
男性	12.7	36.8	18.2	29.6	2.7
女性	35.3	13.3	20.7	27.5	3.2

（三）对网络游戏对社会道德的影响认识模糊

通过对"网络游戏能对社会道德产生怎样的消极影响，应如何解决"问题回复的整理后发现，有相当比例的参与者认为网络游戏独立于社会之外，不会对现实世界的道德行为产生影响（这一回答无法不让我们惊诧）；而对于如何解决这一问题，网络游戏的参与者（无论男性还是女性）普遍表示没有解决的必要（见表3）。这种局内人（网络游戏的参与者）和局外人（对网络游戏的关注者，如笔者等）对网络游戏的认识反差实在强烈，或许这就是为什么我们一再呼吁应该理性对待网络游戏，而参与者们依旧迷恋的原因吧。

表3 对网络游戏对社会道德影响的认识

单位：%

性别	影响较大	一般影响	没有影响
男性	18.9	37.5	43.6
女性	15.8	39.4	44.8

三 结论与建议

由于网络游戏为参与者精心设置了一个虚拟的空间，在这个空间里，每个参与者都进行了"颠覆性"的角色扮演，这使得他们的网络行为方式和现实世界中的道德实践形成了强烈的反差，长期参与其中的结果只有三种，一种是现实世界被网络世界同化，一种是正好相反，还有一种是两者形成了"力量均等"的平衡。事实证明，在三种结果之中，第一种最为常见，第二种和第三种我们一直在努力实现，但效果却难以在可预见的将来看到能够实现的迹象。

本文的研究表明，不同性别的网络游戏参与者对参与网络游戏的目的是不同的，网络游戏对其道德意识的影响层面是有差别的，唯一有相通之处的是这一群体都认为网络游戏对现实世界中的道德实践不会产生太大的影响，这必定让我们困惑——对此产生的忧虑是否过多？网络游戏与现实世界之间的平衡都是能够随着时间的推移逐步地实现的吗？但是无论如何，在现有情况下，还是应该对该问题给予必要的关注。为此，需要在以下几个方面做出努力：创新和实现网络游戏产品的"绿色化"，将网络游戏与社会主义核心价值体系的构建有机结合起来，营造有利于积极健康的网络道德氛围；通过全社会的舆论力量，推动网民加强网络道德自律，使其在网络世界和现实世界之间能够无障碍地"进出"。此外，还应在公众的道德评价方面进行强化和重构，通过立法等形式，规范网络游戏的制度建设，将其产生的负面效应降到最低限度，形成社会道德的正确行动方向。

［作者单位：山东大学（威海）］

法律修辞与逻辑

张传新

法律裁决的做出是逻辑演绎的必然结果，还是一种修辞表达，甚至仅仅是维系其神圣性的一种神秘包装，这不只是一个理论问题，而是涉及现实中如何衡量司法职能部门的能动与保守、如何表达对法律的忠诚和信仰，乃至于法治是否可能的根本问题。经典的法律思想认为，法律是一个界限严格、体系完整的封闭体系，每一法律概念都有其明确的内涵和外延，每一法律规则都有其明确的适用对象，而法律推理就是逻辑的演绎，把相应的法律规则适用于个别具体案件，便能得出正确的判决。又因为法律体系是完备的，所以就每个案件来说，法院都能找到一个唯一正确的解决方法。然而，后来的批评者们认为这不过是一个形式主义的神话。法律是一个开放的体系，每一个案件相对于抽象的法律规定都具有更加丰富、具体的属性，法院在做出司法裁决的过程中，其实并不受到所谓法律规则的严格制约。又因为法律规则有着高度的不确定性，法官可以随意解释有关规则、制造例外情况或在适用规则时做出变通，从而得到他希望做出的结论。为增强其做出的结论的说服力，它需要借助于其他的一些因素，如社会政策、价值评价、天理人情等，因此，法律裁决的做出不是逻辑演绎的必然结果，而是一种修辞表达。然而，这些理论的危险性在于当法律思维摆脱了逻辑规则的约束，当法律裁判存在多个相互竞争的结论，并且每一个结论都不具有逻辑的必然性时，它的理性约束力量又来自哪里？尤其是对于涉及生命财产权益之争的法律领域，说服的力量到底会产生多大的效力？如此诸多的问题说明简单地把逻辑与修辞对立起来，单纯的逻辑与修辞都不足以支撑起法律思维的复杂体系。

在相关文献中，通常把修辞与逻辑对立起来。这种情况根据各自立场的不同又可分为三种观点：第一种是以亚里士多德修辞理论为代表的修辞与逻辑并重却又认为二者性质和应用场域不同的观点。第二种是笛卡尔等人所主张的扬逻辑抑修辞的理性主义观点。第三种是以佩雷尔曼新修辞学理论为代表的批判逻辑倡导修辞的新修辞学观点。这三种观点也许代表了修辞理论兴起、衰落、复兴的三个阶段。笔者认为这些观点都着力于修辞与逻辑的不同和对立，很少论及二者如何统一于论证过程，而在法律领域尤其需要这种统一。本文试图通过对法律推理过程及其特点的分析，论证修辞与逻辑的统一性，即逻辑也是修辞，是最具说服力的一种修辞；修辞也是逻辑，是在无法直接进行演绎推理时所备选的逻辑。逻辑与修辞统一于法律推理过程，目的都在于提高法律推理结论的可接受性。

一 证明推理、论辩推理与修辞

能够证明修辞与逻辑具有密切关系的一个简单事实是，二者都把亚里士多德作为其学科的重要创始人之一。基于推理模式的不同，亚里士多德把推理分为以下四种形式。（1）当推理借以出发的前提为真实而原始，或者当我们对它们的知识来自原始而真实的前提时，它是一种"证明"。（2）如果推理从被普遍地接受的意见出发，它是论辩的。（3）如果推理从似乎是被普遍接受而实在并非如此的意见出发，或者，它仅仅似乎是从普遍被接受或似乎普遍被接受的意见出发，进行推理，它就是"可能引起争论的"。因为并非一切似乎被普遍接受的意见都真正被普遍地接受。（4）还有一种是从属于特殊科学的前提出发的错误推理。对于（1）类的证明推理而言，因为其推理前提为真，并足以确定得出的结论也为真，因此这类推理的逻辑基础是演绎逻辑。而对于（2）类论辩推理而言，其前提只是被普遍接受的意见，可能存在争议或例外，因此这类推理是或然性推理。而或然性推理恰恰就是亚里士多德关于修辞术的基本论证模式。

这里出现的证明推理与论辩推理的区分表面上似乎看不到修辞与逻辑的影子。笔者的理解是这也许是因为在亚里士多德看来，逻辑与修辞本身不属于同一个层面，逻辑是推理所应遵守的基本规则体系，属于理论层面。而修辞是演说、论辩过程中的方法和技巧，是包括多种方法在内的具体应用。只不过后来这些概念的内涵和外延不断地发生变化，甚至因为某种论题外的原因而相互替代。例如佩雷尔曼所讲的新修辞学本意也是关于论辩推理的，只不过在近代关于论辩推理的辩证法与黑格尔等人的辩证法理论容易产生混淆，并且黑格尔的辩证法在西方哲学中具有了相对固定的含义（尽管把亚里士多德所讲的论辩推理称为辩证推理也许更恰当一些，但普遍的做法仍然是采用论辩推理的说法）。另外，基于对修辞和逻辑的定义，修辞与逻辑都是关于依据特定的理由和根据得出相应结论的方法，其核心概念都是推理。还有一点也许也放大了修辞与逻辑的差异，即修辞往往与言语表达相关，关注的是表达的言语结构和形式，而逻辑仅仅把语言作为其载体，关注的是思维的结构与形式。但这仅仅是表面上的理解，就其实质而言，修辞与逻辑目的都在于通过推理而实现观点的说服，证明推理是逻辑的研究核心自无须多言，笔者认为论辩推理应当是修辞的核心，这一点是论证的基础和前提。

亚里士多德对修辞术所下的定义是："一种能在任何一个问题找出可能的说服方式的功能。"所谓的"任何一个问题"是指修辞术是用来论证一般事理的，具有普遍的方法论意义，即从中寻找出一些基本形式和法则，那么它就必然具有一定的理论抽象性，论述的是修辞术的一般形式结构，而非针对某个论题、某个领域的具体的修辞方法。"没有一种艺术着眼于个别的事物，例如艺术不研究苏格拉底的健康问题，而研究这一类人或哪一类人的健康问题，这个问题属于艺术的范围，至于个别的人则是数不清的，不是科学的对象。修辞术也不讨论个别的人如苏格拉底会做的事，而讨论某一类人会做的事。"而所谓的"说服方式"是指"言之成理、合乎逻辑的论证方式"。

亚里士多德所讲的修辞术实质上具有证明推理和论辩推理的双重性质，一方面，从其形式上看，"修辞术是论辩术的对应物，因为二者都论证那种在一定程度上是人人都能认识的事例，而且都不属于任何一种科学。人人都使用这两种艺术，因为人人都企图批评一个论点或者支持一个论点，为自己辩护或者控告别人"。所谓的对应物是指相似而又有不同的两类对象，事实上，亚里士多德所做的区分主要在于修辞术是叙述形式的，而论辩是对话形式的，如果忽略这种表达形式的不同，修辞术与论辩术皆可理解为与证明推理相对应的论证方法，其区别是证明推理是必然推理，而修辞术与论辩术是或然推理。"修辞术和论辩术一样，采用归纳法以及真正的和假冒的三段论法来提出真正的和假冒的论证，因为例证法是一种归纳法，修辞式推论是一种三段论法。"在这里很多方法仅仅是在不同语境中名称不同而已，例如，用许多类似的事例来证明，在论辩术中叫作"归纳法"，在修辞术中叫作"例证法"。如果有了某些命题，由这些普遍被认为或多半被认为是真实可靠的命题推出另一个与它们并列的命题来，这个方法在论辩术中叫作"三段论法"，在修辞术中叫作"恩梯墨玛"。

另一方面，从其结果来看，修辞术要实现的效果是"证明"。"或然式证明"是一种"证明"（这里的证明指必然性证明，很显然这样的表达看起来有些矛盾，所以，在证明一词之上打了引号，意思是虽然不是证明，但可以达到证明的强度或效果），因为"在我们设想事理已经得到证明的时候，我们就完全信以为真。修辞式'证明'就是'修辞式推论'，一般来说，这是最有效力的或然式证明，因为修辞式推论是一种三段论法，而且整个论辩术或一部分论辩术的功能在于研究各种三段论法，所以，很明显，一个善于研究三段论法题材和形式的人，一旦熟悉了修辞式推论所运用的题材和修辞式推论与逻辑推论的区别，就能成为修辞式推论的专家"。

因此，从某个意义上说，修辞术也是证明的对应物，但因为缺乏了必然性的约束，所以要比逻辑证明的外延宽泛的多。但需要注意的是，尽管亚里士多德把情感论证、人格论证也都归结为修辞术的范围，但是，他显然对于这些论证方式有自己的限定，即"我们应当根据事实进行论战，除了证明事实如此之外，其余的活动都是多余的"。所以，他对修辞术的范围做出了以下限定。第一，排除先验的诉诸情感论证。亚里士多德一方面对当时流行的所谓的"智者"教人诉讼演讲的情感论证进行批评，而自己却又畅谈情感论证，有学者似乎认为这是亚里士多德自相矛盾，实质上是没有看到两种情感论证的本质区别。"只有或然式证明才属于修辞术范围，其他一切都是附属的。然而这些编纂者们却从来不谈作为或然式证明的躯干的修辞式推论；他们只注意题外的东西。敌视、怜悯、愤怒以及诸如此类的情感激发与事情本身无关，其目的在于影响陪审员的心理。不应当影响陪审员的情感，使他们发怒、忌妒或产生怜悯的心理。诉讼当事人只应证明事情是这样的或不是这样的，是发生了或没有发生；至于事情是大是小，正当不正当，凡是立法者所没有规定的，都应有陪审员来断定，而不是由诉讼当事人来指导他们。"但并非所有的或然式证明都属于修辞术。"有的或然式证明不属于艺术本身，有的或然式证明属于艺术本身。所谓'不属于艺术本身的或然式证明'，指不是由我们提供的，而是现成的或然式证明，如见证、拷问、契约；所谓'属于艺术本身的或然式证明'，指所有能由法则和我们的能力提供的或然式证明。"因此，演说者要能做逻辑推论，要能分析人的性格和美德，还要能分析人的情感以及产生的情感的原因和方式。"所以修辞术实际上是论辩术的分支，也是伦理学的分支。"

二 修辞的局限与不足

那些倡言修辞的学者多为修辞学在近代的衰落痛心疾首，并把这种衰落归因于近代形式理性主义对修辞的错误的批判和打压，而很少正视修辞学自身的缺陷和不足。

从修辞学的发展来看，修辞学自产生之日起，就受到一些有力的批判。第一，修辞术可能被滥用。如柏拉图认为倡言修辞的"高尔基亚等人的目的和方法都是错误的，因为他们不顾真理与正义，只图把事情说的'似真'，自圆其说，其实是混淆黑白、颠倒是非，用巧妙的言辞颠倒是非"。"修辞学并不是一种艺术，而是一种谄媚的手段，卑鄙的技巧，只能说服没有知识的听众。"尽管亚里士多德并不认同这种观点，认为"修辞术是有用的。真理和正义比它们的对立面强一些，所以，如果判决不当，当事人应当对自己的失败负责，受到责备"。"这些东西使用得当，大有好处，使用不当，大有害处。"大概修辞术同体力、健康、财富等一样，仅仅属于可以发挥效力的工具，本身无所谓好坏之分，之所以有所谓的好坏，仅仅在于使用者的目的和意图。即"造成'诡辩者'的不是他的能力，而是他的意图"。然而，如果真理和正义真的比它们的对立面更强一些的话，那么，通过平白、精确、严谨的语言也可得到有效的表达（也许有人说，这也是一种修辞）。事实上，恰恰是那些与真理、正义相对的虚假和邪恶更需要借助修辞的技巧，以实现混淆黑白、颠倒是非的目的。尽管工具本身无倾向性，但使用工具的人有倾向性，例如，海洛因也可以被用来医治某些疾病，但其可能被滥用且毒害巨大的属性决定了通常把它作为毒品而非医药。

第二，修辞术与真、正当性、合理性等没有必然的联系。如前所述，修辞是应用或然推理进行的论证，这是它与作为必然性推理的逻辑关键的差别，从而也就决定了其得出的结论不但有强度、伦理的差别，还容易导致证明标准的相对主义。"它可以让真理听起来就像真理，但是它也可能让虚假听起来像是真理，并诱发错误的信仰，并且，它还可能让真理听起来像是虚假，并因此诱发一种错误的不信。即使当它没有虚假（尽管常常不是这种情况），修辞还是趋向于改变（或确认）信仰，而无论这个信仰的真假。"它不是基于普遍接受的真的前提和有效的推理程序得出一个必然真的命题，从而使其判定标准具有自明性、客观性、确定性。修辞的目的在于说服，他所强调的是"主体间性""合意性"，其结论的可接受性不仅因人而异，而且其信服程度也各不相同。当然，佩雷尔曼等并不认可这种逻辑标准的自明性、客观性和确定性，它不但无法适用于法律领域，甚至会带来一些消极的影响，"就将由于所面对的显然是使人不得不从的真理而中断自己就是否接受论点进行思考，论辩过程也就不再发挥作用。受众成员作为个人虽然有思考和选择的自由，却屈从于理性施加的强制性限制，听任理性剥夺了他'对论辩'可能抱有的一切疑问"。然而，合意性真的能够成为一只魔笛，用这只魔笛真的就可以把握真理和正义的答案吗？我们不无担心如果这种以修辞为手段达至的可接受性真的成为真和正当性的标准，那么，修辞学真的就会走向其所反对的形式主义对立面，就必须"承认形式上正确的合意（如合宪颁布的可耻的法律），其本身就不能够错误、恶意和不公正（想象的出路，即仅仅是所有人的合意才有产生真理的力量，实际上是毫无用处的，因为这样一种全面的合意并不存在，而且也不会存在）"。"修辞属于影子的世界（一个柏拉图主义者会这么看），是一个近似的、概率的、看法的以及最好也不过是有保证之信念的世界，是一个说话的世界，而不是一个有明晰的远见卓识和终极真理的世界。"总之，不是人们蓄意地以理性主义打压修辞，而是因为它无法从根本上满足人们追求真和正当性的需求，在强调修辞的重要作用时，还必须看到它仅仅是逻辑、经验不到场时的候补角色。

第三，尽管修辞可以使较弱的观点变得更加有力，但是，因为其作为论证的方法自身存在说服强度不够且可能存在被滥用的可能，所以，反而因人们对其抱有怀疑和警惕的态度使得说服的成本反而有所增加。有一种奇怪的观点认为，人们都有一种倾向，总是自觉或不自觉地维护"自主地位"，不愿意受到别人的干涉和控制，费斯廷格的实验指出，当对象觉察到外界是有意要说服自己时，往往会产生心理上的准备，从而警觉起来，对引导进行挑剔。听众只有在不觉得修辞者是在耍弄技巧、诱使他们做出一个可疑的决定时，才有可能真正被说服。由此，"自我韬晦"被认为是一种重要的修辞策略。"修辞只有在不被看成是修辞时才能真正发挥其效力。"之所以说其奇怪，在于它对人们心理状态的先验假设，以及"最好的修辞就是不用修辞"的结论。根据论辩的真诚性原则，言说者对于所提出的每一个命题都是一个真诚的承诺，即信其为真。如果反方不对正方的命题提出质疑和反驳，就等于接受了该命题的真。如果反方提出质疑和反驳，正方必须对其命题予以进一步的辩护。如果反方接受了对方的辩护，则表明辩护成功，即接受该命题为真；否则就继续提出质疑，正方仍需进一步辩护。如此循环往复，直到所有相关的真命题都被接受，假命题被排除。至于说到论辩中的心理情感问题，虽然它是影响观点能否被接受的一个重要因素，但是，这里的心理情感乃是听众基于言说者的言辞所产生的反应，并非是什么先入之见。亚里士多德曾将由演说提供的或然式证明分三种："第一种是由演说者的性格造成的，第二种是由听者处于某种心情而造成的，第三种是由演说本身有所证明或似乎有所证明而造成的。"需要注意的是，亚里士多德所说的性格证明和心情证明，并非"源于听者对演说者的性格预先有的认识，而是由演说本身引起，是因为演说者的话令人相信，因此，相信他是一个好人，而我们又总是在任何事情上一般都更相信好人，进而对那些不精确的、可疑的演说，也完全相信"。这完全可以表达为一个类比推理，首先通过演说者所讲的话，归纳推出他是一个好人，而好人的话是可信的，进而演绎推断即使有些话可能会令人产生怀疑，但因为他是一个好人，所以，我们也缺省地相信这些话也是对的。而"修辞只有在不被看成是修辞时才能真正发挥其效力"的观点听起来就像一个悖论，我们可以进一步追问，如果修辞的目的在于真诚的说服，为什么怕被人们识破？人们警惕的不是真诚的说服，而是怕被忽悠。所以，将修辞学的坏名声归结为人们的心理，是颠倒了事情的因果。波斯纳对于修辞学在现代衰落的原因曾做过中肯的经济分析："听众吸收信息的成本越高，言者就越依赖那些对听众吸收能力要求不很高的说服形式，因此使成本最小化。"而修辞之所以存在应用的市场，就在于它能够提供使成本最小化的模式。"对一个听众来说，理解一位科学家有名要比了解其理论细节更为容易，因此，我们可以预期科学家在对外行听众说话时会费很大力气来确立自己的名声。代议民主，而不是直接民主，部分原因就在于看到了，对于投票者来说，判断一个政客是否称职和正直要比评价他们相互竞争的政策建议更为廉价。"然而，有两个因素限制了修辞的发展，第一，法律和政治生活中对抗制的建立。"想到他人可能反驳，这就会震慑不诚实的修辞。"第二，听众接受信息成本的降低。"在专门化论说和探讨的领域之外，识字者增多、普及教育、更好的交流、知识的增加、信息专家的出现、科学以及其他理性研究方法的地位日益提高以及从学校和大学到产品保险、专营商店以及代议（不同于直接）民主这样一些使信息成本更为经济的制度发展，信息成本都已降低了。所有这些都是修辞的替代，并已压缩了修辞的领域。"而现代各种包括法律的技术、制度、规范体系的确立也许恰恰就是避免具有或然性的修辞，或者可以说法律的目的之一就是限制修辞。

第四，现代修辞理论存在自身理论的不足（以佩雷尔曼的新修辞学理论为例）。我们说仅有理论的批判是不够的，现代修辞理论在批判逻辑方法和标准的同时，必须拿出有效的替代方案才具有实践的价值。诚如佩雷尔曼所言，他构建新修辞学理论的兴趣不在于制作一件精美的艺术珍品，而是在于能够提供一种增强法律论证有效的方法和模式，从而为判定什么价值判断是合理的，什么是不合理的提供一种有效的判定标准，然而，诚如前面几点所分析的，这一努力是失败的。例如，（1）作为其理论核心概念的"听众"理论。佩雷尔曼既然否定逻辑的作用，而又要将其理论建立在"理性"的基础之上，就必然要另辟蹊径，为其新修辞学建立新的理性基础，为此他引入了"听众"的概念，认为"听众"是理性的听众，但对于什么是理性的论辩，他的定义是能够被听众所接受的论述，这两个概念单独来看是不存在问题的，但放在一起，就构成了典型的"循环定义"的逻辑谬误。我们完全可以说，一个论述是理性的，即使它没有被听众所接受，那也是因为听众是不理性的；我们也可以说一个论述是不理性的，因为它不能被理性的听众所接受。（2）修辞论证的形式。佩雷尔曼提出了多种论证形式：反面论证、相似性论证、正面论证、整全性论证、融贯性论证、心理学论证、历史论证、反证法论证、合目的性论证、经济论证、例证和体系性论证等。这些论证形式可以分为两类，一类是基于逻辑分析基础之上的，另一类是基于所谓合情论证基础之上的。其中前一类能够保证论证的可靠性，但是，这些论证形式也是能够通过逻辑分析得到的，后一类虽能提供一定的说服力，但不能保证论证的可靠性。总之，佩雷尔曼要么是重述逻辑论证的方法，要么是提出了一些不能适用于法律论辩的形式（因为后文要论述的法律推理的结果封闭性要求），其关于法律论证形式的理论建构是失败的。

三 法律修辞与逻辑在法律推理过程中的统一

基于以上分析我们可以得出结论，修辞与逻辑尽管在表达形式上有很大差异，但是，它们都是推理、证明的一种形式，其目的都在于通过推理得出具有说服力的结论。但遗憾的是，学者在研究法律修辞和法律逻辑时为了强调各自的重要性，往往各执一词，法律修辞的研究者多强调法律推理前提的开放性，因为无法像数学推理等那样确定封闭的前提集合，所以，法律逻辑研究者多强调法律推理的结果的封闭性要求。

法律思维的核心是法律推理，成文法国家的法律推理模式总体上看是一个三段论。梁慧星先生认为："法官裁判案件的过程，是一个严格的逻辑三段论公式，即法律规则是大前提，通过审理认定的案件事实是小前提，而裁判内容则为得出的推论。"然而，我们实际接触一下案件，就会发现根本不是法律逻辑教材上讲的那么一回事。对于同样的一件事情不同的当事人有截然不同，甚至相反的描述，对于同样的行为可以适用不同的法律规定，一个看起来清晰明确的法律概念、规则遇到具体案件的时候变得如此模糊不清，似乎好几条规则都可以适用，似乎每一条又都差那么一点点，类似的案件却又得出了不同的判决。因此，法律推理绝不仅仅是逻辑推理在法律中的应用那样简单。它所具有的性质和特点既为法律修辞与逻辑的统一提出了要求，也为二者的统一提供了可能。

第一，前提的缺省性和开放性。我们一般要求通过推理得出的结论具有必然性，这就要求推理的前提是结论的充分条件，只要前提真，通过推理得出的结论也必然真。然而，对于包括法律推理在内的实践推理而言，推理的前提往往是不充分的信息，案件事实可能模糊不清，法律也存在着诸多漏洞，但是不得拒绝审判是近现代法治国家适用法律的一条通用原则，法官不允许在信息不充分的条件下拒绝对案件的审理，在这种情况下，基于论辩的推理要求尽可能地考虑各种关联论题，从中做出较合理的选择。同时，关联论题作为补充信息或前提参与论证，但是，关联论题总是以隐含、默示的方式存在的，具有不确定性和开放性。"法院判决时所面对的实际情况不是在真空中，而是在一套现行的法规的运作中出现的……在这种运作中，根据实际情况而做的各种考虑，都可以被看作支持判决的理由。这些考虑是广泛的，包括各种各样的个人和社会的利益，社会的和政治的目的，以及道德和正义的标准。"因此，论辩推理通常包括寻找前提的环节，例如：在法学之"提问辩难"或对话论辩的过程中，参与对话的人们所讨论的问题与其说是法律推论过程本身，不如说更多的是在争论、寻找、确定推论的前提（尤其是大前提）。按照现代科学哲学所揭示的，它属于发现的脉络。

第二，推理机制的弗协调性和实质论辩性。关联论题通常是复式的，并且可供发现的关联论题通常是不一致的，根据演绎逻辑的矛盾命题蕴含一切命题的原则，当前提存在矛盾时演绎推理就会束手无策，而对于论辩推理则选择不同的关联论题作为推理的前提，从而得出不同的子结论，并对最终结论的合理性、可靠性给出具有说服力的理由，这样一个说服的过程属于论证的脉络。由于前提的开放性和推理机制的弗协调性，基于论辩推理得出的结论是或然的，思维主体如果要求其结论具有必然性，就必须基于支持度、价值量、确信度等确定一个对子结论的评估标准，这些标准与特定领域的实质内容相联系，以外显的方式作为元规则参与论证。

第三，结论的可废止性和似真性。因为与问题关联的论题总是在不断变化之中，原本得出的结论可能因语用环境的不同或改变而不再成立，面对新的论题，旧的结论或者被废止，或者被修正，即使要保持也要在融入新的论题后被重新论证。按照马丁·克里勒的描述：在法律思维开端，有一个规范假设，它从生活事实的洪流中，截取了一部分可能在法律上重要的事实，从而使对案件事实的描述和认定成为可能，而反过来，对案件事实的认识也会影响规范假设，可见，目光首先在生活事实和规范假设间流转；另外，规范假设也和法律规范相比对，规范假设指示了到什么地方寻找法律规范，而法律规范决定规范假设是否正确或（通过论证）它能否被法秩序所包括。这种论证的问题是，如果规范假设被承认为法律规范，会有什么样的后果。所以，目光的往返流转是在两个层面发生的：在生活事实和规范假设之间以及在规范假设和法律条文之间。在这两个层面的往返流转中，对生活事实的认知、规范假设、法律规范的选择导致裁判结果的可废止性。由于论辩推理的实质是在相竞争的不同解决方案中做出更合理的选择，是一种在论辩中求胜的推理。因此，基于确定的论题选择得出的结论可能是必然的，但由于对论题的选择不具有必然性，因此，整体来看结论具有似真性。尽管如此，由于根据论题进行推理所得出的结论契合当时的社会价值观念和法律目的，因而在一定范围中得到了承认，或者得到了那些最睿智、最杰出人士的支持。

第四，法律推理是一个从开放性、或然性、论辩性向确定性、必然性、客观性不断转化的过程。法律推理不同于一般逻辑推理的根本一点是逻辑推理的前提都是给定的，即通过外延的方法确定一个概念的外延和内涵，外延性原则是经典逻辑的一个基本预设，根据该原则，概念（语词、词项）的外延就是它所指称的对象，命题（语句、判断）的外延是它所具有的真值。逻辑推理通常不考虑概念的外延是什么，而命题的真值仅仅是通过语义赋值的方法直接给出或者根据逻辑连接词的定义计算得出，基于这种方法，逻辑推理无须判断一个对象是否属于某概念的外延和简单命题的真假，当然也不会存在包括法律推理在内的借助于自然语言进行推理所经常面对的歧义、模糊问题。加上其他预设的一些原则保证了思维对象、过程和结果的确定性、一致性。与此不同的是，法律推理所处理的概念和命题通常并不满足以上基本要求。所以，法律推理并不仅仅是逻辑推理的过程，而首先是对推理前提的建构，其次才是推理，最后还需对结论进行合法性、逻辑性、合理性等进行评价的过程。为了研究的方便，我们通常把这一过程划分为法律决定做出的过程和法律决定论证的过程两个阶段，其所依借的理论并不相同，法律决定的做出主要是对法律事实、法律规定的发现和解释，并通过对二者逻辑联系的确立得出相应的法律决定。而法律论证的过程主要是对做出的法律结论与其前提的逻辑一致性、合法性、合理性进行审查。这两个阶段不只是主要任务的不同，任务的不同也决定了其方法的不同，因为做出法律决定所依借的前提处于开放的状态，所以所使用的方法必须具有开放性、敏感性、容错性等特点，这一过程所依从的方法主要是论辩，而通过论辩确定的前提往往不是"真实而原始，或者当我们对它们的知识来自原始而真实的前提"，所以其推理形式主要是论辩推理。而法律论证的结论必须具有封闭性、规范性、确定性等特点，能够从众多可能的选项中筛选出唯一确定的答案，这一过程所依从的逻辑主要是演绎推理。从这个意义上讲，逻辑与修辞并不是对立互斥的，而是基于实现同一目标的统一过程中不同阶段的不同方法。

这些特点决定了法律推理既不是纯粹的逻辑推理，也不是毫无目的、没有任何约束的论辩过程，仅仅通过达成形式上的共识就可以的。只有通过修辞达成前提的可接受性才能使得出统一结论的逻辑推理成为可能，且只有通过逻辑推理才能够使前提的可接受性转化为结论的可接受性，从这个意义讲，结论的可接受性就是法律修辞与逻辑统一的目标。

佩雷尔曼曾提出将论辩归结为形式运算所要求的条件，并且将之视为"精细的哲学思考所特有的方法论是靠修辞学提供的，而不是靠形式逻辑提供的原因"。对于这一点，我们必须承认对同一个概念、命题的含义的理解产生的分歧常常是法律论辩成为必要的首要原因，并且澄清这些概念、命题的歧义往往是法律论辩的主要工作。然而，我们必须追问这些论辩的目的是什么？以及如何确定哪些概念、命题的含义需要通过论辩得以澄清。我们认为恰恰是因为存在着通过推理得出结论，并论证这些结论的合法性、合理性和可接受性的目的。而要实现相应的推理，就必须以明确的概念和命题作为其前提条件，这些概念和命题只有作为推理的材料时才有意义，它们本身并不能表达相应的观点和立场，这也许就是常常将修辞与逻辑对立起来的重要原因，有些人仅仅看到了推理前的材料准备工作，而忽视了可能被视为"水到渠成"的逻辑推理的重要性；而另一些人则仅仅强调逻辑推理的价值和意义，而忽视了使逻辑推理能够得以进行的前期准备工作。而在现实的司法裁判过程中，二者是有机联系在一起的，彼此相互依赖，又相互赋予对方价值和意义。从这个意义上讲，逻辑与修辞的区分或许仅仅是理论研究的方便，而实际上二者都统一于同一个思维过程之中。

需要注意的是，基于修辞的目的在于说服，而逻辑推理的前提真结论必然真的形式有效性要求决定了，在推理的前提无须辩论的情况下，径直可以通过逻辑推理得出具有说服力的结论，在这个意义上逻辑也是修辞，是最具说服力的修辞；而在另外一些极端的情况下，无论如何都无法通过论辩达成关于推理前提（案件事实和法律规定）的共识时，就无法通过逻辑推理得出具有逻辑可接受性的结论，那么，要得出具有可接受性的结论就只能依赖修辞的手段，在这个意义上，修辞发挥了逻辑的功能，因此，修辞也是逻辑，是在无法直接进行演绎推理时所备选的逻辑。

［作者单位：山东大学（威海）］

创新农村"三资"管理模式 促进农村
集体经济发展与和谐稳定

近年来,荣成市在全面推行农村财务托管,为村集体管好"钱"的基础上,按照"先试点、后推开"的原则,在全市实施了农村集体资金、资产、资源"三资"管理,推动农村集体资金使用后监管,向"三资"事前、事中、事后全方位监管转变。

一 强化组织支撑,构建农村"三资"管理体系

本着"党政齐抓共管、业务部门协作、镇村具体实施"的思路,建立市、镇、村三级组织管理网络,形成了分工负责、层级联动的工作格局。市级层面,成立了市农村"三资"管理工作领导小组,组建了农村"三资"管理服务中心,对全市农村"三资"管理运行和各镇街记账情况,进行统一指导和动态监督;出台《关于加强农村资金资产资源管理工作的实施意见》《关于农村集体经济组织清产核资工作的实施方案》及具体的实施细则,为管理工作顺利开展提供了制度保障。镇级层面,依托镇街经管审计站,设立了农村财务托管、村级资产资源招投标和村级集中采购"三位一体"服务中心,每个镇街安排 4~6 名素质高、业务强的专业人员进驻中心,具体负责村集体"三资"信息录入,招、投标和集中采购监管,服务中心面积全部在 50 平方米以上,并配备了电脑、打印机等办公设备,实现了工作人员专职化、业务管理规范化。村级层面,取消了出纳员、保管员,由村会计报账并承担"三资"日常管理工作;由村民直接选举产生 3~5 人的民主理财小组,负责财务开支审核和资产资源监管,维护全体村民对集体"三资"占有、使用、收益和分配的权益。

二　认真清产核资，打牢农村"三资"管理基础

把清产核资作为抓好农村"三资"管理的基础性环节，精心部署，广泛发动，严格清查，做到了家底实、情况明。一是强化业务培训。去年以来，荣成市先后对村"两委"干部进行了政策法规培训，对镇街工作人员及农村会计和理财成员进行了岗位技能培训，累计举办各类培训班 15 次，培训人员 2700 人次，使基层干部了解了相关政策法规，掌握了清产核资方法、"三资"管理要求、各项收支审批程序以及微机记账、查询等具体业务方法。二是严格清查程序。组织各村成立专门清查小组，通过实地调查、登门走访、查阅账目等方式，认真开展清查核资。主要做到了"四统一"：（1）统一清查内容，村集体所有的债权债务、资产资源及签订的各类经济合同，无论是账内账外，一律纳入清查范围；（2）统一登记标准，逐项登记村集体资产资源的种类、数量、经营使用及变动情况，达到资产价值清、资源分布清、管理运行清、经营处置清"四清"标准；（3）统一公开公示，对清查结果公示时间不低于 10 天；（4）统一建档备案，对账内外资产资源分门别类登记造册，跟踪记录村集体"三资"变化情况。通过清产核资，共清理账面资金 5.1 亿元，资产 27.6 亿元，土地、林地、海区等资源 93.6 万亩。三是搭建监管平台。投资 300 万元建立了市"三资"管理信息平台，将全市农村的资金、资产、资源情况全部纳入管理范围，通过网络将村级集体资金、资产、资源数据进行集中存放、统一管理、独立核算，形成了市级监管、镇级录入、村级查询的一体化处理机制。

三　注重建章立制，规范农村"三资"管理运行

农村"三资"管理工作量大、程序性强，必须做到有章可循，按章办事。荣成市先后制定出台了《农村财务托管制度》《农村资产资源招投标制度》《农村资产集中采购制度》等系列配套办法，推进农村"三资"管理规范化、制度化。一是财务托管制度。将农村集体资金、账目纳入镇街农村财务托管服务中心实行信息化管理，配套完善财务开支审批、"双印鉴"管理、定期报账、现金库存限额及收支两条线等制度，使集体财务置于严格的监督之下。目前，全市 98% 的村实行了财务托管，累计压缩非生产性开支 2600 多万元，精简村级财务人员 820 多名，每年节约工资支出 300 多万元。二是招标投标制度。围绕增加村集体的财产性收入，把耕地、海域、房屋等集体资产资源

最大限度地推向市场，实行商业化运作，对需要承包、租赁和买卖经营的，委托镇街招投标服务中心向社会公开招标，确保农村集体资产资源保值、增值。俚岛镇沟崖张家去年 2 月将所属的 194 亩海带养殖区对外进行公开招标，标底价为 500 元/联，竞标价达到 918 元/联，集体每年承包金比标底价增加 17.7 万元，发包 15 年共计增收 266 万元。推行"三资"管理以来，共实施招投标项目 120 个，招投标金额 5069 万元，为村集体增收 1400 多万元。三是集中采购制度。凡村集体采购办公用品、农田水利、工程材料等设施设备，金额在 1000 元以下的，由村集体就近定点自行采购，报镇街集中采购服务中心备案；金额在 1000 元以上的采购项目，按照村级申报、中心审查、共同采购、项目验收、资金拨付五个步骤，先后实施了 52 个集中采购项目，采购金额 467 万元，为村集体节约开支 35 万元。

四　严格监督制约，确保农村"三资"管理实效

把加强监督检查贯穿农村"三资"管理工作的全过程，对财务收支、资产资源交易处置等实行全方位监管，确保农村"三资"管理达到应有的效果。一是民主监督。发挥广大村民和民主理财小组的作用，各项财务收支每月 25 日经民主理财小组审核通过后才能报账，重大村级财务事项必须依次履行支部提议、两委商议、党员审议、村民（代表）会议决议、公开招投标或集中采购、项目实施、验收决算、公开公示 8 道程序进行报账，每道程序都在村务监督小组的监督下梯次推进；同时，各村每月 15 日向村民公开村级财务收支情况，集体资产资源发包、租赁等经营活动随时公开公示，接受群众监督。二是审计监督。发挥镇街"三资"管理平台的作用，每月组织报账会计对村集体库存现金、托管资金进行一次核查，对不符合制度规定的单据不予报销、不得入账；同时，建立了农村干部离任和年度任期经济责任审计制度，每年年初对在职的村主要负责人进行任期经济责任审计，凡离任的村主要负责人必须进行离任审计。去年，共完成农村干部任期经济责任审计 520 个村、离任审计 36 个村，审减各类开支 50 万元。三是纪检监督。发挥镇街纪检组织的作用，对村资产资源处置、资金审批、集中采购的各个环节，纪委书记全程参与监管，严格查处违规发包、坐收坐支和私设"小金库"等问题，既有效遏制了违规违纪现象，又防止了集体资产流失，保持了农村社会的和谐稳定。

（推荐单位：中共荣成市委宣传部）

农村文化建设的有益启示

葛新建

党的十七届六中全会提出了建设社会主义文化强国的战略部署，全面部署了深化文化体制改革、推动社会主义文化大发展大繁荣的各项目标任务，发出了进一步兴起社会主义文化建设新高潮的动员令。加强农村文化建设，是社会主义新农村建设的题中之义，是全面建设小康社会的内在要求，是树立和落实科学发展观、构建社会主义和谐社会的重要内容。近年来，文登市委、市政府高度重视农村文化建设，采取一系列政策措施，使农民群众精神文化生活得到极大改善，农村文化建设呈现良好的发展局面。总结文登市新农村文化建设的实践，对促进农村文化建设的大发展大繁荣，具有一定的借鉴意义。

一　主要做法

（一）完善服务网络，满足群众需求

近年来，文登市从健全投入保障机制入手，农村文化建设投入有了充分的保障，业务经费年递增在 20% 以上。在保证农村文化建设资金不低于当年财政总支出 2% 的基础上，按照市、镇、村 3:2:1 的比例统筹建设资金，对重点项目进行重点扶持。同时，鼓励社会力量参与农村文化建设。近年来，文登市农村以政府投入为主，社会力量辅助，新建和更新了一大批文化设施，以"两园六中心"（"文登学"公园、体育公园、职教中心、市民文化中心、博展中心、国际贸易中心、会展中心和电视制作演播中心）为代表的高端文化设施群在城市文化商务区拔地而起，共计投资 22.2 亿元。通过组织开展"包村联户"活动，引导部门、企业"帮办文化"，引导社区、企业、农村和

个人"自办文化"。环山街道办事处马家庵社区投资 1000 多万元，建设了集艺术品展示、创作、研究、收藏和经营于一体的"雁鸣艺术馆"。龙山街道办事处西楼社区投资 1000 多万元，建起了可容纳 1400 多人的大剧场。文登首家 3D 影院——银河电影城，是由个人投资 3500 万元建成的，加盟全国数字电影院线，可同步放映最新影片。目前，全市已有各类公益文化活动场所近 2000 处。有线电视进村率达到 100%，入户率达到 98%，农村电视频道增加到 41 个。远程教育网覆盖全市所有村（居），其中 124 个村完成了终端入户，农民可以随点随学。

（二）创造精品力作，构筑文化高地

近年来，文登以建设文化强市为目标，相继创作出一大批"文登智造"的优秀作品，全市艺术创作呈现蓬勃发展之势。广大文化工作者创作编著的《文登进士》《天福铁军》《中国道教名山昆嵛山》《秃尾巴李龙王的神话传说》等 20 多部优秀作品，对文登士学文化、道教文化、李龙文化、红色文化进行了深度挖掘，进一步加深了人们对地方文化的认同感和自豪感。一大批本土作家的诗歌、散文、小说相继推出，小说"三坊"（《磨坊》《油坊》《粉坊》）在国家大型文学刊物《十月》发表。吕剧《柘阳花》《白玉兰》，在文登实景拍摄的电影《婶子》，获省精品工程奖。与此同时，由文登人自编自导自演的电视短剧《文登故事》和电视栏目剧《龙乡故事汇》，在社会上引起广泛影响；举办了近百场次的"百姓放歌·唱响文登"已成为文登的品牌文化活动；活跃在乡村的"庄户剧团"以自编自导自演的"土节目"常年在各镇村巡演；相继举办了 200 余场农民文艺会演、全民读书会、外来务工者歌手大赛等各类活动，群众参与达百万人次。

（三）传承优秀遗产，彰显地域特色

文登市历史悠久，文化积淀深厚，既有"文登学"之美誉，又有龙乡之称；既有道教全真派之宗，又有海上仙山之祖；既有历史悠久的养生文化，又有爱国爱乡的红色文化。在农村文化建设中，文登市努力继承和弘扬文登优秀而独特的传统文化，把继承遗产与改革创新、优秀传统与时代特征有机地结合起来，建设既具有文登地域特色又具有时代精神风貌的新时期的"文登学"文化。采取多种形式，加大文物保护力度。2006 年，圣经山摩崖石刻成功跻进第六批全国重点文物保护单位之列。加强非物质文化遗产保护工作，2006 年，成功地将"秃尾巴老李的传说"列入山东省非物质文化遗产保护名

录。新建成的"文登学"公园以"文登学"文化、道教文化、李龙文化、红色文化等地域文化为主题,彰显文登传统文化的独特魅力,弘扬新时代"自强不息、和谐向上"的"文登学"精神。

(四)坚持政府主导,突出群众主体

文登市按照"三贴近"原则,搭建群众便于参与、乐于参与的文化活动载体,广大群众"文化享有"各得其利,"文化提高"各得其所,"文化创造"各尽其能。文化部门面向不同群体,先后设计了群众文化艺术节、农民文艺汇演、全民读书等大型文化活动,举办了少儿艺术节、渔民节、京剧票友大奖赛、青年歌手大奖赛、民间艺术展等专项文化活动,组织了十佳文化大院、百家文化户创建、十大藏书家评选、剪纸比赛、面塑展览等特色文化活动,激发了市民的参与热情。目前,全市拥有各类文艺协会17个,会员2000多人。活跃在乡村和社区的庄户剧团等业余艺术团体已发展到400多个,成员有8000多人。特色文化家庭户700多个,常年参加各种文化活动的农民20000多人。目前,已形成了以市直文化单位为龙头,以镇文化中心为枢纽,以村文化大院为基础,以文化专业户为补充的多层次、多体制的群众文化网络。

二 有益启示

(一)在资金投入上,要处理好政府带动与社会参入的关系

根据公共财政理论,农村公共产品的供给作为地方政府活动的重要组成部分,将成为公共财政的重要内容。农村文化是一种社会公共产品,理应由政府来提供。政府要发挥在农村文化建设中的主导作用,把农村文化建设经费纳入当地财政预算,逐步加大资金投入,保证农村文化建设的基本支出。但广大农村经济社会发展水平相对落后,农村文化建设面广、量大、任务重、投入多,要走社会办文化的路子,积极推动社会力量通过社会投资、个人捐助和民间集资等形式参与文化建设。要科学制定农村文化建设规划,出台鼓励社会力量参与农村文化建设的政策措施,从减免税收、土地使用、物质奖励等方面给予大力支持,创造有利于社会力量参与农村文化建设的宽松政策环境。加大对农村文化建设的宣传力度,增强广大群众的文化意识,营造农村文化建设的浓厚氛围,增强社会各界参与文化建设的积极性,解决农村文

化建设经费不足的问题。

（二）在价值追求上，要处理好提升档次与普及大众的关系

建设农村文化不是搞形象工程、政绩工程，而是民心工程、德政工程，为农村群众提供文化享受，办实实在在的实事、好事。把农村文化阵地建成农村的标志性建筑、农村文艺作品创作成文艺精品、农村文化活动办成上规模的文艺盛会，可以提升农村文化品位，当然是件好事。但农村文化资源有限，农村文化建设的人力、物力、财力相对不足，农村文化建设打造品牌、提升档次的同时，也要考虑农村文化建设的实用性、适应性、普及性，要从农村实际出发，结合农村经济社会发展水平建设农村文化阵地，根据农村群众的实际需求开展群众喜闻乐见的文化活动，深入实际创作一批反映农村群众生产生活的文艺作品，使农村文化建设既实在、实际，又实用，要降低农村文化建设成本，提高农村文化投入效益。

（三）在内容建设上，要处理好文化创新与文化传承的关系

用现代文化成果去占领农村文化阵地，是新农村文化建设的重要任务。要积极推进现代文化成果向农村转移，充实农村文化建设内容，丰富人民群众的文化生活，提高农村群众的文化生活质量。然而，广大农村在长期的发展过程中，形成了不同的民俗习惯和文化积淀。在繁荣农村现代文化的同时，要突出做好特色文章，深入挖掘农村特色文化，传承农村传统文化。紧密结合农村的生产实际和发展历程，反映农村群众的生产生活，组织文艺创作，开展群众性文化活动，使农村文化真正贴近实际、贴近生活、贴近群众。实践证明，农村特色文化深深扎根在农村群众的生产生活之中，是农村经济社会长期发展和群众长期生产劳动的历史积淀，最具有凝聚力、生命力、感染力和亲和力。

（四）在活动形式上，要处理好政府搭台与农民唱戏的关系

开展农村群众性文化活动，政府组织是前提，民间自发参与是关键。政府要充当起农村文化建设领唱者的角色，每年定期组织开展文化下乡、文化节会等群众性文化活动，推动农村文化活动的广泛开展。然而，农村文化建设的活力源泉是广大农村群众，农村文化活动的主体还是广大农村群众。没有广大农村群众的参与，农村文化建设就失去了活力。因此，要让农民做农村文化的主角，要走"政府搭台、农民唱戏"的开放式农村文化发展模式，

政府有关部门要在安全保障、场所安排、设备提供等方面给予支持，为农村群众自发性开展文化活动创造条件、搭好舞台。发挥农村文艺骨干的带动作用，积极引导和发动农村群众自编自导、自娱自乐、自主参与举办诸如广场文化、村落文化、节会文化等经常性文化活动中来，变农村文化活动由政府办为群众办。这样，农村文化活动才更加丰富，农村文化建设才更具活力，农村文化舞台才更加活跃。

（作者单位：中共文登市委党校）

浅谈县级博物馆如何做好对外开放

——以文登市博物馆建设为例

梁佳媛

博物馆作为陈列、展示、宣传人类文化和自然遗存的重要场所，是人类文明记忆、传承、创新的重要载体。近年来，我国博物馆事业处于重要的战略机遇期，博物馆数量增多，接待人数增加，面对的新问题，发展的新思路，实践的好做法不断出现。但从博物馆的功能发挥上看，与国际先进水平还有不少差距。本文结合文登市博物馆实际情况，梳理县级博物馆工作的特征，从而提出有关对策和建议，以期对县级博物馆的繁荣发展起到指导作用。

2011年，文登市委、市政府投资2亿多元高标准建设的博展中心正式投入使用，其总建筑面积达3万平方米。新馆开放后，博物馆更加注重对外服务工作，在陈展模式、教育方式、服务项目、产品开发等方面都有大胆的尝试和创新，参观人数大幅度增加，公共文化服务能力和社会效益得到进一步增强。

一 挖掘特色，打造有故事的乡土文化课堂

当前很多新建的县级博物馆存在着主题模糊和定位不当的误区。由于县级博物馆所处的地理环境和历史文化背景有所局限，其难以与大型博物馆的陈列展览相媲美。县级博物馆应立足本土，建设一个符合地域发展、群众需求和社会需要的博物馆，让群众在短时间内形象地了解当地历史文化和现实发展成就。

文登市博物馆新馆系地志类综合性博物馆，目前设有10个展厅，面积有8000余平方米。一层5个展厅展示的是以"龙魂文脉"为主题的固定基本陈列。通过文物和多样的陈展手段将文登的史前史、士学、道教、李龙、红色

等不同特色文化熔铸的历史画卷生动地展现于观众面前。1 号展厅包括"文明曙光·日旸东方""秦诏天下·士学文登"两个单元，展示文登的先秦文化和士学文化，主要讲述了秦始皇召文以及百名进士这段历史；2 号展厅包括"圣山昆嵛·全真之道""齐东古韵·李龙故里""天福丰碑·红色热土"3 个单元，展示文登的道教文化、李龙文化和红色文化，主要讲述了道教全真派发祥于文登昆嵛山，王重阳、丘处机等全真七子在圣经山修炼以及"一言止杀"历史故事，发源于文登并流传于东北三省的"秃尾巴李龙王"的传说和打响胶东抗日第一枪的天福山起义这段历史；3 号展厅是民俗展，展示了文登及胶东地区民间习俗，主要有民居、婚俗、商铺一条街等；4 号展厅是鲁绣展，展示了发源于文登的鲁绣，从古到今发展演变的历史进程；5 号展厅是现代发展成就展，主要展示文登经济社会发展所取得的辉煌成就；二层为专题展厅。设邢良坤陶艺馆、于植元艺术馆、于志学美术馆，展示了文登学人在不同领域取得的辉煌成就。三层为度量衡专题展及临时展厅。依据 1973 年在文登峁山出土秦代铁权这一考证，由山东省质量技术监督局建设度量衡专题展，展示了度量衡的发展历史，成为胶东地区传播度量衡文化的平台和基地。临时展厅不定期举办各种展览。

二 紧贴需求，让观众常来常往、常看常新

公共博物馆免费开放后，公众参与度明显提高，凸显了博物馆作为公益性文化机构的社会价值，有利于完善我国现代国民教育体系和履行教育功能。同时，也促使博物馆的职能重点逐渐向教育功能转化。县级博物馆受众群相对单一固定，除设备条件、人力资源等客观因素外，应在展览和服务内容等方面下功夫，推陈出新，实现题材、风格和载体的极大丰富，打造公众喜闻乐见的文化品牌，让群众常来常往、常看常新，真正成为对外宣传的窗口和服务基层群众的文明阵地。

针对上述问题，文登市博物馆通过整合馆藏资源，提供多样化服务，不断增强博物馆的吸引力、亲和力和感染力。一是多元化，推出不同系列的主题教育活动。充分利用博物馆丰富的实物资源，推出了"博物馆走进基层""走进博物馆·感受文登历史文化""艺术课堂·多彩人生"等特色大课堂活动；结合"国际博物馆日"和"中国文化遗产日"等节日，通过借助"三下乡"等活动的影响力，一起开展基层活动，拉近博物馆与群众的距离；依托"市民大讲堂"这一传播平台，举办"艺术品及民俗收藏"等知识讲座，普

及文博知识；邀请专家学者，引进高档次的文化精品展览及艺术交流讲座，让观众不出家门就能领略到不同地区文明历史与风采。2012 年，文登市博物馆举办了"首届紫砂艺术文化展"、以"行走的故事"为主题的新境象画家作品展、"津派画家专题书画展"等活动，吸引市民参与，不少群众都拿出自家宝贝让专家鉴定，向专家取经。二是趣味化，与传统课堂教育优势互补。充分运用现代技术手段，通过讲解员的讲解指导，将知识性与娱乐性、文物藏品与历史故事、陈列展示与现代科技相结合，让书本知识生动化，培养青少年形成一种习惯，主动走进博物馆观察，思考问题，实践运用知识，增强了对博物馆的认知与互动。三是人性化，营造温馨舒适的学习环境。坚持以人为本理念，提升软、硬服务水平，增设游客服务部等项目，为观众创造了一个人性化的参观氛围。主动与旅游团队、学校、机关等团体组织联系，提供参观便利。仅 2012 年，文登市博物馆参观团体 372 批次，参观人数 15.7 万余人。

三　拓宽空间，实现文博产业化发展

目前，许多博物馆特别是中小博物馆依赖于政府提供的基本财政支持，满足于基本的陈列布展和文化服务。而博物馆作为公共文化服务机构，除了依靠上级财政支持外，还应充分意识到文博产业化的意义所在，将当地资源优势逐步转化为文博产业优势，开发多层次的文化产品，让观众乐于把博物馆记忆带回家，最大限度地发挥博物馆的服务功能，对满足市民文化需求，促进文化产业发展都有着十分重要的意义。

以文登市博物馆为例，可以探索以下几个途径吸纳社会资金，支持博物馆事业发展。一是引入社会资本，加强博物馆建设。博物馆三层、四层都设有临时展厅及会议室，可充分盘活闲置资产，将其作为文化艺术市场对外招商运营，形成集文化艺术品交易、文化艺术精品展示、旅游参观景点等功能于一体的、具有较高档次和多层次的大型文化经营场所。二是拓展服务范围，开发门类丰富的文化产品。要挖掘历史文化内涵，加强与文化旅游产业的深度结合，形成文登特色文化商品。例如，在景点、展厅销售《文登民间传说故事》等"文登学"书籍，设计制作李龙王动漫形象，利用"太上老子道德经摩崖刻石"拓片制作纪念品，生产具有地方特色的鲁绣产品等。三是巧做票面文章，加大宣传力度。通过实行免费不免票制度，更好地规范博物馆参观秩序、准确统计参观人数；又可利用门票为赞助单位做宣传，实现双赢。

同时，上级文物主管部门也应出台相关政策措施，规范市场行为，促进文博事业又好又快发展。

大力发展文博事业是提升公共文化水平、增强区域文化软实力的有效途径，是推进经济社会发展的强大动力。作为县级博物馆工作者应牢牢把握新时期文博工作面临的新机遇、新特点，勇于探索，大胆实践，传承和发展文博事业，让更多公众在这个艺术殿堂里得到文化的滋养、审美的享受和历史的熏陶，共同促进文博事业绽放出永恒的魅力。

（作者单位：文登市文化广电新闻出版局）

强化税收信息化建设　提高税源管理质量

王京臣　刘海江

税源，作为税收的源泉，不仅是税收的基础，而且在一定程度上反映了一国的国民收入水平。由于税源只有通过税收征管才能转化为税款，税收征管水平对税源与实际税收的差距就有决定性的作用。因此，税源管理就是税收征管工作的重中之重。当前税收信息化建设已成为各级税务部门税源管理水平的重要手段，因此，进一步研究如何强化信息化建设既具有重要理论意义，又具有重大现实意义。

一　发达国家税收信息化建设在税源
管理方面运用的经验借鉴

税收信息化建设和税源管理的结合就是"信息管税"。所谓信息管税，就是充分利用现代信息技术手段，以解决征纳双方信息不对称问题为重点，以对涉税信息的采集、分析、利用为主线，树立税收风险管理理念，完善税收信息管理机制，健全税源管理体系，加强业务与技术的融合，进而提高税收征管水平。

西方发达国家税收信息化建设起步较早，为我们积累了重要的经验。纵观国外税收信息化建设情况，我们可以发现以下方面的一些特点。一是起步较早。欧美发达国家的税收信息化进程普遍开始得较早，例如美国，早在20世纪六七十年代就拥有全国性的计算机征管网络，将包括登记、征收、评估、稽查等税收工作的诸多方面纳入其中，经过了近半个世纪的运行完善，已经能够将90%以上的联邦税收收入通过信息化网络进行征管。二是系统完善。主要表现在：功能全面、兼容性好、共享度高、采集量大。其中，意大利的税收信息管理系统 ITIS（Italy Tax Information System）是欧盟国家中最大的管理系统，它由涵盖税务登记、税务检查、增值、所得等十六个子系统构成，不仅实现了税务机关与纳税人、政府各部门之间对接，甚至实现了与欧洲公用数据网的对接，每天的数据处理信息量高达数百万笔。三是运行稳定。西班牙的税务管理总部和下属的几十个省级中心实现了软件的统一研制开发，硬件的开放式采购，建立健全管理人才的专门培训和使用机制，使得全国的税收信息化运行保持了高度的运行稳定，升级扩容方便，数据处理能力很强。四是普及度高。由于信息化系统自动化程度高，操作简便，不仅税务部门各个机构均能熟练地使用信息化系统处理各项工作事宜，提高了工作效率，而且广大的纳税人（数据显示欧美国家超过八成）能够方便快捷地通过税收信息化系统办理纳税、咨询、反馈、申辩等日常业务，民众对税收信息化管理认可接受，反响良好。

可见，发达国家在税收信息化建设方面不仅实现了全国税收信息网络的覆盖，信息涉及政府、金融、海关、工商、保险等部门和行业，所有信息应有尽有。而且实现了税收信息的高度共享和数据深度挖掘利用。

二　我国税收信息化建设沿革和税源管理成效分析

我国的税收信息化建设始于 20 世纪 80 年代中期，经过了 20 多年的发展，已经基本形成了较具规模和专业特色的信息化网络，对于我国的税收征收和税源管理工作起到了巨大的推动作用，分析研究我国的税收信息化进程，大体可以概括为以下几个阶段。

1. "半自动化时代"，又可称为"后手工时代"。主要表现为电子设备的应用，这一时期互联性质的局域网络尚未建立，信息化程度主要停留在基础信息的采集、归类，数据的打印、整理等水平上。

2. "电子化时代"。以电脑终端、电子媒介、数据传输、软件开发为主要载体的税收信息化进程开创了我国税收事业的新时代。税收征管水平、执法能力、征纳效率均获得大幅度提升，税收信息的互联时代即将到来。

3. "数据化时代"，又称为"大集中时代"。即当前我们的税收信息化所处的时期，不仅微处理技术十分强大，无线有线的互联网络日益普及，税收法制法规更加健全，专业化软件覆盖面迅速提高，应对各种复杂经济形式的处理能力显著增强，税源管理水平不断提高，税收专业化程度继续升华。

4. "智能化时代"。随着世界科技进步的不断发展，科学技术对于税收信息化建设的引领作用将更加突出，税源管理将进入"智能化时代"。作为我们税收信息化改革的未来发展方向，"智能化时代"不仅将带领税收信息化达到前所未有的高度，也将真正实现税收征管和税源管理工作的现代化，突出表现在系统性、专业性、全面性、普遍性等方面。

税收信息化建设在税源管理方面取得了显著的成效，主要表现在以下几个方面：一是顺应了世界经济一体化进程的客观需要；二是适应了依法治税，科学管理的工作要求；三是促进了税源管理水平现代化的历史进程；四是保证了各级财政收入，有力地支持了国家经济政策的实施；五是改变了传统的征收观念，提供了更加优质的纳税服务；六是降低了税收征纳成本，增强了税务机构的工作效能；七是提高了税收稽核、检查、评估、分析、监控等水平；八是加快了基层征管部门的工作效率，队伍专业化水平显著提高。

具体表现可以通过图1和图2，比较直观地看到实现信息化之前和之后，税源管理工作的变化。

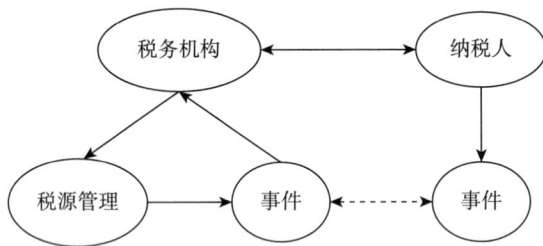

图1　税收信息化之前的税源管理

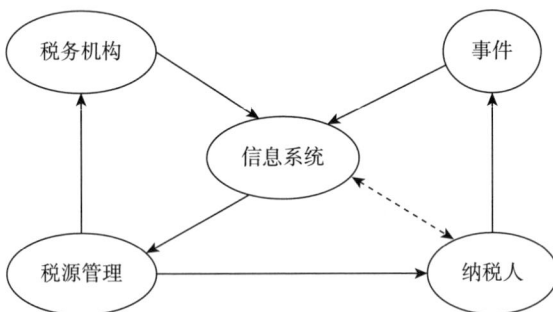

图2　税收信息化之后的税源管理

通过图1，我们可以看到这样一个问题，在引入税收信息化之前，我们的税源管理和纳税人的直接经营活动实际上是脱节的，税源管理的直接对象——"事件"同纳税人的"事件"是存在时间差或者一定错位的，这就造成我们的税源管理工作往往滞后于纳税人的实际情况，由此衍生出许多征管的问题。通过图2，在引入税收信息系统并且该系统日益健全后，通过税收信息系统我们可以直接将"事件"进行分析处理，这一方面保证了处理事件的及时性、完整性，另一方面也极大地提高了税收工作的效率。但是图2中的虚线部分恰恰体现了目前信息化建设的薄弱环节，本文将在下面的篇幅中进行说明。

三　当前税源管理的信息化建设中存在的问题

我国税收信息化建设20多年的成果是显著的，但是为了更好地促进我国信息化建设向纵深化、智能化发展，认真地总结分析当前税收信息化在税源管理中的问题也是十分必要的。当前的税收信息化在税源管理方面的工作存在的问题可以概括为两句话：自上而下的执行不充分，自下而上的反馈不到位。具体有以下几点。

第一，先进的信息化手段与之相配合的管理机制不协调。国外成功的税收管理经验表明"技术永远只是手段，只有与先进的管理思想、管理体制相吻合，才能产生巨大的效益"，"管理主体必须更新观念和知识"，目前我们的基层税务部门在应对密集的税收信息化进程中，应对不及时，观念守旧，管理手段相对单调。

第二，税源管理的执行环节缺少明确、具体、易行的操作规程。主要表现在基层税务人员在面对先进的信息化系统表现出运用不到位，准备不充分，灵活驾驭能力不强，个别岗位疲于应付，主观能动性不足。

第三，上下环节衔接不够顺畅，信息系统的优势没有得到充分发挥。由于具体工作模块的设计推广往往是由不同部门分别执行，其中出现交叉的概率较高，基层部门在应对过程中呈"倒金字塔"，一点应对较多部门，压力较大。

第四，在信息化推广过程中，具体的措施制订部门和落实的执行部门存在脱节现象。造成良好的设想达不到效果，个体的差别难以兼容，税源管理的信息化升级缓慢，重复性工作较多，影响了其他方面的管理工作。

第五，数据形式单一化，软件功能亟须提高。税源管理的现代化进程客观上需要税收信息化系统提供更加丰富多样的信息和辅助性措施，这有助于基层税务管理人员摆脱数据的束缚，灵活地运用数据进行管理。

第六，税收信息系统在与纳税人的直接互动方面期待突破。正如上文所言，图2中的虚线部分说明一个现状，我们的税收信息系统目前只能较为简单地接收纳税人的基础申报信息，互动性不强。税源管理的作用点还是通过人与人的接触联系，信息系统直接参与度不高。

第七，税源管理人员的专业化素质需要加强，针对性的培训不足。

根据中外对比和我国的税收信息化进程和特点，更加有必要深入地探索提高税源管理水平的理论依据和相应对策，以期更好地促进税收信息化建设。

四　依托信息化建设提高税源管理水平的政策建议

（一）税收信息化与税源管理的理论模型

税源管理的信息化过程是关系到税务部门战略性的课题，在系统化的分步推广过程中应该首先从理论的高度进一步明确税源管理信息化的一系列问题，采取有针对性的理论方法解决在推进过程中出现的具体问题。例如，根据公共部门战略管理的理论，我们的税收信息化改革概括为以下几方面的因素：税收信息化和税源管理的主体 A（税务政策制定部门 A1、具体执行部门 A2）、客体 B（纳税人 B1、涉税问题 B2）、税源信息化管理的环境 C（外部 C1、内部 C2）。根据 SWOT（strength，即内部优势；weakness，即内部不足；opportunity，即外部机会；threat，即外部隐患）分析法，明确税源管理信息化战略面临的各方面问题，分门别类地制定实施办法和应对措施（见表 1），相关部门分工明确，职责清晰，协调行动，上下一致，许多束缚我们信息化进程的因素也将迎刃而解。

表 1　SWOT 分析法的应用

	优势 - S A1： A2： C2：	不足 - W A1： A2： C2：
机会 - O B1： B2： C1：	SO 战略 具体措施	WO 战略 具体措施
威胁 - T B1： B2： C1：	ST 战略 具体措施	WT 战略 具体措施

在确定战略性方案之后，针对税收信息化过程中推行的各项措施，可以引入政策效果评估的方法加以评估，确保推行的政策落到实处，提高效率，例如图 3 的"前—后对比分析法"等；或者通过实验比对的方法对比分析，这样既可以有效地监控各项信息化手段的执行情况，也能够针对出现的各种问题及时调整，保证效果，例如图 4 的"控制—实验对比分析法"等。

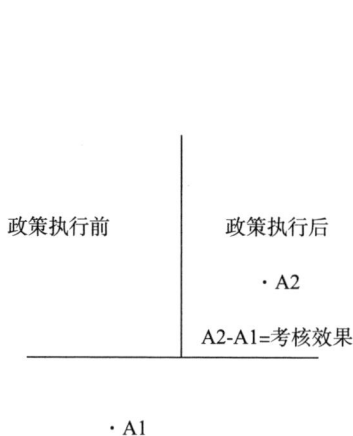

政策执行前　政策执行后

A2　A为实验对象

B为控制对象

B2　A2-B2为政策效果

A1

B1

政策执行前　政策执行后

· A2

A2-A1=考核效果

· A1

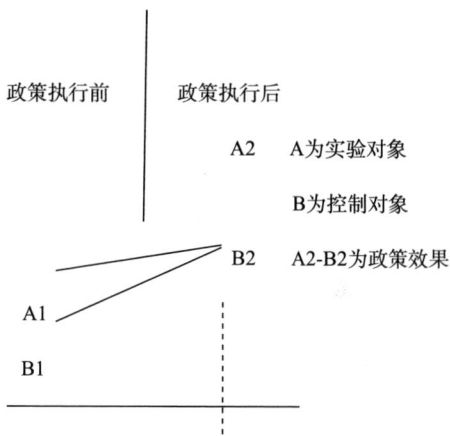

图 3　前—后对比分析　　　**图 4　控制—实验对比分析**

（二）税源管理信息化的基本要求

在探讨了税源管理信息化的战略指导思想后，我们不妨沿着这个方向对税收信息化进程和税源管理的发展做出如下的归纳：第一，着重抓好改革进程中的"人"的问题，包括征纳双方、征收主体及其内部各系统；第二，稳步推进信息化建设的"物"的方面，包括软件开发、硬件配套、环境建设；第三，研究部署以上二者结合的问题，即"效率"的问题，运用科学的方法，系统地安排，全面地整合，为过渡到智能化管理阶段做出积极的准备。

根据以上三方面的各自要求，制定有针对性的、具体的措施，既能够将税源管理信息化的整体战略思想贯彻其中，又能够高效地推进税源管理的信息化进程，保证及时准确地应对出现的各种问题，发挥税收信息化系统的最大效能，最终实现我国税收管理现代化的整体要求。在宏观战略思想和总体部署下稳步推进的税源管理信息化改革才是依托税收信息化建设提高税源管理水平的行之有效的快速发展之路。

我们的税收信息化进程已经进入了上文所归纳的"数据化时代"的攻坚阶段，也是改革成败的关键所在，更加需要上下一心、共同努力。为了让已经进行的有关工作更趋完善，今后主攻方向更加明确，根据今后税制改革基本思想，从"整合资源"和"模块管理"两方面入手，做出以下的判断。

（三）税源管理信息化的政策建议

第一，完善税源管理机制。建立健全适应信息化时代发展所应具备的管理手段和管理体制，从制度上保证税收信息化建设的成果，从源头上清除束缚税源管理信息化进程的负面影响，从根本上解决制约改革的人和物的因素。以体制保发展，以机制促提高，通过自上而下的先进的管理理念和管理思路的树立，将税收信息化建设纳入科学、有效、有序、合理的发展道路，这既是税收工作贯彻科学发展观的具体体现，也切合基层税务工作的客观需要。

第二，明确信息化操作流程。在税源管理所有涉及信息化的各个环节，尽快明确规范操作流程，并尽可能地保证操作的稳定性和可持续性，使税源管理部门和纳税人能够快速灵活地使用信息系统，避免因为系统漏洞或使用失误造成的征管失责的问题。尽快结束基层税务部门在应对功能不断强大丰富的先进的税收信息系统所表现出的操作生疏，效能不高的状况，实现由"系统操作人"到"人运用系统的"转变，真正达到"数据化"管理的程度。

第三，加大基层税务人员的培训力度。通过形式多样的教育培训手段和激励政策，尽快打造出能够适应日益变化的形势需要的专业税源管理队伍，并且能够对信息化网络自身的完善提供积极有益的反馈信息和帮助。信息系统的自身特点和基层队伍的现状在某种程度上制约了税收信息化管理的推进，影响了信息化系统的升级和发展，只有全面加强人员培训，才能让我们的税源管理信息化工作均衡发展，更上一层楼。

第四，尽快推行多元化信息网络系统。一方面在现有的征管系统中完善税源监管网络，使之能够适应税收政策调整而引起的税源变动，另一方面丰富纳税人参与的信息网络环节，将单一的申报操作升级为申报、查询、咨询、互动的立体化信息系统，并且能够从税收信息系统获得由系统自动提供的包括提示、指导、宣传在内的个性化服务，更好地保障纳税人的合法权益。

（推荐单位：威海高技术产业开发区工委宣传部）

从施行"文化低保"入手　推进外来务工人员有序融入城市

张一真　李怀阳　张丽峰

党的十七届六中全会通过的《中共中央关于深化文化体制改革　推动社会主义文化大发展大繁荣若干重大问题的决定》（以下简称《决定》）中指出，要"引导企业、社区积极开展面向农民工的公益性文化活动，尽快把农民工纳入城市公共文化服务体系"。这是新时期建设社会主义文化强国的重要内容，是构建和谐社会的重要任务，如何保障外来务工人员享受城市"文化低保"，最终从精神和文化上融入城市，已成为各级党委、政府及社会关注的热点。

一　外来务工人员在城市经济社会发展中的作用

改革开放以来，在工业化、城市化发展进程中，涌现出一支新型劳动大军——外来务工人员。外来务工人员通常是指外地来本地城市打工的人员，一般指建筑行业、制造业、服务业等第二、第三产业中技术含量较低、以体力劳动为主的岗位上的从业人员。外来务工人员是我国特有的城乡二元体制的产物，是特殊历史时期出现的一个特殊社会群体，他们在城市经济社会发展中付出了辛勤劳动，做出了不可磨灭的贡献，成为城市建设和社会经济发展的主力军。

第一，外来务工人员是城市建设和繁荣的生力军。在城市化建设中，外来务工人员成为被吸纳的主要群体。城市建设中的苦、累、脏、险等工作一般都是由他们在从事，城市环卫、家政、餐饮服务业中外来务工人员是主体，他们为城市盖起了座座高楼大厦，修建了条条道路桥梁，为改善城市居民的生活和环境而无私奉献着，成为当今中国城市发展和繁荣的功臣。

第二，外来务工人员是推动中国工业化进程的重要力量。外来务工人员顺应城市化的时代潮流，摒弃"面向黄土背朝天"的尘俗，离土离乡，涌入城市，打拼维生，填补了建筑业、制造业、餐饮服务业等劳动密集型行业的岗位空缺，满足了工业化快速发展进程对劳动力的需求，增强了区域经济竞争力。尤其是在东部沿海地区，他们为城市发展出口贸易、承接国际劳动密集型产业转移创造了条件，外来务工人员为中国成为"世界加工厂"提供了源源不断的低成本劳动力资源。

第三，外来务工人员是中国城市改革的主要推动力。外来务工人员大规模、大范围、跨区域流动的大潮突破了劳动力市场的城乡界限、地域界限和身份界限，使市场导向、自主择业的机制成为现实，促进了中国劳动力市场的发育和用工制度的变革，推动了市场配置劳动力资源机制的形成，敦促了城市政府职能和管理方式的转变，增强了整个社会的生机和活力。

二　外来务工人员难以融入城市的现状分析

多年以来，外来务工人员一直受各级政府和全社会的高度关注，其中最具代表性的当属"农民工"问题，突出表现为在住房、教育、医疗、保险等方面的差别待遇，使外来务工人员一方面为城市的发展做出贡献，另一方面却游离在城市体制之外，未能或难以真正融入城市。近年来，国家在保障外来务工人员经济权益、法律权益等方面加大了政策倾斜力度，各级政府也做了大量深入扎实的工作，在促进外来务工人员"社会融入"方面起到了明显效果。但广大外来务工人员的文化生活、精神慰藉、心灵归宿等问题尚未根本解决，参与和享受城市文化生活的比例、程度还很低，与极其丰富的城市文化生活形成了鲜明对比，城乡二元结构形态在外来务工人员文化生活上表现得异常突出，导致外来务工人员难以从身心深处融入城市。究其原因，主要表现在五个方面。

从客观上看，一是重视程度不够。政府部门作为城市公共文化产品和服务的主要供给者，在城市文化建设总体规划中，由于多种原因，只考虑市民的需求量和需求特点，没有把外来务工人员纳入城乡居民的公共文化服务体系中，使外来务工人员可共享的公共文化服务资源欠缺，成为介于城乡之间的文化"边缘人"，导致他们参与了城市建设与发展，却不能共享城市发展成果。二是缺少关注热情。一方面，由于部分用工单位过分注重经济效益，对外来务工人员的精神文化生活需求关注不够，为外来务工人员提供的文化活动场所、设施和机会相对较少。另一方面，外来务工人员除工作之外，大都通过租房居住在城市社区，由于受城市社区制度性的影响，城市社区的封闭性和功能定位加剧了外来务工人员在城市中的边缘化，使外来务工人员享受不到社区内公共文化服务资源，降低了外来务工人员融入城市的概率。三是认识上存有误区。在大多数城市居民的传统观念中，外来务工人员往往被视为文化程度不高、整体素质低、思想观念落后，甚至脏乱差的群体，这种固定化、标签化的认识，造成了城市居民对外来务工人员的排斥，现实中对其缺乏关注的热情和应有的尊重，两者之间存在的隔离现象，使外来务工人员被排斥在城市主流社会关系网络之外。"农民工"这一称谓背后就隐含了潜意识的身份歧视，这种身份界限不仅反映了心理上的拒斥，也反映了文化上的隔阂。

从主观上看，一是整体文化素质不高。外来务工人员在价值观念、行为规则、生活方式上往往与所在城市不相融合，在城市中不自觉地成为"另类"的群体，这在某种程度上导致了他们与所在城市的疏离。二是思想和行为存在矛盾。一方面他们渴望和城市居民一样享受平等的文化权利，且被城市居民理解、接纳。另一方面，囿于传统保守的思想观念和自身文化生活方式的惯性，缺乏主动改变现状的积极性和实际行动，靠打牌、看电视、聊天等方式打发业余生活时间，安于现状的心态和文化生活的惯性使他们极少参与城市组织的各类文化活动。三是交往圈子狭窄。外来务工人员虽然数量庞大，但由于身份上存有先天的失衡感和自卑感，血缘性、封闭性表现得更加突出，不愿意与城市居民交往，更不主动融入城市文化生活。渐失传统乡土文化而尚无新精神寄托，远离乡土又无法融入城市文明，是对这一群体文化生活的真实写照。

三　施行"文化低保"对外来务工人员的意义

殷实富足的物质生活之后，追求健康丰富的文化生活是社会发展的必然规律。让外来务工人员充分享受最基本的文化需求，即"文化低保"，是"文化强国"的内容之一。"文化低保"是相对于"生活低保"提出来的，其本质上都是为了促进人的全面发展，满足人的精神需求。"文化低保"是指构建为最广大的普通百姓日常生活所需要的"最低文化生活保障线"，是最为基本的文化建设。具体来说，就是政府部门通过整合优势资源，从文化层面对外来务工人员进行救助，提供易于理解的、最基本的文化读物、视听设备，提供文化活动载体和平台，满足他们参加最基本的文化娱乐活动的需要，保障他们的基本文化权益，实现公共文化资源均等化。"文化低保"包含三个方面的内容：一是读懂文化，这是文化弱势群体最为基本的素质，是留存、传承、创造文化最重要的基础，必须让文化弱势群体享受平等教育；二是建设文化，按照公共文化资源充分、平均原则，在外来务工人员工作生活相对集中的场所，建设一些可触摸的文化载体；三是享受文化。让外来务工人员享受到文化传承、文化创新和文化交流的成果，提升整体素质。

实施好"文化低保"，其意义深远而重大。

一是有利于保障外来务工人员的基本文化权益。随着外来务工人员"新生代"特点日渐凸显，受教育程度高、职业期望值高、物质和精神追求要求高的年轻人，在业余时间期盼享受的不是待在家里或宿舍里聊天、打牌、逛街，而是到免费的文化馆、图书室等公共文化服务场所看书、上网，参加形式多样的文体活动，在满足基本文化需求的同时，改变生活方式，寻求发展契机，圆好"城市梦"。实施"文化低保"则能为外来务工人员提供最基本的文化保障，更好地实现这一群体的生存权和发展权，使他们在享受精神文化的同时，提升知识、眼光、素质。

二是有利于实现公共文化服务资源均等性。公共服务均等化不是一个抽象的标准和概念，而是与一个社会经济基础相联系的动态过程。均等化的主要内容和范围会随着社会进步而不断变化与扩展，均等化的主要目标是逐步消除因发展水平和个体差别对社会成员基本文化权益造成的影响和制约。实现公共文化服务均等化，就是要逐步实现不分男女老少、不分富人穷人、不分城市农村都平等地享受公共文化服务。将外来务工人员这一群体纳入文化低保保障范围，在原有公共文化服务体系基础上考虑到外来务工人员的文化需求，体现了公共文化服务公益性、基本性、均等性、便利性的要求，是对城市公共文化服务对象、范围、方式的拓展，变边缘人为共享者，变看客为参与者，确保能够均等、普惠、持续地保障外来务工人员的基本文化权益。

三是有利于促进外来务工人员从根本上融入城市。文化的凝聚力量可以打破城乡、地域、制度隔阂，文化融入才是外来务工人员融入城市的根本标志。外来务工人员要实现由过客向城市主人的转变，真正融入城市，与经济、政治、社会权益的平等相比，最根本的是文化认同和文化融入，只有实现了文化认同和文化融入，才能彻底打破两者的文化隔阂，实现价值观念、生活方式和行为规则的转化和趋同。"文化低保"的意义不仅在于为外来务工人员提供了共享文化资源的平台，更在于为他们提供了获得自我提升，找到尊严感、认同感、归属感的机会，实现真正意义上的城市融入。

四 推进外来务工人员有序融入城市对策与建议

从施行"文化低保"的角度来说，当前应着力抓好四项工作，力推外来务工人员有序融入城市。

第一，要给予外来务工人员应有的关爱和尊重。外来务工人员真正融入城市，体现对外来务工人员劳动成果的承认、对其身份的接纳。一要适时取消"农民工"称谓。农民工在外来务工人员中占据多数，许多城市居民直接把外来务工人员称为农民工。这种称谓是特殊历史时期中国特有的城乡二元体制的产物。尊重外来务工人员，就应取消类似含有歧视色彩的称谓，改变对外来务工人员的整体印象，迈出从称谓上促进外来务工人员转变身份、融入城市的第一步。二要转变城市政府的管理理念。尊重外来务工人员就要把外来务工人员和城市居民同等对待，一视同仁。要由排斥、防范、管制外来务工人员转变到平等地为其提供包括公共文化服务在内的各种公共服务，寓管理于服务之中。三要营造尊重和关爱外来务工人员的社会氛围。要通过各类媒体、网络，大力宣传外来务工人员在城市发展中的贡献，宣传报道典型人物和先进事迹，增强外来务工人员在城市中的影响力和自信心，逐步消除社会对他们的偏见和误解，还要为其子女提供亲情关爱，在全社会形成关爱和尊重外来务工人员的格局。

第二，要发挥好用工企业和社区文化平台作用。一要制定相关政策，把用工企业外来务工人员文化活动开展情况和成效作为评选文明企业、优秀企业家、企业文化建设的重要条件，引导企业把丰富外来务工人员精神文化生活与加强企业管理有机结合起来，促使企业增加文化设施和组织文化活动。二要引导用工企业将城市历史、城市文化、城市精神等纳入外来务工人员入职培训内容，增强他们在城市的适应力、自信力和融入愿望，消除对城市的文化隔阂和陌生感，产生认同感和归属感。三要构建以社区为依托的外来务工人员公共文化服务平台，引导社区将辖区内的外来务工人员纳入公共文化服务范围，把社区内的图书阅览室、文体活动室、文化信息资源共享平台等文化设施向外来务工人员开放，提高社区文化设施的使用效果。四要组织辖区内外来务工人员参加社区文化活动，注重与社区居民开展文化活动互动，增强与社区居民的联系和感情，使他们更好地适应和融入城市。

第三，要落实和完善相关配套政策及设施。要进一步贯彻落实《决定》精神，明确地方政府的责任主体地位，高度重视外来务工人员的"文化低保"工作。一要加大公共财政对公共文化服务建设的投入。地方政府要把外来务工人员的文化工作经费纳入公共文化服务经费统筹中，保证公共财政投入的增长幅度高于财政经常性收入增长幅度，提高文化支出占财政支出比例。二要制定优惠政策，积极引导、鼓励、支持社会组织、机构、个人捐赠和兴办公益性文化事业，并形成持续稳定长效的保障机制。三要以地方政府为主导，统筹和协调各部门的力量，形成分工明确、统筹协调、优势互补的工作机制，从根本上解决和避免外来务工人员文化服务条块分割、资源闲置等问题。四要把社区文化中心建设纳入城市总体规划之中，可从城市住房开发投资中提取1%用于社区公共文化设施建设，满足外来务工人员基本文化需求所需要的外部条件。五要发挥好公益性文化设施作用。充分利用现有的图书馆、文化馆、博物馆等设施，加大免费开放力度，逐步实现无障碍、零门槛进入，为外来务工人员提供均等的公共文化服务资源。

第四，要增强外来务工人员融于城市的自觉性。要增强自身文化转型和文化选择的能力。通过施行"文化低保"，使外来务工人员准确把握自身文化，能够与不同文化接触、对话、融合，催生外来务工人员的文化自觉，并使这种文化自觉在城市中落地生根，变被动接受为主动融合，成为改善文化生活现状、主动融入城市的主角。外来务工人员要摒弃自卑的心态，消除文化隔阂和心理隔阂，以积极主动的姿态参与到城市精神文化生活中，真正从身心上融入城市。政府相关职能部门要引导外来务工人员建立完善"自助型"的"外来务工人员联谊会""行业协会"等组织，把处于"分散"状态下的外来务工人员组织起来开展文化娱乐活动，实现文化生活的自我管理、自我服务、自我发展，达到文化强市的目的。

［作者单位：山东大学（威海）
威海高技术产业开发区工委宣传部］

基层就业　大有可为

郭景路

据官方公布的数据显示：2012年，全国普通高校毕业生规模达到680万人，加上历年沉淀未就业的各类大中专毕业生，今年的高校毕业生就业总量压力和结构性矛盾依然突出，就业形势非常严峻。刘斌斌、常效华、从芙蓉等三名大学生在基层的工作经历，或可成为许多大学毕业生的有益借鉴。

当老乡们围作一团，看着刘斌斌三下五除二地将欢蹦乱跳的"育肥猪"按倒在地，即刻就打完了预防针时，不禁拍手称赞。

刘斌斌是青岛农业大学兽医系的一名本科生。2010年8月毕业后来到文登市界石晒字镇兽医站，负责全镇母猪人工受精以及牲畜的检疫防疫诊疗工作。刚来时的刘斌斌最发愁的就是给这"育肥猪"打针，100多斤的肥猪吱哇乱叫满地乱窜，他和同事俩人折腾了一上午才把针打完。现在，两年的基层工作已经没什么事可以难住他了。

说起基层工作的这两年，他说："有一种工作，没有经历过就不知道其中的艰辛；有一种艰辛，没有体会过就不知道其中的快乐；有一种快乐，没有拥有过就不知道其中的纯粹。"

与刘斌斌有同样经历的常效华于2010年8月毕业于山东科技大学法学专业。当他满腔热情地来到乳山市乳山口镇政府做了一名"扶贫"生时，才深刻地理解了"踏实做人、勤恳做事"的真正含义。去年7月25日这一天，乳山市下起一场史上罕见的大暴雨。那晚，刚好是常效华与另一名同事值班。大约在傍晚时分天气开始下雨，到了晚8点左右雨量大到每小时约400毫米，连镇驻地都出现了洪流。在这种万分危机的时刻，常效华一面及时向上级领导汇报请示，一面急忙与所辖的村委取得联系。他知道村里的民房大都是黏土制成，遇到这种情况如果不组织群众马上转移会很危险。在请示了领导之后，他即刻指挥协调各村委把村民撤到全村最高处。转移后不久，南唐家村的地表水位就超过了 1.2 米；西耿家村的低洼地带也全部被水淹没。后来才知道，那场大雨，使全镇 43 户房子倒塌，652 户房子受损，2200 余户房屋过水，全镇共转移群众 4000 多人；27 处水库塘坝、31 条河道、16 座桥梁、26 条道路受损，3270 亩农作物绝产，11928.5 亩农作物不同程度减产。他说：这种大灾难，如果不来基层，是一辈子不会亲身经历的。

说到基层就业，毕业于山东农业大学植物保护专业的丛芙蓉更有成就感。2009 年毕业时，北京和广州的两家昆虫公司看好她并想与她签订合同，尤其是广州的一家公司，当时就承诺给她月薪 6000 元以上，可她还是坚定地回到威海老家羊亭镇创业。当年，她就以每亩地每年 800 元的价格租下一块近 6 亩的农田地，建起 3 个 100 平方米的蝗虫养殖基地，着手饲养供人食用的高蛋白昆虫。2010 年年底，一位企业老板在电视上看到了她的创业事迹主动与她合作建设生态园。这样，在原养殖基地的基础上，她又先后开发出 30 多亩地，种植了十几种蔬菜，兴办起一个集休闲、采摘、养殖等为一体的生态农场。

去年，丛芙蓉的年纯收入就达到 38 万元。现在，她已把园区的土地从最初的不到 6 亩，扩大到现在的 70 亩。今年又建了个生态养猪场。目前，生猪存栏量达到 500 头，计划到年底增至 1000 头。不仅如此，她还为周边 26 个村民提供了就业岗位，与 18 个农户签订了蝗粉虫和蝗虫的养殖协议，每年的销售收入也很可观。

又到大学生毕业时。

2012 年，全国普通高校毕业生规模达到 680 万人，加上历年沉淀未就业的各类大中专毕业生，今年的高校毕业生就业总量压力和结构性矛盾依然突出，就业形势非常严峻。

面对如此之形势，会有太多的家长因为子女找不到合适的工作而发愁；也会有许多大学生因为选择工作而迷茫、徘徊甚至是焦虑。当然，学校和老师也难免会为大学生就业忧心忡忡。

上述三名大学生在基层的工作经历，不禁让人感慨颇多。

第一，选择对路是大学生就业的法宝。

就业选择是反映大学生是否能够学有所用、学有所成的重要方向标，同时也为国家育人选才做决策提出了一项极为重要的依据和标准。

长期以来，我国的高等教育在社会实践中对大学生多有择业的量化分析，但缺乏有效的心理和行为的定性分析，这既难以帮助用人单位找到合适的人选，也无法使学生找到用武之地，更不利于国家大业培育选拔合适的接班人。

　　刘斌斌的行为，不单为临近毕业的大学生做出了择业典范，也为那些从事高等院校就业指导工作的人员对大学生就业的心理和行为分析提供了很好的实证，进而为高校培养人才确定更加准确的办学方向奠定了基础。

　　事实上，刘斌斌的行为是可以复制的。大学生们在学校的四五年的学习装备能量也够，但社会上一系列歪曲的择业现象，就如同木马病毒的传播行为一样，入侵了大学生的头脑，阻断了他们存储介质的传播通道。因此，唯有调整他们的就业预期目标，并提醒帮助其拦截"木马"的入侵，才能使大学生就业意向更趋理性。

　　第二，选择职业既要有目标更要脚踏实地。

　　量变质变的辩证原理告诉我们一个浅显的道理，那就是：选择职业既要有远大目标，更要有脚踏实地的精神。从常效华的工作心性中我们看到了决定他今后的人生目标，并且可以预言，当他把"到基层农村进行走访"等具体工作当成事业来做时，他的人生之路一定会越走越宽。

　　道理很简单，因为他真真切切地去付出、去践行、去体会，并且从百姓的切身利益出发，踏实前行，在进取中体会丰收的喜悦，在憧憬里找到青春的梦想。这一切，正符合量变和质变的互换道理，即当量变积累到一定程度一定会发生质变，远大目标就是一个质变。为了达到这种质变，"常效华们"脚踏实地积累足够多的基层工作量变经验。而一个质变又是另一个质变的开始。当前一个质变成为新的量变积累的起点，一旦达成新的目标，他们还会树立另一个目标，积累新的量变基因去实现它。在此，衷心地祝愿"常效华们"，能够一步步不停地追求和进取，通过平凡的事业，使自己成为真正令世人敬仰的新时期的当代"大学生"。

　　第三，选择职业应该具有前瞻意识。

　　所谓前瞻意识，就是要在把握现实国情、社情和本地实际的基础上，面向未来、着眼长远，形成对当前及今后一个时期事业发展走向的清晰判断和科学预见。这也是受过高等教育的大学生应该具备的能力。

　　丛芙蓉在基层创业的事例告诉我们，在纷繁复杂的市场经济体制中，运用自己所学的知识，细心地梳理广大民众需求的发展规律，了解大众对健康心理的敏感性，并且因地制宜、合理充分地利用当地自然资源和条件，建立起属于自己的生态农场。生态农场，既保护了当地的生态环境、节约了生产资源，又节省了成本使自己取得了可观的经济收入，同时，也丰富了自己的生活阅历。

（作者单位：威海市人力资源和社会保障局）

威海港集团抢抓机遇"冲刺"亿吨大港

周　波　辛志全　刘鹏科

威海港是我国北方重要的海上通道之一，有 100 多年的发展历史，1984 年被批准为首批国家一类开放口岸。凭借着得天独厚的地理优势和开拓创新的现代意识，经过近 30 年的发展，威海港已成为区域性中新港。目前包括老、新两个港区，其中老港区位于市中心区域，主要承担客滚业务，有泊位 2 个；新港区位于威海湾南岸，主要承担集装箱和散杂货业务，现有泊位 14 个。威海港现已开通威海至韩国、日本国际集装箱班轮航线，开通威海至青岛、大连集装箱内支线等国际国内航线 15 条，每月 200 多个班次。2012 年年末，港口吞吐量达 4000 万吨，集装箱吞吐量达 50 万标箱，滚装车辆吞吐量达 11 万辆。

威海港集团有限公司成立于 2005 年，现有员工 2300 余人，下辖 13 个控股、全资子公司。2012 年资产总额 55.08 亿元，完成业务收入 7.4 亿元。

一　改革创新　增强发展动力

按照威海市委、市政府"兴港强市"的战略部署，威海港集团紧紧围绕"坚持科学发展、搏击亿吨大港"这一主题，坚持以服务、辐射、带动腹地经济发展为己任，开拓创新，寻求突破，力求把威海港做大做强，做成精品港口。

在机制上，为了加快港口发展，威海港集团坚持"以人为本"的思想，不断创新管理机制，深化内部改革。完善了法人治理结构，董事会、经营层和监事会各司其职，协调运转，向着建立现代企业制度的方向坚实迈进。完成了机构精简、中层及基层管理人员竞聘上岗、"以岗定薪、岗变薪变、绩效挂钩"为主要内容的薪酬分配制度改革和全员竞争上岗，建立了全新的用人、用工和收入分配机制。

在经营上，坚持发展港口装卸业、现代物流、港湾建设、港口贸易、旅游业和房地产开发等多元产业，形成了新的产业支柱。调整厘清了港口运输业的发展思路，"做强青威支线、做特韩日航线、做大内贸航线、做强运洋干线"。2012 年，渤海湾内贸中转业务完成 2.2 万 TEU，为威海港集装箱业务的发展增添了新的市场空间。成功开发了京唐—威海—釜山首条外贸近洋干线，目前已拥有客户 30 多家，完成箱量 8000TEU。传统散货稳中求进，威海当地货物量达到 350 万吨。保税业务逐步扩大，已形成了 2 个百万吨货种。客滚业务稳中有进，在全国规模港口旅客下降 1.6% 的情况下，全年实现 4% 的增长。

在战略上，编制了威海港集团"十二五"发展规划，从港口建设、业务发展规划、企业文化建设等方面对港口五年的综合协调发展做出规划，确定了港口装卸业的龙头地位，港口物流业、航运业、旅游业和贸易业的发展比重逐年提高。预计到 2015 年港口吞吐量 5200 万吨，集装箱吞吐量 80 万 TEU，分别比 2010 年提高 126.1% 和 90.3%。

在管理上，实行"一体控制、层级核算、分类考核、细节管理"的经营管理模式，推行"督办卡""管理卡""学习卡"的"三个卡片"管理制度。"督办卡"主要解决总经理办公会、专题协调会等议定事项的督办落实；"管理卡"适用于班组长以上干部，及时发现日常工作中出现的管理问题，收集管理建议；"学习卡"则倡导全员学习的风气，成为建设学习型港口的一个载体。2012 年，为了拓展市场，明确了以各主要负责人的职责为重点，集团高管每人主抓一项业务，分别承担市场开发任务，各人之间的分工明确，衔接流畅，为实现港口又好又快发展提供了领导保证。接着，集团着手整合现有资源，调整了部门设置。为强化招商和市场开发工作，抽调懂业务、年富力强的人员充实招商部门，专职招商和市场开发工作。集团四个部门分兵把口，从事招商活动，形成了推动企业又好又快发展的合力。

二　抢抓机遇　当好经济发展的舵手

威海港是一个百年老港，30 多年来尤其是近 10 年，威海港取得了长足的发展，为威海市的经济发展起到了巨大的拉动作用。当前威海港的发展面临着金融危机带来的诸多不利的影响，但同时也带来了稍纵即逝、不可多得的机遇。

从长远看，党的十八大为威海港的改革与发展绘出了一幅蓝图，报告指出，"要深化国有企业改革，完善各类国有资产管理体制，推动国有资本更多投向关系国家安全和国民经济命脉的重要行业和关键领域，不断增强国有经济活力、控制力、影响力"。李克强总理也提出"改革是最大红利"。这就在大政方针上给威海港集团吃了"定心丸"，要进一步解放思想，抢抓机遇，全面冲刺亿吨大港。在国际层面上，随着东北亚区域经济的迅速崛起，中日韩三国FTA谈判已经启动，建立中日韩三国自由贸易区指日可待。无论示范区域是否落户威海，自由贸易区的强大辐射作用，必将使威海港所承载的中日韩三国贸易物流逐步增加。

从中期看，山东半岛蓝色经济区建设是中央和省委、省政府高瞻远瞩，根据半岛地区的区位优势和产业基础做出的重大决策，是山东在新形势下加快产业调整、转变发展方式的必由之路，也是山东再创发展新优势的重大机遇。威海作为山东半岛蓝色经济区七个重点城市之一和胶东半岛高端产业聚集区四个重点城市之一，"两区建设"，有利于威海市改造提升传统优势产业，加快发展现代新兴产业，为威海市经济社会的平稳较快发展提供强大的动力。打好蓝区建设攻坚战，海洋经济是核心。威海市第十四次党代会明确提出，海洋运输物流业要跨越发展，充分发挥三个国家一类开放口岸的作用，进一步完善港口物流体系，努力实现客货运输量、港口吞吐量的快速增长，这都为市管企业发展提供了更多的政策机遇。作为蓝区建设前沿阵地、"兴港强市"的龙头企业，威海港集团要牢牢抓住当前的发展机遇，充分利用现有平台，加快结构性调整步伐，努力打造精品港口。

从眼前看，《威海港口建设发展规划》把威海港置身于整个东南亚区域来确定港口定位和发展，威海市出台的《关于实施兴港强市战略加快港口发展的意见》为威海港口迎来了春天。今年4月初，威海市召开了由相关部门主要负责人参加的港口发展现场调度会。威海市委书记孙述涛要求，威海港要科学谋划项目建设，充分发挥威海湾港区水位深和离国际主航道近的优势，打造精品港、特色港。要优化调整港区布局，充分整合港口资源，切实提升港口综合实力。各有关部门要落实责任，明确分工，集中精力解决威海港发展和项目建设中存在的问题，形成推进港口发展的合力，等等。这些，都为威海港发展提供了现实机遇。

三 科学规划 提升港口综合竞争力

对于港口的未来，威海港的决策者们提出，要以提升港口整体发展质量、提升港口综合竞争力为目标，着重从以下几个方面入手。

找准港口主业定位。威海港坐拥中韩黄金水道，是我国距韩国西海岸最近的沿海港口，也是我国通往韩国、日本、朝鲜及东南亚国家便捷的出海口，有着得天独厚的地理优势，但受城市规模和区域环境所限，以及环伺在周围其他众多大港竞争挤压，威海港中短期内不宜盲目攀比，而是要凸显地方特色，走特色鲜明的发展路子，实现差别竞争，错位发展。要紧密结合东北亚与山东半岛港口群的现实情况，把威海港建设成为具有"喂给港、中转港、专业港、区域港、旅游港"功能的"泛黄渤海区域枢纽精品强港"。

坚持基础设施先行。逐步建立大型深水泊位、集装箱货场及其他配套设施，满足大型集装箱船、油轮、邮轮和散装船的停靠需要。要狠抓航道综合治理，进一步优化集疏运体系，切实提升港口的辐射能力和服务功能。2015年，完成投资 60 亿元，新增万吨以上码头 18 个，使码头泊位总数达到 28 个；新增码头岸线 6500 米，使码头岸线总长度达到 9260 米；新增通过能力 8200万吨，使通过能力达到 10800 万吨。争取投资完成 30 万吨航道建设。

打造"智能港"。以现代数码和网络技术为支撑，实现港口管理与业务运营的信息网络化，满足现代化大型港口发展的需要。建立具备国际水准的规范化工作流程和服务体系，为客户提供快捷高效的优质服务，努力做到"人无我有、人有我精、人慢我快、人高我低"，形成区别于其他港口的"核心竞争能力"。

强化市场开拓。进一步加强市场开发，更新市场营销理念，主动分析市场、研究市场、细化市场、对接市场需求，加强市场网络建设，增加市场营销广度，提高对市场的快速反应能力。重点突破中转的瓶颈，坚持国内中转和国际中转并重，不断提高泊位的使用效率，努力培育百万吨大货种，确保2015 年散杂货吞吐量达到 4300 万吨，年均增长 13%。逐步增加航线密度，集装箱吞吐量达到 78 万吨，年均增长 12.6%。

强化资本运作。围绕港口物流业务广泛开展招商引资，进一步强化"合作凝聚力量，携手创造价值"的合作理念，加强与城市及腹地的对接、合作与联动，积极推进与"国"字号、"省"字号企业合资合作，拓展空间，使港口真正成为承接国际物流、流通、咨询等服务产业转移的重要平台和桥梁。积极推进深层次的资本运作，加快推动威海港股份有限公司的上市，提高资金聚集能力。集团自身也要创新融资方式，发行企业债券，推动港口健康可持续发展。

强化内部管理。目前，威海港集团的架构有三个层级，即核心层的集团公司及其分公司、紧密层的各控股公司以及参股公司、作为外围层的分公司。从目前港口发展的实际情况看，集团存在经营范围过广、管理链条长，导致管理难度大甚至容易失控的问题。要本着"突出主业、配套发展、剥离副业、优化分工"的原则，对与主业无业务关联的"分公司""二级公司""三级公司"，特别是设立在境外的"三级公司"进行清理，能退出的退出，能注销的注销，推动集团优化架构层级，突出国有资本特点，明确国有、控股、参股的法律关系。要进一步完善考核奖惩机制，按照市场化的要求，本着公开、客观、可操作的原则，进一步量化和细化考核标准，同时建立成长的激励机制和人才储备机制，不断理顺劳务用工管理体制。大力推行精细化管理，积极开展与先进港口的对标管理，探索实施卓越绩效管理，不断夯实管理基础，提升管理水平。要强化现场管理，建立粉尘治理长效机制，加强环境保护和生态保护，做到清洁生产、安全生产、高效生产和节约生产。

加强企业文化建设。注重以文化建设引领管理创新，结合港口管理实践，进一步梳理完善各项规章制度，促进文化与管理的有机结合。要逐步建立企业文化建设考核体系，制订完善考核评价标准。

长风破浪会有时，激情扬帆威海港。威海港，跨越发展的号角已吹响。威海港正在朝着亿吨大港的目标扬帆远航。

（作者单位：威海市国资委）

威海市物业管理产业化发展研究

姜玉娟

"物业管理产业化"作为业界提出的一个新概念，目前正逐渐成为行业关注讨论的一个热点。自1981年我国成立第一家物业管理公司以来，据不完全统计，全国物业管理企业已逾2万家，从业人员200多万人。时至今日，面对发展如此迅速的行业，其作为一种新的产业类型已在社会化分工中被逐步认同，走产业化发展之路是未来物业管理发展的一种必然趋势。物业管理产业化不仅仅是对物业管理产生更好的经济效益、社会效益和环境效益，提高整个物业管理产业的现代化管理水平，通过产业化还可以促进物业管理观念的更新。此外，还可以实现物业管理资源的优化配置，通过国际化、标准化的磨炼，进一步提升我国物业管理企业的核心竞争力。

威海市物业管理经过20多年的发展，作为一种"朝阳产业"已初露端倪，并展示出其巨大的发展空间，但同时也面临着很多深层次的问题。本课题研究的目的就是通过调研取得的资料，对物业管理产业化内涵进行专业研究，对物业管理产业化标准进行初步探讨，对当前威海市物业管理产业化发展面临的机遇和挑战进行分析，提出威海市物业管理产业化发展实现的路径，希冀能通过赋予物业管理产业内核与精神，唤起社会各界对物业管理产业的重视，发掘出产业内的巨大发展潜力，探索出一条具有地方特色的物业管理产业化发展道路。

一 物业管理产业化的内涵

（一）产业

产业，是指一些具有某些相同特征的经济活动的集合或系统，是介于宏观经济与微观经济之间的中间层次，是有投入和产出效益的活动单位，是与社会生产力相适应的社会分工形成的表现。随着社会化大生产的不断发展，一些具有特殊社会地位、特殊社会分工的产业逐步从母体产业中分离出来，形成了一种独立的新产业类型。如物业管理作为一种新的产业类型已初具雏形。

（二）产业化

产业化是指当今社会化大生产条件下一个行业的生产集中程度、规模程度和管理程度。联合国经济委员会对产业化的最新定义为：生产连续性、生产物标准化、生产过程各阶段集约化、工程高度组织化，尽可能用机械代替人工、生产与组织一体化的研究与实施。实施产业化可使社会有限的总资源在行业中得到最有效的、最合理的配置，从而产生最大的社会效益和经济效益。

（三）物业管理产业

物业管理产业，是指从房地产业中分离出来的，以物业（住宅、写字楼和商场等）资源为管理对象，通过物业管理企业对物业实施专业化的安全保卫、清洁绿化和维修养护等工作，以保持物业的良好功能，同时为住户提供安全、舒适的生活和工作环境，以及为社会提供与物业相关服务业务的综合性服务行业。物业管理的产业概念已突破了传统意义上的物业管理所包括的内涵，而是以物业管理主营业务为中心，利用其上下游资源及产业链的关系，形成了一个更为广泛的业务范围及产业概念。

（四）物业管理的产业化

物业管理的产业化是指将物业管理资源商品化，通过物业管理的市场化、专业化、集约化等方式，将物业管理的产前、产中和产后等诸环节整合成一个完整的产业系统，以达到物业管理的规模化、专业化经营与管理，从而实现物业管理资源的优化配置，增加物业管理的附加值，提高整个产业的现代化管理水平。物业管理产业化是一个系统工程，除了涉及物业管理领域一系列的变革外，还涉及其他上下游相关产业的配套革新。

二 物业管理产业化特征

物业管理产业化的特征主要有：规模化、品牌化、专业化。三条准则缺一不可，这对选择和确立物业管理产业化项目具有重要的意义。

（一）规模化

物业管理产业化必须建立在物业管理规模化的基础上。没有物业管理规模化效应，物业管理的产业化链条就无法链接成功，如无法实现利用上游资源开展物业管理工程顾问，咨询服务，物业管理顾问，房地产二、三级市场的中介服务就无法利用下游资源开展环境工程服务、物料配送服务、商务活动、机电工程服务、家庭装饰服务以及家政服务等，也就谈不上产业化了。规模化并不是托管的物业面积的简单累加、不计成本和效益的无限扩大，而是要建立一种良好的运行机制，确定正确的战略目标，以防止盲目的扩张造成管理资源稀释，影响了经济效益和品牌的提升。在主营项目不断扩大的同时，使专业项目和辅助配套项目形成新的分工，使物业管理市场成为由很多类似"纳米技术"一样的社会最小单位所构成的集合。

（二）品牌化

物业管理企业的品牌是企业经济实力、科技水平、服务水平、管理理念等方面的综合反映。随着物业管理成本提高，盈利空间遭到挤压，没有新的利润空间，未来物业行业的两极分化将更为严重。物业管理企业面临这种环境，只有两条路可以选择：一是做大、做强品牌的可持续发展之路，二是在竞争日趋激烈的市场中勉强生存，直至被无情淘汰。目前，很多诸多物业项目长期被一些品牌企业占领，可以说明品牌对企业参与市场竞争、并在激烈的竞争中立于不败尤为重要。特别是一批规模大的品牌企业正在崛起，凭借其管理优势、品牌效应等获取了大量的市场份额。这种品牌企业的发展模式有利于物业管理公司实行优胜劣汰，促使一批小规模物管企业逐步退出市场，可使物业管理有限的社会资源得到充分集中，必将推动物业管理的规模化和产业化经营。

（三）专业化

这里的专业化是指物业管理的专项服务由专业服务公司来承担。这是物业管理市场化发展到一定程度的必然产物。物业管理企业只是一个"集成者"和"组织者"，因自身专业化的组织管理结构和辨别合格供应商的专业管理水平而发展得更专业，管理更集中在集成、研究、实施、监控、评介专业性公司的组织上。而尝试把一些劳动密集型的服务项目以分外包方式分给社会上的专业化公司进行，充分利用社会的有限资源，推动物业管理专业化水平提升，如把环境服务工作以分包方式由专业化的环境公司来完成，这为环境化的服务公司提供了一种发展的契机，其根据不同的楼宇情况和项目内容分化成更专业的环境公司，如保洁公司、绿化公司、高楼清洁公司、消杀公司等。物业公司自身则成立一些技术含量高的专业化公司，如环境工程公司、机电公司等，逐步实现以技术管理为网络中枢的"虚拟管理"，形成和谐共同体，使之成为物业公司利润新的经济增长点。

三 物业管理产业化的标准

（一）物业管理产业化就是物业管理的人性化

当一个城市或国家建设处于不断完善、优化的进程中时，这同时也是这个城市或国家的居民思维模式、行为方式在不断地科学化、理性化，形成良好的道德风尚、文明的心理素质等健康的生活方式的过程。这期间，随着经济生活水平的提高，人们对居住环境提出了更高要求，物业管理也成为提升人们生活水平的要素之一。把人与物的管理有机结合起来，以达到小区范围内人与人的和睦相处、物尽其用，是现代城市的建设与发展对物业社会化管理的必然要求。因此关注生命质量，关注环境生态，真正尊重居住者的生理和心理需求，进而为其提供更细致、更周到、更体贴的人性化服务是物业管理产业化的标准之一。

（二）物业管理产业化就是物业管理的科技化

物业管理迄今还归属于技术含量较低、劳动密集型的服务行业，其本身无论是管理技术上，还是生产技术上还没有形成强有力的产业技术核心。随着高层楼宇智能化设施、设备的运用，物业管理的科技含量越来越高，需要时刻关注科技社会、信息时代带来的工作和生活方式的变化。物业管理智能化是指物业管理企业借助智能化设施、设备对物业进行管理的一种现代化的管理手段。"科学技术是第一生产力"，探索物业管理产业科技化标准，使物业管理企业从劳动密集型中解脱出来，把技术和管理在物业管理链接成一个整体，重新定位物业管理在产业发展中的形式，凸显了生产力需求中技术构成的重要性。

（三）物业管理产业化就是物业管理的社会化

目前，全国物业管理企业绝大多数是国有企业。物业管理的产业化可促进物业管理行业产权制度的多元化，推动国有企业的改革进一步深化，从而推动整个房地产业的发展。大部分国有资产都应逐渐从物业管理企业中退出去，采取股份制、合作制、内部员工持股、管理者持股、期权制等多种形式或成分进行重组，促进大型物业管理企业和物业管理集团的发展。大批民营物管企业进入，放开、搞活中小物业管理企业，对一些规模小、管理质量差、经济效益不好的中小企业，实行鼓励兼并、合并和购买重组，允许和规范破产，使物业管理市场结构更趋合理。事实上，实施物业管理产业化，从某种角度上讲，政府是最大的受益者。一方面，政府可从烦琐的事务中解脱开来，节约了大量的管理成本，增加了社会的安定和稳定；另一方面，此举推动和深化了住宅制度的改革，促进了房地产业的健康发展，并解决了数百万人的就业问题；物业管理是一种劳动密集型产业，能吸纳大量的劳动力，通过产业化可以充分挖掘潜力，为社会提供更多的就业机会，创造更多的社会财富。政府已经充分认识到物业管理行业的作用和社会地位，随着《物业管理条例》法规出台，政府、房地产开发企业、物业管理企业和业主的行为受到规范，物业管理的需求主体以及业主委员会权利和义务、行使招投标的权力已经确立，这些都会推进物业管理市场化进程和物业管理的产业化进程。

（四）物业管理产业化就是物业管理的文化

由于人们绝大多数时间生活在居住区或办公区内，与物业管理企业最为密切。一个完整的物业不仅仅具有固定居住场所功能，也是学习和娱乐场所，这同时也对小区的文化品位提出更高的要求，居住者需要感受到高雅文化环境氛围，产生对居住环境的认同感，这也是历史发展的必然趋势。物业管理产业化可以说是一种社区文化产业，它包含了给人们带来健康文明的应用社会学、心理学理论，保持区内自然景观、生态环境的应用生态环境学理论和应用美学理论，协调物业区内居住者的人际关系学、公关学，营造具有中国特色居住环境的人文学，等等。

（五）物业管理产业化就是物业管理的质量化

物业管理最终的顾客是居住者，居住者的满意才是衡量物业公司工作的最终标准。无论是顾客、发展商还是物业公司，对物业管理越来越关注的是服务质量，服务质量自然而然地成为关系到物业管理企业发展的核心问题。市场竞争使物业管理行业正经历着从经验式的管理向理性管理的转变，因此实施物业管理国际质量标准化管理也是物业管理产业化标准之一；这也是在我国"入世"后，物业管理与国际接轨的一张通行证。将会有越来越多的物业管理企业通过国际质量体系认证，并按国际质量标准化进行管理。这就要求物业管理企业不断吸纳优秀人才，建立系统化的人员培训、学习、进修和深造制度，提高人员的综合素质；从企业的经营理念、发展战略、员工管理政策、服务方法、各项业务的操作程序、培训教材等各方面进行系统化、文字化的标准操作。

（六）物业管理产业化就是物业管理的可持续发展

物业是人们长期生存和发展的重要资源，物业管理浓缩反映了一个城市或地区的科技、经济、资源、生态环境同社会的协调与整合，需要关注建筑的寿命周期、人的健康寿命和地球环境，既要达到发展经济的目的，又要保护好人类赖以生存的自然资源和环境，保持居住区的可持续发展，使子孙后代能够永续发展和安居乐业。"可持续发展"是 20 世纪 80 年代世界环境与发展委员会提出的一个新概念，就是指经济、社会、资源和环境保护协调发展，它们是一个密不可分的系统，既满足现代人的需求又不损害后代人满足需求的能力。实施可持续发展是全社会的共同任务，其总目标是一致的：如何寻求一条这样的发展道路，使人类既能摆脱目前发展的困境，又不会对子孙后代的生存构成威胁。因此，物业管理产业化也要根据行业的具体职能，将可持续发展的任务作为其标准之一。

四 推进威海市物业管理产业化发展的有利条件

威海市物业管理经过 20 年的发展，已初步具备了实施物业管理产业化的基本条件。

（一）宏观政策给威海市物业管理产业化发展提供了机遇

第一，党的十八大吹响了 2020 年全面建成小康社会宏伟目标的进军号角，提出人居环境明显改善、住房保障体系基本形成等目标，这是物业管理产业的美好蓝图；幸福城市和智慧社区的提出，也为物业管理产业化发展指明了方向。第二，智慧社区的建设和普及将为城市管理和物业管理产业结构升级换代带来重大的机遇，市民足不出户即可享受到商业、家政、社区和物业等多种服务。各项服务内容用现代技术手段实现数字化管理，通过建立独立完整的信息平台，将智慧社区系统与政府大管控中心平台对接，以智慧社区建设推进物业管理产业化进程。第三，美丽中国的提出将构建与时俱进的节能低碳型物业管理，全行业向绿色物业管理转型升级，以"推进绿色物业管理，建设宜居幸福社区"为主题，体现绿色环保特色，彰显简洁务实新风，使物业管理产业正在向深度和广度不断推进；第四，城镇化的全面提速为物业管理产业化带来发展良机。城镇化建设将使房地产、轨道交通、生态园区、智慧城市、旅游等项目在投资方面迎来新一轮的市场发展机会，这其中蕴含着相当大的物业管理发展新机遇，尤其是房地产开发、生态园区建设将会给物业管理带来最直接的商机，为物业管理产业化提供了难得的契机。

（二）规模庞大的物业管理产业基础已初步形成

随着房地产业的迅速发展，威海市物业管理规模越来越大；而威海市政府十二五规划中提出，到 2015 年人居住面积要由现在的人均 21 平方米扩大到 24 平方米，巨大的发展空间无疑给威海的物业管理产业化提供了基础。而威海市区近两年的 77 个旧村改造共拆迁 3.13 万户，面积为 342.2 万平方米，2011 年已全部回迁。旧村改造新增的房屋面积将是年均交易面积的 10 倍左右。城市化进程加快有效地促进了住房发展步伐加快，很多居住小区已投入使用并在持续的扩建之中。另外，威海市房地产业的兴旺不衰对物业管理产业发展有着直接的影响，因为物业管理的发展潜力在于随着经济的发展，生活水平的提高，人们对生存环境要求更高，买房买环境，住房求享受，对物业管理提出了更高的要求，这为物业管理产业化的发展提供了巨大的市场需求。

（三）物业管理企业运作逐步规范，一批品牌企业正在崛起

当前，威海市物业管理企业已近 300 家，从业人员在 11000 人左右，涉及业主 10 万户左右，受益人口近百万，服务面积几千万平方米。中心城市覆盖面 95% 左右，享受服务人口近 50 万人左右。物业管理服务项目包括住宅小区、商城、大厦、医院、工业园区等，物业管理市场初步形成。有 1 家物业企业获二级资质，56 家物业企业获三级资质，18 家获临时资质。从总体上看，虽然还存在着较多问题，但总体上运作正在规范，在激烈的市场竞争中，一部分规模大、治理规范的品牌企业正在崛起。有 8 家物业企业通过了 ISO9001—2000 国际质量管理体系认证。中心城市有 3 个全国优秀示范小区、15 个省级优秀物业管理项目。这些品牌企业的发展模式必将推动物业管理的产业化。首批物业管理优秀企业，以及其他闻名物业管理企业的成长和崛起，

将有力地推动物业治理产业化的进程。

（四）社会化的其他行业对物业管理产业化的支持

物业管理的产业化主要是通过物业治理的专业化治理来实现的，即由社会上的专业化治理公司治理来代替目前由物业治理公司进行的一体化治理。目前，威海市与物业管理产业相关联的行业已发展得较为成熟，如清洁、绿化行业、电梯维修、保养行业以及各种信息及智能化行业等。这些行业的发展与成熟，为威海市物业管理产业化的发展与演变提供了强大的支撑。

（五）政府的宏观政策引导

早在1999年，建设部在全国物业管理工作会议上就提出了物业管理的产业化问题，并对物业管理产业化进行了具体的部署。在我国的"十二五"规划中又提出了要"大力发展社会化养老、家政、物业、医疗保健等服务业"，要"规范发展物业管理业"，大力推进物业管理产业化进程，要求物业管理与房地产业进行"分业经营"。当前，物业管理已经发展成为一个相对独立的产业。推动房地产开发、房地产销售和物业管理的分业经营，改变物业管理企业依附于房地产开发商的状况，逐步实现物业管理企业与房地产开发企业脱钩，独立进入市场，实施产业化经营已是大势所趋。

五　阻碍威海市物业管理产业化发展的不利因素

现阶段，威海市物业管理产业尚未真正形成规范化、产业化、市场化的发展格局，整个行业仍然处于起步阶段，市场化程度偏低，从威海市物业管理产业发展总体来看，还存在一些阻碍物业管理产业化发展的不利因素。

（一）社会化、专业化、市场化的物业管理机制还未建立

目前在威海市，政府管房、单位管房的情况还存在，这种政企不分的体制，不能通过优胜劣汰的竞争机制去推进产业的发展。因此，建立业主自治与物业管理企业专业管理相结合的社会化、专业化、市场化的物业管理体系是培育和规范物业管理市场的必然要求，也是物业管理市场发展的基本条件。

（二）公平、公开、公正的市场竞争机制尚未形成

威海市一些改制后成立的物业管理公司服务不到位，开发公司开发的项

目大多交给属下的物业管理企业管理，单位产权的房屋大多由单位自己管理，这种封闭的自我保护式管理运作方式极不利于物业管理市场的形成和发展。物业管理作为一种服务行业进入市场，要遵循价值规律和竞争规律。因此，重点就是要建立业主与物业管理企业的双向选择、平等协商关系，根据服务内容和质量确定费用，通过签订合同，明确双方的权利、义务机制，这种机制可以创造公平、公正、公开的市场环境和条件。

（三）业主委员会未能在市场中确定主体地位

业主是物业的所有人，也是物业管理市场的主体，业主委员会代表产权人和使用人利益，行使物业管理的选聘权、决策权和监督权。因此，建立业主委员会，明确业主委员会的法律地位，是我国建立业主自治与物业管理企业专业管理相结合的新制的基础，也是培育和规范物业管理市场的必然要求。但在目前，业主委员会在物业管理关系中的这种地位未能得到体现，应有的作用还未得到发挥。所以，业主委员会的建立，是培育和规范物业管理市场的重要内容，整个物业管理行业应该采取必要的措施，加快这项制度的建立。

（四）物业管理人员推进物业管理产业化的意识淡薄

许多优秀物业企业的高管，更多地关注物业企业内部的运作程序，把大量的精力耗在物业企业内部的作业研究和生产管理上，对程序文件和作业指导书情有独钟，对推进物业管理产业化的思路不是很清晰，没有在思想上梳理清楚物业管理中经营、管理和服务三者之间的辩证关系；仍然狭隘地认为物业管理就是研究工作流程、工作标准的思想，没有从整个物业管理产业发展的态势上，乃至于整个国民经济的发展态势上宏观地把握物业管理的发展。

（五）物业管理行业队伍素质偏低，人才短缺

物业管理作为专业化的管理，需要各类高素质的管理人才，但目前威海市物业管理的职业化队伍尚未形成，大部分上岗人员是物业公司临时招聘的人员，没有经过正规培训，缺乏专业技术和服务意识，把物业管理的概念停留在修修补补、收收费用上，缺乏一种成熟的物业管理经营理念。加之物业管理的利润比较低，其琐碎的日常工作并不能吸引优秀的人才投入进去，由此造成的物业管理行业的人力资源极端匮乏，从业人员素质普遍偏低。所以，促进物业管理人员服务技能全面提高，管理、技术人员专业知识不断更新，成为物业管理产业化发展的前提和基础。

六 威海市物业管理产业化发展的路径

（一）完善物业管理的市场监管体系

行业的规范发展，不仅需要宏观政策的长远导向，更需要通过法制的刚性手段，规范市场秩序。密合的市场监管与严密的法制保障体系不可分割。一方面需要通过立法对物业管理的硬件进行规范，对物业管理涉及的招投标、服务与费用标准等与企业和人们生活密切相关的环节进行确认，防范和约束不良市场行为。另一方面也要对行业软环境及宏观市场环境等进行有效引导，注重从行业道德、社会舆论导向、媒介宣传等各个方面对行业进行监督和规范。不但要规范物业管理招投标领域，整顿和规范市场秩序，维护统一、开放、竞争、有序的市场秩序。还要深入研究招投标管理的方式方法，规范物业管理行业收费标准，杜绝低价竞标的不良市场行为，推进合理低价中标，强化标前、标后全过程管理，为物业管理产业化发展提供法律保障。

（二）建立"五位一体"的物业管理统管体制

即把威海市城区各小区的物业服务管理纳入城市环卫物业管理统管体制。第一，城建局作为主管。各市区在本市区城建局设立物业管理办公室，作为物业管理行政主管部门的工作机构，物业管理办公室主任由城建局副局长兼任（目前威海市的物业管理行政主管部门是房地产管理局，房管局下设物业管理办公室）。第二，环卫处作为统管。把所有的环卫处改制为城区物业管理总公司，统一管理城区公共环境卫生和住宅小区的物业管理工作，这样有利于城市化物业服务管理水平和"宜居城市"的物业管理品位的提高。第三，社区居委会作为协管。社区居委会负责属地居民小区物业管理工作，接受各专业行政主管部门的监督指导，对物业服务企业的经营服务进行日常监督检查、业主委员会改选、换届和新、老业主委员会交接工作等。第四，业主委员会作为配管。业主委员会负责监督和协助物业服务企业履行物业服务合同，执行业主大会的决定，负责召开业主大会，代表业主选聘物业服务企业，维护业主的合法权益等。第五，物业企业作为服务主体。小区物业服务企业在环卫处城区物业管理总公司的领导下，按其资质范围内依照物业服务合同约定管理为业主提供全方位、高品质的优质服务。

（三） 构筑物业管理的产业链

当前，威海市物业管理行业已经发展到一定规模，既有市场竞争，又有上下游资源，并形成了精细的社会化分工，已经是一个综合性的市场概念。所以，对物业管理产业的认识和集合要突破传统的物业管理范畴，要将原相关资源加以整合和集中。要以物业管理经营为主业，通过整合物业管理的上下游资源，形成一种新的产业链而构成的一个物业管理整体产业。比如，可以利用物业管理上游资源开展物业管理工程顾问，物业管理顾问，房地产二、三级市场的中介服务等；利用物业管理下游资源可开展环境工程服务、物料配送服务、商务活动、机电工程服务、家庭装饰服务以及家政服务等。要向产业 "U" 形曲线的两端延伸产业链，提高技术研发和品牌营销、服务的两端，横向渗透进跨行业的其他产业链中，实行跨行业整合。从经营战略的角度上讲，跨行业整合不仅能够分散物业管理产业的经营风险，在一定程度上规避未来市场波动给企业带来的风险，更重要的是能够增加企业的利润增长点，提高产品附加值。跨行业整合是企业突破发展瓶颈获取更多的高附加价值增值的主要途径之一，也为物业管理产业化推进提供了市场基础。

（四） 实现物业管理的规模化经营

物业管理是一种微利性行业，全国约有 80% 的物业管理企业经营亏损，物业管理的规模效益就显得尤为重要，客观上要求物业管理企业必须走规模化、集团化之路，物业管理只有进行规模化经营，才能有效地优化资源配置，节约管理成本，增加物业管理附加值。因此，威海市物业管理企业都要自发地加快物业管理整合步伐，积极推动物业管理的规模化经营，摆脱现行的小而全模式。为此，市政府有关部门应制定相应政策，一方面，提高企业的注册门槛，另一方面，严格执行清除制度。启动物业管理市场预警系统，促使一部分物业管理企业进一步发展壮大，清除一些制约行业整体水平提高的"小、散、滥"物业管理企业，实现强强联合，规模经营，为威海市物业产业化经营与管理提供基础。

（五） 实行物业管理的品牌化发展战略

品牌是产品或企业区别于其他产品或企业的标志，对企业而言，品牌代表了一种潜在的竞争力与获利能力，因此，威海市物业管理企业必须走以品牌为中心的发展之路。物业管理企业应当根据不同的目标客户、不同的物业类型，选择适当媒体来宣传自己的品牌，并逐步形成员工的品牌气质，结合所管理的楼盘品牌，走出一条适合自身的良性循环的品牌化发展之路，使物业管理有限的社会资源得到充分集中，从而实现物业管理的产业化经营。

（六）建立物业管理人才的职业化培养模式

要推进物业管理产业化，就必须构建物业管理行业从业人员从高层到基层员工的多层次平台。首先，要加快培养市场需要的管理人才、科技人才和服务一线操作人员，特别要注意培养具有创新精神和创业能力的企业家。积极创造有利于人才成长的环境，促进形成相对稳定的科技骨干队伍，高度重视对青年人才的培养和使用。加强物业管理行业涉外人才培训工作，加快造就一批掌握具备工程、管理、服务、营销、金融、法律、外语等多方面知识的复合型人才，以适应行业新形势的需要。其次，按照分类管理原则，对专业技术关键岗位，建立和完善行业执业资格总体框架，完善行业各类执业资格考试制度和注册管理制度，加强行业内的交流合作，逐步实现与国内大城市统一的认证标准。最后，完善物业管理行业职业技能岗位培训与从业资格鉴定制度，争取把从业人员继续教育列入企业考核范围，大力开展职业技能岗位培训工作，推行劳动预备制度。逐步实现关键岗位、特殊工种持证上岗，以保证管理与服务质量、安全生产，提高生产效率和服务水平，为物业管理产业化推进提供智力服务和人才保障。

总之，物业管理产业化的实现是一个渐进的过程，不可能一步到位，但只要通过调整管理体系，改变服务模式，对产业化中上下游产业的各种资源要素进行合理的配置，促进相关产业的结构调整和升级换代，加速物业管理专业化、职业化、法制化、市场化的发展步伐，逐步理顺目前产业面临的各种深层次矛盾、困惑与迷茫，威海市物业管理产业化必将持续稳步快速发展。

（作者单位：中共威海市委党校　课题组成员：于秀芝　李　红）

从战略的高度积极打造人才宜居城

董丽霞

城市的发展是靠人来创造的，小到一砖一瓦，大到城市建设，高素质的人才无疑是城市发展的最牢靠的基石。人才，从来没有像今天这样已经成为一座城市发展的主题词。当今的荣成正在全力打造山东半岛两个先行区。怎样才能抓住机遇、乘势而上？笔者认为，实施人才战略，从战略的高度积极打造人才宜居城，是下大力气提升城市区域经济社会发展核心竞争力的首选。

一　实施人才战略是提升城市竞争力的当务之急

人是生产力中最活跃的因素，对一个国家、一个地区乃至一个城市来讲，人是最宝贵的资源。得人才者得市场、得天下，人才是强国之本，强市之基。掌握新信息、新知识、新技术、具有可重复性开发和创造性的"人才资本"已成为全球第一战略资本、国民财富中最大的财富。据研究，在发达国家企业财富构成中，物质资本占20%，货币资本占16%，人力资本占64%。高层次人才更是驱动城市跨越发展的强劲引擎。谁拥有更多更好的人才，谁就能在竞争中取得主动，赢得未来。荣成迫切需要集聚大量创新创业人才，需要建设一个开放式、市场化、国际性的人才高地，促进更多的科技成果转化为现实生产力，才有能力把经济总量优势转化成质量效益优势，也才有底气在新一轮城市竞争中棋高一招、胜人一筹。

二　实施人才战略是提高城市品位的应有之义

现代社会的竞争，在很大程度上表现为区域的竞争，区域的竞争最终是区域间综合实力的较量，而提高城市品位，塑造一个富有地方特色的城市良好形象，正是一个城市及其区域综合实力的体现。一个城市的品位即这个城市的文化、教育、经济、政治、历史、地理、生态、传统以及市民的文明程度、思维方式、行为习惯和共同社会心理的总和，它与这个城市拥有和储备人才的状况休戚相关。人才资源是所有资源中含金量最高的，是任何资源都无法比拟的。人的素质是城市品位、城市文明的主导因素。城市人口的素质，就其内涵而言，主要包括政治社会素质、法律道德素质、文化艺术素质、身体心理素质等，就外在表现来讲，主要体现为政府形象、社会保障、治安状况、道德舆论、社会风尚等。因此，提高城市品位的关键是提高人口素质，提高人的品位，拥有更多的高素质的人才队伍。

三　实施人才战略是实现城市和谐发展的关键举措

当前国内外经济形势极为复杂，要走出危机，使经济回升向好的势头进一步发展，实现经济发展方式的转型优化，人才是关键。新中国成立 61 年来，尤其是改革开放后，我国之所以能抛掉贫穷落后的帽子，取得世人瞩目的成就，其中最重要的一点就是靠先进的技术，靠人才取胜。当前我国人才发展总体水平还不够高、人才资源缺乏的局面暂时还未能改变。人才"保有储量"与经济社会发展对人才实际需要量相比，与党和国家事业发展要求特别是广大人才的期待相比，影响人才成长和作用发挥的体制机制障碍仍未从根本上消除，差距还很大。从荣成看，人才队伍建设与城市经济社会发展的要求还不相协调，单从人才增速看荣成市与江苏省的江阴市就存在着不小差距，荣成市人才总量每年递增 2% 左右，而江阴每年在 15% 左右。另外荣成还存在着人才结构分布不合理、人才引进渠道不够畅通、人才队伍不够稳定、人才培养不够系统等问题。因此，我们要以强烈的现实紧迫感和历史责任感，坚持"党管人才"的原则，树立人才为本、人才优先的理念，制定规范合理的留人、引人制度，从而真正实现人才和城市建设的双赢。

一要达成共识，尊重人才。尊重人才，是发现人才、引进人才和使用人才并使各类人才能才尽其用的重要前提和基础。要进一步加大宣传舆论力度，在全社会大力弘扬、营造"尊重劳动、尊重知识、尊重人才、尊重创造"的良好氛围。一是提高对关于培育人才资源在整个经济社会中的地位和作用的认识，牢固树立人才是强国的根本，人才资源是第一资源的思想；二是确立人才资源是一种能动、开放、流动的资源，拒绝承认等级制度和权力依附终身制的认识，尊重人才的个性、自由竞争、优胜劣汰；三是牢固树立人人都是人才，人人都可成才，人人都需要尽其才的思想。在全社会进一步形成公开平等、竞争择优的人才选用氛围，让尊重、爱惜、宽容、激励人才蔚然成风。

二要眼睛向内，留住人才。各企事业行政单位、社会团体首先应重视现有人才资源，而不能叶公好龙。要着眼于调动现有人才的积极性，努力发掘其潜能和优势，想方设法把现有在职人才盘活。首先，要用事业留住人才。力争为各种人才提供一个自由广阔的施展才华的舞台，使其能够展其所能，实现个人价值，追求个人理想抱负，充分发挥作用。其次，要用感情留住人才。通过主动与人才加强感情交流，建立良好、融洽的人际关系。在人才的职务升迁、职称晋升、学术活动等方面给予特殊的照顾和支持，人才流动要坚持来去自由。最后，要用待遇留住人才。在政策允许的范围内，要根据现有的财力、物力，在提高薪酬的同时注重人才成长环境建设，改善工作、生活条件，关心他们的健康，为他们营造良好的工作、学习环境。只有这样，才能调动现有人才的积极性，确保人尽其才，才尽其用，从而打造一支本地化的自主创新中坚力量。

三要筑巢招凤，广揽人才。西方经济学中有一个重要理论——人力资本理论，它告诉我们人才资源是最重要的经济资源，人才引进是最具实力的经济引进，人才流动是最具潜力的经济流动。从荣成的现状来看，单靠自我挖掘和自我培养人才是远远不够的，还必须不拘一格继续大力引进外地人才和智力，以壮大人才队伍的实力，发展地方经济。要像抓招商引资一样抓招才引智，像抓产业升级一样抓人才素质提升，像抓优化投资环境一样抓优化人才环境，以更加开阔的眼界，更加开放的思路，更大力度地引进高层次人才。一是要建立人才选拔机制。要放开视野，面向社会选贤，补充急缺人才。可通过面向全市、全省甚至全国公开选拔的方法，发现和储备人才，以解决高新技术人才、企业管理人才和复合型人才匮缺的实际，让更多的高水平、高素质人才为荣成的城市建设献计献策，贡献聪明才智。二是要建立高层次人才和紧缺人才引进机制。应制定符合国际惯例的高层次人才和紧缺人才高薪引进政策，聘请专家、学者来从事科研、教学工作，进行生产、经营活动的指导、咨询和服务。要提高优惠待遇，认真落实高层次人才在政府津贴、补助、子女入学、家属就业、社会保障等方面的政策规定，帮助协调解决工作、生活和学习上的困难和问题。要放宽户籍管理政策、改革人事档案管理制度，降低人才准入门槛，建立户口不迁、关系不转、双向选择的柔性流动机制。

在引进人才方面，既要重视引进人才的质量，优先引进具有高学位、高级专业技术职称的高级经营管理人才，又要坚持实用与创新并举，把引入实用型人才和拥有优秀的掌握创新技术的青年人才结合起来。同时，要积极鼓励本籍大学本科以上学历毕业生回家乡建功立业。充分发挥企业招才引智的主体作用，放大骨干企业的规模优势和创投基金的引导作用，促进科技人才与本土民营企业家强强联手。通过组织招才引智团等方式，吸引更多的领军人才了解荣成、集聚荣成。充分利用荣成在外的科教人才的人脉优势，使每一个在外人才都成为荣成的招才大使，使每一所荣成籍教授所在的高等院校都成为我们的人才供应基地。

四要创新机制，培养人才。要着眼于人才总量的增长和人才素质的提高，结合区域经济社会发展的需要和人才队伍现状的特点，不断完善特色化育才培训体系。针对目前海洋建设规划、渔业技术、渔业防疫、船体设计等专业技术人才比较匮乏的实际，积极与高校协调专业设置，采取订单式培训，每年定点向高校输送人员，着力培养实用型专业技术人才。针对企业经营管理人才数量不足的实际，加强对企业高级管理人员进行培训，支持企业经营管理人员攻读 MBA 和 EMBA，对获得学位的给予学费补贴。聘请专家、知名学者来荣举办讲座，加快建设一支把握市场灵敏、经营管理有方、想创业能创业的企业家队伍。针对优秀农村实用人才缺乏的实际，制定出台优秀农村实用人才培养管理办法，重点培养一批素质高、能力强的"双带双强型"（带头致富能力强、带领群众致富能力强）农村实用人才队伍。探索现代农业人才示范基地建设，采取各类专家、专业技术人才与农村实用人才结对帮扶，示范基地与经济薄弱村、困难群众结对帮扶，示范基地与大学生村干部结对帮扶等模式，有目标、有计划地实施传帮带，力争把基地打造成现代农业的示范园、科技人才的创业园、实用人才的培训园。

五要营造环境，吸引人才。古人云："欲致鱼者，先通水；欲求鸟者，先树木。"良好的环境对内产生凝聚力、鼓舞力和驱动力，对外产生影响力、吸引力和竞争力。我们要根据实际，致力打造优良的环境，形成吸引人才、留住人才和有效聚集人才的"洼地"效应，营造一个良好的能够产生"磁场效应"的政策环境、用人环境、舆论环境和服务环境。一是鼓励创业的政策制度环境。人才是有价值的。人才价值的充分实现，需要建立社会化的科学合理的人才评价政策，完善充分利用人才的人才使用政策，建立激发人才活力的竞争激励机制，确立劳动、资本、技术和管理等生产要素按贡献参与分配的机制，完善奖励和创业保障机制，以达到一流人才、一流业绩、一流报酬。

同时，要通过提供创业支持和优惠政策，形成良好的个人创业环境和氛围。二是开放宽容的社会文化环境。文化环境是城市发展的精神源泉，是影响人才集聚、开发和使用的重要因素。城市文化环境主要体现在富有城市个性的思维观念、价值取向、创新精神、舆论氛围等方面。要充分利用荣成丰厚的文化底蕴提升城市的文化品位和素养，丰富城市的文化生活，在文化的包容、文化的创新以及本土文化上下功夫，构建社会主义核心价值体系。充分发挥各协会、学会的作用，加大科普宣传，支持开展各种学术交流和研讨，创造生动活泼的学术环境。要大力倡导企业家精神，倡导鼓励创新创业，积极营造鼓励成功、宽容失败、开放包容的文化氛围。三是安全舒适的宜居生活环境。向往安全、便利、舒适的生活是人们的普遍心理，优良的生活环境有利于吸引人才。生活环境的改善，也是城市发展的直接目的和城市发展以人为本的直观体现。因此，城市环境建设中必须加强社会平安建设，提供健全的社会保障，让人才感觉生活稳定可靠，没有后顾之忧；必须改善住房人居条件，改善城市交通状况，推进城市医疗服务水平，提高子女教育的质量，发展公共文化设施和轻松丰富的休闲娱乐环境；必须加强城市生态环境建设，加强空气质量、水源质量、城市绿化等方面的城市环境保护。要在连续荣获"中国人居环境范例奖"的基础上，继续加强"国家园林城市""国家环保模范城市""中国优秀旅游城市""国家生态城市""全国园林绿化先进城市"建设，为人才营造宜业、宜居、宜人的生活工作环境。

六要抓好载体，成就人才。以园区为主要承载地，形成以高新技术创业园为主体的科技孵化平台，以企业研发中心为主体的科技创新平台和以产学研战略联盟为主体的合作创新平台，真正筑就各类人才创新、创业、创意的"科技之巢"。要大力推进人才小高地的建设，为高层次人才的引进、培育和创新创业搭建好平台；要创建科技创业园、建立科技开发基地、科研开发试验区，为各类人才创业建造舞台；要鼓励人才创办领办科技型企业，形成"专家公司"模式；要支持人才以技术、管理、资金入股，参与企业的分配；要使科技人员与农户结合，形成"科技人员＋农户"模式。

总之，人才资源是"阳光下的利润"，人才竞争是一场没有硝烟的战争，谁能在这场竞争中占得先机、赢得优势，谁就能使经济繁荣和事业兴旺。能够吸引各类人才大展宏图和创业的城市，才是最有竞争力和魅力的城市；能够使各类人才创业成功的城市，将是综合实力最强的城市。开放的荣成呼唤人才，发展的荣成亟待人才。只要强力实施"人才强市"战略，从战略的高度积极打造人才宜居城，就能实现人才和城市建设的双赢。

通过调研，笔者认为当前应做好几项具体工作。

一是健全组织领导机构。贯彻全国人才工作会议精神，按照"党管人才"要求，尽快建立各级党委部门牵头抓总、政府人才开发职能部门具体实施、全社会共同参与的人才资源开发组织体系，成立由市领导任组长、多部门参加的人才资源开发领导小组，统筹全市人才资源开发的统一协调和管理。

二是建立人才资源市场。尽快建立起公开、公平、开放、规范、有序的综合性人才市场，充分发挥其在人才资源配置中的主渠道作用。积极培育一批具有产业特色和专业特点、多种所有制形式的人才中介服务机构，大力发展网上人才市场。

三是出台人才支持政策。除了贯彻落实好已经制定出台的政策以外，还要加快研究制定与荣成市经济社会发展相配套的政策措施，为人才成长营造宽松的政策环境。

四是加大资金扶持力度。建议设立人才引进培训专项资金，用于人才资源的调研与规划、培养与引进、使用与配置等。

五是搭建人才引进平台。（1）依托产学研联合体聚才。通过产学研联合体，充分利用高校和科研机构的人力资源"借脑"引才。（2）通过优势项目招商引才。根据半岛蓝色经济区建设的需要和实践，每年列出某些重大科研和技术开发项目及企业的技术难题进行招标，招商引才并举。（3）建立人才租赁机制引智引才。对一时不能引进的急需人才以租赁的方式引入。如双休日、节假日租赁和人才互换租赁等形式。

六是建立市级专家咨询服务网络。大量引进各行各业的专家、学术带头人，包括市内外有影响力的各类精英，构建专家智囊团，及时为市委、市政府的重大决策，重大规划编制，重大项目建设，产业发展，重大活动提供专家咨询服务。

七是实施领导联系制度。进一步完善市领导联系专家学者制度、人才考核评价机制，进一步调动各单位、各部门"一把手"抓人才工作的自觉性和主动性，切实统筹好发展"第一要务"与"第一资源"的关系，发挥其在综合协调、服务大局、承担责任、解决问题方面的主导作用。

（作者单位：中共荣成市委党校）

浅谈基层海关关员的品格追求

刘俊倩

美国著名管理大师斯蒂芬·柯维有一句名言：思想决定行为，行为渐成习惯，习惯塑造品格，品格决定命运。其要义是：不要总抱怨命运，真正决定一个人的命运是他的品格和思想。优秀的品格像一把熊熊燃烧的火炬，引导人们从漫漫长夜走向光明的未来和成功之路。

优秀品格于人生之重要不言而喻。海关关员的品格追求决定着海关事业发展的未来。在 2012 年青岛关区关长会议上，臧玉健关长指出：深化"三关"建设，关键在人的价值观和品格的塑造。要将"爱国、厚德、增信、创新、奉献"的海关核心价值观与山东人的文化特质结合起来，大力弘扬山东人的 10 种优秀品格。通过学习思辨推进"活力、和谐、幸福"青关建设与弘扬山东人 10 种优秀品格的一脉相承和并行不悖的精神内涵，笔者就基层海关关员的品格追求问题进行了粗浅思考。

一 优秀品格的力量探寻

经济发达的今天，不乏物质，只乏精神。优秀的内在品格是一个人的真正而持久的力量。英国《泰晤士报》曾这样高度评价品格的力量："品格，使一个人的魄力得以展现，使一个人的道德影响得以产生，是一个人征服他人的武器，是一个人地位崇高的基础。"优秀的品格，例如诚信、宽容、仁爱、正直、谦虚、坚忍等人类美好的品格，都能带给人们以幸福、平安、舒畅以及事业成功的欢乐。相反，不良品格，如自私、自利、自负和任性等，都必生出恶果，结局乃是困苦和灭亡。

品格不是天生的，也不是不变的。优秀的品格可以培养，可以树立，可以锻造，并且这种锻造大多不是在波澜壮阔的运动中，不是在惊天动地的事业里，也并非在崇高伟大的实践中，而是在平凡的生活里，寻常的交往中，甚至是索然寡味的日子里。从日常生活一些司空见惯的小事中就可以看出一个人的品格：朱德军长的一件小事，令挑米的红军将士肃然起敬；车夫的一件小事，使其形象在鲁迅先生心中马上高大起来；等等。所以平淡的小事，习以为常的言行，都会成为培植人的生命亮点的因子，决不可有半点忽视。忽视了它，就是忽视了习惯，忽视了品格，忽视了生命。上海市曾倡导市民要做可爱的上海人，要求做到"七要"，即要尊重每个人、要按规则办事、要尽心做好每件事、要说到做到、要微笑待人、要学会勤俭生活、要时刻准备帮助别人。现实中，上海没有直接倡议市民做什么有远大抱负的人、有伟大作为的人、有非凡才能的人，他们倡议的这些，都非常简单，但真正坚持做到，就会焕发出巨大的社会品格力量。

二 基层关员锻造优秀品格的重要意义

海关现代化建设，关员是根本。关员的品格是关员的性格、气质、能力的总体特征，它是一种非权利性的力量。关员品格就是基层海关的名片。作为国家经济大门的"守门人"，海关关员必须具备高于社会普通人的思想境界和卓尔不群的高尚品格。它最基本的要求就是：爱国、厚德、增信、创新、奉献。具有优秀品格的关员才能赢得人民的尊重与爱戴，才能提高海关执法的公信力，提升海关服务的影响力。

当前，中央对海关全面履职的要求更高。在中央经济工作会议上，时任总书记胡锦涛要求扎扎实实做好对外经济工作，时任总理温家宝明确提出要"改进海关、质检等方面的监管和服务"，为出口稳定发展营造良好政策环境。随着国家区域发展战略的推进，各地对设立海关特殊监管区域、口岸开放、支持地方中心工作和重大项目建设等，提出了更多要求。受国际国内经济形势影响，企业生产经营困难加重，对海关提高工作效率、规范进出口秩序的期望强烈。同时，社会各界对海关工作的关注更多，外贸形势和执法环境日趋复杂，企业违法走私诱因增多，海关面临的反走私形势十分严峻，海关不仅要防范走私活动对进出口秩序的破坏，也要警惕对国内市场造成的冲击。

在新形势、新任务对海关工作提出了更高考验和挑战的情况下，海关关员要履行好党、国家和人民赋予的把关服务神圣使命，促进经济社会又好又快发展，就必须要努力将自身的品格魅力融入把关服务工作。这应是关员自身成长的必修主业，同时也是海关文化建设的重要内容。关员的品格魅力与关员内在道德涵养的综合体现，对于实现"把好国门，做好服务，防好风险、带好队伍"的总体要求起着内在的关键性作用。基层关员只有自觉追求培树优秀品格，做到"不为私心所扰，不为名利所累，不为物欲所惑"，才能不断增强把好国门的使命感、做好服务的责任感、防好风险的危机感、带好队伍的荣誉感，实现海关执法服务效果与社会效果的最大化。

三 基层关员的优秀品格内涵

结合学习"山东人 10 种优秀品格"，笔者认为，基层海关应在以下方面不断提升自身的品格内涵。

1. 关员应当忠诚。忠诚是我国传统文化中的基本道德范畴，也是衡量人品的基本准则之一。中国文化中的"士"，讲的就是情操、气节、忠贞。《荀子·尧问》有云"忠诚盛于内，贲于外，形于四海"。忠诚就是一种归属感，一种责任感，也是一种气节，其以崇高的信念作支撑。作为基层关员，胸前的党徽，头顶的关徽，都应时刻鞭策着我们，要用忠诚来平衡内心，确立理想信念，树立人生坐标。要忠诚于党，忠诚于法律，忠诚于人民，忠诚于自己的内心和良知，做到党在心中，祖国在心中，人民在心中，海关事业在心中，牢记使命，恪尽职守，切实担负起实际监管、打击走私、服务经济、建设队伍等责任。尤其在当前全国海关大力开展"国门之盾"行动中，要以"守土有责"的强烈责任感和使命感，紧跟上级各项部署，在各个领域都展现海关把好国门的坚定决心和信心，高质量完成"国门之盾"行动各项工作任务。

2. 关员应当尚礼。礼，贯穿于几千年中华文明史。重礼仪，讲礼貌，礼尚往来，是中华民族的传统美德。它不仅培养了炎黄子孙高尚文雅、彬彬有礼的精神气质，而且造就了悠久辉煌的中华礼仪文化。礼，在今天同样具有时代价值。文明礼仪，尚礼守法，是社会和谐的保障，也是每个人立身社会、走向社会的人格基石。文明礼仪是准军事化海关纪律部队建设的重要内容，是基层关员道德品质的外在表现，是衡量基层关员教育程度的标尺，文明礼仪养成教育应是关员个体道德、品质和个性形成的基础教育。要养成做事讲规则、守规矩的习惯，严格遵守法纪，自觉按照《海关内务规范》要求做到行为规范严谨。

3. 关员应当守信。"诚心者，天下结也。"人无诚信不立，业无诚信不兴，社会无诚信不稳。守信是取信于人、立身处世、成就事业的基石，这一原则，不仅是政府机关、国有大中型企业，就是三资企业、民营企业对此也有着严格的要求。以守信为内核的道德品质，在某种程度上甚至高于一个人的知识和技能。基层海关关员应始终将"诚信立身""诚信立人"作为为人处事的基本原则，把守信作为做人做事的起码信条，诺必践、言必行、行必果。应增强诚信建设的紧迫感、危机感和责任感，把诚信建设贯穿于把关服务的全过程，身体力行做诚信人、说诚信话、办诚信事，推进"诚信海关"建设。

4. 关员应当率直。率直的心胸，是指没有私心，天真而不受主观、物欲所支配，照实探索事物真相的态度。有了率直的心胸才能对真理坚信不疑，看清事物真貌，并找出解决问题的方法。有了率直的心胸，必可以明辨是非，看清正义与邪恶的分界，找到自己应走的道路，使生活充满光明。率直心是人类宝贵的天赋，但要时时去锻炼，才能自然流露出来。一旦人人都有率直的心胸，社会将变得更有活力、正常而有理性。基层关员在日常监管和服务工作中要弘扬无私、正直的胸襟品格，不断历练自身率直的心胸，说话办事直来直去，不搞阳奉阴违，对歪风邪气不跟风盲从，不做"和事佬"，敢于仗义执言、批评管理。

5. 关员应当豁达。豁达是一种大度和宽容，是一种乐观和豪爽。豁达是博大的胸怀，是洒脱的态度，是人生高的境界之一。豁达的人，不计较一城一地的得失，得之淡然，失之泰然，不为物喜，不为己悲，心胸宽广，不追名逐利，不斤斤计较个人得失，严于律己，宽厚待人，故能成大事。人的欲望无止境，要以有限的生命，去追求无穷的物质利益，势必会劳神伤身，损害健康。因此，豁达的品格有助于一个人的身心健康。新时期海关关员更应秉持豁达的心态、境界和修养，保持开朗、乐观、积极向上的生活和人生态度，在推进幸福海关建设的过程中实现自己的人生价值。

6. 关员应当重情。英国哲学家罗素认为：在一切道德品质中，善良的本性在世界上是最重要的。仁者爱人，孔子在《论语》提到"仁"有109次之多，当他的学生问他什么是"仁"，他的解释就两个字——爱人，就是做到真心实意、真情实感地对别人好。如"能近取譬"，就是伸手帮扶一把离你最近的需要帮助的人，就算做到了，"可谓仁之方也"。爱心体现在有恻隐之心、善恶之心、恭敬之心和是非之心。在基层海关单位，有情有义、懂得感恩，班子才会团结凝聚，干群才会鱼水深情，人际才能亲睦友爱。关员个体亦然，作为一名关员，首先要做一个善良的人，通俗地说，就是要有爱心，要真正做一名雷锋精神的传播者，带着爱心做工作，带着感情为他人。

7. 关员应当争先。争先意识既是一种良好的竞技状态和毅力品格的体现，又是激励人们奋发图强做好各项工作的动力。有高度责任感和使命感的新时期海关关员绝不能安于现状、不思进取、浑浑噩噩、故步自封、畏难发愁、疲沓松懈、坐而论道、甘居平庸，也不能差不多、慢半拍，过得去、求保险。要树立争先意识，无论干什么工作，都要有一股子劲、一股子气，一种争先创优的精神。要紧跟上级部署，积极进取，见红旗就扛、见困难就上、见"阵地"就抢，在抓创新中求特色，在抓典型中树样板，在抓重点中求突破，在抓落实中重实效，干就干一流，搞就搞精品。同时，要牢固树立终身学习理念，提高自身素质，不断增强新形势下把关服务能力。

8. 关员应当包容。"泰山不让土壤，故能成其大；河海不择细流，故能就其深。"在人们的心目中，国门卫士是威严的，关员在执法过程中，面对的是以中小型企业居多的企业群体，大多企业自身还在不完善中发展，甚至对海关法律法规不熟悉、不了解。对此，关员应抱着平和的心态、热情的态度、宽容的性格，心平气和地引导，不能因自己的行为失当使关企之间对立起来，影响执法效果和行风成效。当然，关员的谦恭，不是指在执法活动中无原则地听工作对象摆布，而是执法时语言要温和、举止有分寸、行为有教养、对人要尊重，以法说事，以理服人。这是一种博雅，是一种情怀，是一种自信，更是一种力量。同时，面对变化了的形势和要求，关员要善于接受新事物、新思维，学会跳出基层海关看基层海关，拓宽思路、转变观念、改革创新。

9. 关员应当坚韧。坚韧是解决困难的钥匙。干工作光有一股干劲和闯劲还不行，靠"三分钟热度"的拼搏，缺乏持之以恒，善于打持久战的韧劲，不可能干成事。少数基层关员虽然有学历、有文化、见过世面、能力突出，但往往缺乏一种韧性，有时容易出现心浮气躁、急于求成的心态，遇到难题久攻不下，就灰心气馁，有的想方设法走"捷径"，有的干脆绕着困难走，这些都不利于岗位成才。在实际工作中，关员要更加理性地看待基层工作，要把艰苦地区、复杂环境的历练看作一个自我磨炼、培育韧劲的积累过程。只有培养塑造自己坚韧的品格，才能在工作遇到困难时做到不气馁、不言败、沉得住气，越挫越勇；才能在工作顺利时做到戒骄戒躁，谦虚谨慎，始终保持一种适度的内在张力。

10. 关员应当实干。空谈误国，实干兴邦。求真务实，真抓实干，就是要从实事干起，从细节抓起，踏踏实实，不务虚，只唯实，以崇高的使命感和强烈的责任意识，不躲避困难，不回避矛盾，不推卸责任，不喊空口号，不摆花架子，不做表面文章，脚踏实地，做实事、重实绩、求实效。基层关员要以认真负责的态度抓落实，以严谨细致的作风做工作，抓工作要雷厉风行、一抓到底、令行禁止，要把工作落实到行动上、过程中、效果里，不能停留在口头上、会议中、文件里。凡是上级决定了的事，要不折不扣地贯彻执行。要在实干中历练一种总揽全局、深谋远虑的业务洞察力，雷厉风行、快速行动的管理风格，勇于挑重担、敢于承担风险的工作作风，不断提高执政能力和管理水平。

四 提升关员品格的关键途径

关员的品格，就是基层海关的形象和品牌。当前，基层海关在推进科学发展中应高度重视关员品格的塑造，营造良好内外环境，给予优秀的品格追求与弘扬以有力的引导。

（一）要示范品格

好品格是从榜样中学到的，示范是人人皆懂的语言。领导干部和身边人优秀品格的示范作用能形成一种追求优秀品格的"大气候"。领导干部是示范品格，而不是教育品格，领导就是借助职位示范品格以实施持续有效的领导的过程，要求下属诚实，自己必须诚实，要求下属廉洁，自己必须廉洁。领导干部尤其要自觉践行解放思想、科学发展、真抓实干、责任担当、加强学习"五个带头人"要求，勇于担当，勤于奉献，精于管理，严于律己，当好表率，既善于号召鼓动，又身体力行，做工作不惜力，抓管理不畏难，锻造过硬思想作风和优秀品格。同时，基层海关应大力开展向雷锋同志学习、向身边长期默默无闻践行优秀品格的人和事学习等活动，引导关员做新时期爱党、爱国、爱关的国门卫士、厚德增信的服务标兵、创新奉献的国门先锋和永葆本色的奋斗模范。

（二）要坚持品格

学习品格与学习技术的动机是不一样的。如学习一项技能（骑单车）是"教导→激励→操练"的过程，一旦学会就会受益终身。但学习品格就不一样，需要每天操练和践行，必须要经过一个"榜样→必要性→教导→操练"的过程。实践中，要坚持弘扬中国传统文化精髓来提升关员思想精神品格，可通过"每日一学""日行一善"等形式，组织关员学习践行《弟子规》等传统文化精神内涵，让真诚感恩、忠诚履职、公正执法、重品厚德、廉洁高效等人文品格内化于心、外化于行。

（三）要赞美品格

赞美品格就是学习品格。基层海关应大力重视建好基层文化"主阵地"，通过开展理论研讨、建设文化长廊、学习传统文化、举办文艺演出、实施党建联动、打造先锋品牌等形式，营造浓厚的弘扬优秀品格、践行优秀品格的氛围，不断筑牢关员政治本色和思想基础。要从正面大力宣传表彰弘扬优秀品格关员的事迹，要留意值得称赞的细小行为和工作态度，找出好品格，然后加以赞美宣传，并使之在全关形成一种氛围，给关员以鼓舞和践行的力量。

（四）要教化品格

首先，重视管理教育。优秀的品格塑造，建立在严格的思想品德管理土壤基础上。基层海关应始终坚持"严管厚爱"的管理理念，强化队伍思想行为日常考核管理，加大规章制度执行落实力度，奖优罚劣，严肃惩戒，通过严肃的纪律、严格的管理、严谨的作风增强关员践行优秀品格自觉性和自信力。其次，重视当代爱国主义教育。应通过组织参观爱国主义教育基地、唱国歌、向国旗宣誓等活动，强化"爱国、厚德、增信、创新、奉献"的海关核心价值理念，引导关员树立正确的人生观、价值观和世界观，争做"四好"关员。

（作者单位：荣成海关）

老年人犯罪从宽机制研究：以《刑法修正案（八）》为背景

孙光宁　李　莉

一　沿革：老年人犯罪从宽机制在历代刑法中的规定

2009 年 3 月，由最高人民法院公布的《人民法院第三个五年改革纲要（2009—2013）》（"三五"改革纲要）中明确指出，在落实宽严相济刑事政策时，要研究建立老年人犯罪适度从宽处理的司法机制，明确其条件、范围和程序。老年人犯罪从宽机制也逐渐受到了理论界和实务界的重视，其核心内容是要根据老年人犯罪的特殊情况，给予从宽的刑罚处罚。2010 年 2 月 8 日，最高人民法院印发的《关于贯彻宽严相济刑事政策的若干意见》的相关通知中也指出，对于老年人犯罪，要充分考虑其犯罪的动机、目的、情节、后果以及悔罪表现等，并结合其人身危险性和再犯可能性，酌情予以从宽处罚。在 2011 年通过的《中华人民共和国刑法修正案（八）》（以下简称《刑法修正案（八）》）中，这一机制得到了相当充分的体现。例如，《刑法修正案（八）》中规定："已满七十五周岁的人故意犯罪的，可以从轻或者减轻处罚；过失犯罪的，应当从轻或者减轻处罚。""审判的时候已满七十五周岁的人，不适用死刑，但以特别残忍手段致人死亡的除外。"

从这些规定中可以看到，相对于中华人民共和国成立以来的其他刑法制度，该项机制可以说是一项全新的刑罚处罚方式。但是，从历史上看，中国古代的刑罚制度中早已存在该项制度的前身，虽然其具体名称和处罚方式与今天并不完全相同。

早在春秋时代，由李悝制定的中国历史上第一部比较系统的封建刑事法典——《法经》中规定："罪人年十五以下，罪高三减，罪卑一减。年六十以上，小罪情减，大罪理减。"这几乎可以说是中国古代刑法典中关于刑事责任年龄的最早规定，其中可以看到，十五岁以下的儿童和六十岁以上老年人犯罪，都应当得到减轻刑罚的处理。同样，《周礼·秋官·司厉》规定：七十岁以上老人和未换牙齿的孩童不能为男奴。《周礼·秋官·司赦》中也规定，对幼弱、老耄和蠢愚这三种人要赦免其犯罪。在秦律中，责任年龄是定罪量刑的重要依据之一，但是其标准由年龄改为身高。云梦秦简的律文与传世典籍表明秦律的责任年龄是身高六尺，相当于十五周岁这个标准是完全责任年龄而不是限制责任年龄的尺度，并且适用于刑事及民事等不同性质的案件。汉代则重新恢复了刑事责任的年龄标准，汉律规定，"年未满八岁，八十以上，非手杀人，他皆不坐"。老年人犯罪同样得到了较轻的处罚。

唐代是中国古代社会中的鼎盛时期，《唐律》也成为封建法典的代表作，其对于老年人犯罪的减轻规定同样细致而全面。《唐律·名例律》"老小及疾有犯"一条规定："诸年七十以上、十五以下及废疾，犯流罪以下，收赎。八十以上、十岁以下及笃疾，犯反、逆、杀人应死者，上请；盗及伤人者，亦收赎。余皆勿论。九十以上、七岁以下，虽有死罪，不加刑；即有人教令，坐其教令者。若有赃应备，受赃者备之。"从这些规定中可以看到，唐律中的规定，在老年人犯罪中不仅区分了更加详细的年龄段，而且针对不同种类的犯罪也区别对待，但是，总体上仍然肯定了老年人犯罪减轻刑罚的宏观趋势。这种细致而全面的规定是唐律的一个典型特征，对后世的相关规定也有深刻影响，古代法典中的这些规定逐渐被统称为"老小废疾制度"。唐、宋、明、清诸律均沿袭原则，大体上分三等。①一级老小（年七十以上、十五以下）及废疾（痴、哑、侏儒、脊折、手或足一肢废折）犯流罪以下，除加役流、反逆缘坐流、会赦流外，收赎（明清律则为谋叛以上缘坐流及家口会赦犹流者除外）。②二级老小（年八十以上、十岁以下）及笃疾（疾癫狂、二肢废、双目盲）犯反逆、杀人应死者，上请；盗及伤人者，收赎；其余犯罪皆勿论。③三级老小（年九十以上、七岁以下）虽死罪亦不加刑，但七岁以下缘坐应配役者除外（明清律年九十以上反逆者除外）。关于老小废疾之时间标准，唐宋明清诸律规定犯罪时虽未老疾而事发时老疾者，依老疾论；在徒年限内老疾亦同。犯罪时幼小，事发时长大，依幼小论。

包括老年人犯罪在内的"老小废疾制度"大致属于西方刑法学体系中的刑事责任年龄和刑事责任能力的研究范畴，有学者将中国古代刑事责任年龄的规定特点概括为以下几个方面。①在确定刑事责任年龄上，具有继承性，并多把七岁、十岁、十五岁和七十岁、八十岁、九十岁作为免除或减轻刑罚的年龄标志，一般十五岁至七十岁之人负完全刑事责任，七岁至十五岁和七十岁至九十岁之人负相对刑事责任，七岁以下和九十岁以上之人完全不负刑事责任。②虽然历代刑律中大都有关于刑事责任年龄的规定，但几乎没有完全免除刑事责任的年龄和免除刑事责任能力的人。③老年人犯罪可以减免刑罚，从西周到汉、唐、明、清，大多规定七十岁以上的老人负相对刑事责任，九十岁以上的老人一般不负刑事责任。这在近代世界各国的刑法中是少见的。在以上三点主要特征中，都有关于老年人犯罪减轻刑罚的规定，由此可见，减轻老年人犯罪的刑罚在我国历代刑法发展沿革中具有十分重要的地位。

任何一项法律制度都不是"无中生有"的，而是建立在深厚的社会基础上的。特别是对于那些具有相当存续时间的法律制度，其是我们应当认真对待和吸收借鉴的重要理论来源。从刑法传统可以看出，历朝各代都对老年人的刑事责任实行不同程度的宽宥政策。首先，这既是我国自古以来就有的尊老矜老的传统美德使然，也是由于老年人自身的年龄、生理、智力等状况，人们对其实施犯罪的宽容程度要比对其他成年人实施犯罪行为的宽容程度更高所导致。其次，从社会法学的角度考虑，未成年人、老年人都属于弱势群体，他们各自都有相应的法律法规予以保护。刑法对于未成年人犯罪的，作了从宽处理的规定，体现了对未成年人的关爱，而老年人作为同样的弱势群体，也理应得到法律上的关爱，作出宽缓的刑事责任规定。最后，司法实践中，对老年人犯罪的定罪量刑，专家和普通公民都赞同对其从宽处罚。作为一种从秦汉延续到清代、贯穿于整个中国封建时代的重要制度，老年人犯罪的从宽处理有相当重要的作用，也在长时间内与社会的普遍需求相适应。以上仅仅是从宏观上对老年人犯罪的从宽机制进行的分析，至于这种机制能否以及在多大程度上被当代刑法或者刑事政策吸收，则是我们接下来需要细致分析和探讨的问题。

二 借鉴：老年人犯罪从宽机制对当代刑法的实践价值

虽然包括老年人犯罪在内的"老小废疾制度"在历史上存续了相当长的时间，但是，其对当代刑法理论与实践的适应性还需要结合当下的社会情况进行分析。有学者就认为，中国古代的"老小废疾制度"与现在的刑事责任年龄制度是"形似而神不似"：刑事责任年龄制度是以犯罪主观责任理念为基础，根据这种理论，人只应该对自己能认识和控制的事情承担责任；而中国古代的"老小废疾制度"的理念基础是比较复杂的，古人的考虑更多的是从社会危害性出发，认为老幼因为自身原因犯罪的可能性已经很小了，所以对他们进行宽宥是可行的。这是从刑法理论上对老年人犯罪与西方的刑事责任年龄制度进行的比较研究。还有观点认为，老年人犯罪从宽处理与刑法中的平等原则并不相符合，因为根据罪刑法定的原则，刑法中只是规定了最低的刑事责任年龄而没有规定上限，所以，不应当对老年人犯罪进行从宽处理。

面对以上理论与实践中的质疑，我们可以从多个层面进行解读。就理论上的疑问来说，中国古代的刑法制度与西方的刑法体系之间存在某些不一致的地方，这种现象的出现几乎是不可避免的。由于同是强调年龄在定罪量刑中发挥的作用，虽然制度前提和基础不同，但是，"老小废疾制度"还是大致可以对应刑事责任年龄制度的，这一点已经成为刑法学中的共识。至于老年人犯罪从宽是否违背刑法中的罪刑法定原则，答案是否定的。如果严格按照罪刑法定原则，古代刑法典中存在相关规定，那么，老年人犯罪从宽正是符合罪刑法定要求的。在现代提倡老年人犯罪从宽处理，根据最高人民法院"三五"改革纲要的要求，也只是刑事政策中的一种倾向，即使在《刑法修正案（八）》中作出了相关规定，其适用范围也是有明确的限制的，与罪刑法定原则并不冲突。相反，历代刑法典中的"老小废疾制度"可以给我国当代的刑法实践提供一定的参考对象，对当前老年人犯罪从宽处理相关机制的建构具有相当重要的借鉴意义。笔者认为，这种借鉴意义至少表现在以下几个方面。

首先，老年人犯罪从宽处理能够较好地维护既有的社会秩序，同时也是对长期积淀的伦理传统的尊重。在中国封建社会中，儒家的"礼"一直贯穿于整个社会上层建筑的诸方面，对封建社会的政治、法律制度，封建的社会关系以及统治者的统治方式都产生了极其重要的影响。因此，儒家学说指导的封建家庭关系体现在刑法中，则要求亲亲得相首匿、老幼犯罪减免刑罚等。虽然在当代中国社会中，长者并非处于绝对的至尊地位，但是，尊老仍然是整个社会中最为推崇的基本道德准则之一，从法律上予以肯定将有利于法律权威的树立。"矜老恤幼原则是中国古代社会法律中比较人道的法律原则，它避免了法律仅仅是机械冷酷的制裁工具。刑罚的目的，不仅仅在于制裁罪犯，更重要的是在于改造罪犯、预防犯罪、消灭犯罪。中国古代统治者绝大多数对此有深刻的认识。中国古代社会矜老恤幼原则的存在，表明中国古代统治者很重视刑罚的预防犯罪的功能。由此会产生积极的社会效果：老幼废疾者及其家人、族人乃至全社会都感激统治者的皇恩浩荡，从根本上达到预防犯罪、消灭犯罪的目的。"当然，出于对"皇恩浩荡"的感激而减少犯罪已经在当代社会中消失了，但是，法律的这种"人性化"做法可以在普通民众心中形成对法律的接受和认同，进而对整个法律秩序予以肯定和尊重。特别是对于深受儒家伦理观念影响的中国社会来说，借用伦理道德的力量巩固法律秩序，同样也是推进法治进程的重要力量。

其次，老年人犯罪的自身特点是对其从宽处理的重要依据。总体而言，老年人犯罪的特点主要包括以下几个方面：①从犯罪率上看，老年人犯罪率低；②从犯罪手段上看，老年人犯罪往往采取非暴力手段，表现出智能性、间接性、隐蔽性的特点；③从老年人犯罪类型上看，男性多属猥亵强奸、流氓犯罪、诱骗、放火、盗窃、侵占、窝赃、赌博、伪造、投毒、诈骗等；④老年人犯罪对象多为弱势群体，手段简单，均为单独作案。从这些特点中不难发现，总体而言，老年人犯罪的社会危害性相对较低，这一点应当在刑事政策中得到反映。老年人犯罪的总体特点是与其自身的社会地位和活动能力较低直接相关的，从节约司法资源、更加有效地打击犯罪的角度来说，老年人犯罪也应当从宽处理。"对于经济学家来说，犯罪是一种工作，任何工作的生产率都与人力资本投资有关系（至少是有部分关系）。因此，我们可以预计，老人不会在获得犯罪技能方面进行过多投资；没有这些技能，犯罪被抓获和定罪的概率就会大大增加。由于处罚的预期成本大约等于现在处罚的负效用乘以受到处罚的概率，前者的下降能够由后者的上升所抵消。"中国古代对这一特点也早有认知，《汉书·刑法志》中曾记载，汉宣帝说："夫耄老之人，发齿坠落，血气既衰，亦无暴逆之心。"简而言之，不同年龄阶段的犯罪人群有各自不同的特点，老年人犯罪的特点决定了其不应当成为刑法实践重点关注的对象，相应地，刑事政策中也应当对老年人犯罪的处理有从宽的倾向。

最后，老年人犯罪从宽处理也是刑事责任年龄科学化发展的方向之一。随着人类认识水平的提高，人们逐渐认识到不同年龄阶段的人具有不同的特点，对自身行为的辨认能力和控制能力以及对刑罚的适应性等亦有所不同，故处罚时应予以区别对待，这样，便确立了刑事责任年龄制度。可以说，刑事责任年龄制度本身便是刑罚合理化进程中的产物。刑事责任年龄制度的确立，使人类社会的刑事法律制度朝文明化、科学化又迈进了一大步，刑罚的发动及刑罚的具体适用日益合理起来。比如，对幼童之危害行为不再以犯罪论处，对以犯罪论处者依其年龄的老幼处轻重不同的刑罚，对老幼犯罪者排除死刑、无期徒刑等重刑的适用等。这种分别年龄的老幼来差别对待的做法显然更符合客观规律，刑罚的适用也因此更显合理，刑罚的威严与威慑力亦因这种合理性而得到公众的充分尊重。具体到老年人犯罪来说，如果对犯罪老年人仍然给予同样严厉的惩罚，其效果并不理想。一方面，由于身体机能的下降，自由刑对于老年人罪犯的惩处意义不大，特别是长期自由刑更是如此；另一方面，老年人基本上属于社会的弱势群体，应当受到更多的保障和特殊优待，相同的刑事处罚将招致社会的反感。当然，老年人的具体范围也需要科学而清晰的界定，以保证刑法的惩罚功能与威慑功能的最大化，这是另一个层面的问题。

总之，包括老年人犯罪在内的"老小废疾制度"在中国历代刑法中具有重要地位，也产生了较好的社会效果。这种制度或者倾向都可以为当代刑法的实践提供良好的借鉴。通过以上的分析可以看到，对老年人犯罪给予从宽处理具有相当的理论与实践价值，最高人民法院在"三五"改革纲要中对这种机制的探索是很有价值的，这一点也已经由《刑法修正案（八）》的相关规定所肯定了。

三 反思：老年人犯罪从宽机制对法治的作用与意义

从历代刑法典中规定，到当代刑法典中消失，再到当下通过《刑法修正案（八）》重新体现，老年人犯罪从宽的机制经历了"否定之否定"的循环。在整个循环过程中，无论是肯定还是否定，都有其特殊的历史条件和原因，笔者在上文中也已经对此有了一定的分析。在新的社会条件下，特别是在转型时期的中国，我们在探索老年人犯罪从宽机制的具体操作和运行之前，需要对其历史进行反思。这样"通古今之变"的努力，可以达到哈贝马斯所倡导的"反思法律"以及德沃金所提倡的"反思性平衡"（reflective equilibrium）的效果。"以史为鉴"，才能更好地为当下决策提供依据。基于前述的历史循环，笔者认为，由老年人犯罪从宽机制所引发的反思至少可以从宏观和微观两个方面入手。

一方面，从宏观上来说，老年人犯罪从宽处理机制及其精密程度，可以在一定程度上反映特定时代中法治的整体水平。从秦汉时代比较简单的规定，再到唐代的详细规定，以及其后历代的继承与完善，老年人犯罪从宽的详略与整个法制的规定和运行是成正比的。特别是在《唐律》中，"德主刑辅""一准乎礼"的指导思想得到了良好的贯彻。这种礼与法的融合，较为周全地考虑到中国社会的传统和普通民众的心理，也为看似单薄的法律条文带来深厚的理论基础，在刑事责任年龄的划分上，立法者最根本的立足点是维护封建统治秩序。不过，立法者也考虑到了年幼者和年老者的客观情况，并将其作为立法的参考因素之一。正是在这种考虑之下，关于老年人犯罪从宽的规定才特别详细而全面。

从更深层的原因来说，《唐律》的完善是建立在其强盛的国力基础上的，而盛世的表现之一就是国民心态的包容性较强。对社会中的弱势群体——老年人所犯的罪行，可以给予更加宽松的处理。在当下社会中，随着国家实力的增强，中国国民自信与宽容的心态较之于晚近以来已经有了显著提升，原来你死我活的斗争意识已经逐渐被竞争或者共赢的意识取代。在这种背景下，对社会中弱势群体的关注也日益明显。可以说，最高人民法院此时提出探索老年人犯罪从宽处理机制在一定程度上也是国力强盛、国民心态健康的表现。从对历史的分析中可以看到，老年人犯罪从宽处理机制的运行状况是整个国家法治甚至整体国力的缩影。

另一方面，在微观的法律运行过程中，老年人犯罪从宽处理机制提醒我们，法律应当吸收道德中的积极因素作为提升自身水平的社会资源。道德与法律的关系问题始终是法学理论中的基本问题之一，伦理道德的范围是大于法律的规制范围的，因为前者可以直接以显性的方式作用于社会中的每个成员，而后者多在被违反时才能出现。道德中的很多基本内容已经被法律吸收，如严重的暴力犯罪等。但是，二者在不同的社会条件下有不同的交叉关系。法律应当根据社会情势的变化灵活地吸取伦理道德中的合理因素，将其上升为强制性的法律规范予以实施，这样不但可以提升社会的道德水平，也有利于树立法律权威。如何对待老年人就是其中典型的代表。

"尊老"是中国社会中的基本道德观念之一，赡养老人是子孙的当然义务。为了保证这种义务的实现，历代对有老人的家庭给予减免征役、税收的优待。《礼记·王制》载："八十者，一子不从政，九十者其家不从政。"北齐规定，"六十免力役，六十六还田，免租调"。隋朝规定，"六十为老，乃免"。清朝规定，"年七十以上者，免其丁役杂差"。在犯罪时给予从宽处理，同样是尊老的表现之一。历代法律中对老年人犯罪从宽处理的规定，也是法律吸收道德因素的表现之一。通过以上正反两方面的法律规定，社会的秩序得到了巩固，法律的权威也受到了尊重。考虑到当前我国重新重视传统的社会背景，在刑事政策中对老年人犯罪从宽处理的考虑已经具备了成熟的时机，刑事法律和法规中可以吸收绵延已久的道德传统，作为提升自身科学性、权威性与合理性的重要社会资源。

总之，老年人犯罪从宽处理是我国历代刑法中十分重要的处罚制度，它具有相当深厚的道德基础，在当下刑事政策中重新受到重视，能够引起我们在多个层面的反思。在最高人民法院的倡导下，相关刑事法律部门可以对老年人犯罪从宽处理机制给予更加充分和详细的论证与规定，以保证这项刑事政策在法治实践中最优社会效果与法律效果的发挥。

（作者单位：中共文登市委党校）

办理关于抵押房产归属夫妻财产约定协议公证的可行性与风险防范

邱鸿雁

《最高人民法院关于适用〈中华人民共和国婚姻法〉若干问题的解释（三）》出台以后，公证机构受理的各类夫妻财产约定协议公证不断增多，其中有一类约定抵押房产归属的夫妻财产约定协议公证引起了笔者的思考。

一 办理抵押房产归属夫妻财产约定协议公证的可行性分析

关于抵押房产归属的夫妻财产约定协议，如果夫妻双方约定抵押房产归登记权利人所有，那肯定没有人会提出异议；如果约定为夫妻双方共有，大多数人也不会觉得有什么不妥。我们这里要探讨的是，如果抵押房产的产权登记到了一方的名下，夫妻双方能否约定该房产归另一方所有？

在公证实践中经常遇到这种情况：男方婚前签订了房屋买卖合同，以婚前财产支付了首付款并贷款购买的房屋，房产登记部门的登记簿已经记载为这套房屋属于男方单独所有，但是，夫妻双方约定，这套房屋归女方单独所有。对于此类夫妻财产约定能否办理公证业内是有争议的。

有的公证员认为，此类夫妻财产约定协议是一种房产转让行为，我国《担保法》第四十九条规定，抵押期间，抵押人转让已办理登记的抵押物，抵押人未通知抵押权人的，转让行为无效。《物权法》第一百九十一条规定："抵押期间，抵押人未经抵押权人同意，不得转让抵押财产。"因此，未通知抵押权人，并取得抵押权人书面同意的此类协议，公证机构不能办理公证。

事实上，一般情况下，没有任何一个抵押权人会给抵押人出具同意抵押房产转让的书面证明，也就是说，按照这个观点，此类公证都不能受理了。

　　笔者认为，这种观点值得商榷。我们知道，夫妻财产约定协议并不是法定的公证事项，没有设定抵押人、产权人拥有完全处分权的房产，夫妻双方约定归共同所有或者归一方所有的，他们绝大多数不申请办理公证，而是直接去房产登记部门办理房产变更登记。用社会上通俗的话讲，直接去房产局在房产证上加个名字或者减个名字。申请办理夫妻财产约定协议公证的，恰恰是那种设定了抵押的，短时间内不能办理房屋产权变更登记的情况居多。其中，最多的就是一方婚前支付了首付款，贷款购买房屋，双方婚后共同还贷的情况。因为在贷款没有清偿之前，抵押权人一般是不会同意抵押人转让抵押物、变更抵押登记的，而不注销抵押登记，房产登记部门也不会为当事人办理房屋产权变更登记手续，这个时候，当事人就想到了公证。

　　一方婚前贷款购买的房产，夫妻双方约定双方婚后共同还贷，房产属于夫妻共有，这样的夫妻财产约定协议是很常见的，几乎没有公证员会认为不能办理公证。因为我国《婚姻法》第十九条规定："夫妻可以约定婚姻关系存续期间所得的财产以及婚前财产归各自所有、共同所有或部分各自所有、部分共同所有。"中国公证协会《办理夫妻财产约定协议公证的指导意见》第五条也规定，夫妻财产约定协议可以对婚后所有的财产进行约定，也可以对婚前各自所有的财产进行约定；可以对财产所有权的归属进行约定，也可以对财产的占有、使用、收益和处分进行约定；可以约定婚姻关系存续期间家庭生活费用的负担和债务清偿责任，也可以约定婚姻关系终止时财产的分割。

　　其实，仔细想想，一方婚前个人所有的房产约定为夫妻共有，其实也是一种夫妻之间的房产转让，只不过是部分产权的转让而已。如果说夫妻之间关于抵押房屋全部产权的转让适用《担保法》和《物权法》限制转让的规定，而部分产权的转让就不适用这两个法律的规定，那无论如何是说不通的。

　　《最高人民法院关于适用〈中华人民共和国婚姻法〉若干问题的解释（三）》第十条规定："夫妻一方婚前签订房产买卖合同，以个人财产支付首付款并在银行贷款，婚后用夫妻共同财产还贷，不动产登记于支付首付款方名下的，离婚时该不动产由双方协议处理。"从这条司法解释来看，最高人民法院是认可夫妻双方达成协议，对婚前购买、婚后还贷的房产进行约定的。也就是说，这种约定并不违法。

　　难道最高人民法院的司法解释会与法律规定相冲突吗？肯定不是的。

　　笔者认为，不同的部门法的调整对象和调整范围各不相同。《婚姻法》是调整婚姻家庭关系的基本准则，《担保法》是为了保障债权的实现，调整担保人与被担保人之间权利义务关系的法律，《物权法》调整的是因物的归属和利用而产生的民事关系。《担保法》和《物权法》对抵押物转让设立限制性的规定是为了保护抵押权人的利益不受损害，而《婚姻法》第十九条规定，"夫妻对婚姻关系存续期间所得的财产以及婚前财产的约定，对双方具有约束力"，这一法条包含的另外一层意思是：夫妻财产约定只对夫妻双方具有约束力，对第三人一般是没有约束力的。也就是说，约定抵押房产归属的夫妻财产约定协议，对抵押权人或者其他第三人是没有约束力的。

一方婚前支付首付款贷款购买的房屋，因为是抵押物，所以不可能在房产登记部门办理产权转移登记，不会产生转让的公示效力，而且《最高人民法院关于适用〈中华人民共和国担保法〉若干问题的解释》第六十七条规定："抵押权存续期间，抵押人转让抵押物未通知抵押权人或者未告知受让人的，如果抵押物已经登记的，抵押权人仍可以行使抵押权。"第六十八条规定："抵押物依法被继承或者赠与的，抵押权不受影响。"所以，这种夫妻之间的转让，转让方应当承担的抵押人的义务不可能解除，抵押权人的利益不会因此而受到任何损害。从另一个角度来讲，根据这两条司法解释的规定，审判机关也不会因为抵押人转让抵押物未通知抵押权人、未取得抵押权人的同意而一律认定转让协议无效。

我们只要认清夫妻财产约定协议只对夫妻双方有约束力，对第三人一般没有约束力这个基本原则，就不会认为约定抵押房产归属的夫妻财产约定违反了《担保法》和《物权法》的相关规定，从而纠结于此类的协议究竟是有效还是无效的矛盾之中了。

总之，笔者认为，办理抵押房产归属的夫妻财产约定协议公证不存在法律上的障碍。

二 办理抵押房产归属的夫妻财产约定协议公证的风险性

虽然没有法律上的障碍，但是，不可否认的是，办理此类抵押房产归属的夫妻财产约定协议公证确实是存在一定的风险的。

办理此类公证的风险主要在于人们对签署此类夫妻财产约定协议的法律意义和办理此类夫妻财产约定协议公证的法律后果的认知有误。

比如，有人误以为办理此类的夫妻财产约定协议能够逃避债务；有人误以为此类夫妻财产约定协议公证能够起到房屋产权变更登记的效力；有人误以为这样的夫妻财产约定协议违反了《担保法》和《物权法》关于抵押物限制转让的规定而无效；还有人把严肃的法律行为当成取悦配偶的游戏，反悔时再到公证机构取闹等。

笔者认为,公证机构办理公证必须注意防范风险,但是也不能为了防范风险而拒绝办理一切有风险的公证事项,否则,就难以实现公证制度预防纠纷的核心价值。虽然公证员不是法官,没有评判当事人的法律行为是否合法的最终裁判权,但是作为专业的法律职业人员,公证员要有凭借自己掌握的法律知识预见当事人的法律行为后果的能力。在此前提下,公证员还要掌握一定的公证技巧,在防范自身风险的前提下,谨慎地办理公证,实现公证的价值。

三 办理约定抵押房产的夫妻财产约定协议公证应当注意的问题

笔者认为,办理约定抵押房产的夫妻财产约定协议公证,必须慎之又慎。在受理阶段,要特别注重公证机构的告知义务;在公证之前,要给当事人充分的考虑时间;在公证书的证词中,要添加相关的提示内容。

受理此类公证时,公证员要特别详细地告知当事人相关的法律后果和法律责任,并以此来审查当事人办理公证的目的是否合法,意思表示是否真实。除了一般的夫妻财产约定协议的告知内容,还要特别注意以下告知内容必不可少。

第一,我们要告知当事人《担保法》《物权法》的相关规定和相关司法解释的规定,让当事人知道,以夫妻财产约定协议的方式逃避债务是不可能实现的。

第二,房产物权转让要记载于不动产登记簿才能产生对抗第三人的效力,而物权转让登记只有在债务清偿完毕,解除抵押权后才能办理。

第三,根据《婚姻法》的规定,夫妻财产约定协议对夫妻双方具有法律约束力,而且根据《最高人民法院关于适用〈中华人民共和国婚姻法〉若干问题的解释(三)》第六条的规定,经公证的包含赠与内容的夫妻财产约定协议适用《合同法》第一百八十六条的规定,非经法定事由,在办理房产变更登记之前赠与人不能撤销赠与。

第四,离婚不是婚姻关系终结的唯一方式,夫妻一方死亡也可以导致婚姻关系终结,而一方死亡后就要按照《继承法》的规定来认定死者的遗产范畴和继承人,夫妻财产约定也是认定死者遗产范围的重要依据,这个约定对于继承人的范围和继承份额的认定都是至关重要的。

进行了所有的告知以后,我们再请当事人重新考虑,是否还要继续申请办理这份夫妻财产约定协议公证。如果当事人仍然坚持要办，我们才可以受理，并将告知内容记入笔录，让当事人签字确认后存档。

按照《公证程序规则》的规定，公证机构应当在当事人提交的证明材料齐全后十五日内出具公证书。对于此类公证，我们应当要求当事人在签署协议以后再继续考虑一段时间。我们可以告知当事人在第十五日才给他们出具公证书，在此之前，他们仍然可以来公证处撤销公证申请。

为了特别提示当事人，也为了防范其他人对此类夫妻财产约定协议公证的效力产生误解，在公证书的证词中，应当加上诸如这样的提示："该协议对双方当事人具有约束力，但不能对抗不知情的第三人，房产物权的转让自记载于房产登记簿时发生效力。"

在公证实践中，申请办理约定抵押房产归属的夫妻财产约定协议公证的越来越多。笔者认为，在当前形势下，探讨办理此类公证的可行性，并研究如何防范风险，对更好地办理此类公证具有重要意义。

（作者单位：山东省文登市公证处）

从纠纷解决者到纠纷管理者：创新社会管理中的人民法院角色转型

——建立以人民法院为中心的矛盾纠纷综合管理平台的范例研究

宫云举　于向华

一　角色定位：从纠纷解决者到纠纷管理者的人民法院

这是一个解构的时代，也是一个建构的时代。社会学的基本观点认为，我国改革发展的过程也是一个社会结构变迁的过程。随着人的社会地位判断标准的改变、人的居住和就业环境的改变，人的权益保障和维护意识及实现方式也发生了重大变化。而面对社会结构变迁新形势，上层建筑不适应社会管理要求的表现越来越突出。仅 2010 年，从安徽马鞍山到山东潍坊再到江西九江和江苏苏州所发生的大规模群体性冲突，都对传统的纠纷管理方式方法提出了挑战。作为国家政治谱系一个重要组成部分的人民法院，是遵循中国特色社会主义司法规律而改革创新以主动适应，抑或是以形式主义司法观为指导而被动等待，是每个法院、每位法院人都应当深入思考的问题。而其逻辑前提，则是基层法院角色定位的调整；这个调整的核心，就是迅速实现从纠纷解决者到纠纷管理者的角色跃迁。

（1）中国特色社会主义制度体系，决定了人民法院应当从纠纷解决者向纠纷管理者角色转变。胡锦涛总书记在建党 90 周年庆祝大会的讲话中，对中国特色社会主义制度体系首次进行了准确完整的论述。在这一制度体系（见图 1）中，每一项制度都有对应的管理者，才可能形成国家管理体制和机制。其中，中国特色社会主义法律体系作为政治的产物和体制的建立基础，其专业主管部门应当对应为我国的司法机关。人民法院仅作为纠纷解决者的被动防守定位不改变，就不可能为党掌管好中国特色社会主义法律体系，或者始终处于疲于奔命的状态。管理者之于解决者的第一位区别，即在于能够事前主动介入可能制造纠纷的事务而不是事后诸葛，特别是介入可能制造纠纷的事务源头，尽可能斩断一切可能制造不和谐因素的条件。

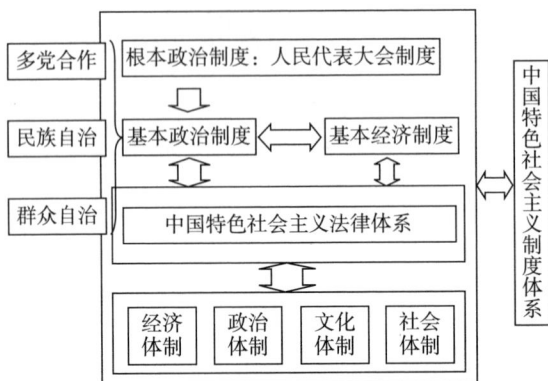

图1　胡锦涛2011年"七一"讲话制度

（2）人民法院改革发展的新趋势，决定了法院应当从纠纷解决者向纠纷管理者转变。司法过程就是建立和修正社会关系标准的过程，出现纠纷和解决纠纷都是正常的社会现象，但"解决纠纷"的内涵狭窄且不明确，已经很难适应社会发展形势需要，一个"案结事未了"就已经解释了这一切，结案曾经是法院的目的但不是社会的目的，不是党和人民要求的目的，除非案结事了。故此，原最高人民法院院长王胜俊要求，人民法院"要善于按照调解优先、调判结合的要求，全面加强各类案件的调解、协调、和解工作，努力实现定分止争、案结事了的目标；要善于调动各方面的积极性，推动完善诉讼与非诉讼相衔接的矛盾纠纷解决机制，齐心协力推进社会矛盾化解和社会管理创新工作"。显然，在整个社会管理工作中，人民法院均有参与义务，这个参与指向三个方面，也是社会主义法治理念下的司法管理学应当予以明确的人民法院评估标准，即无案、调案和判后无风险，这三个方面不是纠纷解决者的角色所能够包容的，准确的替代者是纠纷管理者。

（3）人民群众权益诉求的新变化，决定了法院应当从纠纷解决者向纠纷管理者转变。唯物论告诉我们，历史位于地理之后，一方水土一方人，而情理是中国人的重要文化基因和民族性格，不是说改就改的；发展阶段论则告诉我们，不同经济水平的人对于纠纷的态度也是不同的。历史上，我国绝大多数流芳百世的清官都是纠纷处置得当的人；现实中，2010 年，我国 GDP 总量跃居世界第二位，达到 39 万亿人民币，人均 GDP 已经达到 4400 美元，步入中等收入国家水平，也步入了防止"中等收入陷阱"的发展阶段。这个阶段的最主要特征就是矛盾纠纷的多样化、常态化和组织化，对应之策在于找准纠纷文化基因。无论历史和现实，中国人对于纠纷的主要态度从来都是更加注重《秋菊打官司》中的"讨说法"，即使市场经济发展到今天，"钱多少"也并没有真正取代"判对错"的纠纷观。"如果说，国民对一平方英里的土地不问其价值如何必须保卫的话，而农民岂能不为一片土地而斗争呢？……国民不是为一平方英里的土地，而是为其名誉和独立而斗争一样，原告为保卫其权利免遭卑劣的蔑视而进行诉讼的目的，并不在于微不足取的标的物，而是为了主张人格本身及其法感情这一理想目的，与这一目的相比，诉讼带来的一切牺牲和劳神对权利人而言，通通无足挂齿——目的补偿了手段。被害人为提起诉讼而奔走呼号，不是为金钱利益，而是为蒙受不法侵害而产生的伦理痛苦……"讨说法和找面子，判决只能是最后的手段而不是最好的手段。人民法院工作的方式方法，只有紧扣国民性，满足纠纷者的需求，才能真正体现社会主义司法理念的要求。而这一点，需要我们从纠纷解决者向纠纷管理者转变，庭上的工作不是中国法院的一切；而江西抚州爆炸案等让我们再次意识到，民不畏死奈何以死拒之。如果法院只是将自身定位为社会矛盾纠纷的解决者，并不足以应对复杂多变的新形势，甚至相反，其会从纠纷解决者演变为新纠纷的制造者。

从纠纷解决者到纠纷管理者的转变，上述三个必要性同时也是纠纷解决者和管理者的主要区别，涵盖了管理者侧重于依党的要求的职能扩面、依系统最高管理者的要求的案外主动介入和依公民的要求的权益维护。它不是简单字面意义上的改变，而是党的需求、法院系统需求和公民需求三者的有机统一，是中国特色社会主义司法规律所要求的司法方向的大调整，同时也是实现能动司法效能的必由之路。这一转变，突出表现在人民法院应当成为除权力纠纷（即宪政纠纷）之外一切纠纷的管理者，而其权能以拓展至包括行政过程、决策过程在内并实现规范化为必要。

二 范例研究：建立以人民法院为中心的矛盾纠纷综合管理平台

长久以来，人民法院在整体处理问题的方式上，都以恢复一种稳定、和谐的社会关系为最终目的，和谐与平衡是法官所追求的最高境界。当法官

"奉命去确定在多大程度上延伸或限制现行规则，他们必须根据社会利益确定路径、方向和远近"。从纠纷解决者转型为纠纷管理者，是对现行规则的一种延伸，根据"发展是硬道理、稳定是硬任务"的最高社会利益需求，延伸的路径是完善规则，使法官位置前移下沉，方向是建立规则反纠纷即非讼，其远近则取决于进入法院案件的数量。

（一）非讼对接机制的理论和实践基础

我们所谓"非讼对接"，是指人民法院以减少进入诉讼的纠纷为目的，创设相应行为规范，能动介入权力纠纷以外一切现实或可能的纠纷过程，实现司法行为与决策纠纷、行政纠纷和民商纠纷的前置对接的工作机制。

（1）非讼对接已经成为国际司法主流。作为人民法院化解矛盾纠纷、推进和谐司法的一种新探索，这是一种国际认同的矛盾纠纷替代解决方式（ADR）。以高诉讼率著称的美国，90%以上的纠纷都是通过非诉讼方式解决，美国许多地区法律明确规定当事人在寻求司法救助之前，必须尝试替代性纠纷解决机制中的一种或多种解决方式，并把它作为提起诉讼的一个必要条件。诉讼与非诉讼纠纷解决方式的综合运用，使在美国只有不到5%的起诉案件真正进入审判程序，大大降低了诉讼成本，避免了冲突升级。日本是替代性纠纷解决机制比较发达的国家。在日本，传统替代性纠纷解决机制与现代替代性纠纷解决机制同时并存，与诉讼构成一个多元化的纠纷解决系统，并在此基础上形成了较系统的理论体系和制度体系。日本的调解有《民事调解法》规定的民事调解和《家事审判法》规定的家事调解。从统计数据上看，在日本采用民事调解和家事调解的事件数几乎与民事诉讼事件的总数相等。除上述提到的美国和日本外，其他各国的民间调解等非诉讼机构遍布城乡和各行各业。欧盟目前正在制定一部适用于欧盟各国的"纠纷解决法"，联合国也正在起草倡导适用调解手段解决社会矛盾纠纷的法律文件。

（2）我国非讼对接的主要表现形式是民商案件的诉调对接。当前在我国的法院系统中，非讼对接仅体现为诉调对接，这是一种以法院为主导，诉讼调解与人民调解有机衔接的解决矛盾纠纷机制。在诉调对接的地方试点改革中，对于婚姻家庭案件、小额债务、邻里间的损害赔偿案件等，当事人向法院起诉的，在征得当事人同意后，法院委托人民调解组织先行调解，或者法院立案后，征得当事人同意，委托人民调解组织先行调解的，称为"诉前人民调解前置"，如北京市具体化了联席会议、调解员指导员等九项工作制度；杭州市则从完善通报备案、联合考评等制度措施和加强诉前劝导、履约通知等规范操作的层面对这一制度进行了细化；武汉市东、西湖区法院建立了"特邀诉讼协调员"制度。此外，在创立"大调解"格局的改革呼声中，学者及实务工作者也对各项调解机制的衔接进行了研究。有学者较为详细地列举了司法行政或准司法大调解模式、枫桥经验、南通市的"大调解"及诉调对接、河北石家庄市"三位一体"模式、北京怀柔区"三调对接"模式等经验。目前研究也主要是从经验中总结行政调解、司法调解与人民调解的衔接方式，人民调解与劳动仲裁调解的衔接方式，区域性、专业性、矛盾多发性纠纷中人民调解的介入方式等模式和规则，这无疑有益于现实中大量纠纷解决需求的供给，也是人民调解嵌入社会纠纷解决机制中拓展其功能空间的良机。不论是中国的"服务型法院"，还是美国的"五好法院"，都反映了这样一种倾向：当代法院已经不再满足于把不折不扣地实施反映民意的法律作为对人民负责的唯一形式，它们正在从履行职责的方式、与社区的联系等方面，探求为"司法消费者"提供服务并赢得信任的新途径，这种途径正是和谐司法与构建和谐社会的本意。

（3）非讼对接的基本方向是建立以法院为中心的调处化解矛盾纠纷的综合平台。十七届五中全会《中共中央关于制定国民经济和社会发展第十二个五年规划的建议》指出："健全党和政府主导的维护群众权益机制，完善人民调解、行政调解、司法调解联动的工作体系，整合各方面力量，建立调处化解矛盾纠纷综合平台……"胡锦涛总书记则在今年初的省部级主要领导干部社会管理及其创新专题研讨班开班式讲话中强调："进一步加强和完善党和政府主导的维护群众权益机制，形成科学有效的利益协调机制、诉求表达机制、矛盾调处机制、权益保障机制，统筹协调各方面利益关系……"这里的综合平台和四个机制，已经将人民法院的工作外延扩大到了诉讼之外，涵盖了纠纷发生前、纠纷处理中、纠纷处理后的所有管理过程，构成了一个完整的纠纷管理机制。人民法院当仁不让，应当成为调处化解矛盾纠纷综合平台的组织者和统筹各方面利益关系特别是官民利益关系的协调者。因此说，诉调对接在解决民商纠纷方面具有无与伦比的优越性，但现阶段，重点、难点、热点纠纷的源头，已经不是民民关系而是官民关系，诉调对接只是非讼对接的一个方面而不是全部，甚至不是当前工作的重点。为此，如图2所示，我们对作为纠纷管理者的人民法院在调处化解矛盾纠纷综合平台中的地位与作用进行了一个理论抽象。在经济、政治、文化等领域所产生的社会纠纷中，作为纠纷具体表现的除权力纠纷以外的党委政府和人大、政协所制造的涉民决策纠纷、行政纠纷，公民、企业和其他社会组织所制造的民商纠纷、经济纠纷乃至刑事纠纷，调处化解的综合平台应当以人民法院为核心，企政学民都应当是这一平台的管理对象。相应地，人民法院在权益表达、诉求表达、利益协调、矛盾调处这四个方面，都应当建立起对路管用的对接机制，而不仅仅是以诉调对接为代表的矛盾调处机制。

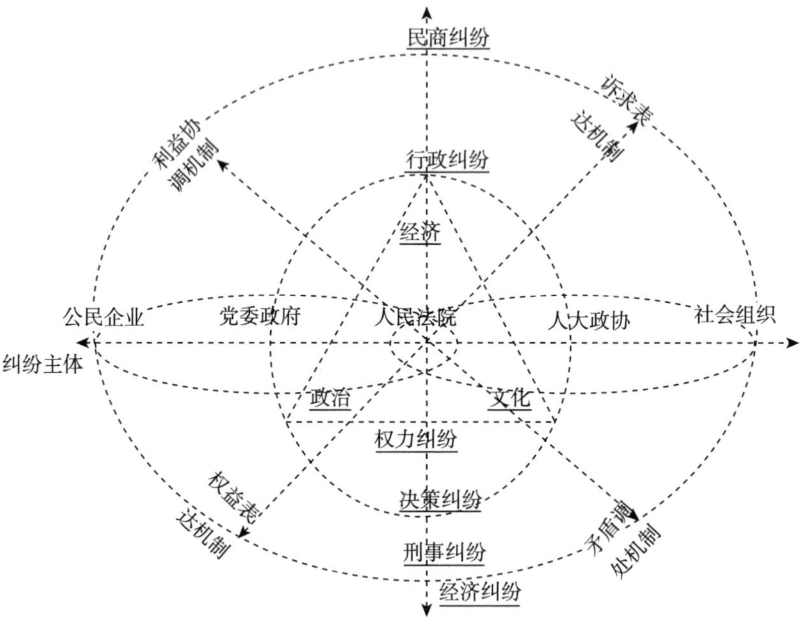

图 2　调处化解矛盾纠纷综合平台中法院定位的理论抽象

（二）文登市人民法院的非讼管理机制

文登市人民法院①的非讼管理机制始于诉调对接机制实施过程中发现的问题，在此基础上建立了涵盖决策对接、行政对接和诉调对接的非讼管理机制。

（1）诉调对接机制。2007 年 5 月，文登市人民法院与司法局、宋村等四个镇政府联合下发了《关于实行诉讼调解与人民调解对接机制的实施意见》，明确了法庭、司法所、镇政府的分工，实现了诉讼调解与行政调解、人民调解的机构人员对接、工作流程对接和监督管理对接。诉讼调解与人民调解对接方案、流程分别见图 3 和图 4。

自 2007 年建立调解片以来，文登市②基层人民调解片共调处社会矛盾

---

① 2014 年 4 月，文登市人民法院改为威海市文登区人民法院。

② 2014 年 1 月 25 日，国务院以国函〔2014〕13 号文件批复，撤销文登市，设立威海市文登区。

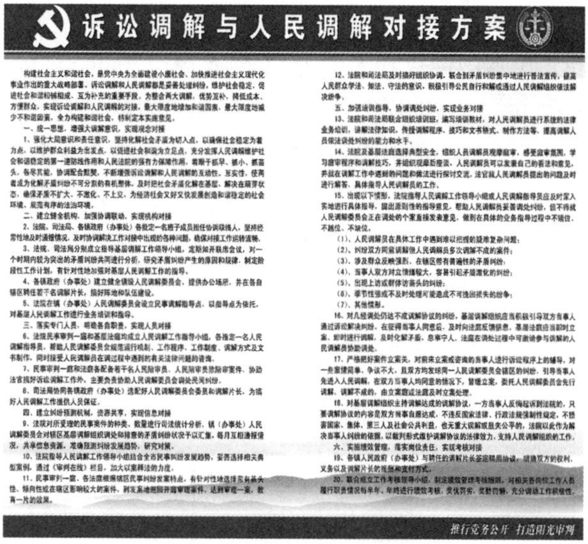

诉讼调解与人民调解对接方案

构建社会主义和谐社会，是党中央为全面建设小康社会、加快推进社会主义现代化事业作出的重大战略部署。诉讼调解和人民调解都是妥善处理纠纷，维护社会稳定，促进社会和谐相辅相成、互为补充的重要手段。为整合两大调解，优势互补，降低成本，方便群众，实现诉讼调解和人民调解的对接，最大限度地增加和谐因素，最大限度地减少不和谐因素，全力构建和谐社会，特制定本实施意见。

一、统一思想，增强大调解意识，实现观念对接

1、强化大局意识和责任意识，坚持化解社会矛盾为切入点，以确保社会稳定为着力点，以维护群众利益为出发点，以促进社会和谐为立足点，充分发挥人民调解维护社会和谐稳定的第一道防线作用和人民法院的强有力保障作用，着眼于抓早、抓小、抓苗头，各尽其能，协调配合默契，不断增强诉讼调解和人民调解的互动性、互实性，使两者成为化解矛盾纠纷不可分割的有机整体，及时把社会矛盾化解在基层，解决在萌芽状态，确保矛盾不扩大、不激化、不上交，为经济社会又好又快发展创造和谐稳定的社会环境、规范有序的法治环境。

二、建立健全机构，加强协调联动，实现机构对接

2、法院、司法局、各镇政府（办事处）各批定一名班子成员担任协调联络人，坚持经常性地及时通报情况，及时协调解决工作对接中出现的各种问题，确保对接工作运转流畅。

3、法院、司法局分别成立指导基层调解工作领导小组，定期召开联席会议，对一个时期内较为突出的矛盾纠纷共同进行分析，研究矛盾纠纷产生的原因和规律，制定阶段性工作计划，有针对性地加强对基层人民调解工作的指导。

4、各镇政府（办事处）建立健全镇级人民调解委员会，提供办公场所，并在各自辖区聘任若干名调解片长，搞好阵地和队伍建设。

5、法院在镇（办事处）人民调解委员会设立民事调解指导点，以指导点为依托，对基层人民调解工作进行业务培训和指导。

三、落实专门人员，明确各自职责，实现人员对接

6、法院民事审判一庭和基层法庭均成立人民调解工作指导小组，各指定一名人民调解指导员，帮助人民调解委员会规范运行机制、工作程序、工作制度、调解方式及文书制作，同时接受人民调解员在调过程中遇到的有关法律问题的咨询。

7、民事审判一庭和法庭各配备若干名人民陪审员，人民陪审员除陪审案件、协助法官搞好诉讼调解工作外，主要负责协助人民调解委员会调处民间纠纷。

8、司法局协同各镇政府（办事处）选配好人民调解委员会委员和调解片长，为搞好人民调解工作提供人员保证。

四、建立纠纷预测机制，资源共享，实现信息对接

9、法院对所受理的民事案件的种类、数量进行司法统计分析，镇（办事处）人民调解委员会对辖区基层调解组织调处和排查的矛盾纠纷状况予以汇集，每月互相通报情况，共享信息资源，准确预测纠纷发展趋势，研究对策。

10、法院指导人民调解工作领导小组结合全市民事纠纷发展趋势，妥善选择相关典型案例，通过《审判在线》栏目，加大以案释法的力度。

11、民事审判一庭、各法庭根据辖区民事纠纷发案特点，有针对性地选择带有普遍性、倾向性或在辖区影响较大的案件，到发案地巡回开庭审理案件，达到审理一案，教育一片的效果。

12、法院和司法局及时搞好组织协调，联合到矛盾纠纷集中地进行普法宣传，提高人民群众学法、知法、守法的意识，积极引导公民自行和解或通过人民调解组织依法解决纷争。

五、加强培训指导，协调调处纠纷，实现业务对接

13、法院和司法局联合组织培训班，编写培训教材，对人民调解员进行系统的法律业务培训，讲解法律知识，传授调解程序、技巧和文书格式、制作方法等，提高调解人员依法调处纠纷的能力和水平。

14、法院及基层法庭选择典型安全，组织人员调解员观摩庭审，感受庭审氛围，学习庭审程序和调解技巧，并组织观摩后座谈，人民调解员可以发表自己的看法和意见，并就在调解工作中遇到的问题和做法进行探讨交流，法官就人民调解员提出的问题及时进行解答，具体指导人民调解员的工作。

15、出现以下情形，法院指导人民调解工作领导小组或人民调解指导员应及时深入实地进行具体指导，提出原则性的指导意见，帮助人民调解员妥善调处纠纷，但不得就人民调解委员会正在调处的个案直接发表意见，做到在具体的业务指导过程中不错位、不越位、不缺位。

（1）、人民调解员在具体工作中遇到难以把握的疑难复杂问题；

（2）、纠纷双方同意调解但人民调解员多次调解不成的案件；

（3）、涉及群众反映强烈、在辖区带有普遍性的矛盾纠纷；

（4）、当事人双方对立情绪较大，容易引起矛盾激化的纠纷；

（5）、出现上访或群体访苗头的纠纷；

（6）、季节性强或不及时处理可能造成不可挽回损失的纷争；

（7）、其他情形。

16、对几经调处仍达不成调解协议的纠纷，基层调解组织应当积极引导双方当事人通过诉讼解决纠纷，在征得当事人同意后，及时向法庭反馈信息，基层法庭应当即时立案、即时进行调解，及时化解矛盾，息事宁人。法庭在调处过程中可邀请参与调解的人民调解员协助调处。

17、严格把好案件立案关，对前来立案或咨询的当事人进行诉讼程序上的辅导，对一些案情简单、争议不大，且双方均发生在同一人民调解委员会辖区的纠纷，引导当事人先进入人民调解，在双方当事人均同意的情况下，暂缓立案，委托人民调解委员会先行调解，调解不成的，由立案庭或法庭及时立案处理。

18、对基层调解组织主持调解达成的调解协议，一方当事人反悔起诉到法院的，只要调解协议的内容是双方当事自愿达成，不违反国家法律、行政法规强制性规定，不损害国家、集体、第三人及社会公共利益，也无重大误解或显失公平的，法院以此作为解决当事人纠纷的依据，以裁判形式维护调解协议的法律效力，支持人民调解组织的工作。

六、实施绩效管理，落实岗位责任，实现考核对接

19、各镇人民政府（办事处）与聘任的调解片长签定聘用协议，明确双方的权利、义务以及调解片长的报酬和支付方式。

20、联合成立工作考核领导小组，制定绩效管理考核细则，对相关各岗位工作人员履行职责情况每半年、年终进行绩效考核，奖优罚劣，奖勤罚懒，充分调动工作积极性。

推行党务公开 打造阳光审判

图3　诉讼调解与人民调解对接方案

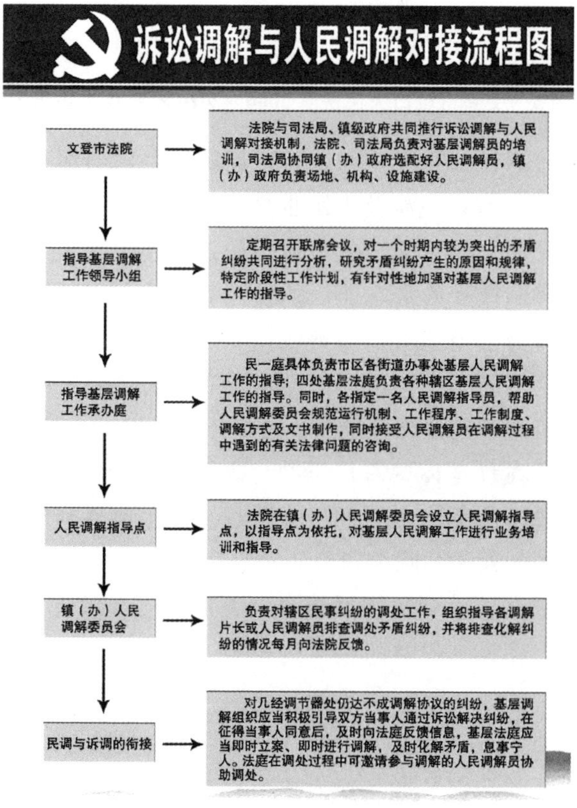

图4　诉讼调解与人民调解对接流程

2805 起，调解成功率达 97.3%；与建立调解片之前相比，来信、来访数量逐年下降，到市以上集体访件数和人数分别下降 14.2% 和 35.7%，越级访的件数和人数分别下降 66.1% 和 42%，84% 的村居和 92% 的企业实现了"零上访"。原埠口法庭法官、全国"优秀法官"殷永明曾带领全庭同志审结各类案件 1400 余起，除最后一年判决 4 起外，全部以调解方式结案，无一反复，案件自执率达到 95% 以上，且没有一起采取诉讼保全措施。如图 5 所示，2006 ~ 2010 年，该院来信来访出现了刚性下降。

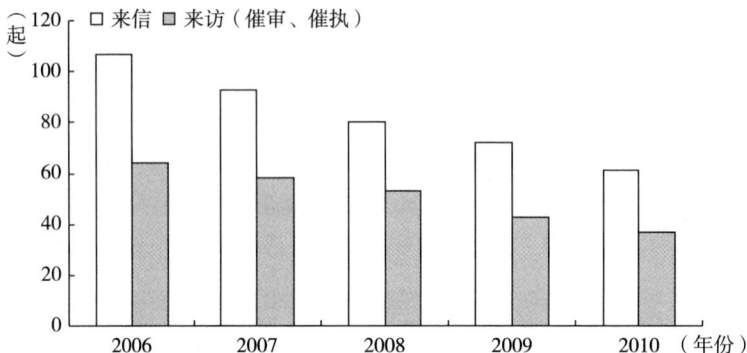

图 5　文登市埠口人民法庭 2006 ~ 2010 年来信来访情况

通过 3 年多的运行，调解片的法官普遍反映，民商纠纷调解率极高，公民调解意识也极强，但只要涉及市镇重大决策、重点工程等的纠纷，调解效率和成功率就会降低。院党组经过座谈走访讨论作出如下判断：诉调对接机制已经成为社会普遍接受的常态非讼纠纷调处方式，以诉调对接的非讼方式调处化解纠纷的潜力已经基本发掘到底；非讼纠纷的难点已经从私层面的民民纠纷转化为公层面的官民纠纷，已经从矛盾纠纷调处机制转化为权益表达机制、诉求表达机制和利益协调机制，已经从纠纷发生后转化为纠纷发生前。这一新形势要求，在稳定诉调对接机制、确保法官下沉的同时，必须充分考虑院外调解难以成功的案件实际，将非讼对接机制前移到涉民权益的关键环节，以从源头上控制纠纷和减少纠纷的发生。

（2）决策对接机制。党委常委会和人大常委会掌握地方决策权。在两个常委会直接涉及公民民事权益的决策过程中，充分发挥法院和法官专业性强的比较优势，将司法评估和解释机制植入决策程序，是控制纠纷和减少纠纷的有效途径。为此，自 2010 年开始，文登市人民法院积极争取市、镇党委和人大支持，建立了"法党"和"法人"对接机制。主体上，由法院院长、副院长担纲，与党委的政法委、人大的法工委建立经常协作型关系；操作上，双方就欲决策的有关事项进行提前磋商，重点评估决策涉及的利害关系人的数量、种类，决策后可能出现的纠纷数量、种类，纠纷演化为群体事件的可能性及控制方法；内容上，重点评估决策内容与相关法律之间的关系，对于明显违反法律规定必然带来纠纷且必然造成党委、人大工作被动的决策内容，提出否定性参考意见。这一机制的优越性在于，加强了人民法院与决策机关的联系，基本避免了法律性决策失误，提供了决策机关的利益平衡依据，建立了纠纷预警机制，使人民法院对公层面导致的纠纷有了充足的准备时间，并为诉调对接机制准备了调解"底牌"。在文登市南海开发、环城水系建设、城中村改造、城区东扩等重大决策和重点工程中，文登法院实现了专人参与、专业咨询、专门处理，有效杜绝了群体性事件和暴力性事件的发生。目前，法院正协调争取进一步完善决策对接机制，力争将对接主体从院长扩展到某一领域专业较强的普通法官，力争将"专业法官列席涉民决策的常委会"写入该机制。

（3）行政对接机制。市镇政府及其部门掌握地方行政权，这是当前诉调对接机制难以解决纠纷的主要发源地。文登法院参照决策对接机制，依各业务庭管辖案件分类，依据行政联系最紧密原则，建立了研究室和行政庭与政府法制局，民事各庭和派出法庭与建设局、房管局、土地局、工商局、企业局、镇政府等的专人专事对接机制。目前，已基本建立了涉民规范性文件和涉民抽象行政行为的幕后司法审查机制，重大决策和执行的社会稳定风险司法评估机制，非讼具体行政行为的行政调解司法参与机制等一系列机制。

决策对接机制、行政对接机制和诉调对接机制，在预防纠纷、调解纠纷、判后风险管理等方面起到了关键作用。2010年度，文登市人民法院共举办培训班16场次，指导民调组织调处纠纷585起，调处率达91.3%；参与决策论证、研讨30多次，提出法律意见20多条，均被两常委会采纳；参加行政机关联席会议60多场次，参与修改地方行政规范、取消地方收费标准等100多条次。笔者无法估计决策对接机制和行政对接机制究竟减少了多少起纠纷的发生，但多年来文登没有出现大的社会稳定事故，应当是一个有力的注解。"法律的生命不在于逻辑，而在于经验。"霍布斯这样告诉我们。非讼对接机制，使法院不仅成为案件的裁判者，更成为纠纷尤其是潜在纠纷的管理者，并将制造纠纷的决策行为、行政行为一起纳入潜在纠纷的管理框架，这是纠纷公共管理的必然要求，也是中国特色社会主义司法制度的一大特色所在。这种法官位置前移到上层建筑和下沉到社会基层所产生的能动司法效应，不仅抓住了"中等收入陷阱"时期社会两端这个矛盾纠纷的爆发点，而且体现了"用社会管理者的思维和要求对待和处理每一起案件，既要着眼于案件的公正裁判，也要着眼于社会管理目标的最终实现"这一新的维稳思维。

三 制度给力：角色转变的阻却机制和创新政策基础

非讼对接机制是一项新生事物，它与西方传统的司法规律之严格的"三权分立"大不同，与我国传统的司法规律中"政法合一"亦有所别，通过"分而不立、合而不一"，使决策、执行、监督和司法有机统一起来，一切为了"发展是硬道理、稳定是硬任务"目标的实现效率，此之谓大局。当前，《最高人民法院关于人民法院民事调解工作若干问题的规定》为诉调对接机制奠定了制度基础，但这远远不够。人民法院的角色定位问题、党法及政法关系问题、社会共识的形成问题、法律和制度支撑问题、财力保障问题、适用范围扩大问题、协助调解人的素质问题、现行审判管理机制的适应性问题等，都是客观存在的难题。需求是理论创新之母，实践是理论创新的不竭动力。非讼对接工作作为一项系统工程，是深化司法改革、推进和谐司法的一项重要举措，仅仅依靠法院的力量不能解决全部问题。

（一）调整法院角色

相对于现实生活的丰富性，法律的安排总难免简陋之讥。而司法的属性与其功能密切相关：司法的政治性决定了人民法院必须充分发挥能动性，紧紧围绕党和国家工作大局，为巩固社会主义政权，为促进经济社会发展提供有力的司法保障；司法的人民性决定了人民法院必须满足群众需求，回应群众关切，通过审理执行案件，努力维护人民权益；司法的法律性决定了人民法院必须适应法治建设的进步，适应人民群众对司法的新要求、新期待，实现司法的公正高效权威。在新形势下，人民法院的职能定位亟待新的立法予以补充完善，在没有立法解决之前，系统内应当有一个准确的定位，这就是纠纷管理者，以此回应社会主义司法规律中的"社会主义"和人民法院中的"人民"这6个字。否则，其一，我们无法回答法官作为问题。如果人民法院是单纯的国家审判机关和纠纷解决者，那么按2008年中国3558个法院法官共计189413人计，2009年共审执1054万件案件，人均不到56件；1995年美国法官人均办案317件，2006年韩国法官人均737件，而慕尼黑初级法院民事、刑事法官年人均分别为700件和400件，2008年中国台北地方法院人均结案2324件。这个对比如此鲜明，使中国人民有理由相信中国法官在其位不谋其政。其二，我们无法回答审判工作以外的问题。如果人民法院是单纯的国家审判机关或纠纷解决者，那么法院参与社会治安综合治理、送法下乡、决策咨询、讲政治、跟着政策走、到京接回上访人等，这些长期为理论界所诟病的问题，这些从来没有被理论界纳入人民法院职责范围的问题，就是正确的判断。长此以往，中国人民同样有理由相信中国法官是种了别人地、荒了自个田。人民法院需要用纠纷管理者而不是解决者也不是单纯的国家审判机关的定位来重新审视自我，从而引导整个社会明确社会主义司法规律和人民法院与其他国家存在本质的不同。

（二）健全对接体系

参照《最高人民法院关于人民法院民事调解工作若干问题的规定》中诉调对接机制的规定，争取党委、人大和政府支持，以党中央、国务院明确规定的决策、决定前置社会稳定风险评估机制为主要依据，以党政机关主要领导一岗双责（对社会稳定状况承担党纪政纪责任）为主要动力，推动建立决策对接机制和行政对接机制，形成事实上的涉民党政决策、行政决定的非讼司法审查机制，从而提高决策、决定的法治化水平，使其尽可能符合合法性要求，同时也尽可能减少决策、决定带来的纠纷等副产品，最终建立起以决策对接机制、行政对接机制和诉调对接机制为核心的非讼对接体系。在非讼对接体系中，应当明确法院在潜在纠纷或现实纠纷管理中的权威性，使之成为权力纠纷以外各类纠纷调处化解综合平台的中心。

（三）完善考核机制

非讼对接是人民法院的"正名"工作，也是防范化解社会矛盾纠纷的一项全局性工作，需要纳入整个政治谱系予以考核，也需要调整法院管理考评体系予以考核。人民法院应当推动党委将非讼对接工作纳入社会治安综合治理、平安创建考核，纳入部门岗位目标责任制考核，增强人民法院和党委、人大、政府等各部门的主动性、自觉性。在人民法院系统中，上级法院对下级法院的业务指导和考核应当纳入并增加非讼对接工作的权重；各法院内部对业务庭及法官的考核要实现诉讼与非讼并重，鼓励非讼，对非讼对接工作成绩突出的法官要在业绩考评、奖励晋升等方面予以重点体现。根据非讼对接体系要求，调整审判力量，推动前移下沉，审判管理考评体系要根据非讼对接工作要求进行相应修改。

（四）强化对接监督

无论是决策、决定的司法评估，还是诉调对接中的法律意见，都可能存在非讼纠纷参与法官误判、泄密乃至恶意损害国家、集体或第三人利益的情形。为此，应当研究相关责任追究办法，体现权利义务对等。

（五）加强风险评估

根据辖区实际，各法院应当组织相关业务科室和基层民调组织，深入各基层单位掌握第一手资料。结合掌握的信息资料，围绕决策、决定和诉调对象进行风险评估，评估矛盾纠纷发生的可能性、可能涉及的人员数量、矛盾纠纷发生后可能引发的后果等，并根据风险评估情况，做好调处纠纷的各项工作，为上级领导部门提供政策依据。

四　结语

诉讼，是一个利益冲突、利益保护和利益分配的过程，诉讼之前、之中的制衡也正是这一过程的集中反映。同样，我国未来诉调对接机制也必定是各种利益群体相互博弈的结果，而不是移植的产物。

正如学者所言，"从一定的视角上看，一个社会的形成其实就是在一个确定的社会环境中人们的诸多解说相互冲突、磨合、融合的过程，并进而获得一种关于生活世界的相对确定解说"。所以，中国的诉调对接机制将要基于利益主体多样与分化的现实，意识到各方参与者的不均衡性，并且改革最终成功也只能是各个主体相互合作和相互妥协的结果。

"民为邦本，法乃公器。"法，是不断的努力。无论是作为社会纠纷的解决者，还是管理者，对于社会主义司法规律的探索，我们每天都在进行着衡量、取舍与创造。它，使我们殚精竭虑并乐此不疲。但，我们从未将其视为畏途……

（作者单位：文登市人民法院）

以服务业为支点撬动新型城镇化跨越发展

林 森

20 世纪 80 年代以来，我国经济的高速发展主要依靠两个因素：一是改革开放释放出的巨大能量的推动；二是传统计划经济体制留下的巨大经济空间的拉动。目前，改革进入了"深水区"，社会主义市场经济也在摸索中不断完善，下一步，我国经济新一轮增长主要依靠"结构红利"的释放。为此，威海市委、市政府根据国家、省提出的加快转变经济发展方式的目标，明确提出了"加快推进新型城镇化""强化服务业战略地位"的战略举措，着力改善人民群众生活，促进经济社会持续健康发展。

一 城镇化和服务业的逻辑关系

当前，世界经济在大调整、大变革之中出现了一些新的变化趋势，欧洲主权债务风险不断暴露，美国"财政悬崖"转变为"财政滑坡"，部分发达国家提出了世界经济"再平衡""再工业化"等设想，国际市场需求受到抑制，对我国经济结构调整形成了巨大压力和倒逼机制，扩大内需已经成为我国经济发展的基本立足点和长期战略方针。

（一）城镇化蕴含巨大内需空间

2013 年，中央经济工作会议把加快城镇化发展列为六项主要任务之一，据国务院有关部门预测，我国城镇化快速发展还能持续相当长时间，到 2030 年，城镇化率将达到 65%，各类城镇将新增 3 亿人以上，城镇化率每增加 1 个百分点，可带来 7 万亿元人民币的投资和消费需求，是促进经济发展的战略着眼点。

（二）走绿色新型城镇化道路

近十年来，我国城镇化率每增加 1 个百分点，平均需多消耗煤炭、石油、天然气等能源合 4940 万吨标准煤；在工业制成品方面，平均需多消耗钢材 645 万吨、水泥 2190 万吨。面对我国人口基数庞大、人均资源低的基本国情，走资源节约、环境友好、集约紧凑的中国特色城镇化道路就成了必然选择。

（三）服务业是新型城镇化进程的突破口

一是从发达国家历史进程看，城镇化率超过 50% 以后，规模集聚效应显著加大，使投资的平均成本和边际成本得以大幅度降低，2012 年我国城镇化率已达到 51.27%，服务业步入大发展的历史机遇期。二是从社会就业看，同工业相比，服务业具有明显的、较高的就业弹性，可以吸纳大量农村劳动力，并且随着经济发展水平的提高而不断增强对整个社会就业的带动效应。三是从土地利用看，目前，不同用途的土地出让价格差别很大，服务业、商业用地的价格是工业用地的 9 倍左右。突出服务业发展在城镇化中的重要性，能够确保农村居民资产的保值增值。四是从基本公共服务看，当大量缺乏教育和劳动技能、只有微薄资产甚至赤贫的农村人口流入城市时，政府必将为之提供基础性教育、职业培训、医疗保障和卫生设施等公共服务，这些供给均属于第三产业范畴。五是从节能环保看，城镇化进程中的新兴产业主要集中于第三产业部门，具有低碳、低能耗等特点，服务业占 GDP 的比重每提高 1 个百分点，万元 GDP 能耗可下降 1% 左右。因此，发展服务业对于改善经济发展质量，加快城镇化进程有至关重要的影响。

二　威海市城镇化和服务业现状分析

威海市已进入工业化中后期，服务业逐步走上自我发展、自我完善的高级阶段，为城镇提供了更多的就业岗位，促进城镇软硬设施不断完善。城镇化的快速推进反过来又吸引人口和生产要素集中，使威海市现代化程度和对周边地域的影响力进一步提升，城市能级日益加大。

（一）威海市城镇化现状分析

2011 年，《山东省城镇化发展报告》评价威海市城镇化质量指数高达 78.15%，位居山东省第二，高于山东省平均水平 11.6 个百分点。其中，构成城镇化质量指数的最重要指标——人口城镇化率仅为 58.51%，位居山东省第五；但在进一步城镇化人口聚集的过程中，威海市的基础条件明显优于山东省其他地市，人均道路面积、万人拥有文化机构数、人均公园绿地面积、城镇居民人均住房建筑面积等可支撑威海市健康持续发展的指标均位居山东省第一。荣成市、文登市①的城镇化质量指数分别为 80% 和 78.8%，在山东省 91 个县（市）中分别位居第一和第三。

（二）威海市服务业现状分析

一是规模总量持续扩大。2012 年，威海市服务业实现增加值 908.45 亿元，增长 9.7%，占 GDP 的比重为 38.9%，位居山东省第五。服务业对 GDP 的贡献率为 37.68%，服务业拉动 GDP 增长 3.53%。二是经济社会效益提升。威海市服务业实现地税收入 89.4 亿元，增长 31.9%，占全部地税收入的比重达到 67.3%，比 2011 年提高 4.9 个百分点，成为财政税收的重要来源。三是发展后劲逐步增强。全市服务业完成投资 946.3 亿元，较上年增长 20.1%，占全社会固定资产投资的比重为 59.3%，其中，房地产业完成投资 366.2 亿元，同比增长 4%。四是集聚发展趋势明显。环翠区、荣成市等 4 个重点城区完成服务业增加值占全市总额的 99% 以上，成为带动服务业发展的重要载体。威海港国际物流园、石岛冷链物流园等 10 个重点园区初具规模，配套功能逐步完善，辐射带动能力日益增强。

（三）威海市绿色城镇化发展分析

近年来，威海市树立了尊重自然、顺应自然、保护自然的生态文明理念，节能减排加快推进，人居环境明显改善。威海市的污水处理厂集中处理率为 93.9%，万元 GDP 二氧化硫排放强度为 2.44 千克，生活垃圾无害化处理率达 100%，全部位居山东省前列，形成了节约能源资源和保护生态环境的产业结构和增长方式。一是现代服务业发展促节能降耗。利用环翠区被评为省级服务业综合改革试点的有利时机，突出区域特色，全力打造社区服务业示范区和蓝色休闲度假基地，发展资源节约型、环境友好型的现代服务业产业。经测算，服务业占 GDP 的比重每提高 1 个百分点，威海市万元 GDP 能耗就能下降 1.1%。二是服务业载体力促绿色城市品牌。4 个重点城区突出特色优势，

---

① 现为文登区。2014 年 1 月 25 日，国务院以国函〔2014〕13 号文批复，撤销文登市，设立威海市文登区。

推进了冷链物流、温泉养生等区域优势产业；在重点园区的建设上，着力增强了国际物流园、高新技术创业园等十大园区的集聚能力和承载力；扶持重点企业培育品牌，大力支持了长江汇泉集团、家家悦集团等十大企业开展自主品牌建设。随着威海市服务业重点城区、重点园区、重点企业这三大载体的有序推进，温泉、旅游等服务业产业享誉全国，"蓝色休闲之都，世界宜居城市"的城市品牌更加靓丽多彩。

三　推进威海市城镇化和服务业联动发展的建议

市委、市政府高度重视威海市城镇化发展，在市经济工作会议上，首次明确提出"走威海特色的城镇化道路"，方向是"加快中心崛起、强化两轴支撑、推进环海发展、完善一体化布局"，以城市化带动市域和城乡一体化。同时，提出要把培育新型业态、大力发展现代服务业，作为优化产业结构的突破口。现就威海市城镇化和服务业如何互相促进、联动发展，提出以下几点建议。

（一）优化城镇空间布局

促进城镇化健康发展，就要坚持因地制宜的方针，科学布局威海市特色产业，把老城区、新城镇、农村新社区完美有机结合起来，有效增强城市能级。一是发展完善新城镇。新城镇一般由工业园区、高新技术园区、物流园区等演变而来，对经济增长和财政收入支持巨大。重点建设历史遗留包袱较少，有广阔发展空间的双岛湾科技城、南海新区、好运角旅游度假区、里口山风景名胜区等6个重点区域，加快中心城市、次中心城市联动发展，构建新的城市框架。二是改造升级老城区。威海市老城区规模、人口不断增扩，街道狭窄、人车拥堵、环境污染的问题日益显现，需要及时把工业企业迁出老城区，大力发展楼宇经济、文化旅游、电子商务等现代服务业项目，提升威海市"碧海蓝天"城市名片的内涵。三是培育壮大农村新社区。在社会主义新农村建设的基础上，建设卫生院、养老院、公共交通、垃圾回收、安全保卫等相应设施，消弭二元户籍制度还将长期存在的现状，实现园林化、城乡一体化、民主管理制度化，实现城乡居民无身份差距和权利平等的目标。

（二）坚持以服务业发展为支撑

城镇化进程是居民生活方式、行为方式、价值观念、文化素质全面提升的过程，也是服务业在城镇各方面、各领域全面渗透的过程。威海市正面临从低附加值的工业向高科技的新兴工业转变，为形成分工明确、布局合理的现代化城镇体系提供持续的推动力，在非农领域实现充分的就业，急需更加完善的金融服务、发达的信息服务、便捷的物流服务等服务业支撑。一是做强金融业。加快培育融资仓储、融资租赁等新型金融业态，大力引进国际国内银行、保险、证券业、金融机构来威海设立地区总部或分支机构。二是培育信息技术产业。积极承接研发设计、数据处理、呼叫中心等国际外包业务，加快渔具、海产品、地毯等行业电子商务服务平台建设，支持物联网、软件产品开发应用。三是发展现代物流业。大力发展港口物流和冷链物流，积极发展第三方物流，提高港口发展水平，深化中韩陆海联运业务，努力形成大枢纽、多节点、广覆盖、高效率、强辐射的现代物流网络。

（三）提升城镇聚集能力

2012 年，威海市人口城镇化率为 59.25%，户籍城镇化率为 51.37%，两率差距为 7.88 个百分点，而全国和山东省两率差距分别为 16 个、10 个百分点，说明威海市流动人口占比较低，推进城镇化建设要以消化本市农村居民为主。应加快《关于积极稳妥推进户籍管理制度改革的实施方案》《关于有序推进农村转移人口市民化的意见》等政策的出台和落实，在户籍改革、土地流转、住房保障等方面为威海市城镇化保驾护航，使农村群众有序自愿地进入城市生活。

（四）推进城乡公共服务均等化

长期以来形成的城乡二元管理体制已不适应城镇化快速发展的要求，促进城乡要素平等交换和公共资源均衡配置成为当务之急。一是增扩公共服务供给。放宽限制类公共服务业行业的准入门槛，坚持财政投入和市场化运作相结合，积极吸引社会资本参与保障性住房、医疗卫生、教育文化等领域的建设，使公共资源公平化、公共服务均等化深入城镇化进程的每一个角落。二是完善保障体系建设。进一步完善城镇职工基本养老保险与城乡居民社会养老保险转移接续办法，做好城镇基本医疗保险与新农合转换工作，建立完善城乡统一的失业登记制度，完善城市医院对口支援和定点帮扶基层医疗卫生机构制度，实现农村进城落户人员基本养老、卫生服务等保障的无缝衔接。

（五）建立股份制集体农庄

以提高农村土地集约化程度和规模化经营程度为目标，推动农村土地合理流转，建立股份制集体农庄，把土地入股分红或者农民作为雇工获得劳动收入，使大量农民成为有产者。在有条件的城镇设立试点，以村为单位建立集体农庄，使之和村主任直选制度相辅相成，为中国农村再组织化增添一项重要内容。

（六）推动城镇管理增效能

一是推进城镇管理精细化。加快城镇的管理方式向制度化、规范化、契约化管理转变，提高城市的应急管理能力。二是推进城镇管理属地化。构建"金字塔"式城镇管理网络体系，明确城区、城镇、社区的管理职责和权限，大力推进城镇管理中心下移，强化基层政府的管理职责。三是推进城镇管理数字化。大力推进智慧交通、数字城管、智慧安居等建设，提高城镇管理数字化、网络化、智能化水平。四是推进城镇管理文明化。做到严格执法与文明执法有机结合，强化城镇管理"人人有责"理念，做到依法管理、民主管理和人性化管理有机结合，逐步形成"政府主导、社会参与、条块结合、上下联动"的管理格局。

（作者单位：威海市发展和改革委员会
课题组成员：于建刚　周　旸）

《现代企业管理概论》(第二版)内容提要

苗成栋　　姚伟民　　张建中

　　现代企业管理是研究现代企业基本特征、运作规律、管理方法的一门学科，在现代社会市场经济条件下的经济生活中有广泛的应用。《现代企业管理概论》(第二版)主要介绍现代企业的基本知识及其活动的基本规律，以及现代企业管理的基本原理、基本方法。本书设置了十章内容，主要包括管理与企业管理，企业管理概述，企业决策与计划，企业战略管理，人力资源管理，企业营销管理，生产运作管理，财务管理，质量管理与控制，企业文化的有关知识和内容。本书在第一版的基础上，增加了大量的如山东威高集团、山东艺达集团、山东双举海参有限公司等威海当地生长起来的企业的实际案例，这些案例大多是作者参与企业实践的切身感受与作者理论知识相结合而写作出来的。

一　管理与企业管理

　　管理是指一定组织中的管理者，通过有效地利用人力、物力、财力、信息等各种资源，并通过决策、计划、组织、领导、激励和控制等职能，来协调他人的活动，使别人与自己共同实现既定目标的动态过程。

　　管理是一种资源，是一种生产力。管理具有二重性。一方面它具有与生产力、社会化大生产相联系的自然属性；另一方面它又具有与生产关系、社会制度相联系的社会属性。

　　管理的职能包括决策、计划、组织、指挥、协调、控制和激励七个方面。管理理论的发展经过了漫长的时期，首先是以亚当·斯密和查尔斯·巴贝奇为代表的早期的管理思想的产生，随后出现并形成了古典管理理论，其中包括以弗雷德里克·泰勒为代表的科学管理理论和以亨利·法约尔为代表的一般管理理论，以及现代管理理论。

我国古代的管理思想介绍了以"仁"为核心的儒家管理思想，以"无为"为最高原则的道家管理思想，以"法治"为基础的法家管理思想，以及商家的经营管理思想。

二 企业管理概述

所谓企业，是指从事商品生产、商品流通或服务性经济活动，实行独立核算，以营利为目的，依法成立的经济组织。

企业具有经济性、社会性、独立自主性、能动性和竞争性。

企业按资产的所有制性质可分为国有企业、集体所有制企业、私营企业、混合所有制企业。

根据企业制度的形态构成分为业主制企业、合伙企业、公司制企业。

按企业生产经营业务的性质分为工业企业、农业企业、商业企业、物资企业、交通运输企业、金融企业。

所谓管理组织，是指根据企业内部管理对象、任务和目标的复杂程度，将企业按从属关系划分为若干单元（或部门），每个单元都相应地配置一定数量和质量的人员，并由规章制度明确规定部门和人员的职责分工、权利和义务以及他们之间的信息沟通方式。

现代企业组织结构形式主要有直线制、职能制、直线－职能制、事业部制和矩阵制。

现代企业制度是以企业法人制度为基础，以企业产权制度为核心，以产权清晰、权责明确、政企分开、管理科学为条件而展开的由各项具体制度所组成的、用于规范企业基本经济关系的制度体系。

现代企业制度的特征包括产权明晰、政企分开、权责明确和管理科学。

现代企业制度的基本形式有有限责任公司、国有独资公司、股份有限公司。

所谓企业目标，就是企业在一定时期内，对主要的目的、追求所要预期达到的成果。

企业目标的基本内容包括企业对社会的贡献目标、企业市场目标、企业发展目标和利益目标。

企业社会责任是指企业在争取自身的生存与发展的过程中，面对社会需要和各种社会问题，为维护国家、社会和人类的根本利益，所应该履行的义务。

企业社会责任的内容包括企业对员工的社会责任、企业对社区的社会责任、企业对经济可持续发展的社会责任、企业对消费者的社会责任和企业对国家的社会责任。

企业管理学的研究对象是企业管理活动和管理过程，揭示企业管理的客观规律性，即如何按照客观的自然规律和经济规律的要求，合理组织生产力，不断完善生产关系，适时调整上层建筑，以促进生产力的发展。

企业管理的几种主要方法是行政方法、法律方法、经济方法和启发教育方法。

三　企业决策与计划

企业决策是指在明确问题的基础上，对未来行动确定目标，并从两个以上可行方案中选取一个满意方案的分析判断过程。一个科学的决策应有以下基本特性：①决策要有明确的目标；②决策应有若干个可供选择的可行方案；③决策是一个分析判断过程；④决策的结果是选择一个满意的方案；⑤决策应是一项有组织的集体活动。

决策的程序主要包括情报信息的收集与沟通，确定企业目标，拟定可行方案、选择满意方案，方案的实施与反馈四个阶段。企业决策方法大体上可分为两大类，即定性决策法和定量决策法。本章主要介绍了定量决策法。常用的几种定量决策的方法主要有确定型决策法、风险型决策法和不确定型决策法。其中确定型决策法介绍了直接选择法和量本利分析法；风险型决策法主要介绍了期望值表法和决策树法；不确定型决策介绍了悲观决策标准、乐观决策标准、折中决策标准和最小后悔值决策标准。

四　企业战略管理

所谓经营战略，是指企业面对激烈变化的环境、严峻挑战的竞争，为谋求生存和不断发展而作出的总体性、长远性的谋划和方略。其目的在于使企业在正确分析和估量外部环境和内部条件的基础上，求得企业的经营目标、经营结构和资源配置与外部环境提供的机会的动态平衡，从而在激烈的市场竞争环境中，求得企业的生存和不断发展。经营战略具有全局性、长远性、纲领性、抗争性、风险性、相对稳定性特点。

企业的经营思想，也称为企业的经营哲学，是指企业在经营活动中对发生的各种关系的认识和态度的总和，是企业从事生产经营活动的基本指导思想，它是由一系列的观念所组成的。企业对某一关系的认识和态度，就是某一方面的经营观念。

企业宗旨是关于企业存在的目的或对社会发展的某一方面应做出的贡献的陈述，有时也称为企业使命。

企业经营环境是指企业所处的外部总体环境和运营环境。企业的产生、存在和发展固然是因为它们可以用产品和服务满足社会的需要，同时，也是因为它们适应了自身所处的外部环境。企业经营环境分析包括企业外部环境及内部条件分析。

企业战略可分为三个层次：企业战略、业务战略或竞争战略和职能战略。三个层次的战略都是企业战略管理的重要组成部分，但侧重点和影响的范围有所不同。

企业战略，又称总体战略，是企业最高层次的战略。它需要根据企业的目标，选择企业可以竞争的经营领域，合理配置企业经营所必需的资源，使各项经营业务相互支持、相互协调，比如在海外建厂、在劳动成本低的国家建立海外制造业务的决策。

企业的二级战略常常被称作业务战略或竞争战略。业务战略涉及各业务单位的主管及辅助人员。这些经理人员的主要任务是将企业战略所包括的企业目标、发展方向和措施具体化，形成本业务单位具体的竞争与经营战略，比如推出新产品或服务、建立研究与开发设施等。

职能战略，又称职能层战略，主要涉及企业内各职能部门，如营销、财务和生产等，如何更好地为各级战略服务，从而提高组织效率。企业总体战略包括稳定型战略、增长型战略、紧缩型战略。

在企业的战略经营实践中，战略实施有指挥型、变革型、合作型、文化型、增长型五种不同的模式。

战略控制主要是指在企业经营战略的实施过程中，检查企业为达到目标所进行的各项活动的进展情况，评价实施企业战略后的企业绩效，把它与既定的战略目标和绩效标准相比较，发现战略差距，分析产生偏差的原因，纠正偏差，使企业战略的实施更好地与企业当前所处的内外环境、企业目标协调一致，使企业战略得以实现。

企业计划是指根据经营决策方案对企业各项生产经营活动和它需要的各种资源，以及对企业各部门、各环节的工作，从时间上、空间上进行具体的规划、安排和组织实施等一系列的管理活动。其特点是具有首位性、普遍性、目的性、实践性、明确性和效率性。

制订一个完整的计划一般需要八个步骤：机会分析、确定目标、提出可行方案、评价备选方案、选定方案、编制计划、预算、反馈与执行。编制企业计划的方法主要有滚动计划法、网络计划法、运筹学计划方法、PDCA 循环法。

目标管理就是把以目标实现为前提的管理转化成以目标为控制手段的管理，它是通过使企业的员工亲自参加工作目标的制定来实现自我控制，并努力实现工作目标的管理制度，是一种根据工作目标来控制每个职工行动的新的管理方法。其目的就是通过目标的激励，来调动广大职工的积极性，从而保证实现总目标；其核心就是强调成果，重视成果评定，提倡个人能力的自我提高；其特点就是以目标作为各项管理活动的指南，并以实现目标的成果来评价其贡献大小。目标管理过程一般包含三个步骤：①建立一套完整的目标体系，这也是目标的制定过程；②企业目标实施；③进行目标考核。

五　人力资源管理

人力资源管理主要介绍了人力资源的含义和特征，以及人力资源管理的重点内容；阐述了工作分析方法、人员招聘和培训方式、绩效考核方法等一些管理方法；系统地提出了人力资源规划和人员招聘的程序；指出员工福利的内容。

六　企业营销管理

从市场营销的角度来看，市场是对某企业的某产品有特定需要和欲望，并愿意且能够通过交换来满足该种需要的所有现实和潜在消费者的集合。它主要由人口、购买力、购买欲望三要素构成。

市场调查是指运用科学的方法，有目的地、系统地收集、记录、整理、分析有关市场经营方面的各种情报资料，从而掌握市场经营的现状及其未来发展趋势，为企业经营预测和决策提供客观准确的资料的活动。其调查内容主要有市场需求调查、消费者和消费行为调查、竞争结构和营销活动调查。市场调查的方法很多，本章主要介绍了询问法、观察法和实验法。

市场预测是在市场调研的基础上，运用科学的预测技术，对市场需求状况、影响因素和发展趋势所做出的分析和判断。市场预测的方法有上百种，按预测的方式不同，可分为定性预测方法和定量预测方法两大类。常用的定性预测方法主要有集合意见法、德尔菲法和用户意见法。定量预测法通常分为时间序列法和因果关系法两大类。

产品概念分为广义的和狭义的两种。广义的产品即市场营销学所说的产品，是指人们通过购买或租赁所获得的能满足需要的任何事物。它包括实物、服务和主意等，是有形产品和无形产品的统一体。它由三个基本层次组成：核心产品，形式产品，附加产品。

产品组合是指一个企业在一定时期内生产经营的全部产品线、产品项目的组合方式。产品组合的选择可以从宽度、深度、长度和关联度四个方面考虑。通常，可供企业选择的产品组合策略主要有：①扩大产品组合；②缩小产品组合；③产品线延伸。

品牌是指用来识别产品或企业的某种特定的标志，通常由某种名称、记号、图案或其他识别符号所构成。一般包括品牌名称和品牌标志两部分。企业在进行品牌决策时，一般可以做出以下几种选择：①有无品牌策略；②家族品牌策略；③品牌扩展策略；④多品牌策略；⑤品牌重新定位策略。

包装策略是产品策略中的一个重要组成部分。常用的包装策略主要有相似包装策略、差异包装策略、相关包装策略、复用包装策略或双重用途包装策略、分等级包装策略、附赠品包装策略、改变包装策略。

影响商品定价的主要因素有产品成本、市场需求、竞争。企业的定价目标主要有维持生存、获取利润、保持销量、应对竞争四种。

由于商品价格的高低主要受成本、市场需求和竞争状况三大因素的影响，因此，各种定价方法可归纳为成本导向定价方法、需求导向定价方法和竞争导向定价方法三大类。

定价策略是指在制定价格和调整价格的过程中，为实现企业的营销目标而采取的定价艺术和定价技巧。定价策略主要有新产品定价策略、折扣和折让定价、差别定价、心理定价策略。

分销渠道是指某种产品从生产者向消费者或用户转移过程中所经过的一切取得所有权（或协助所有权转移）的商业组织和个人，即产品所有权转移过程中所经过的各个环节连接起来形成的通道。它的结构主要有分销渠道的长度结构和宽度结构。按渠道长度的不同，分销渠道可分为直接渠道、一层渠道、二层渠道、三层渠道四种结构。企业根据同一层次中间商数目的多少，可以分为三种形式的渠道宽度的选择策略，即密集型分销、选择型分销和独家型分销。

促销策略是市场营销组合的四大要素之一。它包括广告、公共关系、人员推销和销售推广四种促销方式。促销组合即指对这四种促销方式的综合运用。

人员推销是推销人员深入中间商或消费者、用户，直接进行推荐、介绍，促使顾客购买。人员推销的优点在于直接性、培养感情、迅速反应。其缺点是推销费用高、影响范围有限。

广告是一种非人力的信息传播手段，它通过各种宣传媒介，如电视、广播、杂志和报纸等将产品或信息传递给接受者。广告最主要的优点之一是它能在同一时间内向很多人传递信息。

公共关系是指一个组织为改善与社会公众的关系状况，增进公众对组织的认识、理解与支持，树立良好的组织形象而进行的一系列活动。公共关系的作用是帮助企业与公众沟通，协调关系、化解矛盾，争取理解和支持，树立形象。企业常用的公关活动方式主要有报道，组织和接待公众、顾客参观，访问客户，处理投诉，赞助公益事业和社会活动，进行消费教育，提供免费指导、咨询、培训等。

销售推广是通过短期的刺激性手段，说服和鼓励消费者，激发他们的购买欲望的除人员推销、广告和公共关系以外的营销活动。销售推广的主要形式有提供免费样品，有奖销售，折价赠券，展销，组织竞赛，发放津贴与奖金等。

现代营销理论新发展主要有关系营销理论、营销组合理论、整体市场营销理论和网络营销。

七　生产运作管理

生产运作是一个组织将它的输入转化为输出的过程。生产运作管理是对生产运作系统的设计、运作与维护过程的管理，包括对生产运作活动进行计划、组织与控制。其目标是高效、灵活、准时、清洁地生产合格产品和提供满意服务。生产运作一般分成制造性生产与服务性生产两大类。

产品的生产过程是指从原材料投入到成品生产的全过程。组织生产过程的原则主要有工艺专业化与对象专业化。其基本要求有生产的连续性、平行性、比例性、均衡性和准时性。流水线生产是现代生产方式比较普遍的一种形式，是先进高效的一种组织生产形式。

生产计划是指规定企业在计划期内应当完成的产品品种、质量、产量、产值、生产期等一系列生产指标。合理地编制主生产计划是生产计划的核心内容。此外，还有生产能力需求计划、车间作业计划、生产作业控制等更专门、具体的内容。

随着市场状况的不断变化和信息技术的迅速发展，企业为了取得竞争的优势，不断地改进生产管理的思想和技术，创造了许多先进的、高效的新型生产方式，有一定代表性的如精益生产、大规模定制、计算机集成制造和敏捷制造等。

八　财务管理

财务管理是现代企业管理的一项重要内容，涉及资金的筹集、投放、使用、回收及分配等一系列资金运动环节。时间价值和风险意识是财务管理者必须牢固树立的两种观念。

筹资的基本问题就是考虑渠道和方式，企业要合理选择和配置筹资渠道和筹资方式，以最小的资金成本和风险获取企业所需要的资金。投资存在风险，在对项目进行投资前，运用动态和静态投资评价指标来分析可以更好地减少风险所带来的损失。

财务分析是对企业一定时期内财务活动结果的全面总结，为企业及其利益关系人下一步的财务预测和决策提供依据。财务分析常用趋势分析法和比率分析法两种，主要涉及偿还能力、运营能力和获利能力等的分析。

九　质量管理与控制

质量是经济发展的战略问题，质量水平反映了一个企业、一个地区乃至一个国家和民族的素质。质量的概念最初仅用于产品，以后逐渐扩展到服务、过程、体系和组织，以及以上几项的组合。质量指一组固有特性满足要求的程度。质量管理是指在质量方面指挥和控制组织的协调活动。在质量方面的指挥和控制活动，通常包括制定质量方针和质量目标及质量策划、质量控制、质量保证和质量改进。20世纪，人类跨入了以加工机械化、经营规模化、资本垄断化为特征的工业化时代。在整整一个世纪中，质量管理的发展，大致经历了三个阶段：质量检验阶段、统计质量控制阶段、全面质量管理阶段。所谓全面质量管理，是以质量为中心，以全员参与为基础，旨在通过顾客和所有相关方受益而达到长期成功的一种管理途径。质量管理的八项质量管理原则包括以顾客为关注焦点，领导作用，全员参与，过程方法，管理的系统方法，持续改进，基于事实的决策方法，与供方互利的关系。

在产品生产过程中，总会出现各种质量问题，企业要提高产品质量，就必须弄清楚出现这些问题的原因是什么，其中主要原因又是什么，以及各种因素对质量的影响程度等，以便对症下药解决问题。但这些问题并不是一下子就能看出来的，往往要应用统计的方法使问题集中化、明确化，最终得出正确的结论。

分析和控制产品质量的常用方法有排列图法（又称主次因素分析图法）、因果分析图法（又称鱼刺图法）、分层法（分类法）、相关图法、统计分析表法、直方图法和控制图法等。

十　企业文化

企业文化是企业在长期的实践活动中形成的，为企业成员普遍认可和遵循的共同的价值观念和行为准则，是一种具有企业个性的信念和行为方式。它具有以下四个特征：企业文化是在实践中建立发展起来的；企业文化是可以继承的；企业文化的核心是企业价值观；以人为本是企业文化的中心内容。一般认为，企业文化有三个层次结构，即精神层、制度层和物质层。

企业文化的内容包括企业目标、企业哲学、企业价值观、企业精神、企业道德、企业制度、企业环境、企业形象、企业创新。企业文化作为一种组织系统，也具有许多独特的功能，其中突出的功能有以下几点：导向功能、凝聚功能、激励功能、约束功能、辐射功能。

企业文化建设受很多因素的制约，主要有社会文化、行业特点、企业所在的地理位置和企业的历史传统。在企业文化建设过程中，还需要有适当的具体塑造方法，一般而言，卓有成效的方法有宣传教育法、激励法、感染法、环境优化法。

（作者单位：威海职业学院）

浅析人力资源服务业如何规范发展

孙　波

随着经济形势的发展，中国经济大有从"投资推动型"向"人力资源推动型"转变的趋势，人力资源产业将成为国民经济新的增长点。如何引领人力资源服务业向规范化发展，已成为各级政府的重要议题。

一　产业发展层面要更规范透明

职业中介服务是人力资源服务产业的较早雏形。早在改革开放初期，深圳市出现了"流动人口与户籍人口比例严重倒挂，流动人口总数增多，人口年均增长速度太快"的局面。职业中介服务机构应运而生，成为深圳市人力资源市场的载体，对促进劳动力供求均衡、减少劳动力市场摩擦、降低劳动力交易成本、促进劳动力合理流动等起到了积极的作用。

随着全国改革开放步伐的加快，在建立市场经济体制过程中，各地职业中介服务蓬勃发展起来，并逐渐向人力资源服务方面转化。以山东省威海市为例，在 2000 年以前，全市只有 16 家职业介绍机构，而如今全市从事人力资源服务业的机构已发展到 124 家，其中，公共就业服务机构有 14 家。尽管公共就业服务起到了提高人力资源市场透明度、保持人力资源市场公平、帮助就业困难群体避免陷入不利地位的特殊作用。但一个产业的崛起，必须有相应的企业群支撑，否则难以形成产业。而我国的公共就业服务机构多为事业单位属性，普遍存在政企不分、事企不分现象，其工作人员既是国家机关工作人员又是职业中介机构从业人员。因此，要使人力资源形成产业化、规模化，必须分两步走。一方面，尽快改变现有体制。只有经过改制，才能产生真正意义上的企业和产业。只有把公共就业服务机构的职业中介职能从原有的体制中剥离出来，并推向市场，使其在市场竞争中充分利用现有的管理经验，健全网络和配备先进设备，并发挥"领军人"的带动作用，才能解决其经费筹集不畅的难题，并有效避免自己监管自己的尴尬局面。同时，进一步强化公共就业服务机构的管理功能，让其承担行政机构的管理职能，为现行的人力资源市场提供更加有利的法律政策环境，使人力资源服务业的市场环境更公平、更规范。另一方面，要鼓励扶持民间资本投资人力资源服务业，并在政策准入、平台建设以及资质甄选上给予较大的支持，以促进和保障人力资源市场的灵活性。

二　市场发展过程要更守法有序

人力资源服务业已被正式列入鼓励类产业目录，这意味着人力资源服务业已成为国家重点发展的现代服务业的重要组成部分。因此，各级人力资源市场在发展过程中只有从规范化入手，才能使其产业化之路走得更快更稳。

建立完善的行业协会制度，合理规划人力资源服务产业方向。一要制定人力资源发展规划和政策标准，培育市场体系。要加强人力资源服务业结构优化升级、人力资源流动等具有战略性、前瞻性、综合性重大问题的调研，及时总结分析人力资源服务业发展情况和存在的问题，并提出相应建议。要积极引导人力资源服务企业改变现有服务模式，实现从"单一的人力资源服务"向"全方位的人力资源服务"的转变，并及时监测、调控高端人才的流向，推进人力资源服务产业发展。二要加强行业自律。配合政府部门宣传贯彻国家有关方针政策、法律法规和行业标准，在维护企业合法权益的同时，督促企业依法合规经营，规范行业秩序，制定并组织实施行业职业道德准则和行规行约，构建行业自律管理的长效机制。三要强化诚信建设。全面开展人力资源服务企业诚信经营活动和企业信用评价工作，逐步实行企业信用和行业从业人员资质等级分类管理，形成行业内守信激励、失信惩戒的有效机制。同时，防止同业恶性竞争，维护行业信誉，保护劳动者合法权益，推动建立公开、公平、公正的市场秩序。

加强基础性工作，全面提高人力资源服务企业管理水平。由于我国人力资源市场起步较晚，许多问题亟待解决。无照经营或超范围经营，不注册登记，不缴纳税金，无资金场所，私下交易，盲目收费等现象屡禁不止。无执业资格，不熟悉相关法律法规，服务效率低，业务不熟练，弄虚作假等现象也比比皆是。所以，做好人力资源服务的基础性工作势在必行。

2007 年以来，《劳动合同法》《就业促进法》《劳动争议调解仲裁法》的连续出台，为人力资源服务产业的发展提供了法律保证。《中国人力资源服务业白皮书》《国家中长期人才发展规划纲要》《高级人才寻访服务规范》的颁布和实施，也为人力资源市场构建了良好的制度环境。有关部门在加强对人力资源服务行业进行管理的过程中，要充分认识产业违法违规经营的危害性，由事后处理向事前预测预防转变。通过实施综合性、全方位的体系评价，将不同层面、不同环节的违规甚至是违法经营问题通过预先监督消灭在萌芽之中。要加强全员、全过程的内部管理，并通过对不同企业实施体系评价，促使企业开阔视野，指导其由片面性内部管理向更高目标体系管理转变。要多种渠道支持行业体系评价的基础研究工作，及时跟踪发达国家人力资源服务体系评价的发展趋势，进一步建立、完善、利用人力资源基础数据库，为各类人力资源与现行的岗位合理匹配提供平台。

建立和完善相关配套制度，确保人力资源市场和谐发展。人力资源市场体系是一个庞大的系统工程，不可能一蹴而就，需要建立相关配套制度，并得到社会各方面支持。一是通过政策进一步明确人力资源服务产业的产品内容。细化人力资源服务产品中的猎头及人才中介、人才招聘、人才（劳务）派遣、人才测评、培训、管理服务、信息调查和数据处理服务、人力资源管理咨询等类别的经营制度。二是合理建立协调不同群体之间的人力资源发展和投入制度。打破体制障碍，保障弱势群体并限制垄断部门，在价值创造、人才评价和工资分配中寻求人力资源的平衡。三是加强人力资源管理的规范化和制度化建设。着重加强裁员管理、劳资关系管理以及劳动争议解决等方面的专业能力。同时，引导企业在人力资源管理中承担起对员工的社会责任，包括保障员工的就业安全、职业安全以及收入安全等。

三 产业发展路径要更清晰合理

随着产业结构的加速调整，人力资源需求的类型、规格、层次、数量等也迅速发生变化。因此，在推进人力资源市场的发展路径上要更规范。一是遵循市场规律，构建适应各类用人主体的多元化需求，整合服务资源，着力完善人力资源的配置、成长、开发、评价、激励、保障等各环节，形成完整清晰的服务产业链。二是完善人力资源流动配置服务措施。指导各产业和部门制定人才发展规划、岗位设置和人力资源职业生涯规划、职业发展指导、就业招聘、录用选拔、调配流动，以及市场供需调查分析等制度，以实现人力资源与岗位的有效对接。要充分发挥市场在人力资源配置中的基础作用，构建多层次的人力资源配置体系，形成平等、自由、竞争的市场环境，引导人力资源合理有序流动。三是在产业结构调整中，提升人力资源素质。这是促进人的全面发展，实现由人力资源大国向人力资源强国转变的必要环节。要通过人力资源岗前适应培训、职业技能培训、继续教育和出国（境）培训等针对性培训，使人力资源素质得到大幅提升，进而更适应产业结构调整和经济社会发展的需要。同时，要坚持政府主导和市场引导相结合，充分整合各类培训资源，针对不同类型的人力资源开展相应的培训服务。不断更新各类人员知识培训制度，推进专业技术人员继续教育，构建劳动者终身教育体系。完善企业在职职工、新生劳动力、外来务工人员职业资格证书制度，全面提高劳动者素质，进而使我国人力资源服务业逐渐向专业化、产业化、品牌化和规范化积极稳步地发展。

（作者单位：威海市人力资源和社会保障局）

理性策略下的非合作博弈：
乳山弃船案例剖析

陈明仿

一　引言

理论上，市场交易中各理性参与人无论采取什么样的交易策略，其目的都是使自身预期收益最大化。但是对同一笔交易而言，这种预期收益在不同的经济环境下实现的难易程度存在较大差别，在经济周期上升期发生的能使双方预期收益实现的交易行为，可能在经济下滑期预期收益不但难以实现，在某种情况下该交易还可能导致一方或双方利益受损。即便有经济合同从法律上强制双方继续合作，使交易最终完成，但理性个体的趋利本质必然会使交易一方在实际博弈策略上出现不合作行为，而这种不合作行为对其他参与人而言，必然会导致收益下降甚至利益受损，严重时还可能使参与人陷入生存困境或倒闭。2011 年发生的乳山造船有限责任公司（以下简称"乳山船厂"）遭遇弃船事件，就是因金融危机前签订的一笔船舶交易，在危机后出现参与人（意大利船东和金融机构）不合作行为，致使乳山船厂资金链断裂并危及生存的典型案例。

二　乳山船厂遭遇弃船并陷入经营困境的过程

乳山船厂成立于 2004 年 4 月，注册资本 4000 万元，现有干部职工 1367 人。企业主要以建造打桩船、起重船、不锈钢化学品船等技术含量相对较高的特种用途船只为主，是全国仅有的可建特种用途船舶的 3 家船厂之一，也是我国 12 个国家船舶出口基地的骨干企业之一。2005～2010 年，企业资产规模和利润总额分别以年均 25.8%、27.4% 的速度增长，2011 年 10 月末，资产总额达 92388 万元，所有者权益 30287 万元，当年实现销售收入 40140 万元，利润总额 4156 万元，实现利税 2600 万元，是辖内典型的优质企业。但是就是这样一家优质企业，却仅仅因为 2011 年一个意大利客户弃船事件，便使企业资金链条断裂而陷入经营困境，濒临破产边缘。

（一）弃船事件前的经济背景

金融危机前的 2007 年正处国际贸易高峰期，旺盛的航运需求带动了船舶制造业的高速发展，威海辖内的 20 多个船舶企业即使满负荷生产，仍然满足不了订单需求。大部分企业只能筛选利润相对较高、资信相对较好的大额订单进行生产。在此背景下，乳山船厂于 2007 年 3 月 27 日与意大利某公司签订了两艘载重量分别为 13600 吨、价格分别为 3210 万欧元的双相不锈钢化学品船舶大额生产合同，并约定：交船期为 2010 年 2 月 26 日，弃船期为 2010 年 9 月 24 日（超过该期限，船东可以取消合同，放弃购买所生产的船舶）；船东除及时提供船舶建造所需要的图纸和设备外，还要根据船舶建造流程中的开工、上船台、下水、试航、交付五个节点分别支付 20% 的预付款。由于船东方积极配合，资金到位及时，当年船舶生产进展顺利。

（二）乳山船厂遭遇弃船的曲折过程

2008 年金融危机爆发后，国际航运市场业景气指数迅速下挫（波罗的海干散货指数由 2008 年的 11793 点下降至 2000 点以下），航运企业业务量明显下降甚至无货可运，出现大面积亏损，随后发生的欧洲主权债务危机使航运企业更是雪上加霜，包括意大利在内的欧洲金融机构对航运企业均不同程度下调信用等级，压缩融资额度。受此影响，乳山船厂的意大利客户后续预付款出现支付困境。经协商，乳山船厂允许意大利船东预付款比例由合同约定的 80% 下降到 40%。为确保船舶正常生产，辖内金融机构随后向乳山船厂增加贷款 1.5 亿元。

但是，2009～2010 年船舶建造过程中，意大利船东方表现出明显不配合的倾向。数次出现船东指定的设备设计公司延迟交付图纸、船东延迟支付预付款、应由船东供应的氮气发生装置及其设备认可资料延期交付等情况，据乳山船厂统计，仅上述三项累计延迟 932 天。受其影响，造船生产周期被迫延长，合同期内交船困难。

为避免法律纠纷，乳山船厂与意大利船东方于 2010 年 9 ~ 10 月分别在深圳和上海两次协商，要求延长交船期和弃船期，但客户方不但没有同意，而且以船舶已超过约定期限为由提出弃船要求，通过司法程序要求船厂归还预付款及利息。后经船厂抗辩并提议下，合同双方在意大利签订和解协议，但由于该协议中涉及影响贷款银行资产安全的不平等条款，贷款银行拒绝执行，导致协议失效。2011 年 4 月 7 ~ 8 日，意大利船东、意大利银行、乳山船厂、中国农业银行等代表重启谈判，并最终达成新的和解协议。新和解协议约定：SRC510 号、SRC511 号船舶交船期分别延长至 2011 年 7 月 15 日、2011 年 12 月 15 日，弃船期分别延长至 2011 年 10 月 31 日、2012 年 2 月 29 日，价格分别下降 350 万欧元。

虽然船厂在协商中一再妥协，但纠纷远未结束，在接下来的船舶建造过程中，意大利客户及 ABS 船级社仍然不予配合，且采取新的方式拖延生产进度，本来要求船东指定的 ABS 船级社监理员驻厂，以便根据工程进度随时报检验收，ABS 船级社监理人员虽然答应驻厂，但经常拖延验收时间，而且，对船舶质量更加吹毛求疵，监理员每次验收几乎总能找到新问题并要求重新修改，生产周期被迫延长，致使 SRC510 号船舶生产又一次超过弃船期。尽管乳山船厂多次举证延迟原因是由对方引起，但船东仍然提出弃船，并最终形成弃船事实。随后 SRC511 号船舶生产也经历了上述类似过程。

（三）遭遇弃船后乳山船厂面临两难境地

由于船舶行业是典型的资金密集型行业，且乳山船厂作为生产特种用途船舶的企业不仅对技术要求更高，资金需求也更大。该企业自 2007 年与意大利客户签订两艘双相不锈钢化学品船舶建造合同后，为确保正常生产，乳山船厂向多家金融机构和企业融资余额均保持在 5 亿元左右，加上银行保函、信用证、承兑汇票，乳山船厂实际获得信用总额超过 10 万元。2011 年 10 月末，该企业在各金融机构融资余额 31812 万元，保函余额 72684 万元（国内保函 1638 万元、涉外保函合计人民币 71046 万元），银行承兑汇票 3008 万元，信用证合计人民币 25 万元。此外，乳山船厂还向乳山市益天房地产开发有限公司等 3 家企业借款 3400 万元（利率接近 20%）。

2011 年 11 月 16 日，乳山船厂遭遇弃船事件后，乳山船厂随时面临船东相关方强行扣划 4.6 亿预付款项及利息，虽然乳山船厂试图通过向第三方变卖弃船走出困境，但由于意大利客户所弃船舶属于特种用途船只，市场需求小，而且船舶规格与需求方不符合根本无法找到买家。国际海事组织

2008 年 1 月出台的船舶《涂层性能标准》于 2012 年 7 月 1 日正式生效，规定所有船舶必须符合新标准后方能出厂。按照新标准，该两艘意大利船舶必须将压载舱涂层全部重新打砂，但由于船厂所在区域自来水和空气盐分含量不达标，重新按标准施工在资金投入上难以估计。因此，如果短期内不能处置变现所弃船舶，很可能导致新建船舶报废，造成乳山船厂几亿资产损失。

面对乳山船厂即将出现的经营困境，贷款银行为防范信贷风险，不但没有追加资金，反而收缩信贷规模，致使乳山船厂流动资金出现周转困难，而此时，前期从其他企业借入的民间资金借款人也纷纷上门催款。2011 年年底，企业资金链条断裂，大部分贷款逾期，面临损失风险，所涉金融机构如深圳发展银行等均已启动司法程序，要求查封抵贷资产。一个曾经的骨干企业仅仅因为一个弃船事件就陷入前所未有的生存困境。

三　相关文献和观点描述

上述案例看似符合经济逻辑，读者却难免存在如下疑问：一是既然有法律合同作为保障，船厂为何在纠纷中牺牲自身利益情况下仍多次妥协？二是虽然船厂多次妥协，为何船东仍然不予合作？三是船东虽然弃船，但只不过是增加存货投资，却为何使资产规模超过 10 亿元的重点优质企业短期内濒临破产？四是在船东弃船后企业资金链趋紧，金融机构明知压缩企业信贷规模会加速企业破产，危及信贷安全，却为何争先恐后收贷收息甚至起诉？

关于上述问题，国内研究人员大多数从合同约束条款缺乏有效性、客户道德风险、企业自身实力不足以及金融机构风险厌恶等角度进行了解释。初北平、魏强等人认为由于船舶制造企业在风险预期上考虑不周，致使合同设定条款存在漏洞、约束不严，从而埋下安全隐患。该观点虽然从法律角度解释了交易纠纷的产生，但其实再严格的合同条款，也难以完全约束交易行为，交易纠纷难以避免。另外，该观点不足以解释"金融危机前弃船现象少而危机后弃船现象普遍"问题；关于船东不合作问题，王永伟等人认为，金融危机后出现船东故意延迟付款、与船级社勾结故意贬低船舶质量等现象，主要是由船东本身的道德风险引起。但本案例中意大利客户是乳山船厂通过资质和诚信考察后筛选的优质对象，很明显，仅从道德风险角度不足以说明船东不合作行为。关于弃船事件使企业出现生存困境问题，韩立新、李天生等人认为，出现这种现象的根本原因是企业自身的实力不足，资产结构不合理。在流动资金缺乏情况下，如果承接超过自身实力的造船项目，一旦遭遇弃船，财务风险将不可避免地发生。该观点虽然解释了企业出现生存困境的直接原因，但本案例中乳山船厂资产达 10 多亿元，弃船前流动资金并不存在问题，理论上意大利客户弃船事件并不足以使乳山船厂陷入经营困境。关于金融机构在弃船事件后集中收贷问题，黎冉等人认为，产生这一现象的原因是由于弃船事件导致金融机构信贷资产预期收益下降甚至危及信贷安全，金融机构为确保自身利益所采取的理性行为。该观点如果用来解释部分中小船厂因弃船引起集中收贷现象，能足够说明问题，但案例中乳山船厂是诚信度高、市场前景广的大型企业，如果金融机构在弃船事件后不是集中收贷，而是进一步输入资金，乳山船厂完全可以走出困境，不仅不会危及信贷安全，反而会使双方利益进一步增加。因此，该观点对金融机构行为的解释也不全面。

笔者认为，不管是船厂、船东还是金融机构，从博弈角度看，出现上述种种现象的根本原因是参与人基于自身利益追求下理性选择博弈策略的结果，只不过由于经济环境变化致使参与人实现利益最大化条件改变，从而引起参与人博弈策略的理性调整，而这种理性调整后的策略虽然有利于自身利益实现，但不一定同时满足对方利益，有时候甚至可能还会损害对方利益，造成博弈各方合作失败。乳山船厂遭遇意大利船东弃船事件就是重要例证。

四　危机前船厂预期利益最大化策略为
危机后博弈策略调整预留了空间

在市场经济中，每一笔交易完成都是参与人在自身利益最大化博弈中形成的一种纳什均衡。在供不应求的情况下，供应商为实现收益最大化，最常用的博弈策略是提高价格。如果提高价格后，市场仍然供不应求，说明现有价格仍然低于需求者预期价格，产品仍有提价空间。因此，供应商在下一轮博弈中会采取进一步提高价格的策略，直至市场达到出清状态，此时，供应商预期收益达到最大化。

以船舶交易为例，设船东进行船舶投资后的预期收益为 a，造船厂和船东在价格上的博弈实质上是如何分配预期收益 a 的博弈。作为理性参与人，造船厂在定价时总是期望尽可能多地分配 a，如果造船厂要求分配的份额 $x1$ 使船东投资的机会成本低于预期收益 a，船东便会接受，交易因此进行；但如果

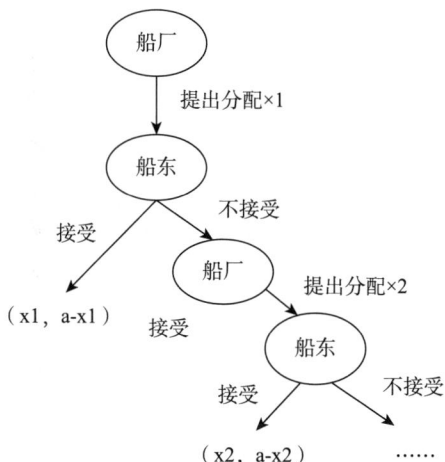

图 1　船厂和船东价格博弈

x1 > a，船东拒绝，此时造船厂会改变策略，将分配份额降至 x2，如果船东接受，交易进行，双方收益为（x2，a − x2），否则，进入下一轮价格谈判，直到交易产生，双方预期收益均达到最大化（见图 1）。

在上述案例中，乳山船厂和意大利船东之间的交易发生在金融危机前的国际贸易高峰期，船舶需求市场处于明显的供不应求状态，船舶制造企业具有较大的主动议价权，尽管船厂和船东经过多次博弈后，将两艘载重量分别为 13600 吨双相不锈钢化学品船舶定价为 6420 万欧元，盈利高达 1500 万欧元以上，但由于该价格使意大利船东投资机会成本仍然低于当时航运企业 30% 的利润率，交易因此展开。正是由于乳山船厂在交易中获了高达 1500 万欧元的预期收益而为博弈策略调整预留了空间，才致使船厂在危机后尽管船东多次要求增加载重量，而且要求价格直降 700 万欧元，船厂仍然不断妥协，以期促使交易顺利完成。

五　危机后船东与船厂利益渗透关系消失，使双方不再具备合作基础

危机前，乳山船厂和意大利船东作为博弈双方无论采取什么样的策略，由于双方利益互相渗透，总能达到纳什均衡，使各方在实现自身利益基础上也能使对方利益最大化。但危机后，由于船东面临萧条的海运市场，投资船舶不但不能带来收益，在资产闲置时反而增加管理和维护费用，因此，对船东而言，只要接船就意味着损失。在这种背景下，乳山船厂和意大利船东利

益渗透关系不复存在，双方合作博弈条件消失，无论什么样的均衡结果都不可能使意大利船东收益最大化。合作失败成为必然。本案例中，尽管乳山船厂多次妥协，并将两艘船舶价格直降700万欧元，降幅在10%以上，而且进一步谈判，价格仍有可能继续下降，但意大利船东最终仍然选择弃船策略，正是博弈双方利益渗透关系消失所致。

但是，尽管双方不再具备博弈基础，由于该笔交易发生在危机前，而且有法律合同约束，作为乳山船厂方，为尽可能减少损失，合作失败之前必然要进行多次动态博弈，形成博弈树（见图2）。在动态博弈中，船厂首先向船东提出完成交易的策略，即交船，船厂面临两种选择：接船和弃船。当船东选择接船，如果是原价接船，其收益为 $-t-a$（其中，t表示接船后资产闲置损失和管理维修费用，a表示船舶原值与现直之差，即资产缩水额）；如果降价接船，船东虽然可以获得额外收益c，但相比较a，显然a＞c（否则船厂会因此笔交易而亏损，一般情况下不会出现），即船东收益 $-t-a+c$ 为负值。当船东选择弃船，如果是因船东原因弃船，在法律约束下，船东必然要承担法律风险损失d，如果是因船厂原因弃船，船东可以借此取消合同，要求退还所有投资款及利息，此时，船东至少不会形成损失，即收益为0。显然，比较四种可能结果，对船东而言，选择"弃船并将导致弃船的原因推给船厂"的策略，可以获得最高的收益，即最优策略。这便是案例中，乳山船厂尽管多次妥协，意大利船东仍然选择弃船的真实原因。

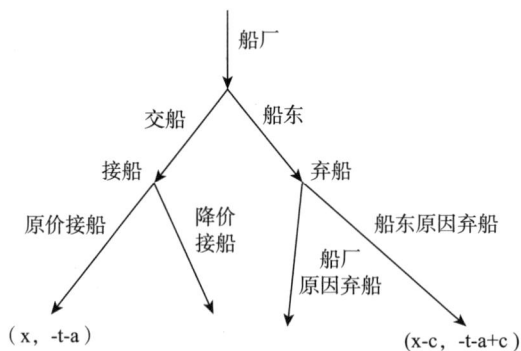

图2 船厂与船方动态博弈树

六 "囚徒困境"现象使金融机构在博弈策略上趋于不合作

事实上，船东弃船事件发生后，乳山船厂4.6亿元的船东预付款和利息因司法程序尚未结束短期内不会被扣划，流动资金紧张只是预期问题。面对产品技术含量高、前景广阔、诚信度高的乳山船厂，如果金融机构在此时不采取竞相收贷，而是进一步输入资金，企业完全可以走出困境，不仅不会危及信贷安全，反而会使双方利益进一步增加。事实上，如果向乳山船厂放贷的融资机构只是一家（没有竞争对手），这种理想结果完全有可能发生。但目前的情况是，给该企业放贷的融资机构除中国农业银行、城市商业银行、村镇银行、深圳发展银行等多家金融机构外，还有小贷公司和其他三家企业，在没有政府等部门的干预和协调下，金融竞争中"囚徒困境"引发的一次性利益博弈，使这一结果很难发生。

假设向船厂放贷的金融机构只有 A 和 B，在船厂遭遇弃船事件后，A、B金融机构信贷资产出现预期风险，两家金融机构同时面临如下几种选择：一是 A、B 金融机构同时增加信贷资金，使企业渡过难关，此时，两家金融机构除分别得到目前的收益 a 和 b 外，还会分别增加收益 x 和 y；二是 A、B 金融机构同时压缩或收回贷款，船厂因资金链条突然中断，陷入经营困境并导致破产，两家金融机构必然会造成信贷损失（设分别为 t1、t2）；三是其中一家金融机构压缩或收回贷款，而另一家金融机构保持信贷规模不变或少量增加贷款（理性的金融机构此时不可能大量增加贷款），那么，前者获得当前收益 a，而后者会受到 t2 损失。博弈结果可能存在四种收益组合，即（a + x，b + y）、（a − t1，b）、（a，b − t2）、（a − t1，b − t2），显然，第一组合整体收益处于最大化状态，是一组最优的纳什均衡。但在实际博弈中，由于各金融机构之间信息缺乏沟通，A 金融机构作为竞争一方，难免会有如下顾虑：面对预期倒闭的信贷对象，如果自己不采取收回贷款策略，等其他金融机构收回贷款后，自己的信贷资金会面临损失风险；相反，如果自己及时收贷，至少可以确保自己资产安全，因此，A 金融机构基于自己利益的第一选择必然是收回贷款。同样，B、C、D 金融机构也会采取收回贷款的策略，而当所有参与人均采取收回贷款策略时，金融机构就出现收益组合为（a − t1，b − t2）的纳什均衡，此时，各参与方不但不能实现自身利益，而且使整体收益下降，即出现"囚徒困境"现象。

显然，上述两种博弈结果并没有向帕累托改进方面发展，也就不可能形成最优的纳什均衡，虽然上述博弈中金融机构"囚徒困境"现象导致下一轮博弈不可能重复并持续，但缺乏强力部门的协调和沟通，难免会有部分金融机构只着眼当前利益而采取一次性博弈策略，从而使金融机构明知压缩企业信贷规模会加速企业破产，危及信贷安全，却仍然争先恐后收贷收息，以维护自身信贷安全。

七 资产变现难引发的财务风险是形成企业困境的直接原因

金融危机后，随着国际贸易形势迅速恶化，船舶市场弃船现象普遍发生，仅威海辖内20多家造船企业就有11家遭遇船东弃船事件，但除乳山船厂以外，其他造船企业受弃船事件影响较小，基本上都能通过折价变现等方式回笼现金流，使企业处于正常经营状态。乳山船厂作为一个资产达92388万元、所有者权益达30287万元的骨干企业，在遭遇涉案金额4.6亿元的弃船事件后，理应也可以通过折价变现等方式确保资金正常周转，但由于意大利客户所弃船舶属于特种用途船只，本来市场需求就很小，在航运市场萎缩的情况下更是难以找到买家，而且，该特种船舶在使用时对规格要求较高，如果规格与需求不符，船舶用途会受到限制，进一步增加了变现难度。另外，该两艘意大利船舶不符合国际海事组织于2008年1月出台的船舶《涂层性能标准》的要求。因此，在船舶无法变现的情况下，企业的几亿资产将面临遭受损失的处境。在上述两难境地下，本来企业资金链条就趋紧，加上融资机构集中收贷，财务风险发生不可避免。

八 结论与启示

在弃船事件中，由于船厂在金融危机前的动态博弈中实现了自身预期收益最大化，为博弈策略调整预留了空间，才使金融危机后即使船东多次要求修改载重量并大幅降价，船厂仍然采取妥协策略。

由于金融危机后，船东面临萧条的海运市场，投资船舶不但不能带来收益，在资产闲置时反而增加管理和维护费用，因此，对船东而言，只要接船就意味着损失。在这种背景下，乳山船厂和意大利船东利益渗透关系不复存在，双方合作博弈条件消失，这便是案例中，乳山船厂尽管多次妥协，意大利船东仍然选择弃船的真实原因。

在缺乏强力部门的协调和沟通下，难免会有部分金融机构只着眼当前利益而采取一次性博弈策略，产生"囚徒困境"现象，这正是案例中金融机构明知压缩企业信贷规模会加速企业破产，危及信贷安全，却仍然争先恐后收贷收息的根本原因。

弃船事件发生后，由于所涉船舶属于特种用途船，市场需求小，变现困难，在因缺乏沟通和协调导致融资机构竞相收贷情况下，船厂陷入生存困境在所难免。

（作者单位：中国人民银行威海市中心支行）

大力发展文化产业是构建和谐社会
培育新的经济增长点的战略决策

毕可俐　于　婷

国务院出台的关于《文化产业振兴规划》提出"深化文化体制改革，形成公有制为主体，多种所有制共同发展的文化产业格局"。这是新的历史时期全面发展社会主义市场经济，优化能源结构，推进产业升级，大力发展绿色经济、循环经济，充分依靠科技创新培育新产业，转变经济发展方式的内在动力；是构建和谐社会、培育新的经济增长点的战略决策。对扩大内需、保增长、促发展、节能减排，都具有特殊意义。下面就发展文化产业的积极作用和存在的制约因素及相应措施谈下个人认识。

一　发展文化产业的积极作用

文化是和谐社会的灵魂，文化是以人为中心对外部世界认识和体验的总结，只能为人所创造，又为人的需求所服务。在社会与人全面发展进程中，文化的作用越来越突出。文化产业作为市场经济条件下文化建设的新型形态，对构建和谐社会具有特殊意义。和谐社会是社会各种要素和关系相互适应、协调发展的状态，是以人的全面发展为中心，涵盖了人与人、人与自然、人自身等多重关系，其构成是经济、政治、文化多种因素的共同作用。文化与科学技术相结合形成的文化产业，则对构建和谐社会的作用更直接，更显示时代特征。在我国，文化产业是市场经济条件下繁荣发展社会主义文化的重要载体。加快振兴文化产业，对于扩大内需，满足人们日益增长的多样化、多方面、多品种和多层次精神需求，体现以人为本的精神，维护广大人民群众的文化利益，推动经济结构调整具有重要作用。

（一） 发展文化产业有助于整合人与社会之间的矛盾

当前，我国社会正向市场经济的方向转化，处在"黄金发展期"和"矛盾凸显期"。社会结构、利益关系调整所带来的新的不和谐因素，特别是人的不和谐因素，成为构建和谐社会的主要障碍。要解决这些问题，进一步激发社会发展活力，离不开文化。"以文教化"是文化的重要含义，在现代文化的概念中，文化是法律制度以外调整人际关系、促进社会和谐的有效手段。发展文化产业对构建和谐社会有不可代替的"润滑"和促进作用。首先，有利于形成适应和谐社会的道德规范。道德的认同和行为的调适，有利于人和社会共同发展。作为先进的文化，其强烈的感染力、促进力和约束力，能够润物无声地影响大众，潜移默化地熏陶人民，对社会基本道德规范的养成和人际关系的促成有不可低估的引领和促进作用。其次，有利于提高民族共融性和凝聚力。先进的文化对坚定信心、凝聚力量、促进发展、维护稳定，促进经济社会又好又快的发展提供强大思想保证、精神动力和舆论支持。民族共融性和凝聚力，是实现国家稳定的前提。只有当社会所倡导的主体价值观、道德观和行为规范被社会成员认同和遵循，社会才不会出现核心价值观的冲突，才会团结一心，人意和谐。我国古代就倡导"修身、齐家、治国、平天下"，要求个人不仅要为自己，更要为社会、为国家服务，可见文化对社会"大同"的作用。今天文化对构建安定有序的和谐社会，对中华儿女团结一心为实现中华民族伟大复兴而奋斗，有十分重要的激励作用。

（二） 发展文化产业有助于缓解人与自然之间的矛盾

文化资源是人的智力的组合，其自然成本几乎为零，投入产出更可观。比较其他资源，文化资源取之不尽，而且挖得越深越精彩。①发展文化产业能够减少对自然资源的依赖。它既属绿色经济又是循环经济。我国处于传统工业向现代工业的转型期，工业生产发展对自然资源的依赖程度很高，近年出现的生产能源短缺，对经济发展产生严重制约。高能耗、高污染的经济增长方式急需转变。联合国气候变化大会使人们清醒地认识到全球共同遏制大气中二氧化碳浓度的上限，是关系到这个星球上有人居住与从此荒芜的界限。不采取减排，人类将会有灭绝的危险，节能减排成为全球共鸣。而相比之下，文化产业是文化元素与高新技术相结合的产物，主要依赖高新技术和人力资源，对自然资源的占有、消耗和污染极少，被称为"绿色GDP"，这无疑有助于缓解我国经济发展中人与自然的不和谐状态。②发展文化产业可以直接拉动其他经济发展。文化产品是一种弹性很大的持续性消费，能不断刺激人的消费欲望，它又属循环经济，是其他类型消费无法比拟的。人类精神需求无止境，决定了文化消费的巨大空间，给文化产业造就了巨大的市场机遇。近年我国年均文化产业产值将达到 1 万亿人民币甚至更多，涵养了税源，提供了众多的就业机会，成长为经济增长的新亮点。③发展文化产业能够带动相关产业。文化产业关联度大、产业链长，带动作用显著。依靠科技进步，大力发展绿色经济、循环经济已成共识。一台成功的演出，涵盖创作人员、演出场所、经纪机构、演员本身，直至服装道具等生产企业都受益。文化产业作为第三产业的重要组成部分，尤其是对旅游业、服务业的带动作用，大家有目共睹。文化产业的信息产品，还有助于加快信息化带动工业化的进程，这都为拓展经济发展空间，保持经济可持续发展积蓄了后劲。

（三）发展文化产业是促进社会进步、经济发展的动力

发展文化产业有助于解决社会发展与活力缺乏之间的矛盾。马克思认为，"社会生活中存在着两种生产力，这就是物质方面的生产力和精神方面的生产力"。这表明文化就是一种生产力，而且这种生产力还是推动经济社会发展的重要动力，①为社会建设和发展提供原始动力。文化决定人的价值取向，决定社会发展的终极目标，是人行为最原始、最持久的动力。文化产业的发展，有益于启迪心智、陶冶情感、砥砺意志、激励理想，这种力量的凝结就是实现中华民族伟大复兴的原始动力。②为构建和谐社会提供精神动力。文化作为一种成果，融于整个经济、政治、社会建设的脉络之中，起着积极推动作用。只有尊重人、宽容人，化解矛盾、达到和谐，促进对社会、对群体的认同和热爱，才能调动和凝聚方方面面参与社会主义事业建设的积极性和合力。只有大力弘扬与时俱进的时代精神，让尊重劳动、尊重知识、尊重人才、尊重创造成为全社会的共同理念，才能使人民群众始终保持昂扬向上的精神状态，才能使经济社会发展的创造活力竞相迸发。③为社会发展和进步提供直接的智力支持。科技发展和创新的目的是推动社会经济发展。科学文化直接影响劳动生产率，文化产业的发展有利于加大文化育人力度。事实上，我们所处的环境、我们的工作、信息交流、娱乐活动无时无刻不受文化的熏陶。文化育人即是智力支持，这种支持不但有助于公民获得知识、更新知识、应用知识，更为社会的长远发展奠定必要的教育基础，使社会具有更大的进步动力和可持续发展能力。

二　目前发展文化产业存在的制约因素

大力发展文化产业既是构建和谐社会，推动社会进步和经济发展的重要内容，又是必要条件。但目前文化产业的发展现状存在一种非常规的短缺状态。资料表明，从 2002 年到 2004 年，服务业在国民生产总值中的比重仅在 33% 左右徘徊，就业人数仅占总就业人数的 28%，其中文化产业就业人数只占服务业的 1.5% 左右。探究文化产业这种与人民需求不相适应、与经济发展不相对应的发展现状，不难发现我们目前发展文化产业还存在诸多不和谐的制约因素。

（一）体制机制不顺

首先，从总体看，虽然我们注意到了为文化企业营造一个良好环境，但体制性障碍并没有得到根本革除。受现行人事、国家资产管理等体制束缚，文化经营单位面临诸多自身难以突破的瓶颈。在人才使用上，专业人员青黄不接使文化单位不能自主选择。另外，目前事业、产业不分，管、办不分现象还大量存在。深化文化体制改革是解放和发展文化生产力的必由之路，哪里有改革，哪里就有新气象。例如，山东临沂于 2006 年启动文化体制改革率先打破体制坚冰局面，释放出临沂文化的活力与创造力：全市建成文化产业园区 12 个，文化产业基地 11 个，文化企业发展到 7000 多个，投资过千万元的文化产业项目有 51 个，其中过亿元的有 20 多个，文化产业连续 4 年实现 40% 以上的增幅，文化产业占 GDP 的比重由 2004 年的不足 1%，提高到去年的 3.9%，成为经济社会发展的新亮点。42 集电视连续剧《沂蒙》被中共中央宣传部确定为庆祝中华人民共和国成立 60 周年献礼剧目。电影《沂蒙六姐妹》一举夺得"第 13 届中国电影华表奖""优秀故事片奖""优秀编剧奖"。短短几年的时间，500 多件文艺精品先后获得全国、全省大奖，这在临沂历史上是从未有过的纪录，这不能不归功于文化体制改革催生的活力。所以说，体制机制障碍是目前制约文化事业发展的关键因素，加速体制改革，迫在眉睫。

（二）资源利用不足

长期以来各自为政使发展文化产业所需的设施等文化资源一方面严重短缺，另一方面严重闲置，不仅降低了文化资源的利用率，还严重阻碍了行业关联性和产业的扩大衍生。提高文化资源使用率，整合资源是第一选择。文化资源整合、开发、利用要遵循规模化和集约化原则，要通过结构调整，优化资源配置，提高资源的规模效益和集约化程度，实现对文化资源的深度和广度开发，将资源优势转化为产业优势和竞争优势。

（三）投融资渠道不畅

投入是文化产业发展的先决条件，资金匮乏是造成文化产业投融资渠道不畅的最重要原因。文化体制改革还在初期之中，文化产业领域资源配置机制和政府职能转变还未完成，文化投资者持观望态度，社会化投融资机制尚未形成。

（四）创新力度不够

创新是一个民族进步的灵魂，是一个国家兴旺发达的不竭动力。发展文化产业，要顺应人民群众的所思所盼，必须在观念思想上、在体制机制上、在内容形式上和在传播手段上创新。提供形式多样、内容新鲜、生动活泼的文化产品和服务，文化产业才能得到发展与壮大。

三 大力发展文化产业需强有力的措施推动支撑

国务院对振兴文化产业提出"要加大政府投放和税收，金融等政策支持，大力培养文化产业人才，完善法律体系，规范市场秩序，为规划实施文化产业发展提供强有力的保障"。

当今在全球经济一体化进程中，中国站在对世界负责的立场，以建设性的姿态参与世界事务，坚决反对贸易保护主义和不合理的投资限制，消除贸易壁垒，推动贸易和投资自由化、便利化进程。文化产业成为世界各国经济贸易博弈的重要战场。美国的文化产业在世界遥遥领先，其视听产品的出口额在美国出口项目中仅次于航空航天业，一部《泰坦尼克号》就创下了 15 亿美元的票房价值。2009 年，北美好莱坞票房突破百亿大关。事实表明，发达国家正在不遗余力地发展文化产业。随着加入 WTO 过渡期结束，文化分销领域承诺开始生效，其他领域的保护壁垒也将逐步打破，面对十几亿人口的文化大市场，国外文化产业和企业势必跨境运营，大举进军我国居世界独一无二的文化大市场。本属起步阶段的民族文化产业，将面临更为严峻的考验。同时，胡锦涛总书记在建党 90 周年讲话中提出更高的目标，"要着眼于推动中华文化走向世界，形成与我国国际地位相对称的文化软实力，提高中华文化的国际影响力"。形势逼人，时间不等人，"似战鼓催征人快马加鞭"。我们要传承和发扬中国五千年文化历史，做大做强文化产业。要加快转变经济方式，大力发展文化产业必须解决发展中的瓶颈性约束，还需强有力的措施进行推动支撑，打造良好的发展平台，获得又好又快的发展势头。

（一）发展文化产业需要观念支撑

发展文化产业，必须建立与社会主义市场经济相适应的大文化观念。文化产业是现代生产力，是现代经济社会发展的重要动力。国外文化产业超越传统产业突飞猛进的事实表明：文化产业的发展对经济社会产生直接作用。因此，我们应改变文化的政治因素被无限放大的现状，从文化只是政治、经济的附属和休闲娱乐的方式的狭隘观念中解放出来，从根本上确立文化产业的地位；进一步明确经济增长中文化的推动力越来越突出，经济效益中文化的附加值越来越明显，经济发展中文化产业越来越成为新的增长点和后备力量。

（二）发展文化产业需要政策支撑

产业政策是文化产业的支点。文化产业作为新兴产业，离不开政策扶持。推动文化产业发展，必须解决政策落实与政策创新的问题。对国家已有政策，各级应当不折不扣地加以落实；对国家没有禁止的政策，也可以结合实际创新"含金量"更高的优惠政策。在深化文化体制改革的推动下，解放思想，激发社会文化创造活力，吸收社会资本和外资进入，形成公有制与多种所有制共同发展的文化产业格局。韩国极为重视政策对文化产业的发展和引导，文化产业因此而繁荣发展，成功地获得了文化输出大国的地位。政府应该在财政、税收、融资、出口等方面予以扶持，推动民族文化产业繁荣发展。

（三）发展文化产业需要智力的支撑

文化产业是文化资源与高新技术相结合的产业，是智力、技术、资本密集型产业。作为文学艺术，创作是整个文化产业发展中代表高端品质的一个核心基础。文学艺术创作在文化产业的发展中，要做的最重要的工作就是把住自己的品位，引领产业方向，为文化产业发展提供积极向上、催人奋进的智力和基础性支撑。在文化产业的发展和创新中，各级文联、作家协会主管部门应建立面向市场、面向群众的体制机制。大力培养和挖掘创新人才，进一步调动新老作家的积极性和创造性，激发创新活力，凝集智慧力量，为他们营造良好的氛围，创造优越条件，使中国的文化资源得到传承，得到发展，得到创新。创作出更多具有中国特色、中国风格、中国气派的优秀作品，创作出属于我们这个时代的精品力作，是中国实现伟大复兴的使命，也是人民的殷切期望。

（四）发展文化产业需要技术支撑

达·芬奇曾说过："艺术借助科技的翅膀才能高飞。"计算机与信息技术的发展，特别是多媒体、互联网及通信技术的发展，改变了文化产业和消费方式。发展文化产业必须重视新技术对文化产业的影响。美国在对娱乐业与电子媒体的发展分析中称："当娱乐业居于世界领先地位，而录像带与有线电视市场呈下降趋势时，毫无疑问，新技术将继续为美国占领世界市场做出贡献。"因此，处在全球科技革命浪潮中的中国文化产业，在与外国深化和拓展科技、人文等方面交流合作的同时，一定要借鉴国外经验，借助高技术的力量，发展后发优势，走新型产业化道路，用现代技术辅助提升中华文化的内在张力和外在传播力，推动文化产业升级。

（五）发展文化产业需要人才支撑

一些经济学家分析说，当前国有企业，特别是国有文化企业，最薄弱的环节是经营，最差的是创新，最需要转变的是观念，最应该提高的是经济决策能力和管理水平，最需要解决的问题是适应市场。这些问题无一不与人有关，人才是文化产业赖以发展的核心要素。应该看到，当前优秀文化经营管理人才的匮乏，是制约文化产业向规模化、高层次发展的关键因素。我们必须树立文化产业是创意产业、文化人才是第一资源的观念，大力培养文化产业人才，切实抓好文化企业家、文化创作人和文化经纪人三支队伍建设，为文化产业的跨越式发展提供人才保障。可以预见，未来文化市场的竞争是人才的竞争，在不久的将来从中初级的专业人才到高层次的原创人才、编导人才、技术人才、管理人才，都将成为现代文化产业热捧的对象。

（六）发展文化产业需要市场支撑

一是文化市场是文化产品流通的渠道，转换效益的平台。发展文化产业必须以市场为支撑。文化项目或文化产品，只有得到市场和消费者的认同，才具有持续的生命力。发展文化产业，应当把培育市场、激活消费作为首务。

要打破所有制壁垒、行业壁垒、部门壁垒、地区壁垒等各种障碍，取消部门关卡、行业和地区保护主义，实行部门、行业、地区内外平等进入、平等竞争，本着自主自愿、灵活务实的原则，推动以规制改革为重点的经济体制改革，不断改善经营环境，建立起统一、开放、竞争、有序的文化市场体系。二是推进具有重要示范效应拉动作用的重大项目，要善于用特色文化产品和服务抢占市场制高点，加速发展文化创意、影视制作、出版发行、文艺娱乐、动漫、数字内容等重点文化产品，扩大市场份额，提高市场竞争力。三是应当抓住全球文化市场不断扩大的机遇，鼓励和支持文化产品与服务出口的政策，实施"引进来"和"走出去"的商业运营和便利商业跨境运营环境，扩大对外文化贸易，开辟国外市场。四是培育骨干企业，要采取得力措施，创造有利条件，鼓励文化企业迅速发展壮大，快速建设一批产业示范基地，发展具有地域和民族特色的文化产业群，造就一批能够引领文化产业发展方向的优秀企业，孵化一批能够产生品牌效应的企业群体。

（七）发展文化产业需要职能支撑

文化产品由生产领域到流通领域的发展过程，大致经过创作、制作、经纪、消费的流程，每个环境都与职能部门的服务、管理相关，因此文化市场的繁荣更需要职能部门的扶持与支撑。其一，各级政府主管部门必须站在为群众服务、为国家负责的高度，把立党为公、以人为本、执政为民的理念落实到党和国家的全部工作之中，遵循"三个一切"，紧密结合经济社会发展的阶段性特征，把大力发展文化产业作为提高党的执政能力、建设服务型政府的重要任务，自觉地以科学发展观为统领，不断解放思想，积极探索管理与服务的新途径，弄清文化产业与经济发展的关系，站在推动建设和发展的高度看待本职工作。其二，我国已进入市场经济时期，所谓"限制审批"是不科学的，实际操作起来就行成"特权"，带来不和谐因素。全面发展社会主义市场经济，鼓励群众自食其力，解决众多人就业吃饭问题是保增长、保民生、保稳定、促发展的必要保障。因此，在注重社会效益的前提下，应降低准入门槛，减少项目限制，简化办事手续，把扶持发展、服务基层的工作落到实处。其三，政府工作人员应正确运用手中的权力，时刻记着吃的是皇粮，用的是纳税人的钱，要无愧无人民、无愧于国家、无愧于工作使命。多做实事，深入基层调查研究，帮助经营者开拓思路，解决一些实际困难和问题。坚持人民的利益高于一切，把群众满意度作为核验工作的第一标准。其四，政府要加强市场管理，重点做好对市场主体的管理，坚持标本兼治，规范市场经营秩序；打击非法经营活动和侵权行为，保护文化经营者和消费者合法权益，为规划实施文化产业发展提供强有力的保障。

总之，大力发展文化产业，是促进和谐社会的发展，培育新的经济增长点，实现战略机遇期，扩大内需，保增长、促发展的根本途径。我们必须全党重视，深化文化体制改革，打造文化发展的新机遇，充分依靠科技进步推动经济发展方式的转变，为中华民族的伟大复兴注入强大动力。

（作者单位：威海市环翠区文化市场综合执法局）

低碳经济下碳金融发展策略分析

王晓玲　李煜华

自 2009 年 12 月哥本哈根联合国气候变化大会召开以来，低碳经济成为世界各国社会经济发展的主要方向。发展低碳经济，离不开金融领域的支持。所谓碳金融，是指服务于旨在减少温室气体排放的各种金融制度安排和金融交易活动，主要包括碳排放权及其衍生品的交易和投资、低碳项目开发的投融资以及其他相关的金融中介活动。其实也就是把碳排放当作一个有价值的商品，可以进行现货、期货等的买卖。目前，我国碳金融市场初步建立，国内碳交易体系逐步搭建，CDM（清洁发展机制）项目发展迅猛，但还存在国内企业、金融机构对碳金融认识不足，人才相对缺乏，碳金融产品单一等一些问题，严重制约我国碳金融交易的发展。因此，有必要对我国碳金融市场的内部环境和外部状况做出客观的分析，厘清影响碳金融发展的主要因素，进而提升我国企业和金融机构在国际碳金融市场中的话语权和定价权。

1　国内外碳金融的理论演进和相关研究

碳金融交易的相关理论研究无论在国外还是国内都属于前沿性的。近年来，随着低碳经济的倡导，有关碳金融理论及实践方面的研究日益增多。索尼亚·拉巴特和罗德尼·R.怀特在其合著的《碳金融》一书中对碳金融的内涵做了广泛的定义，其中涵盖了解决气候变化的金融方法。Lewis（莱维斯）对于我国和国际碳金融市场之间的关系进行了相关分析，提出发展中国家应该利用国际碳金融市场的发展促进本国的碳减排。Blyth（布莱斯）等人用边际减排成本曲线的方法，分析碳金融市场风险的动态变化，提出用动态的政策干预加强对风险的管理。

国内近年来也对碳金融理论与发展对策方面进行了一些研究，吴玉宇分析了我国碳金融发展中存在的问题，提出了亟须加强我国碳金融市场机制的创新等建议。王元龙在介绍了全球碳金融市场及我国碳金融的发展现状基础上，指出我国商业银行大力开展碳金融业务的紧迫性和必要性。刘英分析了国际碳金融市场的发展现状，结合国际碳金融衍生品的交易，提出建立我国碳金融市场体系的对策。庄韦华阐述了 CDM 作为碳金融发展的载体，分析了我国的 CDM 产业链，提出了碳金融市场发展存在的不足，并提出了各个碳金融主体应该采取的策略。袁艳平、蒲丽娟指出了我国商业银行参与碳金融交易面临的风险，并提出商业银行从事碳金融交易应对各类风险的措施准备。

本文基于 SWOT 分析法分析了我国发展碳金融面临内部条件的优势与劣势、外部环境的机遇与威胁，在此基础上提出我国碳金融发展相关的对策建议。

2　我国发展碳金融的 SWOT 分析

SWOT 分析法即态势分析法，是由哈佛大学商学院教授安德鲁斯（K. andrens）在 20 世纪 60 年代提出来的，这种分析法被广泛应用于管理学的各个领域，它的最大优点是能抓住最能影响战略的几个核心因素进行分析。在本文中，S 表示碳金融发展中的优势（Strengths），W 表示碳金融发展中的劣势（Weaknesses），O 表示碳金融发展中的机遇（Opportunities），T 表示碳金融发展过程中存在的威胁（Threats）。其中碳金融发展的优势及劣势是基于内部环境的分析，而碳金融发展过程中的机遇及挑战则是基于其外部环境的影响因素进行的分析。

2.1　碳金融发展的优势条件

2.1.1　碳交易市场体系初步搭建

自 2008 年我国相继成立了北京环境交易所、上海环境能源交易所和天津排放权交易所以来，据统计，我国目前在筹建的碳交易所已经多达 100 家，这表明我国正在积极推进碳排放交易的市场化。2010 年 1 月，我国在深圳建立了第一个低碳交易市场，标志我国碳金融市场体系初步搭建。

2.1.2　以碳金融为标志的服务体系的积极构建

目前中国的碳金融组织体系尚未建立，但国内一些金融机构已经开始为组建碳金融组织服务体系做积极的准备。2008 年 10 月，兴业银行成为我国首家加入赤道原则的银行；2010 年，北京、湘潭等地商业银行积极以提振绿色信贷的形式参与碳金融市场；民生银行推出了基于 CDM 的节能减排融资项目；中国银行和深圳发展银行率先推出挂钩排放权交易的理财产品。总之，我国商业银行在碳金融业务开展上迈出了新步伐，积极构建以碳金融为标志的服务体系。

2.2　碳金融发展的劣势

2.2.1　碳金融认识不到位，参与主体范围狭窄

一方面，由于我国涉足碳金融领域的时间较短，国内很多企业对于碳金融交易内容认识和了解有限，影响了其参与市场的积极性和主动性；另一方面，国内金融机构对碳金融交易规则以及交易背后隐藏的收益认识不足，开展碳金融业务的种类以部分商业银行提供的减排项目贷款融资为主，非银行金融机构参与程度低。

2.2.2　综合性人才相对缺乏

由于碳金融业务面临市场风险、信用风险、政策风险和法律风险的影响，因此对综合性人才的依赖性较强。目前商业银行等金融机构对碳金融的价值、操作模式、项目开发、交易规则等普遍还不够熟悉，人才素质跟不上市场需求。高素质的金融综合性人才缺乏，是我国碳金融发展缓慢的原因之一。

2.2.3　政策激励措施不足

我国碳金融市场健康稳定的发展，需要财政、税务和环保等部门密切配合，出台有关碳金融交易的各项激励性政策措施，充分调动有关企业和金融机构参与碳金融市场的积极性。但目前我国碳金融市场相关政策法规体系不完善，对于碳金融交易缺少法律支持和政策保障，严重阻碍了我国碳金融市场的发展。

2.3　碳金融发展中的机遇

随着我国综合国力的不断增强，作为负责任的大国，在全球问题上承担相应的减排义务。《京都协议书》规定在 2012 年以前我国作为发展中国家不承担强制减排义务，所有在我国境内减少的温室气体排放量，都可以以 CDM 方式转变成商品出售给发达国家。由于全球各个国家和地区经济技术发展水平不同，实现减排所需的成本也不同。依托 CDM 出现的价差促使二氧化碳排放权成为一种可交易的商品，从而出现了承载碳交易的碳金融市场。我国国内的碳金融的发展，大多是依托 CDM 的金融活动。联合国气候变化框架公约网站统计，截至 2011 年 5 月，我国已有 1386 个项目获得联合国 CDM 执行理

事会批准注册成功，约占全球已注册项目数的44%。项目的预期年减排量达3.18亿吨二氧化碳当量，约占全球已注册项目预期年减排总量的63%。因此，依托CDM项目的我国碳金融市场商机巨大。

2.4　碳金融发展中的威胁

2.4.1　信用风险

信用风险又称"违约风险"，是指交易对手未能履行约定契约中的义务而造成经济损失的风险。依托CDM项目的碳金融交易是我国碳金融市场中的主要交易类型。但由于目前大多数CDM项目都是低抵押或者没有抵押性质，其预期收益中有很大一部分是未来的CERs（核证减排量），对商业银行来讲，开展CDM项目贷款融资时，商业银行就要面临项目带来的信用风险。

2.4.2　市场风险

市场风险是指未来市场价格的不确定性对交易主体实现其既定目标的影响。一方面，由于碳交易市场没有形成统一的国际市场，使碳交易市场缺少价格发现功能，再加上市场投机因素的影响，碳金融的交易价格极不稳定；另一方面，从目前来看，虽然我国是CDM项目主要卖方，但CDM市场供给大于需求，随着碳交易市场的不断发展，市场上供给方会逐步增加，CERs价格会不断降低，实际收益将明显少于预期。

2.4.3　政策风险

政策风险是指因国家宏观政策（如货币政策、财政政策、行业政策、地区发展政策等）发生变化，导致市场价格波动而产生风险。首先，《京都议定书》的实施期到2012年年底，到期以后是否延续尚是个未知数。如果到期以后各国不能达成一定的减排协议，碳金融市场的交易量就会大大缩水，碳金融业务的利润空间将缩小，这是世界各国可能都会面临的政治风险。其次，由于全球缺乏统一的碳金融交易运作的法规，各种交易标准和程序也在变化之中，所以，碳金融交易市场发展面临很大的政策风险。

3　我国碳金融发展策略和建议

3.1　提高全社会对碳金融的认识

发展我国碳金融市场，首要的任务是提高参与主体对碳经济和碳金融的认识，充分调动其积极性。政府部门可以通过加大环保宣传力度，做好对碳金融的宏观调控和政策引导，设立专门的碳金融交易咨询和服务机构，提高相关企业的减排意识，让企业和金融机构充分认识碳金融交易背后巨大的利润空间和市场空间。

3.2 加强碳金融人才培养力度

我国碳金融市场起步较晚，碳金融专业人才缺乏。因此，加强碳金融人才培养力度成为我国发展碳金融市场的当务之急。一方面，政府依托高等学校金融资源，组建碳金融培训基地，逐步健全碳金融培训力度，搭建全方位碳金融服务人才培养平台；另一方面，金融机构可以设立专门机构，打造碳金融业务专业团队，组织人才培训专项资金，定期派团队人员到国外学习先进经验，提高碳金融服务人员的专业素质。

3.3 政府部门制定引导和推动碳金融发展的政策和激励机制

政府出台推动碳金融发展的鼓励和优惠政策措施，对碳金融交易参与主体进行必要的激励。

在税收方面，可以通过对节能减排、新能源等企业规定相对长时间的免税期，对环保项目、碳金融项目实行减排退税制与降低商业银行等金融机构碳金融业务收入的所得税税率，充分调动企业和金融机构参与碳金融市场的积极性；在财政方面，国家可以通过设立专项资金，对主动参与减排的企业给予一定的财政资金补贴，吸引更多企业加入节能减排的队伍；在金融监管方面，银监会可以采取向减排、新能源等环保项目提供低息贷款等方式支持企业发展低碳经济，证监会可以考虑降低减排企业上市发行股票、债券的条件，在最大程度上满足低碳企业的资金需求。

3.4 建立碳金融创新机制，丰富碳金融产品

从目前来看，我国碳金融交易主要是依托 CDM 项目的商业银行贷款。碳金融产品过于单一，是制约我国碳金融市场发展的瓶颈之一。推进碳金融市场健康快速发展，需要尽快建立碳金融创新机制，丰富碳金融市场产品。商业银行可以推出碳金融基金类的理财产品，拓宽 CDM 项目的融资渠道；证券公司、投资公司等要积极推动碳期货、碳期权、碳互换、碳掉期交易等碳金融衍生产品。

3.5　加强交易平台的建设，培育碳交易市场体系

目前，我国碳金融场内场外市场混杂，尚未形成统一的碳金融市场，相关的法律法规不健全，政策措施不完善。因此要加快碳金融市场建设，建立国内统一的碳金融市场，将所有碳交易都引导到统一的场内交易市场中来，通过公开竞价，形成合理价格；尽快建立统一的碳交易规则，完善碳金融交易的配套政策法规；在加快碳金融市场建设的同时，需要有与之相应的碳金融中介机构为其提供专业化、全方位的服务。可以通过鼓励金融机构充分发挥资金中介和交易中介的基础上，提供项目咨询、项目评估、融资租赁等碳金融中介服务，降低由于信息不对称带来的交易风险和项目风险，进一步促进碳金融业务的发展。

4　结　语

本文基于 SWOT 分析法对我国碳金融发展面临的优势与劣势、机遇与威胁做了初步探讨，提出了我国碳金融发展需要创新碳金融工具、加强综合性人才的培养等一些有价值的对策建议。然而，出于研究便利的考虑，没有构建 SWOT 分析模型矩阵，因而还存在一定不足。如何在 SWOT 模型矩阵基础上确定我国碳金融的发展战略，还有待进一步的探索。

（作者单位：哈尔滨理工大学荣成学院　哈尔滨理工大学管理学院）

《一寺连三国——张保皋　圆仁与赤山法华院》内容提要

孙宗勇

　　一座传奇式的中国寺院，联结着日本、韩国两个传奇式的人物，寺院和人物都在三个国家中演绎着传奇式的故事。时隔千年，仍熠熠生辉，光彩夺目，广为传道。

　　这就是中国的赤山法华院，韩国的"海上王"张保皋和日本的高僧圆仁。

　　赤山法华院，唐朝时期新罗（今韩国）人张保皋初建于山东半岛东部海疆的山村——赤山村。这所寺院唐朝时仅存在 21 年即毁于"排佛"运动，时隔千年才抹去尘封，重建开放。"山不在高，有仙则名"，寺院虽小，却穿越时空，联结三国，架起了中日韩人民友谊的金桥。它承载着博大精深的佛教文化，为佛学东渐和弘扬佛法，发挥着不可替代的作用。

　　张保皋，一个出身"侧微"的新罗"海岛人"，为求生计而挺走大唐。他在出生入死的军旅生涯中成长为"小将"，后建赤山法华院。回新罗国设清海镇，扫荡海盗，禁绝买卖新罗人为奴，发展海上国际贸易，跻身于新罗朝堂为"相"。虽因不容于贵族等级秩序而"反"，继而遭杀身之祸，但史学家还是称他为新罗英雄、"海上王"。

　　圆仁，中国佛教天台宗在日本的传人，为解天台宗不明的教义而西渡大唐求法，历尽艰难曲折，九死一生，来到赤山法华院。在此居留，由此去五台山和长安求法，经此回国。他是日本天台宗的第三代座主，开创了日本佛教天台宗的新纪元。

　　中日韩三国文化交流源远流长，持续不断，与时俱进。赤山法华院和张保皋、圆仁只是众多人物和事件的典型。

　　《一寺连三国——张保皋　圆仁与赤山法华院》的各章节主要内容提要如下。

第一章 一寺连三国——张保皋、圆仁与赤山法华院

第一节 风雨沧桑话石岛

诸多古文献提到的"赤山浦"，就是现在山东半岛东南端的荣成市石岛湾。石岛港距韩国94海里，距日本240海里，距台湾729海里。这里是天然的海上良港、京津的海上咽喉。

隋唐时期，赤山浦已经是遣唐使及其他来唐人员出入境的过道，也是唐朝使者出访和归国的重要港口、海上国际贸易的重要基地。

清顺治元年（1644）设石岛港。这时石岛港成了走私和对日本、朝鲜贸易的集中地。不少朝代都在石岛设立了专门的涉外机构。唐朝政府在这里设立了"勾当新罗所"，专门负责对新罗人的管理。明朝政府在石岛湾附近设立了靖海卫、宁津所，这里的经济、军事工作归卫所管理，司法诉讼仍归文登县管理。雍正十三年（1735）裁撤卫所设荣成县，靖海改设巡检司，斥山巡检司移驻石岛。

孙中山先生在他的《建国方略》中，两处提到石岛。一处是关于在全国设立31处渔业港，把石岛港列入其中；另一处是关于进行铁路建设，计划自文登引一支线至荣成，又一支线至石岛，其本线转而西南，至海阳金家口，与芝罘汉口线合。从孙中山先生对石岛的高度重视，可以看出石岛位置的特殊性和重要性。

第二节 张保皋赤山建法华院

9世纪初，新罗朝政松弛，徭役、赋税加重，社会矛盾激化，自然灾害加剧，人民生活艰难困苦。不少人为寻求生路，纷纷奔赴大唐。张保皋（790~841）出生于中国唐朝时期的新罗国莞岛（现韩国莞岛郡）。他平民出身，在等级制下的新罗根本没有任何出人头地的希望和机会。

张保皋来大唐时，正是安史之乱及其导致的藩镇割据时期。这时，唐朝人口锐减，需要人员补充。唐朝又是一个开放的国度，没有拒绝外国人的加入。在这样的背景下，张保皋和他的好友郑年于807年来到山东半岛最东端的赤山浦附近，辗转到江淮重镇扬州一带。

这时，镇海节度使李琦据润州（今江苏镇江）反。唐军扩募平叛，张保皋和郑年应征，被编入"武宁军"。他们二人都善于打仗，骑马挥枪，武宁军

中没人能与之匹敌。唐穆宗四年（824），张保皋脱下盔甲，再次来到赤山浦。

张保皋选择赤山建法华院，可以为身处异乡的新罗人树立精神支柱，提供活动场所，也能为因生活所迫初到唐朝的那些背井离乡、衣食无着的新罗人提供资助与庇护。

张保皋在赤山建立法华院时请来诵经的首批僧人属天台宗派，他们持诵的是《法华经》，故得名。法华院讲经礼忏，有新罗风俗，也有唐朝风俗。这时的赤山法华院，是佛事圣地，也是新罗人在大唐的驿站、文化活动中心。

842~845年，唐武宗于会昌年间发起毁佛运动，法华院未能幸免。845年，庙宇尽毁，僧尼还俗或流亡。联结着三国人民情怀的金光宝刹，尘封在了历史的长河之中。

第三节　以法华院为重要据点的海上国际贸易

在唐朝军队中辗转征战16年，加上建赤山法华院及从事其他活动，张保皋在大唐国土上生活了21年。所到之处，看到有大批新罗人被贩卖到大唐沦为奴婢，受到非人的待遇，过着牛马不如的生活，张保皋愤愤不平。

唐文宗太和二年（828），他毅然回到新罗国，奏请兴德王："遍中国以新罗人为奴婢，愿得镇清海，使贼不得掠人西去。"在大唐闯荡了21年的张保皋深受唐朝文化影响，见多识广，他一语中的，得到兴德王的肯定。兴德王给他一万兵马，在莞岛设立清海镇，张保皋任"大使"，严厉打击海盗和海上人口买卖。

张保皋在完成打击海盗和禁绝新罗人口买卖任务之后，组建起了一只纵横东亚的海上贸易船队。

张保皋船队的国际贸易主要集中在中日韩三国之间，也影响到其他国家和地区。张保皋在莞岛象皇峰、济州岛河源洞也建了法华院，与赤山法华院相呼应，互为海运贸易的联络点，形成了以清海镇为韩国本部，联结赤山（今山东石岛）、登州（今山东蓬莱）、莱州（今山东莱州）、泗州（今安徽泗县）、楚州（今江苏淮安）、扬州（今江苏扬州）、明州（今浙江宁波）、泉州（今福建泉州）、广州的庞大海运商业贸易网络。当时的广州、泉州、扬州不仅是唐朝国内商品的集散地，还是国际商品集散地。

新罗往大唐运销的产品主要有木炭、药材，也有新罗陶瓷，其土特产品和工艺品深受欢迎。唐朝制作精美的金银器、衣饰、彩素、丝绸锦缎及茶叶等，大受新罗人的喜爱。

张保皋开展国际贸易，在日本的落脚点主要在九州岛，往那里输送了种种产自大唐、新罗的土特产品和工艺品，以及文献、佛经等书籍。

张保皋的军事势力和经济势力不断膨胀，海上贸易触角四通八达，个人影响直通三国官府，在当时的新罗国更是举足轻重。后因与新罗王室的矛盾，张保皋竖起了造反的大旗。文圣王三年（841），张保皋中计被新罗王派来做卧底的大将杀死。随后，新罗朝廷铲除了张保皋的大批得力干将，轰轰烈烈的中日韩海上国际贸易遭到重创，逐步衰败。

第四节　圆仁与赤山法华院有不解之缘

佛学东传，数不尽的高僧大德立下了彪炳史册的功劳。其中两个人物有着不可或缺的作用。中国人到印度取经，唐玄奘功不可没；日本人来中国取经，圆仁功劳巨大。圆仁的《入唐求法巡礼行记》和中国玄奘的《大唐西域记》、意大利马可·波罗的《马可·波罗游记》被称为东方最伟大的三部旅行日记。其中《入唐求法巡礼行记》详细记录了作者历时九年多在大唐王朝求法巡礼的过程，被誉为"东洋学界至宝"。

圆仁（794~864）出生于日本下野国都贺郡（现栃木县）。9 岁时被送到大慈寺学习佛法；15 岁到京都府滋贺县比睿山，拜日本天台宗创始人最澄（767~822）为师，研习天台宗。822 年最澄圆寂，朝廷批准在比睿山设立大乘圆顿戒坛，刚届而立之年的圆仁继承先师遗志，开坛弘法，成为日本天台宗的知名高僧。

天台宗起源于中国，鉴真和尚 754 年东渡日本后创立律宗，并最早在日本讲授天台宗的教义。日本由朝廷出资派遣官员、僧侣、学者和艺术家组建使团来中国学习先进文化，最早见于 607 年的隋朝时期。而圆仁所随的使团，则是以藤原常嗣为大使的第十八届使团。

圆仁法师在大唐求法，经历了九死一生，千难万险。终于 839 年 6 月 7 日到达赤山浦，次日谒法华院，并成功留在法华院。

圆仁积极参加赤山法华院的法事活动，并注意与当地僧众交流。

会昌二年（842）3 月，唐武宗下了第一道限制僧尼行动的敕令，历史上的"会昌灭佛"开始。到 845 年，"其天下所拆寺四千六百余所，还俗尼僧二十六万五百人"。圆仁和其他外国僧人也被要求还俗。

因"会昌灭佛"，法华院被夷为平地，众僧尽散。圆仁只好在法华院田庄居住。

继位的宣宗再兴佛教，但这并没有改变圆仁归国的迫切心情。与圆仁同船去日本的，有一个中国僧人叫乐郧，他写过一篇《圆仁三藏供奉入唐请益往返传记》，说圆仁要离开大唐，"唐国帝闻，怆然惜别……公侯卿士，雨泪而辞；供奉名僧，若离亲戚"。

第五节　圆仁在赤山法华院及文登见闻

圆仁入唐求法巡礼，从 838 年 7 月 2 日入境到 847 年 9 月 2 日离境，历时九年零两个多月，其中三次来赤山，并在此居住了两年零四个多月。

圆仁法师在赤山法华院见证了大唐风俗与新罗风俗的交融，他深受这种交融一处的文化的熏陶，并继而弘扬了这种交相辉映的文化。

法华院冬诵《法华经》，夏讲八卷《金光明经》，常年不断。圆仁一行积极参加。法华院讲经礼忏，都依据新罗风俗，早晚礼忏却依据唐朝风俗。

每年自十月十六日起，至来年正月十五日止，寺中举行隆重的法华会，其活动的主要内容之一即讲《法华经》。在此期间，十方众僧与有缘施主都来聚会。法华会结束之日，前来聚会的人先行结愿，再授菩萨戒，然后散去。这种"十方众僧与有缘施主"的共同聚会，对于三个国家、不同民族间的文化交流和传播，无疑有巨大的促进作用。

圆仁一行来文登，先到的是乳山浦。这里在唐代属于牟平县。但现在划归威海。他经过几乎是出生入死的一段海上航行之后，839 年过端午节这天，他下舶登岸、沐浴、洗衣。随后还转经念佛，祈愿顺风。

刚来赤山，他写道："其赤山纯是岩石。高秀处，即文登县清宁乡赤山村。山里有寺，名赤山法华院，本张宝高初所建也。……南北有严岑，水通院庭，从西而东流。东方望海远开，南西北方连峰作壁。但坤隅斜下耳。"20世纪 80 年代，人们就是根据这一记载，成功地找到了法华院的原址，并重建了此院。

第六节　圆仁对法华宗的传播

圆仁 30 岁就是日本天台宗有名的高僧。他 45 岁入唐求法，到回国已经 54岁了。凭其成就、经历、名声和影响，他的回国在日本宗教界引起巨大轰动。

他被迎回比睿山延历寺，设坛开讲。854 年，即回国后第 7 年，圆仁成为天台宗第三代座主，建法华总持院，进一步弘扬显、密二教。在今天的日本，有 700 多座寺庙与他有关。

圆仁法师于 864 年正月十四日圆寂，享年 71 岁。两年后，他被清和天皇赐予"慈觉大师"的谥号。"大师"，是一个僧人在日本所能获得的最高称号。圆仁是日本第一个获此称号的人。

圆仁圆寂后，他的高足安慧和尚遵循宗师遗训，于 888 年在京都小野山庄建立了"赤山禅院"，把赤山神请进了禅院供奉起来。

日本天台宗有一项功课，就是仿效圆仁法师入唐求法苦行的遗风，叫作"巡拜比睿诸峰千日回峰事业"。特别是被称为一千天中的"赤山苦行"更为艰难。从 701 天开始，到 800 天为止，这段时间称为"赤山苦行"。参加修行的僧众，在这一百天中必须天天行走在元母坡的山道上。这种苦行修炼一直延续至今。

圆仁被列为日本求法僧人"入唐八大家之一"，被封为"慈觉大师"。这些称号，相对于他为传承和弘扬佛法、为中日韩文化交流所做出的贡献，他当之无愧！

第七节　苦海有船筏　一寺连三国

赤山法华院在唐代虽仅是昙花一现，但其影响久远，深入人心。

1923 年，日本学者大宫权平和松本穆堂试图来中国重走圆仁的求法路线，却没有找到赤山法华院的任何遗迹。他们请人制作了一块刻有圆仁求法路线的石碑，赠送给了青岛博物馆。

1987 年夏，日本"泰山与山东半岛之旅"考察团来考察遣唐使的游历路线，重点访问赤山法华院。6 月 15 日上午找到了法华院遗址。日本、韩国有关人士经过多方考察论证，也完全认可这一遗址。山东省旅游局拨专款重建了赤山法华院。

1990 年 5 月 1 日，中日韩友人及宗教界人士等 200 多人出席了赤山法华院开光典礼。重新修建开放的赤山法华院，占地 5000 平方米，由大雄宝殿、观音殿、地藏殿、三佛宝殿四部分组成。此后，赤山法华院不断扩建，这里已成为颇具影响的佛事圣地，也是著名的风景名胜区。

2010 年 6 月 22 日，中日韩国际友好文化学术论坛在赤山景区隆重开幕，来自三个国家的专家学者相聚赤山，进行学术论文交流。这一佛教界的盛会在中日韩三国间轮流举办，已成为定例。

2010 年 12 月 15 日，"缘定赤山菩提一花"中日友好纪念碑揭幕，赤山法华院与日本比睿山延历寺缔结为友好寺院。

赤山法华院，是重要的佛事圣地、著名的风景名胜区，也是中日韩和各国人民相互往来、友好交流、共同发展的重要纽带。

赤山法华院有圆仁法师手书的"苦海船筏"四个金光闪闪的大字。也许，在圆仁大师的心里，这"一寺连三国"的赤山法华院，就是人生苦海中的一叶船筏吧。

第二章　张保皋郑年传

（唐）杜牧（略）。

第三章　圆仁三藏供奉入唐请益往返传记

（唐）乐郜（略）。

第四章　张保皋卒于何年

张保皋卒于哪一年？史界至少有三种说法：一是《朝鲜史略》说的唐天成五年，即公元 840 年；二是《续日本后记》说的承和八年，即公元 841 年；三是《三国史记》说的文圣王八年，即公元 846 年。

而由韩国前总统金泳三题字、由世界韩民族联合会等团体于 1994 年 7 月矗立于山东荣成赤山法华院内的张保皋纪念塔，写的张保皋去世的时间是 846 年；韩国莞岛和中国石岛赤山法华院各自设立的张保皋纪念馆，写的张保皋去世的时间都是 841 年。

笔者认为，说张保皋卒于 840 年及以前的说法和卒于 846 年的说法，不符合《续日本后记》的记载，也与圆仁日记的记录相抵触，不当取信；正确的说法应该是 841 年 11 月。

那么为什么认为《续日本后记》和《入唐求法巡礼行记》记载准确呢？《续日本后记》成书于日本贞观十一年（869），离张保皋被害的时间最近，二十来年。而《入唐求法巡礼行记》是生活于张保皋同一时代的日本圆仁法师的日记，是圆仁大师对当时事实的忠实记录。《三国史记》是高丽史学家金富植在中国南宋绍兴十五年（1145）写成的，距张保皋生活的年代相差 300 多年。《朝鲜史略》成书于中国明代，更晚。相比之下，我们更应当取信《续日本后记》和《入唐求法巡礼行记》。

（作者单位：威海市广播电视台）

《小学科技探究教学设计 50 例》内容提要

马洪伟

　　从原始的刀耕火种到现在的信息社会，人类社会的发展推进了科学技术的不断前行；同时，科学技术也给社会带来了改变与活力，推动着人类社会日新月异的文明发展。科技的发展越来越成为一个社会的标志、一种文明的象征。

　　回顾科学技术发展的历程，我们会发现：18 世纪瓦特发明了蒸汽机，社会生产力得以显著提高，人类社会从手工业作坊转为大机器的工业化生产，人类进入了"蒸汽时代"；19 世纪，爱迪生建成了世界上第一座电厂，发明了电灯，给全人类带来了光明，电力作为能源进入生产领域，电力取代蒸汽动力，人类进入"电气时代"；20 世纪前期，半导体的出现促进了有线和无线技术的发展，电报、电话、电视机、电子计算机等的发明，使人类进入"电子时代"；20 世纪后期，伴随着计算机的广泛应用及互联网的诞生与快速发展，人类步入了一个崭新的信息时代；目前随着光学领域一项项富有成效的突破，光纤通信、激光排版机、激光唱机、激光手术刀、激光存储器、激光识别信用卡等已经走进我们的生活，各种新材料开发出来的新产品将在 21 世纪取代电子产品，成为人类科技产品中的新宠儿，人类将迈进崭新的光子时代。

　　如今，科学技术已经融入人们的生活，人们的衣、食、住、行离不开它。家家户户使用的如电饭煲、电磁炉、微波炉、洗衣机等的家用电器都是科技产品，把人们从繁重的家务劳动中解放了出来；电信科技的飞速发展使电话、手机等成为大众普遍使用的通信工具，缩短了人与人沟通的空间；上网听歌、看电影、聊天、看新闻等成为新时代人们娱乐的新天地；网上教育使孩子们不出门就能得到远在外地的老师的精彩授课；摩托车、小汽车走进百姓的家庭，成为人们出行的日常交通工具。科学技术的飞速发展不仅丰富了人们的生活，而且给人们的生活带来了方便，带来了舒适。

21 世纪世界范围的经济竞争、政治竞争以及综合国力竞争，归根到底是人力资源开发及其潜能充分利用的竞争，也就是拥有知识的人才的竞争。越来越多的国家已经把加强人力资源开发、提高公众的科学文化素质，作为参与 21 世纪国际竞争的关键措施。面对如此严峻的国际形势，党和国家提出了"科教兴国"战略，并着力推进新一轮的课程改革。实施素质教育，目的是培养更多的能够参与跨世纪竞争的现代化科技人才。

培养高素质的现代化科技人才是时代赋予广大教育工作者的历史使命。教育工作者应充分汲取国外教育发展中的有益经验，更新科技教育思想，认真研究当代科学技术和经济与社会发展的新特点，研究当代青少年学习和认知的规律，充实科技教育内容，不断改进我们的科技教育，使其适应科技与社会发展的要求，并能够贴近社会和生活，在使他们充分了解现代科学技术发展的有关知识的前提下，寻求更多的途径激发他们对科学的兴趣，使之能用科学的思想和方法观察世界、分析问题，不断提高其主动学习和获取科学技术知识的能力。

目前，广大科学教育工作者在立足课堂教学基础上，积极探索科学教育实施的途径与方法，在植物的栽培与观察、动物的饲养与观察、科学史料的收集、科技场馆的参观、科普的宣传、环境的调查等方面开展了相关的科学实践活动，取得了一定的成绩。但部分的活动组织性与实效性差；活动无计划、无设计的现象普遍存在；引领学生对生活环境中的科技产品的探究案例少之又少，以致不少学生对身边科技产品熟视无睹，无探究的志趣。

本书作者长期从事科学教育的理论与实践研究，有丰富的科学教育经验。书中所选科技探究教学设计是作者在指导小学科技教师和小学生开展科技活动中创造并实践的。相关科技产品不少学校都有配备，即使去买价钱也不高。由于是针对小学生而组织的科技产品的探究活动，作者在教学过程中依据小学生已有的生活经验，选取贴近学生生活的实例或现象切入，在引领学生观察科技产品构造的基础上，设计实验引导学生观察与思考，让学生在观察中体验，在体验中感悟，在感悟中理解相关的科学原理。作者在相关科学理论的表述上力求适合学生的年龄特点与思维特点，使之通俗易懂。愿本书的出版能够开阔教育工作者特别是小学科技教师的视野，成为科技教师组织科技活动的教师用书、科技辅导员及学生家长引领学生开展科技探究的辅导用书、小学生自主探究的指导用书，引起更多的人关注我国青少年的科技教育问题。

（作者单位：环翠区教育教学研究培训中心）

《汇爱成海——让每棵小树都成材》内容提要

陈红梅

本专著阐述的是学校层面对农民工子女开展"融和教育"的教育探索。

随着经济社会的快速发展和城市化进程的全面推进，大量外来务工人员涌入城市，对城市的发展和建设产生了重要的影响。与第一代农民工"扛着麻袋进城"，多数将子女留在农村的情况不同，新生代的农民工"拉着皮箱进城"，更期望能够扎根城市，希望子女能够到城市接受教育，随同父母进入城市的外来务工人员子女日益增多。

近年来，外来务工子女的教育问题已经成为新生代农民工社会融入的重要内容，引起了国家及各省市区的高度重视。各级政府在外来务工子女入学、费用减免等方面纷纷出台了相关文件，给予政策倾斜，以确保外来务工子女与本地学生接受同样的教育。经济发展较快的浙江等省份，外来务工子女所占比重较大，部分城市开展了"农民工子女城市融入情况"的调查研究，但主要集中在政府投入、政策倾斜等层面，而对外来务工人员子女和谐融入的校内教育缺少探究，暂无较为深入的研究，缺少成果。

"促进学生和谐融入"，是针对学校所在区域经济迅猛发展、外来务工人员子女比例不断攀升的现状开展的研究。目前国内各地区在政府层面上已有涉及，大多是在提供就读的政策保障、开展助学行动方面，很少有基层学校在外来务工子女的学校融入方面开展深入探索。

2007年，威海经济技术开发区西苑学校（以下简称"西苑学校"）针对本校外来务工子女多的学情，有针对性地开始进行学生和谐融入教育的探索。经省内外教育专家论证，此项研究尚属首例。几年来，西苑学校重点围绕"自尊心、自信心、责任心"的"三心教育"，有步骤地进行实践探索，取得了较为明显的成效。

　　《汇爱成海——让每棵小树都成材》一书，总结提炼了西苑学校依据对外来务工人员子女多方面情况的调研结果，以及重点开展的"自尊心、自信心、责任心"的"三心教育"活动经验，主要内容包括"用心育心——在关爱中促成长""以心换心——在服务中铸品牌""潜心创新——在责任中求发展"三个部分。

一　用心育心——在关爱中促成长

　　外来务工人员子女中存在孤僻、自卑等问题，学校为此设立了"爱心观察记录"，定期开展爱心访谈，鼓励学生参加班集体活动，积极动员本地学生与他们交朋友，让学生懂得爱、珍惜爱、奉献爱。

　　学校连续 6 年举办爱心助学春风行动，老师们自发为学生，尤其是外来贫困学生提供爱心午餐、学习用品等扶助。几年来，西苑学校教师的这一自发行为，经受助学生和家长的口耳相传，受到了社会各界的广泛关注。随着帮扶范围的逐步扩大，春风行动的社会影响也日益广泛，多家企业定点帮扶。这一助学品牌的社会影响力日益扩大，多家媒体进行了多次报道。学校和社会各界的关爱为孩子们撑起了一片艳阳天，为贫困学生的学习和生活提供了极大帮助。

　　面对天南海北的外来务工人员子女，要做到让他们和谐融入，就要为他们打造一座栖息心灵的精神家园。学校采取文化熏陶、德育渗透、智育提升、全面发展的策略，全方位开展和谐融入教育。

　　学校精心策划了"我为家乡自豪""我为父母骄傲""我为自己加油""我为学校争光""我为社会奉献""我为祖国喝彩"六大系列主题活动，从不同侧面帮助外来学生构建心理认同，逐步消除封闭心理，激发学生积极进取、永不言弃的拼搏精神，强化对己、对人、对社会的责任感。

　　在每周升旗仪式上开展"我为家乡自豪"主题演讲；组织"巧手绘家乡"绘画比赛、"我看家乡变化"征文比赛；餐厅墙上设有"各地风味小吃荟萃"；在文化长廊中将外来学生所属的 22 个省份、300 个县市的自然概况、历史人文、传统手工艺等进行集中展示；建成了以"海纳百川绘锦绣中华"为主题的各地山水文化、各地戏曲文化展区，华夏沃土、齐鲁石韵实物展台，充分利用学生来自各省市的特点，挖掘地域资源，在汇集、展示各地区地理、经济、人文异同的基础上，增强外来学生因家乡而产生的自豪感，扩大本地学生视野，感知祖国的地大物博。

西苑学校学生家长大多以从事体力劳动为主，很多人没有上过学，衣着也不是很光鲜。有些孩子觉得这样的父母太让他们在同学面前"没面子"。为了让孩子们怀着感恩的心，走近父母，去深入了解父母踏实肯干的工作态度和让人尊敬的工作业绩，帮助他们树立以父母为荣的自尊、自信心理，我们派出专人与学生家长的工作单位取得联系，联手开展"学生家长风采展"。11个企业制作了图文并茂的展板，将企业员工中的西苑学校学生家长业绩进行了集中展示。暑假里，我们让孩子们"体验父母上班路"，事先和学生家长所在企业取得联系，选择一些没有危险、对技术要求不高的工作，让孩子们跟随父母上一天班，去体验父母工作的辛苦，去感受幸福的来之不易。虽然学生家长大多文化水平不高，但他们中很多人心灵手巧。我们就邀请有特长的家长，在"你的成长我参与"活动中，以"编外教师"的身份加入到学校综合实践课程的指导中来。

为了激发学生的自信心理，我们开展了自强不息的励志教育，讲文明、懂礼仪的养成教育，创设更多的机会让学生展示自我。长廊里专门开辟"我为自己加油"栏目，展示学生的书法、绘画、综合实践作品。开展"寻找青春的榜样"表彰会，设立"学校荣誉榜"，每一点进步、每一点成绩，都在全校集会上予以表彰。我们还发出了"让师生在彼此欣赏中共励共勉"的倡议。学校组织的各类比赛，师生都互做观众，去参观欣赏、加油助威；文艺演出、书画展览等活动，师生共同参与其中。"西苑是我家，发展靠大家。"学校取得的奖杯、奖状、奖牌，都会及时拍成照片，放在长廊中展示，告诉学生，这荣誉里有你的一份功劳。

学校充分利用闲置的有限空间，以可旋转的三面体为表现形式建起了"感恩角"。在感恩教育的感召下，孩子们组成志愿者团队，走进敬老院慰问表演，走进军烈属家中打扫卫生、讲故事，走进社区、街道清扫白色垃圾、植绿护绿，在"我为社会奉献"中学习做人的真谛。班级组织爱国诗词朗诵会、"祖国繁荣我受益"主题班会，孩子们在"我为祖国喝彩"活动中体会到了爱国情怀的深沉。

二 以心换心——在服务中铸品牌

家庭教育是学生教育的关键一环，家庭教育的水平直接影响学生的成长。西苑学校学生家长大多从事保洁、餐饮等后勤服务，或在流水线上工作，很多家长长时间不与学校、老师交流，家校间缺少沟通。考虑到以上因素，我们决定开展"流动家长学校进企业"活动。学校调查统计出学生家长比较集中的企业，主动上门与企业取得联系。"流动家长学校进企业"相继走进了贝卡尔特（山东）钢帘线有限公司、华东数控股份有限公司等多家企业，受惠学生家长有 200 多人。将教育服务送上门，送到企业中，送到家长身边，这一做法受到了家长、企业的热烈欢迎。

西苑学校生源主要为外来务工子女和周边 20 个村居的村民子女，外来务工子女的家庭也大多在附近租住。我们针对上述情况，开展了惠及面更大的"教育服务进社区"活动。学生较为集中的社区就集体走访，较为分散的就个别探望。几年来，学校"教育服务进社区"活动走遍了周边 20 个自然村和社区，共开展教育讲座 42 场，参与活动的家长达 6000 人次。2012 年 10 月，学校"教育服务进社企"活动进一步"扩容"，成立了家庭教育宣讲团，开展了"家教讲堂进企业"活动。受企业邀请，陈红梅校长为贝卡尔特员工做家庭教育讲座。家校社企沟通渠道日益增多，增进了彼此的了解，取得了社会各界的理解和支持。随着我国教育普及率的提高，西苑学校学生家长中，小学文化程度的比例已由 2007 年的 87.7%，降低到 2012 年的 58.9%；接受高中阶段教育的比例由 0.8%，提高到 9.6%。家长对孩子的教育越来越重视，家长会到会率也由 53%，提高到现在的 94.8%，个别班级还达到了 98%；主动与教师联系的由 28%，提高到 89%。

三 潜心创新——在责任中求发展

抱怨学生学业基础差、表达能力弱、综合素质低，不能解决任何问题，关键还是要在教学上想办法。

西苑学校从校情出发，充分发挥教育科研的助推作用，让科研做引领师生奋进的航标。

从学情出发，在课堂教学上落实"后进生转化、中等生优化、优秀生提高"的分层教学目标。通过落实分层教学策略，探索分层自主学习方式，实施分层辅导与分层作业设计等方式，使尽可能多的学生体会到成功的喜悦，减少心理压力，最大限度调动学生的学习积极性，挖掘他们内在的潜能。

为促进学生发展，我们潜心研究如何在学生现有基础上提高学业成绩。2011 年年末，在张斌博士的指导下，西苑学校开始探索基于学情的课堂教学模式。2012 年 4 月，经过多轮研讨，反复对照，我们最终确立了"评价先行，学生显性学习线与教师隐性指导线并存，定标、测标、达标三步走"的"一评两线三步"课堂教学模式。

"一评两线三步"课堂教学模式现已在全校范围推广，并配套开发了个人、小组、班级评价方案。在评价先行、以学为主的崭新课堂教学模式的推动下，学生的学习积极性、学习方法的科学性等均有了极大提高。

多元的社会需要具有较高综合素质的人才。培养学生的综合能力，提高他们的审美能力、动手能力，尤为重要。在坚持组建合唱队、舞蹈队、健美操队、鼓号队、田径队、篮球队等团队的同时，为提高动手实践能力，尊重差异、张扬个性，我们为学生提供22门菜单式综合课程，打破学段和班级界限，变班级授课制中的固定教师、固定内容的"强制服务"为走班制中的自选教师、自选内容的"自主选学"。

电工坊、美丽坊、巧手坊、雅心坊、玩具坊、厨艺坊等多个实践室，为学生提供了动手操作的条件，通过"兵教兵""大教小"，让每一名学生都有了一种自豪感、成就感。学生们在实践课程中提高了动手能力，有了初步的职业发展规划，初中高年级学生在此基础上弄清了今后的职业发展方向。

从多方关爱学生心灵、创新家校沟通形式、提升学生综合素质等方面入手，和谐融入教育才不会是无本之木。

该成果将进一步完善我国对外来务工人员子女这一弱势群体的教育经验，使外来务工人员子女的成长研究从浅层面的物质援助逐步深化，更多关注精神层面的成长成熟，同时兼顾知识水平较低的外来务工人员子女家长的家教能力的提高，将对我国外来务工人员子女教育起到指导作用，必将推动该群体的教育工作。

专著还涵盖了学困生、问题生的转化策略及案例，家校沟通的新模式，课堂教学的新做法等，这些也必将对义务教育阶段的学校德育、智育、家校沟通等工作起到深远的借鉴作用。

（推荐单位：中共威海市环翠区委宣传部）

《解码成长——学校教育，教给孩子什么》内容提要

杨晶怡

老子在《道德经》中说过，"昔之得一者：天得一以清；地得一以宁；神得一以灵"。我们牢牢地抓住了这个"一"，那就是学生的成长。栉风沐雨，历经磨砺，于是才有了《解码成长——学校教育，教给孩子什么》这本书的问世。这本书是学校优质教育成果的一个缩影，里面记录的所有内容全部是真实的，是可操作复制的教育模式，按照这样的模式来实施教育，我们也可以很自信地说，培养出来的学生一定是德智体美劳全面发展的优秀学子。现摘取主要内容如下。

一 我们需要什么样的教育—— 一切为了学生的成长

我们到底需要什么样的教育呢？人民教育家陶行知先生在《小学目标案》中提到，小学教育应培养手脑双全、自立的儿童，其目标如下：①康健的体力；②劳动的身手；③科学的头脑；④艺术的兴趣；⑤团体自治的精神。

由此，我们可以理解到，一个对社会有用的人，应该是人格综合特征都很健康的人，这应该是基础教育之基础——小学教育的主要目的。因此，小学教育的目的是培养学生健全的人格，帮助孩子塑造一座健全的人格长城，为其终身发展打下坚实的基础。陶行知先生对健全人格作了这样的概括：①私德为立身之本，公德为服务社会国家之本；②人生所必需之知识技能；③强健活泼之体格；④优美和乐之感情。可以看出，陶行知先生着重强调了品德、能力、身体、情操。由此我们的眼前渐渐清晰，教育即生长，学校要以学生的成长为教育目标，五年的校园生活为孩子留下的应该不仅仅是知识与技能，更重

要的还有健全的人格、健康的身体。学校要以"培养人"为目标，不仅应该关注智，还有"心的发展"，也有"身的发展"……有了这样的思考，我们对教育的认识才是全面的而不致偏颇。

二 关注"心"的成长——让感恩滋润生命成长

《中国教育报》组织的一次关于人格教育的讨论认为，"人格教育的漠视"乃中华民族的最大忧患。我国著名教育家吕型伟老先生写过一篇文章《只怕人心变冷——关于德育的思考》。吕老在文中说："虽然教育界从未放弃过道德教育，但道德的分量在人们心目中越来越轻是一个不容争辩的事实。"所以我们对思想道德教育不但要抓，而且要持之以恒地抓。2005 年 9 月，威海经济技术开发区实验小学（以下简称"实验小学"）向学生发放了一份问卷调查："爸爸妈妈的年龄，爸爸妈妈的生日，爸爸妈妈喜欢吃什么……"没想到这样一张简单的问卷调查竟难倒了学校六七百名孩子（约占学生总数的70%）。这些小皇帝、小公主对于亲情的淡漠让我们感到震惊，一个连自己的亲人都冷漠待之的人将来踏入中学、大学、社会，会走上一条怎样的人生之路？这样的一个调查结果不得不引起我们的警惕和深思。

教育是培养人的事业，除了传播知识之外，还要教学生学会做人，培养健康的人格和情感。但是，当今无论是我们的家庭教育还是学校教育似乎都轻视了这一点。如果把教育比作一个"天平"，一边挂着的是"知识能力水平"，另一边挂着的是"思想道德水平"，那么，良好的教育就应当是保持二者的均衡发展。显然，在当今的社会，我们教育的"天平"正在倾斜。

如何找到一个有效的"载体"来开启家校结合的德育之门，开启学生道德情感的心扉呢？经过几轮反复的商讨，我们决定以"感恩教育"为纽带，以孝心、信心、责任心"三心"教育为抓手，打造"感恩·责任"的校园文化，让感恩教育真正凝聚起学校、家庭、社会的教育合力。

（一）孝心教育成为家校共建的互动纽带

1. 诵读经典——内化孝

学校精心编写孝心教育校本教材，并开设了"孝育课"，通过开展《弟子规》等经典诵读活动，铭记感恩诗词、名言等，将"孝"内化于心。

2. "孝敬·感恩"实践——活化孝

我们将三八节、母亲节、父亲节等节日设定为学校的感恩日，通过开展

"一日护蛋""妈妈的微笑征集活动"等形式多样的体验活动引导学生在每个感恩日为亲人做一件力所能及的事情。

3. "五爱"教育——升华孝

孝文化的核心是爱，我们以"五爱"教育为孝心教育的内核，开展系列培育实践活动。爱亲人——让爱驻我家。通过孝敬实践活动，让学生学会关心父母、回报亲人。爱师长——让爱驻身边。从学生的文明礼仪养成教育入手，让学生用实际行动尊重老师。爱同学——让爱驻校园。开展高低年级"大手拉小手"班级结对活动，培养同学感情。爱自然——让爱驻家乡。开展"我给社区洗洗脸""清除城市牛皮癣"等环保活动，美化家园环境。爱祖国——让爱驻心间。利用传统节假日，开展系列主题活动，激发学生的爱国热情和民族自豪感。

4. 博爱家委会——拓展孝

成立"博爱家委会"，联合家长的教育力量，分年级有针对性地开展活动，共同对学生进行孝心培养。一年级因孩子初入学，家长十分关心孩子的在校表现，重点开展"家长进课堂"听评课活动。二年级家委会成立"爸爸俱乐部"，通过组织"爸爸亲子运动会""水果拼盘比赛""富爸爸座谈会"等活动引导爸爸们积极地参与到家庭教育之中。三年级重点开展"百科大讲堂"活动，定期邀请家长到校上课，教学生洗袜子、叠被子、做蛋炒饭，由易到难地教学生做家务。四年级重点开展社会实践活动，在亲子活动中增进父母与孩子的沟通交流。五年级重点开展"感恩中队会"成长励志教育。可以说孝心教育成为实验小学构建家校共建新模式的强力催化剂，是学校与家庭互动沟通的密码和桥梁。

（二）信心教育成为师生信任的情感纽带

我们始终认为，在小学阶段把学生培养成为一个自信、积极、乐观的人，对孩子的一生有举足轻重的影响。我们始终把树立孩子的自信心贯穿学校管理的方方面面，培养学生乐观、自信的人生态度和积极向上的心理品质。

1. 发掘潜力，引导学生充分认识自身价值

自信的秘密是相信自己有能力。学校印发《牵手成长》导师评价手册，建立"一对一德育导师评价体系"，通过一对一的心理辅导帮助学生认识自己拥有的巨大潜能和广阔发展的可能性。

2. 建立合理期望值，增加学生的成功体验

学校依托"全纳教育理念下的小学教学模式和方法研究"课题在各学科

实施分层教学，针对低、中、高三个水平的学生设定不同的教学目标和学习目标，根据每个学生的实际情况，帮助他们建立符合自身发展水平的合理的成功预期，避免因期望过高而难以实现，从而遭受心理挫折。

3. 运用榜样教育法，帮助学生树立自信心

利用青少年崇拜偶像、模仿力强的特点，学校开展了"百名校园星"学生评比活动。六十余顶校园星桂冠，由学生自愿报名一一摘得，同时对学生承诺：如果项目中没有你的特长，可以单独申报，为你单独设奖。此举极大地鼓励了学生的参与热情，提高了学生的自信心。

4. 坚持正面教育原则，多表扬、少批评

在班级工作、学科教学中大力倡导"赏识评价"，鼓励教师根据学生年龄特点使用有特色、实效性强的激励手段和评价措施，即时、灵活、多样、全面地进行评价，让学生体验到成功的快乐。同时倡导教师平时教育学生时，不吝啬对学生的表扬，善于伸出自己的大拇指。

5. 通过适当的挫折教育，加强学生的自信心

学校开发心理健康教育校本教材《告诉世界我能行》，开设心理健康教育课，通过创设情境、开展团体心理游戏活动的方式使学生"品味"失败，引导他们明白：挫折和失败是人生必不可少的一个组成部分，可怕的不是失败，而是失败后丧失斗志，一蹶不振；只有那些具有不屈不挠的奋斗精神的人，才能取得最后胜利。

（三）责任心教育成为学校、社会教育的合力纽带

2010年威海经济技术开发区管委会在实验小学兴建了大型感恩教育基地，整个基地分为感恩亲情体验馆、感恩家乡展览馆、感恩自然环保实践馆和感恩祖国展览馆四大主题馆和一条感恩长廊，学校依托感恩教育基地建设，研发校本教材，对学生开展"五项责任"培育活动。

培养自我健康成长的责任感，做一个自爱的人。开展阳光体育活动，坚持锻炼，让身体更健康；开展安全模拟演练等教育活动，遵守规则，让自己更安全；开展"课堂学习五好习惯"培养活动，养成习惯，让自己更独立；开展最美言行评选活动，增强文明意识，让自己更美丽。

培养关爱社会的责任感，做一个博爱的人。关爱身边熟悉的人。在全校开展为贫困生爱心募捐活动，为身边需要帮助的伙伴伸出援助之手。关爱弱势群体。将威海市儿童福利院作为实验小学感恩教育校外基地；举办"红领巾图书义卖"活动及福利院爱心捐赠活动，培养学生感恩社会、甘于奉献的

美德。

培养建设家乡的责任感，做一个"有根"的人。依托博爱家委会组织开展"童眼看家乡"文化游活动，让学生踏遍家乡山水，欣赏家乡美景；采访调查家乡名人，追寻家乡历史足迹；走访邻居乡亲，了解家乡日新月异的发展巨变，从而激发学生的深深桑梓情怀。

培养保护环境的责任感，做一个环保的人。开展"地球熄灯一小时"公益行动及"我为地球添新绿"大型公益植树活动，让学生切切实实地践行环保理念，实施环保行动。同时坚持每年举办大型养花实践活动，每年4月学校都购买万寿菊花籽分发给学生，让他们回家种养、照顾，培养学生的爱心、耐心和责任心，花开之时带回学校召开"赏花会"，用自己的双手美化校园。

培养热爱集体的责任感，做一个团结的人。在少先队大队开展"红领巾监督岗"活动，负责监督维护校园卫生、纪律等各项常规，让学生体验到对学校荣誉负责的责任感；在各中队开展"红领巾竞标岗"活动，将中队的管理责任分解到每个队员头上，让他们学会独立，学会合作，树立对集体的强烈责任感。

通过"五项责任"教育，孩子们在丰富多彩的活动中收获了爱的喜悦，激发了责任意识。

三 关注"身"的康健——让运动增强生命活力

从1984年到2004年，教育部、国家体育总局、卫生部等有关部门组织了四次全国多民族的大规模学生体质与健康调研。结果表明，我国青少年体质持续下滑。为什么我们的学生现在变成了"脆玻璃""小胖墩"？到底是谁"动"了学生的健康？究其原因，不难看出，体力活动不足和体育锻炼不够是当前国内青少年普遍存在的问题。怎样促进学生身体的健康成长？我们再三思忖之后，决定以"绳花样"为轴心，打造"阳光·健康"的体育文化。

（一）花样跳绳，打造特色体育大课间

2007年，阳光体育运动在全国各中小学中积极开展起来。我们在仔细分析学校场地、师资、学情等多方面教学实际的前提下，决定以健体、增智为目标开展花样跳绳教学。

首先，构建"绳序列"，让花样跳绳走上科学化、实效化的轨道。学校聘请曾经创造过跳绳吉尼斯纪录的"绳王"王守中老师教授师生花样跳绳。同

时我们积极发挥教师力量，组织编写了各年段花样跳绳校本教材，建立花样跳绳年级序列，各个年级再以此为指导，开展跳绳教学。

其次，多措并举，全面推进花样跳绳教学。一是将花样跳绳纳入体育课。每周安排 1 个课时的跳绳课，确保花样跳绳由点到面，得以全面普及和推广。二是改革大课间体育活动，将绳元素融进课间操，增加了 6 分钟的自由花样跳绳环节。三是完善评价机制，促进花样跳绳的学习积极性。我们设计了针对学生个人的跳绳达标标准，并定期开展吉尼斯挑战赛，在全校营造人人参与、师生互动、生机勃勃的跳绳氛围。

（二）绳编画，培育学生审美观和创造力

在全面展开花样跳绳的基础上，美术学科以绳编画为有形绳文化的另一切入点展开特色教学。学校成立了中国结兴趣小组，辅导学生学习基本中国结的编法，然后再鼓励学生对这些基本的中国结进行创作组合，最终使其成为一幅完美的绳编画。这项活动不仅提高了学生的动手能力，更可贵的是培养了学生的创造力和想象力。

（三）绳韵律操，培养团队合作意识

音乐学科根据跳绳的基本动作和小学生的特点自行创编了一套融艺术性、观赏性、健康性为一体的《绳彩飞扬》绳韵律操和学校大型《腾飞吧，经区》团体绳舞，学生在跳绳、编绳、舞绳的过程中，增长了智慧，学会了合作与关爱。

四 关注"智"的提高——让学习增长生命智慧

针对实验小学的教学实际，立足学生的终身发展，我们以"让学习成为一件快乐事"为总目标，以"队伍建设""课堂改革""主题教育活动"三条主线为抓手，展开了卓有成效的教育教学改革，用"乐学、会学"为学生的健康成长注入新的生机和活力。

（一）队伍建设——塑造"乐教、善教"的教师队伍

我们立足教师实际，一是开展"读书富脑"工程让阅读成为全校教师的必修课，通过读书涵养自己丰富的感情、健全的理性、敏锐的判断和不竭的创造力，更好地服务于学生的发展；二是开展"阳光牵手"工程，实施师徒

结队捆绑式评价制度，促进青年教师的成长和骨干教师的再提高，让美丽延伸，让快乐传递；三是开展"反思成长"三大校本培训工程，全面提高教师素质。

（二）课堂改革——打造"乐学、会学"的高效课堂

无论怎样强调"孩子成长是全社会的责任"，有一个事实无法改变——孩子们成长最关键的地方在学校。而孩子在校活动的全部时间里，课堂教学的时间又是最多的。有人做过这样一个统计：一名小学生从清晨踏入校门，到黄昏离开学校，一天之中大约有 70% 的时间都是班级授课。所以，如果说学校教育对一个人的发展起主导作用的话，那么课堂教学则是主导作用的"中坚"。因此，实验小学大胆进行"快乐高效"课堂的实验，以各学科高效课堂教学模式的课题研究为抓手，遵循"趣味化、自主化、活动化、生活化、情感化、艺术化"的原则，重构各学科课堂教学模式，让孩子以"愉快的方式获得知识"，以"快乐和成功的体验促使他们终身进行自我教育"。

以上就是《解码成长——学校教育，教给孩子什么》这本书的主要内容解读，"天下难事必作于易，天下大事必作于细"。该书的成功出版，学校所取得的辉煌成就，离不开智慧的思考，更离不开"天行健，君子以自强不息"的坚持和"治之已精，而益求其精也"的精神。回顾我们的教育轨迹，我们看到了每一位教育者的质朴、实在、执着，也看到了一所学校该如何肩负起教育这项基于人生命的事业。虽然在这个过程中我们有过困惑与挫折，但是因为我们目标明确，所以我们不曾放弃，在不断地改进完善自己的教育行为，也因为这份坚持，我们在行走中不断收获着惊喜……

（作者单位：威海经济技术开发区实验小学）

楚人神系及"云中君"神主、神格之演变

——包山楚简神祇考释

叶桂桐　叶　茜

自从包山楚简出土并公布之后,关于楚人祭祀神祇已经有不少学者进行了卓有成效的研究,比如刘信芳《包山楚简神名与〈九歌〉神祇》、陈伟《湖北荆门包山卜筮楚简所见神祇系统与享祭制度》、汤漳平《再论楚墓祭祀竹简与〈楚辞·九歌〉》等就是其中比较有代表性的成果。综观这些研究成果,我们以为对于楚人神祇神系的研究还有若干令人不尽满意的地方,还有待深入。而这一问题的研究无论对于楚文化史、楚辞文学研究,乃至整个中国文化史与文学史的研究,都有十分重要的意义,因此笔者不揣固陋,也来谈点粗浅的看法,以就教于学界。

一　楚人祭祀神祇的三种有代表性的谱系

迄今为止,我们已经有了包括现存文献与地下出土的三种比较有代表性的楚人祭祀神祇谱系。

一是包山楚简神祇谱系:太,后土,司命,司骨,大水,二天子,夕山,列祖列宗。

二是屈原《九歌》神祇谱系:东皇太一,云中君,大司命,少司命,东君,河伯,湘君,湘夫人,山鬼,殇鬼。

三是司马迁《史记·封禅书》神祇谱系:后四岁,天下已定……长安置祠祝官、女巫。其梁巫,祠天、地、天社、天水、房中、堂上之属;晋巫,祠五帝、东君、云中君、司命、巫社、巫祠、族人、先炊之属;秦巫,祠社主、巫保、族累之属;荆巫,祠堂下、巫先、司命、施糜之属;九天巫,祠

九天。皆以岁时祠宫中。其河巫祠河于临晋,而南山巫祠南山秦中。

这一神祇谱系,汤漳平先生归纳为五帝(太一),东君,云中君,司命(晋巫祠),司命(荆巫祠),湘山祠,河祠,南山,秦中殇。

二 楚人神系关键神祇考释

在楚人神系中,带有关键性的神祇是"太一"(东皇太一)、五帝和后土,现逐一加以考释。

(一)"太一"

包山楚简的整理者和此后的研究者,俱认为楚简中的"太""蚀太"即《九歌》中的"东皇太一",这是不错的。东皇太一为至尊之天神,这从五臣注《九歌》到洪兴祖的《楚辞补注》,都是如此解释的。由五臣到洪兴祖,再到今之楚简整理者和研究者,都以为这"东皇太一"是天上的星宿"太一"或"太白",这自然不无道理。但他们似乎都忽视了这个"皇"字,这"星宿"的"太一"一旦和这个"皇"字组合在一起,那就已经不仅仅是与"地"相对的"天"或星宿了,它已经成了天、神、人三位一体的组合体了。"东皇太一"不仅是天上的星宿,而且已经具有了人世间的"人"的成分了。在中国古代的神话传说中,只有两个人物同时具备这种"天、神、人"的属性而达于至尊神(高于五帝,以五帝为"佐臣")的资格,这就是伏羲和黄帝。在中国古代的神话传说中,天地开辟之后,与女娲一起创造了人类的伏羲具备这种至尊神的资格,这是没有问题的。但后来这位人类氏族的伏羲,不知为什么降了格,从高于五帝的至尊神而降为五帝之一的太昊(亦作太暤、太皞)。但既然太昊承继了伏羲,那他当然仍然具备至尊神的资格。与此相反,黄帝却由原来的五帝之一,而上升为天帝,这大概是因为他是中央之帝而且打败或消灭了四帝的缘故吧:

> 黄帝之初,养性爱民,不好战伐,而四帝各以方色称号,交共谋之,边城日惊,介胄不释。黄帝叹曰:"夫君危于上,民不安于下;主失其国,其臣再嫁:厥病之由,非养寇邪?今处民萌之上,而四寇亢衡,递震于师。"于是遂即营垒以灭四帝。——《太平御览》卷七九引《蒋子万机论》

或因为他"执绳而治四方"的缘故吧:

> 东方木也，其帝太皞，其佐句芒，执规而治春；南方火也，其帝炎帝，其佐朱明，执衡而治夏；中央土也，其帝黄帝，其佐后土，执绳而治四方；西方金也，其帝少昊，其佐蓐收，执矩而治秋；北方水也，其帝颛顼，其佐玄冥，执权而治冬。——《淮南子·天文篇》

将太皞和黄帝这两位具备至尊神资格者加以比较，我们以为"东皇太一"应该是太皞，而不是黄帝。《礼记·月令》云："孟春之月，……其帝太皞，其神句芒。"《淮南子·时则训》云："东方之极，自碣石山，过朝鲜，贯带人国，东至日出之次，木之地，青土树木之野，太皞。句芒之所司者万二千里。"高诱注曰："太皞，伏羲氏，东方木德之帝也；句芒，木神。"可见，太皞为东方之天帝也。所以五臣注《九歌·东皇太一》说："太一，星名，天之尊神。祠在楚东，以配东帝，故云东皇。"

（二）五帝

司马迁《史记·封禅书》将晋巫所祠之主神由太一改为五帝。传说中的五帝，其所指不同：《易·系辞》下云为伏羲（太皞）、神农（炎帝）、黄帝、尧、舜；《世本·五帝谱》云为黄帝、颛顼、帝喾、尧、舜；《帝王世纪》则以之为少昊、颛顼（高阳）、高辛、尧、舜。

我们以为汉高祖为楚人，作为楚人神祇五帝，自当从《楚辞》中求得。屈原《惜诵》中云："令五帝以折中兮，戒六神与向服。"王逸注云："五帝，谓五方神也。东方为太皞，南方为炎帝，西方为少昊，北方为颛顼，中央为黄帝。"又屈原《远游》中云："撰余辔而正策兮，吾将过乎句芒。历太皓以右转兮，前飞廉以启路。阳杲杲其未光兮，凌天地以径度。风伯为余先驱兮，氛埃辟而清凉。凤皇翼其承旂兮，遇蓐收乎西皇。揽彗星以为旍兮，举斗柄以为麾。……召玄武而奔属。……指炎神而直驰兮，吾将往乎南疑。"可见，王逸之注五帝为五方神帝不误。

西汉初祭祀之主神不是东皇太一而是五帝，是有原因的，《史记·封禅书》云："二年，东击项籍而还，入关，问：'故秦时上帝祠何帝也？'对曰：'四帝，有白、青、黄、赤帝之祠。'高祖曰：'吾闻天有五帝，而有四，何也？'莫知其说。于是高祖曰：'吾知之矣，乃待我而具五也！'乃立黑帝祠，命曰北……悉召故秦祝官，复置太祝、太牢，如其故仪礼。"汉高祖虽然将自己列入五帝之中，但五帝仍然是指五方帝也。

但是到了汉武帝时则仍然将祭祀主神由五帝而改为太一:"亳人谬忌奏祠太一方,曰:'天神贵者太一,太一佐曰五帝。古者天子以春秋祭太一东南郊,用太牢……'于是天子令太祝立其祠长安东南郊,常奉祠如忌方。"(《史记·封禅书》)

(三)后土

包山楚简之整理者将祭祀的第二位的神祇定为"后土"是正确的,但是关于这里的"后土"尚有两个重要问题需要解决:一是这里的"后土"的具体含义到底是什么,即"后土"究竟是指谁?二是"后土"与"云中君"的关系问题。现分别加以考释。

我们以为如同"太一"不仅仅是与"地"相对的"天"一样,这里的"后土"也不仅仅是与"天"相对的"地"。这里的"后土"也是地、神、人三位一体的组合体,"后土"是指楚人的先祖重黎或祝融以及吴回。

吴回与重黎或祝融是什么关系呢?《山海经·大荒西经》云:"有人名曰吴回,奇左,是无右臂。"郭璞注云:"吴回,祝融弟,亦火正也。"《世本》(清秦嘉谟辑补本)云:"颛顼生老童,老童生重黎及吴回。"《山海经·大荒西经》云:"颛顼省生老童,老童生祝融。"郭璞注:"即重黎也,高辛氏火正,号曰祝融也。"

中国古代传说中的后土有两位,一位是共工氏之子句龙,一位是楚人的先祖颛顼之子重黎或祝融。《左传》:"故有五行之官,是谓五官:木正曰句芒,火正曰祝融,金正曰蓐收,水正曰玄冥,土正曰后土。颛顼氏有子曰黎,为祝融;共工氏有子曰句龙,为后土。后土为社。"《礼记·月令》:"中央土,其帝黄帝,其神后土。"郑玄注云:"此黄精之君,土官之神也。后土亦颛顼氏之子,曰黎,兼为土官。"《山海经·海内经》:"共工生后土,后土生噎鸣,噎鸣生岁十有二。"《山海经·大荒西经》云:"黎(后土)下地是生噎,处于西极,以行日月星辰之行次。"

可见后土有两个,而在这两个后土之中,我们以为楚简中的"后土"当为楚人之先祖重黎或祝融。

关于"后土"与"云中君"之关系,刘信芳先生在《包山楚简神名与〈九歌〉神祇》中释"后土"为"云中君":"《包山楚简》考释者释'后土'为土神,可信。惟须明确,楚人后土之神即《九歌》中的'云中君'。"其理据有四。①引清人徐文靖《管城硕记》之中将"云中君"解为云梦泽之神。②据楚简后土之位置:"就神格言,楚简后土居太一后,是仅次于太一的神祇，而《九歌》'云中君'亦居'东皇太一'后，是二者于祀谱相合。"③先秦人们多以"皇天、后土"联言，太一是皇天，故后土应为"云中君"。④"后土祀礼多行于泽中"，"此亦可作为楚人所祀后土即云中君——云梦泽之神的佐证"。

对于刘信芳先生的后土即云中君的新见解，学术界有颇不以为然者，如汤漳平先生即云：

> "就神格言，楚简后土居太一后，是仅次于太一的神祇，而《九歌》'云中君'亦居'东皇太一'后，是二者于祀谱相合。"这个推论并不具有必然性。……根据楚墓竹简记载的祭祀顺序而认定"后土"即"云中君"恐怕值得研究。天星观楚墓中的竹简祭祀神有"地宇"，愚以为此当是"后土"的又一别称。"云中君"除见于《史记·封禅书》和《九歌》外，在江陵天星观一号楚墓祭祀竹简中也有记录，称之为"云君"，"云君"应即云神，不可能又称为"后土"。

我们认为刘信芳先生以为包山楚简中的"后土"即"云中君"的见解是相当敏锐的，可惜由于他对于后土与云中君之间深层的内在关系还没有真正弄清楚，所以他所举出的四条论据都不够有力，因此不能令人信服。我们现在就来谈谈这个问题。

如上所述，楚简中的"后土"实际上是指楚人之先祖重黎或祝融、吴回等，而重黎或祝融、吴回等又是传说中的雷神。丁山先生在《中国古代宗教与神话考》中说：

> 所谓梼杌者，当是雷电之神。《大戴礼·帝系》与《史记·楚世家》俱言楚祖吴回，吴回决是吴雷传写之误。吴雷者何？《山海经·海内东经》有云："雷泽中有雷神，龙身而人头，鼓其腹，在吴西。"所谓在吴西，显然是将吴雷一名，拆成两地；所以我说楚祖吴雷即以雷神为其种姓的大神。
>
> 雷神，既知是吴回，则雷妇自是女隤氏。帝系："吴回氏产陆终。陆终氏娶于鬼方氏之妹，谓之女隤氏，产六子。"女隤，《楚世家》索隐引《系本》作"女嬇"。女嬇，盖即民间所称的"电母"，或曰"闪光娘娘"。嬇，殆亦雷字语讹；这位闪光娘娘名女嬇，犹言女雷神也。

所谓雷神，其实也就是云神。洪兴祖《楚辞补注》在《离骚》"吾令丰隆乘云兮"句下王逸注云："丰隆，云师，一曰雷师。"洪兴祖补注曰：

> 《九歌·云中君》注云："云神丰隆。"五臣曰："云神屏翳。"按：丰隆或曰云师，或曰雷师。屏翳或曰云师，或曰风师。《归藏》云："丰隆，筮云气而告之。"则云师也。《穆天子传》云："天子升昆仑，封丰隆之葬。"郭璞云："丰隆，筮师，御云得大壮卦，遂为雷师。"《淮南子》曰："季春三月，丰隆乃出，以将其雨。"张衡《思玄赋》云："丰隆……其震霆，云师……以交集。"则丰隆，雷也；云师，屏翳也。《天问》曰："萍号起雨。"则屏翳，雨师也。《洛神赋》云："屏翳收风。"则风师也。又《周官》有"风师""雨师"。《淮南子》云："雨师洒道，风伯扫尘。"说者以为箕、毕二星。《列仙传》云："赤松子，神农时为雨师。"《风俗通》云："玄冥为雨师。"其说不同。据《楚辞》，则以丰隆为云师，飞廉为风伯，屏翳为雨师耳。

可见不仅雷神、云神相通，而且又与风神、雨神相通。既然雷神即云神，那么楚人的先祖重黎或祝融、吴回也就是云神。至此，楚简中之后土即云中君，也就十分好理解了。

三 "云中君"神主含义之演变

"云中君"也是楚人神系中最为关键而且最为复杂的一位神祇，因此我们这里专门加以考释。"云中君"之所以复杂，是因为它有一个漫长而复杂的演变过程，在这一演变过程中其神主的具体含义（即指代对象）和神格是有很大的变化的，不把这种演变过程阐述清楚，我们就不可能真正了解这位"云中君"，也就难以真正理解屈原《九歌·云中君》中的描写。

（一）"云中君"神主的演变

"云中君"作为云神（雷神），其神主有一个漫长的演变过程。在中国古代神话传说中最早的雷神是伏羲。《太平御览》卷七十八引《诗含神雾》云："大迹出雷泽，华胥履之，生伏羲。"但伏羲一方面日渐演变为五方帝神太昊，另一方面成了人类的始祖神，他的雷神的职责由黄帝取代了，黄帝成了真正的雷神。《河图稽命征》云："附宝见大电光绕北斗权星，照耀郊野，感而生轩辕黄帝于青邱。"《河图帝纪通》云："黄帝以雷精起。"《春秋合诚图》云："轩辕，主雷雨之神也。"《大象列星图》云："轩辕十七星在七星北，如龙之体，主雷雨之神。"但是随着黄帝神位的日渐升格，他不仅成了五帝之首，成了华夏的祖先，而且成了至尊的天神，于是雷神的职责则让给了华夏某个部族的祖先神，于是吴回就变成了雷神。再后来，雷神又脱离了人间祖先神，变成了单纯的自然之神——纯粹的雷神或云神了。

（二）"云中君"神格的演变

我们不难看出，在上述雷神神主的演变过程中，雷神（云神）的神格在逐渐下降。这一演变过程之大势，可以归结为两大转折。一是自然的神化和祖先化。自然界中雷具有无比的威慑力，人们把它神化了，于是有了雷神。人类的先祖也具有不凡的神通，却始终是人类的保护神，当人类的祖先神成了雷神时，不仅不再危害人类，而且成了人类的保护神，只会赐福人类。但随着人类共同的祖先神的地位日渐升格，雷神便由部族神或地域神来充当了。这一大转折始于伏羲为雷神到吴回成了雷神。其实所谓人类共同祖先神地位的提高，也正是人类地位的升高，或人类战胜自然能力的提高。这种转折表现在祭祀方面，就是《九歌》的"云中君"与包山楚简中的"后土"处于相同的位置。二是随着人类战胜自然能力的进一步提高，人们对自然的认识加深了，雷神的威慑力量日渐减弱了，虽然自然仍然在被神化着，于是雷神成了单纯的自然之神灵，其实是由神变成了仙。这一过程完成于战国末期到西汉初期。这种转折在祭祀方面的表现是，在《九歌》中"云中君"的地位是比较高的，是仅次于至尊天神的显神，作为单纯的自然之神的日神"东君"的地位比他低得多。但在《史记·封禅书》中，"云中君"已经成了单纯的自然之神，他的地位自然要比日神"东君"低，所以他理所当然地要排在"东君"之后了。这时的雷神的神格与伏羲为雷神时相比，真是已经不可同日而语了：过去的雷神是至尊的天神，现在的雷神只不过是天神王国中的一位小神，只是雷部的首领，只不过是一位兵种的司令了。

（三）关于《九歌》的所谓错简问题

以往的《楚辞》研究者，没有注意到雷神"云中君"神主、神格的这种演变过程，所以他们对于《九歌》中将《东君》排在《云中君》之后难以理解；他们将《九歌》与《史记·封禅书》进行比较之后，便以为《九歌》的顺序错了，就是所谓《九歌》错简了。这种见解，从清人刘梦鹏《屈子章句》，到近人闻一多《楚辞校补》，直到时下楚辞研究学界的绝大部分学者，都是如此，他们甚至说《九歌》中的《云中君》与《东君》之顺序为错简可以成为定论了。这其中最有代表性的看法当然要算闻一多先生的论述了，我们就来看看闻先生的原文吧：

> 东君与云中君皆天神之属，宜同隶一组，其歌辞宜亦相次。顾今本二章部居悬绝，无义可寻。其为错简，殆无可疑。余谓古本《东君》次在《云中君》前。《史记·封禅书》、《汉书·郊祀志》并云："晋巫祠五帝、东君、云中君。"《索隐》引王逸亦云："东君、云中君。"（见《归藏易》，今本注无此文）咸以二神连称，明楚俗致祭、诗人造歌，亦当以二神相将。惟《东君》在《云中君》前，《少司命》乃得与《河伯》首尾相衔，而《河伯》首二句乃得阑入《少司命》中耳。

石破天惊！我们以为荆门包山楚简的出土对于所谓《九歌》错简这一学术公案之解决，确实提供了第一手的可靠资料。包山楚简的出土，对于《九歌》研究中的一个重大问题可以坐实了：根据包山楚简提供的祭祀神的材料，可以确认《九歌》不是民间祭祀，而是宫廷祭祀。屈原《九歌》虽然可能从民间祭祀中吸取过有关内容，但它毕竟是为楚国宫廷撰写的祭祀歌词，而且在当时的祭祀中实施过。

我们还是回到《九歌·云中君》的原文吧。不仅从《九歌》的排列顺序，而且从《云中君》中对于云中君神的描写，我们不难看出，这位云中君神的神格是很高的，歌词中结尾部分的"览冀州兮有余，横四海兮焉穷"明示着这位云中君神的神格高于或不低于作为楚人祖先神的"后土"，更高于《史记·封禅书》中作为日神的"东君"。但同时我们也似乎不难看出《九歌·云中君》已经有了明显的由自然、神、祖先三位一体的天神向单纯的自然之神过渡的趋势。《九歌》作为宫廷祭祀的实用性歌词，其各章的组织排列是经过严格而精心的编排的，其祭祀的神的顺序：东皇太一、云中君是最高等的天神；湘君、湘夫人是著名的地方神；大司命、少司命是掌管人间人们的命运和种族子孙繁衍的神；东君、河伯为自然之神；山鬼、国殇为地方上的一般亡神。可见《九歌》根本不存在所谓错简问题。其实我们只要弄清"云中君"神主、神格的演变过程，明乎《九歌》中的云中君神之神格高于《史记·封禅书》中云中君，所谓错简问题也就涣然冰释了。

（作者单位：山东外事翻译职业学院）

《迈向健康教育之路——区域推进心理健康教育的探索与实践》内容提要

杨　军

　　进入 21 世纪后，我国国民经济持续增长，社会发展突飞猛进，广大民众在物质生活得到巨大改善的基础上，思想观念也在不断冲撞中发生着深刻的变化。这一切给中小学生带来不可估量的心理冲击：生活节奏不断加快、社会信息量激增及就业制度多元化等现象影响着他们对未来的思考；繁重的学业、激烈的竞争及青春期的躁动等问题挑战着他们对自我的认识；父母的过高期望、家庭生活的不和谐、生活水平的参差不齐及独生子女的自我意识等因素影响着他们对未来的期许。于是，独立与依赖、现实与幻想、开放与闭锁、成熟与幼稚、自觉与被动等心理矛盾错综复杂地交织在一起，一些难以排解的心理问题往往积淀成心理障碍，影响着他们的身心健康发展。

　　有关调查研究表明，现在的中小学生普遍存在生理发育提前与心理发展水平滞后的现象，近半数的学生出现了不同程度的心理问题。一些青少年犯罪的典型案例也表明，心理健康问题成为犯罪的一个重要因素。校园暴力事件、亲子关系问题、青春期困惑、网瘾少年……当形形色色的问题在孩子身上出现时，我们往往问责思想品德教育、法制法规教育的缺失，其实我们更应该聚焦的是心理健康教育。因此，重视和加强中小学生的心理健康教育，培养学生良好的心理素质，使其获得全面发展，是满足广大中小学生健康成长的内在需要，是全面推进素质教育的重要举措之一。

　　当前，随着教育改革的深化，关注学生的全面发展正日渐成为教育的主导观念，心理健康教育的重要意义也越来越引起人们的关注。《中共中央关于进一步加强和改进学校德育工作的若干意见》指出，要"通过多种方式对不同年龄层次的学生进行心理健康教育和指导，帮助学生提高心理素质，健全人格，增强承受挫折、适应环境的能力"。自 20 世纪 80 年代起，我国部分先进省市就已经开始关注和开展心理健康教育了，但与这一领域先进的欧美等国的百年历史相比，我国的心理健康教育起步较晚。90 年代后，教育部《关于加强中小学生心理健康教育的若干意见》《中小学心理健康教育指导纲要》的文件的颁布更是为心理健康教育工作指明了方向。近年来，不少地区和学校在这方面做了大量的工作，也取得了不少成绩。但不可否认的是，因受教育观念和客观条件等的制约，心理健康教育工作推广开展得还很不均衡，地区差异较大，城乡落差更大。因此，区域如何推进心理健康教育均衡发展是心理健康教育实施过程中必须面对的一个问题。

针对上述现状和问题的分析，"十五"和"十一五"期间，山东省荣成市教育局将区域推进心理健康教育均衡发展作为课题研究的目标和方向。十年来，荣成市的心理健康教育工作从无到有、从试点探索到全面推开，取得了长足的发展。在探索和实践中，逐步确立了"一个中心，两条主线，四个途径"的工作思路，即以区域推进为中心，以课题研究和常态实施为主线，以"统筹规划、先行试验、以点带面、全面推进"为途径，形成了心理健康教育科学化、有效化、常态化的持续发展模式，得到了上级主管部门和社会各界的充分肯定。《迈向健康教育之路——区域推进心理健康教育的探索与实践》一书正是十年研究成果的总结提炼。

《迈向健康教育之路——区域推进心理健康教育的探索与实践》一书集中呈现了荣成市自 2000 年至今在区域推进心理健康教育均衡发展方面所进行的探索与实践，凝聚着荣成市教育人为中小学心理健康教育付出的十年心血与不懈努力。

全书分为四个篇章十二个章节二十多万字，从工作机制、队伍建设、课题实验、教学研究四个角度全面总结了荣成市区域推进心理健康教育工作的经验做法。本书所描述的研究成果，折射出的不仅是一种理念、一种方法，更是一种对教育的思考和追求。其内容结构如下。

第一篇："区域推进心理健康教育——工作机制篇"，包括"区域推进的背景分析、区域推进的实践探索、区域推进的回顾展望"三个章节。此篇从我国中小学心理健康教育在短短三十年的发展历程中的一些不容忽视的问题谈起，从区域整体推进心理健康教育的着力点分析，详细介绍了荣成市教育局的"一个中心，两条主线，四个途径"的心理健康教育思路，全力推动心理健康教育科学、有效、健康发展。

第二篇："区域推进心理健康教育——队伍建设篇"，包括"师资队伍的发展现状、师资培训的路径优化、师资队伍的成长发展"三个章节。此篇从推进心理健康教育的主导力量——师资队伍的建设入手，针对目前心理教师成分复杂、培养模式欠规范等问题，详细介绍了荣成市教育局、荣成市教育教学研究培训中心通过完善队伍建设机制、创新培训模式、丰富培训内容、加大培训力度等方式，不断提高队伍专业化水平的科学探索；重点对"网络研修、集中培训、校本培训"的培训方式进行详细介绍，其中引用的来自一线教师的培训体验和成长历程，为读者展示了大量生动的案例，具有很高的借鉴价值。

第三篇："区域推进心理健康教育——课题研究篇"，包括"课题研究的理论策划、课题研究的过程管理、课题研究的成果展示"三个章节。此篇重点介绍了荣成市教育局、荣成市教研培训中心如何组织区域心理课题的实验研究，如何对各基层学校的心理课题研究工作进行有效的督导、干预与管理，从"先期的准备发动—过程的干预管理—结果的推广应用"三个层次入手，有效推动了课题研究的进程，确保了课题研究的效果。此篇还具体展示了荣成市教育教学研究培训中心承担的山东省教育科学规划"十二五"重点课题"新课程改革背景下区域推进心理健康教育的理论与实践的研究"的研究思路与成果，为其他地市区域推进心理健康教育工作提供了可资借鉴的有效经验。

第四篇："区域推进心理健康教育——教学研究篇"，包括"教研载体的组织建设、课程资源的开发构建、课程模式的发展创新"三个章节。此篇解决的是心理健康教育城乡之间、学校之间的发展很不均衡的问题，详细介绍了荣成市教研培训中心如何通过构建联片教研、网络教研、校本教研三位一体的教研平台，从教师培训、课程设计、活动模式等方面入手缩小城乡之间、学校之间的差异的具体做法。

本书对荣成市十年来区域推进心理健康教育的工作进程进行了全面的阐述，特别是在一些尚未被多数研究者注意的理论盲点和难点问题上，如教材编写、活动方式和工作机制等方面进行了更加深入的和有益的探索与创新，有理论层面的拓展研究，更有教育案例的实践佐证。其心理健康教育工作的创新与突破体现在以下三个方面。

首先，突出课题引领，以点带面，区域推进心理健康教育科学发展。在现实教育研究中，有的科研项目跟风变脸，脱离实际；有的课题立论东拼西凑，缺乏原则；有的教育专著创新不足，个性掩失。荣成教育人则立足现实，从工作实际中发现问题，形成课题，同时以教育科研为先导，将课题引领、课题指导、课题研究作为区域推进心理健康教育的切入点，带动全市心理健康教育的全面铺开的工作模式。书中提到的山东省教育科学规划重点课题"师生心理危机的早期干预及模式的研究"，便是以师生心理问题的早期干预为切入点，探索构建区域内师生心理危机干预的三级预警机制，经过多年的探索与实践，课题研究取得了丰硕成果。在坚持"研究性"推进工作策略的同时，荣成教育人还围绕工作中的常见问题，把问题当课题，倡导教师用研究的思维、研究的视角、研究的方法对待现实中的问题。十几年来，心理健康教育教师们边研究、边探讨、边实践，笔耕不辍，辛勤耕耘，走过了一条充满坎坷与艰辛、执着与坚韧、快乐与幸福的探索之路，涌现出了一大批以心理健康教育为特色的科研型学校。

其次，突出课程核心，由浅入深，努力推进心理健康教育规范发展。改革开放以来，教育界的改革试验方兴未艾，各个门类的课题层出不穷，各个层面的方案争妍斗艳，其动员之广，影响之大，提出和解决的问题之多是前所未有的。但是，深层次的研究和改革并不多见，成功的范例和模式更是少之又少。本书揭示了荣成市教育人如何立足本地实际，积极进行改革，创新教育方式，探索出一条新的心理健康教育之路。一是积极开发心理健康教育课程资源。在实际工作中，很多学校和老师因缺少心理辅导活动课的课程资源作支撑，心理辅导活动课陷入低效、盲目、无序的状态。为改变这一工作状态，保证心理辅导活动课能科学、规范、有效地开展，早在2008年，荣成教研培训中心就组织部分心理骨干教师通力合作，为不同学段开发构建了主题丰富的课程资源包，为保证课程资源包的时效性，该中心每年都根据一线教师的反馈信息对资源包进行修改、完善、补充。同时还鼓励学校进行校本化课程资源的开发，突出了心理健康教育的课程化。二是科学开设心理辅导活动课。班级心理辅导活动课是学校开展心理健康教育工作的重要载体，实践中，荣成市教育教学研究培训中心探索构建了多样化的心理辅导活动课新模式，组织编写的《小学班级心理辅导指导用书》《中学班级心理辅导指导用书》正式出版，有力地指导了全市心理辅导活动课的开展，丰富了心理健康教育内容与形式。三是拓展心理健康教育新渠道。工作中倡导学校将心理健康教育与学校的教育教学活动相结合，突出研究学科教学、班主任工作、德育工作、团队活动等学校日常工作如何融合、渗透心理健康教育。关注问题学生的个别心理辅导。通过信箱、咨询电话、心理日记、面对面咨询等形式，充分发挥学校心理健康教育的补救性功能，致力于以学校为主体，联合家庭和社会教育的力量，建立学校、家庭、社会相互协作的心理健康教育新网络。

最后，突出机制创新，搭建平台，全面推进心理健康教育深化发展。荣成市教育局成立了荣成市中小学心理健康教育指导中心，设有专职教研员，选拔心理健康教育骨干教师兼职参与指导中心的各项工作，进一步加强对全市心理健康教育工作的研究、指导和专业引领。同时要求各单位将心理健康教育工作纳入本单位的重要议事日程，分工负责，落实到人。组建了以"校领导—心理教师—班主任—学生家长"为基本模式的心理健康教育工作机制，形成全员参与、齐抓共管的良好格局。在教育实践中，着重对留守生、特困生、单亲家庭子女和个别有心理问题的学生进行跟踪辅导，建立学生心理危机干预的长效机制，为学生提供了方便快捷的心理辅导网络服务。

（作者单位：荣成市教育局）

国学在高中语文教学中的渗透

林　静

一　国学与语文教学

国学，"一国固有之学"，有广义和狭义之分。广义的国学指"中国的一切过去的历史文化"（胡适语）。狭义的国学，则主要指意识形态层面的传统思想文化，它是国家的核心内涵，是国学本质属性的集中体现，也是我们基础教育认识、继承、弘扬的重点所在。

《普通高中语文课程标准（实验）》指出："语文是重要的交际工具，是人类文化的重要组成部分。工具性与人文性的统一，是语文课程的基本特点。""高中语文课程应进一步提高学生的语文素养，使学生具有较强的语文应用能力和一定的语文审美能力、探究能力，形成良好的思想道德素质和科学文化素质，为终身学习和有个性的发展奠定基础。""语文素养"已成为基础教育中语文教育的核心概念，也意味着对语文教学目的、功能认识上的改变，在重视"实用"之外，更重视"人的发展"。

《全日制普通高级中学语文教学大纲》指出"语文也是最重要的文化载体"，赋予了语文教学进行人文素质教育的任务，深刻地揭示了语文的文化内涵。在基础教育中，语文教学要责无旁贷地承担起人文素质教育，担当起传承国学的重任。笔者认为国学的教育是根本，不可动摇，在基础教育中重振国学，增强人文教育，增强学生的文化底蕴，是当前语文教育的一大使命，也是改变语文教育局面的一个有效途径。

二 高中语文教材在国学经典篇目设置上的特点

在新课程理念下，语文教学要体现和突出人文性，无论是课程性质、课程理念，还是课程设置、课程目标，都蕴含极强的人文关怀。《普通高中课程标准实验教科书》（人教版）语文必修 1～5 册在国学作品研读方面做了大量的调整和充实，摒弃了传统教材以学科知识为中心的模式，打破了传统教材以文体组织单元的编写体例，体现了新课标对中国传统文化经典的重视。

以人民教育出版社的新课标语文教材为例，必修课本有 5 册，按目录上说是 65 课，古典诗歌 12 课（总篇目是 22 首），文言文 17 课，共计 29 课，比例达到 44.6%（古代白话小说和毛泽东的《沁园春·长沙》都没有计入）。

从选文范围上看，经部有《诗经》《孟子》《左传》，史部有《战国策》《史记》《汉书》《后汉书》，子部有《荀子》《庄子》，集部则有陶渊明、李白、杜甫、苏轼等。不仅如此，像朱光潜的《咬文嚼字》、林庚的《说"木叶"》、钱钟书的《谈中国诗》这些课文，以及"梳理探究""名著导读"等环节中的部分内容，都与经典训练相关。而在选修教材方面，则有《中国古代诗歌散文欣赏》《中国文化经典研读》《先秦诸子选读》等，其中前两本是很多学校要求学生学习的，从中亦可看出现在的教育对于经典训练的重视。

笔者认为，新课标实验教材在国学教育经典篇目的设置上与以往教材相比有以下三个特点。

1. 选文文体更加多样

不论是先秦的诸子百家、两汉辞赋、唐宋游记，还是散文、戏曲、小说，无不彰显我国瑰丽的文化财富。这些文学作品经过历史长河的洗礼，能够深刻且生动地体现我国传统文化的精髓，是值得当代高中生品读、深思和反省的。

2. 选文内容更加丰富

中学语文教材所选诗、词、文、赋、戏曲、小说等古代作品中，不仅积淀着丰富的古代文化知识，也积淀着丰富而深厚的中华民族优秀的传统文化。作品涉及礼仪、道德、风俗、审美、建筑、音乐、军事、经济等多个方面，有传统的人生观、价值观、审美观，有中华民族传统的性格、精神和意志品质。在教学中我们要从具体的篇章入手，和学生一道去领略其间的文化精神内涵。学生的文化根底牢固了，语文素质也就不会在浅层次上漂浮，而是能够得到真正的提高。

3. 更注重方法的指导

对《论语》《红楼梦》《三国演义》等名著进行导读，引导学生与国学经典对话，由课内学习延伸到课外阅读，扩大学生的视野。

三 高中语文教学中国学教育的具体途径

国学是几千年中华文化的积淀，是中华民族优秀传统的根源所在。但是，这些知识跟现代社会有很大的时间间隔，用什么样的方式能让学生在博大精深的国学中受到熏陶、浸染呢？笔者认为，国学教育只有遵循教育规律和社会价值规律，循序渐进地渗透，才能收获润物无声的效果。

1. 激发兴趣——在热爱中走进国学

兴趣是学习的原动力。如果学生没有学习的兴趣，无论传统文化多么丰富精彩，学生也会感到味同嚼蜡。就高中学生而言，正是十六七岁的年龄，兴趣是十分广泛的，语文教师应根据学生的这一心理特点，充分地将学生的兴趣调动起来，将其转移到语文及国学的学习中来。历史人物典故、谚语、俗语等都与国学有着千丝万缕的联系，在激发学生兴趣时，这些都不失为很好的导入媒介。比如教学《烛之武退秦师》一课前，可向学生介绍"秦晋之好"这个成语，由此引出秦晋围郑的历史背景和社会原因，也让学生了解春秋时期各诸侯国之间纵横捭阖的社会状况。

此外，将现代生活引入与之相关的传统文化上，也能起到拉近学生与传统文化距离的作用。例如，在教学《离骚》时可从中国传统节日端午节的由来切入，让学生更深刻地体会屈原在中国历史中的重要地位，从而有助于学生更深入地去理解屈原在《离骚》中表达的忧国忧民的感情及"九死其犹未悔"的高洁品质；在学习曹操的《短歌行》、李白的《将进酒》、陶渊明的《归园田居》时，可以从中国的酒文化入手，去理解英雄襟怀、隐士情怀；在讲白居易《琵琶行（并序）》时，可以从学生熟悉的乐器、乐曲入手，去理解琵琶女的高超琴技，让学生在对乐曲传情达意的作用理解的基础上体会白居易对音乐描写的精妙。

总之，教师只有对所授的国学有正确深入的理解，更重要的是教师对国学有真实的热爱，才能找到切实可行的好方法调动起学生学习的兴趣与热情。

2. 储存语言——在积累中提高文化素养

母语教育是一个国家和民族发展的源泉，语文课程的首要目的就是培养和提高学生的语文素养。

　　通过小学和初中的学习，高中学生已具有一定的阅读浅易文言文的能力。但高一的学生对文言文实词、虚词的积累还不够丰富，对古代文言现象的理解还不够深入，所以在处理教科书上的文言文时，字、词、句的教学还是不可或缺的。例如在讲解《廉颇蔺相如列传》中"以相如功大，拜为上卿，位在廉颇之右"时，就可将古汉语中的"左迁"表示降职、"右迁"表示升职的现象一同提出来，这是古代尊右卑左的传统，以此来理解文中廉颇对蔺相如"凭三寸之舌"职位就在自己之上而产生的不满情绪。

　　课本中的经典佳作，其丰富的词汇有利于积累语言材料，厚积薄发。提倡文化视角的教学，不仅没有削弱国学教育的力度，反而更有助于学生在对字、词、句的深入理解中达到语文课程的深层目标——提高学生文化素养，传承中华传统文化。

　　3. 诵读为主——在吟咏中提升感性认识

　　"好文自就朗朗读""教学千法读为主"。国学的教学，有其自身的特点与规律。教师的精要讲解与浅易翻译，学生对文章的理解与诠释，固然不可或缺，但一定要少之又少，不能喧宾夺主。教师的主要任务，就是让学生读好、背好。教师不必刻意地向学生解释古文的音律平仄，应该让他们在反复吟咏中自然领悟其中的真意。

　　语文教育首先培养语感，而后才涉及道德、品质教化，即古人讲的"声音先于文理"。这样，学生自会在文字感觉世界中产生对民族历史、文化的温情和敬意。开展诵读活动，是实现新课程目标的有效方式。教师一定要按照学生的认知规律加以设计，对诵读多加指导，让学生得其法。起初，要语音准确，句读准确，字正腔圆。然后，训练学生掌握音调、语气、停顿、重音等诵读技巧，尤其是读出文章的内在节奏，感知文章的"气、味、声、色"。再后，随着理解的加深，要求学生在抑扬顿挫、表情传神方面下功夫。最后，学生在反复诵读中达到因气求声、心口合一、与我为化的诵读境界。久之，学生便耳熟能详，目闭可诵，产生如闻其声、如见其人、如历其境的艺术感受，不知不觉间就和作者心意相通了。

　　例如，写景抒怀的篇章《兰亭集序》《赤壁赋》等，通过绘声绘色、传情传神的语言，凝练而含蓄地表达了作者的某一思想感情或道德情操。在教学中，可引导学生通过反复朗读、吟诵，像品尝美酒那样去品味语言，把自己的全部感情融入作品的艺术境界中，从而获得美的享受和感情的陶冶。又如，《祭十二郎文》历来被称为"至情"之文，可采用多种诵读方式——大声读、轻声读、分组读、全班读、交替读、示范读……指导学生把握文章悲痛的感情基调，注意排句、呼告的语言形式和文言虚词尤其是语气词的用法，进行或高或低，或疾或徐地诵读，从而感受作者与十二郎之间深厚的感情以及作者的沉痛悼念之情。

4. 课外阅读——在拓展中积淀文化底蕴

课外阅读是课堂教学的拓展，是语文教学的有机组成部分，国学知识更适于在课外阅读中进行。要遵循尽量不增加学生和老师负担的前提，在快乐中诵读和体悟，在丰富多彩的活动中学习和收获。

在课外阅读活动中，教师可根据课文内容和单元学习主题进行拓展，指导学生展开主题性阅读。例如，学完《氓》《采薇》，可以让学生去研读《诗经》中的其他名篇；学完《林黛玉进贾府》，可以让学生去浏览《红楼梦》；学完《琵琶行》，可以引导学生阅读韩愈的《听颖师弹琴》和李贺的《李凭箜篌引》，比较欣赏音乐的描写技巧。

通过延伸阅读，可以使学生的视野更加开阔，知识更加丰富，从而把语文课中孤立的传统文化知识，纳入一个更广阔的文化背景下，更深刻地体味传统文化的魅力，感悟优秀传统文化世代相传、生生不息的原因。学生对优秀传统文化的崇敬油然而生，会进一步激发学生对传统文化的兴趣，帮助学生养成积极探索的精神。

在日常学习生活中充分有效利用早读以及课外小组活动的时间，进行演讲、写读后感、办手抄报等展示活动。在活动中积极进行鼓励和评价，关注学生的兴趣爱好，关注学生的人文成长，使学生快乐学习且学有所成，积淀文化底蕴。

母语教育并不是片面追求语文教学的效率，在国学经典阅读的设计中，应该贯彻"读经典的书，做有根的人"的理念，在教学中注重循序渐进，引导学生在诵读中涵泳，在涵泳中领悟，在与经典的持久而自然的"亲近"中，达成对母语文化的深层体认，将国学经典教育转化为一种有意味的文化和生活形式。

总之，只有真正建立起一种超越性的文化追求，我们的国学经典教育才有可能摆脱教育工具论、功利化的束缚，突破应试教育的分数魔咒，使国学教育成为促进每一个学生发展的全面教育和素质教育。

（作者单位：文登市教育教研中心）

以节日文化为载体　提高学校德育功效

王月玲

学校文化是学校的核心竞争力，学校文化建设的出发点和落脚点是促进人的健康成长和全面发展。在学校文化建设中，要以建设优良校风、教风、学风为核心，以优化美化校园环境为重点，以开展丰富多彩的校园文化活动为载体，积极营造社会主义核心价值文化引领下的学校文化氛围。学校文化建设要突出德育功能，达到塑造学生思想道德素质和文明生活方式之目的。近几年，文登市大众完全小学（以下简称"大众完小"）在"以节日文化为载体，提高学校德育功效"方面进行了有效探索，收到了良好效果。

一　"情智"理念催生节日文化

大众完小创建于 1904 年，是一所百年老校。2008 年，我们确立了"情智"教育的办学理念。在学校文化建设中，我们把德育放在首位，力争让每一块墙壁都会"说话"，整个校园成了德育的大课堂。学生餐厅用"北大厅""清华厅""剑桥厅""斯坦福厅"等国内外名校命名，旨在唤起学生对名校的向往；学生阅览室用"三为书屋""四名书吧"命名，旨在引领学生正确读书和读正确的书；学校楼宇用"崇德楼""尚志楼""文惠楼""明哲楼"命名，旨在教育学生崇尚文明；学校篮球架用"乔丹王国""姚明家园""科比公园""大众时代"命名，旨在激发学生顽强拼搏、永争一流的精神；连厕所的墙壁上也悬挂着"二十四孝道故事"。虽然学校在环境建设中最大限度地体现了教育性，但教育效果并不理想。

一天早上，我偶然间听到了两个小学生的对话——"王祥卧冰求鲤，他真傻！""这也叫孝顺？妈妈说只要我考试好了，就是最大的孝顺……"

学生的话引起了我的深思：这挂在墙壁上的孝道故事怎么会这样缺乏教育力度，学校的德育工作究竟要怎样做才能达到教育的目的？在校长办公例会上，经过认真讨论，我们找到了对话背后的问题以及根源。原来，我们的道德教育背离了学生的年龄特点和生活实际，存在形式主义的问题。解决这一问题的方法是寓道德教育于丰富多彩的校园活动中，让学生在活动中提高辨别道德行为的能力，培养遵守社会公德的意识，养成良好的道德行为习惯。

经过校委会的认真讨论，一个大胆的、具有创新意义的设想诞生了——根据小学生喜欢过节日的特点，我们创设了"校园文化十二节"。这里所说的"节"，不是指传统意义上的某一天，而是一个月的时间，全年十二个月十二个节。我们力争做到月月有主题，周周有活动，天天有收获。我们设立"校园文化十二节"不是搞形式，而是尊重学生、信任学生，遵循青少年身心发展规律，为学生的身心发展提供有效的载体，同时我们将"校园文化十二节"作为校本课程。

二　寓德育于节日文化中

在实施"校园文化十二节"的过程中，我们始终遵循让学生都参与到节日中来的原则。一个节日一个德育主题，不同年级不同要求，近 3 年来"校园文化十二节"已经成为学校的常规活动。

（1）"我喜欢的校园活动"调查。为了将孩子们真正喜欢的活动纳入"校园文化十二节"中，我们提出了"我的活动，我做主"的口号，并在 1 ~ 5 年级学生中进行了"我喜欢的校园活动"的问卷调查。在充分调研的基础上，我们根据学生的需求确定了"校园文化十二节"的内容，其中有培养习惯、珍爱生命的礼仪节、安全节；有展示才能、开发智力的艺术节、吉尼斯节、体育节、科技节；有了解社会、感恩他人的民俗节、体验节、感恩节；有面向世界、提升品位的英语节、读书节等。

（2）编写校园文化十二节日歌。为了让师生铭记"校园文化十二节"的内容，学校组织师生合作完成了《大众完小校园文化十二节日歌》。

> 秋风送爽九月至，节日歌谣要牢记。
> 开学伊始礼仪节，营造校园好风气。
> 金秋十月安全节，争做安全小卫士。
> 吉尼斯节十一月，展示绝技比本事。

十二月是艺术节，舞姿翩翩歌清丽。

新年一月英语节，校园特色莫丢弃。

二月喜迎民俗节，了解习俗长知识。

阳春三月科技节，动手动脑增才智。

四月迎来体育节，强身健体炼意志。

书海泛舟在五月，师生共享读书时。

常思六月教学节，情智课堂显魅力。

七月酷暑怀感恩，关爱温暖来传递。

八月暑期多体验，学会自强与自立。

快乐节日何其多，我们一生都受益。

（3）集众人之智慧，呈节日之精彩。①我的创意，我的精彩——为使每个节目都精彩纷呈，我们在学校网站上设立了"我的创意，我的精彩"栏目，让更多的学生、教师、家长参与到活动的策划中来。②三级联动，各司其职——为保障活动安排周密，有序推进，大众完小成立了"校园文化十二节"策划小组、评审小组、活动小组，做到三级联动，各司其职。由少队委、特长教师组成的策划小组负责筹划活动内容；由校长、分管领导、主管教师组成评审小组负责可行性论证；由教导处、少先队组成的活动小组负责组织实施。③开发课程，申报课题——为提高"校园文化十二节"的德育功效，使之序列化、常规化，大众完小组织教师、家长义工编写了"校园文化十二节"系列校本教材，并将"校园文化十二节"作为实验课题进行研究。④有序推进，高效运转——为使活动有序进行、高效运转，学校对每个节日的流程都做了明确规定，节日前两周面向师生、家长征集活动建议，节日前一周形成活动方案，节日期间周密组织，节日后一周做好总结，并制作节日画册。⑤学习实践，相得益彰——在大众完小每周四的校本课上，各年级按相应月的节日学习有关知识。课余时间参与到节日的活动中来，每月的第四周进行节日活动成果展示。这样将道德说教与道德实践联系在一起，产生了实实在在的德育功效。

三　全新变化凸显德育功效

大众完小在扎实推进"校园文化十二节"，真正做到学生全员参与。同时，还将家长请进我们的节日，与学生一起参加活动，增强了家校教育的合力。大众完小创设"校园文化十二节"已近 3 年，学生的思想品德发生了很大的变化。

（1）心怀感恩。在"感恩节"里，别开生面的毕业典礼、催人泪下的"爱满校园励志演讲"等丰富多彩的活动让学生感恩老师和同学，感恩亲朋和好友，感恩天空和大地，感恩小草和鲜花……在文登市教育局组织的"文登学子感恩社区行"活动中，大众完小学生的精神风貌，得到社会各界广泛赞誉。

（2）温文尔雅。在"礼仪节"里，一年级学生学习卫生礼仪，二年级学生学习起居礼仪，三年级学生学习交往礼仪，四年级学生学习待客礼仪，五年级学生学习集会礼仪。这样就形成了一个螺旋上升的礼仪教育体系，礼仪教育得到系统强化。2011年4月，山东省音乐优质课比赛在大众完小举行，学生温文尔雅的表现赢得了与会领导和老师的高度评价。

（3）勤俭节约。在"科技节"里，"鲜活的生命"和"走向植物王国"综合实践活动让学生通过亲自养殖、采摘、加工体验到生命的珍贵，对"粒粒皆辛苦"有了真切的体会，懂得了勤俭节约的可贵。学生在食堂就餐时，基本做到餐盘不剩食物。许多家长发来短信，称赞学校的"校园文化十二节"让学生改掉了挑食的毛病。

（4）阳光自信。在"校园文化十二节"的实施过程中，从策划到实施学生全程参与，筹划能力得到了很大提升，学会了与他人交流沟通，自我参与意识增强，人也变得自信。在艺术节上，学生落落大方地表演着自编的课本剧。2011年3月，大众完小李潇涵同学获得"闪闪红星全国青少年艺术人才"选拔活动威海地区形象代言人称号；今年3月7日，大众完小京剧小演员们的精彩表演在中央电视台戏曲频道连续播放了三个时间段。

"校园文化十二节"以学生喜爱的活动为载体，提高了学校文化建设的德育功效，让学生的校园生活变得生动鲜活，让道德教育更具生命力。我们的体会是：有效的德育不能单纯地寄希望于专门德育课的学习，对于小学生来讲，活动是其道德品质形成与发展的主渠道，有效的德育必须遵循这一规律；否则，说教越多，效果可能越差。

（作者单位：文登市大众完全小学）

用人性化评价提升教师素质

赵凤芝

教师是学校的宝贵财富，他们的思想境界、工作质量、潜在能力的调动、运用和发挥是学校发展的源头活水。教师的考核评价是学校管理的"牛鼻子"，关系到学校、教师和学生发展的方向和水平。笔者认为，教师评价最重要的意图不是为了规范和约束，而是为了展示成就和改进激励。因此，在对教师进行评价时，我们建立了一套基于学校自身文化价值取向的精神导向性评价体系，努力在教师评价过程中做到人性化。

一　以自我评价为起点，让教师踏上自主发展之路

人的最高需求是自我实现，最大限度地满足教师自我实现的需求是调动他们积极性的关键，也是教师评价需要达成的首要目标。因此，评价教师首先要关注教师的自我评价。通过教师的自我评价，让他们具有正视自我、剖析自我的良好心态；通过各种渠道的信息看到真实的自我，以便于进行调节与改进。我们主要是从三个方面做好教师的自我评价工作的。

首先，课堂教学评价以教师自评为主。以往的课堂教学评价往往以评价者为主体，教师作为被评价者基本没有"话语权"。这样的评价模式有可能挫伤教师的积极性、主动性和创造性。教师是教学的设计者、执行者和直接责任人。他们本人对教学的情景、对象和过程各环节进行评价，更能激发其对教育教学过程的主动分析与反思，能全面、准确地了解自己的优势和不足。同时，领导和同事的外在评价要真正起作用，也必须通过自我评价得到教师的认同和内化。为了更好地帮助教师改进教学方法，提高教学技能，学校在评价教师课堂教学过程中开展了"磨课"活动。一个"磨课"周期包括观察

评价—诊断问题—调整行为—再次观察评价—发现新的问题—新的行为调整，在一系列过程中充分发挥教师的主体性。每经历一个周期，教师的教学理念和行为都能获得一定程度的改进。

其次，课后重视教师的反思性自评。教师自我评价从本质上讲就是教师自我反思的过程，反思过程需要关注其有效性。我们在教师评价时推广三种有效反思。一是教师自我反思，紧扣一个"写"字。教师对课堂教学的过程进行回顾、梳理，分析得失，然后通过对这些得失之处的反思，找到解决问题的办法和教学新思路，写出改进的策略和"二度设计"的新方案。二是教师对话反思，紧扣一个"议"字。"他山之石，可以攻玉"，教师间的交流与评价，无论是对群体的发展还是个体的成长都是十分有益的。三是教师录像反思，紧扣一个"悟"字。可以将教师的授课过程进行全程录像，借助这种直接而全面的回放观察，发现自己的不足，领悟教育真谛，写出反思性教学案例，调整和改进自己的教学。

最后，教师的日常工作也能进行自评。当前，许多学校在建构新的教师评价体系时更加关注教师工作的过程，考察他们教学活动的设计是否符合规律，是否体现创新，是否顺畅高效。我们将"教师业务档案袋"变为"教师专业成长记录袋"，内容包括：我的学习、我的班级、我的课堂、我的成功教学设计、我的教学闪光点、我的教学启示、我的教学遗憾、点滴录、我的成绩等栏目。"教师专业成长记录袋"记录着教师的发展轨迹，能让教师从中得到许多新的启发，对教师专业发展起到了参考和导向作用。

二　以团队评价为助力，拉动教师更快发展

我们认为，真正的教育应该是所有人智慧凝聚的结晶，是精神合作的产物。教师的职场发展，不仅需要专业知识与技能，更需要以开放、合作的环境为载体，形成强大的专业共同体，进而影响并塑造学生的价值取向。

首先，有效的团队评价使教师从"竞争"走向"合作"。为了提高教师的合作能力，我们制定了《文登市实验中学优秀教研组评价标准》。该标准规定，教研组的各项工作必须要有组织、有计划、明确分工、互相配合、互相协调；教研组成员要有乐业敬业、甘于奉献的精神，做事要从整体利益出发，依靠团队的力量去求得生存和发展；教研组长要努力营造团结奋进的团队氛围，使每一位成员都能自觉地融入团队之中，积极创造团队协作的机会，让每一位成员都能在团队之中找到自己的位置。学期末，我们将教师与教研组

捆绑考核，教研组活动的参与情况和所获成绩是教师个人考核的重要指标。一系列团队协作活动的开展以及考核制度的介入，使教师更深地领会了合作精神的实质，把个人目标和团体目标有机结合在一起，团结互助，荣辱与共。

其次，新颖的轮岗评价使教师从"被动接受"走向"主动引领"。大雁在长途飞行的时候需要轮换担任领头雁，如果只让一只大雁领头，当它疲劳的时候整个队伍的速度就会慢下来。同样，我们在进行教研组评价时，不能单纯用教研组考核评价约束教师行为，而要发挥团队中每个人的作用。一个好的教研组也必须在"领头雁"的带领下，井然有序地开展教学活动，通过分工合作达到省力、提速的目的。为了提升教师的主动性，保持教研活动的活力，文登市实验中学创造性地提出让教师轮流担当教研组"领头人"。我们不用具体指标去考核轮值带头人的工作，而是敏锐地发现其在工作中表现出的领导力和创新性，给予鼓励性的评价，激励教师继续成长和进步。观念的转变带来了行为上的转变，现在，教师已从过去被动盲从的配角转变为积极能动的主角，不仅实现了专业上的成长，也使自身的领导协调能力和创新思维得到发展。

三　以人本化为原则，增强评价的激励功能

教师是一个知书达理、注重情义的群体，绝大多数都能做到为人师表、尽职尽责。他们的荣辱感比较强，特别在乎别人对自己的态度和评价，尤其渴望得到学生和社会的尊重。学校必须充分认识教师的人格特点，以人为本，着眼全体，制定评价机制要本着约束少数、惩罚个别、鼓励大多数的原则，绝不能把制度当作"紧箍咒"套在教师头上，然后只顾去念"咒"。《教职工考核评价方案》出台前，我们广泛征求教职工的意见，并提请教职工代表大会表决通过。试行过程中再根据反馈的建议做出相应的调整，充分考虑民心、民情，体现民主、民权。这样人性化的制度，用信任和尊重换来教师的认同和拥护，执行起来自然会凝聚人、鼓舞人和激励人。

好的评价不在制度的多少，而重在执行力的强弱。学校管理不能简单套用其他行业的管理方法，要符合法规并着眼教育实际。有效的评价制度不但要求内容简洁明了，而且操作方式也要科学规范、现实可行。需要特别注意的是，学校领导应率先垂范，以健康的心态和端正的行为维护评价的严肃性。只有制定出一套公平合理的评价制度，并且领导带头执行，人本化的评价才能真正落到实处。

四　以人民满意为标准，促进教师良性发展

对教师来说，最欣慰的莫过于自己的教育教学得到学生和家长的满意和认可。基于这个观点，我们一直把"提供优质服务，办人民满意教育；争创优秀业绩，做人民满意教师"的"双优双满意"目标作为教育服务的航标，坚持不懈地练内功、树形象。学校通过电话家访、问卷调查等方式，不定期、不定时、不定人对学生和家长进行调查。评价分为三个等级：非常满意、基本满意、不满意。在操作过程中，学校一方面注意引导家长和学生坦诚、客观、公正地进行评价和建议，将家长和学生的意思引向促进教师提高这一健康积极的方向；另一方面也积极引导教师理性地对待家长和学生的评价，做到换位思考，自觉接受监督，虚心接受建议，在良性循环中不断促进教师和学校的发展。

我们把教师评价看作展示才华、完善自我、追求卓越、兼容并蓄、不断发展的过程，重视提高自我反思和自主发展，重视团队评价的促进，重视人本化的激励，重视服务对象的声音，用人性化的评价不断提升教师的素质，进而促进学校的发展，最大限度地发挥教师评价在学校管理中的功效。

（作者单位：文登市实验中学）

《钱梅溪手稿〈册封琉球国记略〉发现记》质疑

毕庶金

《寻根》2011 年第 5 期，发表了彭令先生的《钱梅溪手稿（册封琉球国记略）发现记》一文（后文简称《发现记》）。笔者进行了认真研读，深知彭先生下了不少功夫，最后定义为"仅有此件，暂为孤本"一说，笔者觉得很不理解，所以提出如下质疑。

关于齐鲲出使琉球国年代及沈復[①]其人

《册封琉球国记略》原件首页"影印件"开头"嘉庆十三年，有口旨册封琉球国王，正使为齐太史鲲，副使为费侍御锡章。吴门沈三白名復者，为太史司笔砚亦同行"。[②]"嘉庆十二年丙午，以费淳为大学士……秋七月乙巳，命编修齐鲲、给事中费锡章册封琉球国王。"清史稿记册封琉球为嘉庆十二年（1807 年），而不是嘉庆十三年（1808 年）。正使齐鲲为嘉庆六年（1801 年）进士，字澄藩，号北瀛，福建侯官人，二甲三十名进士，入翰林院为庶吉士，散馆授编修。嘉庆十二年（1807 年）充册封琉球国王正使，外官至河南知府。[③] 两本书籍均记载为嘉庆十二年（1807 年）。关于副使费锡章，《中国人

---

① "復"为繁体字，故改为"复"。上海辞书出版社出版的大型工具书《中国历史大辞典》即为"沈复"。学林出版社出版的《明清娱情小品撷珍》、华夏出版社出版的《中国古典小说名著百部》等选编之《浮生六记》，作者均为"沈复"。此文作者所引的《中国人名大辞典》为民国刊本，故全部为繁体字。作者所引同名者应有三人。——编者注

② 赵尔巽：《清史稿》（第三册），中华书局，1977，第 592 页。

③ 乔晓军：《清代翰林传略》，陕西旅游出版社，2002，第 221 页。

名大辞典》1203 页有词条：费锡章，归安人，字焕槎，又字西墉，乾隆举人，官至顺天府尹，积学工文，志在经世，尝使琉球，清正不辱命，名称当时。著有《续琉球国志略》《治平要略》《赐砚斋诗存》《一品集》《使黔集》。传中没有使琉球纪年，但有《续琉球国志略》。既有资料有两处写嘉庆十二年（1807），是《册封琉球国记略》有误，还是《清史稿》《清代翰林传略》有误？《册封琉球国记略》中载，"吴门沈三白名复者，为太史司笔砚亦同行"，由此可知不是沈復撰文，人称不对。《发现记》作者把"沈復"写作沈复，工具书中找不到沈复的影子。而沈復，《中国人名大辞典》第 496 页有两人，其一符合者：沈復（清），元和人，字三白，工画花卉。仅此而已。《中国画家大辞典》第 432 页载：沈復（1763～?）（清），字三白，长洲（今江苏苏州）人，工诗文，著《浮生六记》，亦能画，气韵清逸，满纸性灵，笔墨蹊径，尚在王学浩之上。尝随赵文楷使琉球，其名益著，卒年四十五以外。《骨董琐记》《耕砚田斋笔记》，这两种典籍都记载沈復是随赵文楷出使琉球，而不是跟齐太史鲲出使琉球。

经考，赵文楷系嘉庆元年（1796 年）状元，安徽太湖人，字介山，号逸书，入翰林院为修撰，尝修国史，嘉庆三年（1798 年）出为顺天乡试同考官，嘉庆四年（1799 年）充任会试同考官，这年奉诏担任册封琉球国王正使，累官至山西雁平道道员、署理山西按察使，著有《石柏山房诗集》。另外，嘉庆四年（1799）有礼部尚书纪昀等为琉球国循例进贡兼请袭封事题本，有同年十一月十六日礼部尚书德明等为赵文楷待赵琉球册封事题本。笔者俱能取复印件作证。那里出海到远洋九死一生，有的都和家人告别交代后事，沈復在嘉庆四年（1799）随使船从行，《骨董琐记》《耕砚田斋笔记》均有记载，沈復正年富力强随行，并写下了《中山纪历》。与其夫人陈芸娘伉俪情笃，诗酒唱和。迨芸娘殁后，落魄无聊，备尝甘苦，就平生之事作《浮生六记》。四十五岁嘉庆十三年（1808）后无闻，所以传记中说他卒于 45 岁外。

钱梅溪其人及"记事珠"

《中国人名大辞典》第 1615 页载：钱泳（清），金匮人，字梅溪，官府经历，工八法，尤工隶古，兼长诗画，著有《说文识小录》《守望新书》《履园金石目》《述德编》《登楼杂记》《梅花溪诗钞》《兰林集》。

彭令先生在《发现记》中称：从发现"记事珠"三个字起，"就觉得它像是清代中期学者钱泳的笔记本"，"专家辛××就认同了我的最初猜想，继而拍卖流产，又找人装裱并题上了'钱梅溪手稿'，由书页变成了折页……"，"想找些卖点出来"，就大胆猜想钱泳所抄录的有关嘉庆十三年（1808）出使琉球的经历是《浮生六记》的逸文。他又向这个方向"进攻"，于是得到了清华大学、台湾学者、文化部等的认同。至于2010年9月11日的鉴定会作出的那六条结论声明更是"铁案如山"了。

《册封琉球国记略》既无钱氏署名，又无钱氏钤章，仅凭"记事珠"臆想推断，太不严肃。

《中国美术家大典》载：钱泳，1759年生，1844年卒，卒年86岁。如沈复在嘉庆十三年（1808）去琉球，钱泳抄他的撰稿，那年他应为50岁。身为使臣，50岁时抄写文稿不应该有错别字。但是，其在《中山演戏》开头将琉球写作"琉求"；"生角"写作"生脚"；闰月的闰写作"门内玉"，而不写"门内王"。从周兴嗣《千字文》问世一千五百余年，老幼均知"闰余成岁"。据两帧照片统计，错字在二百分之一。

清朝几任赴琉球使臣有关著述及资料佐证

据有关史料记载：清朝第一个册封琉球的正使张学礼，直隶永平人，顺治十一年（1654）兵部副理事，康熙三年（1664）册封琉球国正使，出使前后近四个月，归来回闽后，撰有《使琉球纪》4300余字，《中山纪略》2500余字，集一册成书，张学礼的亲戚王言为其作序，落款为康熙甲辰花朝眷弟王言顿首题于西泠之寓楼，约300字，概为传世之作。笔者藏有清代毛笔抄录三份，全文7000余字，没有一个错字，落款署"康熙三年岁次甲辰，书于闽之公署三韩张学礼识"。而《使琉球纪》则署"服一品服兵科副使理事前钦差巡盐河东监察御史臣张学礼恭记"。《使琉球纪》前钤横1.2厘米、高2.8厘米，阳文篆字"率真"二字印一方，文章末钤2厘米方印，阴文篆书"淡泊明志"印一方。《中山纪略》亦然。古人"立言"谨慎，用名绝不沿袭别人的。

随张学礼出使琉球副使王垓，字云巢，山东胶州人，顺治六年（1649）进士，入翰林院为庶吉士，康熙十四年（1675）任浙江考官，康熙二十三年（1684）任册封琉球正使。王垓的同乡张宿跃从行，宿跃字三河，举人，官海丰教谕，从使琉球，逐日记载见闻及琉球风情，撰有《从使琉球日记》。康熙时尚书王士禛（渔洋）致仕前撰有《琉球入太学始末》，载《齐鲁文化大辞典》。嘉庆四年（1799）状元赵文楷册封琉球，副使李鼎元、沈三白（沈復）

同行。沈復为修撰司笔砚，写有《中山纪略》。嘉庆十二年（1807）费锡章出使琉球，著有《续琉球国志略》。

笔者收有清朝第一任册封琉球国正使张学礼的《使琉球纪》、《中山纪略》及序，毛笔抄件，有名有姓（但不敢说是真迹原件）。如果社会需要，笔者可以公开 7000 余字全文。

（推荐单位：中共威海市文登区委宣传部）

郭沫若《〈文艺论集〉汇校本》补正

孟文博

　　《文艺论集》是郭沫若最早的论文集，同时也是其最重要的论文集之一，它收入了郭沫若1920～1925年的30多篇论文，涵盖历史、文化和文学等方面，是学界研究郭沫若历史观、文化观和文学观极为重要的参考资料。这部《文艺论集》于1925年出版后，又曾在1929年、1930年和1959年改版三次，每一次郭沫若都亲自参与订正和改动，尤其是1959年版改动非常大，可见其本人对这部论文集的重视。但是郭沫若对自己作品的修改有个不好的习惯，那就是从不具体说明作了哪些修改，而篇尾却依然延续最初版本所注明的时间，这就给后来学者的研究者带来不小的困难，"往往把五十年代经郭老改动了的观点当成他二十年代的观点，造成了失误"，正鉴于此，黄淳浩先生在校勘了不同时期的《文艺论集》后，于1984年出版了《〈文艺论集〉汇校本》（以下称《汇校本》），为学界提供了一个很好的研究范本。

　　黄先生的《汇校本》着眼于较为明显的改动，而"至于一般文字变动，为避免烦冗，则不一一录出"。这种方法使此《汇校本》显得简洁明了，但是造成的遗漏也相当之多。事实上，这些未被标注出的修改并非都是"一般文字变动"，其中有很多都具有一定的研究价值，比如《〈文艺论集〉序》篇尾的一首诗出现在订正本、改版本、文集本中，却未出现在《洪水》的最初版本中，此诗是郭沫若后来所加？还是在《洪水》发表时删除？值得探讨；再如《天才与教育》中有一段话"但在我们教育破产，司教育的人只知道罢课索薪，受教育的人只知道罢课闹事，卖教育用具的人只知道献贿名人以推广商业的时代"，此段话在文集本中删除了"受教育的人只知道罢课闹事"一句，删除此句是郭沫若在1949年后对学生运动的看法转变的结果？或者仅仅是为了迎合当时的政治情势？也值得研究。进一步说，那些看起来很"一般"

的"文字变动",也并非完全没有研究价值,比如《读梁任公〈墨子新社会之组织法〉》一文,原版本中对胡适的称呼是"胡适之",而在文集本则全部改成了"胡适",这与另一篇文章《反响之反响(一)·答〈努力周报〉》的改动十分相似,这篇文章原版中的"胡先生"到了文集本中也均改成了"胡适",结合两个时期的政治形势,郭沫若对胡适的态度已经从平等论敌转变成了阶级敌人,而称谓的变化正是这种态度转变的体现。更进一步说,很多"一般"的"文字变动"在目前"一般"的学者处可能没什么价值,但不同的学者有不同的研究眼光和角度,也许在不久的将来,真正有眼光的学者会因新方法的运用而在其中发掘出很有价值的成果。因此综合看来,它们不应被简单地忽略。

另外,此《汇校本》本身也有一些需要进一步说明的地方甚至是需要改正的错误,如《中国文化之传统精神》一文,《汇校本》注明:"新编全集本拟重新补入。"如今就可补正为:后被编入《郭沫若全集》历史编第三卷。此文中还有一句"孔子所教却被他们太看做入世间的了",其中"却"字,《汇校本》注明"《创造周报》作'又'",但实际《创造周报》作"也"。诸如此类的细微改动在其他篇中出现极多,但《汇校本》极少注明,这也容易给读者造成实际未加改动的印象。

黄淳浩先生在出版此《汇校本》后曾以《文艺论集》为例专门著文呼吁"在我国的现代文学研究中,有必要建立自己的版本学","这是因为我国的近现代社会,曾长期处于动荡不定的、不断变革的状态中。作家的思想必然受社会的影响而发生变化,对自己的著作加以修改,这是极其自然和无可非议的事情。因此,我们研究现代作家,不仅可以从该作家不同时期的不同著作中去探索他的思想的变化,还应该从他在不同时期出版的同一著作中的不同版本去发现他的思想变化"。但遗憾的是,黄先生在二十多年前发出的呼吁一直应者寥寥,仅就郭沫若这部非常重要而又改动很大的《文艺论集》来说,很多学者至今都还在没弄清各版本区别的情况下进行研究,结果往往似是而非,进而又以讹传讹。

长期以来,学界一直在呼吁现代文学研究要"重返历史现场",而郭沫若作为一个重要而又"善变"的作家,尤其需要我们对其著作做追根溯源式的研究。郭沫若对其早期作品在不同时期的改动,不仅体现出他本人思想观念的流变,同时也让我们可以从一个侧面窥视到我国文艺界与学术界因不同历史时期的社会情势影响而产生的变化。

鉴于以上原因,本文不再"避免烦冗",而是将每一处改动均标注出来,以便大家能够更清晰地看到历史全貌和流变历程，进而更加方便地加以研究。

关于此文的体例方面，需要做以下说明。

（1）本文只标注出原《汇校本》所没有标注出的改动。

（2）本文采取原《汇校本》对各版本的称谓，即1925年版为"初版本"（以下简称"初本"），1929年版为"订正本"（以下简称"订本"），1930年版为"改版本"（以下简称"改本"），1959年版为"文集本"（以下简称"文本"）。

（3）本文中各论文的题目与排列顺序均与1925年初版《文艺论集》相同。

（4）郭沫若于1925年所著的《文学的本质》和《论节奏》两篇论文未收入初版本，而是收入了1929年以后的版本，因此本文将其列入"附录"部分。

（5）为了更好地还原历史原貌，本文所有标注出的文字无论繁体还是简体均与原文相同。

（6）为使文章在最大程度上精简，本文对部分论文最初发表的报刊名称使用简称，具体如下："《创造周报》"简称"周报"，"《创造》季刊"简称"季刊"，"《阳明全书》"简称"全书"，"郭沫若编《西厢》"简称"西厢"，其他的报刊则去除其书名号，如"《文学》"称"文学"，"《艺术》"称"艺术"。

上卷

《〈文艺论集〉序》

（1）〔在最近一两年之内〕（共两处）初本、订本、改本同，文本均作"在最近一两年间"。

（2）〔要生活自由，大家應得同樣地生活自由〕初本、订本、改本同，文本作"要享受自由，大家应得同样地享受自由"。

（3）〔……的話便是這個意思〕初本、订本、改本同，文本作"……便是這个意思"。

（4）〔可以說還是在混沌的狀態之下〕初本、订本、改本同，文集本作"还是在混沌的状态"。

（5）篇尾的一首诗订本、改本、文本同，但未出现在初本中。

（6）〔民國十四年十一月廿九日〕订本、改本作"民國十四年十一月念九日"；文本作"1925年11月29日"。

《中国文化之传统精神》

（1）原《汇校本》注明："此文初版本及订正本收，改版本、文集本未收，新编全集本拟重新补入。"可补正为：此文郭沫若称"和我后来关于中国古代的研究大有径庭，错误观点甚多"（文集本《前记》），因此未收入改版本和文集本，后被编入《郭沫若全集》历史编第三卷。

（2）〔老子與莊子尤極端反對〕周报同，订本作"老子與莊子極端反對"。

（3）〔宇宙的實體〕周报同，订本作"宇宙之實體"。

（4）〔却〕订本同，原《汇校本》注明："《创造周报》作'又'"，实际《创造周报》作"也"。

（5）〔人格神〕订本误排为"人神格"。

（6）〔在不斷地進化着〕订本同，周报作"不斷地進化着"。

（7）〔在孔子的意思〕订本同，周报作"在他的意思"。

（8）〔他以為神的存在與作用〕订本同，周报作"他以為神的存與作用"。

（9）〔這一點又與斯賓諾莎 Spinoza 的泛神論異趣〕订本作"這一點又與司皮諾若 Spinoza 的泛神論異趣"，周报作"這一點又與斯賓諾莎 Spinoza 的神論異趣。

（10）〔然而種種字語的概念屢被混同〕订本同，周报作"猶且種種語的概念屢被混同"。

（11）〔這樣不斷地自勵，不斷地向上，不斷地更新〕订本同，周报作"這樣不斷自勵，不斷向上，不斷更新"。

《论中德文化书——致宗白华兄》

（1）〔德人〕周报、订本、改本同，文本作"德国人"。

（2）〔使我們增加無限的自覺與自信〕订本、改本、文本同，周报作"使他們增加無限的自覺與自信"。

（3）〔似乎並未全盤唾棄〕周报、订本、改本同，文本作"似乎也并未全盘唾弃"。

（4）〔我對於你這種觀察，早不免有幾分懷疑〕周报、订本、改本同，文本作"我对于你这种观点，不免有几分怀疑"。

（5）〔動靜界分〕周报、订本、改本同，文本作"动静划分"。

（6）〔我國的固有精神〕周报、订本、改本同，文本作"我国的古代精神"。

（7）〔完全没有受些兒外來的影響〕周报、订本、改本同，文本作"沒有受些兒外来的影响"。

（8）〔我國的儒家思想是以個性為中心〕周报、改本、文本同，订本误排为"我國的儒家思想是以個心為中性"。

（9）〔永保着数學的謹嚴〕周报、订本、改本同，文本作"永远保持着数学的謹严"。

（10）〔一切的慾望〕周报、订本、改本同，文本作"一切的占有欲望"。

（11）〔自能自由發揮〕周报、订本、改本同，文本作"便能自由发挥"。

（12）〔老子的無為說正是這樣的精神〕周报、订本、改本同，文本作"据我看来，老子的无为說应該是这样的意思"。

（13）〔活靜〕〔死靜〕订本、改本、文本同，周报作"活靜（Kinetischer Still）""死靜（Statischer Still）"。

（14）〔希臘文明為近代科學文明之母〕周报、订本、改本同，文本作"希腊文明是近代科学文明之母"。

（15）〔同時又不能忘情於我國固有的傳統，則科學文明當然不能加以蔑視〕周报、订本、改本同，文本作"同时又不能忘情于我国的传统，则科学文明不当加以蔑视。"

（16）〔歐洲人所受之慘禍〕周报、订本、改本同，文本作"欧洲人所受惨祸"。

（17）〔何等的罪責〕周报、订本、改本同，文本作"何等罪責"。

（18）〔唯一的要道〕周报、订本、改本同，文本作"唯一要道"。

（19）〔科學文明之破產〕周报、订本、改本同，文本作"科学文明破产"。

（20）〔歐人〕周报、订本、改本同，文本作"欧洲人"。

（21）〔非我輩所能信認〕周报、订本、改本同，文本作"非我輩所能信服"。

（22）〔我國固有的傳統精神亦正示授我們一個生活的指標〕周报、订本、改本同，文本作"我国传统精神示授我们一个生活的指针"。

（23）〔最是容易解答〕周报、订本、改本同，文本作"最容易解答"。

（24）〔總當得感受〕周报、订本、改本同，文本作"总得感受"。

（25）〔可算是最古的文學了〕周报、订本、改本同，文本作"可以算是最古的文学了"。

（26）〔撤取〕周报、订本、改本同，文本作"撤去"。

（27）〔在其自身也不能尋出來多少原人的生態〕周报、订本、改本同，文本作"在其中也寻不出多少原人的生态"。

（28）〔有的都是貴族的遊樂〕周报、订本、改本同，文本作"有的多是貴族的游乐"。

（29）〔在孔子時候〕周报、订本、改本同，文本作"在孔子时代"。

（30）〔一分新面〕周报、订本、改本同，文本作"一个新面"。

（31）〔捕空捉影〕周报、订本、改本同，文本作"捕风捉影"。

（32）〔都是有幾分純粹科學的面目〕周报、订本、改本同，文本作"都具有純粹科学的面目"。

（33）〔可惜他的十餘萬言與五車書〕订本、改本同，周报作"可惜他們的十餘萬言與五車書"，文本作"可惜邹衍的十余万言和惠施的五车書"。

（34）〔反抗耶教的運動勃興〕周报、订本、改本同，文本作"反抗耶教运动勃兴"。

（35）〔但這運動自身〕周报、订本、改本同，文本作"但这运动本身"。

（36）〔我們要把我國固有的動的文化精神恢復轉來〕周报、订本、改本同，文本作"我們要把动的文化精神恢复轉来"。

（37）〔先哲的理想〕周报、订本、改本同，文本作"先哲理想"。

（38）〔照出了他們自己的面孔〕周报、订本、改本同，文本作"照出了自己的面孔"。

（39）〔不免有幾分隔靴搔癢盲目讚美的傾向〕周报、订本、改本同，文本作"不免隔靴搔痒，盲目赞美"。

（40）〔又該文作者以〕周报、订本、改本同，文本作"該文作者又云"。

（41）〔我於前面〕周报、订本、改本同，文本作"我在前面"。

（42）〔反抗有神論的宗教思想〕周报、订本、改本同，文本作"反抗有神論的"。

（43）〔積極的發展〕周报、订本、改本同，文本作"积极发展"。

（44）周报最后一句为"天氣漸趨夏令，尚乞善自珍攝。你的舊友郭沫若"，此句在其他版本中均删除。

（45）〔五月二十日夜書畢〕周报、订本、改本同，原《汇校本》注明"文集本作'一九二三年五月二十日夜书毕'"，实际文集本作"1923 年 5 月 20 日夜書毕"。

《读梁任公〈墨子新社会之组织法〉》

（1）〔而於墨子獨發生出一個例外〕周报、订本、改本同，文本作"而在墨子独发生出一个例外"。

（2）〔然我們如以希臘的眼光來批評他時〕周报、订本、改本同，文本作"然如以希腊的眼光批評"。

（3）〔何以他獨於說到國家的起源上來〕周报、订本、改本同，文本作"何以說到国家的起源上来"。

（4）〔我們是可以無疑的〕周报、订本、改本同，文本删除。

（5）〔薄弱〕周报、订本、改本同，文本作"薄弱性"。

（6）〔到焦熱得不能聊生的時候，跳在海裏去和牠嬉遊〕周报、订本、改本同，文本作"到焦热得不能忍耐的时候，跳进海里去和它嬉游"。

（7）〔胡適之〕周报、订本、改本同，文本作"胡适"。

（8）〔不足以饜我們近代人的要求〕订本、改本同，周报误排为"不足以饜我近們代人的要求"，文本作"不足以滿足我們近代人的要求"。

（9）〔一個較為〕周报、订本、改本同，文本作"另一个較为"。

（10）〔原是可以說〕周报、订本、改本同，文本作"原可以說"。

（11）〔建造〕周报、订本、改本同，文本作"建筑"。

（12）〔來打成粉碎〕周报、订本、改本同，文本作"打成粉碎"。

（13）〔在他全書中是數見不鮮〕周报、订本、改本同，文本作"在他全書中数見不鮮"。

（14）〔胡適之氏的意見〕周报、订本、改本同，文本作"胡适的意见"。

（15）〔墨子原書定是這樣〕周报、订本、改本同，文本作"墨子的原書一定是这样"。

《惠施的性格與思想》

（1）〔無論若何〕周报、订本、改本同，文本作"无論怎样"。

（2）〔服仇〕周报、订本、改本同，文本作"复仇"。

（3）〔只論實利〕周报、订本、改本同，文本作"只論实利的"。

（4）〔材料之中〕周报、订本、改本同，文本作"材料中"。

（5）〔我們可以想見〕周报、订本、改本同，文本作"可以想見"。

（6）〔莊子到他坟上去弔他〕周报、改本、文本同，订本作"莊子到他坟上去弔孝"。

（7）〔他去弔他的時候，看見他在箕踞鼓盆而歌；他便怪他太不合人情〕周报、订本、改本同，文本作"他去吊唁的时候，看見庄子在箕踞鼓盆而歌；他便怪庄子太不合乎人情"。

（8）〔不應得〕周报、订本、改本同，文本作"不应当"。

（9）〔非常之重〕周报、订本、改本同，文本作"非常重"。

（10）〔關於研究學問上的態度〕周报、订本、改本同，文本作"在研究学问的态度上"。

（11）〔是沒有用處〕周报、订本、改本同，文本作"没有用处"。

（12）〔表現得極鮮明了〕周报、订本、改本同，文本作"表现得极其鲜明"。

（13）〔Zero〕周报、订本、改本同，文本作"惹罗（Zero）"。

（14）〔龜走了二尺的時候，兔從後面去追牠〕周报、订本、改本同，文本作"龟走了二尺之后，兔去追它"。

（15）〔最中一層的黑焰〕周报、订本、改本同，文本作"最中一层黑焰"。

（16）〔也說他〕周报、订本、改本同，文本作"也說惠施"。

（17）〔獨立特創的精神〕周报、订本、改本同，文本作"独创的精神"。

（18）〔並且在意議上〕订本、改本同，周报作"並且在思議上"，文本作"並且在意义上"。

（19）〔已曾提及〕周报、订本、改本同，文本作"已經提及"。

（20）〔十二年十二月十日〕周报、订本、改本同，文本作"1923 年 12 月 10 日"。

《伟大的精神生活者王阳明》

（1）对于王阳明的称谓，即"陽明先生""陽明"，全书、订本同，文本均作"王阳明"。

（2）〔尾隨他的兩位小人竟信以為真〕全书同，文本作"尾随他的两位小人物竟信以为真"，订本作"尾随他的两位小人竟信以为真，没有再去追他"。

（3）〔在江邊〕全书、文本同，订本作"還在江邊"。

（4）〔陽明先生投身到一隻商船上向舟山出發〕全书、文本同，订本作"陽明先生逃脫了尾追的刺客之后，投身到一隻商船上向舟山出發"。

（5）〔一生的写真〕全书、订本同，文本作"一生的写照"。

（6）〔我在坊間買了一部『王文成公全集』來誦讀，不久又纔萌起了静坐的念頭〕全书、订本同，文本作"我在日本东京的旧书店里偶然买了一部《王文成公全集》，不久萌起了静坐的念头"。

（7）〔又在坊間買了一本『岡田式静坐法』來開始静坐〕原《汇校本》注明"文本同"，实际为"于是又在坊間买了一本《岡田式静坐法》来开始静坐"。

（8）〔每日必讀〕全书、订本同，文本作"每日讀"。

（9）〔印度哲學〕文本、订本同，全书作"印象哲學"。

（10）〔王文成公的精神是深深烙印在我的腦裏〕全书、订本同，文本作"王阳明的影响却是深深烙印在我的脑里"。

（11）〔健實〕全书同，订本与上下句一起删除，文本作"结实"。

（12）〔相接合的〕全书、订本同，文本作"接触的"。

（13）〔所以我對於王陽明先生的生涯和學問〕全书、订本同，文本作"所以对于王阳明的生涯和学问"。

（14）〔現在我寄居在海外，手中書籍也沒帶在身邊〕全书、订本同，文本作"现在寄居在海外，手中书籍没有带在身边"。

（15）〔我以為可分為三個時期〕全书、订本同，文本作"似乎可以分为三个时期"。

（16）〔聖學〕全书、订本同，文本均作"学业"。

（17）〔看出的倆個特色〕全书、订本同，文本作"看出有两个特色"。

（18）〔不斷地行自我擴充〕全书、订本同，文本作"不断地使自我扩充"。

（19）〔燃烧着的了〕全书、订本同，文本作"燃烧着的"。

（20）〔他努力想成為偉大〕订本同，全书作"他極力想成為偉大"。

（21）〔追求的途徑〕全书、订本同，文本作"追求的对象"。

（22）〔授業師〕全书、订本同，文本作"业师"。

（23）〔然而陽明的答案〕全书、订本同，文本作"而王阳明的答案"。

（24）〔他是只慕的聖賢之名……只是『第一』〕全书、订本同，文本作"他是慕的圣贤之名……而只是'第一'"。

（25）〔俗世的功名〕全书、订本同，文本作"对于俗世的功名"。

（26）〔不得不使他〕全书、订本同，文本作"使他不得不"。

（27）〔正是出於〕全书、订本同，文本作"是出于"。

（28）〔然而，他在道家之中求不出滿足〕全书、订本同，文本作"他在道家之中求不出滿足"。

（29）〔道家的宇宙〕全书、订本同，文本作"道家的宇宙观"。

（30）〔而他的人生哲學〕全书、订本同，文本作"而道家的人生哲学"。

（31）〔我在『函谷關』一篇小說中（參看創造週報第十五期）〕全书同，订本、文本删除"（參看創造週報第十五期）"。

（32）〔是不能兩立〕全书、订本同，文本作"是不能兩立的"。

（33）〔活動的實體〕全书、订本同，文本作"活动的本体"。

（34）〔透過後代注意的凸凹鏡〕全书、订本作"透過後代注家的凸凹鏡"，文本作"透过后代注疏的凸凹鏡"。

（35）〔得見他的正體〕全书、订本同，文本作"見得他的正体"。

（36）〔而且積習既久〕全书、订本同，文本作"积习既久"。

（37）〔生此虛像〕全书、订本同，文本作"生出此虛像"。

（38）〔儒教〕全书、订本同，文本均作"儒家"。

（39）〔詛咒的聲音〕全书、订本同，文本作"詛咒"。

（40）〔實實是〕全书、订本同，文本作"实即是"。

（41）〔本體只是一個存在〕全书同，订本作"本體只有一個存在"，文本作"本体只是一个"。

（42）〔無際的輪廻〕全书、订本同，文本作"无际的循环"。

（43）〔物化之进行的〕全书、订本同，文本作"物化之进行"。

（44）〔孔門的教義便在這兒，王陽明也正正見到了這兒了〕全书、订本同，文本作"孔門的教义是如此，这是王阳明所見到的"。

（45）〔王陽明他見到了，他也做到了〕全书、订本同，文本作"王阳明不仅見到了，而且也做到了"。

（46）〔他和……奮鬥〕全书、订本同，文本把三个"奮鬥"均作"搏斗"。

（47）〔這是怎樣的堅毅呢〕全书、订本同，文本作"这是怎么的坚毅呢"。

（48）〔幸脱而又罹風濤之險〕全书、订本同，文本作"幸而脱險，又罹风涛之难"。

（49）〔燈明台〕全书同，订本、文本作"灯台"。

以下为附论部分，未收入订本，只收入文本。

（50）〔西人〕文本作"西方人"。

（51）〔同歸於涅槃滅諦〕文本作"同归于涅槃"。

（52）〔我利自私〕文本作"自利自私"。

（53）〔要在富庶之後〕文本作"在富庶之后"。

（54）〔應當提防的地方〕文本作"应当提防的"。

（55）〔尋出一致點了〕文本作"寻出了一致点"。

（56）〔這從社會上說來〕文本作"这从社会方面说来"。

（57）〔魂歸正宅呢〕文本作"魂归正宅"。

（58）〔折衝樽俎〕文本同，全书作"折衷樽俎"。

（59）〔全面的發展〕文本作"全面发展"。

（60）〔都一概摒絕〕文本作"都要摒絕"。

（61）〔而别一部分人〕文本作"而另一部分人"。

（62）〔就是孔子復生在现在，恐怕也要用白話文罷〕文本作"就是孔子再生恐怕也要用白話文的"。

（63）〔得魚而忘荃耳〕文本作"得魚而忘荃"。

（64）〔視为陳腐的觀念，也是坐地自劃的〕文本作"視为陈腐观念，也是坐地自划"。

（65）〔我是絶端贊成〕文本作"我絶端贊成"。

（66）〔這樣的事業〕文本作"这样的事"。

（67）〔教育學家學說〕文本作"教育学说"。

（68）〔這是他的特色處〕文本作"这是他的特色"。

（69）〔附論四　静坐的功夫〕文本作"附論四　静坐"。

（70）〔静坐的起始〕文本作"静坐的起源"。

（71）〔真有絶大的功效〕文本作"是真有功效"。

（72）〔採法〕文本作"采取"。

（73）〔前胸不可開張〕文本作"前胸不必开张"。

（74）〔兩手叉置大腿上〕文本作"两手叉置在大腿上"。

（75）〔兩膝不可并，可離開八九寸的光景〕〕文本作"两膝不并，可离开八九寸光景"。

（76）〔全身不可用力〕文本作"全不可用力"。

《整理国故的评价》

（1）〔所以反對的聲浪也漸漸激起〕周报、订本同，文本作"因此，反对的声浪也漸漸高涨"。

（2）〔便首致不滿之意〕周报、订本同，文本作"便首致不滿"。

（3）〔四處去宣傳，說『你們快來學我！』〕周报、订本同，文本删除其中"说"字。

（4）〔打鑼打鼓的風勢了嗎〕周报、订本同，文本删除其中"了"字。

（5）〔這無論是辦不到的事情，即使辦到了，也同是無用〕周报、订本同，文本作"不忙說这是办不到的事情，即使办到了，也同一无用"。

（6）〔誰還種米來供人吃飯呢〕周报、订本同，文本作"誰还種粮食来供人吃飯呢"。

（7）〔國學研究正該是這樣〕订本同，周报作"國學研究也正當是這樣"，文本连同其所在一段一同删除。

（8）〔我們便不能不研究牠〕周报、订本同，文本删除此句。

（9）〔而且這種整理事業的評價我們尤不可估之過高〕周报、订本同，文本作"这种整理事业的评价我们也不可估之过高"。

（10）〔並不是一種新價值的從新創造〕周报、订本同，文本作"并不是一种新价值的创造"。

（11）〔沙士比與歌德的研究書車載斗量，但抵不住一篇 Hamlet 和一部 Faust 在英德文化史上所佔的勢力〕周报、订本同，文本作"研究莎士比亚与歌德的书车载斗量，但抵不上一篇《罕謨列特》和一部《浮士德》在文化史上所占的地位"。

（12）〔也何曾抵得住杜甫韓退之的一詩一文〕周报、订本同，文本作"也何曾抵得上杜甫、韓愈的一诗一文"。

（13）〔而真摯的研究家方可出現〕周报、订本同，文本作"而真摯的研究家也方可出现"。

（14）〔"十三年一月九日"〕周报、订本同，文本作"1924 年 1 月 9 日"。

《古书今译的问题》

（1）〔古代文書〕周报、订本、改本同，文本作"古书"。

（2）〔都是很必要的事情〕周报、订本、改本同，文本作"都是必要的事"。

（3）〔且於不遠的將來〕周报、订本、改本同，文本作"这在不远的将来"。

（4）〔不知道牠們在說些什麼〕周报、订本、改本同，文本作"不知道在说些甚么"。

（5）〔便是一部發蒙的三字經〕周报、订本、改本同，文本作"一部发蒙的《三字經》"。

（6）〔腦精〕周报同，订本、改本、文本均作"腦筋"。

（7）〔很可特筆的事蹟〕周报、订本、改本同，文本作"很可以特书的一项事迹"。

（8）〔近来猶有〕周报、订本、改本同，文本作"近来还有"。

（9）〔罪過該萬死〕周报、订本、改本同，文本作"罪該万死"。

（10）〔再來焚一次，坑一次〕周报、文本同，订本、改本作"焚一次，坑一次"。

（11）〔他們便要把來〕周报、文本同，订本、改本作"他們便把來"。

（12）〔他們是未免太早計〕周报、文本同，订本、改本作"那却未免太早計"。

（13）〔兩種絕對相同的語言沒有，有時亦無須乎翻譯了〕周报、文本同，订本、改本作"两种绝对相同的语言是没有的，如果有时就无须乎翻译了"。

（14）〔（見創造週報第三十四號）〕订本、改本同，周报作"見本週報第三十四號"，文本删除。

（15）〔成功與否〕周报、文本同，订本、改本作"是否成功"。

（16）〔譯成他國的文字〕周报、订本、改本同，文本作"譯成別国的文字"。

（17）〔此外還有選譯散見於〕周报、订本、改本同，文本作"此外还有选譯的，散見于"。

（18）〔我舉了這些例來〕周报、订本、改本同，文本作"我举出了这些例子"。

（19）〔那是不合倫理〕周报、订本、改本同，文本作"那是不合邏輯的"。

（20）〔破壞人腦機械〕周报同，订本、改本作"破壞人腦的機械"，文本无此句。

（21）〔我要教他們的漢字〕周报、订本、改本同，文本作"我要教他們学汉字"，下一句亦照此改动。

（22）〔表达自己的心向〕周报、订本、改本同，文本作"表达自己的心意"。

（23）〔但我據我一兩年來〕周报、订本、改本同，文本作"但据我一两年来"。

（24）〔實屬寥寥〕周报、订本、改本同，文本作"也实屬寥寥"。

（25）〔幾多專門的學者正在討究之中〕周报、订本、改本同，文本作"許多专门的學者正在討究中"。

（26）〔早離脫鐐鎖的痛苦〕周报、订本、改本同，文本作"早一日脱离镣铐的痛苦"。

（27）〔由字數限制〕周报、订本、改本同，文本作"由于字数限制"。

（28）〔放開眼光〕周报、订本、改本同，文本作"放开眼界"。

（29）〔十三年一月十日〕周报、订本、改本同，文本作"1924年1月10日"。

《天才与教育》

（1）〔天才究竟是甚麽物件呢？〕订本、改本、文本同，周报作"天才究竟是甚麽物什呢?"。

（2）〔天才是仙人〕周报、文本同，订本、改本作"天才是超人"。

（3）〔但終不若盡量〕订本、改本同，周报、文本作"但終不能盡量"。

（4）〔舉凡一國的政治生涯瀕於破產的時候，他那一國的文化生活轉有蒸蒸日進之勢〕周报、订本、改本同，文本作"大凡一国的政治瀕于破产的时候，那一国的文化却轉有蒸蒸日进的可能"。

（5）〔纔成一個〕周报、订本、改本同，文本作"却成为一个"。

（6）〔揣測起來〕周报、订本、改本同，文本作"来揣測"。

（7）〔究竟有甚麼天才在那裡？〕订本、改本、文本同，周报作"究竟有甚麼天才在那裡????"。

（8）〔我覺得是很容易〕周报、订本、改本同，文本作"我觉得也很容易"。

（9）〔中國人素來沒有教育〕周报、订本、改本同，文本作"中国素來不重视教育"。

（10）〔雖然受打擊〕周报、订本、改本同，文本作"虽受打击"。

（11）〔處境艱難的時候〕周报、订本、改本同，文本作"处境艰难"。

（12）〔又譬如用兵的人〕周报、订本、改本同，文本作"有如善用兵的人"。

（13）〔置之亡地而後存〕周报、文本同，订本、改本作"置之危地而後存"。

（14）〔他也發不出樹木來了〕周报、订本、改本同，文本作"它也迸发不出萌芽来"。

（15）〔出不了天才來〕周报、订本、改本同，文本作"出不了天才"。

（16）〔加了一個'利'出來〕订本、改本同，周报作"加出一個『利』出來"，文本作"加了一个'利'"。

（17）〔他準此分別也分天才為四種範型〕周报、订本、改本同，文本作"他准此区别也把天才分为四种范型"。

（18）〔議員諸公和軍閥和財閥和其他一切閥〕周报、订本、改本同，文本作"議員諸公、軍閥、財閥和其他一切閥"。

（19）〔我們便單拿音樂來說罷。要成全一個真正的音樂家在他們西洋至遲要從五六歲教養起走〕周报、订本、改本同，文本作"单拿音乐来说吧。要成全一个真正的音乐家，据说要从幼开始教养，六岁都稍嫌迟了"。

（20）〔不曾看見過比牙琴的人，我恐怕也所在皆是〕周报、订本、改本同，文本作"不曾看见过鋼琴的，恐怕也不乏人"。

（21）〔即使可以成為莫查德 Mozart，悲多汶 Beethoven，蕭邦 Chopin 等大音樂家的天才也早已經死掉了，怎麼能夠發生出音樂的天才來呢？〕周報、订本、改本同，文本作"象生在这样的社会，即使具有莫查德（Mozart）、悲多汶（Beethoven）、萧邦（Chopin）等人的音乐天才，也没有机会来得到发展了"。

（22）〔這真是極有價值的一個諺語……不可不注意的一個諺語〕周報、订本、改本同，文本作"这真是极有价值的谚语……不可不加以注意"。

（23）〔栽植在園丁的盆壇裏〕周報、订本、改本同，文本作"栽植在花盆里"。

（24）〔到老只成一個捲曲的一株小木，即使把他解放在山林也不能成為巨材了〕周報、订本、改本同，文本作"到老只成就一株捲曲的小木，即使把它解放到山林里去，也不能成为巨材了"。

（25）〔像我們現在缺乏天才的時代是從古以來所未有，像我們現在需要天才的時代也怕是從古以來所未有〕周報、订本、改本同，文本作"我們現在是缺乏天才的时代，象我們現在也正是需要天才的时代"。

（26）〔但在我們教育破產，司教育的人只知道罷課索薪，受教育的人只知道罷課鬧事，賣教育用具的人只知道獻賄名人以推廣商業的時代〕周報、订本、改本同，文本作"但在我們教育破产的目前，职司教育的人只知道罷課索薪，卖教育用具的人只知道献賄名人以推广商业"。

（27）〔我在此地所想提倡的是人人能行，而且在人生的歷程中，為父母兄姐的人有應該施授的義務，為兒女弟妹的人有應該享受的早期教育！〕周報、订本、改本同，文本作"我在此地想提倡一下早期教育行，这是人人能行，而且在人生历程中，为父母兄姐的人有应该施授的义务，为兒女弟妹的人有应该享受的权利的！"。

（28）〔兒童的教育是應該同兒童的智力的曙光開始〕周報、订本、改本同，文本作"兒童教育应该从兒童智力的曙光开始"。

（29）〔成了天才了〕周報、订本、改本同，文本作"有了成就"。

（30）〔他這本書在德國算是絕了版，而受他的賜的乃在百年後的美國。民國二年，以十五歲而從哈佛大學畢業的威廉吉姆士賽底司〕周報、订本、改本同，文本作"他这本书在德国已經絕了版。而一百年后一九一三年，以十五岁而从哈佛大学毕业的威廉·吉姆士·賽底司"。

（31）〔讀了『客爾維德的教育談』而照法施行，竟得了同樣的成功的〕周報、订本、改本同，文本作"讀过『客尔维德的教育談』而照法施行了，竟得到同样的成功"。

（32）〔時候了〕周报、订本、改本同，文本作"时候"。

（33）〔不惜讚仰的歡迎〕周报、订本、改本同，文本作"贊仰欢迎"。

（34）〔這正是人人能行的新英雄的事業〕周报、订本、改本同，文本作"这也正是人人能行的新英雄的事业吧"。

《国家的与超国家的》

（1）原《汇校本》注明："订正本收。改版本、文集本未收。新编《郭沫若全集》拟重新编入。"可补正为，郭沫若曾在《沫若文集·前记》中说："《国家的与超国家的》则因为无政府主义的倾向太浓厚了（年轻时，我有一个时期也曾倾向于无政府主义），故不愿意再使谬种流传。"因此没有收入1930年改版本的《文艺论集》，也没有收入1959年版的《沫若文集》，后收入新编《郭沫若全集》第十五卷。

（2）〔一類的癡愚嗎？〕订本同，周报作"一類的愚癡嗎？"。

《雅言与自力——告我爱读〈查拉图司屈拉〉的友人》

（1）题目周报同，订本、改本作"《雅言與自力》"，文本作"雅言与自力——告讀〈查拉图司屈拉〉的友人"。

（2）〔全書的真諦〕周报、订本、改本同，文本作"全書的大义"。

（3）〔想依仿吾的勸誘〕周报、订本、改本同，文本作"想依照仿吾的劝誘"。

（4）〔會生意外的障碍〕周报、订本、改本同，文本作"会发生意外的障碍"。

（5）〔絕不是容易的事情〕周报、订本、改本同，文本作"不是容易的事情"。

（6）〔尤其是艱深的作品〕文本、订本、改本同，周报作"尤其艰深的作品"。

（7）〔年青人貪得之心有餘，而忍苦之力不足〕周报、订本、改本同，文本作"年青人求知欲很旺，而忍耐性不足"。

（8）〔吞食全牛之精神〕周报、订本、改本同，文本作"吞食全牛之慨"。

（9）〔一書的序論〕周报、订本、改本同，文本作"一書的序言"。

（10）〔無恥之徒〕周报、订本、改本同，文本作"有的人"。

（11）〔受失望之痛苦〕周报、订本、改本同，文本作"感受失望"。

（12）〔則失望之復仇愈烈〕周报、订本、改本同，文本作"則失望之恨愈烈"。

（13）〔我們可以知道尼采的心慮〕周报、订本、改本同，文本作"可以知道尼采的心境"。

（14）〔尋着一種的路徑〕周报、订本、改本同，文本作"寻出一种路径"。

（15）〔系統的概觀〕周报、订本、改本同，文本作"系统的概括"。

（16）〔對不住作者和讀者多多了〕周报、订本、改本同，文本作"对不住作者和讀者了"。

（17）〔一切的未知世界〕周报、订本、改本同，文本作"一切未知世界"。

（18）〔開闢〕周报、订本、改本同，文本作"开拓"。

（19）〔要用自己的能力去批評〕订本、改本、文本同，周报作"要用自己的能力的批評"。

（20）〔一切都要自力〕周报、订本、改本同，文本作"一切都要憑自力"。

（21）〔第二部首的标语〕订本、改本、文本同，周报作"第二部部首的標語"。

（22）〔我所失者〕周报、订本、改本同，文本作"我所失掉的"。

下卷

《艺术家与革命家》

（1）〔他們有的不以為〕周报、订本、改本同，文本作"他們不以为"。

（2）〔不能認這樣的藝術家〕周报、订本、改本同，文本作"不能說这样的艺术家"。

（3）〔Kurt Eisner〕周报、订本、改本同，文本作"埃斯納（Kurt Eisner）"。

（4）〔三思這幾句話〕订本、改本、文本同，周报作"三服這幾句話"。

《艺术的评价》

（1）〔從書報的文字上或友人的口舌間我們近來往往接受到一種這樣的論調〕订本、改本同，周报作"從書報的文字上或友人的口舌間我們近來往往接受一種這樣的論調"文本作"从書報上的文字或友人的口舌間，我們近來往往接受到一种这样的論調"。

（2）〔流演出來〕周报、订本、改本同，文本作"派演出来的"。

（3）〔主觀的感印〕周报、订本、改本同，文本作"主观的感受"。

（4）〔這可見文藝的感受動力是在於受者感受性的豐嗇如何，是在於受者的教養的程度如何了〕周报、订本、改本同，文本作"这可见文艺的感动力也要看受者的感受性丰嗇如何，受者的教养程度如何了"。

（5）〔杜氏的藝術觀，我們可以得一個簡明的系表〕周报、订本、改本同，文本作"根据托尔斯泰的《艺术論》，我们可以把托氏的艺术观，列为一个簡明的表"，以下"杜氏"均作"托氏"。

（6）〔藝術的確徵〕周报、订本、改本同，文本作"艺术的特征"，下文亦照此修改。

（7）〔藝術品所傳輸的感情須為耶穌教的情緒〕周报、订本、改本同，文本作"他認为艺术品所传輸的感情須为耶穌教的宗教情緒"。

（8）〔而後一般人始能同受感動，該藝術品始為善的藝術〕周报、订本、改本同，文本把"始能""始為"作"才能""才為"。

（9）〔宏巨的制作〕周报、订本、改本同，文本作"宏伟的制作"。

（10）〔全不能定藝術之真偽〕周报、订本、改本同，文本作"不能定艺术之真伪"。

（11）〔杜氏忽視此事實……人類的感受性平等不易〕周报、订本、改本同，文本作"托氏忽視此事……人的感受性平等不易"。

（12）〔這可謂奇異絕頂的結論了〕周报、订本、改本同，文本作"这可以說是奇异的結論了"。

（13）〔人類的感受性依稟賦教養之別絕沒有相等之可能〕周报、订本、改本同，文本作"人的感受性依稟賦与教养之別没有完全相等之可能"。

（14）〔亦未曾〕周报、订本、改本同，文本作"也未曾"。

（15）〔西人亦久已懷疑〕周报、订本、改本同，文本作"西方人也久已怀疑"。

（16）〔而杜氏……充其結果……〕周报、订本、改本同，文本作"托氏……充其极……"。

（17）〔而論到未來的藝術〕周报、订本、改本同，文本作"而論到未來的艺术时"。

（18）〔出發點既已錯誤……如是其離奇了〕周报、订本、改本同，文本作"出发点既欠公允……如是离奇了"。

（19）〔杜氏的『藝術論』雖然偏激，……這是可以使人永遠崇拜的〕周报、订本、改本同，文本作"托氏的《艺术论》虽然有所偏，……是可以使人崇拜的"。

（20）〔附白〕周报、订本、改本同，文本作"附记"。

《文艺之社会的使命——在上海大学讲》

（1）〔则我们只能披着很笨重的衣，囚困在房子裹，偶然走出门外〕文学、订本、改本同，文本作"那我們只能披着很笨重的衣服，困在房子里，偶然出門"。

（2）〔但是带來了春的消息〕订本、改本、文本同，文学作"但已帶來了春的消息"。

（3）〔是没有所謂目的〕文学、订本、改本同，文本作"应該說没有所謂目的"。

（4）〔小孩的遊戲乃成人藝術的起源，一種內心智慧表現的要求〕文学、订本、改本同，文本"小孩"作"小孩子"，"一種"作"是一种"。

（5）〔全個自我〕文学、订本、改本同，文本作"整个自我"。

（6）〔但它有什麼目的呢〕文学、订本、改本同，文本作"他有什么目的呢"。

（7）〔知道他們是特別着重藝術的，除卻藝術則生活一天也難維持下去〕文学、订本、改本同，文本作"他們是特別着重艺术的，除掉艺术活動，生活一天也难维持下去"。

（8）〔達爾文氏（Darwin）……就有美的要求〕文学、订本、改本同，文本作"达尔文（Darwin）曾到费几亚（Fuegia）族中去考察他們的生活狀況。那種民族还不知道穿衣服，达尔文赠他們一块红布，他們却拿來撕成小条，分赠同伴作装饰品，并不拿整幅作衣服穿。这很可令人相信：人类的婴孩时代就有美的要求"。

（9）〔文藝乃有目的的〕文学、订本、改本同，文本作"文艺是有目的的"。

（10）〔又是强盗之意〕文学、订本、改本同，文本作"又有强盗之意"。

（11）〔財物一點不拿〕文学、订本、改本同，文本作"財物一点也不拿"。

（12）〔收统一之效果〕文学、订本、改本同，文本作"收统一之效"。

（13）〔德國帝國〕文学、订本、改本同，文本作"德意志帝国"。

（14）〔Treitschke〕文学、订本、改本同，文本作"托来次克（Treitschke）"。

（15）〔做了先驅的呢〕文学、订本、改本同，文本作"做了先驅"。

（16）〔中國有句話說〕文本、订本、改本同，文学作"中國有句話"。

（17）〔感情之傳染〕文学、订本、改本同，文本作"感情的传染"。

（18）〔真哭起來〕文学、订本、改本同，文本作"真的哭起来"。

（19）〔找得出證明來的了〕文学、订本、改本同，文本作"找得出证明来了"。

（20）〔Moliere〕文学、订本、改本同，文本作"莫里哀（Moliere）"。

（21）〔乃以他所著的〕文学、订本、改本同，文本作"他把所著的"。

（22）〔他的自己的著作〕文学、订本、改本同，文本作"他的著作"。

（23）〔這老僕婦是平日受了 Moliere 的感化〕文学、订本、改本同，文本作"这位老僕妇平日受了莫里哀的感化"。

（24）〔使女皆知道詩經〕文学、订本、改本同，文本作"使女們也都知道《詩經》"。

（25）〔有個侍女〕文学、订本、改本同，文本作"有位使女"。

（26）〔就是民間收集〕文学、订本、改本同，文本作"就是从民間收集"。

（27）〔唐代是文學最盛的時期，譬如我們常說的白香山的詩〕文学、订本、改本同，文本作"唐代是文学最盛時期，譬如我們常說，白香山的詩"。

（28）〔又如溫飛卿的詩〕文学、文本同，订本、改本作"又如王之渙溫飛卿的詩"。

（29）〔這要求諸〕文学、订本、改本同，文本作"这事要求諸"。

（30）〔藝術有此兩種偉大的使命〕文学、文本同，订本、改本作"藝術有此種偉大的使命"。

（31）〔永遠不朽的價值了〕文学、订本、改本同，文本作"不朽的价值了"。

（32）〔向它下攻擊〕文学、订本、改本同，文本作"向它攻击"。

（33）〔是無用的〕文学、订本、改本同，文本作"是无用的长物"。

（34）〔而且將來只有一天一天發達〕文学、订本、改本同，文本作"但它却只有一天一天的发达"。

（35）〔一些也不遺餘力〕文学、订本、改本同，文本作"一点也不遺余力"。

（36）〔受人誤解為暴徒的俄國〕文学、订本、改本同，文本作"受人誤解的俄国"。

（37）〔亦極力提倡〕文学、订本、改本同，文本作"也极力提倡"。

（38）〔回头看我們中國〕文学、订本、改本同，文本作"回头来看我們中国"。

（39）〔而且對于音樂〕文学、订本、改本同，文本作"对于音乐"。

（40）〔多是些粗俗不堪〕文学、订本、改本同，文本作"多粗鲁不堪"。

（41）〔即就建築上來說〕文学、订本、改本同，文本作"即就建筑来說"。

（42）〔趨向統一目標能力〕文学、文本同，订本、改本作"趨向統一目標的能力"。

（43）〔提高我們的精神〕文学、订本、改本同，文本作"提高人們的精神"。

（44）〔這樣醜化了的國家之中〕文学、订本、改本同，文本作"这样衰败的国家之中"。

（45）〔不可少的事情〕文学、订本、改本同，文本作"不可少的事"。

（46）〔至於藝術家的本身，我們也希望他覺悟到……〕文学、订本、改本同，文本作"至于艺术家本身，我们也希望要觉悟到……"。

（47）〔不可限量的呢〕文学、订本、改本同，文本作"不可限量的"。

《生活的艺术化——在上海美专讲》

（1）题目文本、订本、改本同，艺术作"生活的藝術化——郭沫若先生在上海美專講"。

（2）〔諸君〕艺术、订本、改本同，文本均作"各位"。

（3）〔要借用藝術〕艺术、订本、改本同，文本作"要用艺术"。

（4）〔Oscar Wilde（王爾德）〕艺术、订本、改本同，文本作"王尔德（Oscar Wilde）"。

（5）〔外的生活〕艺术、订本、改本同，文本作"外部生活"。

（6）〔内的生活〕艺术、订本、改本同，文本作"内在生活"。

（7）〔美的靈魂（Schone Seele）〕艺术、订本、改本同，文本作"美的灵魂"。

（8）〔繪畫所含者有平面〕艺术、文本同，订本、改本作"繪畫所含的為平面"。

（9）〔有長有深遠有深度〕艺术、文本同，订本、改本作"有長有高有深度"。

（10）〔這均是屬於空間的〕艺术、订本、改本同，文本作"美的灵魂"。

（11）〔不過祇算得是歷史上一件有趣的事象罷了〕艺术、订本、改本同，文本作"只算是历史上一件有趣的事罢了"。

（12）〔近代的藝術已把此等無味的分別打破了〕艺术、订本、改本同，文本作"近代艺术已把这种无味的分别打破了"。

（13）〔趨向到音樂的〕艺术、订本、改本同，文本作"趋向于音乐的"。

（14）〔空間的藝術打破了靜的空間的界限，趨向於動的方面來了〕艺术、订本、改本同，文本作"空間艺术打破了靜的空間的界限，趋向于动的方面"。

（15）〔表現那動的精神〕艺术、订本、改本同，文本作"表現动的精神"。

（16）〔畫運動〕艺术、文本同，订本、改本作"畫馬的運動"。

（17）〔所以西洋的繪畫〕艺术、订本、改本同，文本作"看來，西洋的繪画"。

（18）〔若畫中無詩，那就不成為真的藝術了〕艺术、订本、改本同，文本作"如果画中无詩，那就不成其为真的艺术了"。

（19）〔四言詩的意思〕艺术、订本、改本同，文本作"四言詩"。

（20）〔何以我們不重照片而重繪畫？又何以我們不重報紙上的新聞而重詩詞和小說〕艺术、订本、改本同，文本"重"皆作"重視"。

（21）〔而千古不朽……這幾個呢？這便是……〕艺术、订本、改本同，文本作"而不朽……这么几个呢？那便是……"。

（22）〔批評哲學的始祖 Kant（康德）〕艺术、订本、改本同，文本作"批判哲学的开山始祖康德（Kant）"。

（23）〔但是天才又是個什麼東西呢？究竟還是天上落下來的呢？還是生成便與人家不同的？〕艺术、订本、改本同，文本作"但是天才又是什么呢？是天上落下来的吗？是生来便与人不同嗎？"。

（24）〔Lombrosso，他說天才就是瘋子〕艺术、订本、改本同，文本作"龙布罗索（Lombrosso）說，天才就是疯子"。

（25）〔莫名其妙〕订本、改本、文本同，艺术作"沒名其妙"。

（26）〔德哲 Schopenhauer（叔本華）說，天才即純粹的客觀性（Reine Objektivitat）所謂的純粹的客觀性，……——即是沒我〕艺术、订本、改本同，文本作"德国哲学家萧本華（Schopenhauer）說，天才即純粹的客观性（Reine Objektivitat），所謂純粹的客观性，……——即是无我"。

（27）〔便是說我們的生活要時常體驗着這種精神呢！〕艺术、订本、改本同，文本作"就是說我們的生活要时常体驗着这种精神！"。

（28）〔有雄糾糾，氣昂昂地武士們，美貌的女士們〕艺术同，订本、改本"美貌的女士們"作"顫巍巍香馥馥的女士們"，文本作"有雄糾糾、气昂昂的男士們，有美貌的女士們"。

（29）〔閉眼〕艺术、订本、改本同，文本作"閉着眼睛"。

（30）〔我站在這兒清謳〕艺术、订本、改本同，文本作"我站立在这兒清謳"。

（31）〔以上郭先生的正文算完了。你看他給我們演了這長的一篇好戲文，還說不過在台上敷衍幾句，我想這樣的謙虛話，在坐者誰也不肯相信。再者郭先生是現代東方的大詩人，他的詞句多有天然的音韻，祇可惜記者們非Fhonographes，不能連那鏗鏘的腔調也蓄音下來，真是有負讀者多了。四月三日記者附言〕此"附言"出現在艺术的篇尾，收入订本、改本、文本时均删除。

《自然与艺术——对于表现派的共感》

（1）〔達文齊〕艺术、订本、改本同，文本均作"达文西"。

（2）〔他們是把他們父親的財產〕艺术、订本、改本同，文本作"他們是把父亲的财产"。

（3）〔凱撒的應該還他凱撒，上帝的應該還他上帝〕艺术、文本同，订本、改本作"凱撒的應該還給凱撒，上帝的應該還給上帝"。

（4）〔是文藝從科學解放的時候〕艺术、订本、改本同，文本作"是文艺再解放的时代"。

（5）〔永恆生動着一絲不亂的動顫？〕艺术、文本同，订本、改本作"永恆生動着一絲不亂？"。

《文艺上的节产》

（1）〔樹木不到春天來的時候不能抽芽，雞雛不經三禮拜的時間不能孵化〕周报、订本、改本同，文本删除其中的"的時候"和"的時間"。

（2）〔仰諸母體的取攝〕周报、订本、改本同，文本作"仰諸母体"。

（3）〔藝術的胎生期，無論如何是必有的〕周报、订本、改本同，文本作"艺术的怀胎期，无論如何是必然有的"。

（4）〔提一個照相機向着無論甚麼對象物便撮取一張〕周报、订本、改本同，文本作"提着一个照相机向无論甚么对象便撮取一张"。

（5）〔根本不承認牠是藝術了〕周报、订本、改本同，文本作"不能認为就是艺术"。

（6）〔他們等待是甚麼〕周报同，订本、改本作"他們等待甚麼"，文本随其所在一段一同删除。

（7）〔目前的世界爲甚麼沒有甚麼偉大的作家，沒有甚麼偉大的作品？目前的中國為甚麼沒有甚麼偉大的作家，沒有甚麼偉大的作品？（這個問題尤為是我們國內的批評家時常提說的）〕周报同，订本、改本删除第二個"甚麼"，文本作"目前的世界为甚么没有伟大的作家，没有伟大的作品？目前的中国为甚么没有伟大的作家，没有伟大的作品？（这个問題是我們国内的批評家时常提說的）"。

《一个宣言——为中华全国艺术协会作》

（1）〔全中華的民族〕周报、订本、改本同，文本作"全中华民族"。

（2）〔亦已經多歷年所了〕周报、订本、改本同，文本作"也已經多历年所了"。

（3）〔不從冰崖潰涌〕周报、订本、改本同，文本作"不从冰崖里潰涌"。

（4）〔抗舉〕周报、订本、改本同，文本作"抗举起来"。

（5）〔腐化到了極點了〕周报、订本、改本同，文本作"萎靡到了极点了"。

（6）〔比我們先了四五世紀〕周报、订本、改本同，文本作"比我們早了四五世紀"。

（7）〔前驅〕周报、订本、改本同，文本作"前驅者"。

（8）〔未來的藝術的天才已經負勢競上〕周报同，订本、改本作"未来的藝術天才已經負勢競上"，文本作"未来的艺术天才已經在負勢竞上"。

（9）〔浩蕩的田地在我們面前開放，我們要同聲讚美的歡歌〕周报同，订本、改本、文本"田地"作"天地"、"同聲"作"同声唱"。

《论国内的评坛及我对于创作上的态度》

（1）〔我覺得有一種極不好的習氣充溢着〕学灯、订本、改本同，文本作"有一种不好的习气充溢着"。

（2）〔並且反轉激成一種反動〕学灯、订本、改本同，文本作"反而激成一种反动"。

（3）〔生出一種執著來〕学灯、订本、改本同，文本作"生出一种执着"。

（4）〔我想批評家總當抱着博大的愛情以對待論敵〕学灯、订本、改本同，文本作"批評家总当抱着博大的爱情以对待被批評者"。

（5）〔Impulsivist〕学灯、订本、改本同，文本删除。

（6）〔每肯向我如是說〕学灯、订本、改本同，文本作"每向我如是說"。

（7）〔一匹死了的河豚〕学灯、订本、改本同，文本作"一只死了的河豚"。

（8）〔經腦精的作用〕〔儲積在腦精中〕学灯同，订本、改本把两处"腦精"

都改为"腦筋"，文本把前后两处"腦精"分别改为"脑神经"和"脑"。

（9）〔表現了出來〕学灯、订本、改本同，文本作"表現出來"。

（10）〔直接盡我一點〕订本、改本、文本同，学灯作"直接盡效我點"。

（11）〔應得是屬於後的一種〕订本、改本、文本同，学灯作"當得是屬於後的一種"。

（12）〔並且人的感受力是有限的，人的神經纖維及腦細胞是容易疲倦的，刺激過烈的作品容易使人麻痹，反轉不生感受作用〕订本、改本同，学灯"反轉"作"顛轉"，文本作"人的感受力是有限的，人的神經纖維和腦細胞是容易疲倦的，刺激过于强烈的作品很容易使人麻痹，不发生作用"。

（13）学灯中"艺术"的代称均为"牠"，订本、改本改为"她"，文本中又改为"它"。

（14）关于时间及地点，学灯作"十一年八月二日，上海"，订本、改本作"十一年八月間作"，文本删除。

《批评与梦》

（1）〔是這麼生出的〕季刊、订本、改本同，文本作"是这样发出的"。

（2）〔另還有一種杜鵑鳥〕季刊、订本、改本同，文本作"另外有一种杜鵑鳥"。

（3）〔據我想這恐怕〕订本、改本、文本同，季刊作"據我想來恐怕"。

（4）〔莫把批評兩個字〕季刊、订本、改本同，文本作"不要把批评两个字"。

（5）〔最後始歸納出〕季刊、订本、改本同，文本作"最后才归纳出"。

（6）〔我在上面已經舉了兩個淺近的例子已可使我們知道批評的困難了〕季刊"已可使"作"可使"，订本、改本"在上面"作"上面"，文本"已經舉了"作"举的"、"可使"作"已經可以使"。

（7）〔更舉些貼切的事例〕季刊、订本、改本同，文本作"举些更贴切的事"。

（8）〔究竟是若何程度〕季刊、订本、改本同，文本作"究竟到了如何程度"。

（9）〔把自己受人批評時〕季刊、订本、改本同，文本作"根据自己受人批评时"。

（10）〔我們無論〕季刊、订本、改本同，文本作"无论"。

（11）〔受過批評來的〕季刊、订本、改本同，文本作"受过批评的"。

（12）〔但我自己在小時候每每驚異，我凡做了文章自己以為很得意的而每受先生批斥，自己以為無可無不可的而先生偏大圈而特圈〕季刊、订本、改本同，文本作"但我自己在小时就每每惊异。凡自己以為很得意的文章，每受先生批斥，自己以為无可无不可的，先生反而大圈而特圈"。

（13）〔戲〕季刊、订本、改本同，文本均作"木人戏"。

（14）〔驚駭了一跳〕季刊、订本、改本同，文本作"駭了一跳"。

（15）〔向着我父親稱讚我〕季刊、订本、改本同，文本作"向我父亲称赞我"。

（16）〔禁不着掩口而笑〕季刊、订本、改本同，文本作"禁不住掩口而笑"。

（17）〔他便以為我是出口不凡〕季刊、文本同，订本、改本作"他便以為是出口不凡"。

（18）〔中學〕季刊、订本、改本同，文本作"中学校"。

（19）〔那時候我已十五歲了〕订本、改本同，季刊作"那時候是十五歲了"，文本作"那时我已經十五岁了"。

（20）〔我們在中學的時候〕季刊、订本、改本同，文本作"我們在中学"。

（21）〔幼時的記憶有多少是靠不的住〕季刊"靠不的住"作"靠不着的"，订本、改本、文本作"靠不住的"。

（22）〔一時高興陷入自我陶醉的境地的經驗，雖然不少〕季刊、订本、改本同，文本作"一时高兴陷入自我陶醉的境地，这样的經驗虽然不少"。

（23）〔他是和我的意見相合的〕季刊、订本、改本同，文本作"他和我的意見是相合的"。

（24）〔「攝生」君〕季刊、订本、改本同，文本作"'摄生'"。

（25）〔捫着牠的邊際〕季刊、订本、改本同，文本作"捫着边际"。

（26）〔并不甚深刻〕季刊、订本、改本同，文本作"并不甚么深刻"。

（27）三处〔Climax〕季刊、订本、改本同，文本前一个作"Climax（頂点）"、后两个作"頂点"。

（28）〔仿吾在批評「殘春」一文中論得很精闢而且很是獨到〕季刊、订本、改本同，文本"批評"作"此評"、"很是獨到"作"独到"。

（29）〔這是我做那篇小說時的一個奢望……全無 Climax 的〕季刊、订本、改本同，文本作"这是我做那篇小說时的奢望……全无高潮的"。

（30）〔但是若是……，他必定另外可以看出一種作意出來，另外可以說出一番意見〕季刊、订本、改本同，文本作"若是……，他必定可以看出一种作意，可以說出另外一番意见"。

（31）〔孔子的腦精〕〔莊子的腦精〕季刊同，订本、改本、文本"腦精"作"腦筋"。

（32）〔準備起去〕季刊、订本、改本同，文本作"准备好"。

（33）〔——佈置起走〕季刊、文本同，订本、改本作"——佈置起去"。

（34）〔無論夢境是如何離奇〕季刊、订本、改本同，文本作"无論梦境如何离奇"。

（35）〔莫有看透〕季刊、订本、改本同，文本作"没有看透"。

（36）〔當攝生先生的先生呢〕季刊、订本、改本同，文本作"当当摄生先生的老师呢"。

（37）〔已很模糊了〕季刊、订本、改本同，文本作"已模糊了"。

（38）〔自己之障礙〕季刊、订本、改本同，文本作"自己的障碍"。

（39）〔也就可以覺得〕季刊、订本、改本同，文本作"也就可以說"。

（40）〔……要求真的文藝出來，……要求真的天才出來〕季刊、订本、改本同，文本作"……要求真的文艺，……要求真的天才"。

（41）〔可以做到的〕季刊、订本、改本同，文本作"可以做得到的"。

（42）〔唯心的活動〕季刊、订本、改本同，文本作"心的活動"。

（43）〔纔能做得好夢來〕季刊同，订本、改本、文本作"才能做得出好梦来"。

（44）〔由一種作品的研究而言是該這麼樣，有一個作家的研究而言也該這麼樣〕季刊、订本、改本同，文本作"是該這麼樣"作"应该这么样"、"也該這麼樣"作"也应该这么样"。

（45）〔那是斷難辦到〕季刊、订本、改本同，文本作"那很难办到"。

（46）〔我所希望於批評家的〕季刊、文本同，订本、改本作"有所希望於批評家的"。

（47）〔因為這不是對於作家的人情〕季刊、订本、改本同，文本作"这不是对于作家的人情"。

（48）〔三月三日〕季刊同，订本、改本作"十二年三月三日"，文本作"1923 年 3 月 3 日"。

《未来派的诗约及其批评》

（1）〔事物的確智〕周报、订本、改本同，文本作"事物的确知"。

（2）〔但是我們乃得一新的造字法〕周报"但是"作"由是"，订本、改

本 “但是” 作 “如是”，文本作 “我們得一新的造字法”。

（3）〔畢業了後〕周报、订本、改本同，文本作 “毕了业”。

（4）〔並且還是〕周报、订本、改本同，文本作 “他还是”。

（5）〔以他這樣的人物而能創造未來派〕订本、改本同，周报、文本作 “以他這樣的人物而創造未來派”。

（6）〔我只感受得〕周报、订本、改本同，文本作 “我只感受着”。

（7）〔便可以曉得〕周报、订本、改本同，文本作 “便可以知道”。

（8）〔奇離〕周报、订本、改本同，文本作 “离奇”。

（9）〔印象至表現〕周报、订本、改本同，文本作 “印象到表现”。

（10）〔還在搖籃中睡覺〕周报、订本、改本同，文本作 “还在混乱中睡觉”。

（11）〔莫有長久的生命〕周报、订本、改本同，文本作 “没有长久的生命”。

（12）〔人類的感覺〕周报、订本、改本同，文本作 “人的感觉”。

《瓦特·裴德的批评论》

（1）〔他是生於極古的羅馬舊教的家庭，少年時代曾受嚴格的禁欲主義的教育〕周报、订本、改本同，文本作 “他是生于罗馬旧教传统的家庭，少年时代曾受严格的禁欲主义教育”，《汇校本》 “家庭” 误作 “兰庭”。

（2）〔文學者地步〕周报、订本、改本同，文本作 “古典文学者的地步”。

（3）〔都是他有名的著作〕周报、订本、改本同，文本作 “都是有名的著作”。

（4）〔是最注重感覺的要素〕周报、订本、改本同，文本作 “最着重感觉的要素”。

（5）〔做批評注重感覺的享樂〕订本、改本同，周报作 “做評則注重感覺的享樂”，文本作 “做批评着重感觉的享乐”。

（6）〔我在 『批評——欣賞——檢查』（請參看第二十五期的本週報）一文中已經引了他一小節〕周报有此句，订本、改本、文本均删除。

（7）〔我現在更把他最重要的前半部摘譯下來〕周报同，订本、改本 “更” 作 “便”，文本删除 “更”。

（8）〔要尋出些廣泛的公式來以規範他，無數的嘗試已經由些美術和詩的論述家嘗試過了〕周报、订本、改本同，文本作 “要寻出些广泛的公式来加以规范，已經有好些美术和詩的論述家作过了无数的尝試”。

（9）〔存在〕周报、订本、改本同，文本作"存在于"。

（10）〔不求他廣泛的公式〕周报、订本、改本同，文本作"不求广泛的公式"。

（11）〔明白地實現他〕周报、订本、改本同，文本作"明确地实现它"。

（12）〔真個是〕周报、订本、改本同，文本作"真是"。

（13）〔一樣地無關緊重〕周报、订本、改本同，文本作"无关紧要"。

（14）〔一切藝術的作品〕周报、订本、改本同，文本作"一切艺术作品"。

（15）〔譬如 La Gioconda（達文齊所畫的肖像畫），Carrara 的丘陵，Picodella Mirandola（意大利文藝復興期中的思想家）之類〕周报同，订本、改本作"譬如 La Gioconda（達文齊所畫的肖像畫即 Mona Lisa），Carrara 的丘陵，Picodella Mirandola 之類"，文本作"譬如《拉·厥恭打》（La Gioconda）（即《孟娜·黎沙》，达文西所画的肖像画），卡拉拉（Carrara）的丘陵，米朗多拉（Picodella Mirandola）（意大利文艺复兴期中的思想家）之类"。

（16）〔印象的源泉〕周报、文本同，订本、改本作"印象當的源泉"。

（17）〔當他把那種美點解析清楚〕周报、文本同，订本、改本作"他把那種美點解析清楚"。

（18）〔他人〕周报、订本、改本同，文本作"別人"。

（19）〔威廉白來克〕周报、订本、改本同，文本作"威廉·巴来克"。

（20）〔好像漫不經意在四處爆發一個優美的結晶〕周报、订本、改本同，文本作"好像漫不經意地在四处爆发着一个优美结晶"。

《论文学的研究与介绍》

（1）〔沙士比……發表過一部分了〕学灯、订本、改本同，文本作"沙士比亚……发表过一部分"。

（2）〔張東蓀君函勸我從事全譯（原函至今尚存）〕学灯、订本、改本同，文本作"张东荪来函劝我从事全译"。

（3）〔也不便查考〕学灯、订本、改本同，文本作"不便查考"。

（4）〔是有討論之必要的〕学灯、订本、改本同，文本作"有討論之必要"。

（5）〔當然有兩個因子〕学灯、订本、改本同，文本作"当然有两个因素"，以下"因子"均改为"因素"。

（6）〔俳優〕学灯、订本、改本同，文本作"演員"。

（7）〔我們且專就翻譯家上討論〕学灯、订本、改本同，文本作"我們只专就翻譯上来討論"。

（8）〔要論翻譯的事情〕学灯、订本、改本同，文本作"要論翻譯"。

（9）〔寓在裏面〕学灯、订本、改本同，文本作"寄寓在里面"，以下"寓"均改为"寄寓"。

（10）两处〔若何強辭奪理〕学灯、订本、改本同，文本均作"怎样强辞夺理"。

（11）〔衝動的時候〕学灯、订本、改本同，文本作"冲动"。

（12）〔當然能生出莫大的效果，當然會引起一般讀者的興味〕学灯、订本、改本同，文本作"当然能生出效果，会引起讀者的兴趣"。

（13）〔試問讀者諸君，我說的這些話諸君以為是不是〕学灯、订本、改本同，文本作"試問，我說的这些話是不是可以成立"。

（14）〔說也慚愧〕订本、改本、文本同，学灯作"我也慚愧"。

（15）〔科學是由有限的經驗所結成的「假說」上所發出的空幻之花〕学灯、订本、改本同，文本作"科学理論多建立在由有限的經驗結成的"假說"上"。

（16）〔所以我們讀一部科學史〕学灯、订本、改本同，文本作"所以讀一部科学史"。

（17）〔庄严幽邃的頌歌〕订本、改本、文本同，学灯作"莊嚴出邃的頌歌"。

（18）〔所羅門〕学灯、订本、改本同，文本作"索罗門"。

（19）〔文學的好坏，不能說是他古不古，只能說是他醇不醇，只能說是他真不真〕学灯、订本、改本同，文本作"文学的好坏，不能說它古不古，只能說它醇不醇，真不真"。

（20）〔莫有〕学灯、订本、改本同，文本作"沒有"。

（21）〔歐西〕学灯、订本、改本同，文本作"欧洲"。

（22）〔無所咎負〕学灯、订本、改本同，文本作"胜任"。

（23）〔就覺得很能容易了解了〕学灯、订本、改本同，文本作"以为很容易了解了"。

（24）〔存着一層隔膜〕学灯、订本、改本同，文本作"存着隔膜"。

（25）〔會連他"Lover's Gift"詩集的第一首詩，我包管讀的人就莫名其妙〕学灯"Lover's Gift"作"Lovers Gift"、"莫名其妙"作"不明其妙"，订本、改本作"會連"Lover's Gift"詩集的第一首詩，我包管讀的人就莫名其妙"，文本作"会連他《爱人的贈品》（"Lover's Gift"）詩集的第一首詩，我包管讀的人就莫名其妙"。

（26）〔不是完全兩事〕学灯、订本、改本同，文本作"也不是完全兩件事"。

（27）〔第二部比較要難譯些，因為我沒有多的静謐的時間〕学灯、订本、改本同，文本作"第二部比較更難譯，因為我沒有多的時間"。

（28）〔尤宜於翻譯〕学灯、订本、改本同，文本作"尤宜翻譯"。

（29）〔這個恐怕是個確切的預料；所以我的譯稿，在最近一兩年之内〕学灯、订本、改本同，文本作"这个耽心恐怕是个确切的。因此，我的譯稿在最近一兩年之内"。

（30）〔得一素心人〕学灯、订本、改本同，文本作"得一二素心人"。

（31）〔得以感覺得浮士德對於人生是切要之書〕学灯、订本、改本同，文本作"感觉得《浮士德》对于人生是切要的書"。

《太戈儿来华的我见》

（1）〔是可以獎勵的事情〕周报、订本、改本同，文本作"是可以奖励的"。

（2）〔讓割復讓割〕周报、订本、改本同，文本作"割讓复割讓"。

（3）〔本亦極可採法的事情〕周报、订本、改本同，文本作"本也是极可采法的事"。

（4）〔這是我們應得〕周报、订本、改本同，文本作"这却是值得"。

（5）〔對於他的思想與己國的文化應生若何關係的要求，我們一般的國人究竟有若何明白的概念？〕周报、订本、改本同，文本作"对于他的思想与本国的文化应发生若何关系的要求，一般国人究竟有如何明白的概念？"。

（6）〔以往的事實明教我們，我們所得的一個不幸的觀察：便是我們歷來聘請的要求，可憐只不過是一種虛榮心的表現。〕周报、订本、改本同，文本作"以往的事实明召我們，我們所得的一个不幸的观察是：我們历来聘請的要求，只不过是一种虚荣心的表現"。

（7）〔這是孟子所說的『緣木而求魚』〕周报、订本、改本同，文本作"这是所謂的'緣木而求魚'"。

（8）〔詩聖〕周报、订本、改本同，文本作"詩人"。

（9）〔來示我〕周报、订本、改本同，文本作"来给我看"。

（10）〔粗粗翻閱〕周报、订本、改本同，文本作"粗略翻閱"。

（11）〔幾首詩篇〕周报、订本、改本同，文本作"几首诗"。

（12）〔明白的概念〕周报、订本、改本同，文本作"明白概念"。

（13）〔世界的詩人〕周报、订本、改本同，文本作"世界詩人"。

（14）〔歐西〕周报、订本、改本同，文本作"欧洲"。

（15）〔'Baby's Way''Sleep-Stealer''Clouds and Waves'〕周报、订本、改本同，文本作"'Baby's Way'（《嬰兒的路》）'Sleep-Stealer'（《睡眠的偷兒》）'Clouds and Waves'（《云与波》）"。

（16）〔我展來讀了，便生了好些驚異〕周报、订本、改本同，文本作"我展开来讀了，生出了惊異"。

（17）〔消完〕周报、文本同，订本、改本作"銷完"。

（18）〔我得了他的『新月集』，看見他那種清雅的裝訂和幾頁靜默的插畫〕周报、订本、改本同，文本"得了"作"得到"、"清雅"作"淡雅"。

（19）〔結婚之悲苦〕周报、订本、改本同，文本作"結婚悲苦"。

（20）〔延到〕周报、订本、改本同，文本作"綿延到"。

（21）〔我住的是一個世界〕周报、订本、改本同，文本作"我住的是另一个世界"。

（22）〔從原始以來〕周报、订本、改本同，文本作"从古代以來"。

（23）〔不相悖的事情〕周报、订本、改本同，文本作"不相悖的"。

（24）〔終然只好永流一身的汗血〕周报、订本、改本同，文本作"是只好永流一生的血汗"。

（25）〔平和的宣傳只是有產階級的護符〕周报、订本、改本同，文本作"那只是有产阶级的护符"。

（26）〔我們是由衷歡迎〕周报、订本、改本同，文本作"我們由衷欢迎"。

（27）〔究竟〕订本、改本、文本同，周报误作"竟竟"。

（28）〔想要聽聞〕周报、订本、改本同，文本作"想听取"。

（29）〔雖還不曾奉行〕周报、订本、改本同，文本作"虽不曾奉行"。

（30）〔俳句與和歌的動因〕周报、订本、改本同，文本作"俳句与和歌"。

（31）〔那橫濱的原某〕订本、改本、文本同，周报作"此橫濱的原某"。

（32）〔 "What language is thine , O sea?"

"The language of eternal question"

"What language is thy answer , O sky?"

"The language of eternal silence" 〕

周报、订本、改本同，文本为每句诗添加了汉语翻译，分别是：

"哦，海，你說的是什么？"

"說的是永远的疑問。"

"哦，太空，你說的是什么？"

"說的是永远的沉静。"

（33）〔……有許多好詩，象這上翠的刻石的一首〕周报、订本、改本同，文本作"……有一些好诗，象这刻石的一首"。

（34）〔但是他裏面太平凡了的格言太多了〕周报、订本、改本同，文本作"但是那里面太平凡的格言太多了"。

（35）〔我國雄大的自然在他的作品上定可以生些貢獻，這怕是我們對於他遠遠來華的一個唯一的報禮罷〕周报、订本、改本同，文本作"我国雄大的自然在他的作品上或許可以生出一些貢献。这怕可能是我们对于他远远来华的一个唯一的报答吧"。

《儿童文学之管见》

（1）〔國內對於兒童文學，最近有周作人先生講演錄一篇出現，這要算是個絕好的消息了！〕原《汇校本》注明此句订本、改本与民铎同，但其实订本、改本与文本一样都删除了。

（2）〔而人底根本改造當從兒童底感情教育，美的教育做起。要有優美醇潔的個人然後纔有優美醇潔的社會。〕民铎、订本、改本同，文本作"人的根本改造应当从兒童的感情教育、美的教育着手。有优美醇洁的个人才有优美醇洁的社会"。

（3）〔茲不能一一具論〕民铎、订本、改本同，文本作"不能一一具論"。

（4）〔便單就文學而言，其對於人性所及的燻陶之力，伊古以來，已有定論〕民铎、订本、改本同，文本作"但就文学而言，对于人性所及的熏陶之力，伊古以来，已有定评"。

（5）〔均當別具隻眼以相看待〕民铎、订本、改本同，文本作"都应当别具只眼以相看待"。

（6）〔今日之兒童便為他日之國民〕民铎、订本、改本同，文本作"今天的兒童便为明天的国民"。

（7）〔苟徒築砂上樓臺只不過雲烟一瞬，一切運動底運動量之總和，其結果不過等於零而已〕民铎、订本、改本同，文本作"徒筑砂上楼台，不过云烟一瞬。一切运动的运动量之总和，其结果等于零而已"。

（8）〔究兒童文學底本質〕民铎、订本、改本同，文本作"究討兒童文學的本質"。

（9）〔研究一物之本質，最好是由化學的分析法〕民铎、订本、改本同，文本作"研究一物的本質，最好是用化學的方法"。

（10）〔把那物質上所附加的種種混雜不純的異物驅除洗刷乾淨，然後定性定量之結果方不至於差之毫釐而謬以千里〕民铎、订本、改本同，文本作"先把那物質上所附加的种种不純的异物洗刷干净，然后定性定量的分析才方不至'差之毫厘而謬以千里'"。

（11）〔吾人且先從驅除異物 Verreinigung 方面着手〕民铎、订本、改本同，文本作"因此，我們且先来从净化异物（Verreinigung）方面着手"。

（12）〔教训文學〕民铎、订本、改本同，文本作"教訓文字"。

（13）〔兒童文學中本寓有教訓的分子存在〕民铎同，订本、改本删除"本"字，文本作"兒童文学中本寓有教訓的意义"。

（14）〔如像我國底……〕民铎、订本、改本同，文本作"如象我国……"。

（15）〔一樣的一些〕民铎、订本、改本同，文本作"那样的一些"。

（16）〔白話韻文〕民铎、文本同，订本、改本作"韻文"。

（17）〔將來怕也難免不生出些……〕民铎、订本、改本同，文本作"将来恐怕也会发生些……"。

（18）〔他人底自由〕民铎、订本、改本同，文本作"別人的自由"。

（19）〔鄭聲終可以亂雅〕民铎、订本、改本同，文本作"郑声可以乱雅"。

（20）〔批評家之必要，一方面也正在此〕民铎、订本、改本同，文本作"批評家的必要，一方面也正在這兒"。

（21）〔決不如白紙一樣平板〕民铎、订本、改本同，文本作"絕不象一张白纸"。

（22）〔瑩澈〕民铎、订本、改本同，文本作"瑩彻"。

（23）〔決不如玻片一樣膚淺〕民铎、订本、改本同，文本作"決不象一片玻璃"。

（24）〔傑作有〕民铎、订本、改本同，文本作"有"。

（25）〔悲夢影之消亡〕民铎、订本、改本同，文本作"叹夢影之消亡"。

（26）〔特籍兒時回憶得以忘憂，而別生努力進行之感，其最初一節〕民铎、订本、改本同，文本作"特借兒时回忆得以忘忧，而又提起精神努力前进，其最初一节是"。

（27）〔清淨的位置〕民铎、文本同，订本、改本作"清安的位置"。

（28）〔不能動顫的東西〕民铎、文本同，订本、改本作"不能移動的東西"。

（29）〔以將命於無稽的諸王之王國間〕民铎、订本、改本同，文本作"在无稽的国王們的王国间传递着消息"。

（30）〔飞放之〕民铎、订本、改本同，文本作"飞放"。

（31）〔解放〕民铎、订本、改本同，文本作"解脱"。

（32）〔不可思議的天光〕民铎、订本、改本同，文本作"不可思議的光"。

（33）〔纔生下地來的嬰兒〕民铎、文本同，订本、改本作"纔生下來的嬰兒"。

（34）〔帶神秘的色彩〕民铎、订本、改本同，文本作"帶些神秘的色彩"。

（35）〔前六年〕民铎、订本、改本同，文本作"六年前"。

（36）〔英文文學〕民铎、订本、改本同，文本作"英文学"。

（37）〔把来還了我〕民铎、订本、改本同，文本作"退还了我"。

（38）〔我問他讀後的印象怎麼樣〕民铎、订本、改本同，文本作"我問他讀读后的印象"。

（39）〔還狠帶個鄙棄的樣子〕民铎、订本、改本同，文本作"还带着个很鄙弃的样子"。

（40）〔無論其採用何種形式〕民铎、订本、改本同，文本作"无論采用何种形式"。

（41）〔精神底堂奥者〕民铎同，订本、改本作"精神底堂奥的"，文本作"精神堂奥"。

（42）〔以表示準依兒童心理所生之創造的想像與感情之藝術〕民铎、订本、改本同，文本作"准依兒童心理的創造性的想象与感情之艺术"。

（43）〔人人能為兒童的文學〕民铎、订本、改本同，文本作"人人能为兒童文学"。

（44）〔完全如出自自家心坎，……然後方為理想的作品〕民铎、订本、改本同，文本作"如出自自家心坎，……"。

（45）〔表現之〕民铎、订本、改本同，文本作"表現"。

（46）〔生理上〕民铎、订本、改本同，文本作"在生理上"。

（47）〔成人之缩型〕民铎同，订本、改本、文本作"成人的缩形"。

（48）〔亦决不是〕民铎、订本、改本同，文本作"也决不是"。

（49）〔研究兒童文學者，必先研究兒童心理〕民铎、订本、改本同，文本作"創作兒童文學者，必先体会兒童心理"。

（50）〔更稍稍畧述管見〕民铎、订本、改本同，文本作"略述管见"。

（51）〔得一良好之結果〕民铎、订本、改本同，文本作"得到良好的結果"。

（52）〔但審判必務求嚴審，凡無藝術的價值，不合兒童文學的本質者，不宜使之濫竽〕民铎、订本、改本同，文本作"审定务求严格，凡无艺术价值、不合兒童文学本質者不使滥竽"。

（53）〔民謠者〕民铎、订本、改本同，文本作"民謠"。

（54）〔繕寫〕民铎、订本、改本同，文本作"写出"。

（55）〔最深刻而幽玄者無過星月之夜〕民铎、订本、改本同，文本作"最深刻而幽玄的无过于星月之夜"。

（56）〔一輪皓月高懸，無論走到甚麼地方〕民铎、订本、改本同，文本作"一輪皓月高悬时，无論你走到甚么地方"。

（57）〔燒酒到好吃〕民铎同，订本、改本、文本作"燒酒倒好吃"。

（58）〔直譯時為「月鐮」，頗生心異之趣。得此暗示，曾作五絕詩一首云〕民铎、订本、改本同，文本作"直譯时是'月鐮'，頗生新穎之趣。得此暗示，我曾作五絕詩一首云"。

（59）〔亦曾發表過同意義的新詩一首〕民铎、订本、改本同，文本作"也曾发表过同意义的一首新詩"。

（60）〔童谣之中〕民铎、订本、改本同，文本作"童谣中"。

（61）〔發見同義的奇語〕民铎、订本、改本同，文本作"发见了同义的奇語"。

（62）〔提着汗衣的籃走着〕民铎同，订本、改本作"提着洗衣的籃走着"，文本作"提着洗衣的籃子"。

（63）〔幽妙〕民铎、订本、改本同，文本作"美妙"。

（64）〔並且還開展一幅女兒心理底活動電影來〕民铎、订本、改本同，文本作"这儿还开展一幅女兒心理的电影"。

（65）〔謠詞〕民铎、订本、改本同，文本作"歌詞"。

（66）〔诸君！「天又高，一把刀！」一語，不又是見天上的新月所發出來的一種聯想嗎？〕订本、改本同，民铎"来的"误作"的来"，余同，文本作"你看，'天又高，一把刀！'这一句話不是看見天上的新月就象一把鐮刀嗎？"。

（67）〔此謠所以妙處〕民铎、订本、改本同，文本作"这首兒歌的妙处"。

（68）〔我所能記憶的謠曲，有價值的只上兩首，此外雖還記得些，但都鄙陋而無可言〕民铎、订本、改本同，文本作"我所能记忆的兒歌，比較有价值、留在记忆里的只这两首"。

（69）〔兒童文學中採劇曲形式底表示者，在歐洲亦為最近的創舉，我國固素所無有也〕民铎、订本、改本同，文本作"兒童文学采取剧曲形式的，恐怕是近代欧洲的創举"。

（70）〔梅特林底「青鳥」、浩普特曼的「沈鐘」Hauptmann's 'Der ver-sunkene Glock' 最稱傑作〕民铎、订本、改本同，文本作"我看过梅特林克的《青鳥》、浩普特曼的《沈鐘》（Hauptmann's 'Der versunkene Glock'）"。

（71）〔在前年九月間〕民铎、订本、改本同，文本作"前年九月间"。

（72）〔曾發表過一篇「黎明」〕民铎、订本、改本同，文本作"我曾发表过一篇《黎明》"。

（73）〔怕久已沈沒〕民铎、文本同，订本、改本作"久已沈沒"。

（74）〔此在青黃不接的时代，最是建設上之一便法〕民铎、订本、改本同，文本作"在这青黄不接的时代，是一便法"。

（75）〔并且一方面更能指示具體的體例以啟作家底觀摩〕民铎、订本、改本同，文本作"一方面更能指示具体的体例以供作家的观摩"。

（76）〔並且舉凡兒童文學中地方色彩大抵濃厚〕民铎、订本、改本同，文本作"舉凡兒童文学，地方色彩大抵浓厚"。

（77）〔良好的結果〕民铎、订本、改本同，文本作"良好结果"。

（78）〔總難斷言〕民铎、订本、改本同，文本作"尚难断言"。

（79）〔所以我的主張還是趨重於前的兩種〕民铎、订本、改本同，文本作"因而我的主张还是侧重于前两种办法"。

《神话的世界》

（1）〔從人的智性生出〕周报、订本、改本同，文本作"从人的智性产出"。

（2）〔用這『詩人』一個字〕周报、订本、改本同，文本作"用'詩人'这一个辞"。

（3）〔而他把這些情緒〕周报、订本、改本同，文本作"而把这些情绪"。

（4）〔盲目的信仰〕〔執意的反抗〕周报、订本、改本同，文本作"盲目信仰""执意反抗"。

（5）〔純全是採的科學的見解〕周报、订本、改本同，文本作"純全采取科学的见解"。

（6）〔歷史家和哲學家於智識的進步上在以加速度而進行〕周报、订本、改本同，文本作"历史家和哲学家的智識进步在以加速度进行"。

（7）〔拌攪〕周报、订本、改本同，文本作"拌攪着"。

（8）〔對於人類感受性的全稱否定〕周报、订本、改本同，文本作"对于艺术的全称否定"。

（9）〔魚類是沒有淚腺〕周报、订本、改本同，文本作"鱼类没有泪腺"。

（10）〔去領略『枯魚過河泣』的一首妙詩〕周报、订本、改本同，文本作"領略'枯魚过河泣'那一首妙詩"。

（11）〔相忘〕周报、订本、改本同，文本作"忘记"。

（12）〔我們是應該〕周报、订本、改本同，文本作"应该"。

（13）〔他可以使我們對於無知的自然界如對親人，他可以使我們聽見羣星的歡歌〕周报、订本、改本同，文本删除两处"他可以"。

（14）〔我們的坟墓變成為母胎，我們的活屍也纔從母胎中再誕〕周报、订本、改本同，文本删除两处"我們的"。

（15）〔代替〕周报、订本、改本同，文本作"寄寓"。

（16）〔於詩文中不可見〕周报、订本、改本同，文本作"在詩文中不可見"。

（17）〔水邊之青年〕周报、订本、改本同，文本作"水邊之青年"。

（18）〔我隨便把我從前的舊譯抄錄在這兒罷〕周报、订本、改本同，文本作"我順便把我从前的旧譯抄录在这兒"。

（19）〔開闢〕周报、订本、改本同，文本作"开发"。

（20）〔且聽他同一的材料〕周报、订本、改本同，文本作"且听他用同一的材料"。

《波斯诗人莪默伽亚谟》

（1）〔第一　讀 Rubaiyat 後之感想〕季刊、订本、改本同，文本作"一　讀《魯拜集》（Rubaiyat）后之感想"。

（2）〔使他們哭泣〕季刊、文本同，订本、改本作"使人們哭泣"。

（3）〔特典〕季刊、订本、改本同，文本作"特点"。

（4）〔我們所居住的這個銀河系統〕季刊同，订本、改本作"我們所住的這個銀河系統"，文本作"我們所居住的这个銀河系"。

（5）〔量子電子〕共两处，季刊、订本、改本同，文本均作"介子、質子"。

（6）〔失掉了他的效力〕季刊、订本、改本同，文本作"失掉它的效力"。

（7）〔既決囚〕季刊同，订本、改本、文本均作"未決囚"。

（8）〔古今來的思想家〕季刊、文本同，订本、改本均作"古來的思想家"。

（9）〔我國的大詩人屈原，他便是徹底懷疑派的一人，他在「天問」「卜居」之中對於宇宙發了許多的疑問，他是知道上帝的名稱的，他也是知道本體的懸疑的，你看，他在「遠遊」中假仙人王子喬的口謂道：

> 「道可受兮而不可傳，
> 　其小無內兮其大無垠。
> 　毋滑爾魂兮彼將自然，
> 　壹氣孔神兮於中夜存，
> 　虛以待之兮無為之先，
> 　庶類以成兮此德之門！」

　　他曾夢想上天，但昇至中道又失了航路。形而上學的灰色的理論，也終竟於他無補，他終竟跳在汨羅裏面死了。〕季刊、订本、改本同，文本作"我国的大詩人屈原，他便是彻底怀疑派的一人，他在《天問》《卜居》之中对于宇宙人生发了許多的疑問，而終竟跳在汨罗里面死了"。

　　（10）〔他終竟悲傷哭泣〕季刊、订本、改本同，文本作"悲伤哭泣"。

　　（11）〔泰初有業〕季刊、订本、改本同，文本作"泰初有事业"。

　　（12）〔獻身於至痛苦的受用〕季刊、订本、改本同，文本作"献身于受用"。

　　（13）〔幻想上帝的〕季刊、订本、改本同，文本作"幻想有个上帝的"。

　　（14）〔消極的 Epicurian 了〕季刊、订本、改本同，文本作"消极的享乐主义者（Epicurian）了"。

　　（15）〔這便是〕季刊、订本、改本同，文本作"这是"。

　　（16）〔Hashisch〕〔Opium〕〔Curacao〕季刊、订本、改本同，文本分别作"Hashisch（麻醉藥）""陶醉於 Opium（鸦片）""Curacao（柑桂酒）"。

　　（17）〔即使有人〕季刊、订本、改本同，文本作"有人"。

　　（18）〔棉類之栽培〕季刊、订本、改本同，文本作"棉花类的栽培"。

　　（19）〔及其他諸種寶石〕季刊、订本、改本同，文本作"和其它各种宝石"。

　　（20）〔「天幕製造者」（Tentmaker）〕季刊、订本、改本同，文本删除"（Tentmaker）"。

　　（21）〔所住的學校有點貴冑的性質〕季刊、订本、改本同，文本作"所住学校有点贵冑性質"。

　　（22）〔亞拉比亞〕季刊、文本同，订本、改本均作"亞拉伯"。

　　（23）〔遷入波斯者〕季刊、订本、改本同，文本作"迁入波斯的"。

　　（24）〔最大的哲人野芒〕季刊、订本、改本同，文本作"大哲人野芒"。

（25）〔差不多了〕季刊、订本、改本同，文本作"差不多的"。

（26）〔隨便怎麼都好〕季刊、订本、改本同，文本作"随便怎样都好"。

（27）〔當盟立一誓〕季刊、订本、改本同，文本作"当立一盟誓"。

（28）〔都應承了〕季刊、订本、改本同，文本作"都同意了"。

（29）〔後來也是他刺殺了的〕季刊、订本、改本同，文本作"后来也是被他刺杀了的"。

（30）〔見後譯詩〕季刊同，订本、改本作"見我魯拜集中譯詩"，文本作"見《魯拜集》譯詩"。

（31）〔最大的賜與〕季刊、订本、改本同，文本作"最大赐与"。

（32）〔（Mithkal 不知合中幣多少，待考）〕季刊、订本、改本同，文本作"（Mithkal）"。

（33）〔於天文學的智識之豐富〕季刊、订本、改本同，文本作"关于天文学的智識非常丰富"。

（34）〔Jalali〕季刊、订本、改本同，文本作"雅拉里历（Jalali）"。

（35）〔據英國史學大家 Gibbon 的批評：『時之計算比"鳩良曆（Julian year 以 365 1/4 日為一年，俄羅斯曆即此，）精確，與各列果良曆（Gregorian Style—Gregory 十三世所改正，比鳩良曆一年少十一日）相近。』〕季刊，订本、改本同，文本作"据英史学家吉朋（Gibbon）的批評：'时辰的計算比"鳩良历（Julian year）精確，与各列果良历（Gregorian Style）相近"。

（36）〔詩人的外的生活〕季刊、订本、改本同，文本作"詩人之外的生活"。

（37）〔見太戈爾 One Hundred Poems of Kabir 的序傳中〕季刊、订本、改本同，文本作"見太戈兒英譯的《伽毗百吟》的序传中"。

（38）〔曉得一種事實〕季刊、订本、改本同，文本作"知道一項事实"。

（39）〔（以上的叙述大抵取材於 Fitzgerald's 'Omar Khayyam the Astronomer-poet of Persia' 一文中）〕季刊、订本、改本同，文本作"（以上的叙述大抵取材于費茲吉拉德的《波斯的天文学家兼詩人莪默·伽謨》一文中）"。

（40）〔他的詩集 Rubaiyat（四行詩集）據 Fitzgerald 所舉，原文有四五種類，各種所含首數亦各不同〕季刊、订本、改本同，文本作"他的詩集《魯拜集》（四行詩集）据費茲吉拉德所說，原文有四五种，各种所含首数各有不同"。

（41）〔其譯為英文者以 E. Fitzgerald 為始。——Fitzgerald 以一八〇九年生於英國 Suffolk 州之 Bredfield。父姓本係 Purcell，父死後，改依母姓。生平與

Thackeray，W. H. Thompson，Tennyson 等為友〕季刊同，订本、改本"改依母姓"作"依改母姓"余同，文本作"其譯为英文者以费兹吉拉德为始。——费兹吉拉德以一八〇九年生于英国塞福克州的布瑞费尔德。父姓本系浦舍尔，父死后，改依母姓。生平与萨克雷、托姆孙、丁尼孙等为友"。

（42）〔使之永遠不朽，與莪默伽亞谟之名如雙子星座之 Castor 與 Pollux 二星者，便是他的 Rubaiyat 的英譯〕季刊、订本、改本同，文本作"使之永垂不朽、与莪默伽亞谟之名相联如双子星座之卡斯托（Castor）与坡鲁克斯（Pollux）二星者，便是他的《鲁拜集》的英譯"。

（43）〔Fitzgerald 的英譯〕季刊、订本、改本同，文本作"费兹吉拉德的英譯"，下文中"Fitzgerald"均作"费兹吉拉德"。

（44）〔第一版只是一種小小的 Pamphlet，並且沒有記名，出版書店倫敦 Quaritch 把牠丟在四片尼均一的書匣里〕季刊、订本、改本同，文本作"第一版只是一种薄薄的小册子，没有記名，出版者倫敦書店括里奇（Quaritch）把它丟在四片尼均一的書格子里"。

（45）〔一八六〇年 D. G. Rossetti 先發見了這部譯詩的好處；接着 Swinburne，Lord Houghton 也極力稱讚〕季刊同，订本、改本"译诗"误作"译译"，余同，文本作"一八六〇年罗舍蒂（D. G. Rossetti）首先发见了这部譯詩的好处；接着斯文邦（Swinburne）、何通爵士（Lord Houghton）也极力称赞"。

（46）〔Henry Newbolt〕季刊、订本、改本同，文本作"亨利·纽波特（Henry Newbolt）"。

（47）〔我還不曾得見〕季刊、订本、改本同，文本作"我还没有看见过"。

（48）〔Rubaiyat 本是 Rubai 的複數〕季刊、订本、改本同，文本作"《鲁拜集》的原文 Rubaiyat 本是 Rubai（鲁拜）的复数"。

（49）〔Rubaiyat 的英譯，在 Fitzgerald 之後，還有 E. H. Whinfield，N. H. Dole，J. Payne 諸氏的譯本〕季刊、订本、改本同，文本作"《鲁拜集》的英譯，在费兹吉拉德之后，还有费尔德（E. H. Whinfield）朵耳（N. H. Dole）、培恩（J. Payne）等人的譯本"。

（50）〔說是是直接從波斯文譯出的〕季刊、订本、改本同，文本作"据說是直接从波斯文譯出的"。

（51）〔但是那詩中所流的精神，是沒有甚麼走轉。翻譯的功夫，到了 Fitzgerald 的程度，真算得與創作無以異了〕季刊、订本、改本同，文本作"但是那詩中所流貫的精神，大体相近。翻譯的功夫，做到费兹吉拉德的程度，真算是和創作无异了"。

《少年维特之烦恼序引》

（1）〔「素樸的詩」（Naïve Dichtung）〕季刊、订本、改本同，文本作"'素朴的詩'"。

（2）〔我對於歌德此書，也有這個同樣的觀念〕季刊、订本、改本同，文本作"我也有同样的观感"。

（3）〔甯說是詩，甯說是一部散文詩集〕季刊、订本、改本同，文本"甯"均作"宁肯"。

（4）〔拘於因襲之見者，……而所謂韻又機幾乎限於腳韻〕季刊、订本、改本同，文本作"拘於因袭之见的人，……所謂韵又几乎限于脚韵"。

（5）〔詆散文詩之名為無理者，真可算是出人意表之外〕季刊、订本、改本同，文本作"詆散文詩之名为悖理者，真可算是出人意外"。

（6）〔而詩不必定有韻。讀無韻之抒情小品，吾人每每稱其詩意葱蘢。由此可以知道詩之生命別有所在〕季刊、订本、改本同，文本作"而詩不必一定有韵。讀无韵的抒情小品，人們每每称其詩意葱蘢。由此可知，詩的生命別有所在"。

（7）〔此正為合理易明的名目〕季刊、订本、改本同，文本作"正十分合理"。

（8）〔不能變易〕季刊、订本、改本同，文本作"不变"。

（9）〔不能前進〕季刊、订本、改本同，文本作"未能进展"。

（10）〔此書主人公維特之性格，便是「狂飆突進時代」（Sturm und Drang）少年歌德自己之性格，維特之思想，便是少年歌德自身之思想〕季刊、订本、改本同，文本四处"之"均作"的"、"自身"作"自己"。

（11）〔他智所能知的〕季刊、订本、改本同，文本作"他智所能知"。

（12）〔他身之周圍〕季刊、订本、改本同，文本作"他的身之周围"。

（13）〔即是物之自身〕季刊、订本、改本同，文本作"即是物自体"。

（14）〔他認識自然是為一神之所表現〕季刊、订本、改本同，文本作"他認为自然是唯一神之所表現"。

（15）〔反抗一切的學識〕订本、改本、文本同，季刊作"反抗浮薄的學識"。

（16）〔階級〕季刊、订本、改本同，文本作"名位"。

（17）〔親眷〕季刊、订本、改本同，文本作"亲睦"。

（18）〔這種人底單純無碍的喜悅，他的心能夠感覺得〕季刊、订本、改本同，文本作"这种作为人的单纯无碍的喜悦，他的心能够感受到"。

（19）〔先驅〕季刊、订本、改本同，文本作"前驅"。

（20）〔便尋一個對象〕季刊、订本、改本同，文本作"便就一个小朋友"。

（21）〔纔把他們〕季刊、订本、改本同，文本作"却把他們"。

（22）〔一般之青年大起共鳴，追慕維特之遺風〕季刊、订本、改本同，文本作"一般青年讀者大起共鳴，追慕維特遺风"。

（23）〔苦於性的煩惱的青年〕季刊、订本、改本同，文本作"苦于恋爱不自由的青年"。

（24）〔胸中正懷藏着這本〕季刊、订本、改本同，文本作"怀中正藏着一本"。

（25）〔均先后趨來，瞻仰此藝壇新星之光耀〕季刊、订本、改本同，文本作"均先后前来，瞻仰此文坛新星之光耀"。

（26）〔高舉決勝之歌，以趨其天定之軌轍〕季刊、订本、改本同，文本作"高唱决胜之歌，以趋其天定的軌轍"。

（27）〔（Frederick der Grobs）〕季刊、订本、改本同，文本删除。

（28）〔克爾〕季刊、订本、改本同，文本作"奥古斯特·克尔"。

（29）〔遂成為外馬宮庭貴客，而外馬遂成為德意志文壇之中心地點〕季刊、订本、改本同，文本两处"外馬"均作"偎馬"；"遂成为"作"便成为"。

（30）〔一個 Intermesso〕季刊、订本、改本同，文本作"一个插曲（Intermesso）"。

（31）〔某旅館之食堂〕季刊、订本、改本同，文本作"某旅館的餐厅"。

（32）〔開放文藝與思索之奇葩〕季刊、订本、改本同，文本作"开放着文艺与思索的奇葩"。

（33）〔你便是歌德君嗎〕季刊、订本、改本同，文本作"你就是歌德君嗎"。

（34）〔青年（頷首）……〕季刊、订本、改本同，文本作"青年（頷首）我是"。

（35）〔各從暴風雨之豫感解放〕季刊、订本、改本同，文本作"各从暴风雨的豫感中解放"。

（36）〔天才之火〕订本、改本同，季刊、文本作"天才的火"。

（37）〔卒業於市堡大學（Strassburg）〕季刊、订本、改本同，文本作"毕业于市堡大学"。

（38）〔時年十九歲〕订本、改本同，季刊、文本作"時年僅十九歲"。

（39）〔母亲死去，即代母撫育十人之弟妹而經營家政〕季刊、订本、改本同，文本作"母亲早世，即代母撫育弟妹十人，經營家政"。

（40）〔舞蹈會〕季刊、订本、改本同，文本作"舞会"。

（41）〔同時與歌德之交誼甚篤〕季刊、订本、改本同，文本作"同时又是歌德的朋友，交誼頗深"。

（42）〔此日歌德博士與余同飲於園中。入夜，往「德意志館」（綠蒂之家）〕季刊、订本、改本同，文本作"此日歌德博士与余同食于园中。入夜，往'德意志館'（Deutsche Haus—綠蒂之家）"。

（43）〔萊卜其（Leibzig）〕季刊、订本、改本同，文本作"萊普齐"。

（44）〔一七七一年為彭池危克（Brunswick）公使館之書記，得憂鬱之症（Melacholie）對於耶穌教懷疑，與其友人公使霍爾德氏（Herdt）之妻生戀愛而失望〕季刊、订本、改本同，文本作"一七七一年任彭池危克（Brunswick）公使館的書記，得忧郁症，对于耶教怀疑，与其友人公使霍尔德氏（Herdt）之妻发生恋爱而失望"。

（45）〔借克司妥納之手槍，以一七七二年十月三十日之夜自殺〕季刊、订本、改本同，文本作"借去克司妥納的手枪，以一七七二年十月三十日夜自杀"。

（46）〔歌德初有作成劇曲之計畫，繼以四禮拜之時日成此小說，以一七七四年三月初間脫稿，脫稿立即付印而風行一時〕季刊、订本、改本同，文本作"歌德初有作成戏剧的计画，繼以四礼拜的功夫写成此小說，以一七七四年三月初旬脫稿，脫稿后立即付印而风行一时"。

（47）〔「維特熱」之流行日見猖獗了。「生的悶脫」的怨女怨男，以手槍自殺相隨繼〕季刊、订本、改本同，文本作"'維特热'的流行日見猖獗了。'生的悶脫'（Sentimental 感伤）的怨男怨女，以手枪自杀者相随繼"。

（48）篇末的诗歌增加诗名："綠蒂与維特"。

（49）〔有慘痛飛迸〕文本、订本、改本同，季刊作"會有慘痛飛迸"。

《西厢艺术上之批判与其作者之性格》

（1）〔許雷〕西厢、订本、改本同，文本作"席勒"。

（2）〔杜爾斯泰〕西厢同，订本、改本同，文本作"托爾斯泰"。

（3）〔遂驅英秀之士〕西厢、订本、改本同，文本作"遂驅使英秀之士"。

（4）〔吾人居今日〕西厢、订本、改本同，文本作"人們居今日"。

（5）〔正當的發展上之一助〕西厢、订本、改本同，文本作"正当发展之一助"。

（6）〔不消多列條據〕西厢、订本、改本同，文本作"例證不消多举"。

（7）〔此明明是種「拜脚狂」〕西厢、订本、改本同，文本作"这明明是种'拜脚狂'"。

（8）〔受動的虐淫〕西厢、订本、改本同，文本作"受动的虐淫狂"。

（9）〔拜脚狂幾千〕西厢、文本同，订本、改本作"拜脚幾千"。

（10）〔受動的虐淫者幾萬〕西厢、订本、改本同，文本作"受动的虐淫狂几万"。

（11）〔吾人固無所忍憚〕西厢、订本、改本同，文本作"我們固無所忍憚"。

（12）〔猶不得不令人汲其萬石涙泉而湧出滿懷愴痛〕西厢、订本、改本同，文本作"实不得不令人深受感触"。

（13）〔病蒂〕西厢、订本、改本同，文本作"病根"。

（14）〔亦道盡……一種反抗的心理〕西厢、订本、改本同，文本作"也道尽了……反抗心理"。

（15）〔雖同屬〕西厢、订本、改本同，文本作"虽同是"。

（16）〔然而西厢底態度更胆大，更猛烈，更革命的〕西厢、订本、改本同，文本作"《西厢記》的态度更胆大，更猛烈，更是革命的"。

（17）〔總會是贊成我的〕西厢、订本、改本同，文本作"总会表示贊成的"。

（18）〔亦絕不能認為濫淫販賣者底代辯〕西厢、订本、改本同，文本作"更絕不能作为卖淫的代辯"。

（19）〔王實父〕西厢、订本、改本同，文本作"王实甫"。

（20）〔或有以為金時人或有以為元時人者〕西厢、订本、改本同，文本作"或以为金时人，或以为元时人"。

（21）〔窺瞻出的作者底性格〕西厢、订本、改本同，文本作"窺出的作者的风格"。

（22）〔影響〕西厢、订本、改本同，文本作"印象"。

（23）〔吾人細讀〕西厢、订本、改本同，文本作"我們細讀"。

（24）〔可知作者底感覺異常發達，幾乎到了病的程度，作者的想像異常豐瞻幾乎到了狂的地步〕西厢、订本、改本同，文本作"可知作者的感觉異常鋭敏，几乎到了病态的地步。作者的想像异常丰瞻，几乎到了狂人的地步"。

（25）〔很有個莫大的缺陷〕订本、改本同，西厢"很"作"狠"，余同，文本作"是有很大的缺陷"。

（26）〔更還有好些處〕西厢、订本、改本同，文本作"还有好几处"。

（27）〔他這人對於女性的脚好像很有莫大的趣味〕西厢、订本、改本同，文本作"对于女性的脚好像有很大的趣味"。

（28）〔自家〕西厢、订本、改本同，文本作"自己"。

（29）〔 Libido 底生活〕订本、改本同，西厢作"Libido 底產物"，文本作"离比多（Libido）的生产"。

（30）〔我想都可以用此說說明〕西厢、订本、改本同，文本作"我看都可以用此說說明"。

（31）〔都是絕好的可以供研究的作品〕西厢、订本、改本同，文本删除。

（32）〔不能說他莫有 Libido 的動機在裏面〕西厢、订本、改本同，文本作"不能說沒有色情的动机在里面"。

（33）〔覺得減輕了〕西厢、订本、改本同，文本作"似乎減輕了"。

（34）〔始生出〕西厢、订本、改本同，文本作"才生出"。

（35）〔而文藝之尊嚴性始確立，始能不為豪貴家兒底一種遊戲品〕西厢、订本、改本同，文本作"而文艺之尊严性才得确立，才能不为豪貴家兒的玩弄品"。

（36）〔亦不會產出〕西厢、订本、改本同，文本作"也难产出"。

（37）〔一九二一，五，二，於上海〕订本、改本同，西厢作"一九二一，五，二，於上海。郭沫若"，文本作"1921 年 5 月 2 日于上海"。

《我对于卷耳一诗的解释》

（1）〔載在近出的『卷耳集』裏面〕订本、改本、文本同，觉悟作"載在「卷耳集」裏面"。

（2）〔思婦心目中〕订本、改本、文本同，觉悟作"思婦心目"。

（3）〔不承認毛傳的解釋，他說毛傳的話是「完全不能成立」〕觉悟、订本、改本同，文本作"不承認《毛传》，他說《毛传》的話'完全不能成立'"。

（4）〔虺隤疊韻〕觉悟、订本、改本同，文本作"頹叠韵"。

（5）〔猶虺隤〕觉悟、订本、改本同，文本作"犹虺"。

（6）〔怕是我們應該發出的罷〕觉悟、订本、改本同，文本作"怕应该提出的吧"。

（7）〔我們雖不會專門地實際試驗過，但據醫學的經驗上說來〕觉悟、订本、改本同，文本作“我虽不會专門地去做过实际試驗，但据医学的經驗說来”。

（8）〔這件事情是我們時常經驗的〕觉悟、订本、改本同，文本作“这是我們时常經驗到的事”。

（9）〔籠統說明的了〕觉悟、订本、改本同，文本作“籠統說明的”。

（10）〔還存有待考的餘地〕觉悟、订本、改本同，文本作“還有待考的餘地”。

（11）〔差告無罪於萬一〕订本、改本、文本同，觉悟作“差告無罪的萬一”。

《释玄黄——答曹聚仁》

（1）〔說玄黄——答曹聚仁——〕觉悟作“說玄黄——答曹聚仁先生——”，订本、改本、文本作“释玄黄——答曹聚仁——”。

（2）觉悟在文章开头有：“聚仁先生：”，订本、改本、文本均删除。

（3）〔只不過證明〕觉悟、订本、改本同，文本作“不过证明”。

（4）〔並不是足下所說「完全不能成立」罷了〕觉悟、订本、改本同，文本作“並不是足下所說‘完全不能成立’”。

（5）〔人種黑黄白色的區分〕订本、改本、文本同，觉悟作“人種有黑黄白的區分。

（6）〔自信的堅確〕觉悟、订本、改本同，文本作“自信的坚决”。

（7）〔焦到完全炭化的程度只是黃色〕订本、改本、文本同，觉悟作“焦到完全炭化的程度自然是黑色，但焦到未完全炭化的程度只是黄色”。原《汇校本》注明“文本作‘焦到完全炭化的程度始成黑色，未完全炭化只是黄色’”，误。

（8）〔Melanom〕觉悟、订本、改本同，文本作“‘莓囊肿’（Melanom）”。

《论诗》

此篇是由郭沫若发表在《时事新报·学灯》上的致李石岑的一封信和致宗白华的两封信改编而成，最初形成论文是在1925年版《文艺论集》中，因此本篇只对比初本、订本、改本和文本之间的异同，而不涉及《时事新报·学灯》上的原信。

（1）〔最引起了我注意〕订本、改本同，文本作“引起了我注意”。

（2）〔虞書「詩言志，歌永言，聲依永，律和聲」四語，本是論的詩歌和音樂底兩件事。此數語在毛詩序中變形而為〕文本同，订本、改本作“他公然把虞書的'詩言志，歌永言，聲依永，律和聲'四語，引來做詩的定義，這真是出乎意外。這四句話本是論的詩歌和音樂兩件事。這在毛詩序中變形而為"。

（3）〔據近世歐西學者之研究〕订本、改本同，文本作"据近世欧西学者研究"。

（4）〔其所倚以為表顯的方具厥為言語〕订本、改本同，文本作"其所倚以为表现的工具是言語"、"方具"均改为"工具"。

（5）〔最可借以說明這個〕订本、改本同，文本作"最可借以說明这点"。

（6）〔别把你心中的委曲私下藏着，我友！

請說給我，只說給我，悄悄地。

你笑得那麼委婉，請柔和地說，我心能聽，不是我的兩耳。〕

订本、改本同，文本作：

"別把你心中的秘密藏着，我的朋友！

請对我說吧，只对我說吧，悄悄地。

你微笑得那么委婉，請柔軟地私語吧，我的心能够听，不是我的双耳。"

（7）〔不曾達如〕订本、改本同，文本作"不曾达到"。

（8）〔因為音樂是已經成了形的〕订本、改本同，文本删除"因為"。

（9）〔詩是純粹的内在律底表示，他表示的方具用外在律也可〕订本、改本同，文本作"詩应該是純粹的内在律，表示它的工具外在律也可"。

（10）〔外在的韻律幾乎全然沒有〕订本、改本同，文本作"外在的韵律几乎沒有"。

（11）〔不怕便是吐囑他自己的哀情，抑鬱，我們讀了，都莫有不足以增進我們人格的。因為詩是人格底創造底表現，或為人格創造衝動底表現。〕订本、改本同，文本作"不怕便是吐訴自己的哀情，抑郁，我們讀了，都足以增進我們的人格。詩是人格創造的表現，是人格創造冲动的表現。"

（12）〔我最初的動機是指摘懷琛先生錯引虞書文以為詩底界說之一點〕订本、改本同，文本作"我最初的动机是指摘胡怀琛先生錯引《虞書》文以为詩的界說"、"懷琛"均改为"胡怀琛"。

（13）〔我想以上根本問題〕订本、改本同，文本作"我想以上的根本問題"。

（14）〔決不是沒韻詩〕订本、改本同，文本作"并不是沒韵詩"。

（15）〔對於我國詩壇上發一大光明〕订本、改本同，文本作"在我国詩坛上发一大光明"。

（16）〔我想近来要研究詩的人當得從心理學方面，或者從人類學，考古學——不是我國的考據學——去研究他發生史的方面〕訂本、改本同，文本作"我想，要研究詩的人恐怕得当得从心理学方面，或者从人类学、考古学——不是我国的考据学方面着手，去研究它的发生史"。

（17）〔徂徠〕訂本、改本同，文本作"出面"。

（18）〔至少當得與其他的論理的評論和研究論文等等得相等之位置，而我國雜誌界卻不然也〕訂本、改本同，文本作"至少当得与其他的理论文字、研究论文等等有相等之位置，而我国杂志界却不然"。

（19）〔啓讀者（俗人）輕視藝術之感〕訂本、改本同，文本作"启读者轻视艺术之感"。

（20）〔則畢生中種種行為之目的對於全人類社會文化演進之道途上總得有密切之關係纔行〕訂本、改本同，文本作"则毕生中种种行为目的对于全人类社会文化演进道途上总得有密切的关系才行"。

（21）〔或誘發人創造衝動為能事〕訂本、改本同，文本作"或誘发人創造冲动"。

（22）文本此部分最后增加时间注明："1921 年秋"，訂本、改本未加此注明。

（23）〔命泉〕訂本同，文本作"生命源泉"。

（24）〔生底顫動〕訂本同，文本作"生之颤动"。

（25）〔人類底歡樂底源泉〕訂本同，文本作"人类欢乐的源泉"。

（26）〔我總恨不得連書帶紙地把他吞了下去，我總恨不得連筋帶骨地把他融了下去〕訂本"把他融了下去"作"把我融了下去"，文本作"我总恨不得连书带纸地把它吞咽下去，我总恨不得连筋带骨地把它融化下去"。

（27）〔我想你的詩一定是我們心中的詩境詩意底純真的表現，一定是能使我熔筋化骨的真詩，好詩；你何苦要那樣暴殄，要使他們無形中消滅了去呢？〕訂本删除此句，代之以"……"，文本"要使他們無形中消滅了去呢？"作"要使它无形中消灭了呢？"

（28）〔我想你的詩一定也不會是「做」了出來的〕訂本删除此句，文本作"我想你的诗一定也不会是'做'出来的"。

（29）〔Goethe 也說過：他每逢詩興來了的時候〕訂本同，文本作"歌德也說过：他每逢詩兴来时"。

（30）〔連擺正他的時候也沒有〕訂本同，文本作"連摆正它的时间也没有"。

（31）〔灵感〕订本同，文本作"灵感（Inspiration）"。

（32）〔只要把他寫了出來的時候〕订本同，文本作"只要把它写了初来"。

（33）〔當德 Dante 底「神曲」，密爾棟 Milton 底「樂園」，歌德底「浮司德」〕订本同，文本作"但丁的《神曲》、弥尔顿的《失乐园》、歌德的《浮士德》"。

（34）〔芭蕉翁的歌句〕订本同，文本作"芭蕉的歌句"。

（35）〔泰果爾底「新月」〕订本同，文本作"太戈儿的《新月集》"。

（36）〔連擺正紙位的時間也都不許你有〕订本同，文本作"連摆正紙位的时间也没有"。

（37）〔方式〕订本同，文本作"算式"。

（38）〔 Typus 〕订本同，文本作"类型"。

（39）〔展到他可以展及的地方為止〕订本同，文本作"展延到他可以展延到的地方为止"。

（40）〔立體地發展了去〕订本同，文本作"立体地发展起去"。

（41）〔這類的人我只找到兩個〕订本同，文本作"这类的人我可举出两个"。

（42）〔孔子這位大天才，要說他是政治家，他有他的「大同」底主義；要說他是哲學家，他也有他 Pantheism 底思想，要說他是教育家，他也有他的「有教無類」「因材施教」底 Kinetisch 的教育原則〕订本同，文本作"孔子，要說他是政治家，他有他的'大同'主义；要說他是哲学家，他也有他泛神論的思想；要說他是教育家；他有他的'有教无类'、'因材施教'的动态的（Kinetisch）教育原則"。

（43）〔他本是精通音乐的〕订本同，文本作"他是精通音乐的"。

（44）〔是斷難推倒的〕订本同，文本作"是很难推倒的"。

（45）〔或者由多數人物組織成一個機關〕订本同，文本作"或者由多数人组织成一个机构"。

（46）〔我想定可為「民眾藝術底宣傳」「新文化建設底運動」之一助〕订本同，文本作"我想这定可以为'民众艺术的宣传'、'新文化建设运动'之一助"。

（47）〔是最不容易了解的〕订本同，文本作"是不容易了解的"。

（48）〔他有色素底研究，曾同牛頓辯論過來〕订本同，文本作"他有色彩研究，曾同牛頓辩论过"。

（49）〔 Wieland 又說，Goethe 是一個 menschlichste aller Menschen。他這

名稱似乎可以譯成「人中的至人」，可是他的概念終竟還是不易把捉的。可是他比我國底「大誠至聖先師」等等徽號覺得更妥當着實些〕訂本同，文本作"威朗德又說，歌德是一個'menschlichste aller Menschen'——這個名稱似乎可以譯成'人中的至人'，概念終竟還是不易把握。可是他比起我國的'大誠至聖先師'等等徽號覺得更妥當着實些"。

（50）〔Bucherwurm〕訂本同，文本作"蠹魚"。

（51）〔只有純粹的直觀〕訂本同，文本作"是純粹的直觀"。

（52）〔這些話自然是要望你指正的了！〕文本同，訂本刪除。

（53）〔Pantheism〕訂本同，文本均作"泛神論"。

（54）〔不滿足那 upholsterer……，他自然要趨向到 Pantheism 去〕訂本同，文本作"不滿足那 upholsterer（室內裝飾）……，他自然要趨向于泛神論"。

（55）〔你這「宇宙觀」當中自然是包括着「人生觀」說的了〕文本同，訂本刪除。

（56）〔不是個單純的詩人〕訂本同，文本作"不是單純的詩人"。

（57）〔Strahlenkranz〕訂本同，文本作"光輪"。

（58）〔Pantheist〕訂本同，文本作"泛神論者"。

（59）〔Spinoza〕訂本同，文本均作"斯賓諾莎"。

（60）〔Ethica cum geometricum"〕訂本同，文本作"几何学式的論理學"。

（61）〔他說他再不曾感受過〕訂本同，文本作"他說他從不曾感受过"。

（62）〔Dichtung und Wahrheit〕訂本同，文本作"《文与质》（"Dichtung und Wahrheit"）"。

（63）〔此書可惜弟處沒有〕文本同，訂本作"此書可惜手中沒有"。

（64）〔司皮諾若的 Eahik，我記得好像是 Hoffding 底「近代哲學史」底評語〕訂本同，文本作"斯賓諾沙的《論理學》，我記得好像是赫夫丁格（Hoffding）的《近代哲学史》的評語"。

（65）〔Drama〕文本同，訂本作"剧本"。

（66）〔我們應該受他的教訓的地方很多呢！〕訂本同，文本作"我們应該接受他的經驗的地方很多！"。

（67）文本此部分最后增加時間注明："九年一月十八日"，訂本未加此注明。

（68）〔Den Drang nach Wahrheit und die Lust am Trug〕訂本同，文本增加注釋："向真实追求，向梦境寻乐"。

（69）〔歌德一生只是個矛盾方面的結晶體〕訂本同，文本作"歌德一生是个矛盾的結晶体"。

（70）〔只不過是些園藝盆栽〕订本同，文本作"不过是些园艺盆栽"。

（71）〔你所下的詩的定義，……覺得更妥帖些〕订本同，文本作"你說詩是意境的表現，……覺得更妥些"。

（72）〔直覺是詩胞的 Kern，情緒是 protoplasma，想像是 centrosomum，至於詩的形式，只是 Zellenmembran〕订本同，文本作"直覺是詩細胞的核，情緒是原形質，想象是染色体，至于詩的形式只是細胞膜"。

（73）〔美化（Refine）〕订本同，文本删除"（Refine）"。

（74）〔九，二，一六夜〕订本同，文本作"1920 年 2 月 16 日夜"。

附　录

《文学的本质》

本篇以《学艺》上的版本为基础与其他版本进行对比。

（1）〔反覆歌出〕订本、改本同，文本作"反复唱出"。

（2）〔說明句在中〕订本、改本同，文本作"說明句在中間"。

（3）〔孩子們〕订本、改本、文本作"孩子"。

（4）〔有一定的節奏〕订本、改本、文本删除"有"。

（5）〔牠的自身是本來具有一種節奏的〕订本、改本同，文本作"它本身具有一种节奏"。

（6）〔……情緒的催眠，……節奏的言語〕订本、改本同，文本作"……情緒催眠，……節奏的語言"。

（7）〔在心理學上考察是同出於一源，便在人類學或者社會學上考察，也是一體的表現〕订本、改本同，文本作"便从心理学上考察，是同出于一源，从人类学或者社会学上考察，也是一体的表现"。

（8）〔這從野蠻人的歌舞與兒童的遊戲起，以至於所謂『靈感』的偉大的作品止，都能得到滿足的說明〕订本、改本"兒童的遊戲"作"兒童遊戲"、"都能得到"作"都是得到"，余同，文本作"这从未开化人的歌舞与兒童游戏起，以至于所謂表示'灵感'的伟大作品止，都可以得到滿足的說明"。

（9）〔除掉了客觀的模仿便是不能成就的〕订本、改本同，文本作"除掉客观的模仿便不能有所成就"。

（10）〔便是不能不偏重客觀的〕订本、改本同，文本作"不能不偏重客观"。

（11）〔我們無論從個人或社會的發生史上去考察，空間的藝術的發生是後於時間的藝術的〕订本、改本同，文本作"无论从个人或社会的发生史上去考察，空间艺术的发生史是后于时间艺术的"。

（12）〔時間的藝術〕〔空間的藝術〕订本、改本同，文本分别作"时间艺术""空间艺术"。

（13）〔牠們〕订本、改本同，文本均作"两者"。

（14）〔小說和戲劇從來雖與詩歌同屬於文學〕订本、改本同，文本删除"從來"。

（15）〔牠是用文字表現的繪畫〕文本同，订本、改本作"牠是文字表現的繪畫"。

（16）〔從來……分析得清楚的關係〕订本、改本同，文本作"向来……分析得清楚"。

（17）〔我把文學和其他的藝術比較〕订本、改本同，文本作"把文学和其他艺术比较"。

（18）〔一九二五年七月八日草於上海〕订本、改本同，文本作"1925年7月8日草于上海"。

《论节奏》

本篇以《创造月刊》上的版本为基础与其他版本进行对比。

（1）〔我們現在來研究這個節奏罷〕订本、改本同，文本作"我现在来研究这个节奏吧"。

（2）〔『運動的節奏』（Bewegungsrhythmus）〕及下文〔『音響的節奏』（Tonrhythmus）〕订本、改本同，文本均删除英语部分。

（3）〔……運動的節奏，化成詩歌的這種音調的節奏了〕订本、改本同，文本作"……运动节奏，化成诗歌的音调节奏了"。

（4）〔凡為構成節奏〕订本、改本同，文本作"凡要构成节奏"。

（5）〔那是再單調沒有的〕订本、改本同，文本作"那是最单调没有的"。

（6）〔悠然的情趣〕订本、改本、文本作"悠然情趣"。

（7）〔便覺生出一種節奏來〕订本、改本同，文本作"便感觉出一种节奏来"。

（8）〔沒有看過大海的人〕文本同，订本、改本作"沒有看過大的海的人"。

（9）〔有什麼區別沒有呢？有的〕订本、改本同，文本删除"有的"。

（10）〔這已經是一定的公例〕订本、改本同，文本作"这是一定的公例"。

（11）〔完全是兩樣呢〕订本、改本同，文本作"完全是两样"。

（12）〔生出這兩種派別〕订本、改本同，文本作"生出两种派别"。

（13）〔希臘的古哲 Anaximander 〕订本、改本同，文本作"希腊古哲安那希曼德（Anaximander）"。

（14）〔就譬如〕订本、改本同，文本作"就如"。

（15）〔認成客觀的存在去了〕订本、改本同，文本作"全認成客观的存在"。

（16）〔宇宙自己的存在還是依我們的精神而存在的〕订本、改本同，文本作"宇宙本身的存在还是通过我們的精神而認識到的"。

（17）〔 M. Kawczynski 〕订本、改本同，文本作"考清斯克（M. Kawczynski）"。

（18）〔是古代的僧侶〕订本、改本同，文本作"是由古代的僧侶"。

（19）〔這把節奏只限於在文藝上考核〕订本、改本同，文本作"这是把节奏只限于在文艺上加以考核"。

（20）〔僧侶們創作的呢〕订本、改本同，文本作"僧侶們的創作"。

（21）〔 Wundt 〕订本、改本同，文本作"温德（Wundt）"。

（22）〔我們又因之〕订本、改本、文本作"我們因之"。

（23）〔因為注意的關係〕订本、改本、文本作"因为注意关系"。

（24）〔不一定是詩〕订本、改本同，文本作"不必一定是詩"。

（25）〔我相信是可以增加詩的效果的〕订本、改本同，文本作"是可以增加詩的效果的"。

（26）〔……雒誦的，……原故了〕订本、改本同，文本作"……雒誦，……原故"。

（27）〔不過他的裏面，音樂的分子，比較重些罷了〕订本、改本同，文本作"不过它的音乐成分比較更重些罢了"。

〔作者单位：山东大学（威海）〕

批评转喻分析与辞屏研究

李　克　李淑康

1　引言

近年来，随着学界对隐喻研究的重视，转喻作为隐喻的"姊妹辞格"，也越来越引起了语言学界的关注。自从 Lakoff 和 Johnson 的《Metaphors We Live By》问世以来，转喻研究便被提上了日程。Panther 和 Radden 于 1999 年编著的《Metonymy in Language and Thought》进一步引起了学界对转喻的高度重视。从 20 世纪 90 年代开始，一些认知语言学家开始关注转喻的研究。受国外转喻研究的影响，国内转喻研究起步于 20 世纪末，目前已发展成为认知语言学研究的一个热点。国内这方面的研究大致分为三个方面：一是转喻的本质及运作机制；二是转喻与隐喻之间的关系；三是转喻在语言各个层面的应用。从总体上来看，对于转喻的理论与应用研究已经取得了重要突破，但随着跨学科研究趋势的发展，转喻与其他语言学领域的跨界研究明显不够。李克将批评性语篇分析与转喻进行整合，尝试提出了批评转喻分析的理论模式，这可以看作对转喻的一种跨域研究。辞屏（terministic screen）是美国修辞学家伯克（Burke）创造的众多修辞概念中的一个解释力较强的概念。这个概念有较为丰富的内涵意义，它与批评转喻分析中的转喻选择具有较大的关联。批评转喻分析旨在去除转喻选择的辞屏，使人们重新认知语言事实。

2　批评转喻分析再思考

李克指出，批评转喻分析是在批评认知语言学的发展与批评隐喻分析方法建立的基础上基于类比法与内省法提出的。这种提法源于 Stockwell 与 Charteris-Black 的研究。Stockwell 分析了批评性语篇分析与认知语言学的相通之处与差异，认为认知语言学可以与批评性语篇分析在一定程度上达成整合，因此试探性地提出批评认知语言学。Charteris-Black 则基于语料库建立了批评隐喻分析方法。这种语篇分析方法将批评性语篇分析与隐喻结合，从一个全新的视角对隐喻进行了剖析，可揭示隐喻选择所潜藏的语言使用者的意图。鉴于隐喻与转喻自古以来的紧密关联，李克将批评性语篇分析与转喻整合成批评转喻分析，并指出，批评转喻分析是用批评性语篇分析的某些方法分析与评价语篇中的转喻现象，以揭示转喻选择所体现的意识形态和语篇构建者的信念、思想和观点，进而对语篇有更深刻的解读。这里会涉及 "批评" 和 "转喻" 的概念。

2.1 批评

"批评" 一词由来已久，其在不同领域（文学批评、批评性语篇分析、修辞批评等）有不同的内涵。批评转喻分析中的 "批评" 与批评性语篇分析的 "批评" 略有不同。由于研究者的出发角度各有不同，"批评" 这个概念在批评性语篇分析的文献中有多个版本的概念。Fairclough 认为，批评暗含揭示语言背后潜藏的关联与原因。Wodak 指出，批评是对复杂现象的解释。Fairclough 指出，批评性语篇分析不仅仅是分析，它还是批评。批评不仅意味着要揭示语篇的意识形态功能，还具有引发社会变革的使命。由此可见，批评性语篇分析中的批评是一个直接与社会实践和社会变革相联系的概念。修辞批评研究者对 "批评" 的界定与批评性语篇分析是有差别的。Brockriede 将 "批评" 定义为 "评价或分析经历的行为"。Andrews 将 "批评" 定义为 "对人类活动产品进行阐明和评价的系统过程"。基于以上研究，袁影认为，批评是系统分析和评价的行为。实际上，"系统的分析与评价" 就是批评转喻分析中 "批评" 的内涵所在。伯克指出，批评的主要目的在于一种寻求修辞动机，这对于理解人类从根本上是象征符号的使用者具有重要意义。批评转喻分析中的批评目标在于揭示语篇潜藏的意识形态与语篇构建者的修辞动机，不能直接导致社会变革，因此这种 "批评" 与批评性语篇分析的 "批评" 在程度上有差异。涉及程度问题，李克认为，我们这里的 "批评" 相当于 Maingueneau 所说的 "弱式批评"，即指那种只对文本及会话结构进行描写的语篇分析（"强式批评" 指那种试图将文本及会话结构与社会实践体系联系在一起的语篇分析）。这种对批评转喻分析中 "批评" 的双重定位明确了此处 "批评" 的内涵———一种系统的分析与评价的

"弱式批评"。

2.2 转喻

李克曾指出，狭义认知语言学对转喻的基本界定是指 ICM（理想化认知模式）与其部分之间的关系以及 ICM 中部分与部分之间的关系。批评转喻分析以传统修辞学和狭义认知语言学理论的转喻为基础，把转喻看作一种特殊的辞格。虽然没有明确给出批评转喻分析中转喻的定位，但以上界定已经把转喻作为一种"蕴含部分 - 整体、部分 - 部分关系的特殊辞格"。实际上，这是不够充分的。当然，ICM 与部分 - 整体关系是转喻界定中必不可少的两个因素，一方面因为 Lakoff 提出的 ICM 是一个涵盖性较广、解释力较强的认知范畴，另一方面部分与整体之间的替代关系是一种基本的、首要的、传统的转喻关系。程琪龙也指出，最常见的转喻概念构造可以总结为理想化认知模型的整体和局部之间的关系，以及同一模型中各局部之间的关系。本文认为，除了这两个因素外，邻近性是转喻涉及的另一重要因素。传统修辞学界和认知语言学界都意识到了这一点。因此，转喻可以理解为一种基于邻近性的、理想化认知模式中部分与整体以及部分与部分之间的互动关系。界定了转喻才能对其进行有效的分析。实际上，批评转喻分析中的"转喻"主要作为一种语篇分析的语料。如，

(1) Liu contributed to his country's tally by winning the 110m hurdles in front of 80000 screaming fans at Aoti Main Stadium and an estimated television audience of up to 600 million. The former Olympic champion and world record holder crossed the line in a season-best time of 13. 09 seconds, ahead of teammate Shi Dongpeng（13. 38）and Korea's Park Tae-kyong（13. 48）.

(http：//www. chinadaily. com. cn/sports/2010-11/25/content_11605769. htm)

例（1）中，"Liu"转喻地指代"Liu Xiang"，这是一种部分形式代整个形式（part of the form for the full form）的转喻关系。同样的，"The former Olympic champion and world record holder"也转喻地指代"Liu Xiang"，这种关系属于部分 ICM 与整体 ICM 之间的关系。这些转喻关系的运用体现了一种语言的经济性特征和语言表达多元化的语用功能。

2.3 批评转喻分析与修辞批评

李克认为，批评转喻分析的主要理论依据之一即是批评隐喻分析。而批评隐喻分析的主要理论依据是批评性语篇分析。表面上看，批评性语篇分析与修辞批评理论没有多大联系。学界通常认为，二者分属不同的学术领域，即人文科学和社会科学；传统的修辞批评家研究的是演讲和人类所独有的政治行动，而语篇分析家则对构成社会生活的所有方面都感兴趣。但实际上，以上观点过于绝对化。批评性语篇分析与修辞批评理论是有关联的。修辞批评与批评性语篇分析都密切关注语境中的文本（或曰"语篇"），在这一点上两者是有共性的。另外，我们放眼当前的学术实践，修辞批评与批评性语篇分析是相互渗透的学术现实，尤其是现代修辞批评的意识形态转向使其与批评性语篇分析有共同的研究方向。在当代修辞批评范式的重大转变过程中，新修辞学的领军人物伯克的修辞思想催生了在认识论上拒绝一切形而上学理论体系的后现代主义，从而引发了修辞批评中的意识形态转向，使在新的研究范式指导下的修辞批评与批评性语篇分析达成了共识。再者，批评隐喻分析理论指出，批评性地研究语篇中的隐喻能够在一定程度上透析语篇所体现的意识形态和语篇构建者的修辞动机。因此，作为一种揭示语言所隐含的意识形态、态度和价值观的方法，批评隐喻分析是深入研究语言、思维和社会背景之间关系的一种有效手段。批评隐喻分析对意识形态的探析与修辞批评的意识形态转向存在某种吻合。从这种意义上讲，批评隐喻分析与修辞批评之间存在深层的联系。加之，修辞批评中的"批评"一般被界定为"系统的分析与评价"。因此，批评隐喻分析可看作对隐喻的一种修辞批评研究方法。进一步讲，既然批评隐喻分析可以看作对隐喻的一种修辞批评研究，批评转喻分析则可看作对转喻的修辞批评研究。

修辞批评一般可理解为依据相关修辞学理论对修辞现象或修辞行为进行的分析与评价。常昌富、顾宝桐指出，修辞批评是一个系统地探讨和阐释修辞行为的过程。蓝纯也指出，修辞批评，即运用修辞学理论对修辞篇章进行分析和鉴赏。鉴于此，批评转喻分析可简单理解为依据相关修辞学理论对转喻进行的系统分析与评价。这与李克给出的定义并不冲突，只不过两种界定分属于不同的研究视角。实际上，批评转喻分析所依据的相关修辞学理论就包括伯克新修辞学理论中的辞屏概念，因为转喻选择过程就构建了一种辞屏。

3 辞屏

"辞屏"是伯克修辞学理念中的一个重要概念。伯克从摄影时使用的镜头和滤色镜中获得灵感，将人们应用的各种象征系统或词语称为辞屏。伯克所提及的"镜头"都不能原原本本地把拍摄的景象呈现给观众，而只是选择性地把观众的注意焦点引向景象的某些特征。镜头在突出这些特征的同时也遮蔽了其他一些特征。

伯克的辞屏根植于他的戏剧主义语言观。辞屏可以规约话语概念意义的生成，建构起对现实的选择性阐述，所形成的社会符号性场景为进一步的行为设立了理据及必然性，构成了伯克的动机语法所阐述的戏剧五要素。这个术语从某种程度上揭示了语言、思维和现实之间的复杂关系。任何辞屏都是对现实某个方面的反映，在反映现实的同时也是对现实的背离（deflection），即在反映一个侧面的同时也必然忽视另一个侧面，在突出某种特征的同时也必然会隐去其他特征。简而言之，人们通过语言活动构建的一般都是部分现实而不可能是全部现实。

因此，辞屏本质上对现实而言是选择性与背离性的。辞屏的选择性与背离性"从认识论的角度看是人类只能无可奈何地身陷其中的一个困境，从修辞的角度看却是人类进行象征行动的一个使能条件（enabling condition）"。辞屏的选择性体现了一种认知世界的客观态度。由于自身视域的有限性以及世界的复杂性，人类本来就不可能观察到世界的方方面面。我们只能靠选择的词语选择性地认知世界。从伯克的观点出发，人类在世界上的经验是由他们的规范网和词语形成的，因为语言具有说明、反映与选择现实的能力。

总而言之，辞屏提供了一个独特的观察世界的视角，它彰显了事物的某些特征也遮蔽了其他特征，因而其呈现的并非事物原始的"面貌"。

4 辞屏与转喻选择

4.1 转喻选择的凸显观

Ungerer 和 Schimid 认为，当今认知语言学主要通过三种研究方法表征，即经验（experiential view）、凸显观（prominence view）和注意观（attentional view）。凸显观认为，语言结构信息的选择和安排是由信息的突出程度决定的。

比如，在汉语中，人们一般以宇宙星体的"日""月"指代时间概念的天、月份，这是因为日起日落与月圆月缺现象在人们生活常识与意识中均具有极高的凸显度。当然，这与人们的经验是分不开的。人类是通过自身的经验认知世界的。在认知过程中，经验借助于理解和想象而发挥作用。当我们观察某个实体时，通常会把这个实体作为知觉上凸显的图形，把环境作为背景，这就是凸显原则。Ungerer 和 Schmid 用经典的花瓶与脸部图例的形式进一步说明了图形/背景关系。图形/背景分离是丹麦心理学家 Rubin 在一个世纪前提出的。图形有形状、结构、连续性等特殊的属性并处于背景前面。背景没有形状，无结构，具有均质性，处于图形后面。

具体来讲，凸显包括客观凸显和主观凸显。从认知目标而言，由于自身特征的差异，认知目标的某些部分可能被凸显，有些部分则不被凸显。如在茫茫大海中，行驶的轮船可能是最凸显的事物，这就是客观凸显。如果认知主体不关注轮船，而是把注意力转向水中的鱼，那么水中的鱼被凸显了出来，这是认知主体的主观选择，体现在言语层面就是主观凸显。从总体上来讲，语篇构建者按照事物本身的凸显性进行描述的情况是客观凸显；若关注原本非凸显的事物，就是主观凸显。其实，不管是客观凸显还是主观凸显，在很多情况下都取决于认知主体的个人经验与观察事物的角度，因此，这是一个相对复杂的问题，因人、环境、视角而异。

换言之，人对世界的感知、经验、观察事物的方式影响人们对语言的使用。转喻选择就体现了语篇构建者的一种个人感知。转喻本身就是发生在理想化认知模式内部分与整体、部分与部分之间的一种互动关系。部分之所以能转喻地指代整体，是因为在此认知域内语篇构建者将部分的属性特征凸显或此部分在整体中本身就较为凸显；整体之所以能转喻地指代部分，是因为在认知域中整体比部分更为凸显、更易被感知或语篇构建者因某种需要刻意将其凸显；某一部分 A 之所以能转喻地指代另一部分 B，是因为 A 比 B 更为凸显或语篇构建者刻意将 A 凸显。因此，转喻选择可以体现主观凸显与客观凸显的视角选择。如，

（2）President Ma Ying-jeou has pushed hard for closer economic and po-litical relations with Beijing. But his party, the Kuomintang, faces a surprisingly stiff challenge from the opposition Democratic Progressive Party, which is cooler to the idea.

（http：//www. nytimes. com/2010/11/27/world/asia/27taiwan. html？_r =

1&ref = world）

（3）在他底眼前，那瘦销的面貌，突起的鼻子，放光的眼睛出现了。

（摘自《灭亡》）

例（2）属于转喻选择的客观凸显，即"Beijing"是代表中国政府的一种自然选择。例（3）则属于主观凸显，"瘦销的面貌，突起的鼻子，放光的眼睛"是作者根据特定修辞场景做的转喻选择。其实，转喻选择蕴含的凸显观体现了一种辞屏的意味。人们在凸显一个实体或这个实体的某一部分的同时必然会忽视其他实体或这个实体的其他部分。转喻其实无形中构建了一种辞屏。

4.2　辞屏与转喻选择的凸显观

辞屏的内涵与转喻选择的凸显性有紧密的联系。转喻选择凸显了"源域"的某个特征，当然这也意味着"源域"的其他特征被忽视了，这与辞屏的选择性与背离性特征是相通的。伯克在谈及辞屏时说："当我谈到'辞屏'时，我想起来我曾见过的一些摄影。他们是同一物体的不同照片，其差别在于拍摄它们时，摄影师使用了不同的滤色镜。'呈现事实'的照片可以在特点，甚至在形式上，表现出明显的差异，这取决于摄影师使用了不同的滤色镜对所记录事件进行纪录片式的描述。"这一点也体现在转喻选择上。语篇构建者选择目标实体的某个特征体现了其不同的辞屏视角。选择了此种表达法，实际上就是在回避使用彼种表达法，顾此失彼，选择用一种表达法就是对另一种表达法的拒绝，在两者之间的选择反映了说话者的价值取向与修辞动机。

语言是形式的系统，无论单独使用还是一起使用，这些形式都具有某种倾向性或意向性。其实，每种语言形式的选择都可以看作对现实带有倾向性的判断。在某种意义上讲，转喻与"以偏概全"是相关的，转喻即通过某个认知上显著的部分，或者说是人们更容易理解或已充分理解的部分去认识、反映整体。既然选用凸显的部分，那么不凸显的部分往往被忽略不计，因此，选用凸显的部分会映射出一种特有的意图。如，

（4）Meanwhile Asalamalakim is going through motions with Maggie's hand. Maggie's hand is as limp as a fish, and probably as cold, despite the sweat, and she keeps trying to pull it back. It looks like Asalamalakim wants to shake hands but wants to do it fancy. Or maybe he don't know how people shake hands. Anyhow, he soon gives up on Maggie.

"Well," I say. "Dee."

"No, Mama," she says. "Not 'Dee', Wangero Leewanika Kemanjo!"

"What happened to 'Dee'?" I wanted to know.

"She's dead," Wangero said. "I couldn't bear it any longer, being named after the people who oppress me."

（摘自《高级英语》第一册 "Everyday Use for Your Grandmama"）

例（4）中，"Asalamalakim"是"Dee"的男友对小说中第一人称的"母亲"初次见面的招呼用语。作者选用它转喻地指代"Dee"的男友具有特定的意图。"Dee"的男友实际上有很多其他特征如"short""stocky""hair is all over his head a foot long and hanging from his chin like a kinky mule tail"等。这种转喻表达的选择体现了作者在特定的修辞情景中对实体的准确把握。当然，这种选择只能体现"Dee"的男友所讲的语言的特殊性，却也像"屏障"一样遮蔽了他的其他特征。同样的，"Wangero"的语言选择也体现了一种辞屏概念。作为"Dee"的一个新名字，这个词体现了作者对"Dee"的人物特征的精确刻画。"Dee"在外读大学后喜欢追求新潮的事物，更换姓名就是一种体现。当然，这种转喻选择也体现了作者——"母亲"对"Dee"喜新厌旧特征的反感。当然，这种选择遮蔽了"Dee"的其他品质，如"neat-looking""educated""strong appreciation of the traditional culture"等。从某种意义上讲，"Wangero"的转喻选择映现出"Dee"性格的双面性，这也正是辞屏的本意所在。

5　批评与辞屏

辞屏的遮蔽性对于人们理解与认知世界设置了一定的障碍。要去除障碍，可以通过批评性的态度深入解读自然语言。批评转喻分析便提供了较好的分析、解读与评价的路径。通过分析、批评语言中的转喻现象，可以消除转喻选择所映现的辞屏，进一步透析意识形态意义与作者的修辞动机。正如伯克所言，我们必须使用术语规范（本文中的辞屏），因为离开了术语我们无法言说或表述任何事情。术语规范构成伯克动机语法的一个主要概念，它强调语言行为的动机性、理据性、导向性，为我们提供了基本的价值规范和价值尺度，使能并制约社会成员的思维方式、情感世界、社会活动以及社会结构和历史发展。因此，辞屏与修辞动机是紧密相关的。正如鞠玉梅所说，我们时刻生活在词语编织的世界里。词语会对现实进行选择性和凸显性概念分类，从而制约我们的思维方式、情感世界以及社会活动。辞屏显示的是说话者的动机，不同语言符号的组合构成不同的"荧屏"，导引受话者的意识形态，发话者的动机也就体现在对语言符号的构筑中。

另外，通过提供一种观察、描述世界的路径，辞屏具有意识形态性质，决定了人们认识世界的方向，其最终目的是给读者提供一个有倾向性的语篇世界，并以此来理解现实世界。批评转喻分析旨在揭示这种有倾向性的现实。通过系统的分析与评价，去除辞屏的意识形态之蔽，才能认知现实世界的真相。

批评转喻分析的"批评"是一种系统的分析与评价。通过有机的分析与评价，可以透过转喻创设的辞屏揭示意识形态意义和修辞动机，这正是批评转喻分析的目标。语篇中的转喻映射着人们看待世界的态度，不同的转喻选择势必将我们的注意力引向同一对象全然不同的特征。如，

（5）历时5个多月，走过了长城内外、大江南北，欣赏了北方人的开朗豪爽，也喜欢上南方人的细腻热情，品尝过酸甜苦辣。

（摘自北京大学汉语语言学研究中心　http：//ccl.pku.edu.cn：8080/ccl_corpus/index.jsp？dir＝xiandai)

我们在日常交谈中经常听到某人说"北方人如何如何"。其实，这里的"北方人"背后隐含着一个转喻链。要理解说话者的表达意图，我们需要依据此句的言内语境（说话者所谈及的是一个地域的人的总体特点）、情景语境（受话者以及说话场合）和认知语境（说话者的百科知识以及经验）。因此，考虑到语境，"北方人"可以转喻地指代"北方某个省份的人"，也可再指代"北方某个城市的人"，这取决于语篇构建者的个人阅历。"整体代部分"的转喻关系在此连锁转喻中发生了至少两次映射。例（5）中的"北方人"和"南方人"分别与"开朗豪爽"和"细腻热情"联系起来。实际上，这个转喻选择组构的辞屏在凸显"北方人"特征的同时也遮蔽了"北方人"的其他特征如重感情与义气、实在等；在凸显"南方人"特征的同时也遮蔽了"南方人"的其他特征如善于经商、做事谨慎等。通过进一步的分析与评价，我们也意识到，并不是所有的"北方人"和"南方人"都如上所述，这样的转喻选择也遮蔽了其他"北方人"与"南方人"的个体特征，反映了语篇构建者的特殊意图与动机。

6　结束语

自从人类社会产生以来，语言也几近同时产生了。语言可以看作一种社会现象，是人类最重要的交际与思维工具。虽然语言在人类社会中扮演着举足轻重的角色，但是由于语言的社会性、现实世界的复杂性以及人类对世界认识水平的有限性，语言并不能完全反映现实世界。人类所选用的语言只能反映一部分现实或现实的一个侧面，即只能通过辞屏构建的"荧屏"折射一部分语言现实。

就转喻这种语言现象来说，Koch Peter 认为转喻不是一个语言结构的问题而是语言与外部世界之间联系的问题。谈到语言和现实的关系，一个最简单的说法就是语言反映现实。转喻这种语言现象与现实之间的任何可能关系都是可以理解的，只是研究者的出发角度不一。有学者指出，语言映射现实世界，投射想象世界，折射可能世界。不管是哪一个世界，语言不可能映射、投射、折射此世界的方方面面，只能是从某个视角出发的某一侧面。同样地，转喻在凸显现实的一个侧面的同时会遮蔽其他侧面，这即是转喻创设的辞屏的两面性——选择性与背离性。

其实，如果我们在宏观层面上去认识语言与现实之间的关系，会发现语言也具有选择性与背离性这个两面性特征。语言在表征现实时，也只能选择性地反映现实，而不能做到面面俱到；同时，由于视角的独特性，这也会遮蔽现实的其他方面。认识到这一点，对于人们科学地理解语言与现实之间的关系至关重要。

［作者单位：山东大学（威海）］

《小学节日活动创意设计与组织》
内容提要

王艳芳

　　《公民道德建设纲要》中指出："各种重要节日、纪念日，蕴藏着宝贵的道德教育资源。"的确，节日文化蕴含着丰富的道德教育资源。每一个节日都有独特的节日内涵、历史渊源和美妙传说。

　　我国的传统节日文化底蕴深厚，精彩浪漫，雅俗共赏。一到过节，举国同庆，这与中华民族的悠久历史一脉相承，是一份宝贵的精神文化遗产。孩子们过年时常听放爆竹吓走"年"、由驱走"祟"演变而来的压岁钱的故事；清明节，是为了纪念介子推的高尚气节；嫦娥奔月的传说在每一个中秋节都被描绘得十分动人……传统节日所营造的人与自然的和谐意境，所带来的内心深处的平静与祥和，具有很强的凝聚力和感染力。

　　但继承传统不等于匍匐在传统脚下，更不能把民族节日与外来节日对立起来。我们不要崇洋媚外，但也更不能闭关自守。本书撰写的案例希望能赋予传统节日新的时代内涵，使民族文化薪火相传。同时又以开放的心态吸纳外来文化精华，培养孩子们的国际化视野和尊重理解多样文化的胸怀。父亲节、母亲节让他们学会体会父母的关爱，理解父母的付出，懂得感恩，创新地开展活动，让我们的父亲节、母亲节更有中国味道；感恩节虽然是最地道、最美国式的节日，但又和中华民族的"滴水之恩，涌泉相报"的感恩情怀是相似的。借鉴这个西方节日，通过制作感恩卡、护蛋总动员等活动让孩子学习换位思考，珍惜朋友，理解父母……孩子们的生活在一个个的节日中得以丰富。世界是个地球村，培养国际化的中国公民很重要。

　　节日能够寄托人们美好的情感和愿望，对于孩子的成长有非常重要的意义。人的一生也是由这些节日的点构成的，给予节日不凡的意义，便是为生命绘下余味悠长的一笔。比如"三八节"不是孩子们的节日,却是他们孝顺奶奶、姥姥、妈妈的节日。通过活动指导他们用行动来表达感恩,孩子们就给"三八节"赋予了一个最实在的意义。本书力求将节日教育和生命、生活、道德教育结合起来,发掘其中蕴含的道德教育资源,给孩子们的心灵带去震撼和触动。"旧瓶装新酒",赋予新的时代教育主题,组织和指导孩子们自主活动,自主探究,进行全人教育的培养,这样既能增强孩子们对节日文化内涵的理解,又能避免新一代的文化断层。

本书是以适合上、下学期的活动为选取点,共选了20个节日,每个节日为一章,每一章由走进节日、跟我做活动、参考资料与拓展三部分构成,案例和妙招的实践性都很强,是真正实用的活动指南。由于本书篇幅有限,还有很多师生自创的非约定俗成的节日没有选入。比如"动漫节""彩绘节""道歉节""笑话节"等有趣的节日,让孩子们变得更快乐、更宽容,在这样的节日里,尽情抒发他们内心蕴藏的丰富的情感。

一个个鲜活的案例,讲述节日活动内容的丰富多彩;一个个金点妙招,书写节日的憧憬和传奇。用创意设计点燃节日活动的缤纷礼花,引领师生一起在节日里纵情放歌!

(推荐单位:中共威海市环翠区委宣传部)

威海市事业单位岗位设置管理的
实践与思考

蒲玉刚　高　芳

岗位设置管理是事业单位人事制度改革的重要环节，也是事业单位人事管理的基础。事业单位岗位设置管理，主要是按照科学合理、精简效能的原则，通过实行岗位总量控制、结构比例控制和最高等级控制，组织引导事业单位因事设岗、按岗聘用、以岗定薪、合同管理，实现由身份管理向岗位管理、固定用人向合同用人的转换。自 2007 年开始，威海市研究制定了《威海市事业单位岗位管理实施意见》《关于事业单位专业技术岗位实行竞聘上岗的指导意见》等配套政策，先后转发全省教育、科技、卫生等 13 个行业事业单位岗位设置结构比例指导标准，指导各主管部门根据事业单位自身特点，按照相关行业事业单位岗位设置结构比例指导标准，科学制定岗位设置方案，组织全员竞聘上岗。截至目前，全市共核准岗位设置方案 108 个，为全市2028 个事业单位核准岗位 49162 个，占应纳入岗位设置管理 2032 个事业单位的 99%；全市 2018 个事业单位完成规范化岗位聘用工作，为 50824 人办理首次聘用审核认定手续，占应纳入岗位设置管理单位职工总数的 98%，基本完成岗位设置管理和聘用工作任务。

一　主要做法

（一）精心筹备，打牢工作基础

一是加强学习调研，理清工作思路。为顺利推进事业单位岗位设置管理工作，我们印发了《调研提纲》，设计各类统计表格，对全市主要行业部门事业单位现状及推行新型管理制度可能遇到的问题展开调研，并通过分析各市区各行业的差异、特点，排查可能影响改革进程的难点问题，摸清了事业单位机构编制、各类人员总量和层级结构、岗位聘用现状等基本情况。二是广泛宣传督导，形成良好氛围。专门成立督导小组，深入市区和各行业部门，听取意见、消除误区，妥善处理实施工作中遇到的具体问题。同时，通过在市级主要媒体和政府网站开设专栏、印发宣传提纲等方式，宣讲实施岗位设置管理制度改革的必要性、可行性及目标任务，为改革创造良好舆论氛围。三是加强业务培训，准确把握政策。举办各市区、市直各部门参加的骨干培训班、专题研讨班、专家讲座等，深入讲解岗位设置管理和聘用制改革相关政策以及妥善解决问题的方法，明确具体实施工作中如何准确把握政策、如何开展工作，推动改革实现突破。

（二）抓住重点，扎实稳妥推进

一是试点先行探路，整体稳妥推进。按照"先易后难、典型引路、由点及面、稳步推进"的工作思路，威海市率先在专业技术人员比较集中、人事制度管理比较规范的教育、卫生等事业单位展开岗位设置工作，并于2008年年底顺利完成了市直教育、卫生等行业部门的岗位设置工作，岗位聘用工作也及时跟进，有效激发了广大教师和医护人员的工作积极性，得到社会广泛的好评。二是兼顾单位实际，科学核准岗位。事业单位岗位设置管理工作坚持"因事设岗、优化结构、精简效能"原则，根据事业单位的社会功能、职责任务和工作需要进行岗位设置，同时又要充分考虑单位长远发展和各类人才自身的实际情况，妥善解决现有人员结构与岗位设置之间的矛盾。在机构编制部门核定的单位规格、人员编制、领导职数、职责任务以及确定的单位类别的基础上，准确把握好主体岗位、单位岗位总量、最高等级岗位、专业技术主辅系列、专业技术岗位各等级结构比例五个环节，实现科学设岗。三是体现单位主体，实施竞聘上岗。事业单位是实施岗位聘用的主体，在组织岗位聘用工作中，充分落实了事业单位用人自主权。在竞聘工作方案上，体现了先入轨、后完善的要求，先认可现状，再逐步规范，因地制宜，平稳实施。在竞聘程序上，体现了政策、过程、结果三公开的要求，强化竞聘工作监督机制。在竞聘条件上，在保证满足各类岗位基本任职条件的基础上，充分考虑事业单位的实际需求。四是规范岗位管理，统一操作程序。统一设计了《威海市事业单位岗位设置方案参考样本》及岗位设置核准、岗位聘用备案等配套报表，印发了《威海市事业单位岗位设置管理工作程序》《威海市事业单位岗位设置文件汇编》，规范岗位设置和岗位聘用工作的方法、步骤、依据标准、审核认定备案等程序，设计事业单位岗位聘用人员花名册，为下一步建立事业单位岗位设置管理信息系统收录了第一手资料。

（三）加强督导检查，巩固改革工作成果

为进一步巩固岗位设置管理和人员聘用工作成果，我们对全市事业单位岗位设置管理与聘用过程中的政策执行情况、工作实施进展进度、组织领导情况，组织了检查督导，以程序完善、材料齐全、操作规范、管理有序为标准，及时发现问题，不断完善政策，并进行限期整改，确保事业单位岗位设置管理和人员聘用政策规定落实到位。

二　存在问题

（一）缺少科学的评价体系，难以达到"因事设岗"

岗位设置的基本要求是根据工作任务和发展需要科学合理地设置工作岗位，并在此基础上制定具体明确的岗位职责和任职条件。但在实际工作中，由于没有比较完善的岗位评估和分析体系，很难做到"因事设岗"。

（二）政策的原则性和事业单位情况的复杂性之间存在矛盾

事业单位岗位设置管理是一项庞大的系统工程，尽管国家出台了实施意见，下发了13个行业指导意见，省里也制定了具体的操作细则，但由于事业单位类别繁杂、行政层级较多，目前上级公布的岗位设置比例指导标准不能完全包含各类事业单位的实际情况，无法解决事业单位现实存在的一些矛盾。

（三）兼职问题从严控制有难度

《事业单位岗位设置管理试行办法》第三十二条指出："事业单位人员原则上不得同时在两类岗位上任职，因行业特点确需兼任的，须按人事管理权限审批。"由此可见，该办法在原则上是不支持岗位兼职的，但从实际情况来看，若对此实行过于严格的控制，特别是对一些人数较少、级别较低的事业单位，有技术的当不了领导，当领导的不懂技术，不利于事业单位的正常发展。

（四）聘后管理不到位

事业单位岗位设置制度实施后，大多数事业单位仍沿用传统的管理模式，

存在"终身聘任"现象，或者是简单地把职称资格与工资待遇直接挂钩，与岗位职责严重脱节。在业绩考核方面，考核办法过于简单，考核程序缺乏科学性，不能全面、真实、准确地反映职工业务能力，考核结果难以作为是否继续聘用的依据。

三 对策建议

（一）建立科学的管理体系

在事业单位岗位设置管理过程中，注重加强宣传、加强公开监督，将部分单位"如何安置现有人员"的思想误区逐渐扭转到"因事设岗""按需设岗"的科学岗位设置管理上来。根据单位的工作任务和发展需要，对其职能、工作进行规范评估和分析，科学合理地设计工作岗位，对管理岗位、专业技术岗位、工勤技能岗位的设置进行合理分配，并在此基础上制定具体明确的岗位职责和任职条件，合理配置人员，事岗相宜，岗人相适，以岗定薪，岗变薪变。

（二）结合实际用活政策

可根据事业单位职责任务、发展方向等实际情况，灵活掌握单位应依据的岗位设置结构比例标准。例如，市教育教学研究中心是属于教育系统的事业单位，《山东省中小学岗位设置结构比例指导标准》中规定适用范围为事业机构编制管理范围的高级中学、初级中学、小学，而且教育教学研究中心集中了大量的中、高级专业技术职务资格的优秀教学教研专业人才，中小学教师岗位等级结构比例偏低。通过调研分析，最终确定参照科学研究事业单位岗位设置结构比例指导标准进行岗位设置，将政策的原则性与事业单位的复杂性有机结合起来，既符合单位自身特点，又在一定程度上缓解岗位与现有情况的突出矛盾。

（三）健全完善的评估考核体系

建立健全完善的岗位评估考核体系，是保证事业单位岗位设置管理工作顺利实施的核心。岗位评估考核是在岗位分析的基础上，按照一定的客观标准，从工作性质、任务难易、责任大小以及岗位所需的资格条件出发，对岗位进行系统衡量、评比和考核的过程。在具体工作中，要明确评估考核内容及量化考核指标，增加考核的可操作性，以岗位所需具备的素质和完成工作目标所需具备的条件为基本依据，根据事业单位特点，制定尽可能详尽的评估考核细则，细化标准，量化指标。要严格评估考核程序，通过各种方式，对每个职工进行全面了解和评价，避免以偏概全。

（四）巩固事业单位岗位设置管理工作成果

岗位设置管理是事业单位人事制度改革的核心，要继续加大工作力度，强化岗位设置管理制度的基础作用，真正实现事业单位新进人员、职称晋升与聘用、职务任免等工作都在岗位设置的框架内进行。同时，对于事业单位岗位竞聘，要从岗位竞聘实施方案、竞聘过程、竞聘结果等三个方面全程实行业务督导和严格把关，监督并督促事业单位在岗位管理过程中做到公平、公正、公开，实现事业单位人事管理由身份管理向岗位管理的转变，增强单位可持续发展能力，以此推动事业单位整体人事制度改革健康顺利进行。

总之，事业单位岗位设置管理工作是一项艰巨而长远的工作，必须根据国家、省的要求和有关规定，加强政策指导、宏观调控和监督管理，增强事业单位岗位管理工作的透明度，确保此项工作长期平稳有序进行。

（作者单位：威海市人力资源和社会保障局）

由威海市企业博士后科研工作站现状引发的思考

赵熙波　王君秋　董衍飞

博士后制度是我国有计划、有目的地培养高层次人才的一项重要制度，博士后研究人员已经成为最活跃、最具创新能力的高层次青年人才群体。"十一五"期间，威海市博士后事业坚持服务经济和社会发展，坚持培养和使用相结合，坚持产学研相结合，培养了一批急需的高层次、创新型人才，取得了一批高水平的科研成果，在促进威海市科技创新和经济社会发展中发挥了重要作用。博士后制度已成为威海市培养、吸引高层次人才的重要渠道，成为企业技术创新的重要平台。

一　威海市企业博士后科研工作站发展特点

威海是山东省乃至全国较早开展企业博士后科研工作站的城市之一。2000 年 11 月，三角集团有限公司获批设立第一个博士后科研工作站，开始招收博士后研究人员开展相关研究工作。作为全国企业博士后科研工作发展的一个缩影，威海企业博士后科研工作站从无到有、由少变多，也经历了"初步探索、稳步提高、快速发展"几个阶段，现已成为威海市培养、引进和使用高层次创新型人才的重要载体和平台，为推动"人才强市""人才强企"战略的实施发挥了重要作用。从整体来看，威海市企业博士后科研工作站具有以下特点。

（一）企业博士后科研工作站设站总量和培养数量迅速增长

国家每两年审批设立一批企业博士后科研工作站，自 2000 年以来，威海市的企业博士后科研工作站设站数量和入站博士后人数一直保持平稳快速增长的态势，特别是近几年，随着企业对提高自主创新能力及对高层次创新型人才需求的不断增强，申请设立工作站的企业越来越多，博士后工作步入了良性发展轨道。截至目前，威海市共设立博士后科研工作站10个，开展博士后工作的企业达到13家，累计进站培养博士后30人，现在站博士后研究人员16人（见图1）。设站数量和招收规模的扩大，反映出威海市企业对高层次人才需求的旺盛，同时也是大力实施"人才强市"战略，加快人才高地建设的直接体现。

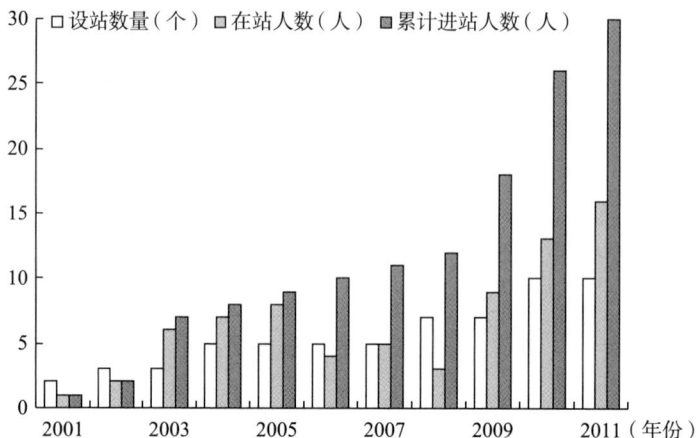

图1 2001～2011年威海市企业博士后科研工作站设站数量、累计进站人数及在站人数

（二）设站领域不断拓宽，初步涵盖了威海市重点行业、支柱产业

威海市的设站企业最初主要集中在橡胶、医疗器械、电子等领域，近几年逐步发展到机械制造、海洋渔业、软件信息、新材料、金融等近10个行业领域（见表1），其中大部分属于威海市近年来重点支持的产业门类，威海市商业银行博士后科研工作站的设立使全省博士后科研工作站在金融领域实现了零的突破，对于发展威海市"四新一海"和先进装备制造、节能环保、现代服务业等战略新兴产业起到了较大的推动作用。

表1 威海市设站单位领域类别及人数一览

单位：人

类别	现有在站博士后数	培养出站人数/留威海人数	主要分布单位（设站单位）
橡胶	2	4/0	三角集团有限公司 山东成山橡胶（集团）有限公司

续表

类别	现有在站 博士后数	培养出站人数/ 留威海人数	主要分布单位 （设站单位）
医疗器械	1	5/1	威高集团股份有限公司
电子电器	3	1/1	威海北洋电气集团股份有限公司 威海双丰电子集团有限公司 宏安集团有限公司
机械制造	2	2/0	天润曲轴股份有限公司 山东力久特种电机有限公司
海洋渔业	2	1/0	泰祥集团有限公司 好当家集团有限公司
软件信息	2	1/0	山东农友软件有限公司
新材料	2	0/0	威海拓展纤维有限公司
金融	2	0/0	威海市商业银行

（三）博士后科研成果及产生的经济社会效益不断增加

截至 2011 年，威海市博士后工作站承担国家级科研项目 7 项，省级科研项目 13 项；获得国家科技进步奖 1 个，省级 7 个；发明专利达到 23 个，实用新型专利 36 个，直接经济效益 13.6 亿元，并有多项科研成果填补了国内空白。设站单位博士后项目转化后获得了较大的经济效益和社会效益：范长亮博士承担的新型橡胶开发项目，给三角集团带来了直接经济效益 1000 余万元；丁永涛博士研究的 TPE 新型高分子材料，已经为威高集团带来了 10 亿元的累计销售收入……

二 企业博士后科研工作站存在的问题及原因分析

企业博士后科研工作站发展迅速，其带来的经济和社会效益有目共睹，但与威海未来经济发展的要求相比还有一定差距，管理体制和运行机制还有待完善。

（一）设站总量的增加与发展不平衡矛盾突出

近几年，威海市企业博士后科研工作站在数量上有了快速增加，但发展不平衡现象比较突出，有的企业博士后工作进展迅速，真正发挥了工作站

"助推器"的作用，成效显著；有的则空有虚名，长期不见其开展博士后工作。另外，工作站的区域分布也不均衡，有的市区设站数量较多，有的设站数量较少，甚至有的空白（见图2），在一定程度上影响了威海市统筹经济社会区域协调发展。威海市现有的科研环境水平和区域工作站不均衡，其发展规模不易形成大规模的集聚、容纳高层次人才的能力，成为制约部分市区引进高层次人才的瓶颈。

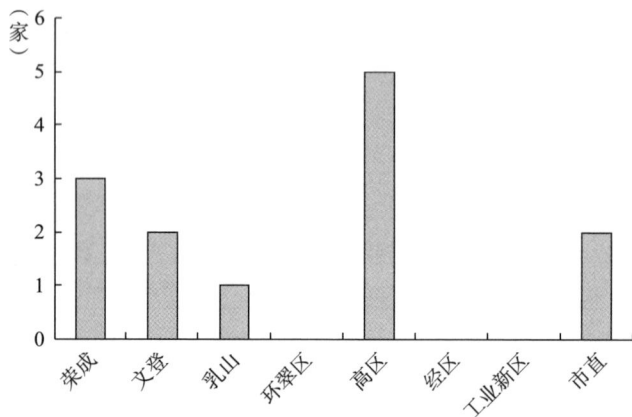

图2　开展博士后工作的企业区域分布

（二）企业建立工作站的目的性不够明确，存在观念误区

某些企业没有真正领会博士后科研工作站提升企业创新、引领企业生产发展的作用，将工作站的设立作为申请高技术创新型企业及企业上市的一个路子，对工作站的申请设立表现出满腔热情，一旦获准设站挂牌，对是否招收博士后则漠不关心，工作站越来越被"边缘化"，以致出现"空巢"，发挥作用也就无从谈起；部分企业过分强调眼前利益，对于不能立竿见影的科技创新项目不愿意投资支持，或期望博士后在短期内给企业带来可观的效益和利润，这种急功近利的思想在很大程度上给博士后的研发工作带来负面影响；有些企业对核心技术、关键技术的技术秘密和商业秘密泄露存在疑虑，加剧了博士后招收的困难。

（三）经费投入不足制约工作站快速发展

当前，企业在技术、项目、人才等方面投入仍显不足，一方面有企业自身资金不足的原因，另一方面也有企业不够重视的原因。因为经费不足，一些项目得不到研发,更无法引进更高水平的博士后研究人员,企业从此陷入两难境地。另外,国家和省有关部门虽都设立了博士后研究项目资金资助制度,由于名额有限,资助的对象仅限于部分科研实力较强的博士后研究项目,而科研实力相对较弱的企业博士后项目往往得不到资助,也在一定程度上影响了这部分企业开展科研活动的积极性。

三 加快企业博士后科研工作站发展的对策

企业博士后科研工作站在提升企业科技创新能力、推动产学研结合、培养年轻优秀后备人才等方面发挥着巨大作用。因此,必须进一步加强对企业博士后科研工作站的管理服务,实现企业博士后科研工作站的健康、快速发展。

(一)提高认识、加强领导,营造良好氛围

进一步提高对企业博士后科研工作站重要性的认识,切实加强组织领导,健全管理机构,成立由人社部门牵头,科技、财政等部门相配合的管理和服务格局。及时向博士后科研工作站提供科研项目、重大科技项目招投标、科技动态、政策法规等信息,逐步建立博士后科学研究、技术创新及成果转化等一整套社会化服务体系,为博士后工作和创业创造良好的空间和环境。企业也应根据发展需要设立专门的管理机构,配备专门的管理人员,共同做好日常管理和服务工作。积极扩大设站单位和在站博士后规模,在全社会形成支持企业博士后科研工作站发展壮大的良好氛围。

(二)搭建平台、增进交流,吸引博士后研究人员期满出站后留威海创业

要发挥政府各有关职能部门的作用,采取有效措施,鼓励博士后研究人员出站后留在企业或者到各级经济技术开发区、高新技术产业园区、创业服务中心、行业(产业)技术创新中心或研发中心从事高新技术研究开发、科技成果转化等工作。对出站留威海的博士后项目给予一定的科研资助,对携带高新技术成果领办、创办科技型企业的博士后研究人员,要优先给予资金扶持。同时,进一步加强重点实验室、中试基地、孵化基地、共享高校电子图书资源平台的建设,为博士后开展科研工作创造良好的外部科研环境,增强威海市对高层次人才的吸纳能力,为博士后研究人员施展才华提供广阔的舞台。

（三）加大投入、强化监管，确保资金发挥最大效益

在积极争取国家级、省级博士后工作专项资金的同时，加大地方财政投入力度，贯彻落实市委、市政府有关博士后方面的政策支持，建立多元化的经费投入体系，在合理分配各类资金使用的同时，要设立博士后发展专项资金，以设站资助、创新项目资助、在站博士后工作补助等形式，给予博士后一定数额的课题经费。鼓励企业解放思想，进一步加大对博士后科研工作站的经费投入，对工作开展较好的企业可以给予表彰奖励，对出站留威海的博士后可给予科研资助。加强对博士后资金的监督、管理，定期开展资金使用效益评估，最大限度地发挥资金的效益。

（作者单位：威海市人力资源和社会保障局）

关于威海市 2012 年土地利用情况和 2013 年用地形势分析及对策建议的报告

高建斋

为加强经济建设用地保障，更好地服务于威海市经济社会发展，威海市国土资源局认真总结了 2012 年土地利用情况，并结合上级政策变化和威海市实际情况，对 2013 年用地形势进行了分析，提出了对策建议，现报告如下。

一 2012 年用地情况

（一）用地服务方面

2012 年全市供应土地面积 57484 亩，其中使用增量土地 10859 亩、存量土地 46625 亩。全年共上报审批建设用地 74 个批次，总面积 23439 亩，其中新增建设用地 18619 亩，是省分配指标 5750 亩的 3.24 倍。威海市国土资源局采取措施，跑省进厅，跑部进京，全年争取计划外指标 10130 亩，比 2011 年多争取了 2200 亩，保障了威高、日月光、华夏、迪沙药业、昆鹏地毯等省、市重点项目的顺利实施。稳步推进城乡建设用地增减挂钩及工矿废弃地复垦调整利用工作，实施项目 43 个，经省厅批准验收项目面积 1949 亩，复垦并节余指标 1777 亩。

（二）耕地占补平衡方面

全市耕地面积控制在 294.48 万亩，基本农田面积 256.9 万亩，补充耕地面积 2.28 万亩，圆满完成年度耕地保护任务，顺利通过省政府对市长责任状的检查验收。加大土地开发整理和农村土地综合整治力度，组织验收市级土地整理项目 15 个、投入资金 3821 万元、新增耕地 1536 亩，县级项目 47 个、投入资金 3502 万元、新增耕地 4167 亩，总投资 3.45 亿元的荣成、文登 2 个国家级土地综合整治示范区项目完成农用地整治部分，新增耕地 10455 亩。积极储备耕地占补平衡指标，协调有购买意向的市区购买耕地占补平衡指标 10000 亩，缓解了威海市土地占补平衡压力。

（三）规范用地秩序方面

狠抓批而未供土地处置，全市供地率明显提高。截至 2012 年年底，全市 2007～2011 年度 5 年平均供地率达到 88.58%，位居全省十七地市首位，达到历史最好水平。加大闲置土地和不可盘活土地的处置力度，闲置土地已协议收回 87 宗 1980 亩，开工 103 宗 2708 亩；不可盘活土地收回 1 宗 15 亩。严格执行土地招拍挂出让工作制度，全年出让工业用地 285 宗，面积 13654 亩，总成交金额 22.68 亿元，实现政府收益 15.91 亿元；出让经营性用地 461 宗，面积 28608 亩，总成交金额 186.96 亿元，实现政府收益 50.79 亿元。严厉打击土地违法行为，对核查出的 143 宗违法违规用地全部立案查处，全市违法占用耕地比例降至 3.6%，顺利通过省督导检查组验收，实现了"零约谈、零通报、零问责"。

二 2013 年用地形势

与新一轮经济社会快速发展的要求相对应的是，资源需求刚性上升与资源供给刚性制约的矛盾将长期存在，威海市也面临国家宏观调控与土地资源紧张的双重压力。

（一）威海市规划期内的新增建设用地规模严重不足

根据上级下达的新一轮土地利用总体规划控制指标（2006～2020 年），到 2020 年威海市仅剩 5.8 万亩的建设用地潜力，平均每年可使用的新增建设用地约为 7200 亩，而威海市近几年的实际年均新增用地约为 1.5 万亩。另外，到 2020 年市区中心城区新增建设用地也仅剩 1.2 万亩左右，年均可使用的新增建设用地约为 1500 亩，而近几年的实际年均新增用地约为 3500 亩。按照这样的速度，到 2016 年后威海市将无地可用。

（二） 基础设施建设将占用大量的新增建设用地

根据 2013 年市政府城建重点工程实施方案，东部滨海新城、双岛湾科技城以及里口山风景名胜区等重点区域，今年要加大基础设施建设力度，基础设施建设占用了大量的新增建设用地（例如东部滨海新城道路用地就需建设用地 6000 余亩），可用于工业等其他建设项目的新增建设用地规模更显不足。

（三） 部分建设项目与威海市土地利用总体规划无法衔接

党的十八大以后，根据国务院关于加快城镇化建设的战略部署，市委、市政府启动了开发东部滨海新城等六大重点区域和综合保税区建设，各市区政府（管委）也根据要求制定了各市区发展规划。威海市的土地利用总体规划完善和数据库建设工作，是从 2011 年开始并于 2012 年 11 月经省国土资源厅和国土资源部验收批复，经完善的土地利用总体规划虽经过了各市区政府（管委）的充分论证，但由于时间差，新的城市发展规划思路超出了土地利用总体规划制定时的预期，许多项目不符合现行规划，落地有很大的困难。

（四） 新增建设用地指标仍然压力很大

经初步统计，2013 年全市重点项目用地需求约为 29000 亩，涉及新增建设用地约为 16000 亩。2012 年，省里下达给威海市的新增建设用地计划指标为 5750 亩。据了解，今年省里下达给威海市的用地指标不会超过去年，今年的用地缺口约为 11000 亩，形势依然非常严峻。同时，经了解，2013 年省国土资源厅指标分配会有所变化，不再实行年中奖励和调剂追加指标政策，改由根据建设项目直接提供土地指标，这对新建项目的规模、技术含量等指标提出了更高要求。如果建设项目"含金量"偏低，将使威海市的计划外指标争取处于极为被动的局面。

三　对策建议

一是正确处理好建设用地当前与远期的关系。目前，威海市到 2020 年的建设用地总规模是一个定量，如果只为追求短期效益，而降低用地门槛标准，将有限的用地规模浪费，势必造成后期有好项目也无地可用的尴尬局面。因此，各市区政府（管委）要做好长远规划，合理安排每年的用地规模，筛选优秀项目安排用地指标，使有限的土地资源承载更大的土地投入和产出效益，支撑更大规模的经济增长。

二是积极争取纳入土地利用总体规划评估调整试点。针对在土地利用总体规划执行过程中发现的问题，及时进行分析、总结，积极与上级沟通协调，争取纳入第一批土地利用总体规划评估调整试点计划，及时调整完善威海市土地利用总体规划。

三是进一步提高加快推进增减挂钩的思想认识。省国土资源厅今年将实行新增建设用地计划指标与土地整治挖潜指标同步配比下达、预支增减挂钩节余指标等办法，增减挂钩工作开展的好坏直接影响新增建设用地计划指标的使用数量。因此，各市区政府（管委）要进一步提高对增减挂钩工作的认识，从大局出发，不能只停留在经济利益和土地指标的层面，要将增减挂钩工作与城市化建设、农村环境综合整治有机结合，努力加快推进增减挂钩工作，争取早日验收，早用指标，使群众早得实惠。

四是更加注重土地节约集约利用。引导各市区政府（管委）在招商引资过程中，严格执行土地节约集约利用控制标准，不能为了上项目而随意降低或变相降低用地门槛。要算好土地投入、产出账，做好择商选资，把好土地投资强度关，提高供地率，杜绝批而未供、供而不建的问题；鼓励企业充分利用地上、地下空间，建设多层厂房，禁止搞花园式工厂。同时，对于能够在原有基础上改建、扩建的项目，尽量不新征用土地；对于确实不能在原有基础上改建、扩建的项目，要及时做好原使用土地的收储工作。

五是提倡项目科学布局，规避政策障碍。引导各市区政府（管委）在项目选址时审慎决策，合理论证，避开基本农田和不符合土地利用总体规划的地块，降低项目落地难度和用地成本。用足、用活上级关于利用未利用土地建设等鼓励政策，鼓励多占未利用土地、低丘缓坡、盐田等地进行建设，减少新增建设占用耕地的障碍和压力。

同时，威海市国土资源部门将紧紧围绕市委、市政府各项重大决策部署，积极向上级国土资源部门建言献策，为威海市争取更多政策和空间；全面提高用地报批效率，急事急办，抓执行，抓落实，重规范，提效能，努力保障全市城市化建设和经济社会发展用地需求。

（作者单位：威海市国土资源局）

关于促进重点行业自主创新的
税收政策研究

孔庆俊

近年来，威海市提出"工业强市"战略，市委、市政府高度重视科技创新工作，坚持把科技创新作为第一动力，大力实施科教兴市战略，连续多年开展"自主创新年"活动，出台了《威海市人民政府关于进一步促进企业自主创新的意见》《关于加强知识产权工作提高企业创新能力的意见》《关于促进工业转型升级加快工业发展的若干意见》等相关文件，引导企业加大科技创新投入，对进一步增强自主创新能力和核心竞争力，推动经济发展方式转变和产业结构调整，推进蓝色经济区先行区和高端产业聚集区建设进程，提供了强有力的保障。企业是否具有自主创新能力，成为威海市工业结构能否进一步升级优化、制造业能否快速健康发展的关键因素。近年来，为了提高重点行业的自主创新能力，威海市政府不断出台各种政策给予支持鼓励，其中税收政策发挥了重要的作用。

一　促进企业自主创新的主要税收政策、特点及效应分析

（一）鼓励企业自主创新的主要税收政策

1. 企业所得税

①符合条件的高新技术企业，减按 15% 的税率征收企业所得税。②在一个纳税年度内，居民企业技术转让所得不超过 500 万元的部分，免征企业所得税；超过 500 万元的部分，减半征收企业所得税。③新办软件生产企业经认定后，自获利年度起，第一年和第二年免征企业所得税，第三年至第五年

减半征收企业所得税。国家规划布局内的重点软件生产企业，当年未享受减免税优惠的，减按10%的税率征收企业所得税。软件生产企业的职工培训费用，可按实际发生额在计算应纳税所得额时扣除。集成电路设计企业视同软件企业，享受软件企业的有关企业所得税政策。对生产线宽小于0.8微米（含）集成电路产品的生产企业，经认定后，自获利年度起，第一年和第二年免征企业所得税，第三年至第五年减半征收企业所得税。投资额超过80亿元人民币或集成电路线宽小于0.25微米的集成电路生产企业，可以减按15%的税率缴纳企业所得税，其中，经营期在15年以上的，从开始获利的年度起，第一年至第五年免征企业所得税，第六年至第十年减半征收企业所得税。④企业开发新技术、新产品、新工艺发生的研究费用，未形成无形资产计入当期损益的，在按规定据实扣除的基础上，按照研究开发费用的50%加计扣除；形成无形资产的，按照无形资产成本的150%摊销。⑤创业投资企业采取股权投资方式投资于未上市的中小高新技术企业2年以上的，可以按照其投资额的70%在股权持有满2年的当年抵扣该创业投资企业的应纳税所得额；当年不足抵扣的，可以在以后纳税年度结转抵扣。⑥企业从事符合条件的环境保护、节能节水项目的所得，自项目取得第一笔生产经营收入所属纳税年度起，第一年至第三年免征企业所得税，第四年至第六年减半征收企业所得税。⑦企业购置并实际使用《环境保护专用设备企业所得税优惠目录》、《节能节水专用设备企业所得税优惠目录》和《安全生产专用设备企业所得税优惠目录》规定的环境保护、节能节水、安全生产等专用设备的，该专用设备的投资额的10%可以从企业当年的应纳税额中抵免；当年不足抵免的，可以在以后5个纳税年度结转抵免。⑧企业以《资源综合利用企业所得税优惠目录》规定的资源作为主要原材料，生产国家非限制和禁止并符合国家和行业相关标准的产品取得的收入，减按90%计入收入总额。⑨企业从事农作物新品种的选育、林木的培育和种植等项目所得免征企业所得税。⑩由于技术进步，产品更新换代较快的固定资产，可以缩短折旧年限或者采取加速折旧的方法。集成电路生产企业的生产性设备，折旧年限最短可为3年。

2. 营业税

①对单位和个人从事技术转让、技术开发业务和与之相关的技术咨询、技术服务业务收入免征营业税。②对符合条件的科技企业孵化器向孵化企业出租场地、房屋以及提供孵化服务的收入免征营业税。

3. 增值税

①对一般纳税人销售其自主开发生产的软件，按17%的税率征收增值税

后，对其增值税实际税负超过 3% 的部分实行即征即退。②对利用风电生产的电力等 6 类产品实行增值税即征即退 50% 的政策。③国内企业为生产国家支持发展的重大技术装备和产品而确有必要进口的关键零部件及原材料，免征进口关税和进口环节增值税。

（二）现行鼓励企业自主创新税收政策的特点

1. 产学研结合的税收优惠政策

现行的税收政策中注重产学研的结合，不仅对企业自主研发给予税收优惠，而且对学校和科研机构等单位和个人转让先进技术和专利给予税收优惠，充分体现了产学研的结合。通常，企业很难有专门的人才和机构进行科学研究，而研究机构和学校的研究成果虽多，但相当一部分是实验室的成果，尚未工业化，有待完善和配套，如果把两者结合起来，就能充分发挥科技促进生产的巨大作用，通过对学校和科研机构既有成果转让实施税收优惠，就为产学研的结合畅通了渠道。

2. 税额式减免和税基式减免相结合

税收减免包括税额式减免和税基式减免两种方式。税额式减免主要指直接税收减免、优惠税率等形式，税基式减免主要包括加速折旧、投资抵免、投资扣除等方式。二者的区别在于税基式减免更偏重于引导，强调事先优惠，而税额式减免则偏重于利益的直接让渡，它强调的是事后优惠。在当前促进自主创新的税收政策中，既有直接的税额式减免，也有间接的税基式减免，是二者的结合统一。

3. 侧重于所得税优惠

我国现行的促进科技创新的税收政策涉及增值税、消费税、营业税、企业所得税、个人所得税、关税、土地使用税、房产税等各个税种，但仍是以所得类税收优惠，特别是企业所得税优惠为主，包括直接的企业所得税减免、抵免，也包括间接的固定资产加速折旧、技术开发费用的企业所得税前扣除。

（三）现行促进企业自主创新税收政策的效应分析

据统计，2009～2012 年地税机关为 112 户次企业办理研发费用加计扣除备案手续，加计扣除额达 12.8 亿元，相应减免企业所得税 3.2 亿元；落实高新技术企业 15% 企业所得税优惠税率，4 年来共为 104 户次企业减免企业所得税 4 亿元，有力地支持了企业的发展。例如，威海市化工机械、广泰空港、海王旋流器等 3 户制造业高新企业，重视产品升级及新产品的开发，研发投入连年增长，2006～2012年累计达17074万元，占企业销售收入比例在3%以上，加计扣除税额达8537万元，相应减免企业所得税2134万元；同时，享受高新技术企业减免企业所得税政策，减免税额达8695万元。这两项减免税额累计1.08亿元。7年来，3户企业资产以年均30%以上的速度膨胀，生产规模不断扩大；产品销售收入、利润总额、上缴税金、职工收入等指标也以年均两位数增长。科技创新是企业发展的动力和源泉，开发新产品、提高产品档次和科技含量，是企业调整产品结构和发展的方向。国家促进企业创新的税收优惠政策对企业发展作用巨大，对推动经济社会发展意义重大。

1. 增加研发投入效应

2012年，威海市规模以上企业研发经费投入33亿元，工业科技投入力度进一步加大，全市财政支持企业技术进步的资金达到6.96亿元，增长23.7%，其中市级财政科技投入1.1亿元，增长30.1%；落实企业研发费用加计扣除税收减免预计5.5亿元，有效激发了企业科技创新的积极性；完成工业技改投资487亿元，增长29.6%。

2. 增加科技产出效应

2012年，启动实施第五个"自主创新年"活动。全年累计取得重要科技成果184项，其中国际先进以上50项。全市专利申请量4982件，增长8.2%，其中发明专利申请量1718件，占总申请的34.5%。授权专利2990件，增长13.8%，其中发明专利授权337件，占总授权量11.3%。威海成为山东省首个国家知识产权质押融资试点城市，科技支行为全市科技企业提供授信6.2亿元。

启动建设省院士工作站8家，省院士工作站累计达到19家，进站院士39人；新增省级工程技术研究中心5家，共建有省级以上工程技术研究中心76家；新建2个省级产业技术创新战略联盟，共拥有省级以上产业技术创新战略联盟7家。

新认定高新技术企业19家，总数达到113家；新认定科技型中小企业25家，总数达到127家。省级创新型企业16家，其中2012年获批14家。省级创新型试点企业37家，其中2012年获批11家。高新技术产业产值达到2024.13亿元，占规模以上工业总产值的比重达到35.5%，比全省高6.4个百分点。

3. 增加产出效应

促进重点行业自主创新税收政策的实施，促使企业工业产值不断增加，2012年规模以上工业企业达到1640家，实现增加值增长10.5%。其中，增幅较高的行业是：通用设备制造业增长20.6%，医药制造业增长19.9%。大中型工业企业生产好于小型企业，实现增加值增长 10.6%。全市规模以上工业企业实现主营业务收入 5542.63 亿元，增长 11.5%；实现利税 453.64 亿元，增长 17.6%；实现利润 278.65 亿元，增长 17.0%。产销衔接良好，产品销售率达 97.9%。2012 年全市销售收入过亿元的工业企业达 950 家，其中，销售收入过 10 亿元的企业 100 家，过 50 亿元的企业 6 家，过 100 亿的企业 3 家。

4. 树立自主品牌效应

自主创新的税收政策一方面鼓励企业增加科技投入，提高技术发展水平；另一方面也积极引导企业树立品牌意识，加大产品宣传、品牌包装和推介力度，培育出一批具有较高声誉、较强竞争力的知名品牌。2012 年全市拥有中国驰名商标 28 件，其中新增 5 件；地理标志商标 7 件，其中新增 1 件；山东省著名商标 104 件，其中新增 24 件；威海市知名商标 111 件，其中新增 39 件。

二 现行促进企业自主创新税收政策存在的问题

当前，威海市地税部门积极落实税收政策，在鼓励技术创新方面发挥了积极作用，但是，现行税收政策存在不足之处，在鼓励企业创新方面还存在一些薄弱环节，全市科技创新工作与建设创新型城市的迫切要求相比，仍然存在一定差距。一是高新技术企业数量较少。威海市高新技术企业只占全省总数的 4.4%，并且增长后劲不足，2012 年全市新增高新技术企业 19 家，而潍坊新认定 82 家，是威海的 4.3 倍。二是开展研发活动的企业较少。全市开展 R&D 活动的规模以上企业仅有 121 家，只占全部规模以上企业的 7.4%。三是企业研发投入较少。全市规模以上企业研发经费投入 33 亿元，占规模以上企业销售收入的比重仅为 0.66%，比上年有所下降。全社会 R&D 经费投入占 GDP 的比重为 1.64%，比全国、全省分别低 0.2 和 0.22 个百分点。据国际通行标准：当研发经费投入与销售收入之比达到 1% 时，企业才有长期生存的可能；2% ~3% 时，企业才有发展的潜力；达到 5% 时，企业才有竞争力。低水平的研发投入强度，使企业技术创新活动普遍维持在一些低端技术的研发上，技术供给难以适应产业结构调整和技术进步的需要，从而制约工业的持续、健康发展。

1. 税收激励政策重技术应用、轻技术研发，不利于自主创新能力的培育

我国现行针对技术进步和创新的税收优惠政策主要集中于高新技术领域，以企业所得税减免让利等直接优惠为主，允许企业税前扣除技术开发准备金等着力于降低企业自主创新投资风险的税收优惠政策措施不足，且现行相关

税收优惠政策主要集中在技术研发成熟以后的应用和推广期（主要是指对认定后的高新技术企业实施所得税等优惠，受益者多为应用科技成果的企业）。相比之下，美国、日本等发达国家实行的以间接优惠为主的税收优惠方式，税收激励的着力点是新产品、新技术的研究开发环节。一方面，高新技术使用与自主创新并非同一范畴，高新技术使用主要强调技术的领先性并不关注技术的产权所属，自主创新主要强调核心技术产权掌握在国内企业手中。另一方面，直接优惠方式侧重于事后优惠，有较大的局限性，而间接优惠侧重于事前优惠，能够减少技术研发的直接成本，降低企业自主创新的投资风险，对技术创新活动形成更有效的激励。自主创新的基本特征是投入大、收益不确定，税收优惠政策的着力点应在帮助企业分担自主创新的风险上，而不是对企业利润的直接让渡。如果税收激励政策偏重于技术成熟阶段对企业利润的优惠，那么税收政策激励企业自主创新的效果将大打折扣。

2. 缺乏鼓励企业自主创新成果转化的动能

从科研成果向现实生产力的转化过程看，科研成果必须与企业的生产实践、产品的技术标准和工艺流程相一致，被企业的生产制造过程接受，才能实现科研成果向产品的转化。其间要经过多次磨合、工艺改良和产品试制。从经济个体的决策选择看，一项新的科研成果只有在投资评价、预期收益可行的情况下才会被企业采用。我国目前的税收政策并不允许对企业技术含量高的中试产品、新产品实行减免税优惠，也不允许对新技术、新工艺的投资进行税收抵免，其结果必然是阻碍新技术、新工艺的运用，延长自主创新成果向现实生产力转化的周期。

3. 以企业为优惠主体的高新技术企业优惠政策激励目的与成效存在偏差

一方面，高新技术企业认定门槛较高。《高新技术企业认定管理办法》（国科发火〔2008〕172号）在国家需要重点扶持的高新技术企业认定标准中，除了要求企业持续进行研究开发与技术成果转化，拥有核心自主知识产权，产品属于《国家重点支持的高新技术领域》规定的范围之外，还要求高新技术产品收入占企业总收入的比例在60%以上。部分大型、综合性企业虽然其高新技术产品收入总额并不低，但由于产业规模庞大，高新技术产品收入占比难以达到60%，而企业为了能享受优惠，不得不将高新技术部分剥离，独立成立一个企业，在一定程度上加大了企业的管理和运营成本。另一方面，不能认定为高新技术企业的企业，其技术创新活动不能享受优惠，而认定为高新技术企业的企业，其非技术创新收益也享受税收优惠，存在税收优惠政策被滥用之嫌。高新技术税收激励政策的目的是鼓励高新技术发展，促进技术创新和进步。而技术创新和进步并不完全依赖高新技术企业，只要经济个体的行为有利于科技发展和技术进步都应该享受税收优惠。所以，以创新项目而不是以企业作为扶持对象，更能体现国家鼓励科技创新的激励目标。

三　借鉴国外发达国家支持企业自主创新的税收政策

1. 将税收政策纳入法制化管理

发达国家与地区普遍将税收政策作为鼓励企业自主创新的重要政策，重视新兴产业税收政策的法治化管理，基本形成比较完备的技术创新税收优惠法律政策体系。比如，美国政府以新能源为核心签署了总额 7870 亿美元的《美国复苏和再投资法案》，其中包括 2883 亿美元左右的减税和税收直接支出计划，给予高新技术企业尤其是小型企业和个人广泛的税收抵免和再融资税收信贷。日本制定了《促进基础技术研究税则》《增加试验研究费税额扣除制度》等。实践表明，以法律形式来体现的税收政策确保了科技税法的严肃性和执法的刚性，有效地增强了税收优惠政策的激励效应，为这些国家成为世界科技创新强国奠定了坚实的法律基础。

2. 将税收激励政策作为支持企业自主创新研发的先决条件

补偿和降低新兴产业的投资风险成为世界各国税收政策导向的共识，各国不约而同地将税收政策支持重点选择在企业可持续发展的源头上，加大在研发投资的税前抵扣、允许向后结转或追溯抵扣、研发设备的加速折旧、提取技术准备金等科研开发费用补偿和中间试验阶段税收优惠的激励力度。实践表明，将税收激励政策的重点置于企业自主创新的研究与开发阶段，能有效地降低企业自主创新的研发成本，减少企业自主创新的风险，其政策的有效性在许多发达国家得到了很好的检验。

3. 以普惠方式确保科技创新的顺利开展

在税收优惠方式上，各国偏向于采取加速折旧、投资抵免、税前列支、加计扣除、计提技术（风险）准备金等税基减免的间接优惠手段，税率式与税额式减免等直接优惠方式相对较少，这种强调事前调整的方式可以激励企业采用先进技术和加强科技开发来享受相应的税收优惠，达到产业升级和优化结构的目的。比如，美国对非营利性科研机构免征各项税收，对企业研究与开发费用实行税收优惠；英国通过税收优惠、为科技计划匹配资金等多种有效措施，吸引和鼓励企业增加科技投入，发展自己的核心技术和核心产品，以便在世界上占据主导地位；法国通过较大幅度的税前扣除等税收优惠政策支持企业开展技术研发；等等。

4. 以企业所得税优惠为主促进企业发展壮大

世界各国对创新企业的税收激励主要体现在企业所得税优惠上，流转税上优惠较少，这与各国以所得税为主的税制结构有很大关系。采取流转税制国家也大多选取消费型增值税形式，对进项税额的抵扣更加宽泛，不仅包括固定资产，还延伸到整个工业生产流通及大部分生产性服务领域。当前，生产性服务业和现代制造业加速融合，各国对生产性服务业的进项抵扣成为增值税抵扣链条不可或缺的重要环节，极大地促进了企业的发展壮大。

四 促进企业自主创新税收政策改革取向

1. 进一步扩大间接税收优惠

高新技术企业属于高投入、高回报、高风险行业，为了鼓励其进行科技投入和从事技术开发，可以在税率优惠与税额减免等直接优惠的基础上，进一步加大间接优惠的力度。建立在税前列支的科技发展准备金制度，允许企业按照销售收入的一定比例（如3%～5%）提取科技发展准备金、风险基金或新产品试制基金，用于技术开发、技术培训和风险投资等方面。对风险投资按其经营收入提取风险补偿金予以税前列支，允许应税所得按超过一般企业的标准扣除科研投资；对企业进行技术投资和风险投资的银行贷款利息费用允许税前抵扣等。

2. 继续完善所得税政策

允许企业自行选择可以减免或抵免所得税的纳税年度。同时，加大亏损结转力度，对技术创新和研究开发投入的亏损允许一定期限的前转，退还一部分以前年度已纳的所得税款。考虑到高新技术企业人力资源的关键性作用，可以将企业引进高级技术人才所花费的智力投资的实际费用从企业所得税的应纳税所得额中全额扣除，提高企业对人力资本培育的积极性。变高新技术企业优惠为高新技术项目优惠，将《企业所得税法》中"国家需要重点扶持的高新技术企业，减按15%的税率征收企业所得税"改为"国家需要重点扶持的高新技术项目所得，减按15%的税率征收企业所得税"。同时，相应地将高新技术企业认定变为高新技术项目认定，并要求企业将高新技术产品与传统产品分开核算，便于优惠政策的执行。

3. 继续完善增值税优惠政策

降低中试产品销售的增值税税率，或直接对中试产品免征增值税，减轻企业技术转化环节的税收负担。对完成产品中试进入产业化阶段的企业给予阶段性税收优惠，比如允许企业在进入产业化阶段的 1～2 年，比照现行对软件企业增值税税负超过 3% 的部分实行即征即退的增值税优惠政策，以降低成本，促进新产品市场的快速形成。

4. 改革技术改造项目的立项审核程序和技术开发费的认定标准

现行技术改造项目认定和审批流于形式，程序烦琐，缺乏公平，不利于鼓励企业技术创新和技术进步，所以，应改革其程序，简化形式，可考虑让税务部门参与审核认定程序或赋予税务部门一定的审核认定权。同时，进一步明确技术开发费的认定标准，从制度上逐步完善促进创新的税收政策。

5. 适当扩大地方的税收权限

赋予地方税务部门一定的税收政策制定权和调整权，使科技税收优惠政策与中央和地方的发展战略紧密结合。中央可以集中对基础科学、国家重点开发项目及主导性产业给予税收支持，地方则可以对有利于地方经济发展和效益较为明显的技术开发项目予以扶持，以进一步明确管理权限的划分，提高行政效率。

6. 加大政策落实力度

税务部门要处理好组织收入与促进经济发展的关系，牢固树立不落实税收优惠政策就是收"过头税"的理念，围绕用足、用好、用活国家在支持高新技术企业发展、促进节能环保事业发展等方面的税收优惠政策，积极采取事前介入、事中服务、事后跟踪的一条龙服务措施，加大对现有优惠政策的宣传、辅导和落实力度，充分发挥税收优惠政策在促进企业自主创新方面的积极作用。不断优化纳税服务、规范税收执法，全力打造服务高效、税负公平的税收环境。大力开展政务公开，加大公开办税力度，简化审批流程，全面推行"一站式"服务，提高服务效率。规范税收执法行为，扎实开展税源专业化管理工作，切实加强不同行业、不同规模企业间的税收管理，全面实现税收管理的科学化、精细化、规范化，营造公平公正的税收环境。

（作者单位：威海市地方税务局

课题组成员：孙忠显　连伟光　段美杰　孔　鹏）

威海"游轮"旅游产业发展环境及优化对策研究

威海拥有良好的旅游资源，在积极开发"游轮"旅游活动时，分析中国及威海现在的"游轮"旅游产业发展环境，借鉴国内外建设"游轮"旅游产业发展环境的成功经验，用来指导威海"游轮"旅游产业的建设是十分必要的。

一　"游轮"旅游产业发展环境相关概念

（一）"游轮"旅游

"游轮"[①]旅游，包括大中型邮轮旅游和中小型游船旅游。"游轮"旅游源自"cruise tourism"的翻译，是受到邮轮的发展历程及中国船舶文化的影响而约定俗成的一个新词，是以船舶为基本载体，船上配以满足食、宿、行、游、娱、购等六大旅游要素的基本设施，船体既是旅游目的地，又是旅游交通工具的新型旅游方式。

"游轮"旅游方式的载体是由邮轮转化而来，邮轮的前身是客邮轮，客船既承运乘客，又运送邮件，人们习惯于称这种大型的客邮船为"邮轮"。随着客运飞机的出现，邮轮运输业遭到沉重的打击，20世纪70年代，邮轮运输业为求生存开辟了以观光旅游结合运输的旅游方式。从"游轮"旅游方式的发展来看，"游轮"旅游的载体已不再是邮轮，有了专门为游客设计的船舶载

---

① 为不致混淆，除作者特别说明，全文约定俗成的说法仍使用邮轮。——编者注

体，因此称之为"游轮旅游"。

根据 CLIA（国际邮轮协会）的资料，"游轮"旅游的载体既有"歌诗达·康科迪亚"号等豪华远洋型的邮轮，也有吨位较小、载客量只有两三百人的"银云号"等中小型邮轮。"游轮"旅游的行程从 1 天到十几个月不等。长江流域的沿江观光邮轮也是其中一种。国际邮轮因为载客量较多、装潢较为豪华，消费水平比较高，经济效益较为显著，因此备受关注和重视。

"游轮"旅游分类可分为两种：第一种是以航线为基础，可分为内河型"游轮"旅游、海洋型"游轮"旅游两种类型，同时海洋型"游轮"旅游又可以细分为境内、境外及跨境游三种；第二种是以游轮船队所属国籍划分，可分为外籍"游轮"旅游及本土"游轮"旅游两种。

（二）"游轮"旅游产业

狭义的"游轮"旅游产业是一种边缘产业，轮船本身只是一种运输工具，但由于现代邮轮也蕴含了旅游目的地的特性，是运输业、观光休闲业、旅游业的交叉集合体；邮轮产业同时也是运输业与旅游业的结合，但更趋向于旅游业，它是邮轮经济的核心产业，其运行与发展依赖于乘客的消费，以乘客的登乘票价和在邮轮上的附加消费以及在停靠地的消费形式出现。从旅游产业链的角度来看，是指邮轮在抵达前、抵达停靠中、离开邮轮码头这个连续的旅游活动中所引发的一系列产品与服务的交易。"游轮"旅游业，是一种介于运输业、观光休闲业、旅游业之间的边缘产业。

（三）"游轮"旅游产业发展环境

旅游产业发展环境是指以旅游系统为中心，影响其产生与发展的各种自然因素和社会因素的综合体。旅游产业发展环境属性可分为自然环境和社会环境。其中，自然环境指对人类生存和发展产生直接或间接影响的一切自然形成的物质及能量的总和，是人类生存和发展的物质基础；社会环境是指人类为了丰富和提高自己的物质文化生活水平而创造出来的一切经济基础和上层建筑，涉及政治、经济、文化、法律等方面。

旅游产业发展环境中的政治－政策环境、经济－市场环境、社会－文化环境、技术－生态环境是"游轮"旅游产业发展的宏观环境，企业、政府、社区及相关利益者的环境是其微观环境，这两大环境相互影响、相互作用。从独立的产业来分析，其发展环境是由与"游轮"旅游有关的环境所构成的，"游轮"旅游产业与旅游产业是密不可分的。

二 威海"游轮"旅游产业发展研究

（一）威海"游轮"旅游产业发展历程及现状

1. 威海"游轮"旅游业发展历程简介

威海市拥有山、海、岛、沙滩、岸线等丰富而优质的旅游资源，成功地举办了亚太霍比级帆船锦标赛、"市长杯"威海—青岛国际帆船拉力赛、中韩黄海国际帆船交流活动等赛事，在中国乃至世界范围展现了良好的旅游形象。

威海市内旅游客运航线有威海至刘公岛（船舶 22 艘、2671 客位）、荣成西霞口至海驴岛（船舶 4 艘、372 客位）、荣成荣喜至苏山岛（船舶 1 艘、60 客位）、乳山港至小青岛（船舶 1 艘、26 客位）。威海市海上游览观光公司有 6 家，分别是国际海水浴场龙飞、石岛桃园、威海顺航、威海扬波、乳山银滩、乳山兴港，共有小型快艇 15 艘、105 客位和大型豪华旅游船 1 艘、430 客位。

自 2008 年 1 月至今，日本商船三井客船公司（株式会社）2.3 万吨级"富士丸"号邮轮共挂靠威海港 9 次，有 3000 多名国际游客到威海进行了游览观光。

2008 年 9 月，由山东侨乡集团有限公司与韩国马林株式会社合作开发的海上旅游项目——"嘉德威"号邮轮正式停泊在威海港湾内。"嘉德威"号船体长 65 米，宽 14 米，上下 4 层，总吨位 1500 吨，最大可承载 1500 人，是山东省第一艘大型豪华邮轮。2013 年 3 月 9 日，西霞口集团与青岛城投旅游集团战略合作协议签字仪式举行，青岛城投旅游集团投入运营的"蓝海珍珠"号游船，将把龙眼港作为重要停泊港，标志着威海荣成市首条海上旅游观光通道即将开通。

由于基础设施的建设及相关政策等问题，威海"游轮"旅游并未由此较大规模地开展开来，只有部分游船和快艇从事海上观光旅游活动。目前威海的海上旅游企业数量少且规模较小，经营的海上旅游活动处于一种低端无序的竞争状态，海上旅游企业收入在全市旅游业收入中所占的份额很低。

2. 威海"游轮"旅游发展优势

（1）威海旅游资源丰富

邮轮停靠港口的时间不同，游客的活动范围会因此而有所不同。邮轮所经过的沿海一线景观都将成为游客对城市的第一印象，甚至是最终印象。威海是山东半岛最东端的滨海旅游城市，有丰富的旅游资源，是开展海上运动、登山探险、户外休闲、度假旅游的最佳目的地。全市海岸线长达 1000 公里，占山东省 1/3、全国的 1/18，沿线分布着众多岛屿、海湾、浴场、温泉、高尔夫球场，有"千里海岸线，一幅山水画——走遍四海，还是威海"的美誉。

（2）具备可停靠一定吨位的邮轮码头

2009 年日本商船三井客船公司的 2.3 万总吨、167 米长、载客量 603 人的"富士丸"号邮轮二次靠泊威海港。威海港集团公司在北港港区规划建设国际邮轮专用码头，扩建可以停靠 5 万吨级国际邮轮的客运码头。

（3）具备一定的通关经验

威海从 1990 年起，就在全国率先开通到韩国的客货班轮，现有固定航线客货班轮 5 条，口岸单位具有多年国际旅客通关管理经验。

（4）具有较好的旅游接待基础

威海现有旅游星级饭店 95 家（五星 2 家，四星 17 家，三星 56 家，二星 20 家），旅行社 103 家，A 级旅游区 16 家（4A 级 9 家，3A 级 6 家，2A 级 1 家），高尔夫球场 10 家，国家级工农渔业旅游示范点 10 处。乐天百货、华联商厦、振华商场、银座商场等是威海湾中心区内较为著名的购物中心。周边美食除了酒店会提供以外，还有街边海鲜大排档等不同风格、层次的餐馆。

（5）具备良好的发展氛围

威海市制定了《关于进一步加快旅游业发展的意见》和实施方案，明确了部门职责分工，形成了各级各部门高度重视，全社会齐抓共管、广泛参与的新格局。威海旅游正向高端旅游发展，为"游轮"旅游产业的发展创造了良好环境和机遇，注入了生机和活力。

（6）潜在游客数量增加

威海"游轮"旅游的游客数量在近几年稳步上升，未来十年将有更大突破。旅客多为往返于中韩的商贩，来中国经商和旅游的韩国人，赴韩旅游的中国人。另外，部分旅客来自英国、日本、美国、澳大利亚等国。通过对国际市场的一般规律研究，结合以往中国"游轮"旅游的相关数据，对未来威海"游轮"旅游的潜在市场做了相对应的预测，认为到 2020 年，威海"游轮"旅游的游客可超过 200 万人次。

3. 威海"游轮"旅游发展劣势

（1）"游轮"旅游基础设施及服务相对落后

根据对国际"游轮"旅游经营情况的调研，开展"游轮"旅游的基本条件有如下几项：邮轮、邮轮码头和港口、海岸环境及景观风貌、港口城市的旅游资源、历史文化、服务设施（购物等）。其中邮轮本身的规模及豪华程度对于处在发展前期的城市或国家来说要求比较低，规模小的豪华邮轮适合沿海巡游及内河游，而跨境的海洋型邮轮则可以借助其他国际邮轮船队，国际市场已经形成了一定的垄断形式。

威海海洋旅游码头基础设施建设较为滞后，现在只能停靠船长不超过200米、3万吨级以下的游轮。经调研威海市港航管理局、威海海事局等相关单位和查阅相关资料，目前威海市区的旅游码头站点有威海小石岛码头、威海北港码头、威海刘公岛码头、老威海船厂码头、威海南港码头等。

（2）"游轮"旅游本地可实现性较低，营销待改进

威海"游轮"旅游现今的发展及经营模式主要是以近海短程海上游为主，提供中等及以下豪华程度的服务。综观威海沿海各景区的服务，在语言无障碍旅游方面有待改进。部分景点及住宿购物点会有英文及日韩的标志，一般的英文指导也十分简单，缺乏俄语、西班牙语、阿拉伯语等的翻译标识。针对国际邮轮游客，在休闲、娱乐、购物和除英语、韩语之外的多语种翻译导游队伍等方面的建设还显欠缺。未来"游轮"旅游通常会呈现游客数量多、国籍多、语言多样化的特点，且国外游客都较为崇尚自由行，在旅游服务方面需要加强。

"游轮"旅游的营销力度不够，威海本地游客参与"游轮"旅游活动的可实现性低。同时，能为邮轮提供补给品的经营商也缺乏良好的合作平台。开展"游轮"旅游活动需要优秀的公关团队，一方面宣传威海友好的旅游形象，另一方面维护威海与其他目的地城市、国家及邮轮公司的良好合作关系，而威海暂时缺少主要针对"游轮"旅游的相关行动。

（3）"游轮"旅游手续比较烦琐，影响"游轮"旅游选择

作为当地游客来说，如何参加"游轮"旅游或者说"游轮"旅游实现方式是影响威海"游轮"旅游发展的瓶颈之一。目前威海游客进行"游轮"旅游的方式主要有两种：一是通过本地旅行社进行购买；二是通过网络寻找代理商、寻找外地经营"游轮"旅游产品的旅行社及邮轮公司的官方网站等。

威海现有103家旅行社，国际旅行社10家，其中威海高教旅行社、威海凯顺国际旅行社、威海和平国际旅行社等开展了基于"嘉德威"号的旅游产品营销活动。威海中国国际旅行社、威海康泰旅行社、威东国际旅行社、威海国际旅行社、威海恒信旅行社等开设了非典型的"游轮"旅游活动，路线基本以中韩为主，航线主要包括威海—仁川、石岛—仁川、石岛—群山、西霞口—平泽、威海—平泽等，"金桥"、"华东"、"石岛"、"大龙"和"中达永安"等邮轮基本是作为交通工具，游客在行程中有两个晚上需要在船上度过。在这类情形下，邮轮已不是单纯地提供简单住宿和食物的客船了，需要

不断升级以满足游客更高层次的需求。上述旅行社并非都常年代理"游轮"旅游活动，一般是分阶段性地推出一个或两个产品。

如果游客的外语水平较高，可以直接进入国际邮轮公司的网站进行预订和购买，自由选择邮轮公司、邮轮型号、登轮地点，同时要求游客自己能按要求办理和出示相关资料和证件。游客还可以通过在网上寻找"游轮"旅游代理商来选择"游轮"旅游产品，选择范围也很宽，语言要求相对较低。例如专业的全球邮轮旅游预订中心——环世邮轮网，指定提供报名服务的旅行社分别为上海职工国际旅行社有限公司和中艺国际旅行社有限责任公司等。该方式对于处于"游轮"旅游起步阶段且电子商务并未达到国际化水平的威海，不是特别适合。

（4）缺乏行业协调和领导组织

目前威海缺乏一个专门的协会来协调行业内相关部门的关系，"游轮"旅游在威海处于初级发展阶段，各相关部门、经营者都是在摸索中前行。威海"游轮"旅游产业发展环境缺乏系统性，缺乏专门的负责机构、协会组织、专业的管理或制造团队等，导致"游轮"旅游产业链不完整、相关环节各自为政的问题突出。未来随着"游轮"旅游业的不断发展，需要有相关行业组织协调处理相关方的关系、利益分配等。

（二）威海"游轮"旅游产业发展环境分析

1. 政策-法律环境

2009年九三学社威海市委向政协威海市委员会提交了提案《关于发展威海市游艇经济的建议》，建议尽快制定发展规划和扶持政策，全力打造游艇制造业基地，并作为主导产业加以重点培植；妥善处理各种关系，推动游艇经济健康发展。按照威海市政府主要领导指示精神，2010年4月威海市发改委牵头制定了《威海市游艇经济发展规划》，提出了"规划先行、适时发展，政府推动、市场运作，与旅游、体育产业互动发展"的三项原则，用于指导威海市游艇经济的快速发展。威海市港航管理局的《对培育和发展威海邮轮经济的调查与思考》和《发展海上游艇项目打造威海休闲之都》等提出了威海发展邮轮经济等的对策和建议。

这些文件显示威海市支持游艇经济和"游轮"旅游的发展，并希望借此拉动相关产业，整体上以建设邮轮码头、打造知名邮轮挂靠港口为目标，通过吸引入境游客增加知名度，逐步推动"游轮"旅游业发展。

2. 经济 – 市场环境

威海居民经济水平显著上升，有助于"游轮"旅游的开展。经济环境除了游客本身的经济能力，主要是指财政金融措施，这是旅游业是否能稳步高速发展的关键。在人均 GDP 达到 6000 美元到 8000 美元时，邮轮产业将进入快速增长期。2007 年威海市人均 GDP 达到 8600 美元，更多威海居民具备了"游轮"旅游的经济条件，成为潜在客源。威海周边沿海城市的人均 GDP 也突破了 8000 美元，客观上具备了"游轮"旅游的经济基础。

威海市加大对"游轮"旅游建设的投资。在财政金融措施上，威海将通过重点推进旅游大项目的建设，在"游轮"旅游等方面取得突破，重点发展高端旅游，解决威海"冬冷夏热""晚上冷白天热"的问题。同时为了支持旅游发展，完善旅游基础设施，提升城市综合服务功能，2013 年威海市将加快实施金线顶区域整体开发改造、九龙湾区域建设、小石岛区域整体改造、宝泉广场建设、雨润北部湾、乐天及九龙城休闲购物广场商务区六项工程；将组织实施环翠楼公园改造工程、塔山公园改造工程、海源公园改造工程、市区园林绿化升级改造工程。在主要路网和旅游景区设置引导标志，重点区域设置旅游灯箱地图，景区点及酒店等服务场所设置至少含中、英、日、韩四国文字翻译的标识等。这些项目的实施都将直接或间接地促进威海"游轮"旅游的发展。

3. 社会 – 文化环境

威海拥有源远流长的海洋文明和旅游文化，原属于东夷海岱文化区域，历经齐鲁文化、近代海港文化的发展积淀。威海于 1990 年被评为中国第一个国家卫生城市，1996 年被建设部（现为"住房和城乡建设部"）命名为国家园林城市，1997 年 10 月 13 日被环保部授予国家环境保护模范城市称号，1999 年 1 月成为第一批中国优秀旅游城市，2003 年 10 月 6 日成为国内第一个获得联合国人居奖的中国城市，2009 年 5 月 7 日被评选为国家森林城市。威海与日本、韩国、法国、美国等国家都建立了友好合作关系，并开展了系列活动。威海人热爱生活，喜欢旅游，对游客热情，使威海成为世界著名的休闲度假旅游城市。"游轮"旅游是以休闲为主题的旅游方式，符合威海的旅游文化。

社会 – 文化环境支持包括社会的文化氛围、社区的整体环境以及居民的服务意识等，旨在营造良好的人文氛围及和谐的人际关系。按照巴特勒的生命周期理论，旅游地处于不同的旅游发展阶段，其旅游发展的水平有所差异，因而旅游地居民对旅游的感知与态度也就不同。"游轮"旅游在威海仍然属于较为新颖的旅游活动，面对相关的城市规划、基础设施的建设和完善、环境污染不显著、更多的就业机会等，根据该理论及游客感知的发展规律，居民对 “游轮” 旅游发展的态度是属于积极欢迎的。

4. 生态 - 技术环境

由于 “游轮” 旅游在威海的发展还处于初级阶段，对于其将带来的生态环境问题还没有给予太多关注，相关的法律法规方面也还比较欠缺。不过 “游轮” 旅游对环境所造成的负担仍然主要集中在污水、大气及固废物三个方面，威海在这些方面做了扎实有效的工作。

威海市以海洋环境保护、海洋生态建设、海洋资源修复、海洋发展共享为主题，通过开展海滩清洁行动、渔业资源养护行动、海岸带整治修复行动、海洋休闲体验行动，发起 “威海蓝” 海洋保护行动，集聚全社会的力量，共同呵护这片美丽的 “威海蓝”，展现蓝色威海的魅力。近些年来，威海市深入开展海洋生态修复，建立了海洋生态修复、整治项目库，先后实施或正在实施市区九龙湾、荣成烟墩角、乳山潮汐湖、威海湾等 10 余个省级以上海洋生态整治修复项目，修复受损海洋生态系统，改善海岸景观。大力开展海洋保护区建设，威海市国家级海洋特别保护区（海洋公园）达到 6 处，国家级和省级海洋自然保护区各 1 处；省级及以上水产种质资源保护区数量达到 15 处，各类保护区总面积达 4 万公顷，占海域总面积的 3.1%，有力地促进了海洋生态系统的保护。

三 威海 “游轮” 旅游产业发展环境优化对策研究

发展 “游轮” 旅游产业，是实施 “兴港强市” 战略、打造蓝色经济区港口物流平台的重要内容，是一个沿海城市向国际化发展的必然要求。由于邮轮产业涉及广泛，综合配套要求较高，而我国 “游轮” 旅游产业起步晚、目前水平较低，因此，威海发展邮轮业将是一项长远而艰巨的任务，可采取分步走的战略。近期，以邮轮到港服务为切入点，适度改善基础设施，利用旅游资源和综合配套条件，积极吸引国际邮轮挂靠威海港。远期目标是在积极探索的基础上，逐步在威海建设形成邮轮始发港，打造龙头邮轮公司，延伸产业链条和服务范围，健全邮轮产业体系，推动邮轮出发、邮轮公司和停靠港布局协调发展。

（一） 积极争取威海港成为国际邮轮挂靠港

目前我国已有上海、厦门、三亚三个新建的国际邮轮中心投入使用。广州、深圳、珠海、海口、宁波、天津、青岛、大连等沿海城市也开始对邮轮码头进行规划和建设。威海港现在不具备邮轮母港条件，但威海港在邮轮挂靠方面具有得天独厚的地理优势和资源优势，依据法规政策，可申请开展国际邮轮挂靠业务。

一是加强与世界著名邮轮公司及我国邮轮母港的交流，国际邮轮四巨头嘉年华集团、皇家加勒比邮轮、地中海邮轮、丽星邮轮均已在上海设立分支机构。应规范旅游船管理和海运客票费的收付渠道，为国际邮轮公司提供便利和优惠，推动在威海设立办事处，建立稳固的伙伴关系。二是加强与中国交通运输协会的沟通和联系，邀请协会领导到威海指导邮轮发展工作。三是加强与外轮代理总公司和国际旅行社的合作。通常情况下，国际公司通过将旅游项目内容、时间与线路设计以及邮轮自身条件构成其旅行产品，其中，旅游项目中的到过港上岸部分的旅游项目内容，主要由邮轮公司在停靠港的合作伙伴提供或加以完善，在国外，这类合作伙伴通常是代理公司兼顾船舶代理与旅游代理两项业务。目前国内上述两类业务则因管理口径与业务范围划分的原因，分别由中国外轮代理公司和国旅集团承担。国外邮轮来访的基本操作程序为：作为国际邮轮公司的产品销售计划的一部分，国际邮轮公司（或其管理、销售、代理公司）应于邮轮到达我国港口上一年度的 10～11 月，向中国外轮代理公司提交关于抵达中国港口的计划；中国外轮代理总公司根据各邮轮公司的计划，编制申请报批文件，报请交通运输部批准并安排有关港口企业以及到达港中国外轮代理公司予以接待。四是通过积极参加邮轮大会和展会、论坛、高层接触互访等多种方式，及时了解国家邮轮产业新政策，把握世界邮轮发展新动态，推进交流交往。特别是邮轮产业发展大会，要有市级级别的领导和相关部门组团参加。五是加强和重视邮轮码头的维护、修理、建设，港口拖轮、油料、淡水蔬菜、副食品补给和有关邮轮小修小补等设施的准备、完善，吸引国际邮轮长期到达，确保长期安全顺利运作。

（二）研究提供优惠政策

国际邮轮抵达我国港口时，需要进行一系列与邮轮相关联的业务操作，由此发生的费用主要包括以下几个部分：一是支付中国外轮代理公司的代理费；二是支付港口企业的各项规费；三是邮轮自身补给采购和为旅客提供的日用消费补给采购；四是提供有关海关、边检等涉及政府管理可能的费用支出。其中一、二两项费用的收取标准参照交通运输部颁发的《港口收费规则》和《船舶代理费收费规则》执行，但由于没有针对国际邮轮的收费规则与标准，目前的普遍做法是参照货运船只的收费标准执行。在实际操作中，针对中国目前邮轮港口收费远超周边国家和地区的现状，威海市应积极开展邮轮港口收费调研，参照上海港收费标准进行，给予企业相应优惠待遇。

（三）进一步深化境内外旅游市场促销工作

采取多种形式、多方渠道，在经济、旅游、文化、资源、环境和服务等多个方面加大对外宣传力度。利用威海城市的整体形象，借助人居节等各种重大对外宣传活动，扩大城市对外影响；利用各种对外交流、招商和经贸活动，强化对商务客源的宣传；利用人居城市品牌，打造"蓝色休闲之都、世界宜居城市"新形象。有针对性地做好旅游市场的宣传推销工作，搞好包装和策划，全力提高威海在国际旅游市场的知名度和国际邮轮公司的认知度，吸引国际游客前来旅游观光，吸引境内外邮轮在威海实施挂靠，从而聚集高端消费群体，拉动投资和消费，拉长全市旅游产业链，打造威海旅游新品牌，推动全市旅游和经济增长。

（四）进一步完善旅游行业岸基接待体系

旅游是邮轮产业的重要组成部分。要通过学习考察，总结借鉴先进地区邮轮市场发展经验，提高旅游目的地建设、旅行社经营管理、旅游航线开发服务方面的能力和水平，培养一批熟悉邮轮旅游业务操作和销售的邮轮专业旅行社。积极研究客源市场需求，开发策划适应不同市场的旅游产品和线路。

目前国内开设的邮轮相关专业的高等院校不到十家，而且发展缓慢，因此威海发展旅游产业首先要从人才培养开发下手，鼓励山东交通学院海运学院、山东大学（威海）等高等院校积极筹划，联合开办游轮相关专业，培养掌握较高的外语水平和具有旅游、航运知识以及一定经济管理知识的人才。

（五）统筹规划，加强基础设施建设

加强邮轮码头基础设施以及配套设施建设，为邮轮产业发展提供基础保障。把邮轮发展列入全市旅游总体规划、城市建设总体规划、港口总体规划和蓝色经济区港口物流平台建设规划，并尽快制定《威海市"游轮"旅游产业发展规划》，确立发展目标、发展重点和保障措施，加大政策扶持和投入力度，加快配套服务设施建设。依托周边资源，加快区域内的购物、餐饮、住宿、游乐等辅助设施的建设，为国际邮轮游客及船员提供消费、旅游、休闲等一系列服务功能。精心设计邮轮游客"一日游"线路，既要满足游客需求，又能最大限度地宣传本地的历史文化。大力发展邮轮供应业，为邮轮公司提

供质量高、品种丰富、价格实惠的邮轮所需物料。

上海市虹口区政府出于"想办法将人流、物流、商流都留住"的考虑，在虹口区北外滩围绕服务于航运集聚和邮轮母港而修建的 400 米休闲商业街、双向 6 车道快速道路、2000 车位停车场以及 100 多万平方米的高档商务楼，在 2010 年正式投入使用。这些建设和服务项目，值得威海研究、借鉴。

（六）优化通关环境，简化邮轮通关手续

简化邮轮和游客的出入境手续，进一步提高服务效率和水平，缩短通关时间，保证游客有充足的时间到岸上观光浏览。可以借鉴上海经验，提前办理通关手续。2010 年 2 月 15 日，英国冠达邮轮公司旗下的"玛丽女王 2 号"载着 2300 余名国际旅客到上海进行了 10 个小时的观光旅游，上海边检部门采取了"打前站"的操作模式，在该轮停靠的上一站香港即登轮为全部旅客办理入境手续。

（七）建设海上旅游基地，加快海上游艇俱乐部发展

根据规划局游艇产业发展规划，市区拟规划建设 6 处游艇俱乐部。威海市金线顶整体规划中的游艇港湾和游艇俱乐部位置好、条件优越，要充分利用这一优势，打造威海第一家高档游艇俱乐部。加大招商引资力度，拿出具有优势的岸线、陆域资源，吸引大的投资商来威海投资建设游艇俱乐部。建设和争取市政府对游艇俱乐部、海上游艇项目及海上观光游乐设施在用地、海域使用和环境评价等方面，在政策允许的范围内，最大限度地给予优惠支持。

（八）打造有中国元素、威海特色的国际"游轮"旅游品牌

当前国际上的汉语热、汉学热、中国文化热等现象说明当前国际社会的主流文化之一就是学习、研究中国文化。威海具有鲜明特色的胶东"海味"文化，应突出本地的特色资源，争取在国内沿海城市凸显强烈的特色，以此吸引这些游客选择在威海下船进行深度旅游。要开发连接中国知名城市、知名景观的"游轮"旅游线路，研究开发体现威海特色的文化要素，培育威海"游轮"旅游消费市场，发展自身的"游轮"旅游产业经济，同国际邮轮产业接轨。

（九）制定“游轮”旅游安全问题、环保问题对策

世界邮轮产业在快速发展的同时，必须面对一些现实的挑战。因此，威海以及我国其他发展“游轮”旅游产业的省市，在发展“游轮”旅游的过程中必须充分考虑这些挑战，并且提前准备应对策略。例如“游轮”旅游产业必须面对恐怖主义，发展“游轮”旅游产业过程中必须认真对待环境问题等。这些问题可以借助全球打击恐怖主义的经验防患于未然，借助发展的科学技术手段解决生态环境保护问题。

（十）积极培育本土“游轮”游客市场

现代国际“游轮”旅游服务的对象从初期的高收入有闲阶层向普通旅游者转移，“游轮”旅游的价格下降、行程缩短，从原先的奢华消费转型为贴近大众消费水平和短期度假需求，邮轮游客的平均年龄也从过去的 60 岁以上降低到 46 岁左右。目前，邮轮业在国内尚处于起步阶段，对大多数国人来说，“游轮”旅游仍是新兴事物，市场潜力巨大。应综合研究判断上述趋势，充分利用网络等资源平台加大游轮宣传力度，便于本地游客更深入地了解邮轮市场，加速邮轮需求市场落地发展。

（十一）明确区域定位与合作

大连、天津、青岛等城市在进行邮轮母港的建设中。威海应积极寻求与天津、大连、青岛的合作，实现功能互补、错位发展，突出在日韩航线方面的优势，吸引南方邮轮挂靠。充分发挥目前青岛、烟台、威海三市的陆（威青高速公路、烟威高速公路、青烟威荣城际铁路）、海（海上客运体系）、空（流亭国际机场、莱山国际机场、大水泊国际机场）运输体系优势，推动整个半岛“游轮”旅游产业的开拓，合作开发，共建山东半岛独具特色的“游轮”旅游经济联合实体。

鉴于中、日、韩三国正在形成互为目的地和客源地的合作势头，威海应充分利用优越的区位优势，加强同韩国、日本的合作交流，并以优惠的政策吸引日韩邮轮挂靠。威海市应对运营日韩航线的邮轮公司予以优惠，加强对日韩航线邮轮的扶持力度；做好日韩航线并形成威海优势品牌，逐步带动威海“游轮”旅游产业整体发展。

（十二）建立威海"游轮"旅游协会

由政府主导，成立以市场需要为导向的威海"游轮"旅游协会类行业组织，成员单位应包括旅游局、港航管理局、海事局、海关、出入境检验、边检、城市规划部门、交通运输局、公安局、环保局及工商管理局等，协会主要为"游轮"旅游行业提供组织、协调及其他的服务。通过各相关部门的紧密联系，加强沟通与合作，信息共享、资源整合，共同促进威海"游轮"旅游的发展。

（作者单位：山东交通学院海运学院

课题组成员：李光正　宋新刚　宋修福　沈光玉）

加快推进威海特色的新型城市化发展研究

郑　强

一　威海市城市化发展动力机制综合分析

实现城市化，是威海市委、市政府审时度势做出的战略决策。这一战略不仅是时代发展的新要求，更是建设现代化幸福威海的现实路径。

党的十八大以来，城镇化成为全国上下的发展热词。作为中国东部沿海发达城市之一，威海市发展基础具有地域相对集中，区域相对均衡，经济相对发达三个显著特点，同时还具有以下几方面的比较优势。

一是顺利完成城中村改造工程。历经 3 年集中攻坚，中心城区 77 个城中村完成整体拆迁改造，新建改造农村住房 19.1 万户；342.2 万平方米土地全部完成拆迁，129 平方公里范围内区域将实现真正意义上的城市化。新建经济适用房 7480 套，公共租赁房 3736 套，廉租房 556 套，发放廉租房租赁补贴 1809 户，城市保障性住房覆盖率达到 19.7%，帮助全市 28.8 万农户改善了住房条件，回迁新居，过上真正意义上的城市生活，标志着威海在全省率先解决了城中村问题。在城中村改造中，为保障群众利益最大化，回迁房要按高档社区标准建设，周边要全部绿化、美化、亮化、硬化，室内水、电、暖、气、电话、电视、宽带要全部接通，社区内学校、幼儿园、商业网点、卫生室、健身广场、文化室等公共服务设施要全部配套。同时规定，对居民的回迁房一律"拆一还二"，各村居还根据各自实际出台了奖励政策。

通过城中村改造，农村综合环境明显改善，完成 1165 个村的整治任务，占需整治村庄总数的 59.7%，被评为全省唯一的农村环境连片整治示范市；环保基础设施日益完善，全市 29 处镇级饮用水源地、2197 处村级饮用水源地全部划定了保护区域或保护范围。全市 26 条主要河流完成了清污、疏浚、蓄水、修复，化学需氧量、氨氮浓度同比下降 40.3% 和 19.3%；372 家规模化畜禽养殖场全部完成污染治理任务。建成 78 处镇村污水处理设施，在全省率先实现镇驻地污水集中处理设施全覆盖，污水集中处理率达到 83.6%；建成 51 座镇级垃圾转运站，垃圾无害化处理率达到 100%，初步实现城乡生活垃圾一体化处理，为城市的发展腾出了新的空间，城市功能有了新的提高和完善。2013 年威海市确定市级重点整治村为 270 个，其中荣成市、文登市、乳山市各 80 个，工业新区 30 个，开展以"三清三化"为主要内容的环境综合整治工作；环翠区、高区和经区在已经基本完成整治任务的基础上，对整治过的村进行完善提高、提档升级。同时，全市将开展"最美乡村"评选活动，促进环境整治上档次、上水平，促进乡村旅游发展。

二是城市化水平和质量较高。全市城市化水平由 1999 年的 41.7% 提高到 2012 年的 59.25%。分别比全国、全省平均水平高近 7.3 个百分点和 7.5 个百分点，位居全省第五位，县域经济综合实力列全省设区城市首位，荣成、文登、乳山三市全部位居全国百强县，全市有 11 个镇进入全国千强镇，超出全省 10 个百分点。在 2011 年全省城市化发展报告中威海城市化质量指数位居全省第 2 位，经济发展、社会发展、城市建设、人口就业、居民生活、生态环境六要素指标均居全省前 3 位，力争"十二五"期间威海市城市化率每年提高 2 个百分点左右，2015 年城市化率达到 67%，2020 年城市化率达到 75%。

三是组合型城市体系初步形成，城市体系趋于合理。围绕加快推进新型城市化建设，按照统筹城乡、布局合理、节约土地、功能完善、以大带小的原则，威海市委、市政府研究确定了"市域一体、统一规划、城乡统筹、均衡发展"的工作原则，提出了"中心崛起、两轴支撑、环海发展、一体化布局"的城市化思路，明确了以工业化带动城市化、推进城市现代化的城市化发展的空间格局。以中心城市为枢纽，东西拓展、南北延伸形成两轴，集中培育两条产业隆起带。东西拓展一轴，东至成山头，西至烟威边界，共同打造高端产业隆起带。东部以威海泊于逍遥湾为中心，加强规划控制，沿海岸线与好运角旅游度假区对接发展，建设以商务办公、滨海旅游、文化创意产业为主的城市东部新区；西部加快双岛湾区域的整体开发，完善张村、羊亭区域的城市功能，建设以高新技术产业和科技教育为主的生态科技新城。向南延伸一轴，经工业新区、文登市区延伸至威海南海，打造先进制造业隆起带。加强两条产业轴带的城乡规划、产业规划、基础设施等方面的对接整合，使之尽快成为工业化、城市化融合发展的新载体。

四是沿海小城镇异军突起，组成沿海千公里城镇群带。威海市拥有近千公里长的海岸线，全市 50 个建制镇中，有 21 个镇分布在沿海一线。去年以来，威海市将农房建设与小城镇建设、新型城镇化和城乡一体化有机结合，作为小城市建设的重要引擎，率先从自然条件独特、经济基础雄厚、最具发展潜力的沿海小城镇入手，先行突破，示范引路。在全市沿海小城镇启动了 149 个农房集中建设项目，以农房建设推进小城镇建设，以小城镇建设带动农房建设。

在推进农房建设中，威海市把握千里海岸线这一独特资源，以建设"创新开放宜居幸福的现代化新威海"为目标，邀请国内知名规划单位和专家对沿海城市带的空间布局和发展战略作出了科学规划，提出了"园区离海、居住邻海、旅游面海"的总体发展思路。去年，将农房建设、危房改造作为小城市建设的重要突破口，将沿海小城镇建设作为城市空间发展的重大战略和新型城市化的首选载体，鼓励最具经济基础和优越条件的沿海小城镇率先突破，以农房建设推动小城镇建设，推进新型城市化，促进城乡一体化。

各市、区村镇体系规划与《威海市城市体系规划》等市域整体规划有机对接，将农房建设与小城市建设、新型城市化统一衔接，统筹城乡资源配置和区域功能定位，效果显著。例如荣成市城市化建设，规划"一城、两带、三片区"（中心城市；沿海人居产业聚集带，内陆村庄聚合带；以市区为中心的中部发展片区，以石岛管理区为主体的南部发展片区，以成山镇为龙头的北部发展片区）的发展框架，计划用 10 年时间，使沿海城市形成经济发达、功能完善的沿海人居产业聚集带，就是充分体现。

五是威海市城市化外围环境机遇良好。首先，国家已经将山东半岛蓝色经济区发展上升为国家战略，将给予山东在发展海洋产业方面更多的优惠条件。威海市拥有山东半岛蓝色经济区的三大重点发展海域之一的文登南海新区。目前，根据蓝色经济区建设规划，威海市围绕构建蓝色经济区、高端产业聚集区，坚持以规划为引领、以项目为抓手、以产业为支撑、以创新为动力、以民生为根本，着力加快城市集群发展，推动全市城市化由偏重规模扩张向注重内涵提升转变、由偏重经济发展向注重经济社会协调发展转变、由偏重城市发展向注重城乡一体化发展转变，走资源节约、环境友好、经济高效、社会和谐、城乡互促共进、区域协调发展的新型城市化道路。

其次，一批大项目动工实施。目前，青岛—烟台—威海—荣成城际高速铁路正式开工修建，该工程总投资约 351 亿元，共建设线路长度 298.971 公里，连接山东半岛的三个主要城市，将建成半岛城市群间最重要的交通基础设施和最快捷的运输通道。华能石岛核电站总投资 400 亿元，是国内建设规模最大的核电站，也是全国乃至世界范围内技术领先的核电站。威海新港（50 万吨级）、文登新港（30 万吨级）正在建设中，且威海市大水泊机场也在扩建中。结合港口、机场、铁路等建设，这些大项目建设，使沿线农村人口和劳动力能够向城市就地转移，可以创造更多就业岗位安置沿线群众，必将带动威海地区城市化发展，成为威海市沿线农民发展特色产业的重要途径。

二　威海市在加快推进城市化进程中的制约因素

一是城乡差距大，城乡基础设施和公共服务设施水平差距明显。目前威海实现市域一体化的主要障碍在于其城乡之间的经济与社会发展差距较大，城乡、区域不协调的矛盾尚未消除，城乡基础设施和公共服务设施水平差距明显。小城镇不同程度地存在水、电、路、气、暖、环保等设施建设滞后于城市化发展的问题。全市 50 个镇中，集中供气普及率、集中供暖普及率、污水处理设施利用率远远低于市区水平；农村居民享受的公共服务、社会保障和公民待遇也远低于城市居民。实现市域一体化发展目标，首要的任务就是要缩小城乡之间的差距。

二是基础设施承载力有待进一步提升。首先，虽然威海市的工业基础较好，产业集群程度高、道路基础条件好、农业现代化程度高，但服务业、社会保障相对较弱一些。服务业比重只有 37.9%，一直是产业发展上的"短腿"，威海市打算依靠工业化来推动城市化，但是基础设施等服务业发展相对来讲比较滞后，在交通、供水、供电、供气以及教育、环境卫生等公共保障设施方面，还存在一定的制约因素，特别是随着城市人口的不断增多，扩容的压力越来越突出，而较滞后的服务业吸收就业能力不强，农村劳动力向城市转移的压力将进一步增大。其次，城市建设投融资能力不强，城市基础设施和公共服务设施远不能满足城市化快速发展的需要。大部分镇村自我筹资能力弱，政府基础设施建设投资又偏重于市区，导致镇村的基础设施建设远落后于城市。

三是城乡综合环境有待进一步整治。近年来随着威海市城市人口的快速集中，一系列"城市病"也集中地凸显出来。在治理城市交通拥堵、停车无序、道路破损、街道积水、建筑垃圾、工地扬尘、机动车尾气、近岸污水排放等方面虽然下了很大功夫，也取得了一定成效，但有些问题无法得到根治，还存在着一些与人居城市、环保城市、卫生城市不相称的薄弱环节，水源地、河道和入海口的污染问题需要进一步整治，机动车尾气、扬尘污染需要更严格的控制，城乡接合部、卫生死角必须加强治理。

四是城市发展方式急需调整。目前威海市城市化面临着资源短缺，特别是土地资源短缺的困境，土地资源的利用率有待进一步提高，有3000多亩闲置土地没有得到有效盘活。海岸线、山体的保护力度需要进一步加大，有200多处损毁山体没有得到有效治理。在城市化集约发展模式中必须节约、集约、高效利用土地资源，科学制定城市发展战略，合理确定城市建设项目标准，严格审批和检查建设项目，坚决取缔浪费城市土地的建设项目，充分利用现有城市土地资源，降低城市用地成本，提高城市土地利用率，做到"地尽其力"。

五是城市的管理体制亟待创新。当前的区域竞争已经由区位优势、产业优势的竞争转变为城市竞争，综合竞争力强的城市在城市化水平上也处于领先位置，上海的城市化率达到88.7%，北京、天津超过75%，深圳特区接近100%，珠海为88%，汕头为72%，其他沿海开放城市的城市化率也大都超过60%。各地围绕城市竞争采取了很多措施，无论是重庆的户籍改革还是广州的人才自由落户，无论是成都的农村土地资本化，还是天津的宅基地换房，其核心都是加快城市化，提升城市内涵，放大城市优势，增强城市竞争力。在城市竞争的新周期，各地都在积极行动，而威海市也面临着如何巩固老优势、打造新优势的重大课题。在新型城市化上先行一步，就能抢占区域竞争的制高点；落后一步，一时的差距就可能成为永远的落后。

三 加快推进威海特色的新型城市化发展策略

按照国际一般规律，当人均GDP超过3000美元时，城市化将进入加速期；国际经验还告诉我们当城市化水平超过30%之后，城市化也将进入快速增长期。市委、市政府高度重视城市化工作，顺应发展新形势，把城市化作为建设现代化幸福威海重大战略目标，为威海市经济社会发展提供了广阔的内需市场和持久的动力。

（一）明确把握威海市加快威海特色的新型城市化发展的总体方略

市第十四次党代会，确定了"中心崛起、两轴支撑、环海发展、一体化布局"的城市化战略，这是威海市中长期推进城市化建设的总纲。围绕贯彻总纲精神，在威海市组合型城市体系已初步形成的基础上，研究确定了新型城市化工作的总体思路和发展目标。

1. 加快中心城市崛起

首先，按照"外延拓展、内涵提升"的思路，围绕"两轴支撑"战略，实施产业布局与城市布局的优化组合和重点突破。一方面，以威海中心城区为枢纽，在东西海岸线发展方向上，西部以高区为依托，以双岛湾区域开发为引擎，带动初村科技新城快速发展为新的产业组团，并向南与汪疃对接，与工业新区连片发展，形成威海市区以高新技术产业为主体的西部城市组团；向东以经区为依托，将崮山、泊于、桥头等小城市串连成线，并通过泊于新区的适时开发建设，形成以现代服务业为主体的东部城市群。西部与东部通过市中心区有机衔接，形成中心城市东西发展轴。另一方面，从威海中心区向南，以工业新区为依托，以温泉、崮山为节点，先期完成威海市区与文登市区的轴向对接，并有序地向南海新区延伸，通过打造先进制造业隆起带，形成中心城市的南北发展轴。按照这个思路，中心城市跨入一个新的发展时代，真正拉开大威海的发展序幕，加快中心城市崛起步伐。

其次，完善基础设施、打造服务业产业集群，进一步巩固和提升中心城市的地位和功能。在推进金线顶、九龙湾、国际海水浴场"三条旅游产业带"和宝泉广场、高新商贸广场、乐天与九龙城休闲购物广场"三大商贸服务中心"等重点工程建设的同时，认真总结城中村改造工作的经验教训，按照建设精品城市的要求，对可开发的1.5万亩建设用地和规划项目重新进行一次规划评估，严格控制一般住宅开发项目，引入品牌开发商开发高端楼盘，积极发展旅游商业地产，并留足绿化和各类公共服务设施空间。

2. 实施环海发展战略

环海发展，就是沿威海市千公里海岸线，将中心市区、三市城区、沿海城市串连成线，形成组团发展的城市群。滨海区域是提升和拉动威海市城市化水平的关键。实施环海发展战略，就是要通过产业布局的优化和城市空间布局的有序引导，促进内陆人口向沿海流动、优势产业向园区流动，打造居住面海、旅游临海、产业离海的环海城市新格局。本着既着眼长远、统一规划、分步实施，又立足当前、抓住关键、集中突破的原则。

首先，在发展中心城市的同时，打破行政区划的束缚，抓好市域海岸线五大重要板块的发展，统一规划和统筹重大基础设施建设。①在荣成滨海一线打造北、中、南三大板块。北部沿海以成山作为培育重点，并加快港西向成山的对接，形成成山发展组团；中部则加快现有城区的拓展与建设，形成县域中心组团；南部则以石岛为重点，适时与人和、虎山对接，形成石岛发展组团。②通过文登市区与南海新区的对接和南海新区的东扩西拓，构建最具发展空间和潜力的市域南部经济区。③通过乳山市区与银滩度假区的相向发展，与海阳所、乳山口的加快对接，打造市域西部重要的海湾旅游度假新城。

其次，借鉴石岛管理区发展的成功经验，集中力量对具有一定规模和实力、发展条件好的沿海城市进行重点培育。在整合国家、省各类示范镇、试点镇基础上，重点加快10个省、市两级示范镇建设，逐步发展成为城市的重要组成部分或者各具特色的小城市。除执行国家、省的优惠政策外，市、县两级再从财政、土地、产业、行政管理体制等方面给予重点倾斜，促进重点镇做大、做优、做强，将重点镇培育成为市域城市体系的重要节点镇，其中部分镇力争发展为小城市。

3. 六大重点区域拉开市域一体化发展大框架

在中心城市区域，调整环翠区、高区、经区和工业新区四大功能区的辖区范围，实现各区"发展有空间、产业有差异、管理提效能"，培育威海市区域经济发展的龙头；对荣成、文登、乳山三市区域，打造经济发展新板块，在"沿轴和环海"空间上，形成产业隆起带和沿海小城市群。沿着这一市域一体发展的指导思想，着眼于打造区域发展新的增长极。目前，六大重点区域的开发建设思路更加清晰。①经区重点开发建设东部滨海新城。经区位于威海市区东南部，规划范围为泊于镇与桥头镇镇域。规划打造以现代服务和海洋科技为主导的滨海新城，以滨海新城为载体，推进市区东扩，增强商务和公共服务功能，提高对区域发展的辐射带动能力。②高区重点开发建设双岛湾科技城。规划打造以高新技术产业和科技教育为主的生态化科技新城，积聚科教和创新创业资源，成为推进产业转型升级、积极承接国内外高端产业转移的载体，力争建设成为威海市高新产业的新龙头、科教研发的新沃土、休闲疗养的新亮点和生态人居的新典范。③环翠区重点开发建设里口山风景名胜区。依托里口山山脉资源，将里口山、仙姑顶、华夏城等景区以及正在建设的温泉风情小镇南北连成一线，深度挖掘整合市区旅游资源，打造城区以休闲旅游、商业金融为主体的城市现代服务业主板块。同时，整合张村、羊亭各类资源，建设科技产业区，形成城市西部与双岛湾科技城对接的重要功能区，实现二、三产业互动发展。④荣成市重点开发建设好运角旅游度假区。规划范围包括成山、港西和埠柳三个镇，规划以好运文化为特色，打造国际高端休闲旅游度假区；充分利用大天鹅自然保护区的资源优势，创新发展冬季特色旅游，形成全天候旅游格局；提高旅游业的带动能力和品牌效应，推动旅游与相关产业的融合发展，打造东北亚旅游目的地。⑤文登市重点开发威海南海新区。近期重点推进南海核心区建设，以高端技术、高端产品、高端产业为引领，建设具有较强国际竞争力的现代海洋产业聚集区；完善城市功能，强化与威海中心城区的联动发展，打造现代化、国际化、生态化的副中心城区。⑥乳山市重点开发建设乳山滨海新区。将银滩旅游度假区和大乳山景区合并，一体规划建设，加快产业转型升级，提升产业层次，打造增强区域竞争力的重要载体；整合旅游资源，培育旅游品牌，优化、美化人居环境，打造富有魅力的滨海休闲度假养生区；加快交通设施建设，打造对接烟台、青岛的重要节点。

（二）威海市特色的新型城市化发展模式必须体现集约化、生态化

集约化发展是威海市新型城市化道路的必然选择。首先，城市化的主要内容是农村人口非农化，其外部特征表现为农民的减少和城市居民的增加，这个过程必须得到相应的资源支持。威海市农村人口基数较大，城市化进程中要转移到城市的农村人口众多。庞大的人口城市化对资源供给提出了巨大挑战。其次，城市化是人口、产业和生产要素量变和质变的统一体，质变是城市化的高级形式，是城市化科学发展的具体体现，而集约化发展模式正是城市化质变的重要途径。目前，威海市工业化、城市化面临着资源短缺，特别是土地资源短缺的困境，因此，城市化必须节约、集约、高效利用土地资源，充分利用现有城市土地资源，完善城市存量土地流转机制，适时调整闲置土地的利用方向；提高城市的空间利用率，包括地上和地下空间，开发修建高层建筑作为地上主体建筑，修建地下公路隧道、地下停车场、地下商场等建筑、设施，充分挖掘地下空间的潜力；提高城市建筑容积率，采用市场手段，推动空置建筑转租使用；加大土地管理的执法力度，依据国家相关法律严厉查处粗放型"圈地"、非法占用和建设等违规用地行为。

生态化是威海市新型城市化道路的必然选择。生态建设要从城外到城内、从面到点地进行。要大力开展封山育林、退耕还林，构建生态屏障；要积极倡导"生态农业"，优化农业产业结构，建立无公害、绿色农产品基地和有机食品基地，构建生态农业园区；要鼓励建设"生态工业"，调整工业产业结构，发展清洁、节能的新兴工业，淘汰高能耗、高污染的企业，建立生态工业园区；要全面建设"生态城市"，加强城市中心、道路两侧、河道两岸等重要地段和居民住宅小区、企事业单位等重要社区的绿化建设，加强城市河流湖泊、湿地和风景名胜的资源保护。

总之，在推进城市化进程中，威海市要坚持生态优先、集约发展的原则，

积极落实低碳、循环发展要求，充分挖掘城市现有潜力，提高城市资源利用效率，建设资源节约型、环境友好型城市。

（三）强化结构调整、转型升级，解决好产业支撑问题

推进威海市城市化需要处理好产业化和城市化的关系。城市是产业发展、经济聚集的结果，但没有产业支撑，城市现代化和新型城市化只能是无源之水、无本之木，城市化行之不远；没有城市作为载体，生产要素就无法集聚。所以，威海市要坚持以城市综合承载能力的增强支撑产业发展，以产业发展促进城市建设，努力实现产业发展和城市建设有机融合、相互促进。

目前，我国的城市化普遍存在"三个滞后"，即农业产业化滞后于城市化，城市化滞后于工业化，消费滞后于生产。结合威海市实际，着眼于解决"三个滞后"问题，要大力培植特色优势产业，推进产业集聚，夯实新型城市化的基础。

一是切实推动农业产业化。农业产业化是提高农村劳动生产率、释放农村劳动力的有效途径。要进一步完善城市集聚人口、产业、资金、技术、信息等功能，积极引导农村二、三产业向城市集聚，大力培育有利于解决农民就业、促进农民增收的龙头企业和农村经济合作组织，支持企业以适用的经营模式、合理的分配形式，引导农民积极参与农业产业化经营，提高农民的组织化程度。

二是切实推动镇园互动发展。发展园区可以引进产业项目，并通过生产、生活设施共用降低建设成本，是推进新型工业化和城市化的结合点。要积极推动省级开发区与镇区进行区划整合、功能整合、机构整合，让园区共享城市基础设施和各种资源条件，让城市通过园区提高对产业、人口的承载能力。要探索发展"飞地经济"，建立跨市、镇异地落户项目利益共享机制，集合力量推进工业园区建设。要建立完善单位土地投入产出绩效评价体系，适度提高开发区的建设容积率，进一步提升工业园区的发展质量，真正把园区的产业集聚、城市拓展功能有效发挥出来。

三是把提升第三产业发展水平作为城市化的重要支撑，切实提升服务业。城市化和第三产业的发展紧密相连。第三产业的发展需要以一定的人口规模为前提。只有人口数量超过一定的"门槛"，一些服务业才会出现。城市化的发展不仅能够推动以教育、医疗、社保、就业等为主要内容的公共服务发展，也能够推动以商贸、餐饮、旅游等为主要内容的消费型服务业和以金融、保险、物流等为主要内容的生产型服务业的发展。因此，我们要在放宽市场准

入、实施财税优惠、培育市场主体、强化金融扶持、保障土地供应等方面的同时，抓紧制定配套政策和实施细则，推动服务业跨越发展。要坚持相对集聚和点面结合，继续强化服务业产业载体建设，推进商贸业、制造业联动发展。要切实加大服务业投入，进一步完善以政府投资为引导、企业筹资为主体、民间资本和境外资本为支撑的投融资机制，确保服务业投资增速大幅提高。

（四）推进城市化，必须提升威海市综合承载能力

城市综合承载能力是一个新概念，同以往常用的"完善城市功能"相比，更全面、更直接、更科学。从宏观角度上看，它既包括物质层面的自然环境资源承载能力，如水土资源、环境容量、地质构造等；也包括非物质层面的城市功能承载能力，如城市吸纳力、包容力、影响力、辐射力和带动力等。从微观角度上看，它是指城市的资源禀赋、生态环境、基础设施和公共服务对城市人口及经济社会活动的承载能力，即整个城市能容纳多少人口，能提供多少就业岗位，能提供多少良好的生活质量等，它是资源承载力、环境承载力、经济承载力和社会承载力的有机的结合体。

1. 资源承载力

城市的建设和可持续发展需要以充足的自然环境资源作为基础。资源一般是指自然资源，主要包括土地资源、水资源、森林资源等。资源承载力主要表征指标有：人口密度反映人口集中程度；人均耕地反映人均耕地面积的拥有量；人均林地反映人均林地面积的拥有量；森林覆盖率反映土地的森林覆盖水平；人均粮食总产量反映人均粮食拥有量；人均水资源总量反映人均水资源拥有量等。随着威海市经济的快速增长和城市化速度的不断加快，城市发展中面临的人口、资源、环境压力越来越大，很多方面已超越了本地区的环境资源承载能力。

2. 环境承载力

生态环境的好坏是衡量经济发展质量的重要标志。完善的基础设施和公共设施、良好的人居环境，是促进城市经济发展、提高综合承载能力、构建和谐社会的重要基础和条件。环境承载力的表征指标有：废水排放量、工业废水排放量、工业废水排放达标量、生活废水排放量反映废水排放情况及达标水平；烟尘排放量、氨氮排放量、工业废气排放量反映废气及烟尘排放水平；本年度工业污染治理项目施工总数反映污染治理情况。

3. 经济承载力

经济发展是提升城市综合承载能力的核心问题，它是社会发展、环境改善、资源利用率提高及人们物质、文化生活水平提升的基本保证。2012 年，全市实现地区生产总值 2337.86 亿元，按可比价计算，增长 9.4%。按 2012 年年末全市户籍总人口 253.57 万人算，人均地区生产总值为 8.33 万元，城市居民人均可支配收入 28630 元，农民人均纯收入 13962 元，增速均为 13.2%，扣除价格因素，实际增长 11.2%，高于 GDP 增速 1.8 个百分点，为威海市加快新型城市化进程奠定了较为夯实的经济承载力，这些都将决定威海市城市化发展的质量和水平。

4. 社会承载力

社会发展是城市发展的最终目的，社会发展的目标是促进人民生活质量和社会精神文明程度不断提高，为人们提供安全舒适的环境、良好的受教育机会、健康保障及养老服务。社会承载力表征指标有：总人口反映人口规模；人口自然增长率反映人口增长状况；学龄儿童入学率反映儿童教育情况；万人中拥有初高中在校学生反映青少年教育情况；年底就业人员数、就业率反应就业岗位的供给情况；千人拥有床位数反映卫生建设状况；千人拥有卫生技术人员反映卫生服务能力；城市社会基本养老保险参保人数反映养老保障水平；人均拥有道路面积、人均公园绿地面积反映基础设施的建设状况。这些指标水平的高低也是支撑威海市城市化加快发展的动力。

总之，对威海市新型城市化进程中的资源承载力、环境承载力、经济承载力和社会承载力四个方面的表征指标进行评价及提升，对加快威海市城市化发展具有非常重要的理论意义和现实意义。

（五）实现全域城市化，要切实解决好农村人口转移问题，推进人的城市化

在鲜明的威海特色新型城市化里，其核心是人的城市化。加快推进威海市城市化建设，重点和难点是坚持以提质加速、市域一体为目标，以人的城市化为核心，把改善农民民生作为新农村建设的重要任务，加快新型农村社区建设，以农村居民市民化为重点，促进人口合理流动，提高公共服务水平，提升居民生活品质，使全体居民共享城市化发展成果。

根据威海市目前城市化发展实际，按照"安居、乐业、有保障"原则，解决好威海市农村人口转移问题。在可操作层面上，具体措施可以从以下几方面入手。

一是深化户籍制度改革。户籍是城乡二元结构最直接的体现，虽然威海市已经在概念上取消了农业、非农业户口性质的划分，统一登记为居民户口，但这只是户籍管理方式上的变化，实际上在社会保障、社会救助、就业、就学等方面依然存在政策待遇上的差别。这次出台的意见中，对本地农民在城市购房落户、投靠落户、投资落户、进城务工落户以及大中专毕业生落户的条件都进一步放宽，各级各有关部门要严格执行到位，引导本市农民合理有序流动。同时，要抓紧对分散在各部门中的相关政策和制度进行梳理，逐步消除城乡不同户籍的权利差异，弱化门槛限制，给进城农民平等的生存发展权利，最大限度地推进城乡居民平等化。

二是创新解决土地问题。土地是农民生存的基础，也是农民进城需要首先解决的问题。有关部门调查显示，目前农民进城的瓶颈就在于土地流转不畅，流转市场没有真正形成。对于农村土地承包经营权流转，中央在政策上有明文规定，允许依法有序流转。解决好流转过程中的问题，关键是抓住两点：保障农民的合法利益；建立健全流转制度。有了既灵活又规范的制度，农民才有条件参与土地流转；有了健全的利益保护机制，农民才有意愿参与土地流转。各级各部门在推动迁村并点、土地整治和城乡建设用地增减挂钩等工作时，都要坚持让利于民、服务于民，切实保护农民权益，真正让农民在土地流转中受益，绝不能打农民土地的主意。要抓紧完善农村土地流转制度，积极引导农民以土地承包经营权换股权、换租金、换保障，有序推动农村土地规模经营，提升农村土地资产价值。要尽快对全市农村承包土地进行确权，抓紧理顺土地承包权混乱的问题，及时核发农村土地承包经营权证书，为土地流转创造条件。要进一步增强各级土地流转中心服务平台功能，健全供求对接机制，提高价格评估、合同指导、纠纷调处效率，推进土地承包经营权规范有序流转。

三是时刻关注住房问题。目前，全市农村居民点面积约38.9万亩，人均用地面积195.9平方米，农村居民人均居住住房面积39.63平方米，都高于人均用地、住房的国家标准，而且随着经济社会发展，农村人口不断向城市转移，会出现越来越多的空心村，措施不当会造成土地大量闲置。加强集中居住区建设，是改善农民居住条件、推进农村住房建设和环境综合整治、提高农村土地集约利用率的有效途径。要坚持因地制宜，强化规划指导，加大资金、用地、信贷等方面的支持力度，鼓励农民以有房宅基地置换安置房，推动农村住房向小城市规模聚集。要以促进农民生活方式转变、提升农民生活质量为导向，不断完善住房保障制度，加快建立政府主导、统一规划、集中建设、市场化运作的住房保障机制，确保进城农村居民"居者有其屋"。

四是高度重视就业问题。要建立健全农民利益保障机制，被兼并村居民除取得土地承包经营权入股或转让收益外，还应享有兼并方提供的长久稳定的生活保障和就业保障。要利用好各类职业教育培训平台，大力实施农民技能培训工程，增强就业竞争力和对城市生活的适应性。对于有意愿和能力进城创业的，要纳入城市就业服务和政策扶持范围。金融部门要支持村镇银行、小额贷款公司和农村资金互助社建设，推进金融服务产品向镇村延伸，为农民创业提供有力的信贷支持。

五是努力提高保障能力。要探索建立城乡一体的社会保障体系，在养老保障制度上，按照"城乡一体、分档缴费、自愿选择"的思路，做好进城农民的新农保与城市职工基本养老保险、城市居民养老保险的衔接，逐步打破参保身份限制，实现参保人员全覆盖。在医疗保障制度上，要进一步深化医药卫生体制改革，整合新农合与城市居民医保制度，加强小城市和农村医疗设施、队伍建设，最大限度缩小城乡居民医疗保险差距。在社会救助制度上，要落实分层、分类救助办法，健全城乡低保标准自然增长机制，逐步形成一体化的社会救助体系。

六是完善教育均衡发展。加快推动城市化，需要统筹利用好各类公共资源。子女教育作为进城农民的迫切需求，可以说是除了房子之外农民集中居住的另一个"引子"。各级各有关部门要结合落实教育发展规划纲要，合理配置教育资源，科学规划城乡学校布局，统一城乡生均公用经费标准，均衡配置城乡教育设施和师资力量，推动优质教育资源向重点镇集中，同时在入学、购房等方面制定优惠政策，吸引农村人口向城市聚集。

综上所述，推进城市化是推动威海市经济社会持续健康发展的强力引擎，是威海群众对过上美好生活的强烈期盼，是构建一体化大威海发展格局的内在要求。我们一定要紧紧围绕建设现代化幸福威海这个总目标，以全域城市化为方向，以人的城市化为核心，着力推进规划全域覆盖、交通全域畅通、产业全域布局、公共服务全域均衡，着力提高城市综合承载力、集聚力和辐射力，着力推进市域农村居民市民化，以中心城市、次中心城市为核心，以六大重点区域、十个重点镇为新载体，以新型农村社区为基础，打造疏密相间、适度集中的集约化、生态化、组合型的现代化幸福威海都市区。

（作者单位：中共威海市委党校）

公安机关规范化执法研究

王文祖

执法规范化建设是公安机关一项全局性、基础性、长远性的重大战略任务，是一项涉及统一执法思想、规范执法主体、完善执法制度、规范执法行为、强化执法监督等诸多内容的系统工程，是新时期广大人民群众对公安机关的要求和期待，也是公安机关正确履行"保稳定、保平安、促发展"职责的内在需求。因此，不断提升公安机关执法规范化建设水平显得尤为重要。

一 公安机关规范化执法的意义

（一）公安机关规范化执法是法治社会的本质要求

党的十八大报告强调"推进依法行政，切实做到严格规范公正文明执法"，这对公安机关的执法工作进一步提出了要求、明确了任务、指明了方向。

（1）公安机关规范化执法是"法治"的应有之义。亚里士多德认为"法治应包含两重含义：已制定的法律应获得普遍的服从，而人们所遵从的法律本身应该是成文的和良好的"。换言之，法治的基本特征是：法在全社会具有至高无上的权威，社会的治理应该遵从良好的法律。由此可知，在一个法治社会里，包括公安机关在内的所有社会治理者和参与者都要承认并服从法律，任何组织、任何个人都不能超越并凌驾于法律之上。公安机关规范化执法就是要求每位执法人员的行为必须严格限制在法律的框架内，按照法律预先设定的模式、程序、规则、轨迹办事。

（2）公安机关规范化执法是"依法治国"的具体体现。党的十五大把"依法治国，建设社会主义法治国家"确定为治国基本方略并载入宪法，我国的社会主义民主政治和法治建设从此进入了一个新的阶段。党的十八大进一步强调"全面推进依法治国",指出"法治是治国理政的基本方式""更加注重发挥法治在国家治理和社会管理中的重要作用"。这一系列的战略决策与部署,其核心价值就是依法执政。这不仅仅是对执政党的要求,也是对党领导下的包括公安行政权在内的各种公权力行使的根本要求。

(3)公安机关规范化执法是依法行政的基本要求。依法行政是对行政权力运行的制约与规范,蕴含着授权与控权相统一的精神。公安机关规范化执法就是要实现准确、高效执法,对于没有法律依据的,不得使相对人承担义务或免除其应负的义务;在法律赋予自由裁量权的情况下,其执法行为应当合理、适当,不得突破法律规定的范围和界限;对法律法规、规章等有明确规定的,必须严格执行。

(二) 公安机关规范化执法是人民群众的前沿需求

公安机关承担的"保稳定、保平安、促发展"等职责无一不与人民群众的生产生活及切身利益密切相关。随着经济社会的发展、物质文化水平的提高,人民群众对公安机关及其执法工作产生了新的期待、新的要求。

(1)人民群众渴求公平正义。公平正义是衡量社会发展进步的标准之一,涵盖各社会组织和成员在经济、政治、文化等各领域和各层面的权利、机会、过程和结果的公平与公正。公安机关规范化执法的价值就是在法律层面上坚持以事实为根据、以法律为准绳,坚持法律面前人人平等,杜绝"人情案""金钱案"等现象,解决"同案不同罚""过罚不相当"等问题,做到合理合法、程序正当、及时高效执法。

(2)人民群众祈盼有尊严的生活。尊严不仅仅关乎温饱,更关乎在"全面建成小康社会"尤其是"建设现代化幸福威海"目标下的人民群众的幸福感。幸福首先源自人的生存权、财产权等基本权利得到普遍的承认和尊重。公安机关规范化执法就是将严格执法与热情服务有机结合,正确处理权利与权力的关系,把维权、亲民、安民、乐民、富民作为执法工作的出发点和落脚点,真正做到权为民所用、情为民所系、利为民所谋。

(3)人民群众追求知情权、参与权、监督权。公众对权利的诉求总会以其特有的方式实现。从广播、报纸、电视到网络论坛、社区、博客再到微博、微信,从"躲猫猫"到"打错人"、从"赵作海案"到"杭州叔侄案"、从"闯黄灯之诉"到"黄灯之囧"……公众获取信息的渠道越来越广,速度越来越快。公安机关规范化执法就是要认清公众对公共事件高度关注的本质是对其自身权利的担忧与重视。公安机关必须适应市场经济与自媒体时代的公众参与政治的新形势，通过公开、透明执法，满足人民群众对公安机关执法能力和执法公信力的深度关注。

（三）规范化执法是公安机关"转作风、重规范、提效能"的迫切需要

"转作风、重规范、提效能"是新一届威海市委就深入持久地开展机关作风建设年活动提出的主题，是适应新形势、应对新挑战、加快建设现代化幸福威海的重要保障。

（1）"转作风"之于公安机关就是要转变执法理念。理念决定思路，思路决定行为模式，行为模式决定执法的效果。一方面，受传统"官本位"思想的影响，不少执法人员在执法活动中总是认为自己处于优越地位，并以管理者自居，将相对人视为自己的附庸。另一方面，受"无讼"文化传统的影响，"民不与官斗"的观念依然存在。二者叠加，导致了随意执法的现象屡见不鲜。转作风，就是要牢固树立"执法为民"的执法理念，坚持"为民、务实、清廉"的群众路线，查找并改正执法工作中不适应形势变化、不切合发展要求、不符合群众意愿的突出问题，在维护社会稳定、协调各方利益、消除不稳定因素方面敢于创新、敢于担当，既要敬畏权力、慎用权力，又要用好权力。

（2）"重规范"之于公安机关就是要加强制度执行力建设。制度如渠，行为如水。渠道怎么设，水就怎么流。执法者守法本是天经地义，然而在我国社会主义法律体系基本建立的背景下，执法者有法不依、执法不严、违法不究的问题之所以不断出现，究其原因是制度执行力建设尚存在不足。"一打纲领，不如一个实际行动。"重规范，就是要认真查找执法工作中是否存在无章可循、有章不循、守章不严等方面的问题。要以建设法治政府、阳光政府为方向，在加大制度建设力度的同时，加快推进执法流程再造，确保各项执法活动能够按规范操作。

（3）"提效能"之于公安机关就是要提高执法公信力。"法律必须被信仰，否则它将形同虚设。"而公众对法律的信仰是通过执法者的合法行为得以树立的。因此，公众对执法者及其行为的心理认同、服从与尊重程度即执法公信力的高低，不仅关乎执法权威与法律尊严，更关乎社会稳定、经济发展和依法治国方略的推进。执法公信力的基础是公正执法，公正执法的前提是规范执法。提效能，就是要认真查找执法工作中有没有不作为、乱作为等问

题，通过正确的用人导向和考核导向，严明执法纪律，强化执法监督，从源头上预防执法"失范"现象，让正义以公众"看得见"的方式实现。

二　公安机关执法规范化建设的目标与任务

"全面提高公安机关执法能力和执法公信力，解决执法突出问题"是公安机关执法规范化建设的总体要求。结合公安机关的职能及其执法中存在的突出问题，公安机关执法规范化建设的具体目标与任务应当界定为：执法思想端正、执法主体合格、执法制度健全、执法行为规范、执法监督有效。

（一）从公安机关承担的职能上看

公安机关是武装性质的国家治安行政力量和刑事司法力量。作为具有行政管理职能和刑事侦查双重职能的政府部门，公安机关根据法律的授权，承担维护国家安全，维护社会治安秩序，保护公民的人身安全、人身自由和合法财产，保护公共财产，预防、制止和惩治违法犯罪活动的职能。据此可知，公安机关作为公权力的执掌者与行使者，不仅承担着保卫国家安全、维护社会治安秩序等公共利益的任务，还肩负着保护公民人身、财产安全等私权利的任务。

从法理上讲，公安机关的权力同其他公权力一样，均来自私权利的让渡，并以私权利为保护对象及权力行使的边界，这正是"夫妻在家看黄碟不能被追究"的法理基础。由此带来的问题是：如何界定合法与违法、违法与犯罪的边界，执法者应当怎样制止和惩治违法犯罪，谁有资格执法，对执法的行为如何监督，等等。对这些问题的回答恰恰就是执法规范化的目标与任务所在。因为，作为私权利的主体，无论是自然人还是法人或其他组织，无一不希望自己权力的代掌者能够依法、准确地行使权力，从而保障自己的各项权利不受侵犯。换言之，公安机关的规范化执法恰恰契合了这一法理基础，同时又为公安机关履行职能提出了理论支撑。

（二）从公安机关面临的客观形势上看

当前，我国经济社会正处于快速发展的关键时期，矛盾凸显期与政治敏感期叠加，现实矛盾与历史遗留问题叠加，思想观念多元与舆论掌控困难叠加，从而导致维护稳定的任务相当艰巨。诸多难以得到及时有效解决的社会矛盾和问题经常外化、激化为不安定因素和群体性事件。比如聚集上访、堵车断道，甚至打砸抢烧等事件时有发生，社会影响和危害相当严重。公安机关因此也不可避免地要站到处置群体性事件的第一线，充当维护秩序、处置群体性事件的主力军，并经常被置于人民内部矛盾的交汇点，甚至有时处于人民群众的对立面。这也是近年来警民关系恶化的一个重要因素。

上述问题的解决，关键还在于公安执法水平的不断提高。公安机关要履行好打击违法犯罪和保护人民的职能，就要清醒地看到公安执法工作面临的严峻挑战，并根据形势发展的需要，及时转换执法理念及执法方式，仅仅强调通过打击违法犯罪来保护人民利益是远远不够的。离开打击谈保护，怕漏不怕错，往往容易伤及无辜或者损害当事人的合法权益。更应当把打击违法犯罪和保护人民利益有机统一起来。即使是打击违法犯罪，也应当依法打击，应当将对违法犯罪者的打击与对其合法权利的保护结合起来。唯有加强执法规范化建设，才能从根本上杜绝"刑讯逼供""钓鱼执法"等因重实体轻程序、重打击轻保护而发生的"以暴制暴"的现象。

（三）从经济社会未来发展的趋势及需要上看

就国内形势而言，我国社会正处于从计划经济向市场经济、农业社会向工业社会的转型期，在全面建成小康社会和实现现代化的道路上，国家综合实力不断增强的同时也必然带来一系列的变化：农民失地与城镇化、人口流动与老龄化、职业变动与就业困难、观念更新以及维权意识加强等。由于区域、城乡、群体间的发展不平衡，贫富差距的进一步加大，极有可能给社会管理带来问题：土地征收、房屋拆迁等带来的利益冲突而引发的群体事件；人口流动、职业变动等改变了原有的熟人社会环境而给治安管理带来困难；经济的市场化、收入差距加大等打破了原有的秩序甚至诱发犯罪；等等。

从国际环境看，当今世界格局已呈多极化态势。经济的全球化和高科技的发展，使国际交往日益密切的同时，观念的冲突、宗教的冲突、制度的冲突等此起彼伏。尤其是面对中国的崛起，西方国家尽其所能地进行遏制与围堵，常以"人权""普世价值观"等为借口在意识形态领域进行渗透，以期引发国内的回应从而达到阻碍我国经济社会发展乃至颠覆人民政权的目的。

面对上述复杂的国际、国内形势，公安机关唯有改变执法思路和方式，加强执法的规范化建设，才能适应"稳定与发展"这一中国特色社会主义的内在要求。尤其是要将打击与防范违法犯罪有机结合起来，只有牢固树立"打击是手段，防范才是根本"的意识，真正做到"打防结合"，才能满足社会稳定、生产生活安宁这一人民群众的共同诉求。

三 人民群众对公安机关执法工作的反映

（一）公安机关的执法规范化建设成效显著

近几年来，全市公安机关坚持一体化推进、人性化执法、精细化要求、信息化管理，在扎实推进执法规范化建设的过程中，始终把执法水平提升、队伍形象改观、人民群众满意作为根本标准，执法规范化水平进一步提升。

首先是执法队伍整体素质有明显提高。近两年，威海市公安局曾荣获全省文明机关、全省执法规范化建设先进集体、全省打击防范两抢一盗大会战先进集体、全市行风评议优秀单位等多项荣誉称号。其次是警务工作成效显著提升。全市社会治安局势持续平稳，刑事发案数量稳中有降，打击处理效能稳步提高，很多先进经验被全省推广。再次是执法公信力显著提升。反映公安机关执法水平和队伍素质的主要指标进一步好转，连续 5 年未发生一起行政败诉案件。最后是群众满意度明显提升。社会治安满意度调查在全省名列前茅，民主评议政风行风名列全市行政执法序列前茅。

（二）人民群众对公安机关执法工作尚有不满之处

（1）执法中存在着随意行为，执法的公正性不足。部分执法人员在执法过程中滥用自由裁量权，不同程度地存在着同责不同罚的现象，尤其是存在着熟人或有裙带关系的人好办事的现象，执法公正性受到挑战。以歌厅、旅店、洗浴、废旧物品收购等行业场所的执法为例，对关系人开办或经营的场所不查或只是走过场，发现问题也只是简单处理，而对其他场所却严格执法。类似不一视同仁的做法引起了群众的极度不满。

（2）执法中重处罚而轻教育，执法目的性受到怀疑。教育与惩罚相结合不但是行政执法的手段更是原则，其主要目的是纠正并杜绝违法行为。然而公安机关在执法过程中不同程度地存在着只重处罚不重管理、只罚款不教育的现象，甚至部分执法人员完全忽视了教育手段的运用，一味地运用处罚尤其是罚款的手段，往往是款罚了，隐患却依然存在。例如，个别交警处理超载、超员的运输车辆，罚款就放行，未进行教育整改，导致越罚越超；在处理违章停车时，不分缘由、不听当事人申辩地罚款，致使许多刚刚发生的本来可以及时纠正的违章行为却因交了罚款而演变成真正的"合法"行为。这样做的结果是罚款数额上去了，而群众满意率却下来了。

（3）重视对大案要案的查处，对小案件、小事情、小纠纷等缺乏重视。群众评价公安工作，办案、破案、查处违法行为是关键，虽说大案小案都是案，但集中警力办大案尤其是一些在区域内有重大影响的刑事案件也就成了执法的重点。然而，大案毕竟是少数的，何况其判断标准也是以公安机关的视角为依据。在经济社会中，更多的小案、小纠纷、小矛盾才是直接影响社会稳定的潜在因素。对社会个体而言，任何一个案件都是大案，对小案的查处、办理、防范也是为民办大事。如果公安机关查处打击不力，放任小案件、小纠纷肆意发展，一方面存在着演变成大案件的极大可能。因为社会上普遍存在着"将事情闹大就会有人管"的思维方式，希望通过把事态"闹大"来惊动更高层的政府机关与领导，引起他们的重视，同时也希望把事件置于公众眼光之下，以形成强大的舆论压力和社会压力。另一方面，众多小案件、小纠纷得不到及时、有效的查处和防范，直接降低了群众的安全感。如因民事纠纷等而引起的一方当事人严重妨碍另一方生产或生活秩序的治安事件，如果公安机关接到报案后仅以存在民事纠纷为由而对存在的违法行为不予及时、有效查处，就极有可能引发重大刑事案件。

（4）对涉及公共安全的基础设施的规划与配置不合理。以与群众生活密切相关的道路交通安全设施为例，信号灯、交通标志、路面标线、护栏、隔离栅、照明设备等道路交通安全设施的合理设计与配置，不但是公安机关执法的辅助手段，对于保障行车安全、减少交通事故起着重要作用，更是对道路交通参与人行为的一种规制。但由于部分设施的设计与配置缺少充分的论证，致使有时形同虚设，例如行人不走斑马线、随意翻越隔离栏杆、"中国式过马路"，车辆违规调头和转向、违章停放等现象的发生不能说与此完全无关。仅就信号灯的配置而言，有的是全屏灯，有的是箭头灯，还有的是混合灯；有的路口设有"红灯禁止右转"的警示牌，有的没有；有的提醒剩余时间，有的不提醒；等等。信号灯配置的不统一，"红灯能否右转"竟成了一个困扰行车者的普遍性问题。再以速度监测装置为例，近年来，测速监控设施的布局呈现密集化趋势，但驾驶员因超速行驶而被处罚的数量并未因此而大幅降低。究其原因，固然有违章者本身的原因，但不可否认的是，公安机关对速度的限定标准也起到了推波助澜的作用，比如某路段是否应当限速、限定的最高速度应当是多少等问题存在，并逐渐演变成为群众的不满意。

（5）执法与服务质量、热情度亟须提高。首先是服务态度不热情。部分执法人员习惯以管理者自居，办事态度生硬，不能认真、热情地对待群众的咨询，"脸难看、事难办"的感觉在群众中依然存在。例如，少数民警接待群众报案或求助时，只是简单询问，根本没有了解实质，最终案件破不了或求助问题解决不了，群众认为是民警没有诚心办案。有些窗口民警长期面对群众回答同样的问题，产生厌烦感，对群众的询问态度冷漠，群众没听懂或表示质疑时，就发脾气或故意刁难，致使群众十分不满意。其次是执法效率不高。由于受到现行法规政策、技术条件等的限制，公安机关许多执法程序不够简化，突出表现在户籍管理和护照等证照的审批、办理与发放程序烦琐、周期较长，一件事经常需要往返多次甚至长时间地等待才能办完相关手续，影响了群众的正常生活、工作。加之部分办事民警又不能给予很好的解释和正确的引导，群众往往将不满迁怒于公安机关，会认为民警故意刁难，公安机关事难办。最后是执法过于机械，人性化不足。部分民警在执行职务时不善于分析具体情况、因情施策，结果使简单问题复杂化，群众意见大。比如在交通管理过程中，个别民警对能及时解决的问题也要拖到规定期满，有的甚至超过期限也未解决，甚至还将违章或事故车辆扣押达数月且保管不善，使群众遭受损失，引起车主极大不满。

（三）人民群众对公安机关的不理解

在"有困难找警察"已经成为一种社会共识的背景下，群众无限的期待与公安机关有限的职责之间产生了极大的冲突。公安机关转作风、重规范的同时，更要注重正形象、归正位。

（1）对"人民警察为人民"的理念误读。在现实生活中，更多的群众将这一理念解读为警察对任何人的任何事情都有责任，无论是什么人、什么时间、什么事情，群众的需求就是警察的义务，而且只能办好不能出错。正因如此，才会经常性地出现群众与警察之间的摩擦。比如，对于开锁、迷路等服务性的工作，老百姓普遍认为这是民警应该干的，殊不知很多是超出警察职能范围的；民警接到报警后已经出警，但是道路拥堵等现实原因，导致民警到达现场不及时，群众就会有意见；夜间民警对可疑人员进行盘查时，很多人认为自身没有问题，就会与民警发生矛盾。更有甚者，公安机关在非必要的情况下，不得已从事、参与非警务工作，如拆迁、征地等，造成群众与公安机关的对立……这些问题都可能导致民警被辱骂或被袭击。

（2）对"公正执法与执法公正"的认识分歧。二者虽然在本质上并无区别，但由于视角与标准不一致，评价者往往会针对同一执法行为出现褒贬不一的评价。公正执法更多倾向于法律视角下的评判，强调的是执法的合法性，即程序正当、适用法律准确、执法结果的合法与适当。而执法是否公正则更多是以社会公众尤其是以个体的利益甚至好恶为出发点和判断标准。当前，由于受到仇富、仇官等社会情绪的感染，加之执法信息的不对称，公安执法人员在查处违法行为时，尤其是执法相对方是一些弱势群体时，社会"公正"的力量往往会非理性地偏离法律的天平而向弱者倾斜。比如，对一些涉法无理上访的案件，群众往往只听当事人的一面之词，而无视事实的真相与法律的规定，片面地认为公安机关执法不公；在一些涉及人身伤害的治安案件的执法中，人们往往会更多地倾向于对受害者的同情，而无意探寻受害者是否也存在过错或滋事在先……这些现象在一定程度上强化了群众对公安执法工作不配合的意识。

（3）对"严格执法与热情服务"的理解偏差。执法与服务二者并不是相互对立而是辩证统一的关系，执法就是服务，服务也是执法。执法的应有之义就是要依法办事，"法无规定不可为，法有规定必须为"。公安机关的职能涉及刑事侦查、行政处罚等多个领域，尽管每个执法事项的启动原因不一样，但执法的本身就是为人民办事、为人民服务。"服务要热情"强调的是人民群众的主体地位，其实质是以人为本，体现在公安机关的具体执法行为中就是理性、平和执法，以理服人。严格执法绝不是怒目相向，热情服务也绝非仅仅等同于笑脸相对。然而正是由于群众对二者理解的偏差尤其是对"热情服务"要求的放大，执法民警在查处违法的行为中一旦情绪激动、态度严肃或语气稍有生硬，执法相对人就可能以其态度不好为由恶语相加、寻衅滋事，甚至蛊惑其他群众形成围观乃至阻碍执法。

（4）对"穿警服的都是警察"的认知误区。警服、警官证等无疑是警察身份的表象特征，只要穿警服的都是警察亦成为社会共性的认知。然而警察不仅仅存在于公安机关，即使在公安机关内部，民警、铁路警察、林业警察等警种也不易区分，况且法院、监狱等机关又存在着司法警察，这进一步加大了社会对警察身份认知的难度。这些问题的存在，都可能导致公安机关因代人受过而承担无妄之责。尤其是公安机关为了弥补一线执法警力的不足，录用并形成了另一支警力——协警。由于协警身份的特殊性——并非法律意义上的警察——故并无执法权，同时其行为又不能受到《中华人民共和国警察法》（以下简称《警察法》）的有效约束，加之受协警队伍的整体素质、流动性大等因素的限制，一旦协警的执法行为不恰当，如乱作为、不作为等，难免会将公安机关推向舆论的风口浪尖，从而引起群众的极度不满。

四 持续推进公安机关行政执法规范化的建议

行政执法的规范化虽然最终在形式上体现为制度化、程序化、标准化，但几者绝非完全等同。目前公安机关的执法规范化建设主要偏重于执法行为的规范化建设，而忽视了执法标准尤其是执法依据的规范化，使人民群众乃至公安执法人员对执法的目的产生了误解甚至怀疑。在公众普遍存在着行政执法等于惩罚或创收的认知下，执法的教育功能的淡化甚至缺失，难免会使执法规范化建设进入瓶颈。要持续推进公安机关行政执法的规范化，主要应从以下几个方面或环节入手。

（一）明确法定职责

主要解决的是公安机关应该干什么以及不应该干什么的问题，目的在于纠正公安机关的执法功能与服务功能已经被严重混淆，尤其是公安机关的服务功能正在偏离其主流工作任务的局面，实现其法定职责的回归。

（1）正确认识公安机关的服务功能。强调公安机关职责的回归，并非否认公安机关的服务职能。在维稳任务日益严峻的形势下，公安机关作为公共服务机构，其主流任务应当是集中精力打击违法犯罪活动，改善治安环境，增加公众的安全感，这在本质上是对人民群众最大的服务，更能体现人民警察全心全意为人民服务的宗旨。在此基础上，即使是为社会个体服务，范围也应限定在那些确实力所不及并且确属"急、危、难、险"的求助，不应当是为了追求让人民满意而毫无原则地对个体公民某些私权利的满足和服务。

（2）准确界定公安机关的职能。以《警察法》及相关法律法规、规章等为依据，科学划分公安机关的任务与职责，将不属于公安机关的警务工作如房屋拆迁等进行剥离，将不属于公安机关主管的事情或案件如邻里纠纷、老人赡养、欠债不还等交由司法、社区自治组织、法院等其他机构处理，以便腾出警力投入社会治安控防工作中去。

（二）公开执法信息

主要解决的是让人民群众知道公安机关应该干什么、谁在干、怎么干等问题，目的在于加强公安机关与群众之间的信息沟通，赢得人民群众对执法工作的了解、理解与支持。

（1）建立健全民主决策机制。建立健全包括公安干警在内的社会公众广泛参与的民主决策机制是公安机关执法规范化建设得以持续推进的前提和基础。首先，建立健全有公安机关全体执法人员参与的行政决策机制。这有利于提升执法人员对执法依据、标准等的价值认同和行为服从。执法规范化建设所强调的统一执法思想，并不意味着将决策者与执行者截然分开，更不意味着把执行者的思想简单地统一到决策者的思想上来。只有赢得执行者心理上的认同，执法行为才能达到决策预期的效果，否则就难免出现有令不行、有禁不止。执法者全员参与决策机制的建立与完善，恰恰能有效地实现执行者与决策者身份的统一，并达到执法思想的统一，最终转化为规范化执法的自觉性和积极性。

其次，建立健全社会公众参与的行政决策机制。这有利于提高决策的科学性，有助于公众对执法工作的理解、支持与配合。公安机关的执法理念无论如何确立，其核心都是"以人为本"，都体现着人民群众的主体地位。公安机关的执法工作如果离开了群众的参与、支持与配合，无疑将寸步难行。群众的需求和期待都应当成为决策者在决策时必须倾听和考虑的因素，否则，任何一厢情愿、自说自话式的决策，结果要么无疾而终，要么形同虚设。

（2）公开执法内容。对执法内容的公开不仅能赢得群众的理解和支持，更是提高公安机关执法规范化水平的重要途径。公开执法内容应当全面、及时、持续。所谓全面，就是要在"以公开为原则、以不公开为例外"的基础上，公开的范围不仅包括公安机关的职能与任务、执法主体及权限、执法依据及标准、执法流程及时限、自由裁量权幅度等法定内容，还应当包括行政决策的过程及结果、执法设施与手段等自决行为，同时还应当为有利害关系的当事人查询个案的进展情况提供便利条件。所谓及时、持续，就是要在时间上对所有公开的内容及时更新并保持公开渠道的畅通，便于为公众的行为提供规范与参照，防范违法犯罪行为的发生；便于公众了解、比较与评判案件的处理结果，监督执法人员的执法行为；等等。

（3）打造多元化的信息公开平台。这不但是满足公众实现知情权、参与权与监督权的重要手段，更是实现执法信息公开的核心内容和必要手段。除继续借助报纸、杂志、广播、电视、广告、电子屏幕等传统警务信息公开媒介外，适应网络时代不断出现的新技术、新媒介、新途径，重点应加强电子警务建设，确保国家和公安机关制定的各种政策与法律法规及规章制度、警务决策、大案要案的侦破、社会治安状况、违法犯罪现象及其发展趋势等公众关心的信息，能够通过警务信息网络在第一时间到达公众视野。同时，公安机关还应当把利用网络了解社情民意、把握社会热点作为调查研究的新途径，作为制定政策、决策部署的重要依据，作为关注民生、联系群众的重要渠道，把信息化条件下公安机关维护社会稳定的各项工作做深、做细、做实。

（三）执法管理法制化

主要解决的是公安机关内部管理行为的规范化问题，目的是为公安机关实现整体执法质量和执法水平的提高提供保障。

（1）理顺内部关系。首先要规范市局执法办案部门与基层单位的关系。要按照各部门职责、任务以及案件管辖的相关规定，划清各部门与各单位的职责，明确责任，避免出现执法办案推诿、扯皮、"撞车"现象。其次要明确应规范的执法主体，包括部门及警种。公安执法规范化建设并非"全警齐上阵"，更不能对所有部门和警种一概而论。应按突出重点、有利工作、有序推进的原则，对治安、刑警、交警、巡警、看守、派出所等警种部门重点加以规范，其他部门次之。在此基础上，各部门应当按照法律、法规和业务分工的要求，弄清本部门的权限和责任，从而有针对性地对执法行为和办案程序加以规范。最后要实行分类规范。在限定范围、严格标准、上岗必考、离岗失效、优胜劣汰的原则下，通过实行办案民警资格认定制度，将执法办案民警与其他民警分类管理，尤其对于虽不具有执法资格却参与执法活动的协警等人员，一方面要对其加强管理，另一方面要在条件成熟或允许的情况下进行清理，以确保执法队伍的专业化。

（2）格式化执法行为规范。公安部制定的《公安机关执法细则》已经为公安机关的执法活动提供了非常详尽、完整的行为规范。然而，由于该细则属普适性规章，仅从公安机关各警种的特殊性、各地方的风土人情与文化传统而言，很显然不是包治百病的"药方"。更何况该细则长达几万字的内容，也难免会冲淡其立法本意与实施效果。这一问题的解决，需要各级公安机关以该细则为蓝本进行因地制宜、有的放矢的再转化，以规范治安盘查与检查、交通管理、重大突发事件、刑事侦查等执法行为为重点，分门别类地形成语言简练、易懂易记、实用性强的具体和细化的执法行为规程，简言之，就是不论机关领导还是各警种民警，只要看了规程就能非常容易地搞清执法活动中哪些是应该做的，哪些是不应该做的，应该做的要如何做，并逐步养成执法人员良好的、规范的行为模式。

（3）科学配置执法资源。人、财、物等是公安机关执法工作中不可或缺的资源，执法资源的合理化配置直接决定公安机关的执法效率与法定职能的实现。

首先应当注重警力开发与结构调整。所谓警力开发，就是在民警数量无法大幅度增加的条件下，通过培训警察、岗位练兵等来提高单兵素质与每一个基层单位的合力素质，变三个人办一件事为一个人能办一件事，甚至一人能干三人的事，从而提高工作效率。结构调整就是要将警力向基层单位和执法一线转移，打造宝塔形的队伍结构，下面很大，上面很尖，指挥系统少而精，把大量警察都推到一线，走上街面、走向广大农村、走向社区，并工作于群众之中，通过广大基层民警细致的工作有效防范违法犯罪行为并将其消灭在萌芽状态。

其次是制度的供给要向执法一线倾斜。鼓励民警到基层、去一线，单靠精神支撑并非长久之策，还应当辅之以经济、政治待遇等手段并将其制度化，让广大民警愿意去、留得住、干得好。

最后是技术与装备等要向信息化建设侧重。全面实现网上办案，以此满足执法规范化和队伍正规化的要求。通过网上办案，使基层一线办案单位从报警登记、案件受理、立案审批，到采取强制措施，如批捕、移送、起诉等，均在网上操作运行。

（四）执法监督长效化

主要解决的是对公安机关的内部与外部监督问题，目的在于持续推进公安机关的执法规范化建设，为公众监督权的行使提供畅通的渠道和机制。

（1）进一步完善公安机关内部的监督机制。严格执行公安部发布的《公安机关督察条例》等有关公安机关执法内部监督的规章与规定，继续围绕执法考评精细化的要求，以执法公信力提升、涉警信访与投诉下降为标准，实现对所有警种的执法活动考评的全覆盖、全程化。在扩充考评内容、细化考评标准的同时，不断调整考评方式，提高考评指标与体系的科学性与有效性。坚持个案考评、日常考评、年度考评相结合，问卷调查、实地检查、回访回查相结合，既考评执法案件数量又考评执法质效，既考评执法办案工作又考评执法基础工作，既考评法律适用是否准确、执法程序是否合法又考评执法方式是否得当、当事人是否满意，等等。考评结果应与提拔晋升、评先选优等挂钩，通过责任追究、严格落实考评结果刚性兑现，使规范执法成为衡量民警绩效、左右民警收益、决定民警任免的重要依据，促进执法质量的整体提高。

（2）完善公安机关外部监督的内容与机制，并使之常态化，以此提高公安机关执法规范化建设的水平。对公安机关的外部监督主要来自公众的投诉与建议、舆论监督、政府监督、人大监督、司法监督等。就外部监督的内容而言，一方面不仅包括具体行政行为，更应将抽象行政行为纳入监督的视野。按照我国目前的行政法律制度，抽象行政行为被排除在法院审判监督之外，加之抽象行政行为并不是针对特定的具体人或事，致使包括公安机关在内的法律主体对抽象行政行为合法与否很少予以关注，其结果往往是抽象行政行为的不合法而导致大量的具体执法行为违法。事实上，既然抽象行政行为属于公安机关的行为且直接指引执法行为，同样也存在是否合法的问题，因而也就存在损害公民合法权益的可能性，甚至其危害性要远比具体行政执法行为范围更广、影响更大。另一方面不仅包括公安机关的积极行为，也应包括公安机关的不作为。公安机关的执法可能会因为实施某种行为而违法，也会因为不履行法定职责和义务而构成违法或侵权。

目前，威海市市级机关的行政复议工作主要集中于政府法制部门，但这并不应成为公安机关忽视外部监督尤其是公众监督的理由。相反，公安机关开通独立的渠道或平台，依托其内设的法制机构自行处理公众的投诉，体现了"有权利就应有救济"的法治原则，有利于克服行政复议在程序上的局限性，更会因高效的异议处置机制而极大可能地减少甚至消灭社会不稳定因素。

（3）进一步优化公安机关的执法环境。对违法犯罪行为的打击与预防虽然属于公安机关的法定职责，但社会治安环境的根本改善、违法犯罪行为的杜绝、群众合法权益的保护等也决不仅仅是公安机关的任务，更需要政策的支持、社会的协同。由于受公安机关职责边界不明、警力不足、保障缺失等多方面因素的影响，在公安机关以服务经济社会建设的大局为己任的形势下，要通过创新来不断优化公安机关的执法环境，以提高人民群众对公安执法工作的满意度。

首先要树立正确的舆论导向，逐步矫正并正确引导公众对公安机关的认识，尤其是要让群众对公安机关的职能有理性的认识，以消除在公众中存在的抵触甚至对立情绪。

其次要不断完善对公安执法工作的评价机制，群众是否满意固然是评价公安执法工作的标准，但并不意味着就是唯一的评价标准。群众对公安机关执法工作不满意，有些的确是与执法行为有关的主观原因，但也有的是因法律法规和政策的限制及其他客观原因，更何况对于受到公安机关惩罚或制裁的相对人而言，往往很难让其做出满意的表示。创新评价机制的目的就是要对公安机关的工作能够做出客观、公正的评价。

最后要在政策乃至资源上进一步加大对公安机关履职的支持与保障力度。

现代化的幸福威海需要现代化的警察队伍。警察是职业更是荣誉，只有对人民警察提供有力的人身保障、后勤保障、技术保障等，才能将这份荣誉和自豪转化为执法为民的无穷动力，才能转化为规范化执法的自觉行为。

（作者单位：中共威海市委党校　课题组成员：郑玉婵　胡　静）

打造全民参与的威海旅游体系

徐 杰 徐丽卿

威海和丽江都是以旅游扬名的城市，两市在旅游要素上有许多相似之处。同样是小城，同样是气候宜人，同样是生活节奏舒缓，同样是地理位置相对偏狭。但从产业贡献度来看，丽江的旅游产值规模及比重远高于威海，海内外知名度也胜于威海。一个重要因素在于，两地的旅游发展模式和民众参与度不同——丽江旅游的发展形成了全民参与的模式，做到了旅游发展力量的高度整合，这对我们有很好的借鉴。

本文将立足于两地旅游业的发展实际，进行比较分析，以期为威海旅游发展提供新的思路。

一 丽江市全民参与旅游的经验做法

改革开放以来，丽江历届党委、政府立足于得天独厚的旅游资源，以加快发展高品位旅游目的地为重心，坚定不移地实施"旅游先导""旅游带动""旅游强市"战略，抓住1996年震后重建机会，实现了旅游产业从"接待事业型"到"经济产业型"继而再到"支柱产业型"的转变，使丽江从一座名不见经传的西南边陲小镇发展成为富裕、繁荣、文明、和谐的世界级旅游文化名城。

丽江旅游在多年发展中，形成了突出的品牌效应和影响力，其旅游资源中自然景观和人文特色兼备，纳西族风情浓郁；旅游服务配套便利，吃、住、行、游、购、娱形成了完整的服务链条，旅游产品丰富多样，独具特色。尤其值得关注的是，在丽江，无论是城镇还是农村，无论是专业导游、客栈老板、店铺业主，还是普通居民，都能够以开放的心态来迎接四方来客，有很强的旅游目的地的主人意识，形成了全民参与的旅游发展体系。具体来讲，有如下经验。

1. 注重顶层设计，确立全民参与旅游的先进理念

明确旅游业在全市经济发展中的支柱地位。在市委、市政府的正确领导下，树立"旅游兴则百业兴"的发展理念，全市上下出现了"打旅游旗、创旅游牌、唱旅游戏"的崭新局面，形成了全民参与旅游的风气，个体、集体、国营等各种不同形式的经济组织都纷纷参与旅游业，根据各自的实力，能大则大、能小则小，灵活运作。

同时在旅游业发展过程中，强调保护自然的生态环境与维护文化的丰富生态并重，一方面通过发展旅游，加强了天然林保护，营造人居环境；另一方面加强了民族文化的保护、发掘、传承，维护了区域文化的多样性共存。丽江的独特魅力，除了古老的城镇、浓郁的纳西族风情、清新的自然环境，更重要的是丽江的特色文化，有手工的披肩、古法造纸作坊、特别意义符号的木雕、原创歌手的唱片，还有各种各样闻名天下的特色酒吧。这些店铺与工艺都来自传统和手工，论产量和质量都无法与现代工业产品相比，但里面所包含的文化气息，使它们具备了独特的魅力，成为当地文化生态的丰富体现。而丽江市政府从租金上、税收上给了它们很多政策的优惠扶持，目的就是保留它们的存在，这个存在的本身就价值无穷。

2. 注重政策扶持，打造全民参与旅游的制度基础

在旅游管理中，丽江以"政府指导、市场主导、企业为主、行业自律、市场化运作"为原则发展旅游产业，对旅游的六大要素进行宏观调控，建立了"分级管理，分工负责，分类指导，各负其责，职能清晰，奖惩分明"的激励考核制度，实现了"三个率先"：率先在全国实施"一卡通"管理，建成了集管理、结算、交易功能于一身、略具电子商务雏形的商务平台；率先实行了旅游企业行业自律、旅游淡旺季价格和旅游企业积分量化管理；率先制定了行业最低自律价格，禁止低价竞争。以"诚信经营、优质服务"为核心，组建了旅游诚信服务质量监理公司，负责监督各行业协会之间的自律公约执行，努力打造规范、和谐的旅游环境，维护游客的合法权益，维护丽江旅游的良好形象。

3. 注重力量整合，形成利益共享的良好格局

丽江各级各部门都能够充分认识到旅游业发展在全市经济社会发展中举足轻重的地位和作用，围绕旅游发展目标开展工作，通力配合。在民众中加强宣传引导，丽江人经历了从20世纪80年代的不懂旅游、排斥旅游，到20

世纪 90 年代的接受旅游、从事旅游，再到 21 世纪的大力维护旅游、参与旅游的转变过程，形成了全民参与的发展合力。

十多年来，随着旅游业的发展，人们的思想观念得到了转变更新。丽江古城的开发带动了古城居民生活品质的显著提高，泸沽湖的开发带动了落水村的迅猛发展，玉龙山的开发带动了大东、大具两乡景区周边群众脱贫致富。特别是通过发展旅游产业，既转移了农村剩余劳动力，加快了城镇化进程，又在机场、高速公路、宾馆酒店、房地产开发、信息化建设等基础建设领域取得了令人瞩目的成就。

二 适合全民参与的威海旅游资源

作为中国优秀旅游城市，威海拥有山、海、滩、泉、岛等丰富的旅游资源。近年来，随着人们生活水平的提高，以海洋为中心的一系列旅游项目如火如荼地发展起来。但是从总体上说，威海市旅游业尚未形成产业链条，没有凸显出朝阳产业的优势。旅游业发展的广度、深度都远远不能适应经济发展和人民生活水平提高的要求，也远未能满足休闲旅游发展的强大需求。借鉴丽江经验，推动全民参与旅游，威海有丰富的资源优势。

1. "宜游宜居"的旅游资源分布广泛

威海的旅游资源，可以概括为宜游宜居。随着国民生活水平的提高和旅游业的发展，休闲度假式的旅游逐渐取代景点游和观光游成为主流。而休闲旅游的主要目标之一，是从自己的日常工作和生活状态中抽离出来，以另外一种生活方式投身他处，在放松的状态下获得愉悦的心灵体验。这个目标要求旅游目的地必须能让人"闲下来""松下来"，即具有"休闲"的环境与氛围。以威海而言，本身具备极好的"休闲"禀赋，分布广泛，可谓"软硬俱佳"，适合民众参与经营。

从自然环境上看，山清水秀、景区众多，可用于休闲的领域广阔；四季分明，气候宜人，冬无严寒，夏无酷暑，既不干燥，又不潮湿，具备海洋性气候的优点，却没有海洋性气候的缺点。从自然资源上看，环境优美，风光秀丽，城、山、海、岛、滩、湾、林、泉等独具特色。空气清新，全年优良率几近 100%，有人戏称威海的空气可以"原装出口"。全市森林覆盖率近40%，市区绿化覆盖率近 50%，走在威海，会深切感受到"山在海中，海在城中，城在树中，人在绿中"的特色。作为第一个"国家卫生城"，威海获得过国家园林城市、绿化模范城、环保模范城、中国人居环境奖，以及联合国

"改善人居环境最佳范例城市"奖、联合国"人居奖"等称号，被称为"世界上最适合人类居住的地方"，这是开展休闲游的硬环境。从人文环境上看，威海民风淳朴、文化多元、历史悠久、城小人少、生活节奏舒缓，这是开展休闲游的软基础。

2. 丰富的民俗旅游资源空间广阔

近年来，全球旅游的开拓发展趋势，已从强调传统的"3S"（Sunlight，阳光；Sandy beach，沙滩；Seawater，海水）向强调更为广袤而深邃的"3N"（Natural，自然；Nostalgia，怀旧；Return Native，回归乡土）转变。

民俗旅游是"3N"的载体之一。为适应这一变化，各地近年来都在大力发展民俗旅游，挖掘潜力，寻找亮点，推出了一条又一条的民俗旅游专线。例如，山东日照、长岛的民俗渔家游、京郊的"农家乐"等吸引着相当多的城市游客纷至沓来。

"海文化"是威海旅游之魂，也是威海旅游最具特色的核心竞争优势。威海海岸线绵长曲折，沙滩质地优良，沿途多处岬角海湾，整个沿海风景线风光绝美，道路条件优越，适合野餐、垂钓、远足、骑行、婚纱摄影、家庭摄影等休闲游活动。

同时威海民俗有浓郁的"渔捕文化"特色，渔民通过长期与海打交道，形成了独特的渔家风俗，既有渔民节祭海等独特的仪式，如祭祀仪式、渔民号子、渔家大鼓，又有海草房这样独特的地方建筑，还有独特的民俗艺术，如乳山大秧歌、乳山琴书、乳山喜饼、威海剪纸、文登面塑、脉田糖瓜等。

民俗是地域文化的重要载体，是需要传承的区域特质，也是旅游服务中独具魅力的展示内容，是旅游产品多样化的供给渠道。通过开展民俗旅游，既可以为农民提供收入，创造巨大的经济效益，又可以起到振兴文化事业发展、维护地方文化生态的社会效应。

3. 城铁开通带来的旅游发展新契机

伴随着威海城铁时代的到来，借助与青岛的对接，威海将跳出地域偏狭的束缚，融入半岛经济合作的大舞台。城铁的开通将结束威海交通的尴尬局面，大大缩短与周边城市的交通时间，必然吸引大量的游客来威海度假。

除了自然风光和文化资源的优势，威海的深层魅力更在于小城生活的恬静气质，区别于大城市的繁华，远离繁重工作的忙碌，消减生存的竞争压力，以柔性、慢节奏、舒适为特色，胜在清新、休闲、放松、安逸，让游客来了就想住下，住下就不想走，走了还想再来。这就为威海的旅游发展创造了大量的就业岗位和服务领域扩展机遇，为全民参与旅游提供了巨大的消费市场和发展空间。

因此，无论是从威海旅游当下的发展格局，还是从未来威海旅游的比较优势和发展空间考量，借鉴丽江旅游发展的全民参与经验以振兴威海的旅游业都具有可操作空间和巨大的发展潜力。

三 打造全民参与的威海旅游体系

1. 确立全民参与旅游发展的理念

从丽江的旅游发展经验来看，丽江政府将旅游作为支柱产业来发展，充分发挥了丽江的资源禀赋优势。这一点，对于威海构建全民参与的旅游体系具有政策导向标的作用。观念决定成败——一个城市的发展一定要有一个主线，从经济学的角度来看，就是要充分发挥其禀赋优势。威海拥有如此丰富的天然旅游资源，发展旅游业可以突出其资源禀赋，既符合经济发展规律，又符合威海多年打造的"生态、环保、美丽、宜居"城市形象，是对这个城市名片的有效拓展和深化。因此，只有政府确立威海旅游业的支柱产业地位，才能对其发展有一个长远规划。制定旅游业相关发展政策，尤其是针对全民参与提供政策扶持，各级各部门要统一认识，为打造威海大旅游而共同努力。

2. 进行旅游资源与服务的充分整合

威海旅游的黄金期在每年的 5~10 月，大量的游客集中到来，旺季时各种旅游资源紧张，淡季时大量旅游资源闲置。这在一定程度上成为威海旅游发展的难题之一。另外，威海旅游发展尚未形成整体合力，各行业、各单位独自为战，资源得不到充分利用，服务链条有待完善。因此，进行旅游资源和服务的充分整合是当务之急。

（1）进行旅游整体宣传与推介

在旅游的宣传和推介上，致力于整体出击、突出特点、拓展平台。政府出资并牵头，将景点、交通、住宿、商务、会展、渔家乐等资源整体打包，集中宣传，形成大旅游的整体形象。

在宣传上更加突出特点，"走遍四海，还是威海"是一种宽泛意义上的目标引导，"千里海岸线，一幅山水画"是一种白描式的形象营销，如果再辅之以"海滨小城，休闲养心"的城市定位，将使威海的旅游推介从内到外、由表及里的形象塑造更加完整，特色更加鲜明，也更能充分突出其资源优势。

在导游词的设计和创作上，要注重个性、契合地方资源特点和人文特色，摒弃以往呆板的、大通套的解说方式，从内容和形式两方面进行创新设计，既能体现地方特色，独具一格，又充满活力，让人耳目一新。

在宣传平台上，除电视台、报纸等传统媒介之外，应充分重视网络这个营销平台，通过网络媒体、微博、微信等手段形成以现代信息技术为支撑的立体营销。

（2）打造整体旅游环境

在构建全民参与的旅游体系时，离不开政府对优良旅游环境的打造，离不开对违规经营的有效管理。因此，政府在大环境和管理上有许多工作要做。

一是"诚信"建设。如旅游产品的销售（质量、价格），旅馆饭店的经营和服务，农家乐和渔家乐的规范管理等，为旅游者打造诚信的、放心的消费环境和消费体验，形成良好的口碑。无诚信是当前各地在旅游方面普遍存在的问题，如果我们解决好了，就会形成非常突出的优势。

二是"服务一条链"建设。比如，顾客在旅游过程中购买的大宗商品，商家可以提供打包、寄存、邮寄服务，解除旅客携带的麻烦，免除其购物的后顾之忧，形成一整条服务链，让游客无处不放心，无处不自在。

三是对从业人员加强培训和管理。既包括旅游管理者和旅游服务者，又包括宾馆、饭店、农家乐等各方面的从业者，从精神面貌、服务规范、服务理念等方面全面加强培训，提高素质，创造好的服务氛围。

四是加强行业协会的建设。利用行业自律进行市场管理，建立参与旅游行业的业主管理档案，建立诚信等级制度，用制度规范旅游企业经营行为，加强行业管理力度。

3. 整合闲置资源，盘活人力物力

（1）借鉴管家管理的模式，充分利用闲置房源

住宿上的"一房难求"，是威海旅游旺季时经常出现的现象。而威海同时存在大量的非经营性房源：一是伴随威海"城中村"的改造而出现的大量闲置房；二是大量外地业主购买的养老用房，暂时闲置。将这部分住房纳入威海的旅游中来，是解决客房短缺的好方法。一方面，不需要大兴土木，重复建设宾馆；另一方面，也可以增加居民的收入。

这种设施齐全、可以开火做饭的公寓和民居，相对宾馆饭店来说，价位低廉而且居住舒适，最适合举家来威海休闲居留的客户，是一个深受欢迎的潜在市场，其关键在于要提供好的服务。借鉴管家管理的模式来管理闲置房源。管家由专业的物业公司担任，依托威海市旅游局管理的平台以及各大旅行社的信息网，将这样的公寓以客栈的形式对来威海的游客推介。启动阶段先搞几个试点，将这些民房登记在旅游管理有关部门，统一挂到网上，重点

向长期度假的游客介绍。将纳入试点的民房进行登记备案，将"一卡通"的结算链条延伸到民房系统，慢慢地把这个居家度假旅游的市场做起来。

（2）借助合作社的模式，充分发展民俗旅游

丽江拉市海景区的运作采用合作社模式，在旅游发展上发挥了极好的带动作用，因为利益相关，农民参与积极性高，形成了长效的发展机制。拉市海的旅游项目有茶马古道的骑马体验、湖上泛舟观鸟、品尝湖边美食等。以小组的形式组织村民参与旅游项目，人和马都按顺序轮流上岗，轮到谁谁撑船，轮到哪家的马哪家上。到月底按人和马的出勤天数领取报酬，完全是互助合作的模式，避免了恶性竞争；每个参与其中的村民利益共享，所以都齐心协力参与其中。

威海的渔家民俗旅游，目前发展比较成熟的是荣成的河口和礼村、环翠区孙家疃镇的远遥村、乳山的大陶家村等，启动时间较早，但还没在市场上打出自己的品牌，也还没有形成规模效益。可以借鉴拉市海的合作模式，将村民的积极性调动起来，紧紧围绕游客的需求，将自己的闲置房拿出来进行古朴的渔家装潢，开发有趣的海上渔家旅游项目，亲自陪游客玩，让游客既感到新鲜，又有安全感。

（3）整合社会交通资源，打造无缝对接的旅游交通体系

丽江旅游的交通资源很丰富，除了专业旅行社的运营车辆外，大量社会车辆加入到运营服务中来。私营客栈老板和各种出租车辆建立了紧密的合作，为游客提供便捷的车辆服务。运营方式非常灵活，无论去哪里，包接包送。这些车多为统一颜色、统一标识的面包车，最多可以承载6名乘客。这是丽江政府采取的政策，降低出租车准入门槛，让这些私家车不再开黑车，转为光明正大地为游客服务，政府给予政策支持。而对于禁止机动车进入的古城，鼓励市民经营出租自行车的服务，价格低廉，非常受游客欢迎。

值得一提的是，丽江的出租车司机和客栈老板等私营业主或普通百姓，对丽江的旅游资源都很熟悉，对丽江旅游的发展高度认可，对外来游客十分热心，帮助指点道路、介绍景区、订购门票，是丽江全民参与旅游的最好写照。

威海可以借鉴丽江经验，将威海的所谓跑私活的车辆充分整合，加入威海旅游交通接待系统，政府统一车辆标识，加强管理。同时发展自行车公共系统，为市民和游客提供自主休闲游的用车便利。目前，仅在威海公园、海水浴场等几处有自行车租借行，但这远远不够。政府要鼓励企业和个体市民进入城市慢性系统的建设，使自行车公共交通的建设形成一个产业链，通过

技术转让、广告收益投入等措施来大力发展自行车公共交通，实现旅游交通"最后一公里"的无缝对接。

综上所述，威海拥有良好的休闲度假旅游资源，应该充分调动整合一切可利用的社会资源，让外地游客尽享独特的滨海风光，让威海民众分享旅游发展带来的经济效益和社会效益。

（作者单位：中共威海市委党校）

12349 社区居家养老服务模式研究

于 霞 柏颜春

随着我国老龄化程度的加深和社会的转型，传统以家庭养老为主的养老方式已无法满足社会的养老需求，建设以社区养老为依托、居家养老为基础、机构养老为补充的养老服务体系逐渐成为学界的共识和国家的政策选择。2012 年修订的《中华人民共和国老年人权益保障法》规定："国家建立和完善以居家为基础、社区为依托、机构为支撑的社会养老服务体系。"以社区为依托的居家养老方式符合我国民众传统文化心理和社会转型发展的现实需要，也是我国应对日益严峻的老龄化问题的必然选择。探索完善社区养老服务体系，搭建社区为老服务平台是构建这一新型体系的重要工作，是当前和今后较长时间政府和社会必须应对的重大课题。

这一问题在威海市更显紧迫，威海市老龄化程度高且发展迅速，目前全市 60 周岁以上户籍人口超过 50 万，占总人口的比例超过 20%，远远高于全国 14.3% 和全省 16.8% 的比例，而且据老龄委普查（统计时点为 2013 年 1 月 1 日）趋势预测，未来 5 年，每年还将增长 1.1 个百分点。普查数据还显示，威海市 99% 的调查对象选择在亲属和社区的照顾帮助下居家养老。这使威海市建设社区养老服务体系的任务更加迫切。威海市民政局和环翠区政府在市委、市政府领导下积极应对这一挑战，推动建立 12349 居家服务呼叫中心，对政府组织、企业组织和社会组织进行有效整合，将政府、企业、社会三支力量汇聚在 12349 服务平台上，通过平台的聚合和释放，既使居民养老服务需求得到较好满足，也为政府通过社会组织以较经济的方式运作养老服务探索了可行的路子，是当前建设养老服务体系实践中很好的模式，非常值得总结和推广。本文拟探讨分析这一模式的优点与关键点，并结合实地调研中发现的问题提出对策建议。

一 基本情况与运营方式

（一）基本情况

12349 社区居家养老服务以威海市居家服务呼叫中心（以下简称"呼叫中心"）为平台。呼叫中心由威海市祥云实业有限公司（以下简称"祥云实业"）和中国移动威海分公司联合投资 4100 万元建成，作为民办非企业单位，呼叫中心主要为用户寻求社会服务和帮助提供便捷高效的联系渠道。呼叫中心通过热线电话 12349，运用移动网络技术，整合政府职能部门、社会公益组织、为老服务企业等社会资源，为广大用户提供公共服务、公益服务以及与居民生活相关的其他社会服务。呼叫中心在协助提供政务咨询、医疗服务、法律服务、生活百事服务等日常服务的同时，还提供包括紧急救助、主动关怀等关爱居家老人的照护服务，为居家养老提供了强有力的保障服务，受到广大老人和有老人家庭的热烈欢迎。

呼叫中心初期主要在环翠区运行，据呼叫中心提供的数据，自 2012 年 8 月投入运营以来，目前（2013 年 5 月底）已累计入网居民 6 万余名，发放话机 1.85 万余部，加盟服务主体 1896 家，呼叫总量 13.5 万余次，入网老人通话量近 5 万次，提供上门服务近万次，并成功实现 40 例 SOS 紧急医疗救助。市委、市政府已下发通知，要求在全市范围内推广，目前乳山、荣成已经完成前期准备工作，即将入网。

（二）运营方式

1. 资金投入与收益使用

中心先期投资由祥云实业负责。在日常运营过程中，由移动公司免费为符合条件的入网用户提供并安装座机一部。用户每月基本话费 10 元，由政府补贴，超过部分由用户自付。10 元基本话费收入由移动公司和呼叫中心平分，超过 10 元部分收入归移动，呼叫平台以分成收入作为日常开支，对加盟企业不收费，运营费用不足部分由祥云实业补充。

2. 管理机制

呼叫中心建立入网用户和加盟企业数据库，对企业实行免费加盟政策。呼叫中心审查有合作意向的企业合格后，与加盟企业签订质量保证协议，然后将企业信息录入平台数据库，并根据用户需要免费为企业派单。呼叫中心还实行质量回访制度，在企业服务结束后，对居民进行回访，根据反馈结果记录企业信用，信誉良好的企业向用户重点推荐，对失信企业则予以限制直至解除合作关系。

3. 日常服务及紧急求助服务流程

呼叫中心承接的服务主要有居家养老日常服务和紧急求助服务两种。图 1 和图 2 分别为居家养老服务平台流程示意和紧急求助服务流程示意。

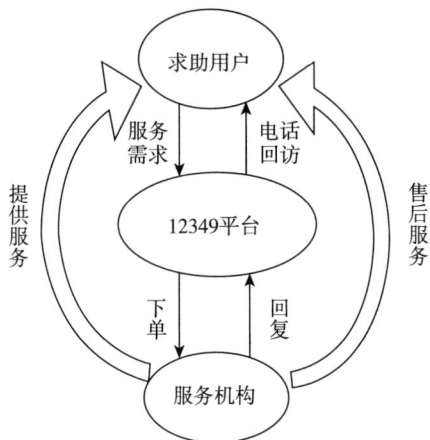

图 1　居家养老服务平台流程示意　　　　图 2　紧急求助服务流程示意

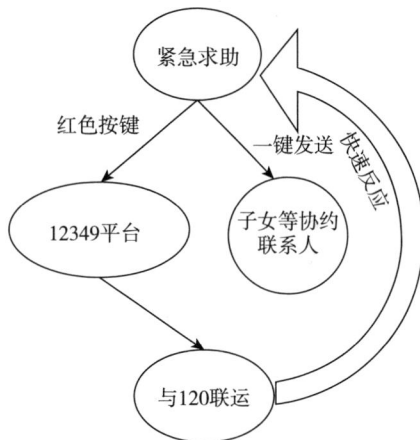

二　12349 社区居家养老服务模式的优点与关键点

（一）优点

1. 对服务平台主体的选择比较精准

由于社区为老服务平台在以社区为依托的居家养老模式中发挥着枢纽作用，因此由谁来充当这一角色，就成为一个至关重要的问题。近年来，在推动居家养老模式发展的过程中，很多地方都进行了积极的创新与尝试，发展出以政府为平台、以企业为平台、以社会组织为平台等几种模式，这些模式各具特色也各有利弊。

第一种是由政府部门充当统一的为老服务平台。浙江宁波市海曙区南门街道为其典型。海曙区以街道层面作为养老资源供给主体，于 2009 年在南门街道建设了 400 多平方米的居家养老中心，并在每个居委会社区设立居家养老服务站。该模式由政府出资购买服务，同时还在街道内物色符合条件的企业授牌，并成立了街道民间组织联合会，进一步拓展了服务项目和内容，取得了不错的成效。虽然政府部门在公共资源配置方面拥有很大权力，由其充当统一的为老服务平台有其独到的优势，但也面临着很多现实问题。其一，我国老年人口规模大、增速快，且在未富先老的情况下步入老龄社会，因此完全依靠政府部门包揽来解决养老问题恐怕难以长期维持。其二，科层分化、条块分割严重几乎是大部分政府部门在推行社会服务时面临的共性问题，一方面居家养老组织体系中医疗、卫生、文化、教育等服务资源分属不同部门和条块管理，缺少有效的沟通与协调，民政部门热、其他部门冷的情形时有出现，另一方面低层级政府部门在整合高层级政府部门资源时会倍感吃力。因此，政府部门在充当统一的为老服务平台方面有其局限性。

第二种是由营利性企业来充当统一的为老服务平台。典型的是在城市新建小区中，一些物业企业尝试提供各种社区公共服务，居家养老服务也是其中重要的一项。例如，河北卓达物业从 2007 年年底开始进入社区养老领域，其本身并不亲自提供为老服务，而是通过委托经营、承包经营的方式整合市场上具有一定影响力、专业化程度较高、符合社区养老理念的其他行业资源，为社区 65 岁及以上持养老智能卡的老人提供餐饮、医疗、家政、购物等为老服务。物业企业在充当为老服务平台方面具有服务优势和客户群优势。但是在政府已从"全能型政府"向"有限型政府"转变的形势下，提供养老服务平台的物业企业却感觉自己正慢慢从"有限责任公司"转为"无限责任公司"，担负了很多此前由政府、民众自治组织等承担的社会治理和服务职能，使本应以营利为目的的企业定位不明、负担过重，难以顺利前行。

第三种是由社会组织来充当统一的为老服务平台。因社会组织的角色不同还可分为两类，一类是由社会组织亲自提供为老服务，另一类是由社会组织整合各类资源提供为老服务。南京市鼓楼区自 2003 年起在全国率先创建了"居家养老服务网"，探索由政府公共财政购买服务、由民间组织"心贴心社区服务中心"组建服务人员队伍承担具体服务的新型养老模式。从 2005 年起，鼓楼区开始扶植民间组织和民营机构兴办社区养老服务站。至 2008 年年底，鼓楼区 7 个街道的 64 个社区全部建立了社区养老服务站，是社会组织服务社会福利事业的积极尝试，此为第一类。第二类的典型代表是北京市月坛老龄协会。协会于 2007 年成立，为月坛社区建设协会备案的分支机构，2012年在西城区民政局正式注册，成为具有独立法人资格的社会团体。协会以为月坛社区老龄居民和驻区中央国家机关离退休干部服务为宗旨，以文化养老为主要方向，联系社区老龄协会以及驻区各涉老单位和部门，搭建信息沟通、资源共享平台，开展老年人活动，为老年人服务。协会通过会长联席会制度，建立与地区单位的联系机制，沟通信息，整合资源；开展评选月坛"夕阳金辉老人"活动，引领精神养老方向；搭建平台，以会交友（歌友会、舞友会、笔友会、牌友会、票友会），开展老年活动；组织国际民间交流，展示老人才艺；关爱失禁老人，专业护理进社区、入家庭，提高失禁老人生活质量，减轻照护者负担；协会还建立了月坛老龄协会网站，搭建网络化居家养老信息平台，取得了较好的社会效果。由类似老年协会之类的社会组织作为统一的为老服务平台，是整合地域性资源、促进养老资源共享的一种可行选择。社会组织以公益服务为宗旨，有利于实现比较全面完善的为老服务，是比较理想的构建为老服务平台的主体。但社会公益组织的经费来源往往依靠募捐等途径，没有稳定的经费保障，服务内容、规模和质量都比较难以保证。

第四种由社区型社会企业来支持统一的为老服务平台。在英国等一些发达国家，由"社区型社会企业"整合社区资源、协调社区各方利益、管理社区公共事务、提供社区服务等方面。它们既不像非营利组织那样过于依靠外界捐助发展社会事业，也不像一般企业那样以营利为根本目的。他们取之于社区和社会又用之于社区和社会，兼顾经济效益和社会效益，是一种比较理想的养老平台选择。在国内实践中，河北保定等地区的12349社区服务中心的民间投资方的性质有类似之处，威海市12349平台的投资主体祥云实业，也具有这方面的一些色彩。祥云实业系由城中村原有的集体企业转化而来，转型后的企业还承担着部分原村委会的"本辖区居民照护职能"，因此对于社区公益事业比较认同，与政府部门的意向一拍即合，成为构建社会养老服务体系的积极一员，发挥了社区为老服务主体的作用。在这种模式中，服务中心运营经费主要由总公司保障，企业本身则专注于公益服务，比较好地解决了后顾之忧，也充分发挥了社会企业投身公益的热情和能量，分担了政府无力独自承担的重任。

2. 政府的经费补贴起到了四两拨千斤的效果

在购建以社区为依托的养老体系过程中，运营经费始终是服务组织能否顺利运作的关键问题，政府能用于养老体系建设的经费往往有限，如何让有限的经费发挥最大的效益是政府必须考虑的。威海市12349服务热线以企业为投资主体，政府则以补贴的方式资助企业运营。目前环翠区以政府补贴方式，为60周岁以上入网的老人每月每户给予10元话费补贴，该普惠型补贴标准在全国尚属首例，数额虽然不大，但已足够满足老人基本日常话费需求，而且服务中心可以由此与移动公司进行话费分成，也等于间接补贴了服务中心。另外，以政府购买服务方式，扶持社会组织、志愿者有针对性地开展家庭养老、空巢老人关爱、法律咨询等公益服务，让特殊群体享受到更低偿的服务。服务中心作为服务平台，需要社会各企业协同运作，呼叫中心对加盟企业免费。呼叫中心审查合格后，将企业纳入平台数据库，并根据实际情况进行免费派单。呼叫中心自 2012 年 8 月投入运营以来，已累计入网居民 6 万余名，加盟服务主体 1896 家，呼叫总量 13.5 万余次，提供上门服务近万次。政府有限的经费撬动了社区为老服务的大轮，居家的老人、老人的亲属、提供社区为老服务的企业几方受益，补贴实现了效用最大化。

3. 老年人居家养老的愿望得到了较好的实现

居家养老是威海市 99% 老年人的首选，以 12349 平台为依托打造的社区养老服务系统较好地实现了老年人既不离开熟悉的家庭环境，有困难和需要时又能及时得到帮助的要求。呼叫中心的定位是主要为老年人、弱势群体和普通居民提供紧急救助、家政维修、养老医疗等 9 大类 100 多项公共、公益和有偿服务，并特别打造了老年人的紧急救助系统、居家养老服务系统以及弱势群体帮扶系统，目前老人呼叫量已近 5 万次，并成功实现 40 例 SOS 紧急医疗救助。准确的定位使这一服务平台深受广大居民特别是家有老年人市民的欢迎和好评。

（二）关键点

1. 政府的主导

建设养老服务体系是政府与社会的共同责任，在当前我国社会组织还相对薄弱的情况下，政府的主导作用不可或缺。呼叫中心正是在政府的精心选择和有力推动下，才得以顺利实施。政府部门首先通过广泛调研，确定了引进保定模式作为威海市构建为老服务体系的样板，并积极与有可能响应的企业协调，最终确定以祥云实业为投资主体。在项目推进过程中，结合本地实际，制定了政府购买服务、培育社会组织等相关扶持政策，同时深入开展调查摸底，及时了解居民需求和企业服务意愿，明确了呼叫中心在以为老年人、弱势群体服务为重点的同时，为普通居民提供居家服务，使呼叫中心的运营找到了一个比较好的切入点，也为以后的运作预留了盈利的空间。

2. 投资主体的选择

正如本文前面所分析的，社会组织是为老服务比较理想的平台，但没有稳定持续经费来源的社会组织往往难以长久生存和发展。本模式依托由农村集体企业转制而来的社区企业为投资主体，建立非营利性公益组织，既延续了其企业原有的服务社区的倾向，又使其具有合法的运作手段和形式，不失为一个好的选择。但我们也不能不注意到，这种类型的转制企业是中国式发展的特殊产物，虽然企业名义上已改制，但在历史原因形成的管理模式下，容易有"当家人"说了算的现象，而且目前状态下的服务平台靠其母公司的输血维持生存，其发展存在隐忧，急需帮助其尽快摆脱亏损状态，达到收支平衡。

三　调研中发现的问题与对策建议

（一）存在的问题

一是全市普及推动力不足。尽管威海市已于 2012 年 10 月 8 日下发《威海市社区居家养老服务平台项目实施方案》，要求各市区根据实际情况在当地建立不同规模的工作站，与呼叫中心进行对接，并配备相对应的工作人员，为更多的居民提供高效、便捷、安全、贴心的居家服务。但在面向全市推广的过程中，缺乏强有力的推广主体和手段，仅仅依靠环翠区和市民政局的力量，难度较大、进展缓慢、效果不理想。目前乳山、荣成已完成入网前期准备工作，但在其他市区的推广难度较大。

二是与政府及部门热线对接不顺畅。12349 热线转接了大量本属于政府部门的公共服务、公益服务事项，在其近 11.5 万次咨询类服务中，政务咨询 48660 次，占比超过 40%，其中包括行政收费 1437 次（行政执法局，工商局）、三农信息 797 次（农业局），金融税务 1809 次（税务局），兵役服务 3571 次（武装部），土地住房 4213 次（土地局），证件办理 9257 次（公安局、税务局、工商局、消防局、人力资源和社会劳动保障局、行政审批中心），计生服务 4467 次（计生办），公安消防 1029 次（公安局、消防局），环卫环保 1305 次（环保局），水电暖信息 5958 次（电业、水务、热电集团）等。但作为民办公益组织，12349 热线在与政府部门沟通中同样存在环节多、沟通难等问题，与政府各种服务热线还不能无缝对接。

三是服务形式仍显被动，主动性的为老服务内容太少。目前中心主要依靠市民打进电话提出要求，大部分服务是应对型的，缺乏主动型的丰富多彩的为老服务项目。

（二）对策建议

1. 应考虑以特许经营的方式支持平台发展

12349 平台在全市的统一推广，有利于形成威海市统一的为老服务品牌，便于全市为老服务资源的整合，也有利于统一的协调管理。但在向全市推广过程中，部分市区基于一些原因准备自建系统，这样全市将难以统一，对市民来说也不方便。我们建议考虑以特许经营的方式支持 12349 平台发展。12349 平台可以视作新型的社会公用事业，参照我国《市政公用事业特许经营管理办法》的规定，市政公用事业特许经营是指公民、法人或者其他组织经行政特别许可和授权，在一定期限和范围内经营市政公用事业。虽然目前养老服务并不在此办法规定的范围内，但国际上对公益组织以特许经营的方式予以支持却很常见。政府特许经营者为完成公益性目标而承担政府指令性任务的，政府可以给予补贴。这样，政府的补贴将更有章可循。目前情况下，政府应该考虑采取直接委托的方式授予 12349 平台在全市范围内的特许经营权。

2. 整合全市热线资源，实现无缝对接

可能基于 12349 平台 24 小时全天候服务和居民在家中直通的方便性，市民常利用热线电话寻求一些本属政府热线服务的事项，而 12349 平台在为市民转接政府热线时一方面处于无偿服务状态，一方面有时不得不直接帮助市民完成一些本不属于其服务范围的工作，说明在全市热线资源整合上还存在不协调状况，应尽快协调市长热线、110、119、120、水、电、暖、燃气、社区居委会、基层派出所、行政服务中心等各单位服务热线资源，实现系统整合、无缝对接。

3. 扶持公益组织发展，壮大为老服务队伍

为老服务不仅包括被动完成老年人监护等任务，还包括主动型的文化服务、情感关怀等高层次精神服务内容。这一点单纯依靠平台自身很难实现。在项目运作中，依托 12349 平台，还设立了公益组织孵化园，围绕呼叫平台提供的服务内容，采取政府购买服务、项目化运作的方式，将公益组织和志愿者队伍吸纳进来，为社区行动不便的空巢老人、残疾人等弱势群体及特定人群提供关爱空巢老人、免费上门理发、免费法律咨询等 12 个公益项目。目前，已登记志愿者服务团队 47 支、注册志愿者 446 人，为社会志愿服务搭建了沟通、交流和培育发展平台。本文认为应进一步加大对民间助老公益组织和老年社会团体的扶持力度，培育壮大类似北京月坛老龄协会之类的老龄协会组织，使老年人不只老有所养还能老有所为、老有所乐。

4. 以威海市建设智慧城市为契机，把智慧养老系统建设提上日程

近年来，随着物联网与云计算技术的发展，智慧城市、智慧养老等概念也逐渐进入人们的视野。智慧养老就是利用物联网技术，通过各类传感器，

使老人的日常生活处于远程监控状态。其核心在于用先进的管理和信息技术，将老人、政府、社区、医疗机构、医护人员等紧密联系起来，全方位关爱老人起居。智慧养老作为下一代技术，目前并非高不可攀。用于监控的传感器有随身携带简易型的，如 GPS 定位系统等仅需要几百元，有心脏病的老人佩戴后，一旦发生危险可自动报警并定位；也有安装在器具上的，包括地面、冰箱、马桶等，总体费用视传感器安装的多少，则需要几千到几万元不等，用户可根据需要和财力自主选择。目前智慧养老在南京鼓楼区、苏州沧浪区、北京北新桥等地已有小规模应用。这种方式较之目前 12349 热线需要市民自己通过电话提出诉求的方式又前进了一步，是下一步发展的方向。中心对用户信息进行详细登记，一旦用户打进电话，用户信息将在大屏幕上迅速显示出来。智慧养老是养老服务模式、技术模式和管理模式的又一次创新，威海市在建设智慧城市中应将其纳入视野，及早筹划。

（作者单位：中共威海市委党校）

关于创新优势扩大对韩开放的几点思考

中共威海市委政策研究室

威海市商务局

今年是中韩建交 20 周年，中国威海与韩国仁川通航 22 周年。20 多年来，威海对韩开放取得了怎样的成就？目前还面临着哪些困难和问题？今后应把对韩开放置于什么样的地位？特别是面对中日韩自贸区进程加快，我们应以什么样的姿态、采取什么样的措施来迎接？带着这些问题，中共威海市委政策研究室通过部门研讨、企业座谈、实地调查等方式，深入进行了调研。

一 22 年对韩开放取得了瞩目成就

对韩贸易逐年增长。与韩国建立贸易关系的企业达到 1710 家。2011 年，威海市对韩进出口额 55.9 亿美元，年均递增 17.4%，占全市进出口总额的 33%。对韩出口产品发展到机电、船舶、农产品、服装、海产品等 10 大类、1965 个品种，其中机电产品占 80%；对韩进口产品发展到机电、钢材、塑料原料等 10 大类、1088 个品种，其中机电产品占 54.4%。

韩资存量不断增加。至 2011 年年底，韩资企业由通航前的 3 家发展到 1159 家，实际到账韩资存量达 16.3 亿美元，年均递增 26.3%，占全市实际利用外资总额的 42.9%。其中，投资额过千万美元的韩资企业项目 69 个，占全市过千万美元外资项目的 39.7%。韩资的引进约使威海市 1/4 的工贸企业不同程度受益，其中，机电、电子、纺织服装等产业受益明显。至 2011 年年底，全市 1422 家机电企业中，有 361 家韩资企业，机电行业 676 亿元工业增加值中，韩资企业贡献了 44%；956 家电子企业中，有 282 家韩资企业，电子行业 568 亿元工业增加值中，韩资企业贡献了 34%；全市 1023 家纺织服装企业中，有312家韩资企业，纺织服装行业295亿元工业增加值中，韩资企业贡献了45%。

对韩交流日趋增强。随着5条海上航线（15班/周）和2条空中航线（25班/周）的开通，威韩往来由普通帆船到现代化交通工具、从民间到官方，同赶集一样方便频繁，年出入境人数90多万人次，平均每天有2400多人往返威韩之间；威海市的迪尚、新康威等7家骨干企业也走出家门，进驻韩国，形成"你中有我、我中有你"的良好发展态势。同时，对韩开放还促进了威海市经济和社会事业发展。据测算，威海市韩资企业实现的工业增加值、提供的税收、吸纳的就业人数，分别约占全市的12%、11%和10%。

二 对韩开放面临严峻挑战

尽管对韩开放成绩斐然，但由于国内外环境的变化，威海市对韩开放面临不进则退的严峻挑战。

（一）先发优势已退化

1990年，随着威海港"金桥轮"一声汽笛，威海市便在全国率先打开了对韩开放的大门。时隔几年，石岛、龙眼两港又相继获得一类开放，使威海市不仅成为全国对韩开放的唯一地区，而且成为对外开放口岸最多的地区、对韩开放密度最大的地区，一度成为韩人、韩货的主要目的地和集散地。到1996年，累计利用韩资2.3亿美元，当年对韩贸易额达到7.5亿美元，分别占全国的7.8%和7.4%。但随着两国建交，沿海城市对韩开放步伐加快，竞争也日趋激烈，威海市的先发优势开始下降并逐渐丧失。从省内看，不仅远落在青岛后面，而且落后于烟台。截止到2011年年底，青岛、烟台韩资存量达133亿美元、41.3亿美元，分别是威海市的8.2倍和2.5倍；韩资企业个数分别达10987家和3254家，是威海市的9.5倍和2.8倍；对韩贸易额分别为88.6亿美元和67.5亿美元，是威海市的1.5倍和1.2倍。从全国占比看，威海市实际利用韩资下降到目前的4.4%，对韩贸易下降到2.4%；对韩海上航线由1990年的100%下降到33%；空中航线于2005年开通，至今虽有25个航班/周，但仅占全国的5.5%。从自身来看，近几年虽然受金融危机冲击，但全市利用外资增长较快，而利用韩资则呈现出逐年减少的趋势。以去年为例，全市外资同比增长了31%，而韩资同比下降了32%。"十一五"以来，全市进出口贸易年均递增14.4%，而对韩贸易年均仅增长9.2%。今年1~2月，全市进出口贸易额 27.4 亿美元，同比增长 22.2%；而对韩贸易额 8.4 亿美元，下降 0.7%。

（二）地缘优势在淡化

距韩国近，是威海开放的最大优势。近年来，这种地缘优势开始明显淡化。一是陆上交通劣势抵消了海上优势。随着内陆开放和经济发展，港口城市不再是进出口货物的最大目的地，80% 以上的货物要再通过陆地转运到四面八方。威海市处于陆路交通"末梢"，高成本路运劣势抵消了海上距韩国最近的优势。以出口 610 厘米（20 英尺）集装箱为例，从济南通过铁路分别由威海港和青岛港运至韩国仁川，海运成本威海比青岛低 380 元/箱，但陆运成本比青岛高 640 元/箱。如果通过汽车陆运，我们的成本劣势更加明显。二是港铁联运不畅制约了海上优势。港口与铁路相辅相成，相互促进。只有港铁连接畅通，才有可能形成大物流。威海各港区内长期不具备火车装卸能力，威海新港虽通火车，但长期也没有火车专用的货物线，货物装卸只能在到发线上进行，日均装卸能力只有 40 车；而青岛黄岛港区内有 10 条货物线，日均装卸能力 2000 多车；烟台港区内有 10 条货物线，日均装卸能力 600 车。本来威海市陆运就处于劣势，再加上港铁联运不畅，更加制约了威海市的海上优势，导致了各港口和铁路都出现"既吃不饱、又吃不了"的恶性循环。目前，威海市港口吞吐能力闲置 50%、铁路运能闲置 70%，但遇到大宗货物又出现"肠梗阻"。例如，2010 年港铁联运 32 万吨出口化肥，如果在青岛港 2 天内就可装上船，在烟台港也仅需要 4 天，而威海市用了足足两个月时间才装上船，上级不满意，客户干着急。三是港口各自为政削弱了海上优势。威海市有 3 个国家一类开放港口，其他大小商用、专用码头（包括一类开放港口作业区）有 21 个，总投资 92.77 亿元。港口多本来是一件好事，但由于群龙无首、各自为政、分散投资、自成体系，不仅没有形成合力，强化竞争优势，反而同质化、低层次的恶性竞争不断加剧，严重影响了规模化、现代化港口的形成。比如年吞吐量前三位的港口都是开放港口，但都不是开放大港，最大泊位实际都不足 10 万吨，吞吐量最高的威海港也只有烟台港的 1/6；都跑韩国运输，但用的几乎是一样的船型，跑的几乎是一样多的航次，做的几乎是一样的业务；都开展近距离的运输，但都不具有远洋航线；3 个一类港口都开放 10 年以上，但至今都没有临港工业园区，这在全国沿海 100 多个一类开放港口中是极其罕见的。

（三）环境优势待强化

开放之初，有开放口岸、有通道、有三通一平的建设用地，就算是好环境；90 年代中后期，有优惠政策、有配套园区就是好环境；90 年代末，有了优质高效的服务就是好环境；进入 21 世纪特别是近几年来，投资者对环境选择趋向多元化，讲究大市场、大配套、大流通，追求全方位、多领域、高标准；未来的自由贸易对软硬环境将提出更高的要求。威海市自开放以来，尽管不断致力于软硬环境的改善和优化，但与沿海先进城市相比、与形势发展要求相比，软硬环境都亟待深化、实现新的突破。在政策环境上，对比我们的优越条件，争的还不够多，用的也不够好。如边境贸易政策，在规模、品种和交易方式等方面仍维持在通航之初的"带工贸易"水平；海关特殊监管政策，威海市 2000 年争取设立的出口加工区，规划面积 2.6 平方公里，目前开发面积仍维持在一期封关时的 1.34 平方公里，进区企业只有 46 家，2011年进出口总额 11.25 亿美元，而与威海市同期成为全国第一批出口加工区的烟台出口加工区，不仅异地设立了 2.26 平方公里的 B 区，而且将出口加工区成功升级为保税港区，进区企业是威海市的 2.4 倍，进出口总额是威海市的15.6 倍；威海市 1993 年争取的中韩经贸洽谈会于 2003 年停办后，迅速被辽宁、吉林、河南、贵州等省份取代，如沈阳市通过每年一届"韩国周"活动，不断加强与韩国的交流与合作，实际利用韩资已有 50 多亿美元，大大超过了威海，等等。在流通环境上，虽然海港、空港都已对外开放，铁路已与国铁实现全面对接，高速公路都已联网，但港口能力小、空中航线少、陆运成本高等问题没有根本改善，成本低廉、快捷高效的大物流格局尚未形成，而相对高成本、低时效的劣势在不断放大，不仅原有独家对韩通航的物流优势被抵消，而且又出现了新的相对封闭趋向。在生产生活环境上，调查中，韩商反映较多的问题仍集中在购物、上学、就医、娱乐、签证、交通、收费等方面，特别是对罚款收费，他们谈起来心情仍很沉重。据了解，现在企业的收费项目尽管都很明确规范，但收费弹性大、自由裁量权幅度宽，不正之风由此滋生。罚款收费多，除执法者个人素质原因外，主要是相当一部分部门需要依靠罚款收费来养活大量的编外人员，有的单位编外人员甚至超过了在编人员，这也反映了加快机关事业单位改革的紧迫性等。这些问题虽然分开看都不大，但加在一起，小问题就成为影响投资环境的大问题。

三 准确定位规划，全力打造中韩区域经济合作先行先试区

一个城市的发展要有定位、有规划，对外开放也应有定位、有规划。定位是目标、是方向。没有定位，就没有规划、没有决策。缺乏目标定位，即便有了好的规划和决策，也很难贯彻始终。在这方面，我们的经验和教训都很多，有些教训十分深刻，甚至令人心痛。

面对全球经济一体化的大趋势，面对国内科学发展的新形势，威海对外开放应该有怎样的考量、应该确立什么样的目标和定位？我们认为，威海应该充分发挥对韩优势，始终把"借韩兴威"作为开放重点，把打造中韩区域经济合作先行先试区作为主攻方向，力争用3~5年的时间，使威海成为中韩交流的活跃区、韩商投资的密集区、中韩贸易的中枢区。在总体战略上，采取对韩日实行全方位对接、对港澳台和欧美实行重点产业对接的方针，以此推动全市对外大开放、大发展、大跨越。

打造中韩区域经济合作先行先试区，文化有传承，过去有先例，地缘有优势，实践有经验，发展有需求，产业有基础，政策有机遇，互惠有愿景。威海的出路在开放，开放的优势在韩国。作为一个地级城市，近距离毗邻一个文化习俗相通的中等发达国家，在全国唯有威海，而且这个优势永远不会改变。抓住这个优势，就抓住了对外开放的"牛鼻子"，就能"以己之长、补己之短"，就能最好地实现错位竞争、以优制胜。当初，威海借鉴南方"距离港澳台近、加快开放发展"的经验，适时提出并大力实施"借韩兴威"战略，使威海迅速成为韩国投资贸易的热点地区，西到新疆、南到海南、北到黑龙江，各路商人云集威海，也因此使威海短时间内就从封闭、落后的边陲小城一跃成为国际化、现代化的滨海城市。实践证明这条路子是对的。面对复杂多变的国际形势和日中韩自贸区谈判进程的日益加快，中韩两国互惠合作的愿望更加强烈，威海应该抓住这个机遇，以更大的气魄和胆略，再造对韩开放优势，推动威海对韩开放在高层次、多领域上实现新突破，在全国打响"中韩区域经济合作先行先试区"的品牌。

调查中，我们感到有两种思想误区必须破除。一种是"韩商有限论"，认为韩国虽然距离近，但人口较少、资源有限，"对韩招商二十年，大小企业跑个遍，潜力挖尽招使完，不如别处看一看"，主张"四面出击"，哪有哪招。这种观点主要错在低估了韩国的综合实力，丢掉了我们的主要优势，分散了招商的主要精力。要看到韩国是"亚洲四小龙"之一，是世界第十四大经济

体、第六大出口国，虽然历经两次金融危机，但仍是经济形势最好的发达国家之一。虽然 GDP 总量只有威海市的 30 倍，但其产业技术含量高、企业规模大，拥有 14 家世界 500 强企业，其中三星集团一家企业的销售额就是威海市规模以上企业总和的 2 倍。威海市虽然已引进三星电子、乐天玛特、现代重工 3 家 500 强企业的 3 个项目，但投资总额只有 0.73 亿美元，与这些企业在华近 200 亿美元的投资额相比，堪称"九牛一毛"。因此，对韩招商并非潜力已尽，而是大有可为。反过来说，我们对拥有如此得天独厚综合优势的韩国招不来商，对竞争条件相对弱势的其他国家和地区还能有多大把握？另一种是"开放无为论"，认为威海市陆地处于交通末端，港口处于青岛、烟台、大连、天津等城市夹缝中，又缺少大产业、大项目，开放政策也是国家之事、两国之事，我们投入再大也难有作为。这种观点主要错在在困难面前畏难发愁、缺乏信心、不敢担当。要看到建市 20 年来，我们从开放港口到国际机场、从铁路到高速公路，没有哪一项设施不是靠克服种种困难建设起来的；从率先对韩通航到中韩陆海联运、从沿海开放城市到 3 个国家级开发区，没有哪一项政策不是靠积极争取得来的；从每项重大基础设施的建设到每项重大政策的争取，没有哪一次不出现"能与不能""行与不行""要与不要"的激烈思想交锋，最终都以"事实胜于雄辩"的结论把一个个不可能变成了现实。威海自身的各项基础和实力已今非昔比，只要我们目标明确、规划科学、齐心协力、真抓实干、渐序推进，实现对韩开放新突破是完全有可能的。

四 突出抓好"四个整合"，再创对韩开放新优势

要打造中韩经济合作先行先试区，必须在搞好统筹规划的基础上，充分利用现有存量要素，调动一切积极因素，积极争创新的要素，努力提升关键环节承接国内外经济大循环的基本能力，尽快形成关键领域对韩资的"洼地效应"和保障机制。

（一）整合园区资源，在产业对接上实现新突破

与韩产业对接必须重新整合规划园区资源，突出定向招商。园区是经济发展的重要载体和平台，也是对韩开放、与韩产业对接的主阵地。威海市共有 3 个国家级开发区和 6 个省级经济园区，还有各市、镇自己规划建设的许多工业园，园区资源十分丰实。但由于定位模糊，产业不大不强成为共同困境。应按照产业发展的新要求和规律，调整园区发展模式，转变园区招商思

路，由项目发展模式转向产业发展模式，由培植扶持重点项目转向培植扶持重点产业，由熟人、熟路、熟门"三熟"式招商转向产业化、集群化招商，切实克服贪多、求全、齐头并进的状况，推动园区产业由杂而全、全而小向特而专、专而大转变。近几年，昆山、天津等城市的先进园区，通过规划发展专业园、特色园、园中园等，迅速培植起众多过百亿、过千亿产业集群，吸引相关企业争相入驻，由"请资来"到"资要来"，变招商为选商，园区发展步入良性发展快车道。如昆山IT产业园聚集了1000多家相关企业，笔记本电脑从设计、生产、研发到营销、配送，全部区内配套，年产量超过7000万台，占世界的50%，年产值超过千亿元。昆山光电产业园仅围绕液晶显示面板一个产品，就打造了100亿美元的产业链，年销售收入超过千亿元。最近，全球最大半导体设备制造商——东京电子正式落户昆山光电产业园，使这个产业年再添百亿产能。天津经济技术开发区仅围绕电子信息制造业就吸引了128个外资企业，投资总额79.64亿美元，2010年产值达到1283亿元，是威海市高区、经区规模以上工业产值总和的1.9倍。他山之石，可以攻玉。威海市各类园区应立足实际，发挥优势，坚持"有所为、有所不为"的原则，进一步明确园区功能定位，立足实际，面向未来的中日韩自由贸易区，确立产业发展方向和招商引资重点，树立定向招商、产业链招商的新理念，紧扣自己的重点产业、资源优势，瞄准行业龙头和产业链条中的各个环节，攻大企业，招大项目，实现园区集约化、集群化、产业化发展。

与韩国产业对接必须做到知彼知己，各个"击破"。水产养殖和加工业是韩国传统优势产业，韩国海岸线总长约5259公里，水产品年产量300多万吨，海上捕捞、养殖和水产品加工、包装水平位列世界前十强，销售网络完善，且与多个国家签订了自由贸易协议，水产品出口基本不受限制，主要供应日本、欧美市场。但随着韩国34万渔业从业人员老龄化加剧，生产供应能力呈下降趋势，这是韩国渔业对外合作的主要原因之一。威海市水产品加工储藏能力很强，与韩国对接资源基础、产业基础雄厚，双方在水产品养殖、加工及蓝色经济方面的离岸作业、绿色航运、海洋展览、海底世界等合作潜力很大。农牧业是韩国政府高度保护的弱势产业，韩国人均耕地0.5亩，只有威海市的1/2。过去，韩国政府对农产品执行严格的贸易保护政策，不断提高农产品价格，使韩国成为世界农产品价格最高的国家之一。其中，一个西瓜100多元、一个苹果20多元、一斤大米12元、猪肉180多元、牛肉300多元。近几年，世界贸易自由化促使韩国政府不得不减少对进口农产品的限制，而对中国等邻国的农产品贸易依赖程度越来越高，目前韩国已基本放开了大麦、小麦、大豆、玉米的进口。威海市与韩国在农业方面的合作刚刚破题，水果、蔬菜、畜牧产品等方面的投资合作机会大大增强。韩国在微电子行业许多领域处于国际垄断地位，业内有三星、LG 等国际巨头，这些企业依靠技术和资金优势，推出了宏大的对外扩张计划。其中，三星计划到 2020 年对外投资 202 亿美元，LG 计划投资 174 亿美元。威海市应发挥韩资电子配套企业较多的优势，加强沟通，构建平台，争取让它们把更多的产业投资放到威海。韩国的温泉旅游娱乐业和医疗美容业享誉世界，国内已开发的温泉有 30 多处，其中有"韩国温泉之冠"称誉的釜谷温泉，年接待游客达 500 万人次；韩国医疗美容业技术世界领先，世界追求美丽的女性趋之若鹜，据韩统计，韩国医疗旅游 2011 年创收 1.16 亿美元，同比增长 20%；韩国向中国发放签证 107 万份，其中公开申请医疗旅游签证的有 1073 人，同比分别增长了 22.6%、386%，呈现出倍增趋势。韩国医疗美容企业非常看重中国市场，有着强烈的投资愿望，威海市如果能引进此产业，将会起到集散中心的作用；威海市有省地矿部门认证的温泉 9 处，且都极具开发价值。如果能将这两个领域对接韩国，深度合作，将对提升威海市旅游城市档次，特别是解决冬季旅游"半年闲"问题发挥极大的促进作用。韩国造船、汽车工业实力强大，造船技术全球第一，在船舶设计、船用发动机、海洋工程设备等关键技术环节和液化气运输船等特种船型上处于垄断地位。世界船企前十强有 8 个是韩国企业，其中现代重工、三星重工、大宇造船和 STX 四大船企手持新订单超过 100 亿美元，几乎全部是大型集装箱船、海上平台、特种船等高附加值船型，但有限的岸线资源和劳动力资源，迫使韩国造船巨头向外扩张；韩国汽车工业发展迅速，现代汽车综合实力已跃居世界第六位，起亚、通用大宇、双龙和雷诺三星等集团借助韩币贬值，海外市场拓展表现抢眼，大有盖过日本汽车势头。我国作为世界最大新兴汽车市场，极具吸引力。威海市有优质的岸线资源，有较强竞争力的 3 个本土造船企业，是国内最大的轮胎生产基地，有极强的曲轴、轮毂等关键部件的生产配套能力，应借助这些优势，积极与韩国造船、汽车产业对接；虽然引进造船企业受国家整船政策的限制，但可以通过合资、合作、并购等方式，探索在造船领域的合作新模式，推动威海市造船产业上档升级。韩国的影视动漫、网络游戏等文化产业发展迅速，2000 年以来，以亚洲为中心，迅速扩展到有"游戏王国"之称的美国及欧盟，形成一股席卷全球的"韩流"。目前，韩国网络游戏产值跃居世界第一位，手机游戏产值居世界第二位，超过了他们引以为豪的汽车工业；我们可以发挥地域临近、习俗相通、文化传承一脉的优势，借助国内文化产业发展机遇和政策，大力发展服务外包业务，提升文化创意产业合作层次。其他如金融保险、电子商务、现代物流、节能环保等新兴产业以及新农村建设、城市化建设、社会管理等社会事业，我们与韩国的对接也都有较好的基础和广阔的前景。对适合威海市发展的各项重点产业和事业，应搞好科学策划、规划，开展专题研究，有针对性地拟订行动方案，逐个进行对接、公关和突破。

（二）整合通商资源，在扩大贸易上实现新突破

韩国已经同欧盟等19个国家和地区建立了自由贸易关系，最近在历经4年零10个月的谈判后，又与美国签订了自贸协定，并于今年3月15日生效，预计每年可拉动韩国经济增长1.1个百分点。目前，中韩自贸区谈判准备程序已经启动，以新的姿态迎接中韩自贸区重大机遇的到来显得更加紧迫。

一是要下大力气抓好港口资源整合。海是威海最大的优势，出海口是威海最大的出路，解决威海交通闭塞、物流不畅问题的关键在港。据统计，海运占国际贸易量的95%以上。沿海城市和威海市的实践都充分证明，要想强，先建港。港口与产业相互依存，港口是产业的基础，产业以港口为前提，有大港口才能承载大物流，有大物流才能成就大产业。威海港没建新港区前，码头最大泊位1万吨，吞吐能力只有390万吨，年货物吞吐量十万吨级增长，吞吐量从100万吨到1000万吨用了23年；开辟新港区后，目前最大泊位设计通过能力提高到10万吨，吞吐能力增加到957万吨，年货物吞吐量千万吨级增长，预计"十二五"末可突破亿吨大关，从千吨港到亿吨港的跨越只需10年。威海港的发展轨迹再次证明，对于一个港口城市来说，产业要发展，港口要先行，港口每提升一小步，产业就向前迈进一大步，有多大的港口就有多大的产业，只有港口带产业，没有产业等港口的道理。当前，重化工业为降低成本，正加快向沿海转移，专家预测未来10～20年，我国石化产能还将增加2亿吨。康菲渤海漏油事件发生后，国家已经决定环渤海圈内不再新上石化项目，而威海市处于黄海西岸，接纳石化产业不受此政策限制。海运业为降低成本，正推动船型向大型化发展，国际铁矿石巨头巴西淡水河谷针对中国的铁矿石需求，一次就订购了12艘40万吨级巨轮；集装箱运输巨头马士基也计划建造2万标箱的远洋运输船。目前我国还没有码头能停靠这些"巨无霸"。而据专家论证，威海港新区海域是我国仅有的两个离岸200米就能满足40万吨货轮停靠的海域之一。总之，大型产业的转移、大型船舶的建造和大型港口的需求，都为我们提供了良好机遇。我们应放长眼光，放宽视野，坚定不移地走"以港兴市、以大港兴市"的路子，实行强龙头（威海

港）、壮龙身（石岛港、龙眼港）、带龙尾（其他商港）的港口发展战略，加大威海港区内码头资源、土地资源的整合力度，加快大泊位码头和石油、煤炭专用码头建设，全面提升港口吞吐能力和疏港能力，稳定发展石岛港、龙眼港和其他港口能力，停止审批和建设一切小型港口码头，把有限的财力集中用在刀刃上；积极引进国内外大企业、大财团等战略投资者，加快大港口、大口岸的实质性建设，为承接大产业提前做好准备；要按市场规则引导 3 个一类港口建立战略合作关系，加大对全市 9 家保税仓库、出口监管仓库和 20 家经营监管场所的整合力度，优化信息平台、物流车队等港口保障资源，将分散在各场站的 37 处口岸联检站卡优化合并，提高各类库、所的利用效率和各类进出口产品的通关效率，实现资源共享、信息互通、优势共用，避免恶性竞争，实现集约发展，握掌成拳，增强对外竞争能力。

二是促进港铁协调发展。铁路是疏港的主力军，是港口腹地延伸的大动脉。国内知名大港，无一不是依靠港铁密切协作做大做强的。大连港依托沈大铁路，将腹地拓展到东三省；日照港依靠亚欧大陆桥将腹地贯通东西大陆，实现快速崛起；烟台港吞吐量过亿吨，其中铁路疏港货物 1200 万吨。而威海市去年港铁疏港货物只有 6.7 万吨，仅占港口吞吐量的 0.2%，为烟台的 3.7%。要实现港口综合实力的大提升，必须进一步加大港铁协作力度，抓紧建设完善疏港线，抓紧规划建设物流线和货场，联通威海港三期码头，实现港铁联运畅通；逐步将威海港国际物流园、石岛港、龙眼港与铁路联通，形成市内港铁一盘棋；下大气力做好港口和铁路拓展腹地工作，采取有效政策和办法，推广铁路局开通威海—黄岛"五定班列"（定点、定线、定时、定价、定车次）、威东航运到义乌和广州组织货源、威海港异地建港发展外贸内支线等经验和做法，积极探索在省内、国内其他物流枢纽城市拓疆扩腹的可行性，使威海市由陆运末梢变为中韩贸易的重要物流枢纽。

三是做大做强边境贸易。"金桥轮"开通后，威海市和韩国以带工为主要形式的边境贸易逐渐发展壮大。调查统计，目前威海市 5 条客轮共有带工2000 人，年往返威韩之间达 51 万人次，占全部客运量的 68%，间接拉动相关从业人员 2 万多人，带动餐饮、住宿等服务业消费 3 亿元以上；对韩主要以辣椒、大蒜、芝麻等农产品为主，来威主要以服装面料、食品、化妆品、小饰品等为主，年贸易量达 3 万吨，贸易额超过 9 亿元，占全国对韩带工贸易的 70% 以上。在 90 年代初一度形成"小商品、大物流，全国买、卖全国"的大好局面。这样好的一个政策，这样好的一个平台，20 多年来却一直处于没有引导、没有规划、没有规范、没有管理、没有固定交易场所的无序发展状态。边境贸易实质就是自由贸易，这是个非常难得的政策，目前在全国只有霍尔果斯、东宁、漠河、平祥和海南岛等几个城市和地区拥有这个政策，不同的是这些城市和地区都有管理机构和固定的交易市场。我们应当高度重视这个政策，充分用足用好这个政策，将这个政策作为对韩开放乃至全市整个对外开放的重大工程来抓，切实提高它的管理层级，发挥它的应有作用。要借鉴霍尔果斯等城市的经验，借助中日韩自由贸易协定签订前的大好时机，迅速提升对边境贸易的管理和规划，积极争取让这个优惠政策"落地"，作为打造"中韩区域经济合作先行先试区"的突破口，并把其构建成为中韩商品贸易的聚集地和集散地，再造对韩开放先发优势，为中韩关税完全取消后形成两国之间大型贸易集散地奠定基础。

（三）整合政策资源，在行政推动上实现新突破

政策也是资源，而且是最大最好的资源之一。与资金、项目相比，政策受惠更持久、优势更明显、效果更突出。深圳的发展就是最好的例证。

整合对韩开放的政策资源，首先要用足、用活、用好已有的各类开放政策。地级市成立以来，我们先后争取了沿海开放城市、对韩通航、边境贸易、中韩经贸洽谈会、3个国家级开发区、4个开放口岸、8个保税仓库、1个出口加工监管仓库、出口食品农产品质量安全区、中韩整车物流等一系列开放政策，还争取了外贸转型升级专业型示范基地（水海产品类）、中国海洋产品集散基地（荣成）等国家（包括国务院和各部委）批准的40多个产业类基地和试点城市。对这些现有的开放政策，应跟踪调度分析，逐个逐项总结经验，找出存在问题，有针对性地制定用足用好各项政策的具体措施，没用好的要用好，没用足的要用足，能深化的要深化，能拓展的要拓展，需创新的要创新。属于我们自身的事情，要全力以赴攻坚克难；属于上级管辖的事，要及时反复地汇报、请示、争取，切实使每项开放政策都发挥出最大效能。在这方面，我们应学习借鉴"杭州经验"。杭州市自2009年始，围绕发挥"国字号"牌子的示范、引领、辐射和带动作用，大力实施"创建、拓展、提升"工程，先后出台了《杭州市国家级试点和基地拓展区认定和管理办法》《杭州市国家级试点和基地建设三年行动计划（2010—2012年）》《杭州市国家级试点和基地（产业类）考核奖励办法》《杭州市国家级试点和基地建设专项资金管理办法》等文件，通过编制发展规划、加大政府投入、鼓励企业参与、加强税收扶持、拓宽融资渠道、鼓励吸引人才、实行联合招商、建设公共平台等措施，把看似没有具体政策和载体的"国字号"牌子，发展成20个核心

区和 26 个拓展区，使各类国家级试点和产业基地成为经济社会创新发展的"助推器"、培育壮大新兴产业的"潜力源"、科技创新型企业的"创业园"和各类创新型人才的"聚集地"。

整合对韩开放的政策资源，还要充分挖掘政策资源潜力，积极不断地向上争取政策支持，把潜在的政策资源优势变为现实的经济发展优势。威海市潜在的政策资源，特别是与韩国相关的政策资源十分丰富，主要表现为独特的位置、便利的交通、悠久的贸易、互补的产业、密切的交往等。这些看得见或看不见的政策资源，如果能够加以科学策划、系统研究、大力推介、积极争取，都可以转化成为更多、更好、更具体的政策。比如，①挖掘"独特的位置"这个政策资源，我们可以积极争取火车轮渡、海底隧道等项目在威海市落户，可以积极向上反映尽快解决中韩陆海联运政策实践中存在的通关、规费、保险、交通等方面的不配套因素，也为下一步争取整车物流政策奠定基础。②挖掘"便利的交通"这个政策资源，可以向上争取跨境贸易政策，借鉴中哈、中俄边境贸易模式，争取在韩国和威海市的开放口岸附近各划出一片区域，建立中韩跨境经济合作区，在双方合作区实行封闭管理，由专用港口和专用航线连接形成一个整体。③挖掘"悠久的贸易"这个政策资源，我们可以申请恢复中韩经贸洽谈会，同时申请升格为国家级定期大型会展，并争取享受至少与南宁"中国－东盟博览会"同样的政策支持，如对展品免征进口关税、新增国际航班亏损补助、提供展馆建设资金；考虑到中日韩三国自由贸易区正式签订可能时间长、农产品等领域谈判艰难等因素，可争取把威海市作为中日韩自由贸易区各项前期工作的常设会址。④挖掘"互补的产业"这个政策资源，可以争取在威海市创立中韩蓝色经济合作区，在海洋生物制药、海洋新材料、海洋探测及海洋工程装备、海水综合利用、海洋能源等多方面进行合作，也可以借鉴青岛中德生态园、厦门湖里台湾工业园、苏州新加坡工业园的经验，创立韩国工业园，与韩国产业直接对接，进一步做大、做长、做强威海市工业产业链，威海市临港工业园已无地方可建，但创建空港工业园目前尚有很大的空间和可行性，应及早规划，及早安排。⑤挖掘"密切的交往"这个政策资源，可以争取韩国旅客入境免签证或完全的落地签证政策，在为两国游客出行提供便利条件的同时，也能有效促进威海市服务业的繁荣发展，等等。这些潜在的政策资源优势如果能够及时地转化成现实的发展竞争优势，威海市的开放程度就会再向前迈进一大步，明天的威海一定会有一个完全不一样的对韩开放新格局，一定会有一个完全不一样的发展模式，一定会有一个完全不一样的发展前景。

整合对韩开放的政策资源，最关键是要解放思想，统一认识，加大行政推动力度。首先，要解放思想。切实克服"政策是上级的事、政策是两国间的事"的错误认识，要树立起"不怵硬、不畏难、不发愁"的理念，对潜在的政策优势达成统一共识，发扬"敢为天下先"的精神，按照"三个有利于"标准，大胆地闯、大胆地争、大胆地试、大胆地用，千方百计争取上级政策支持，再造威海市对韩开放政策新优势。其次，要形成机制。把争政策与争资金、争项目放到至少同等重要的地位，在全市建立政策争取推进机制，像招商引资那样有目标、有计划、有考核。各级各部门都结合本地实际和本部门职能，按照"人无我有、人有我优"的思路，紧紧围绕自贸区建设，紧紧围绕对韩开放，做好政策争取的文章。最后，要制定完善政策。加大财政支持力度，采取奖励、补贴、减免等方式，从外资、外贸、外经、外包四个方面促进威海市对外开放转型升级。外资方面，出台更具导向性的奖励办法、更具竞争性的考核办法、更具吸引力的招商办法，吸引境外好项目、大项目，鼓励境外投资者在威海设立研发机构、跨国公司总部及地区总部。外贸方面，加大财政补贴力度，鼓励港口、航运、物流等企业，采取异地建立分支机构、发展外贸内支线等方式，延长物流链条，扩大贸易腹地，全方位拓展国际市场；采取对参展摊位给予费用补贴、免费提供会展场地等方式，鼓励企业积极参加国内外大型会展。外经方面，鼓励企业进行境外资源合作开发，建立境外资源基地；引导生产加工企业境外集群发展，建立境外经贸合作区；创新对外投资合作方式，加快企业国际化进程。外包方面，抓好服务外包产业园区建设，搭建公共技术信息服务平台，加强服务外包人才培养，培植服务外包企业主体，引导企业组成产业联盟；鼓励服务外包企业承接离岸接包业务、建设人才培训基地、通过相关国际认证等，鼓励国际接发包企业在威海市开展服务外包业务。

（四）整合环境资源，在优化服务上实现新突破

生产生活无止境，政务服务无小事。韩国在威海市有1000多家企业，3万多韩国人常住威海，搞好对现有韩资企业和韩籍在威人员的服务，对扩大对韩开放具有重要意义。调查中，韩商代表提出了许多问题，应引起我们高度重视。归纳起来主要有四个方面。

一是政策方面。主要反映有些地方对收费标准、投资优惠政策、产业发展方向等方面解释得不明白、不清楚；有些政策还不够优惠，对外商吸引力不足；等等。建议进一步理顺各级产业政策和外商投资优惠政策，细化政策

内容，并不断修订完善，定期发放给外商企业；通过举办培训班等方式，加强产业政策、优惠政策等知识培训和政策宣讲，并形成长效机制，使对韩招商的政策环境上有一个大的突破。

二是出入境方面。韩商要求争取青岛总领事馆在威海设立办事处，这样就不必往返青威之间办理签证手续。我们认为设立办事处既有利于加强政府间的沟通，也有利于民间交往，这对优化威海市投资环境是一件大好事，我们应该创造条件，争取国家外交部的支持，尽早在威海市设立办事处。

三是生产服务方面。主要反映贷款难。建议将外资企业纳入全市大盘子，在统筹安排企业扶持资金等方面，将外资企业一并考虑在内；同时借鉴青岛等地的经验，加大外资银行引进力度，争取外资银行落户威海，以拓宽外资企业的贷款渠道。

四是生活方面。主要反映正宗韩国餐馆少，没有有特色的购物街以及韩国人的集中居住区等。建议把生活配套与产业配套一起规划建设，打造若干国际特色商住区，加快韩乐坊等服务项目建设进程，加快引进、建设适合外商需求的医疗卫生服务机构和子女教育机构；多途径为在威海安居乐业提供指导，努力为外商营造舒适的居住、购物、饮食、医疗、教育等环境。

（作者单位：中共威海市委政策研究室　威海市商务局）

发展健康养生产业　建设宜居生活福地

于晓东

近年来，乳山市顺应人口老龄化发展态势和人们对健康生活的追求，大力发展健康养生产业，建设宜居生活福地，抢占产业发展制高点，推动经济发展转型跨越。今年，乳山成功荣获"中国长寿之乡"称号，为发展健康养生产业又增添一块金字招牌。

一　培育七大产业　构建健康养生产业"桥头堡"

乳山自然生态环境优良，养生文化底蕴深厚，健康养生氛围浓厚，具备发展健康养生产业的要素条件和外部环境。在广泛借鉴外地经验、吸收专家意见的基础上，乳山以整合区域养生养老资源为抓手，以推动房地产转型跨越为载体，以健康养生社区和各旅游景区为依托，大力发展以医疗康复、安全食品、高端养老、温泉疗养、运动健身、妇幼保健、健康产品等为主要内容的健康养生产业，带动加工制造业和现代农业发展，促进发展方式转变和产业优化升级，努力建设全国健康养生产业先行区和社区养老产业示范区。

医疗康复产业。采取与外合作、合资等方式，引进高端疗养护理企业和健康管理公司，邀请知名医疗服务机构设立分院或开展医疗合作，探索建立全新的健康管理模式。采取设立中医养生俱乐部等形式，邀请国内知名医疗机构离退休专家免费前来居住、度假，定期开展坐诊、义诊活动，解决高端医疗服务缺乏的问题。

安全食品产业。依托农产品质量安全品牌优势，发展生态有机农业，建设全国绿色食品原料标准化生产基地。推广生物科技应用技术，加快培育健康食品精深加工产业。引导食品加工企业与科研院所合作，争创省和国家名牌产品、著名商标。培育特色养生品牌菜系，研发一系列特色养生膳食，提升健康养生膳食的知名度。

高端养老产业。引导企业新上面向高层次老年人的高端养老项目，建设专题养老社区。按照康居示范工程标准推进养老社区建设，引进国内外著名专业健康管理机构，配套完善专业物业服务、酒店管理、健康管理公司等，对老年人实行一对一健康指导和生命管理，提供订单式、保姆式服务，建设独具特色的专门养老社区。

温泉疗养产业。利用乳山丰富的温泉资源，打造不同类型的温泉养生度假产品，开发风格各异、作用不同的温泉浴场、温泉理疗项目，提升温泉的养生、保健、医疗功能，发展温泉养生高端产品。

运动健身产业。适应现代流行趋势，突出发展水上运动、户外体育等项目，开发系列运动养生产品，吸引高层次旅客前来运动健身、休闲度假。在一些景区开发设计精品体育休闲产品，满足不同人群的运动需求。

妇幼保健产业。引进面向孕产妇、婴幼儿的妇幼保健服务项目，针对孕期保健、产后保健、婴儿保健的不同时期需求，制订有针对性的计划，提供全程保健养生服务，不断拓展产前教育、临产护理和产后康复模式，吸引外地孕妇来乳山市待产、生产和进行婴儿保健哺育。

健康产品产业。引导纺织服装、食品加工、机械制造等企业加强市场开拓和产品研发，加快培育养生服饰、养生礼品、保健药品、医疗保健器材、美容养生用品、养生家具用品、生活辅助用品等关联产业，大力开发健康养生产品，带动发展健康养生工业体系。

二　念活"养生经"　助推房地产业突围

近年来，乳山良好的生态环境资源吸引了大批房地产企业前来投资和全国各地的业主前来置业，房地产业成为乳山支柱产业，但受国家调控政策和开发成本上涨等多重因素影响，房地产业面临巨大压力和挑战。在这种背景下，发展健康养生产业成为推动房地产转型升级的重要手段。

为推动房地产业向养生养老产业转型，乳山充分利用现有房产规模优势和存量资源，采取房屋返租、规划调整、与外合作等形式，大力发展高端地产、旅游地产和养生养老产业等新型产业，形成专业机构养老、社区养生养老、居家养生养老、医疗机构康复养生四种健康养生产业发展模式。

专业机构养老，即利用已出售的闲置房屋，引导开发企业引进专业养生养老机构，采取整栋返租、统一改造，与专业酒店管理公司、健康管理公司和物业服务公司联合经营，挖掘房产的二次利用价值，实现房地产企业的多元发展。目前，已引进建设3家大型专业养生养老机构，预计3年内将达到10家，总床位数可突破1万张。

社区养生养老，即引导在售、在建楼盘的房地产开发企业，对存量小区进行改造，融入养生养老元素，建设社区会所、医疗中心、配餐中心、护理机构等专业机构，完善相关养老服务设施，改建为以养生养老为特色的居住社区。目前，3个小区已着手对建而未售的楼盘进行改造，完善医疗、养老、活动等设施服务功能；一些即将开工小区对规划设计进行了变更调整，增设了养生养老服务设施，打造集养生、休闲、度假、疗养于一体的高端复合型旅游地产。

居家养生养老，即通过规划引导、政策激励，大力发展公共养生养老服务设施，引进兴建有偿养生养老服务机构，让业主居家享受各项养生养老服务。目前，已培育起3家规范化的家政公司；完善社区卫生服务站，推广家庭医生公共服务，使老龄人群享受居家养老服务。

医疗机构康复养生，即完善医疗卫生体系，开发医疗康复项目，引进发展高端医疗卫生机构，提供专业化、一流的康复养生服务。目前，银滩已设立乳山市第二人民医院，加强了慢性病专科的人员配备，并加大中老年疾病专科高端医疗机构招商力度，成功引进了投资2亿美元的山东麦迪斯国际心血管病医院项目，与上海长海、东方、华怡医院等医疗机构达成了建设养生养老康复社区项目协议，建成后将为养生养老产业发展创造优越条件。

三　政府"给力"　助推养生产业大发展

为保障健康养生产业发展，乳山成立了健康养生产业推进工作领导小组，对健康养生产业进行规划论证，统筹做好产业发展过程中重大问题的综合协调，建立工作例会、定期督导、情况通报等制度，强化部门、镇区之间的协调配合，及时研究解决工作推进中遇到的困难和梗阻。

在基础设施建设上，将健康养生设施与城市建设一体规划、一体配套，加大完善银滩等重点区域的供暖供气、给排水管网、污水处理、公共交通等基础设施，完善医疗服务中心、便民中心、社区服务中心等专业机构，规划建设自行车慢行系统、无障碍设施、老年大学、老年文化中心等服务设施，为健康养生产业发展奠定硬件基础。

在生态环境建设上，深入实施绿山、绿路、绿城、绿村"四绿"工程，抓好海岸带、港湾、河道等专项整治工作，对重点区域实行保护性开发，开展空气质量 PM2.5 监测工作，推动生态效益、社会效益和经济效益多赢。

在政策倾斜引导上，结合上级鼓励健康养生产业发展税费减免政策规定，设立政策引导基金，出台产业发展税收减免政策，鼓励社会资金进入，为产业发展提供政策支持。坚持政府主导与行业自律相结合，加强对行业发展的监督约束，探索设立健康养生协会和养老协会等组织，发挥对上联系政府、对下联系行业的桥梁纽带作用，指导行业健康、规范、有序发展，形成全社会共同参与的良好局面。

在对外宣传推介上，重点打造长寿之乡、养生福地等养生品牌，不断放大医药养生、宗教养生、食品养生等特色品牌效应，大力弘扬母爱文化、福地文化、红色文化、海洋文化、民俗文化等传统文化，继续举办好母爱文化节、东方欢乐节等各类节庆会展活动，全面提升乳山的对外影响力和知名度。

健康养生是新时代人们的追求，也是经济社会发展的重要产业，更是推动社会进步的重要动力。今后，乳山要紧紧围绕建设国家级健康养生产业示范区的目标，不仅把健康养生产业作为乳山的优势特色产业来培育，推动产业转型跨越，优化经济发展质量，而且把健康养生作为城市品牌来打造、作为优秀文化来弘扬、作为社会责任来履行，加快打造"养生福地、宜居乳山"的城市品牌，大力弘扬健康长寿的幸福文化，努力争当健康养生产业的探索者、先行者和实践者。

（推荐单位：中共乳山市委宣传部）

对县级公立医院改革的调查与思考

——以乳山市为例

高明周　丛众华

县级公立医院改革是新医改五项重点任务之一，医疗改革已进入深水区和攻坚期。乳山市作为卫生部确定的全国 311 个、全省 30 个改革试点县之一，综合改革试点工作于 2012 年 12 月 30 日正式启动。作为威海市唯一一个试点市区，为做好试点工作，乳山市坚持"顶层设计"与"改革实践"相结合，紧紧围绕"保基本、强基层、建机制"的要求，坚持以惠民利民、回归公益性为方向，以破除"以药补医"机制为切入点，按照"患者总体负担不增加、医疗合理收入不减少、政府和医保可承受"的原则，统筹推进补偿机制、管理体制、人事分配、价格机制、医保支付制度、采购机制、监管机制等综合改革，着力解决体制和机制的深层次问题，实现从单项改革向综合改革、从浅水区向以"医药分开"为标志的核心区迈进，建立起富有活力、保障可持续的县级医院运行新机制。本文对乳山市公立医院改革的进展进行梳理，尝试提出可行性建议，以期为县级公立医院改革与创新提供借鉴和可推广的经验。

一　推进县级公立医院综合改革的现实意义

2010 年 2 月，公立医院改革启动。在将县医院作为公立医院改革重点之前，公立医院改革陆续在 17 个城市试点，这些城市集中了大型公立医院，补偿高、人事复杂、改革阻力大。总之，模式虽多，但至今并未推出样本。"十二五"医改规划提出，要把县级医院改革放在突出位置，作为公立医院改革的重点任务全面推进。公立医院改革突破口为何瞄准县级医院？

（一）有利于缓解大城市医院就医压力

县级公立医院改革破除"以药补医"，取消药品加成收入作为补助渠道，这就需财政补齐缺口。但若从大医院往下推进，补偿"难度太大，压力太大"。另外，加强基层医院建设对减缓"看病难"也有帮助。县级医院处于城乡接壤处，是农村三级医疗卫生服务网络的龙头，是连接城乡医疗服务体系的纽带，承担广大农村居民群众的就医诊疗。如果能将基层医院做强，农民能在县医院内治愈疾病，就在一定程度上减缓了大城市医院的压力，同时对医疗服务成本控制有帮助。

（二）有利于打破大城市医疗资源垄断

中国80%以上的医疗资源都集中在大城市的大医院里，造成全国需要就医的患者都会往大城市跑。因此，大医院里常常人满为患，而基层医院尤其是偏远农村的医疗机构则冷冷清清。公立医院改革要贯彻落实"保基本、强基层"的总体要求，缓解农村群众"看病难、看病贵"的问题，必须推进县级公立医院综合改革，加强县级公立医院综合能力建设，以改革促发展，提升县级公立医院服务能力和技术水平，控制县外转出率，统筹城乡卫生共同发展，打破大城市对医疗资源的垄断。

综上，县级公立医院率先推进改革，可以为整体推进公立医院改革发展探索和积累经验；通过增强能力，提高水平，分流患者，缓解城市大医院的压力，为城市大医院改革创造条件；通过发挥在县域医疗服务体系中的龙头作用，打破医疗资源垄断，带动乡村医疗卫生的协同发展，提高医疗体系整体效率，夯实基层医疗卫生机构综合改革成效。

二 乳山市县级公立医院改革实践

根据上级统一部署，乳山市人民医院、中医院、妇保院、康宁医院和结核病防治所5家县级医院于2012年12月30日正式启动县级公立医院综合改革试点工作。在改革方案设计中，乳山市多措并举，多环联动，即医疗服务价格调整、医疗保险支付制度、财政投入保障政策、医疗服务行为监管、医院内部精细化管理等同步推进，使改革的措施可复制、可持续、可发展，形成了群众、政府、医院和医务人员多赢的局面。

（一）主要做法

1. 注重顶层设计，确立改革切入点

根据公立医院改革的总体要求，乳山市在深入调查研究、广泛听取意见和充分论证的基础上，逐步形成具有可操作性的顶层设计，实施推进县级公立医院综合改革。具体内容是：以坚持县级医院公益性为改革的总体目标，把"保基本、强基层、建机制"和"政事分开、管办分开、医药分开、营利性和非营利性分开"作为改革要求，破除"以药补医"机制，按照患者总体负担不增加、医疗合理收入不减少、政府和医保可承受的原则，统筹推进补偿机制、管理体制、人事分配、价格机制、医保支付制度、采购机制、监管机制等综合改革。通过推进改革，进一步调动医务人员的积极性，提高医院的运行效率，提升基本医疗服务能力和质量，建立富有活力、可持续发展的医院运行新机制；力争县域内就诊率提高到90%以上，基本实现大病不出市，切实缓解看病难、看病贵的问题。

针对药品收入占医院总收入半壁江山的现象，以药养医机制是群众、医生不满的问题，乳山市把取消药品加成、破除"以药补医"机制作为县级公立医院改革的切入点，努力做到试点公立医院摒弃利润最大化，以破除以药补医机制为突破口。目前10个试点病种已经确定，市卫生局积极组织相关人员做好试点病种费用测算工作，同时，切实规范控费工作，把门（急）诊次均费用、住院床日费用、出院者平均医疗费用、自费药品控制率、总费用增长率等纳入公立医院岗位目标责任制考核，尤其是对市、中两院，规定总费用控制率必须保持零增长，确保患者总体费用不增加。从试点效果看，逐步破除了以药补医机制，初步建立起"大病不出县"的有序就医秩序。

2. 确立"四项改革"为综合改革内容

为取消药品加成，破除"以药补医"机制顺利实施，切实减轻群众就医负担，乳山市确立了"四项改革"为县级公立医院改革的综合内容。

一是改革补偿机制。通过试点改革，乳山市县级公立医院的补偿机制将服务收费、药品加成收入和政府补助三个渠道改为服务收费和政府补助两个渠道。

二是改革医疗服务收费政策。按照医药费用"总量控制、结构调整"的原则，调整治疗费、护理费、床位费和手术费等。住院诊疗费由原来的每天3元上调至5元，占服务价格调整总额的7%；三级、二级、一级护理费分别由原来的3元、6元、9元上调至5元、9元、12元，占服务价格调整总额的

12%；床位费由原来的每天15元、20元分别上调至30元、40元，占服务价格调整总额的60%；患者手术费较原来上调了26%，占服务价格调整总额的21%。手术费、治疗费、护理费、诊查费、床位费价格与医保、卫生、财政政策同步调整，不增加患者实际医药费用负担。

三是改革财政、医保投入政策。在财政压力紧张的情况下，顾全大局，权衡利弊，兼顾供需双方，通过资金预付和定额补偿的资金调度方式，加大财政保障力度和投入比例，实行付费改革机制，为患者提供方便、快捷、廉价的医疗服务。把床位费纳入医保范围，确定较长周期的政府投入规划，加大医保、新农合对公立医院的投入比例，着力建立县级公立医院改革发展所需的财力、物力等方面的保障机制，努力实现平稳运转，维护公立医院的公益性。市财政局挤筹资金，按月拨付试点医院，每年增加财政投入400万元。其中，市人民医院年补助资金206万元、市中医院135万元、市妇保院6万元、市康宁医院14万元、市结核病防治所39万元，为医院注入了生机和活力。

四是完善政府监管机制。针对公立医院公益性淡化的突出原因是政府责任的缺失和错位，要求明确责任，采用多种措施主导公立医院的公益性与效益性制衡，强化政府对公立医院的主导地位。政府主导公立医院以社会效益最大化为目标，在经营过程中先算"社会满意账"，而不能只算"经济收入账"，通过进行定期或不定期的"社会满意度"调查，把维护群众健康权益放在首位，用好政府市长热线和物价局价格举报热线，及时了解和掌握群众的看法，开好卫生系统内部医改动员大会、县级公立医院改革试点启动会议、医改政策解读会议和医改座谈会四层会议，明确责任、强化督导，扩大覆盖面，提升影响力，推行医院信息公开，建立了面向社会开放的医院公用信息平台，增强院务的透明度。特别在预防保健，多发病、传染病、慢性病防治和健康教育以减少疾病发生等这些非营利项目上加大政府监管力度，充分发挥政府对医院的监管作用。

3. 提高服务水平，改进考核体系

患者最关心两件事，一是尽可能少花钱，二是尽可能买到合意的服务。针对这个问题，乳山市把提高医疗服务水平作为县级公立医院改革的重点，启动了公立医院综合改革绩效考核工作，改变了以往只重视医院经济指标和数量而忽视服务质量和社会效果的旧考核体系，通过"服务与效率相挂钩"来提高医疗服务水平的新考核体系。新考核体系把群众满意不满意作为评判医院绩效的最重要标准，以解决"看病难、看病贵""看病不安全"等问题。

一是推行"先诊疗后付费"模式。2012年6月1日在全市县级公立医院、社区卫生服务中心及镇卫生院全面积极推行"先诊疗后付费"模式，对参加城镇职工医疗保险、城镇居民医疗保险、新农合以及其他病情危急需紧急救治的患者，推行这一服务模式，使公立医院的公益性得到彰显，进一步优化了服务流程，细化了服务措施，提升了服务质量，切实为群众提供便捷高效的医疗卫生服务，医务人员的良好形象得到了重塑，缔造了和谐的医患关系。

二是实施临床路径管理。在急性单纯性阑尾炎、结节性甲状腺肿、乳腺癌3个病种被确定为威海市临床路径试点病种的基础上，市人民医院和中医院又筛选了14个病种，纳入临床路径管理，在医保和新农合的支持下，为了控制不合理检查，控制医药费用的不合理增长，确保新农合资金的合理使用，按病种制定了详细的诊疗规范，对诊断、检查、手术、护理、用药等都作出了详细的规范路径。约束临床诊疗行为，缩短了平均住院天数，使患者得到了合理的治疗，保障了医疗质量安全，有效地控制了医疗成本，提高了医院管理水平，使合作医疗资金得到了更合理的使用。

三是实施分级负责诊疗机制。"看病难、看病贵"已成了造成老百姓"因病致贫、因病返贫"的一个主要原因。"看病难、看病贵"主要是因为县外转诊率高，越是大城市、大医院，越是"看病难"、越是"看病贵"。所以解决"看病难、看病贵"的有效措施是降低县外就诊率，县级公立医院改革也把这点作为改革的一项目标。为了方便百姓就近就医，力争做到小病不出村，常见病不出乡，较重疾病不出县，降低县外就诊率，提高各级的医疗服务水平和质量，乳山市科学划类分级，实行分级负责诊疗，差异性补偿，使有限的医疗资源在县内流转。通过分级诊疗，控制转诊，能够使更多的资金回流，为医院的持续发展提供更多的资金保障。具体做法：先根据各自的医疗技术、服务水平和硬件设施，分别确定村级、乡镇卫生院、县级公立医院负责治疗的疾病病种数量，然后分析县域范围不能治的病，经过外请医生可以治疗的疾病病种数量，最后确定县域确实不能治疗，需要到县外转诊的疾病病种数量。参加新农合或医保报销时按不同的比例实行差额补偿。用这种方法引导患者根据自己的病种确定在哪里诊治能得到更多的补偿。

四是开展惠民利民服务。深入实施"医疗惠民行动"，大力推进志愿者服务、节假日门诊、出院随访、院务公开等便民服务，利用好电视台、广播电台、网络、报纸、宣传明白纸5个载体，在市人民医院和中医院积极推行就诊"一卡通"制度，进一步提高服务效率，缩短候诊时间。

在实际考核中，将各试点医院完成政府指令性任务、"先诊疗后付费"、临床路径、实行分级负责诊疗和差异性补偿、优质护理服务、医德医风、卫生信息化建设等医改措施落实情况作为主要内容，着重细化考核医院基本药物与抗菌药物使用率、药占比、医疗合格率、县外转诊率、患者满意度、社会监督评价等医疗服务内涵指标完成情况。每季度考核一次，考核结果与各单位的目标岗位责任制完成情况直接挂钩，考核不合格的，按照市委、市政府年初制定的目标岗位责任制，扣减奖励补助资金，并通报批评，限期整改。绩效考核体系既坚持公立医院公益性质，又遵循医院发展的基本规律，引导医院加强内涵建设，走可持续发展道路。

4. 定期监测评估，及时评判改革成效

目前县级公立医院改革是试点期，没有现成的科学改革模式，正在"摸着石头过河"。各项改革措施处于探索阶段，这就要求真实、全面、系统地对改革进行定期监测，及时评判改革成效，真正找到有使用和推广价值的可行性方法。乳山市卫生局会同发改委、人保局、财政局、物价局等部门共同制定了《县级公立医院综合改革评估方案》，将于2013年7月重点围绕改革推进情况、群众医药费用负担、试点医院运行、医务人员收入水平、医保（新农合）基金情况等内容，对实行改革的5家公立医院进行客观公正科学的评估，开展定量分析和定性研究。通过全面、横向、纵向的比较分析，相关市级领导带队依据监测评估结果，评判改革成效，进一步对下阶段改革工作进行了合理有效部署。

（二）初步成效

通过改革试点探索，全市公立医院改革形成了上下推动、左右联动的良好态势，改革总体平稳有序，各项政策措施较好地协同，初步达到了改革的阶段要求，主要表现在以下几个方面。

1. 医药分开直接带来"三升三降"

药品零差率的实施，有效遏制了医药费用上涨的势头。根据对试点5家医院的监测和进展情况调查，实施试点以来，各试点医院门（急）诊诊疗56464人次，与2012年同比上升28%，住院3978人次，同比上升17.9%，门急诊次均费用同比下降2.2%，每床日费用同比下降12元，下降幅度3.9%，药占比同比下降了8.02%，基本药物使用（销售）比例同比上升4.5%，总体看呈现"三升三降"。"三升"是医院门急诊量、住院量、基本药物使用比例都有所上升；"三降"是门急诊次均费用、每床日费用、药占比都有所下降。取消了医院药品加成，同时提高的劳务价格多数通过医保给予报销，这样既控制了医保基金支出总额，又减轻了患者负担。

2. 医药分开带来管理和运行机制的改变

从监测数据看，患者次均费用及个人负担下降的部分来自管理效益。医院在管理上出现了三个变化。一是医院管理观念转变。取消药品加成后，医院的药品销售从收入变为成本，使医院从关注创收转变为关注有效控制成本，落实对医院的精细化和专业化管理。统筹规划县、乡公立医院的资源，乡镇医院的患者可以随时到县级公立医院（市医院或中医院）优先进行医疗器械化验，实现资源共享，以惠民便民为导向，实行医疗机构检查结果互认，强化医院资产管理，梳理就医环节，实现所有县级公立医院之间的利益一致，使资产运行体现公益性，实现粗放式管理向精细化管理的转变。二是医院管理重点转变。控制药费不合理增长的意识明显增强，切断了"以药补医"的链条，医院和医生摆脱对药品收入的依赖，医院采取了处方审核点评、不合理处方公示、限制跨科开药、高值药品分级开药等措施，通过抗菌药物分级管理、特殊用药审批，医生科学诊治、合理用药基本形成制度化，节约了有限的药物资源，确保患者安全用药。减少老百姓药费支出，避免了患者因过量用药身体受损，最终达到"少吃药看好病"的目的。三是医院服务流程和服务质量出现变化。医药分开，医院将更多的精力放到了提高对患者的服务方面，出台了以服务量和患者满意度为重点的综合绩效考核办法，对医生起到了正向引导作用。

统计数据显示，自试点以来，乳山市人民医院药品零差率销售 3942 万元，让利群众 591 万元，医院卫生信息化建设投入 150 余万元，医保、新农合用于"先住院、后结算"服务垫付资金 700 多万元，市财政用于综合医改投入市人民医院全年 206 万元；开展"先住院、后结算"医疗服务 2000 余人次，每月占住院总人数的 12% 左右，实施临床路径 25 个病种，基本药物使用比例达 30%，药占比控制在 36% 以下，患者满意度保持在 95% 以上。乳山市对县级公立医院综合改革进行绩效考核的主要原则就是要给县级公立医院发展定位方向，细化考核办法，真正"考"出实绩、"核"出活力。小财政办大民生，有限的钱花得最有效。

3. 医生、医务人员技术劳务价值得到认可

改革启动以来，医改试点创新模式，完善服务。首次体现多劳多得，把服务效率和劳务价值相结合。收费长期偏低的一些基础服务性劳务项目得以提高，如护理、诊查费等价格得到合理调整，体现了医务人员的劳务价值，是对医护人员专业知识和劳动付出的尊重，回归传统医德，从而激发医护人

员不断提高自身的医疗技术服务水平，提高医疗质量，增强医院活力。通过医疗服务价格调整，多年累积的价格矛盾得到缓解，医务人员的技术劳务价值得到较好体现。在此基础上，试点医院更加注重学科和专业能力建设，注重完善内部管理机制，合理调整绩效考核办法，考核指标突出服务数量、质量和病人满意度，调动医务人员参与医改的积极性。

三 县级公立医院改革存在的问题分析

综观改革历程，县级公立医院改革已经取得了一定成效。通过推进改革，进一步调动了医务人员的积极性，提高了医院的运行效率，提升了基本医疗服务能力和质量，建立了有一定活力、可持续发展的医院运行新机制。但随着改革的推进，出现很多制约改革发展的问题，若不加以科学分析、重点解决，势必会影响改革的持续性。

（一）顶层设计缺乏可操作性

新医改把县级医院改革作为公立医院改革的突破口，要求县级公立医院不改变所有制，保障医院完成社会目标，保证公立医院的公益性，在这种情况下，形成科学可行的激励机制，让医院控制成本，改善质量，增加服务。有些地区在顶层设计上把管办分开作为公立医院管理体制改革的核心和难点，在改革试点的操作性方案中，把管办分开作为原则性内容，具有操作性的配套改革举措却不多，多数也只是停留在文件和口头上，鲜有实质性突破。判断当前县级公立医院的改革是否成功，应该以是否解决老百姓看病难、看病贵问题作为评价标准。县级公立医院改革当前面临的主要矛盾仍然是供不应求，改革的结果要看是否缓解供需矛盾；是否促进了县级公立医院的服务能力、效率和质量的实质性提升；最终是否实现老百姓看病方便，大病不出县，县外转诊率有真正意义上的降低。与医疗机构的属性没什么太大关系，现阶段不应在管办分开上投入太多精力。另外，县级公立医院实行公益主导体制下的市场经济体制，在这种矛盾的体制下，管办职责分离没有本质上的必要性和科学可行的方法，如果仅限于成立不同名称的机构，即便机构成立，其对公立医院改革的推进力并达不到明显的效果，不能真正从机制和体制上解决问题。作为县级公立医院，在顶层设计上，应该以破除"以药补医"机制为前提，突破口是在兼顾公益性和效益性下实行药品零差率，抓手是改革补偿机制和建立现代医院管理制度，目的是通过体制机制创新，提高服务质量和运行效率，降低县外转诊率，探索一套有效可行的设计战略。

（二）基层医疗服务发展滞后

县级公立医院实行药品零差率后，基层医疗机构原有的基本药物零差率优势不复存在，县域主要的医疗服务集中在县城；基层医院医务人员专业知识和医疗服务水平不高，综合素质低下，得到的认同感不是很强，经常容易被人瞧不起；硬件设备实力弱，检验设备的使用效率、投入产出的比例都很低；人员结构层次低，分配进来的一般院校的大学生比较少，一些名校进来的优秀人才基本没有，再加上年龄老龄化（特别是农村的赤脚医生基本在 50岁以上）等，基层医疗成为医疗工作中的"短板"，基础薄弱，发展滞后，难以满足群众的健康需求，导致人民群众对基层医疗服务缺乏信任。因此，基层医疗机构对患者的吸引力势必减弱，使病人由农村往城市跑，小病往大医院跑，导致了医疗服务体系整体效益不高和无序竞争，市公立医院拥挤不堪，农村基层医院门庭冷落。这种情况对医疗改革一直倡导的"小病在基层"的就医秩序和模式造成影响。现代管理学中的"木桶原理"阐明，一个国家医疗卫生发展水平不仅要看城市大医院的服务水平，更要看基层医疗的服务水平。这一原理决定了今后必须把加强基层医疗服务建设作为卫生工作的战略重点，缩小基层医疗和县级公立医院服务能力之间的差距，解决乡村医疗和县级公立医院协调发展的问题，否则解决人民群众"看病难、看病贵"问题将无从谈起。因此，要在如何更好地发挥县级公立医院的龙头作用，加快推进县乡医疗资源统筹和整合，提升基层医疗服务水平，构建一个上下联动、全新的、共同发展的医疗服务体系上努力。

（三）整个医疗体系未形成协同趋势

县级公立医院改革的方向是在公益性的条件下提高县级公立医院的能力，把取消药品差价作为改革的切入点。从改革的进程看，虽然有所突破，但在当前政治经济体制环境下，公立医院机构过于庞大，公立医院的床位占总体的 70% 左右，服务床位数占 90% 左右，公立医院的过度垄断。实行药品零差率后，更加过度增强公立医院的吸引力，势必影响民营医院的日常运行和生存发展，造成公私医疗机构之间未形成协同趋势，不利于引导新的社会闲置资本投入医疗卫生行业。而鼓励和引导社会资本创办医疗机构，也是深化医改的重要内容，如果不形成协同趋势，必将阻碍改革和社会经济的全面发展。因此，要结合贯彻落实国家关于鼓励和引导社会资本创办医疗机构的有关文件，认真研究解决县级公立医院药品零差率对民营医院的影响问题，保障民营医疗机构的健康发展，实现县医疗服务的整体提升。

（四）未充分调动医务人员的积极性

县级公立医院的改革路径把握好三个环节：机制创新、能力提升、加强协作。关键是能力的提升。提高县级公立医院的能力，重点是要提高医务人员积极性来留住人才。同上级医院纵向比较看，县级公立医院平台比较低，医院的支撑力度不大，硬软件实力相对较弱，人才的成就机会比较少，伸展的空间也不大，对优秀人才缺乏吸引力。

从当前财政体制和分配导向看，近年来，各项医改和卫生投入虽逐年增加，但由于财力有限，按照量入为出的原则，取消药品加成减少的收入，地方财政只能给予既定的保障，其他的部分医院只能通过医疗服务价格的上调，增加业务收入来维持生计和运转。市场化的运行机制导致公立医院在经营上不可避免地仍有趋利性，加之尚未建立起完善的岗位责任制和合理的绩效考核机制，医务人员对公立医院改革持怀疑态度，对改革的不确定性心存担忧，或感受不到改革与自己息息相关，因此工作的积极性不足，缺乏活力和竞争力。

从整个外界环境看，医疗卫生的舆论导向在新闻媒体的操纵下，反面报道频频出现，高尚的职业已被丑化，卫生形象已严重损坏，再加上体制弊端和市场不规范，导致社会和患者将"看病难、看病贵"问题的焦点对准医疗机构和医务人员，尤其是公立医院。医院和医务人员不被信任，医患关系日益紧张，冲突频繁发生。现在有了医保，百姓的支付能力强了，随着支付能力的增强，他们的医疗需求在增加，对医疗需求的质量要求越来越高。为什么现在县医院的转诊率在提高？并不是县级公立医院的水平在下降，而是其技术水平、服务质量提高的速度赶不上百姓对质量要求的速度。医务人员面对这严峻的医疗环境，需要超负荷运转才能勉强维持当前的医疗服务。医疗服务价格的上调远远不能体现医务人员的劳务价值，同工不同酬的情况没有从根本上得到有效改善，付出与所得得不到平衡，人心不稳。即便是医院花费很长时间、投入大笔财力培养出来的人才，由于心理不平衡，才能得不到充分发挥，其积极性也会严重受挫。增强县级公立医院吸引力、保障医务人员执业环境、改善医患关系、发挥医务人员的主观能动性等的有效措施亟待建立和完善，并从试点医院向其他范围推广。

（五）分级负责诊疗精细化有待进一步加强

实行分级负责诊疗、差异性补偿是为了方便百姓就近就医，力争做到小病不出村、常见病不出乡、较重疾病不出县，引导患者确定自己的病在哪里治疗实惠高效，降低县外就诊率，回收更多的外流资金，这是事关医院自身生存与发展的大计。实行分级责任医疗，必须科学分级，精细责任，明确分级时是否以公立医院的公益性为主导、各级的医疗服务能力和技术水平以及硬件设施与自己分的病种是否真的匹配，以及患者在既定的级别就医是否有安全感和保障感。到目前为止，类别、病种的划分，责任的界定都没有具体理论依据和详细规定，降低县外就诊率至今没有合理的精细化的实施方案，老百姓"看病难、看病贵"没有通过降低县外就诊率从根本上得以缓解。

四　推进县级公立医院改革的几点思考

随着县级公立医院改革步入"深水区"，改革的基本目标是抑制公立医院的逐利性，实现公立医院的公益性；基本思路是在明晰政府与公立医院之间权责边界的基础上，明确各类公立医院的定位。县级公立医院改革方向已经明确，任务已经清楚，改革已由过去的"摸着石头过河"的初步探索阶段，进入部分工作的实质性推进和全面推开的阶段，为使县级公立医院改革有实质性突破，要把握好以下几点。

（一）建立现代医院管理体系

县级公立医院改革应根据公立医院的社会功能定位着手完善自主化的治理，加强政府对公立医院的问责，规范和完善两权分离的操作办法。同时，由于实现公立医院的法人治理对地方政府的治理水平要求更高，因此可在有条件的地区逐步探索法人化的治理。公立医院应从机构改革入手，减少管理层级，实现组织扁平化，进一步简政放权，激发中层管理人员执行力和一线员工工作积极性。

加大对药品、医药耗材的政府定价政策的执行力度。一是对列入国家基本医疗保险药品目录的药品以及其他生产、经营具有垄断性的少数特殊药品（包括国家计划生产供应的精神、麻醉、预防免疫、计划生育等药品），政府要依据社会平均成本、市场供求状况和社会承受能力，合理制定和调整价格，实行政府定价和政府指导价的管理形式；二是对除列入政府定价和政府指导价范围的药品，可实行市场调节价，由生产经营企业自主定价，但政府要加大监管力度，引导企业遵从等效等价的药品定价原则，真正做到质价相符、价格合理。

合理用药。要破除"以药补医"机制，保障"患者总体负担不增加"，合理用药是一个不可或缺的方面。有报道称上市药物中的70%因诸多原因而被浪费，若能大力推动合理用药，使用药做到安全、有效、经济、适当，则可减少60%的浪费和大量药害。除去经过深思熟虑认为必要的联合用药外，原则上应抱"可用可不用的药物尽量不用"的态度，争取能用最少的药物达到预期的目的。这里所说的"少用药"并非考虑节约或经济问题，主要的是要尽量减少药物对机体功能的不必要的干预和影响。合理用药是一个涉及面广，难度高的复杂性工作。一要确定诊断，明确用药目的；二要制定详细的用药方案；三要及时完善用药方案；四要少而精和个体化。

规范药品和医用耗材采购供应，重塑药品供应保障体系。一要提高试点医院基本药物配备使用比例，通过合理使用基本药物，既能治好老百姓的病，又能降低药品费用，从而减轻群众的疾病负担。二要将各试点使用的基本药物全部纳入统一招标，通过省药品集中采购平台采购，以减少药品的流通环节，进一步降低药品价格。三要规范高值医用耗材的采购供应，可以市为单位来进行集中招标采购，以此来压缩高值医用耗材中间采购环节和费用，解决价格虚高的问题，待省级集中采购工作启动后纳入省级集中采购，进一步降低医用耗材的价格，减轻患者的经济负担。

优化内部运行管理。健全医院内部决策执行机制。建立以成本和质量控制为中心的管理模式。严格执行医院财务会计制度，建立健全内部控制制度，实施内部和外部审计。建立以公益性质和运行效率为核心的科学公平县级公立医院绩效考核体系，制定具体的绩效考核指标，建立严格的考核制度，由政府办医主体与院长签署绩效管理合同，合理确定具体的量化指标，考核结果与院长履职评价、机构编制调整、财政经费预算、医院领导班子和相关人员聘用、奖惩及绩效工资总量核定等挂钩。在体系的设计中要更加突出对公立医院的公益性和社会服务性的要求，把继续控制医药费用不合理增长作为医疗服务的突出重点，更加突出对医院的医疗质量、医疗安全和医疗服务等指标的要求，更加突出党政主要领导的共同责任。

（二）强化监管机制

完善公立医院综合监管体系，着力推进依法准入监管、利益群体间契约制约、社会和媒体舆论监督以及行业协会等非政府组织自律管理等机制的建设，重点考核公立医院发行社会责任、承担基本医疗服务、执行医疗服务价格、落实医院财务管理制度和遵守医疗服务相关法律法规方面的内容，使公立医院在医疗服务提供中真正发挥主导性、体现公益性。

依法准入监管建设。全面推进监管依法行政工作，从深层次着手、从根本上破解、从制度上保障监管困局。要把加强地方立法制度和标准体系建设放在突出位置，不断完善具有当地特色，科学、合理、规范、适用的监管法规体系。探索严重违法医院曝光惩戒机制，强化诚信体系建设，进一步明确公立医院的监管主体、监管内容和监管程序。

利益群体（如医疗保险组织）间契约制约。订立契约的目的是缓解各方的矛盾与冲突，制衡各方的权利与义务。县级公立医院改革关系到各方的利益，进而会影响到它们之间的契约关系。医保机构面对庞大复杂的医疗服务市场要进行有效的谈判，有效的谈判机制首先依赖于充分发育的医疗服务市场，即医保机构可以有选择权和淘汰权。其选择的标准不是以"公立"或"私立"来判断，而是以服务的效益来判断。因此，监管的效果依赖于多元化办医格局的实现。

社会和媒体舆论监督。媒体舆论监督凭借大众传媒本身所具有的传播速度快、覆盖面广、社会影响大和对社会非公正现象威慑力大等特点，成为现代社会舆论监督的主要方式，成为推动社会公平与正义的重要途径之一。可以充分利用舆论监督，建立公立医院的长效监管机制。

行业协会等非政府组织自律管理。可探索"政府宏观管理—行业协会自律管理—公立医院自主管理"的管理新体制，在这个体制中，政府部门、行业协会、公立医院扮演着各自不同的角色，承载着各自不同的使命。行业协会作为联结政府与公立医院的桥梁纽带和政府与公立医院的参谋助手，对业内经营活动的道德规范和行为准则作出规定，并采取各种有效手段加以落实，实际上是在行业领域内建立一种类似于法律的秩序，构成行业协会自我治理的核心。

（三）提升医疗服务效能

公立医院提供较高质量的医疗服务是其基本职责。随着一系列便民惠民政策措施的实施和推广，公立医院在服务质量、服务效率等方面开始得到改进，人民群众开始享受到公立医院改革带来的好处，但其广度和深度还有待进一步扩大。因此，要更快和更深入地推进公立医院改革，让更多人民群众更加切身、直观地感受到改革带来的实惠。

明确县级医院功能定位。完善基本医疗卫生服务功能，建立政府举办基层医疗卫生机构公益性的管理体制，强化对基层医疗机构的分级分类管理，明确提供服务的范围和功能。县级试点医院要为城乡居民提供基本医疗服务，包括推广应用适宜技术；为基层医疗卫生机构提供培训和技术指导；开展危急重病人救治和部分重大、疑难疾病的接诊、救治、转诊等；承担部分公共卫生服务，对自然灾害和突发公共卫生事件进行医疗救治等。

加强县级医院医疗服务能力建设。建设以电子病历和医院管理为重点的各试点医院信息系统（乳山市、中两院已建立），努力推动远程医疗（乳山市人民医院已经开通了与北京大医院远程会诊网络对接），组织制定实施一批试点医院临床路径。同时，要认真落实优质护理、便民门诊、先诊疗后付费等便民惠民措施，提升县级医院服务水平。

整合对口支援帮扶资源。对口支援和帮扶，要对资源进行整合，有针对性开展支援帮扶（省厅确定城乡对口支援乳山的三级医院是青岛海慈医疗集团），争取帮一个成一个，帮一次就要见到效益，确保在人才、技术、管理、重点专科等方面给予帮扶，提高县级医院的综合服务能力。同时，通过技术支援、免费人才培养等方式，加强县级医院对镇级医疗卫生机构的支持，建立县级医院与基层医疗卫生机构相对紧密的分工协作机制，实施精细化的分级负责诊疗，使一般常见病、慢性病、康复等患者下沉到基层医疗卫生机构，危急重病人到县级医院就诊，逐步形成基层首诊、分级医疗、双向转诊的医疗服务模式。

（四）改革补偿机制

全面取消"以药补医"涉及重大利益调整，改革补偿机制是公立医院改革的核心、重点和难点，其承担的社会功能和政策性亏损应该得到合理与足够的补偿。首先必须建立以政府投入为主的合理分级补偿机制。长期的财税体制问题造成地方政府的财权和事权不匹配，取消药品加成后，稀缺的地方财政资金在短时期内可能能够补偿到位，但随着百姓对医疗服务质量和水平需求的提高，这种靠地方政府补偿的持续性难以维持，更加增加了县级财政的压力。本着公共服务均等化的要求，改革财政对县级公立医院建设和发展的投入方式，加大中央和省级财政转移支付的力度，确保县级公立医院发展的平衡和可持续性，要明确补偿项目、标准，在资金投入和财政分担比例上向财政困难县倾斜。

其次要充分发挥医保补偿作用，推进新农合从扩面提标向提升质量转变。取消以药补医，如果完全依靠财政补偿，政府"背不动"也"兜不起"，应发挥医保支付补偿的作用，随着筹资力度的加大，资金管理的压力和风险也在加大，新农合应发挥更大效益。着力提高统筹层次，全面推进新农合统筹工作，扩大医保保障范围，提高补偿比例，降低管理成本，保障基金安全，提高运行效率；积极推动医保、新农合支付方式改革，发挥其对规范医疗服务行为、合理控制费用的作用；充分提高医保、新农合信息化服务水平，通过完善信息系统建设，推行电子病历，建立居民健康卡，加快推进异地结算，规范基金管理，建立多渠道的补偿机制。

科学规划医疗资源，规范政府和社会对医院的投入机制。目前，我国医疗需求快速增长，医疗资源总体不足，政府投入有限，应在公立医院占主导地位的条件下，实行多渠道筹集医院基本建设资金制度，鼓励民营资本和社会力量办医，形成多元化办医格局，通过民营医院来补充医疗资源的不足，培育具有一定规模的优质民营医院。制定促进民营资本和社会力量办医的优惠政策，以促进形成公立医院良好运行的公平竞争环境。

（五）调动医务人员积极性

要想稳步推进医改进程，提高改革效率，调动医务人员的积极性成为当务之急，这个不突破，医改就会进入死胡同。公益性要求决定了公立医院医疗服务收费要相对低廉，老百姓的需求在上升，而医务人员改善医疗服务的积极性在下降，医疗服务质量成为急需解决的深层次问题。现在，医疗服务人才培养在源头上形势就不容乐观，很多优秀的高中生在报考大学时会"知难而退"，不选医学专业，一是学制长，学习压力大；二是待遇低，职业风险高。要调动医务人员积极性，必须坚持"以人为本"的原则，尊重医务人员，尊重他们的劳动价值，激发他们的热情，从而进一步调动他们的积极性、主动性和创造性，才能有效地将新医改工作进行到底。

一要注意合理确定医务人员工作负荷，扩充编制，壮大各级医疗机构服务队伍。根据医院的功能定位和工作负荷，重点解决医务人员的编制问题，缓解医务人员超负荷工作的状况。二要提高医务人员收入待遇，主要是通过完善人事和分配机制，实行岗位绩效工资制度，将医务人员的收入水平与考核结果相联系，体现多劳多得、同工同酬、优绩优酬，重点向关键岗位、业务骨干和做出突出贡献的工作人员倾斜，提高临床一线护士和医师工资待遇水平，适度拉开收入差距。实行竞争上岗，优胜劣汰，激发医务人员的积极性，提升公立医院管理的科学化、精细化水平。目前，乳山市人民医院已着手进行了这方面的改革，如实施的"基本工资＋岗位工资＋绩效工资"制度，保证了医务人员的利益，从而增强了医务人员改善服务质量和提高效率的积极性。三要维护公立医疗卫生机构的公益性，提高医务人员的社会地位和社会认同，为他们创造良好的职业环境。加强正面宣传引导，在全社会形成尊重医学科学、尊重医务人员的社会氛围，营造和谐的医患关系。四要为医务人员提供良好的职业发展空间。通过多种形式加强对医务人员的培训，为提高医务人员的素质和能力提供机会。健全医疗卫生人才的培养、使用和激励机制，形成一支数量适宜、质量较高、结构合理的医疗卫生队伍，为医务人员的职业发展提供良好条件。五要根据医务工作者的特点，规范注册医师多点执业制度，稳步推动医务人员的合理流动。这样既可以让患者就近得到高质量的诊疗，又有利于增加医生的收入，提高其积极性、主动性。所有这些措施都是为了通过体制、机制改革，让医务人员通过诚实劳动，获得体面收入，获得社会地位，获得群众的尊重。

（作者单位：中共乳山市委党校）

关于实施产学研合作创新的调研报告

盛本杰

近年来，荣成市以建设"创新型荣成"为目标，按照"政府引导、企业主导"的工作思路，深入扎实开展产学研合作创新，大力提升企业自主创新能力，加快科技成果转化力度，科技创新成为全市经济社会又好又快发展的有力支撑。

一　发展历程

大体来说，荣成市的科技发展历程可以分为起步、发展与重视三个阶段。第一阶段，主要是"九五"之前。早在 1990 年，寻山渔业公司斥资 800 万元，一次性买断原物资部 1016 研究院，开创了荣成企业参与科研机构的先例。1996 年，中国生物工程学会在荣成举行"中国生物工程学会年会暨海洋生物专业技术委员会成立大会"，曾成奎等院士应邀出席，在企业与科研单位之间初步开辟了接触、交流的通道。在此期间，荣成多次邀请国家"863"专家组、全国科技兴海办公室等在荣成召开相关学术会议，促成荣成企业结识了一批知名专家，如唐启升、管华诗、张福绥、赵法箴等院士级的领军人物，相建海、包振民、方建光等研究员级的中坚力量。但是从面上看，此时的产学研合作主要是渔业企业在唱主角，而且只是简单地称为"科企联姻"，产业化目标并不突出。第二阶段，主要为"十五"期间。随着市场经济的逐步确立以及企业管理体制改革的完成，企业活力得到释放，应用科技手段应对市场竞争成为一个必然选择。尤其是寻山集团等在产学研合作方面走在前面的企业，所取得的效果也对其他企业产生了示范带动作用，合作群体得到放大，企业对产学研合作的认识逐步得到加强。其间，荣成连续举行了三次"海博会"，由宋健院士提议，举办了"海洋高新技术产业高级论坛"等大型活动，进一步推动了产学研合作工作。"产学研合作"代替"科企联姻"，产业化成为合作的目标。第三阶段，是"十一五"以来。国家明确提出了建设"创新型国家"的长期发展战略，各级也分别提出建设创新型省、市的发展目标，科技创新被提到了前所未有的重视高度上。荣成也连续召开科技工作会议，对科技创新先进单位进行重奖，极大地激发了企业的创新热情；举行了"中国工程院院士荣成行"等大型活动，不断为产学研合作创新搭建平台，产学研合作创新工作得到了蓬勃发展，"产学研合作"被"产学研合作创新"正式替代，表明合作的目的不仅是追求产业化，而且是追求技术领先性。

二 取得的成效

一是确立了"荣成海洋科技"的品牌效应。1997 年，国家决定在全国设立首批 10 家"全国科技兴海示范基地"，荣成凭借在海洋科技工作方面的突出成就一举入围；2000 年，科技部决定在全国设立首批 16 家"863 计划成果产业化基地"，荣成又一次申报获批成功。这是继"国家海洋综合开发示范区"后，荣成在科技示范基地方面取得的两项重要成果。基地主要建设地点在桑沟湾及其临近区域，成为全国乃至世界闻名的海洋水产技术密集区。一些科研院校有了海水养殖与加工方面的课题，首先想到的就是到荣成进行研发，甚至欧美、日韩等国家的水产科研人员也纷纷到荣成考察学习，"荣成海洋科技"已经成为荣成的一块金字招牌。

二是提升了重大科技行动的参与能力。目前，荣成与科研单位合作，实施的高层次科技发展计划涵盖了"863"、"973"、国家科技支撑、国家公益性行业专项资金、国家科技创新资金、国家农转资金、山东省自主创新成果转化重大专项等重要计划类别。其中，累计实施和引进转化"863"计划项目33 项、"973"计划项目 2 项、国家科技支撑计划项目 10 个、国家公益性行业专项资金项目 1 项、其他类别重大项目 20 多个，获批国家工程技术研究中心1 家、国家产业技术创新战略联盟 1 家。仅"十二五"开局以来，荣成就申报各类科技计划项目 20 多个，其中国家科技支撑计划项目 11 个（含联合申请项目 4 个），已明确立项的 7 个，累计争取上级科研资金支持 5000 多万元。在组织实施国内科研项目的同时，荣成还与水科院黄海所、欧盟合作，分别组织实施了"中国海湾养殖容量的研究"和"海岸带复合系统中的生态海水养殖研究"（SPEAR）两个项目。这些工作不仅获得了上级在资金上的支持，更关键的是能够促使企业瞄准科技创新的前沿目标，迅速缩短我们与先进水平的差距。

三是形成了灵活适用的市场化运行机制。在产学研合作创新过程中，荣成企业从实际需要出发，积极引入市场化运作模式，建立紧密联系的利益共同体，形成激励兼容、风险共担、成果共享、合作共赢的运行机制。他们分别采取无偿提供试验基地、委托技术开发、吸纳技术参股等方式，把企业的资金优势、生产基地优势与科研单位的技术优势和人才优势有机嫁接起来，全力营造互促共生、互利共赢的"协同效应"，分别创造出了试验基地型、技术股份型、科技顾问型、课题经费型等行之有效的合作方式。据不完全统计，荣成目前已经与中科院海洋所、华南理工大学、中国海洋大学等30多家高等院校、科研单位结成了紧密的合作关系，联合实施的"皱纹盘鲍杂交育种技术及其养殖工艺体系"和"栉孔扇贝健康苗种培育技术体系建立与应用"技术成果分别获国家科技进步二等奖，"蓬莱红"栉孔扇贝新品种培育获得教育部科技进步一等奖，"深海抗风浪网箱"获山东省科技发明一等奖。

四是打造了一批高水平的合作创新平台。第一种类型是建立教学研究基地。中国海洋大学、中科院海洋所、水科院黄海所、莱阳农学院、国家海洋局一所、山东轻工学院等科研单位分别在寻山集团、俚岛海洋科技股份公司、好当家集团、泰祥集团等企业建立了自己的教学试验基地。泰祥集团与中国海洋大学合作，成立了"山东海洋食品营养研究院"，开展对海洋食品加工及营养分析方面的研究。第二种类型是联合建立工程技术研究中心（企业技术中心）。成山集团、凯丽特种纸公司、华力电机等企业分别与北京化工设计院、华南理工大学、上海电工所等科研单位合作联建企业研发中心，其中成山集团被确定为国家级企业技术中心。目前，在荣成已建的27家市级以上工程技术研究中心（企业技术中心）中，都有明确的科研单位参与支持。

五是培养了贴近生产的技术人员队伍。在合作创新活动中，荣成企业的技术人才队伍不断得到发展壮大。一方面是积极引进。目前，荣成企业聘请了知名专家20多人，引进各类专业技术人才500多人，分布于各个行业。另一方面是积极培养。在和科研单位联合创新的过程中，荣成企业积极引导技术人员参与科研活动，在实践中锻炼培养人才，造就了一批"本土化"专家。同时，还利用与科研单位的合作关系，积极选派技术人员到科研单位学习，初步形成了涵盖"由高端人才组成的研发层、由专业技术人才组成的操作层和由技术工人组成的生产层"的"三层"人才结构。

六是带来了明显的经济效益及社会效益。在产学研合作的过程中，技术创新与产业化开发紧密结合，取得了明显的经济和社会效益。例如寻山集团与水科院黄海所、华东理工大学等单位合作实施的"以鲜海带为原料的精深加工及藻化工关键技术研究及产业化开发"课题，碘、胶、醇、多糖等有效成分得到一次性分级提取，废渣又生产成海藻肥，不仅实现了资源的最大化利用和生产环节的"零排放"，更关键的是节省了大量的人工和晾晒场地，彻底改变了海带养殖业长期以来存在的"露天晾晒、靠天吃饭"的状况；威海锻压厂与中科院金属所合作实施的"大型船用低速柴油机半组合曲轴加工技术"，年产 60 机以下锻造曲轴 100 根，实现销售收入 3.15 亿元，更关键的是能够快速掌握曲轴的核心制造技术，打破国外的技术封锁，推动我国造船产业快速发展。

三　今后打算

首先是突出扩大源头创新领域这个目标，组织实施政产学研合作工程。充分发挥政府部门的职能作用，加强对产学研合作创新的宏观指导和综合协调，形成各部门分工协作、合力推进的良好局面。建立联席会议制度、信息反馈制度、成果发布与推介制度，强化对各级各部门工作的动态管理和问效问责，完善有利于产学研合作创新的激励和约束机制。设立产学研专项资金，重点支持产学研合作创新项目，对重点产业技术创新、引进消化吸收再创新、科技创新服务平台建设等给予重点支持。同时，要充分发挥金融对产学研合作创新的保障作用，建立政府职能部门与金融机构高效便捷的联系机制，引导金融机构扩大对产学研合作创新项目的贷款支持，鼓励金融机构对重大科技产业化项目、科技成果转化项目等给予优惠的信贷支持。

其次是突出完善服务体系这个目标，抓好创新配套平台建设，主要是建设五种类型平台。一是技术研发平台。支持企业与高等院校、科研院所共建工程技术研究中心，攻克一批关键共性技术，形成一批有一定影响力的科技创新成果。二是资源共享平台。探讨建立产学研合作创新联盟网络，在网络内实现研发动态、研发设备、文献资料、专利成果等方面的资源共享互用，避免重复研究和资源浪费。三是科技企业孵化平台。按照多元化建设、市场化运作、企业化经营、规模化发展的原则，加快完善科技企业孵化器体系，促进科技成果的研发与转化。重点孵化一批创新型中小企业，培养一批科技企业家。四是技术交易平台。重点培育和扶持以生产力促进中心为主的专业化科技中介机构，为企业提供成果转化、技术交易、科技评估等方面的服务，加快技术转移步伐。五是科技投融资平台。建立和完善以政府投入为引导，以企业投入为主体，金融资本、民间资本等积极参与的多元化、多渠道的科技投融资体系，促进产学研合作创新工作的开展。

最后是突出双向选择这个目标，不断为产学研合作搭建舞台。充分利用好荣成和科研单位已有的良好合作关系，不定期地举行各类产学研合作推介、研讨等活动，逐步扩大合作范围。重点是以"科技活动周"为载体，组织好"第四届产业技术创新战略联盟活动周"活动，针对荣成存在的关键共性技术问题，邀请有关科研单位和专家入会，分头到企业"把脉会诊"，重点在船舶工业、机械工业、海洋生物及食品加工等产业上进行项目、技术对接，建立长期的技术合作关系。

（推荐单位：中共荣成市委宣传部）

后　记

　　威海市社会科学优秀成果奖，是威海市政府奖。1997年，时值威海市成立10周年之际，中共威海市委宣传部、威海市人事局、威海市财政局、威海市社会科学界联合会联合报请，经时任市委副书记、市长孙守璞同志亲自过问并批准设立。

　　自1997年设立威海市社会科学优秀成果奖至今，共举行20次评选，有接近1400项成果获奖。许多成果进入决策，较好地解决了经济社会发展实践中的难题。

　　2007年，为庆祝威海市建市20周年，我们编辑出版了《威海市社会科学优秀成果获奖作品文库》（第一卷～第十卷）。近10年来，威海的哲学社会科学事业，尤其是社科理论研究领域，从人才队伍到研究领域到成果质量水平，都得到了全面的发展。2017年，威海市成立30周年，我们继续组织编辑了本套《威海市社会科学优秀成果获奖作品文库》（第十一卷～第二十卷）。

　　《威海市社会科学优秀成果获奖作品文库》（第十一卷～第二十卷），汇集了2008～2017年获得威海市社会科学优秀成果奖的著作、论文、研究报告，集中反映了近十年威海市哲学社会科学界取得的优秀成果，研究范围涉及经济学、管理学、语言文字学、教育学、文艺理论、外国文学、哲学、政治学、社会学、法学、科学社会主义理论等专业领域以及党的建设、历史文化、社会发展、经济建设、体制改革、马克思主义研究等诸多方面。

　　受篇幅的限制，编辑过程中，我们删除了成果原文中的"内容提要""关键词""参考文献"以及"尾注""角注""夹注"，加注了作者所在单位。若需详查，读者可与作者直接联系。

　　编辑过程中，有些文稿中图片的清晰度不够，达不到印刷要求，在不影响原意表达的前提下，一般作删除处理。因时间跨度较长以及各种社会因素变化，有些获奖成果已难以搜集，有些作者提供的资料过于简单或者缺乏研究的深意，也有个别研究因为资料来源不规范和一些认识偏差，没有收录，在此一并说明。

社会科学文献出版社的领导和编辑们，在文库的编辑工作中展现了出色的业务能力、精益求精的工作态度和一切从客户愿望出发的职业道德，成为我们学习的榜样。在此，表示衷心感谢！

编　者

2017 年 9 月